W0056595

Iris Mandl-Schmidt

Biographie – Identität – Glaubenskultur

Zur Entwicklung religiös-spiritueller Identität am Beispiel Thomas Mertons

Matthias-Grünewald-Verlag · Mainz

Mit Unterstützung der

Stiftung
Landesbank Baden-Württemberg

LB≡BW

 Der Matthias-Grünewald-Verlag ist Mitglied
der Verlagsgruppe engagement

Die Deutsche Bibliothek – Bibliografische Information Der Deutschen Bibliothek
Die Deutsche Bibliothek verzeichnet diese Publikation in der Deutschen Nationalbibliografie;
detaillierte bibliografische Daten sind im Internet über http://dnb.ddb.de abrufbar.

Umschlag: Kirsch Kommunikationsdesign, Wiesbaden
Druck und Bindung: Drukkerij Wilco, Amersfoort

ISBN 3-7867-2455-5

Inhalt

Teil II: Das Leben des Thomas Merton in fünf Abschnitten 81

5 Dialog 272

Teil III: Ergebnisse und Ausblick

Vorwort

Anläßlich der Veröffentlichung dieser Dissertation sei die Chance genutzt, einigen Menschen zu danken.

Mein allererster Dank gilt meinem „Doktorvater" Prof. Dr. G. W. Hunold, der mich 1993 nach dem Examen eingeladen hatte, bei ihm im Fach Theologische Ethik in Tübingen zu promovieren und mich dann, als es nach meiner pastoralen Ausbildung „ernst" wurde, in meiner Dissertationszeit hilfreich und ermutigend begleitete. Bedanken möchte ich mich auch bei Prof. Dr. O. Fuchs, der freundlicherweise die Aufgabe der Zweitkorrektur übernommen hat.

Herzlichen Dank möchte ich der Übersetzerin Inge Schmidt, Southam, England, sagen, die mir bei der Übersetzung biographischer Teile aus dem Englischen geholfen hat, so daß dem Leser und der Leserin nun eine Arbeitsbiographie ganz in deutscher Sprache vorliegen kann und ebenso herzlich Dr. Uwe Bögershausen, der mir als Korrekturleser und wissenschaftlicher Berater große Dienste erwiesen hat.

Technische Hilfen zur Textformatierung leistete Dipl. Ingenieur Harry Mang aus Reutlingen, dem ich auch sehr dankbar bin.

Zuletzt aber gilt aus ganzem Herzen mein Dank meinem Mann Wolfgang und meinem Sohn Sami Thomas, die mir mit großer Geduld und Liebe die Kraft gegeben haben, dieses Projekt durchzuziehen.

Nun hoffe ich, daß meine Studie einen sinnvollen Beitrag zur Theologischen Forschung und vielleicht auch eine glaubenskulturelle Anregung für den einen oder die andere Leser/in darstellen kann.

Gammertingen, den 24. Februar 2003   Iris Mandl-Schmidt

Einleitung

In vorliegender Studie wird die Biographie Thomas Mertons in einen großen Rahmen gestellt: Biographik, Identitätsfindung und Glaubenskultur. Dieser weite Rahmen wird nicht nur als sinnvoll erachtet, da diese Themenfelder in Mertons Leben ausgiebig vorkamen, sondern auch, weil sie eine Aktualität besitzen, die sein bereits vergangenes Leben an die Gegenwartsfragen unserer Tage anschließt. Es wird sich aber auch zeigen, daß diese drei Themen miteinander verwoben sind und in ihrem Konglomerat bedeutungsvoll für eine individuell gesuchte und gestaltete Spiritualität sein können, wie sie es für Merton waren. Sie sollen in Teil I aufgearbeitet - auch der etwas unübliche Begriff der „Glaubenskultur" wird dort begründet - und im Verlauf von Teil II und Teil III mit Mertons Leben in Bezug gesetzt werden.

Der weit gespannte Rahmen dient aber vor allem der Zielsetzung dieser Studie. Ziel der Studie ist, die Glaubensentwicklung Mertons aufzuarbeiten und in ihrer Genese zu verstehen, gleichzeitig allgemein gültige Strukturen spiritueller Entwicklung im Erwachsenenalter mit damit verbundener moralischer Individuation und Impulse für eine moderne individuelle Glaubenskultur herauszufinden. Von besonderem Interesse ist dabei auch, ob es Kriterien für „erwachsenen" Glauben gibt, also einen definierbaren Reifezustand von Glauben.

Daß Thomas Merton unserer schnelllebigen Zeit immer noch etwas zu sagen hat, liegt auch daran, daß er seiner Zeit ein Stück voraus war. Er erlebte und lebte multikulturelle, interreligiöse und globalisierte Realitäten, wie sie in ihrer Dichte und ihrem Ausmaß die gesamte Menschheit erst seit einigen Jahren erreichen. Bereits in seiner Jugend, aber bewußt auch später in seiner monastischen Existenz erfuhr er die Spannung eines großen modernen Bogens zwischen alltäglich und herausragend, individuell und plural, banal und superlativ, einsam und global, traditionell und innovativ, spezial und universal. Vor allem aber die originale, freie und individuelle Suche nach Glaubensinhalten und Lebensgestaltung, die er praktiziert hat - auch wenn die Resultate seiner Entscheidungen mit heutigen Üblichkeiten nicht mehr ganz übereinstimmen - entspricht der heute vorfindbaren „Auswahlsituation".

Vor allem Individualität als fundamentales Faktum unserer nordatlantischen Gesellschaft wird in dieser Studie wahr- und ernstgenommen. Individualität als prägender Faktor unserer Zeit liegt auch allen drei oben genannten Themenfeldern zugrunde. Es wird nach den Möglichkeiten einer durch Individualität geprägten modernen Glaubenskultur gesucht und Merton als biographisches Modell genommen.

Nicht selten hörte man in den letzten Jahren kirchlicherseits die Begriffe „individualistisch", „Selbstentfaltung" und „Selbstverwirklichung" von vielen Kanzeln herab in der Funktion von Schimpfwörtern, und es ist nicht erfunden, daß die Kirchen mit selbstbewußten, kritischen und sich ihrer Individualität bewußten Individuen gelegentlich Schwierigkeiten haben. Was dabei generell übersehen wurde, ist das Faktum, daß der Mensch heute kaum mehr existieren kann denn als mündiges, auswahltreffendes, selbstbewußtes Individuum.

Sozialwissenschaftler weisen zunehmend darauf hin, daß es auch eine Not der Individualität gibt, zu der gehört, daß der Mensch, und vor allem der Heranwachsende, heute nicht nur zwischen vielen existentiellen Alternativen entscheiden darf, sondern entscheiden muß. Am 2. Mai 2002 äußerte der Sozialwissenschaftler W. Heitmeyer in „Der Zeit" angesichts des Massakers in Erfurt[1], daß die Jugend heute zwar eine hohe Gestaltbarkeit von Lebenswegen genieße, jedoch auch der Gestaltungszwang zunehme, der, bei gleichzeitiger Unberechenbarkeit der Lebensplanung, gelegentlich große Angst hervorrufe. In soziologischen Fachgesprächen wurde bereits übergegangen von der Rede über Selbstbestimmung zur Rede über den Zwang zum Selbstentwurf, diese Thematik wird in Teil I aufgegriffen werden.

Auch der Vorwurf an unsere Zeit des Wertevakuums wird inzwischen zurückgenommen zugunsten der Wahrnehmung eines Wertepluralismus. Dies heißt aber auch, daß die Orientierungsanforderungen des Menschen heute enorm zugenommen haben. Nicht nur im säkularen, sondern auch im religiösen Bereich ist heute ein Zurechtfinden in einer Pluralität erforderlich, wie es die Menschheit noch nie gekannt hat. Die Kirchen könnten aus ihrem Uranliegen des Orientierungsgebens heraus bei vielen Individuen durchaus gefragt sein, unter der Voraussetzung, daß sie sich dem „Ernstfall" von Individualität, Pluralität und Säkularität stellen werden - für dieses Anliegen wird gelegentlich in vorliegendem Text plädiert.

Wie gerade schon angesprochen, entspricht der Lebensweg Mertons von seinen äußeren Bedingungen her nicht mehr ganz den heutigen Lebensmodellen: Bekehrung als einschneidend-spektakuläres Lebensereignis findet nur noch selten statt und Entscheidung für ein Leben im Kloster ist zur Rarität geworden. Das Augenmerk dieser Studie soll jedoch auch nicht auf den äußeren Lebensbedingungen liegen, sondern auf den inneren und inhaltlichen Prozessen Mertons. Und in dieser Hinsicht lassen sich nicht wenige Erkenntnisse zu religiöser Entwicklung und moderner Glaubenskultur gewinnen, die relevant sein könnten für religiöse Orientierung und kirchlich-theologische Orientierungsleistung heute.

Thomas Merton suchte sich seinen original individuellen Weg im Dialog. Er suchte nicht losgelöst von Erfahrungen anderer Menschen, Traditionen und Kulturen, sondern im Gespräch mit diesen, und vor allem auch im Gespräch mit Gott. Sein gesuchter Weg in der Balance zwischen Ich und Du, Wir und Gott war kein leichter Spaziergang, sondern meistens eine harte Wüstenwanderung, die er aber in Gesellschaft zeitweiliger Mitwanderer und der vertrauensvoll angenommen Mitwanderschaft Gottes beeindruckend zurücklegte. Da er diesen Weg kontinuierlich dokumentierte, ist es auch Nachgeborenen und Außenstehenden möglich, ihn mitzugehen. Im Rahmen der Themen Biographie, Identität und Glaubenskultur soll dieser Marsch nun aufgenommen und reflektiert werden.

---

[1]   Der 19-jährige Robert Steinhauser tötete am 27. April 2002 an seiner Ex-Schule 16 Menschen, darunter 12 Lehrer, und schließlich sich selbst.

Besondere Aufmerksamkeit soll anfangs in Teil I der Biographieforschung gewidmet werden, um diese Studie in diesem Forschungssektor zu verorten. Da es sich um einen relativ neuen Forschungsbereich handelt, der speziell innerhalb katholischer Theologie noch wenig rezipiert wurde, sollen Interessen und Problemfelder biographischer Forschung querschnittartig dargestellt und erörtert werden.

Die spezifische Methodik dieser Arbeit soll in Teil I-1.3 vorgestellt werden, diese zur Kenntnis zu nehmen ist für den Leser zum Verständnis unbedingt wichtig. Auf den Einblick in die Biographieforschung erfolgt ein Beitrag zur Identitätsthematik in Bezugnahme auf soziologische und theologisch-ethische Erkenntnisse und danach eine Reflexion zum Thema Glaubenskultur.

Die praktische biographische Arbeit findet in Teil II statt. Vorweggenommen sei schon, daß sich die Methodik durch Anlehnung an eine von W. Fuchs vorgeschlagene „Dokumentarische Methode" und durch eigene thematische Einteilung der Biographie zusammensetzt. Deshalb wurde die Biographie in fünf Abschnitte aufgeteilt, entsprechend wichtiger Lebensthemen und Lebensphasen Mertons. In den biographischen Teilabschnitten wurden alle englischen Quellen ins Deutsche übersetzt, im Fußnotenapparat und in den Sachabschnitten werden dem Leser/der Leserin gelegentlich kurze englische Passagen zugemutet.

In Teil III werden die Erkenntnisse aus Teil II noch einmal gebündelt und die Glaubensentwicklung Mertons mithilfe der pisteologischen Theorie J. Fowlers bewertet. Etwas prekäre Fragen nach der Generalisierbarkeit und Normativität von Glaubensentwicklung schließen sich an, mit Impulsen für spirituell-moralische Transformation und moderne individuelle Glaubenskultur.

Teil I: Biographie - Identität - Glaubenskultur: Eine Hinführung

1 Biographieforschung

Da vorliegende Studie mit biographischer Methodik erarbeitet wurde, soll ein Überblick zu biographischer Forschung allgemein und innerhalb der Theologie gegeben werden. Nach einem Einblick in die allgemeine humanwissenschaftliche Arbeit der Biographieforschung - vornehmlich der Soziologie, aber auch der Literaturwissenschaft und Psychologie - sollen Gründe für den Sinn biographischer Forschung speziell innerhalb der Theologie gesucht werden, um am Schluß des Kapitels vorzustellen, auf welche Weise mit der Biographie Thomas Mertons gearbeitet wird.

Bevor die Aufmerksamkeit auf die humanwissenschaftliche Forschung an Biographien gerichtet wird, sollen die wichtigsten Motive für die zunehmende Verfassung und Rezeption von (Auto)biographien allgemein genannt werden. Mit einigen dieser Motive, wie unten zu sehen sein wird, hat sich die theologische Biogaphieforschung differenziert auseinander gesetzt.

1.1 Allgemeine Biographieforschung

1.1.1 Anfertigungsmotive und Rezeptionsmotive in der Biographik

Biographien sind vorrangig eine Erscheinung der Neuzeit.[2] Die Zunahme der (Auto)biographisierung seit dem 18. Jahrhundert ist in der durch die Aufklärung neu errichteten Freiheit des Individuums zu suchen, denn die postulierte Freiheit des Subjekts wurde einerseits zum neuen „Spielraum", andererseits zur neuen Aufgabe für die Menschen - eine Aufgabe, die das Individuum in das Recht und in die Pflicht der Selbstverantwortung und Selbstgestaltung nahm. Waren vorher die Zuordnungen und Sinnbezüge stärker institutionell, weltanschaulich und hierarchisch vorgegeben, durfte und mußte sich der einzelne Mensch nun also zunehmend eigenständig entscheiden, zuordnen, vergewissern. Autobiographien sind Ausdruck des Prozesses der Autonomisierung gegenüber Vergesellschaftung, Institutionalisierung und geistiger Fremdbestimmung.[3] Als ein erstes Motiv für (Auto)biographisierung kann somit die *Gestaltung der Individualität* genannt werden.

---

[2] Obgleich dies, wie in der gattungsgeschichtlichen Diskussion zu sehen ist, von manchen Autoren bestritten wird, vgl. dazu Anm. 69; m.E. ist zumindest die quantitative Zunahme von Biographien seit Beginn der Neuzeit nicht zu bestreiten.

[3] Was nicht heißt, daß viele (Auto)biographien auch nicht über Schablonen hinauskommen,

Gesellschaftlich geschaffene Emanzipationsschritte erzeugten und erzeugen nach wie vor jedoch auch Unsicherheiten, die das eigene Ich nicht länger als Selbstverständlichkeit begreifen ließen (und lassen). Insofern ein Subjekt sich durch die schriftliche Reflexion zu verstehen sucht, konnte und kann demnach Autobiographie als Mittel zur Selbstfindung dienen. Für Leser bieten Biographien Vergleichsmöglichkeiten mit anderen Lebensgeschichten und so Anregungen und Modelle für die eigene Lebensgestaltung.[4] Als eine weitere zentrale Funktion von Biographik kann daher die *Suche nach Identität* gesehen werden.

Die Steigerung der Ausdifferenzierungen in der Moderne schraubte die individuellen Gestaltungsaufgaben weiter nach oben. Ein regelrechter „Boom" an Biographien, der seit einigen Jahrzehnten erfolgt, ist damit in Verbindung zu bringen. Ist das menschliche Leben schon von Grund auf Kontingenzen und Brüchen ausgesetzt, so wurden weltanschauliche und gesellschaftliche Sicherheiten in der Moderne noch einmal gemindert. Die Tendenz in der modernen Gesellschaft, einzelne Lebensbereiche zu zerteilen, hält an, woraufhin geschriebene Lebensgeschichte wie ein „Kitt", der die einzelnen Teilwelten wieder verbindet, zu dienen vermag.[5] Im allgemeinen wird in Autobiographien versucht, aus Einzelerlebnissen, Erfolgen und Niederlagen einen Zusammenhang herzustellen, d.h. sowohl die bruchstückhaften als auch die erfüllten Elemente des Lebens einem übergeordnetem Ganzen zuzuordnen. Richtung und Kontinuität soll dadurch hergestellt und Fragmentarisches zu einem sinnvollen Ganzen zusammengefügt werden, aber auch Zuordnung zu einem schwerer zugänglich gewordenen Allgemeinen geschehen. *Selbstvergewisserung und die Herstellung von Sinnbezügen* kann deshalb als weiteres Motiv betrachtet werden.[6] Zur Sinnherstellung gehört auch, Lebenserfahrungen weiterzugeben, lebenspraktisches Wissen zu vermitteln.

Ein weiteres Motiv für die Anfertigung von Biographien kann *Rechtfertigung* sein. Vorrangig Autobiographien können zur Selbstrechtfertigung, aber auch

---

vgl. W. Sparn (Hg.), Wer schreibt meine Lebensgeschichte: Biographie, Autobiographie, Hagiographie und ihre Entstehungszusammenhänge, Gütersloh 1990, 22. Vgl. auch V. Drehsen, Lebensgeschichtliche Frömmigkeit, in: W. Sparn 1990, 47ff.

[4] Zu diesem Punkt auch: G. Gusdorf, Voraussetzungen und Grenzen der Autobiographie (1956), in: G. Niggl, Die Autobiographie: zu Form und Geschichte einer literarischen Gattung, Darmstadt,1989, 133.

[5] Vgl. dazu W. Fuchs, Biographische Forschung. Eine Einführung in Praxis und Methoden, Opladen 1984, 90f und V. Drehsen, Frömmigkeit, 44f. mit Bezug auf D. Rössler, Grundriß der Praktischen Theologie, Berlin-NewYork 1986, 198ff; ferner G. Gusdorf, 147.

[6] W. Dilthey spricht von der „Kategorie der Bedeutung". „Die in ihr enthaltene Beziehung bestimmt und gliedert die Auffassung unseres Lebensverlaufs; sie ist aber auch der Gesichtspunkt, unter welchem wir das Neben- und Nacheinander von Lebensverläufen in der Geschichte erfassen und darstellen, das Bedeutsame heraushebend nach der Bedeutung, jedes Geschehnis gestaltend; sie ist ganz allgemein die Kategorie, welche dem Leben und der geschichtlichen Welt eigentümlich ist; ja dem Leben wohnt sie ein als die eigentümliche Beziehung, die zwischen seinen Teilen obwaltet, und so weit das Leben sich erstreckt, wohnt ihm diese Beziehung ein und macht sie es darstellbar." W.Dilthey (1906-1911/1927), Das Erleben und die Selbstbiographie, in: W. Niggl, 23.

Biographien zur Rechtfertigung anderer Personen, dienen. Die Erklärung und Verteidigung des so und nicht anders Gewordenen, eventuell Anklagen, immer jedoch die Bemühung um Anerkennung sind hier treibende Kräfte.

Zuletzt gibt es auch noch ein *kommerzielles Motiv*, das Autoren zur Feder greifen läßt, um Inhalte des eigenen oder anderen Lebens kundzutun. Es könnte jedoch kein pekuniäres Motiv geben, wenn nicht auch das Potential der Nachfrage vorhanden wäre und damit ein Bedürfnis, über das Leben anderer Bescheid wissen zu wollen - nicht nur aus Neugierde, sondern auch aufgrund der genannten Sinn- und Identitätsmotive.

1.1.2 Biographik in der Wissenschaft

Dem „Boom" in der Herstellung von (Auto)biographien entspricht die „Konjunktur" der wissenschaftlichen biographischen Forschung. Das Interesse an Biographien hat in den letzten zwei Jahrzehnten fachübergreifend stark zugenommen. Ausgehend von den Sozialwissenschaften wurden Biographien in den Disziplinen Psychologie, Ethnologie, Geschichtswissenschaft, Erziehungswissenschaft und Theologie so beliebtes Objekt der Forschung, daß gelegentlich von biographischer Mode gesprochen wird.[7] Das war nicht immer so. Biographieforschung als eigenständige Forschungsrichtung in den Sozialwissenschaften nahm in den zwanziger Jahren des letzten Jahrhunderts ihren Anfang (in Chicago), ohne aber damals den Durchbruch zu allgemeiner Aufmerksamkeit und zu einer anerkannten Forschungsrichtung zu schaffen. Erst in den siebziger Jahren wurde sie verstärkt aufgenommen, und ist heute dabei, nach Ausdifferenzierungen in den achtziger Jahren, sich weitgehend zu etablieren.[8] Trotz dieser gewissen Etablierung bleibt sie in ihrer Wissenschaftlichkeit umstritten. Die Kritik macht sich vor allem an ihrem induktiven Ansatz und ihrer angeblich nur journalistisch-literarischen Arbeitsweise fest, aber auch an methodischen Differenzen, wie z.B. die Bearbeitung unterschiedlicher Quellen (Autobiographie, Biographie, Interview), uneinheitlichen Methoden der Auswertung und diversen Bezeichnungen ihrer Forschungsarbeit.[9]

---

[7] So z.B. W. Fuchs, 13 und W. Sparn, 9.

[8] Z.B. in der Soziologie als „biographische Methode" zur Datenerhebung und -verarbeitung, vgl. S. Klein, Theologie und empirische Biographieforschung, Stuttgart Berlin Köln 1994, 83.

[9] Es wird von biogaphischer Methode gesprochen, von sozio-biographischer, biographischer Analyse, life history aproach, life history technique, Dokumentenmethode, u.a. Vgl. Fuchs, 10. Die Geschichte der biographischer Forschung wird ausführlich dargestellt bei Werner Fuchs, eine Kurzform bei Stephanie Klein, ein kurzer Überblick zur Autobiographieforschung bei Günter Niggl. Vgl. W. Fuchs, 95-135; S. Klein, 81-84; G. Niggl, 1-17.

1.1.2 Grundlagen und Methodik biographischer Forschung in der Soziologie

Nach W. Fuchs, der für die Soziologie als Protagonist der Biographieforschung gilt, sind unter biographischer Forschung alle Forschungsansätze zu verstehen, die erzählte oder berichtete Lebensgeschichten als Datengrundlage haben, „aus dem Blickwinkel desjenigen, der sein Leben lebt"[10]. Die Untersuchungen in der Biographieforschung würden an unterschiedlichen Quellen vorgenommen, sei es an bereits geschriebenen Lebensgeschichten, oder sei es an eigenhändig (durch den Forscher mittels Interview oder schriflticher Befragung) angefertigten Berichten. Fuchs merkt kritisch an, daß manche Autoren keinen Unterschied machen, aus welcher Quelle ihre Daten stammen.[11] Dem Interview sei gegenüber schriftlicher Quellen der Vorrang zu geben, da bereits geschriebenem Material immer der Verdacht auf Einseitigkeit und mangelnde Kontrollierbarkeit anhafte.[12]

Für sozialwissenschaftliche Untersuchungen ist nach Fuchs nicht jeder Mensch zur biographischen Studie „tauglich", das ausgewählte Subjekt müsse für die interessanten Kriterien repräsentativ und verallgemeinerungsfähig sein. Es wird in der Sozialwissenschaft von „Sozialpersönlichkeiten" gesprochen.[13] Biographieforschung betrachtet ein Subjekt temporal-prozessual, d.h. Vergangenheit und Zukunft werden in Form von Erinnerungen, Erfahrungen und Entwürfen miteinbezogen. Nicht ein punktueller Querschnitt mehrerer Subjekte, sondern ein Längsschnitt eines einzelnen Subjekts wird angestellt.

Fuchs muß aber gestehen, daß es „keine biographische Forschungsmethode in den Sozial- und Erziehungswissenschaften im Sinne eines von allen Forschern geteilten Kanons von Forschungspraktiken"[14] gibt. Zwei Richtungen seien im Groben auszumachen: informationsorientierte und interpretatorische. Bei der ersteren würden Lebensgeschichten primär auf ihren Informationswert (Daten) hin untersucht, bei der zweiten liegt der Schwerpunkt auf der Analyse und Auslegung der lebensgeschichtlichen Daten.[15] Ein wichtiger Weg sei die sogenannte „Dokumentarische Methode", die versuche, an Einzelfällen allgemeingültige Prinzipien herauszufinden. „Die einseitigen Zugriffsweisen (vom Einzelfall zur Verallgemeinerung, vom Allgemeinen zur Einordnung des

---

[10] W. Fuchs, 9. Nicht geklärt ist bei dieser Definition, ob der Blickwinkel nur vom Subjekt selbst eingenommen werden kann, oder auch von einem Fremdautor. Letzteres ist anzunehmen, da nicht ausdrücklich von *Auto*biographieforschung berichtet wird. Allerdings werden in der Forschungsliteratur meistens Autobiographien gemeint, wenn z.B. von 'Lebensgeschichte' gesprochen wird.

[11] AaO. 10.

[12] Vgl. aaO 177. Das Interview ist gewiß in den Sozialwissenschaften die beste Quelle, allerdings wäre die Subjektivität des Forschers auch noch in Rechnung zu stellen.

[13] Vgl. ebd. 100. Auf andere Disziplinen übertragen könnte man möglicherweise auch von „Psychologiepersönlichkeit" oder „Religionspersönlichkeit" sprechen.

[14] AaO. 11. Hinzuzufügen ist, daß biographische Methodik in den Sozialwissenschaft insofern eine Außenseiterstellung hat, als hier traditionell der Gesellschaft/Gemeinschaft der Primat vor dem Individuum eingeräumt wird. Lebensgeschichten gelten aber eher als „Widerstandsgeschichten, Geschichten gegen den großen Sozialzusammenhang", ebd. 92.

[15] Vgl. aaO. 153.

Einzelfalls) werden in dieser dokumentarischen Methode suspendiert zugunsten einer Hin-und-her-Bewegung. Vom zuerst kaum überschaubaren Muster, das vielen Einzelfällen zugrundeliegt, wird versucht, den Einzelfall zu erschließen; von zuerst kaum generalisierbaren Einzelfällen wird versucht, auf ein zugrundeliegendes Muster zu schließen. Weder einmalige Ableitung noch einmalige Induktion bilden hier die Interpretationsschritte, sondern prozessual ineinander verflochtene Bewegungen zwischen Einzelfall und Grundmuster (für viele Einzelfälle). Die Voraussetzung für diese Möglichkeit der Beziehung zwischen Einzelfall und Grundmuster ist eine grundlagentheoretische: Daß nämlich das Allgemeine nicht durch Aufsummierung, Durchschnittsbildung oder durch sukzessive Abstraktion von den Einzelfällen gewonnen werden kann, sondern daß das Allgemeine bereits in den Einzelfällen steckt."[16]

Selbst wenn in der Biographieforschung induktiv vorgegangen wird, heißt das also nicht, daß sie sie nicht wie andere Forschungswege auf Verallgemeinerung abzielt, d.h. Muster, generelle Strukturen, Abläufe, Regeln, Normen und Lösungen herausarbeiten will. Daß dieses Allgemeine auch im Einzelnen vorkommt, ist ein ganz wichtiger Aspekt in der Argumentation für die Biographieforschung. Es liegt in der Natur einer Biographie, daß sie etwas Besonderes darstellen will, *weil* es für die Allgemeinheit von Interesse ist. Jedoch ist nicht nur das Interesse der Allgemeinheit an der Geschichte eines Einzelnen ein wichtiger Aspekt, sondern auch - und dies kam oben bei den Anfertigungsmotiven schon zur Sprache - die Einbindung des Einzelnen in die Regelhaftigkeit des von der Allgemeinheit gestalteten Daseins. „Mit seiner Selbstbeschreibung ordnet sich das Individuum einer Welt zu, demjenigen Sinnhorizont, der im Verständnis der Kultur den Raum des Wirklichen umfaßt - [..]- durchaus nicht, wie es die Logik der modernen Autobiographie suggeriert, die 'Einzigartigkeit', die idiosynkratische Besonderheit festzuhalten, die es von allen anderen unterscheidet. Ganz im Gegenteil geht es darum, die je gegebene Besonderheit des individuellen Lebens mit der Gestalt zu vereinbaren, die das Individuum als Mitglied einer sozialen Welt annehmen kann, und ihm so die Anknüpfung legitimer sozialer Beziehungen zu ermöglichen."[17]
Der „Einzelfall" ist immer Teil einer Kultur und Gesellschaft, deshalb selbstverständlich Quelle für kulturell-gesellschaftliches und historisches Interesse. Jede Lebensgeschichte hat Bezug zu anderen Menschen, Sachverhalten und gesellschaftlichem Milieu. „In der Biographie ist der Schnittpunkt zwischen systemischen Aspekten der Gesellschaft und der einmalig unverwechselbar ausgeprägten Individualität des Menschen zu beobachten."[18]
S. Klein kommt deshalb zu dem Schluß: „Nötig ist eine induktive biographisch orientierte Forschung, die die Biographie des Individuums als ganze und seine biographische Selbstdeutung zum Gegenstand hat und hierin neue

---

[16] AaO. 164f.
[17] H. Leitner, Die temporale Logik der Autobiographie, in: W. Sparn, 324.
[18] S. Klein, 86.

Ansätze der gewählten Vergemeinschaftung sucht. Hierin können neue gesellschaftliche „Gravitationszentren", Kategorien und Gemeinschaftsformen entdeckt werden."[19] Das bedeutet, daß theoriegeleitete Analysen *ein* Zugang zur gesellschaftlichen Wirklichkeit sind, am Individuum selbst abgeleitete ein anderer. Da sich offenbar in den letzten Jahrzehnten auch eine gewisse Theoriemüdigkeit in den Geisteswissenschaften eingestellt hat, entstammt die biographisch-induktive Methodik auch wissenschaftstheoretischer Selbstkritik.

1.1.4 Die Wahrheitsfrage in der (auto)biographischen Forschung

Die Frage, inwieweit „Dichtung und Wahrheit"[20] bei niedergeschriebenen Lebensgeschichten vermischt sind, stellt sich primär bei der Untersuchung von Autobiographien. Aber auch Biographien sind vor „Dichtung" nicht gefeit. Mindestens zwei Faktoren können die Wahrheit des Beschriebenen entstellen: die Subjektivität des Autors und der zeitliche Abstand zwischen Geschehen und Bericht (Erinnerungslücken). Ist Authentizität deshalb bei (Auto)biographien von vorneherein ausgeschlossen? Sind (Auto)biographien besser als Fiktionen, als pure Phantasieprodukte zu werten?

1.1.4.1 Die subjektive Konstruktion eines sinnvollen Ganzen

Fest steht, daß lebensgeschichtliche Erzählungen immer subjektive „Rekonstruktionen der Vergangenheit aus dem Heute, keine Abbilder"[21] sind. Der Autor versucht, mittels Auswahl, Bewertung und Einreihung in ein stringentes Gesamtbild Einzelelemente seines Lebens zusammenzufügen. Das schreibende Selbst stellt sich damit über das agierende Ich und ordnet die Episoden des Lebens einem sinnhaften Ganzen zu.[22] Es besteht dabei nicht selten der Verdacht, daß der Erzähler in der Rekonstruktion sinnvollen Lebens die Widersprüche dieses Lebens verdeckt oder daß er seine Lebensgeschichte so selektiv wahrnimmt, daß vom objektiven Geschehen wenig übrig bleibt.[23] Aber nicht nur der Autobiograph, sondern auch der Biograph oder der Hagiograph kann dieser Gefahr erliegen und das beschriebene Subjekt nicht den Tatsachen entsprechend darstellen. Dem ist andererseits entgegenzuhalten, daß der Vorwurf der Subjektivität in sich problematisch ist, da jeder geschriebene Bericht, auch der dokumentatorische oder der historische, der subjektiven Federführung unterliegt. Bekanntlich kann sogar mit Statistik subjektives Interesse

---

[19] AaO. 101.
[20] So lautet sinnigerweise der Titel von Goethes Autobiographie.
[21] Anders als z.B. beim Tagebuch, bei dem jedoch ebenso der Faktor Subjektivität vorliegt, vgl. W. Fuchs, 63.
[22] Für W. Sparn ist das schreibende Selbst damit eine symbolische Größe, vgl. ebd., 13.
[23] Vgl. P.Biehl, Der biographische Ansatz in der Religionspädagogik, in: A. Grözinger/H. Luther (Hg.), Reiligion und Biographie: Perspektiven zur gelebten Religion, München 1987, 279ff.

verfolgt werden. Die Frage nach den „Tatsachen" ist immer prekär. Das erkenntnistheoretische Problem subjektiv-objektiv ist ein seit langem diskutiertes.[24]

Das erkenntnisleitende Ziel vieler Biographieforscher ist jedoch nicht primär die Erhebung „historisch objektiver" Daten, wobei dies auch nicht ausgeschlossen ist (Bsp. „oral history" in den Geschichtswissenschaften)[25], sondern besteht meistens darin, Erkenntnisse am Subjekt selbst zu gewinnnen. Diese Subjektivität kann natürlich auch Gegenstand einer objektiven Forschung sein. Untersucht wird, „wieviel der Autor von sich selbst verstanden haben mag"[26]. Dadurch gilt: „Studien, die die biographische Befragung zur Herausarbeitung der aktuellen Deutungsmuster und Situationsdefinitionen von Menschen verwenden, die die subjektive Lebenswelt beschreiben wollen, sind nicht notwendigerweise auf objektive Informationen angewiesen."[27]

1.1.4.2 Die temporale Frage

Bringt der zeitliche Abstand Nachteile für die Authentizität einer (Auto)biographie? Wie stehen Vergangenheit, Gegenwart und Zukunft zueinander?
Gewiss hat (Auto)biographie selten die Präzision eines Protokolls. Aber diese Art von Präzision, die übrigens im einzelnen durchaus vorkommen kann, wird im allgemeinen auch nicht intendiert. Der Autor schreibt in seiner momentanen Gegenwart Erinnerungen aus der Vergangenheit nieder, es ist Vergegenwärtigung von zurückliegendem Geschehenen. Eine doppelte Zeitstellung des Subjekts liegt zugrunde, „das sowohl im Geschehen seines Lebens steht und sich innerhalb dessen zugleich gegenübertritt"[28]. Das Vergangene geht dabei durch den Filter der gegenwärtigen Bewertung. Das schreibende Subjekt beurteilt die Geschehnisse der Vergangenheit mit den Kriterien der Gegenwart. Priorität hat die Gegenwart. Das heißt nicht, daß die Vergangenheit an Bedeutung verliert, sondern daß sie zum Gegenwärtigen in Beziehung gesetzt wird.[29]
Die Gegenwart ist jedoch, so philosophierte einst W. Dilthey, ein so flüchtiger Moment (jeder gegenwärtige Moment ist sofort wieder Vergangenheit), daß es mehr auf die Vorstellungen von Erlebnissen ankomme, wie auf die Erlebnisse selbst. Die Beziehung von Vergangenheit, Gegenwart und Zukunft ist danach sehr eng. Dilthey ging soweit, zu behaupten, das Gegenwärtige sei als solches niemals zu erfahren: „Aber da nun die Gegenwart niemals ist, sondern auch

---

[24] Zu dieser Problematik ist mehr nachzulesen bei W. Fuchs, 154-158.
[25] Dazu mehr bei S. Klein, 87ff.
[26] H. Leitner, 317.
[27] W. Fuchs, 156
[28] H. Leitner, 321.
[29] Leitner postuliert bei dieser Vergegenwärtigung das Motiv der „Realitätskonstruktion des Ich". Weil das Subjekt eine Differenz zwischen „einem Zuvor und einem Danach" erkenne, sei es motiviert, eine Selbstbeschreibung abzugeben. Brüche zwischen Ereignissen in Vergangenheit, Gegenwart und Zukunft, die das Subjekt an sich selbst erfährt, veranlassen es, die Geschnisse im Lichte der Gegenwart zu ordnen. Vgl. ebd. 322f.

der kleinste Teil des kontinuierlichen Fortrückens in der Zeit Gegenwart und Erinnerung an das, was eben gegenwärtig war, in sich schließt, so ergibt sich hieraus, daß das Gegenwärtige als solches niemals erfahrbar ist."[30] Der Erkenntnistheoretiker beachtete dabei allerdings nicht, daß die Sichtweise des Autors bei größerem oder geringerem zeitlichen Abstand verschieden sein kann. Das „Erlebnis" oder die „Bedeutung" steht so im Vordergrund, daß ihm der zeitliche Abstand als vernachlässigbar galt.

Eine Autobiographie wird selten geschrieben, um mit dem Leben abzuschließen. Es geht nicht um ein „Ad-acta-Legen". Autobiographie ist meistens auf Zukunft ausgerichtet, sie möchte gerade durch Verständnis, Sinnzuordnung oder Identitätsfindung Wege zur Zukunft eröffnen.[31]

1.1.4.3 Der autobiographische Pakt

Um die Wahrheitsfrage dreht sich auch der in der Literaturwissenschaft durch Ph. Lejeune geformte Begriff „autobiographischer Pakt"[32]. Mithilfe dieses Begriffes machte sich Lejeune stark für die Logik der Authentizität einer Autobiographie und meinte eine Erklärung oder selbstverständliche Voraussetzung des Autors seiner wahrheitsgetreuen Darstellung, ferner seine Begründung, weshalb diese Lebensgeschichte der Veröffentlichung würdig sei. Der Leser könne dadurch dem Autor das Vertrauen schenken, daß diese Lebensgeschichte nicht erdichtet sei, sondern dessen *wirklichem Erleben* entspreche. Ohne diese stillschweigende oder explizite Versicherung würde jede (Auto)biographie ihr literarisches Wesen und damit ihren eigentlichen Stellenwert verlieren, sie käme der fiktiven Gattung des Romans gleich.

Dem „autobiographischen Pakt" Lejeunes zufolge kann also nicht ausgeschlossen werden daß subjektiv geschriebene Lebensgeschichten Tatsachenberichte im *objektiven* Sinne sind, und schon gar nicht kann bezweifelt

---

[30] Und weiter: „Hierzu kommt, daß der Zusammenhang des Erinnerten mit dem Gegenwärtigen, der Fortbestand der qualitativ bestimmten Realität, das Fortwirken im Vergangenen als Kraft in der Gegenwart dem Erinnerten einen eigenen Charakter von Präsenz mitteilt. Und die „Präsenz" ist das Einbezogenwerden von Vergangenem in unser Erleben; dasjenige, was so im Fluß der Zeit eine Erlebniseinheit bildet, weil es im Lebensverlauf eine einheitliche Bedeutung hat, ist die kleinste Einheit, die wir als Erlebnis bezeichnen können. Darüber hinaus aber bezeichnet unser Sprachgebrauch als Erlebnis auch jede umfassendere ideale Einheit von Lebensteilen, die eine Bedeutung für den Lebensverlauf hat, und auch wo die Momente durch unterbrechende Vorgänge getrennt sind, wendet es diesen Begriff an." W.Dilthey, in: W. Niggl, 23.

[31] „Die Konstruktion des eigenen Lebens als Biographie repräsentiert nicht nur vergangene und gegenwärtige Lebensmomente, für die das Ich in sich selber Anhaltspunkte und damit ein konkretes Gegenüber findet, sie versucht unter Vorgriff auf Zukunft einen Sinnzusammenhang zu stiften." H. Luther, Der fiktive Andere - Mutmaßungen über das Religiöse an Biographien, in: Grözinger/Luther, 74.

[32] Vgl. Ph. Lejeune, Der autobiographische Pakt, in: G. Niggl (Hg.), 214-258 oder W. Fuchs, 35ff. Der Begriff wurde nicht kritiklos aufgenommen, z.B. von E. W. Bruss, Die Autobiographie als literarischer Akt (1974), in: G. Niggl, 258-283.

werden, daß geschriebene Lebensgeschichten Tatsachenberichte im *subjektiven* Sinne sind.

1.1.4.4 (Auto)biographie und Fiktion

Trotz der Einsichtigkeit des „autobiographischen Pakts" wird der Realitätsgehalt von (Auto)biobraphien häufig bestritten, was sich in Aussagen zur Fiktionalität spiegelt. „There is no fiction but autobiography" formulierte Oscar Wilde scherzhaft. Nicht wenige Autoren bewerten Autobiographie im Ernst mehr als Produkt von Dichtung und Fiktion als von Wahrheit.
W. Sparn beschreibt Biographie oder Autobiographie als „Kunstwerk", da, so Sparn, das Zeichnen eines solchen Bildes nicht nur Einbildungskraft erfordere, „sondern auch die Kenntnis und die Übung der zeichnerischen Mittel, der richtigen Worte, des passenden Stils, und die schlüssige, überzeugende Verknüpfung der vielen einzelnen, unterschiedlichen und uneinheitlichen, ja widersprüchlichen Tatbestände und Äußerungen der beschriebenen Person in einem Ganzen; jenem Ganzen, für das ihr Eigenname unabweisliches Symbol ist und bleibt"[33]. Die kreative Arbeit des Autors verlange notwendig ein gewisses Maß an „Dichtung". Nach Volker Drehsen gründet der Charakter der lebensgeschichtlichen Erzählung ebenso auf Fiktionalität, der Unterschied zum Roman oder zur Dichtung liege nur im verarbeiteten Material: statt Phantasieprodukte erinnerte Ereignisse.[34]
H. Leitner geht soweit, bei Autobiographien von Fiktion „im strengen Sinne des Begriffs" zu sprechen. „Fiktion - nicht zu verwechseln mit dem Fiktiven, dem bloß Erfundenen - heißt ja nichts anderes als: Entwurf eines selbständigen Wirklichkeitshorizonts, eines kontingenten Sinnzusammenhangs, der, abgesehen davon, daß er Autor und Adressaten braucht, zu seiner Plausibilisierung einer außerhalb seiner verankerten Realität nicht bedürftig ist...[..]. Die Fiktionalität des Erzählten hat nämlich mit Übereinstimmung oder Nichtübereinstimmung mit äußerer Wirklichkeit gar nichts zu tun, erst recht nicht mit Wahrheit oder Unwahrheit. Die Geltung des Erzählten hängt ausschließlich an der Stimmigkeit der im Erzählen selbstgesetzten und eingeführten Prämissen, also ihrer sachlichen und zeitlichen Selektivität."[35]
Für sehr problematisch an Leitners Ansatz halte ich diese nicht gebräuchliche Unterscheidung von Fiktion und „Fiktivem". „Fiktion" wurde wohl ausschließlich am lateinischen „fingere" (formen, gestalten) orientiert, indes wird herkömmlicherweise (in Umgangssprache und Lexika) „Fiktion" gerade an der Bedeutung der Erfindung festgemacht. Aber auch die inhaltliche Erklärung Leitners, weshalb Autobiographien als Fiktion zu gelten hätten, stellt sich quer zum eher plausiblen „autobiographischen Pakt". Autoren wie Leitner übersehen offensichtlich, daß bei einer Loslösung des Lebensberichts von

---

[33] W. Sparn, 12.
[34] Vgl. Volker Drehsen, Frömmigkeit, 43.
[35] H. Leitner, 336.

der „äußeren Wirklichkeit" die forschungsinteressante Verbindung von historischer, bzw. sozialer Wirklichkeit und subjektivem Erleben verlorengeht. Gerade die Verbindung von Subjektivität und Objektivität ist jedoch m.E. das für die Biographieforschung interessante Proprium. Zumindest das Bemühen um Authentizität des Biographen sollte man - entsprechend dem autobiographischen Pakt - nicht unterschlagen, seine Wahrnehmungs*fähigkeit* ist eine andere Frage. Freilich sind fiktionale, fiktive oder dichterische Elemente in (Auto)biographien vorhanden,[36] den Begriff Fiktion jedoch mit dem der (Auto)biographie allzu eng in Verbindung zu bringen, erhöht nur die Gefahr, daß die historischen und sozialen Bezüge von Lebensgeschichten unterschlagen werden und Subjektivität mit Subjektivismus gleichgesetzt wird.[37] In welche Paradoxien man sich mit der These der Fiktionalität begibt, zeigen m.E. die Aussagen von Lutz Friedrich, der in seiner literaturtheologischen Arbeit der These Leitners folgt und bei Autobiographien von einer „biographisch perspektivierten Erfindung"[38] spricht, gleichzeitig postuliert, daß Autobiographien nicht nur innerhalb von literarischen Fiktionen existieren dürften,[39] und einen „Haftpunkt in der konkreten Wirklichkeit des Autors"[40] haben müßten. Friedrichs erwähnt allerdings, daß es in der Literaturwissenschaft Vorschläge gibt, die Gattung „Autobiographie" streng von der Gattung „Autobiographischer Roman" zu trennen, ein Vorschlag, den umzusetzen ich für sehr wichtig halte.[41]

[36] G. Niggl spricht vom „Grenzgebiet von fiktiver und nicht-fiktiver Literatur", G. Niggl, 7. Im Übrigen sind dies formtypologische Fragen, die nach Niggl noch lange nicht abgeschlossen sind, vgl.ebd. 16. Einen Überblick zur gattungstheoretischen Diskussion gibt auch Lothar Kuld, Glaube in Lebensgeschichten. Ein Beitrag zur theologischen Biographieforschung, Stuttgart-Berlin-Köln 1997, 20-26. H. Luther versucht, Autobiographien gerade durch Differenzen in Sach-, Zeit- und Sozialdimensionen definiert sein zu lassen, weil sie nie „Photographien des Lebens" sein könnten, vgl. ebd., Das unruhige Herz, in: W. Sparn, 360ff.

[37] Und damit Angriffsfläche für die Anzweiflung der Wissenschaftstauglichkeit des Objekts Biographie geboten wird.

[38] Lutz Friedrichs, Autobiographie und Religion der Spätmoderne: biographische Suchbewegungen im Zeitalter transzendentaler Obdachlosigkeit, Stuttgart-Berlin-Köln, 1999, 17.

[39] AaO. 27. Es gäbe nur verschiedene Grade der Fiktion, vgl. aaO. 28.

[40] AaO. 30.

[41] Friedrichs beschreibt außerdem, daß sich heute viele Autoren strikt gegen die Gattung „Autobiographie" wehrten und zitiert Peter Handke: „Es hätte mich überhaupt nicht interessiert, eine Autobiographie zu schreiben. Das zwingt dann den, der liest, sich bei jedem Satz den Autor dazu vorzustellen. Bei einer Fiktion ist, glaube ich, dieser Zwang nicht da." Eine kritische Frage, die sich mir dabei allerdings aufdrängt, lautet, ob nicht gerade das viele Leser suchen: die Vorstellung vom Autor, die Identifiktaion mit dem Autor. Auch die Aussage von Alfred Andersch, ebenfalls bei Friedrichs zitiert, halte ich nicht für überzeugend, der bekundet, der Schriftsteller schreibe in der dritten Person, um „so ehrlich zu sein wie nur möglich. Es verhilft ihm dazu, Hemmungen zu überwinden, von denen er sich kaum befreien kann, wenn er sagt: Ich." AaO. 28. M.E. sind Ehrlichkeit und Hemmungen hier zu schnell über einen Kamm geschlagen. Das Problem „Hemmungen" könnte tatsächlich mit einer klaren formalen Trennung des autobiographischen Romans von der Autobiographie gelöst werden, Ehrlichkeit kann immer mit Ich-Formen einhergehen.

Bereits Wilhelm Dilthey klärte das Verhältnis Wirklichkeit-Abbild folgendermaßen: „[..].. aus der endlosen, zahllosen Vielheit ist eine Auswahl dessen vorbereitet, was darstellungswürdig ist. Und zwischen diesen Gliedern ist ein Zusammenhang gesehen, der freilich nicht ein einfaches Abbild des realen Lebensverlaufs so vieler Jahre sein kann, der es auch nicht sein will, weil es sich eben um ein Verstehen handelt, der aber doch das ausspricht, was ein individuelles Leben selber von dem Zusammenhang in ihm weiß."[42]

1.1.5 Biographieforschung in der Psychologie

Die bisherigen Äußerungen zur Thematik stammen vorrangig aus der Soziologie, ein wenig auch aus der Literaturwissenschaft, und sogar Theologen kamen schon zu Wort, deshalb soll nun ein Blick auf die Biographieforschung in der Psychologie geworfen werden.

Die Anhörung der Lebensgeschichte war zwar seit Freud gängige Praxis in der Psychotherapie, allerdings mit vorrangigem Interesse an der psychosexuellen Entwicklung in der Kindheit und der damit verbundenen Zuwendung zum ersten Lebensabschnitt. Selbst wenn in der psychoanalytischen Forschung nach Freud auch Krisen und Konflikte im jüngeren und mittleren Erwachsenenalter ins wissenschaftliche Visier rückten, so war immer noch nicht die Lebensgeschichte als ganze Forschungsgegenstand. C.G. Jung schließlich, der in seinem tiefenpsychologischen Ansatz zwar Selbstwerdung als einen lebenslangen Individuationsprozeß thematisierte, war auch noch nicht auf der Spur gezielter biographischer Forschung.

Eine der ersten, die innerhalb der Psychologie systematische Forschung an Biographien betrieb, war Charlotte Bühler. Sie schrieb, daß sich die wissenschaftliche Psychologie bisher bewußt einer Bearbeitung des Lebenslaufes enthalten habe, da es für ein zu komplexes und wissenschaftlich unzugängliches Untersuchungsfeld gehalten würde.[43] 1933 veröffentlichte sie „Der menschliche Lebenslauf als psychologisches Problem", worin sie den Versuch einer Strukturierung des menschlichen Lebenslaufs in Phasen unternahm. Sie ging von biologisch bedingten vier Grundtendenzen[44] und geistig gesteuerter Zielsetzung aus und teilte danach den Lebenslauf in eine Wachstumsphase, eine (Re)produktionsphase und eine Verfallsphase ein,[45] wobei sie das Selbstbestimmungs- und Erfüllungsstreben (Lebensziel) als grundlegende Gestaltungskraft ausmachte. Sie kam zu dem Schluß, daß die gewählte Lebensaufgabe (und die daraufhin abgestimmte (Re)produktion) im Einklang mit den vier Grundtendenzen geglücktes Leben sei.[46] Der Ansatz Bühlers wurde nicht

---

[42] W.Dilthey, 29.

[43] Vgl. Charlotte Bühler, Der menschliche Lebenslauf als psychologisches Problem, Göttingen ²1959, 10.

[44] Anpassende Selbstbeschränkung, Ordnung, Schöpferische Expansion, Entspannung.

[45] Auch mit Ereignisphasen, Erlebnisphasen und Werkphasen versuchte Bühler, Lebensdaten zu strukturieren, vgl. aaO. 94ff.

[46] Vgl. aaO. 71.

sofort anerkannt und weiter entfaltet. Es mag verschiedene Gründe hierfür gegeben haben, vielleicht war es die bleibende „Abschreckung" der Komplexi-
tiät des Lebenslaufs, aber vielleicht war der Grund auch, so ist mein Eindruck,
daß ihre oben genannte Monographie noch recht hypothetisch und relativ un-
systematisch aufgebaut ist. Hinzu kam vielleicht, daß es für den Bereich der
wissenschaftlichen Psychologie zu ungewöhnlich war, von einer Bedeutung
der Lebensziele und Lebenskonzepte - ein eher philosophisches Element, und
das noch mit normativem Nachdruck - für die psychische Entwicklung auszugehen. Allerdings wurde ihr Werk doch noch wichtig, denn, als Mitbegründe-
rin der Humanistischen Psychologie, „öffnete Charlotte Bühler wenig später
die Tore der Entwicklungspsychologie in Richtung auf die ganze Lebensspanne"[47].

G. Jüttemann hebt heute die Bedeutung der teleologischen Komponente, also
die auf Konzepten beruhende Lebenskonstruktion (wie sie schon Ch. Bühler
herausgestellt hat) für die Entwicklung der Persönlichkeit hervor und plädiert
für die biographische Forschung in der Psychologie, da die gängige faktorielle
Strukturbetrachtung der Persönlichkeit dem nicht gerecht würde.[48] Bis heute
führe jedoch, so berichtet Hans Thomae, die Biographieforschung in der Psychologie ein Schattendasein. Dies sei ein bedauernswerter Zustand, da, obgleich Schwächen in der Methodik der biographischen Forschung festzustellen seien, die einseitig positive Bewertung der experimentellen und „quasi-ex-
perimentellen" Forschung seitens der „main-stream psychology", die Lebensgeschichten in zusammenhangslose „items" auflöse, nicht dem Anspruch der
umfassenden Untersuchung des Subjekts genüge.[49] Die zusammenhängende
Lebensgeschichte erfasse erst die adäquate Analyse des seelischen Geschehens, da der wichtige Faktor des zeitlichen Charakters psychischer Geschch-
nisse berücksichtigt sei. Thomae geht noch weiter in seiner Kritik: in der gegenwärtigen Psychologie hätten sich in der unkritschen Verwendung „räumli-
cher Kategorien" wie „Leistungsmotiv", „Wille", und „Coping-Strategien"
Denkweisen eingeschlichen, die an die längst überwunden geglaubte unwis-
senschaftliche „Vermögenspsychologie" des 18. Jahrhunderts erinnerten.[50]
Das Ideal hingegen des Begründers der modernen Psychologie (und Gegners
der Vermögenspsychologie), Wilhelm Wundts, in den Bewußtseinsphänome-
nen „niemals konstante Objekte, sondern Vorgänge, flüchtige Ereignisse"[51] zu

---

[47] So zitiert G. Jüttemann H. Thomae, (Thomae 1985, S.34), ebd., Genetische Persönlich-
keitspsychlogie und Komparative Kasuistik, in: Gert Jüttemann/Hans Thomae (Hrsg.),
Biographische Methoden in den Humanwissenschaften, Weinheim 1998, 113.

[48] „Grundsätzlich ist jedoch zu fragen, ob die Persönlichkeit eines Menschen nicht eher unter den Aspekten Prozeß und Genese, Thematik und Inhaltlichkeit (des Erlebens und Verhaltens) betrachtet werden muß als unter den Aspekten Struktur und Beschaffenheit."
AaO. 116.

[49] Vgl. Hans Thomae, Psychologischc Biographik. Theoretische und methodische Grundlagen, in: AaO. 75 u. 94.

[50] AaO. 83.

[51] AaO. 82.

sehen, so Thomae, könnte die zeitlich ausgerichtete Psychologische Biographik unterstützen.

Methodisch nennt Thomae zwei Ansätze in der Psychologischen Biographik, zum einen „Biographische Verfahren", wo gezielt Merkmalsträger ausgewählt würden, um durch Erforschung ihrer Lebensgeschichte diagnostisch relevante Informationen zu erhalten, und zum anderen die „Biographische Methode", die ganz allgemein „alle Annäherungsweisen an menschliches Verhalten, seine innere Begründung und seine Auswirkungen in Kultur, Gesellschaft und Natur verstanden, welche keine einmalige Begegnung, sondern ein möglichst intensives Mitgehen mit dem zu beschreibenden, zu erklärenden Phänomen als ausreichende Bedingung gültiger Einsicht ansehen"[52]. In beiden Ansätzen würde als Quelle vorrangig das halbstrukturierte Interview benutzt, aber auch geschriebene Autobiographien und Tagebücher als Ergänzung herangezogen. Leider sei man noch nicht soweit, interdisziplinär biographisch zu forschen, um historische und literaturhistorische Quellen für die Psychologie nutzbar zu machen.

Was die „Wahrheitsfrage" anbelangt, hat die Psychologie offenbar weniger Schwierigkeiten als andere Disziplinen, da sie gewohnt sei, so nun wieder Thomae, sich auf die Ebene des Subjekts ganz einzulassen und das erlebte Verhalten Vorrang habe vor der „objektiven" Situation. Nur wenn die Darstellung der eigenen Rolle durch die jeweiligen Partner zu sehr durch Verfälschungen bestimmt erscheine, würden Rückfragen eingeschoben oder auf die Auswertung der entsprechenden Gesprächspassagen verzichtet.[53]

Auch wenn der Stand der explizit biographisch arbeitenden Psychologie innerhalb der psychologischen Wissenschaft kein leichter zu sein scheint, so hat die biographische Methode wohl doch - zumindest in ergänzender Funktion in der Erfassung personaler Dokumente - auch in der Persönlichkeitspsychologie Eingang gefunden.[54]

1.1.6 Ziele der Biographieforschung

1.1.6.1 In den Sozialwissenschaften

Für die Soziologie nennt Werner Fuchs als ein wichtiges Forschungsziel die Erweiterung des Erfahrungsschatzes und die Sensibilisierung der Wissenschaftler. Biographien dienten ferner der Datenerhebung und Materialgewinnung, wobei das Material dann durch „Verknappung" auf „Kernaussagen"

---

[52] AaO. 76, mit Verweis auf H. Thomae, Die biographische Methode in den anthropologischen Wissenschaften. Studium Generale 5, 1952, 163.

[53] AaO. 77.

[54] Hierzu etwas ausführlicher: Andrea Pichlmeier, Wes Geistes Kind. Zum Verhältnis von Spiritualität und Biographie am Beispiel des Ordensgründers Jean-Claude Colin. Eine interdisziplinäre Grundlagenreflexion, Würzburg 2000, 96f.

reduziert werden müsse, um die „halbwegs stabilen Konzepte"[55], mit denen sich Menschen im Alltag orientierten und ihre Handlungen strukturierten, herauszuarbeiten. Die Prozeßhaftigkeit des sozialen Lebens könne zugänglich und analysierbar gemacht werden. Als weiteres Ziel nennt er die kritische Überprüfung von Institutionen. „Um das Handlungsverständnis und das Handeln innerhalb bzw. unterhalb der Regeln institutioneller Strukturen kennenzulernen, um die Sicht 'von innen', vom intentional strukturierten Handlungsraum der Beteiligten aus zu erreichen."[56] Außerdem werde die Bedeutung von biographischer Forschung für die Theorieentwicklung der Sozialwissenschaften darin gesehen, daß eine einzelne Lebensgeschichte Prüfstein für eine Theorie sein könne, beipielsweise als Beitrag zur Absicherung oder Revision einer Theorie des abweichenden Handelns. Die Ergebnisse der Biographieforschung müssten aber auch einen Beitrag zu kulturellen und politischen Debatten „über das richtige Leben und die menschenwürdige Zukunft der Gesellschaft"[57] leisten können.

1.1.6.2 In der Psychologie

Das spezifische Ziel der biographischen Verfahren - in Abgrenzung zu anderen psychologischen Verfahren - ist, Tiefenstrukturen, Orientierungsmuster und Deutungssysteme von Personen in ihrem zeitlichen Charakter und in ihrer Prozeßhaftigkeit zu gewinnen: die „Meßzeitpunkte" sind über einen längeren Zeitabschnitt gestreut und damit die Möglichkeit der Erkenntnisgewinnung im Verlauf eines ausgedehnten Untersuchungszeitraums gegeben. Die genuin subjektive Perspektive nachzuvollziehen, das kam oben auch bereits zur Sprache, soll grundlegendes Ziel sein, da dem Subjekt die Kompetenz zugesprochen wird, das eigene Leben zu beschreiben und zu deuten. Nach Thomae, der als ganz allgemeines Ziel für die psychologische Biographik formuliert, das menschliche Verhalten zu erforschen, kann besonders der „Formenreichtum des motivationalen Geschehens" durch biographische Forschung erhoben werden, aber nicht nur die Motivationsstrukturen seien „außerhalb des psychologischen Laboratoriums" geeigneter zu untersuchen.[58] Wie oben in 1.1.4 schon deutlich wurde, wird seitens der psychologischen Biographik angenommen, daß die experimentelle Forschung dringend durch biographische Verfahren zu ergänzen sei.

Als weiteres Ziel wurde formuliert, Erkenntnisse über Entwicklungen im Erwachsenenalter zu gewinnen. Dies ist insofern von Interesse, als in der Entwicklungspsychologie bisher ausschließlich Kindheit und Jugend Gegenstand der Forschungen waren. Die Notwendigkeit der Entwicklungsforschung des

---

[55] W. Fuchs, 148.Vorwiegend in den Sozialwissenschaften formulierte Ziele 135-155.
[56] AaO. 142, mit Bezug auf Martin Kohli 1981.
[57] AaO. 138.
[58] Vgl. Thomae, 85.

Erwachsenenalters wurde in Abgrenzung zur Psychoanalyse durch Allport bereis 1947 gefordert.[59]

Da kein Anspruch auf Vollständigkeit besteht, sei die allgemeine Darstellung der Biographieforschung hiermit beendet. Zweck dieser Darstellung war ein einführender Einblick in den Sinn und die Entwicklung biographischer Forschung, um aufzuzeigen, auf welchem Hintergrund die Biographieforschung innerhalb der Theologie betrieben wird und wo speziell diese Arbeit wissenschaftlich anzusiedln ist. Als nächster Schritt soll die Auseinandersetzung mit (Auto)biographien innerhalb der Theologie beschrieben werden.

1.2 Theologie und Biographieforschung

Gezielte Biographieforschung innerhalb der Theologie wird noch nicht lange betrieben, auf jeden Fall hat die wissenschaftliche Biographik in der Theologie etwas später als in den oben beschriebenen Fachrichtungen Einzug gehalten. Außerdem scheint die Beschäftigung mit Biographien oder Lebensgeschichten noch mehr auf einem allgemeinen Niveau der Analyse gesellschaftlicher und literarischer biographischer Praxis und auf systematischer Ebene zu liegen, als auf konkreter, methodisch gezielter biographischer Arbeit.[60]

---

[59] Vgl. W. Fuchs, 97. Auch innerhalb der Religionspädagogik werden solche Forderungen in Bezug auf die Glaubensentwicklung laut: „Es fehlt die Aufarbeitung der Lern- und Entwicklungsproblematik, die Reflexion auf den Glauben als Erfahrung mit den lebensgeschichtlich sich wandelnden Erfahrungen." So P. Biehl, 292, Anmerkung 1.

[60] Die unten zur Funktionalität zu Wort kommenden Theologen sind zumeist Vertreter dieses allgemeinen Niveaus. Außerdem stammen die meisten aus der evangelischen Theologie. Dies hängt wohl mit der längeren Tradition der Religionspsychologie innerhalb der Protestantischen Theologie zusammen. Konkrete biographisch-wissenschaftliche Arbeiten wurden beispielsweise erstellt von Stefanie Klein (1994, s.Lit.), Annette Schleinzer (Die Liebe ist unsere einzige Aufgabe: Das Lebenszeugnis von Madeleine Delbrèl, Ostfildern 1994), Regina Sommer (Lebensgeschichte und gelebte Religion von Frauen: eine qualitativ-empirische Studie über den Zusammenhang von biographischer Struktur und religiöser Orientierung, Stuttgart-Berlin-Köln 1998), Lutz Friedrichs (1999, s. Lit.), Andrea Pichlmeier (2000, s. Lit.) und Lothar Kuld (1997, s. Lit.). Kuld fällt etwas aus der Reihe, da er zahlreiche Biographien „im Schnelldurchlauf" bespricht und mit diesen Lebensgeschichten eher seine Thesen illustriert, als sich intensiv mit einer Biographie auseinanderzusetzt. Dieses Verfahren ist - und in dieser Weise gar nicht so selten - vielleicht eher der narrativen Theologie zuzurechnen als der biographischen. Was Kulds Aussagen zu Merton anbelangt, beschäftigte er sich wohl ausschließlich mit der Entwicklungsstufe Mertons zur Zeit der Entstehung seiner Autobiographie, seine Aussagen zur späteren Interpretation Mertons des buddhistischen Anatta (Nicht-Ich) sind unkorrekt (das Nicht-Ich deutet Merton durchaus auch personal, dazu mehr in Teil II, fünfter Lebensabschnitt), vgl. Kuld 1997, 221. Es fällt auf, daß diese Arbeiten interdisziplinär angelegt, religionssoziologisch (Klein), religionspsychologisch (Kuld und Pichlmeier), literaturtheologisch (Friedrichs) und innertheologisch zumeist der Praktischen Theologie zugehörig sind. Innerhalb der Theologischen Ethik gibt es offensichtlich noch wenige biographische Arbeiten (literaturethisch: Hille Haker, Moralische Identität, Literarische Lebensgeschichten als Medium

Methodisch gibt es in der Theologischen Biographik noch weniger Richtlinien wie in der Soziologie und Psychlogie (dort: Präferenz Interview). Aus der Charakteristik ihres Faches bietet sich natürlich für die Theologie aufgrund ihrer Geschichtsbezogenheit die literarhistorische Quellenbearbeitung an. Aber auch die Arbeit mit Interviews wäre für praktisch-theologische und ethisch-theologische Arbeit sinnvoll „zu entdecken"[61].

Wie unten erläutert wird, ist die Frage nach dem Status des Subjekts für die Theologie in vielfacher Hinsicht von zentralem Interesse und wurde unter anderen Vorzeichen schon mehrfach diskutiert. Das Subjekt betreffende autobiographische Äußerungen können daher gar nicht ignoriert werden, allerdings muß gleich gesagt werden, daß das Verhältnis subjektiver Äußerungen zur Theologischen Wissenschaft eine spannende, noch nicht endgültig geklärte Frage bleibt. Was die mit Biographik befaßten Theologen außerdem sehr beschäftigt, ist die Funktionalität von (Auto)biographien, sowohl in religiöser, als auch in seelsorgerlicher und ethischer Perspektive. Die Theologie könnte hiermit, vielleicht mehr als beachtet, im gesamtbiographischen Forschungsspektrum einen wichtigen Diskussionsbeitrag leisten zur Klärung der heutigen anthropologischen Bedeutung der Biographisierung. Überlegungen zur Biographisierung als Herausforderung ethischer Arbeit - d.h. das Objekt Biographie als sittlichen Akt zu fokusieren - werden am Schluß dieses Abschnitts angestellt.

1.2.1 Lebensgeschichten als vertrautes Thema der Theologie

Lebensgeschichten sind ein wichtiger Bestandteil der christlichen Religion, geht es doch im christlichen Glauben grundsätzlich um die Beziehung zwischen Gott und Mensch, die sich in vielen Einzelgeschichten entfaltet. In der Bibel sind es immer wieder auch Lebensgeschichten, die im Mittelpunkt stehen. Im Alten Testament sind die Geschichten der Erzväter Israels ursprünglich stark mit den heiligen Orten, an denen sie Gottesoffenbarungen erlebt hatten, verbunden (z.B. Jakob in Beth El, Genesis 28). Schon bald aber tritt das Interesse an der Kultsage des heiligen Ortes zurück hinter dem Interesse an der schicksalshaften Lebensgeschichte dieses Menschen, in deren auf und ab das Volk sich in seinem Gewordensein wiederfinden kann. Lebensgeschichten ziehen sich durch das Alte Testament von den Erzvätern über die Könige und Propheten.[62] Aber vor allem das Neue Testament hat in der Darstellung des Lebens der Person Jesus von Nazareth eine eigene literarische Schöpfung

ehtischer Reflexion. Mit einer Interpretation der „Jahrestage" von Uwe Johnson, Tübingen 1999, historisch-ethisch: Martina Kreidler-Kos, Klara von Assisi, Schattenfrau und Lichtgestalt, Tübingen-Basel 2000).

[61] S. Klein stellt zwei soziologische Forschungsmethoden vor, die auch für die praktische Theologie anwendbar sind, und wendet selbst eine empirische Methode an, vgl. S. Klein, 132ff.

[62] Wobei die Personenzentriertheit in den alttestamentlichen Büchern unterschiedlich ist, bekanntlich rückt beispielsweise im Buch Exodus Israel als Volk in den Vordergrund.

hervorgebracht: das Evangelium. In der Apostelgeschichte wird dann der weite Bogen aufgeschlagen, in dem Lebensgeschichten christlicher Persönlichkeiten nach Jesus erzählt werden. Dieser Bogen der Lebensgeschichten erstreckt sich im geschichtlichen Horizont über Confessiones, Hagiographien, Pilgerberichte, Bekenntnisliteratur, Beichtspiegel, Tagebücher und Autobiographien bis heute. Lebensgeschichtliche Reflexion und Selbstreflexion gehört schließlich untrennbar zum Programm der christlichen Religion.[63]

1.2.2 Das Problem der Subjektivität

1.2.2.1 Subjektivität und theologische Wissenschaft

Die Forderung, den subjektiven Grundlagen in der theologischen Wissenschaft Rechnung zu tragen, löst nach wie vor kontroverse Reaktionen aus. Ablehnung erfolgt sicher aufgrund von Ängsten um den „Wahrheitsgehalt" der Glaubensgründe, aber nicht zuletzt auch weil das Selbstverständnis und der Status der Theologie als Wissenschaft tangiert wird und vielleicht neu definiert werden müßte. Diese Forderung wird jedoch gerade in der Frage nach der Wissenschaftlichkeit der Theologie gestellt,[64] besonders aber auch im Interesse an engerer Verbindung von Theorie und Praxis.[65] Dabei ist man sich durchaus bewußt, daß gerade in der Subjekivität der religiösen Erfahrung das Problem der wissenschaflichen Objektivierung seine Ursache hat.[66] Aber nicht

---

[63] Nach W.Sparn sind für einen Christen gewisse autobiographische Akte nicht nur selbstverständlich, „sondern auch verpflichtend, zumindest die episodischen Formen etwa des abendlichen Gebets oder der persönlichen Beichte." W. Sparn, 13.

[64] „In einer lebensgeschichtlichen Theologie muß auch die Frage nach der Wissenschaftlichkeit der Theologie neu gestellt werden. Dabei ist zu vergegenwärtigen, daß die wichtigsten Errungenschaften in der Theologie und Kirchengeschichte allemal einer wissenschaftlich „unreinen" Theologie entstammen, in welcher Biographie, Phantasie, akkumulierte Erfahrung, Konversionen, Visionen, Gebete unlöslich ins „System" verwoben waren." J. B. Metz, Glaube in Geschichte und Gesellschaft: Studien zu einer prakt. Fundamentaltheologie, Mainz 1977, 197.
„Theologisches Denken und Frömmigkeit stehen sich in einem spannungsvollen und unbefriedigend geklärten Verhältnis gegenüber." D. Rössler, Frömmigkeit als Thema der Ethik, in: Handbuch der Christlichen Ethik, Bd. 2, Freiburg 1993, 508.

[65] „Auch hier, in der Theologie, zielt die thematische Zuspitzung auf Biographie dahin, die eigenen Theorien, Begriffe und Methoden mit Wirklichkeitsgehalt anzusättigen, die Kluft zwischen Theorie und Praxis zu überwinden, das als defizitär empfundene Schisma zwischen theologischer Systembildung und religiöser Erfahrung, Dogmatik und Biographik, Lehre und Lebenspraxis, wissenschaflichem Objektivismus und gelebter religiöser Subjektivität anhand der Leitfrage zu überbrücken." V. Drehsen, Frömmigkeit, 38.

[66] „Je mehr sich die wissenschaftliche Theologie der Individualität von Glauben und Frömmigkeit zuwendet, um so größer wird die Aporie hinsichtlich des Stellenwertes der Objektivität der Gründe von Glauben und Frömmigkeit." T. Rendtdorff, Perspektiven zum Verhältnis von Theologie und Frömmigkeit, in: V. Drehsen (Hg.), Der 'ganze Mensch': Perspektiven lebensgeschichtlicher Individualität; Festschrift für Dietrich Rössler zum sieb-

die Umgehung der Subjektivität durch Detaildogmatisierung wird als Lösung betrachtet, sondern zunehmend wissenschaftlich kompetenter Umgang mit der subjektiven Dimension des Forschungsobjekts. Schon seit längerer Zeit, aber wenig beachtet, wird der Vorwurf laut, die Theologie habe sich im Laufe ihrer Theologiegeschichte allzu oft in dogmatisierende Objektivierungen verloren und die evident subjektive Seite des theologischen Forschungsobjekts vernachlässigt. Letztere müsse neu berücksichtigt werden. Jene, die diese Spannung in der Theologie realisieren, versuchen ihr seit längerem durch Verständnis der Texte aus ihrer historischen Entstehungssituation heraus zu begegnen (vornehmlich in der Exegese) oder durch Aktualisierung und Enkulturation (Praktische Theologie). Längst vergangene Lebenserfahrungen werden in die aktuelle Zeit übersetzt und singulär-subjektives Erlebnisgut auf Allgemeingültiges hin untersucht. Im Bereich der Religionspädagogik wird versucht, biblische Figuren zu symbolisieren, um sie auf gegenwärtige Lebensgeschichten übertragen zu können.[67]

Die Problematik der Wissenschaftlichkeit von Biographieforschung, wie sie aufgrund des subjektiv-individuellen Materials oben in den Sozial- und Literaturwissenschaften beschrieben wurde, ist demnach in der Theologie analog im Fall von subjektiver Glaubenspraxis und objektivierender Wissenschaft hinlänglich bekannt.[68] Als Reaktion auf diese Spannung kann auch die breite Rezeption der Biographieforschung innerhalb der Theologie gesehen werden, die seit den achziger Jahren im Gange ist.[69]

Die historisch-kritische Behandlung von Biographien fordert PH. Lejeune im übrigen für die allgemeine Biographieforschung in gattungsgeschichtlicher Hinsicht, nämlich „die synchrone Untersuchung eines der Lektüresysteme einer bestimmten Epoche"[70], ein Ansatz, der offenbar in der Literaturwissenschaft bisher für die Gattung Autobiographie ignoriert wurde. Nach L. Kuld könnte dieser Ansatz gerade von der theologischen Biographieforschung vorangebracht werden.[71]

---

zigsten Geburtstag, Berlin 1997, 328.

[67] Vgl. P. Biehl, 277.

[68] H. Spengler beschreibt anschaulich seinen eigene Glaubensentwicklung im Konflikt zwischen persönlicher Frömmigkeit und historisch-kritischen Erkenntnissen, vgl. H. Spengler, Bekehrung und wissenschaftliche Theologie, in: Religion und Biographie. Perspektiven zur gelebten Religion, München 1987, 141ff.

[69] Die theoretische Biographieforschung setzte auch in der Theologie, parallel zu anderen geisteswissenschaftlichen Disziplinen erst spät ein, Ende der siebziger Jahre des 20. Jahrhunderts. Vgl. S. Klein, 103.

[70] Ph. Lejeune, Les Francais fictifs, Paris 1974, zitiert bei L. Kuld, 43.

[71] Von der Literaturwissenschaft wurde scheinbar stillschweigend festgelegt, die Gattung Autobiographie mit dem 18. Jahrhundert beginnen zu lassen, eine Festlegung, gegen die sich einige Forscher wehren, so neben Lejeune auch Lothar Kuld. Letzterer meint, gerade die theologische Biographieforschung stelle mit ihren autobiographischen Fundsachen aus Antike und Renaissance diese gattungsgeschichtliche Annahme in Frage, vgl. aaO. 26ff. Auch G. Misch bestreitet diese Zuordnung, da Autobiographien, wenn auch nicht zahlreich, auch aus dem Altertum bekannt seien. Misch sieht jedoch nicht den Ursprung der Autobiographien im frühen Christentum (bei Augustinus), sondern im griechisch-römi-

1.2.2.2 Die Kommunikabilität von Biographien

Der Aspekt, daß ein Leben von einem anderen Menschen kaum je richtig verstanden werden könne, war jedoch auch der Grund, weshalb Karl Barth und die dialektische Theologie einst Biographien jede Bedeutung für die Theologie absprachen. Selbstbiographie sei ein „so fragwürdiges Unternehmen, weil dabei fast notwendig vorausgesetzt wird, es gebe einen Stuhl, auf den einer sich setzen könne, um die Folge der Augenblicke, das Leben eines anderen Menschen oder gar das eigene von da aus zu betrachten, in seinen Phasen zu vergleichen, es in seiner Entwicklung zu überschauen und zu durchschauen... Überschauen und durchschauen kann er sich nicht einmal im je gelebten Augenblick...“[72]. K. Barth unterstellt hier Autobiographen oder Biographen den Anspruch auf absolutes Verständnis, ein Anspruch, der so wohl kaum je angenommen wurde. Er übersah außerdem, daß jede menschliche Verständigung auf einer gewissen Relativität beruht, da eine perfekte, „maschinelle" Semiotik nicht den menschlichen Möglichkeiten entspricht. Und woher nahm Barth, der Dogmatiker, die Gewißheit, daß es einen „Stuhl" gibt, von dem aus die dogmatischen Fragen „durchschaut" werden können? Barths Kritik könnte für jeden menschlichen Kommunikationsbereich angesetzt werden, und damit jeder Kommunikationsform ihre Redlichkeit absprechen, was das Ende jeder Kommunikation wäre. Es wäre letztlich auch das Ende einer jeden sachbezogenen Kommunikation, und damit auch der dogmatischen, die, bei aller theologischen Sachlichkeit, auch nur in Menschenwort geführt werden kann. Letzteres Problem nahm Barth zur Kenntnis, räumte aber der dogmatischen Arbeit (Verständigung - im Gegensatz zur Autobiographie) eine Nische der Daseinsberechtigung ein.[73]

---

schen Altertum. Das Werk Augustinus sei nicht ein Anfang, sondern eine Vollendung. Vgl. G. Misch, Begriff und Ursprung der Autobiographie(1907/1949), in: G. Niggl, 52f. Autobiographien werden von vielen Forschern der Neuzeit zugeschrieben, parallel zur Entwicklung der modernen, bürgerlichen Gesellschaft. Emanzipation des Einzelnen aus Gruppenzugehörigkeit, Diskontinuitäten im Lebenslauf, Differenzierungsprozesse und dadurch das wachsende gesellschaftliche Interesse am Leben des Einzelnen, wirkten danach ursächlich auf das literarische Verhalten der Autobiographen. Vgl. z.B. W. Fuchs (mit Bezug auf W. Mahrholz 1919 und M. Kohli 1978) und z.B. H. Leitner, Die temporale Logik der Autobiographie, in: W. Sparn, 316. Nicht nur Autobiographien erfuhren übrigens in dieser Zeit ihren Aufschwung, sondern auch die Romanschreibung, so aaO. 358. W.Sparn betont den Ursprung von Biographien im „christlichen Abendland", vgl. W. Sparn, 15. Eine besondere Stellung in dieser Entwicklung wird dem Pietismus zugeschrieben, da der Pietismus in seiner Konzentrierung auf die persönliche Frömmigkeit eine neue Bekenntnisliteratur in Form von geistlichen Stundenbüchern und Tagebüchern hervorbrachte. Diese wirkte wiederum katalysatorisch auf säkulare Autobiographien, bzw enthielten in sich bereits säkularisierende Tendenzen, wie G. Niggl nachzuweisen versucht, vgl. G. Niggl, Zur Säkularisation der pietistischen Autobiographie im 18. Jahrhundert (1974), in: ebd., Autobiographie, 367-391.

[72] K. Barth, Kirchliche Dogmatik III/4, Zollikon 1957, 698, zitiert bei P. Biehl, 272f.

[73] Vgl. K. Barth, Das Wort Gottes als Aufgabe der Theologie (1922)), in: Jürgen Moltmann (Hg.), Anfänge der dialektischen Theologie, München 1962, 199-218.

Es wird also kaum jemals eine Autobiographie geschrieben worden sein mit der Erwartung, von möglichen Lesern vollkommen verstanden zu werden. Innenwelt und Umwelt unterliegen humaner und historischer Relativität. „Eine christliche Autobiographie, obwohl sie ein bestimmtes, von anderen Individuen verschiedenes Antlitz zur äußeren Anschauung bringt [..], ist daher eine Collage von autobiographischen Akten, die einer jeweils befristeten Erfahrungszeit zugehören - wie der christliche Rechtfertigungsglaube selber."[74] H. Luther nennt K. Barths radikale Absage an Biographie „ein theologisches Mißverständnis", zumindest „wenn man davon ausgeht, daß Theologie keine abstrakten, zeitenthobenen 'Wahrheiten' verkündet, sondern konkrete, fleischgewordene, die Existenz jedes einzelnen lebenspraktisch betreffende, ansprechende und herausfordernde Wahrheit sein will - wenn sie also nicht dogmatisch richtige Satzwahrheiten, sondern befreiende, also evangelische Lebenswahrheiten, Wahrheiten, die zum Leben verhelfen, laut werden lassen will"[75]. Die vermehrte Beachtung biographischen Materials soll nach P. Biehl auch nicht heißen, daß Biographie an die Stelle von Theologie treten soll und sämtliche theologische Sachfragen auf der subjektiven lebensgeschichtlichen Ebene zu verhandeln wären; „...es geht vielmehr darum, Theologie aus ihrem jeweiligen lebens- und zeitgeschichtlichen Kontext heraus verständlich zu machen und theologische Reflexion konsequent auf den Zusammenhang von Biographie und Religion zu beziehen wie das für den Zusammenhang von Religion und Gesellschaft geschehen ist"[76]. Nach W. Sparn ist christliche Autobiographie, im Gegensatz zu säkularer, geradezu gefeit vor Autarkie im Sinne von Selbstmächtigkeit (causa sui und conservatio sui). Die akzeptierte Voraussetzungshaftigkeit und Empfänglichkeit des Ganzen des eigenen Lebens würde dem christlichen Autor zu Autonomie verhelfen, aber Autarkie verhindern. Unter dem Gesichtspunkt der religiösen Ambivalenz des modernen Selbstbewußtseins müsse die christliche Spiritualität aber größtes Interesse an der gegenwärtigen Problematik der Begründung biographischer und autobiographischer Kultur nehmen.[77]

1.2.3 Funktionen religiös motivierter Biographien

1.2.3.1 Herstellung und Unterlassung von Sinn

Zum menschlichen Leben gehören Sinnbezüge, da absurdes, sinnloses Dasein für den psychisch-kognitiv beschaffenen Menschen in der Regel eine unerträgliche Vorstellung ist. Selbst eine philosophische Forderung wie die von

---

[74] W. Sparn, 24.
[75] H. Luther, Religion und Alltag. Bausteine zu einer Theologie des Subjekts, Stuttgart 1992, 38.
[76] P. Biehl, 273.
[77] Vgl. W. Sparn, 23.

Albert Camus, das Absurde als solches zu bejahen, ist eine paradoxe Weise, mit Sinnlosigkeit antwortend umzugehen. Biographische Aktivität wird häufig durch Brüchigkeiten, Unstimmigkeiten und Diskontinuitäten im Lebensverlauf hervorgerufen. In der (Auto)biographie wird dann, wie oben beschrieben, mittels Auswahl, Bewertung und (Re)konstruktion Ordnung und Zusammenhang hergestellt; die Einzelelemente des Lebens werden einem Sinnganzen zugeordnet. Bei aller Sinn-Notwendigkeit des menschlichen Daseins muß jedoch zugegeben werden, daß dort, wo Absurditäten und schicksalshafte Kontingenzen innerhalb einer Lebensgeschichte schockierend, eklatant und verletzend bleiben, auf Sinnantworten redlicherweise, zumindest partiell, verzichtet werden muß. Manches muß in seiner Absurdität ohne Sinnbezüge stehengelassen werden, oder zumindest kann nicht allen Begebenheiten ein Voll-Sinn zugestanden werden.[78] Auch in der theologischen Biographieforschung wird verschiedentlich der Anspruch auf diese Redlichkeit laut: in der christlichen Biographie sollte auch Ungereimtes und Zerbrochenes Platz haben dürfen. Absurditäten, Inkonsistenzen und Fragmentarisches des Lebens dürften nicht schöngeredet, verdrängt oder einer obsessiven Sinntotalität untergeordnet werden.[79] Gerade die religiös-christliche Überzeugung von einem Angenommensein, das von der Eigenleistung unabhängig ist und von einer Wirklichkeit, deren letztes Wort nicht von menschlicher Hand geschrieben wird, sollte aber zu einer redlichen Offenheit des Autobiographen beitragen, die auch Verbrüchliches, Fragliches und Widersprüchliches zur Sprache kommen läßt. Diese Offenheit, die mit einer das Selbst übersteigenden Größe rechnet, einer Größe, die als „barmherziger Gott" auch Schwächen und Fehler integriert, ermöglicht eine christliche (Auto)biographie, die der Wirklichkeit schonungslos und unverstellt ins Auge sehen kann.[80]

---

[78] Vgl. J.P. Wils, Sinn und Motivation, in: J. P. Wils/ D. Mieth (Hg.), Grundbegriffe der christlichen Ethik, Paderborn 1992, 155. Wo Sinn eingeredet wird, kann die Sinnfrage auch zur Götzenfrage werden, vgl. G. Sauter, Was heißt nach Sinn fragen? Eine theol.-philos. Orientierung, München 1982, 159-171.

[79] Vgl. V. Drehsen, Frömmigkeit, 44ff.

[80] „Angesichts dieser Unmöglichkeit, die unterschiedlichen Fragmente seiner Lebensgeschichte faktisch zu einer substantiellen Einheit zusammenführen zu können, entfällt nach Darstellung der protestantischen Gnadenlehre für den gerechtfertigten Sünder vor Gott zugleich auch die Nötigkeit, selbst für die Ganzheit seines Daseins sorgen zu müssen.[Anmerkung] Unter den Vorzeichen von Erlösung und Vergebung wird er vielmehr dazu instand gesetzt, sich nunmehr gerade auch in seiner verbrüchlichen Integrations- unfähigkeit präsentieren zu können, und dies nicht zuletzt im vorgreifenden Bezug auf eine Zukunft, die eine „Aufhebung" der Fragmentarität in einem übergreifenden Sinnzusam- menhang verspricht, der nicht aus menschlicher Selbstmächtigkeit ersteht, den Menschen also prinzipiell vom Zwang zu konziser Selbstrechtfertigung, Selbstverwirklichung und Selbstbehauptung befreit." AaO. 46.

1.2.3.2 Biographie als Befreiung vom gesellschaftlichen Identitätszwang

„Lebensgeschichten enthalten, sofern sie erzählt werden, immer ein Identitäts-
angebot",[81] so W. Gräb. Jedoch verweist Gräb auf die problematische Seite
des Begriffes Identität, wenn er im sozialwissenschaftlichen Sinne als „Ver-
haltens- und Erwartungssicherheit gewährendes Selbstkonzept" verwendet
würde. Derartige Identitätsbegriffe seien ins Wanken geraten, da stetige Pluralisierung heute auch die Anpassung und notwendige Flexibilisierung der
Selbstkonzepte notwendig mache. „Es wächst die Aufmerksamkeit darauf,
daß ich mich unter höchst unterschiedlichen situativen Anforderungen und
Umweltbedingungen, und d.h. im Modus hochgradiger Binnendifferenzie-
rung, als ein immer wieder anderer, mit mir identisch muß vorstellen können.
Dann nämlich erst, vermöge der Freiheit zum Anderseinkönnen und nicht in
der strikten Übernahme eines gesellschaftlich abgestützten, religiös sanktio-
nierten Lebenszyklus oder in der rigorosen Durchführung eines traditionell
festgeschriebenen Charakterprofiles wird unser Selbstkonzept mit der Komplexität unserer gesellschaftlichen Lebensbedingungen kompatibel."[82] Zu starre Deutungsmuster würden deswegen heute dem Menschen auf der Suche
nach seiner Identität nicht weiterhelfen, eine Tatsache, die auch in kirchlicher
Praxis wahrgenommen werden müsse. Religion solle dem Menschen vielmehr
helfen, sich in seiner Lebensgeschichte individuell zu verstehen und zu präsentieren, ohne ein gesellschaftlich sanktioniertes Selbstkonzept bestätigen zu
müssen. Religion könne dazu beitragen, Konsistenzzwänge aufzuheben und
„gerade die Freiheit vom Zwang zur Identitätspräsentation"[83] zu unterstützen.
In die gleiche Richtung argumentiert H. Luther. Religiöse Autobiographie
zeichne sich durch eine Beziehung zwischen Ich und Welt aus, die eine Identität zulasse, welche nicht abgerundet, gesellschaftlich-persönlich intakt, vollkommen sein müsse. Religiöse Autobiographie könne auch Fragmentarisches,
Gebrochenes, Unfertiges zur Sprache bringen und sich dadurch von einer
Identitätsauffassung abgrenzen, die von der Ausbildung und Bewahrung einer
vollständigen, ganzen und integrierten Identität ausgehe.[84] Der Glaube an sein
Gerechtfertigtsein erlaube es dem christlichen Autor, auf Rechtfertigung vor
dem Publikum zu verzichten. Eine solche Rechtfertigung ziele ja nur auf eine
„Übereinstimmungsidentität des Selbst mit den Erwartungen anderer." Das
Rechtfertigungsmotiv (nichtchristlich verstanden) verbunden mit dem Identi-
tätsmotiv verleite die Autobiograhie tendentiell zur „Lebenslüge"[85].
Das bedeute aber auch nicht, daß das Subjekt in Selbstgenügsamkeit oder
Selbstgefälligkeit verharren, sondern daß es die Spannung zwischen sich und
anderen offenhalten solle. In der christlichen Autobiographie gehe es nicht um

---

[81] Gräb, 87. Herstellung und Darstellung von Identität ist von vielen Forschern thematisier-
      tes Motiv, vgl. S. Klein, 106, Anm. 360.
[82] AaO. 87f.
[83] AaO. 88. Eine Stellungnahme zu Gräbs Thesen erfolgt in I.2.
[84] Vgl. H. Luther, Religion, 160. Ähnliche Forderungen stellte oben V. Drehsen, im Zusam-
      menhang mit Sinngebung.
[85] H. Luther, Herz, 366.

Suche nach Anerkennung, sondern um die Selbstsuche. Die Sorge, von anderen anerkannt zu werden, würde abgelöst von der Frage, wer ich selbst eigentlich bin. An dieser Stelle plädiert Luther unbemerkt doch wieder für das Identitätsmotiv!

1.2.3.3 Biographie als Weg zur Individualität

Weil Gott der eigentliche Adressat der christlichen Autobiographie sei, müsse die Frage nach sich selbst aber nicht zu einer abgeschlossenen Identität führen, sondern dürfe Widersprüche und Differenzen offenlegen, so nocheinmal Luther.[86] Durch den Bezug auf Gott gewinne in der christlichen Autobiographie das Motiv der Individualität Vorrang vor dem Motiv der Identität.[87] Das Motiv der Individualität sichere die Unverfügbarkeit der sozial nicht verrechenbaren Subjektivität.[88] Durch die Hinwendung zu Gott geschehe ein Gang in die radikale Subjektivität, einem Weg auf dem das Ich aber eher seine Nichtidentität als seine Identität erfahre. Das Beispiel Augustins zeige, daß die Suche nach dem Unwandelbar-Identischen nur bei Gott fündig werde, bei sich selbst, auch nach seiner Bekehrung, stelle der Mensch immer nur Nichtidentität fest.[89]

Dem Motiv der Individualität mißt auch V. Drehsen große Bedeutung bei, besonders im Verhältnis von individuell-subjektivem und institutionell- doktrinärem Glauben. Das biographische Interesse werde „zunehmend zum vorrangigen Autonomie-Ausdruck der Individualität in betonter Unterscheidung zu jeder angesonnenen institutionellen und indoktrinären Fremdbestimmung"[90]. Biographie sei ein Medium, das es dem Einzelnen gestatte, sich mit seiner Lebensgeschichte als Ganzes von den anderen abzuheben und damit die Individualität zu profilieren. Biographie hätte also individualitätsvergewisserndes Darstellungsinteresse.[91] Individualität und Identität stünden insofern in Beziehung zueinander, als Identität auf der Auseinandersetzung zwischen

---

[86] Vgl. aaO. 380.
[87] Vgl. aaO. 367. Ob diese Suche nach sich selbst vorrangig dem Individualitätsmotiv zuzuschreiben ist, kann sicher bezweifelt werden. Das Identitätsmotiv drängt nach Luther automatisch nach Abschluß, selektiert offene Widersprüche und ist an soziale Zwänge gebunden. Dies ist jedoch gewiß nicht die einzige Möglichkeit, Identität zu beschreiben. Andererseits lehnt Luther das Identitätsmotiv nicht grundsätzlich ab, sondern nur in Verbindung mit dem (nichtchristlichen) Rechtfertigungsmotiv. Das Individualtätsmotiv sei sogar vom Identitätsmotiv her determiniert in der paradoxen Art, daß Identität durch Differenzen und Widersprüche geprägt sei vgl. ebd. 366.
An anderer Stelle wehrt sich Luther lediglich gegen einen bestimmten Identitätsbegriff, nämlich den von G. H. Mead und E. H. Erikson, der statisch sei (mit ereichbarer Identität rechne) und nicht - richtigerweise - als regulatives Pinzip einer Entwicklung gesehen werde. Vgl. H. Luther, Religion, 163.
[88] Vgl. aaO. 379.
[89] Vgl. aaO. 375.
[90] V. Drehsen, Fömmigkeit, 40.
[91] Vgl. aaO. 47.

Individualität und Sozialität beruhe, verbunden mit einer persönlichen Bewertung („Erlebnisschichtung") schicksalshafter Ereignisse.[92] Theologisch betrachtet könne das Medium Biographie dem individuell zugesprochenen und verwirklichtem Heil Ausdruck verleihen. Die Konstruktivität eines Lebenslaufes sei Ausdruck der theologischen Einsicht in die Einmaligkeit jedes Menschen. Biographie ermögliche die heute notwendige Verknüpfung von Glaubenserfahrung und Selbsterfahrung. Die biographische Erzählung werde dabei zum nichtwissenschaftlichen, lebensweltlichen Verifikationsprinzip der religiösen Erfahrung.[93] Von der Biographie her werde außerdem das individuelle Verhältnis zur Religion aufgebaut.[94]

1.2.3.4 Religiöse Kommunikationsgemeinschaft durch mehrschichtige Adressierung

H. Luther stellt fest, daß jeder Autor einer Autobiogaphie einen Adressaten vor Augen hat, d.h. ein reales oder imaginäres Publikum, auf das hin er seine Lebensgeschichte stilisiert.

Das Publikum sei verbunden mit gesellschaftlichen Normen und Standards, mit Urteilen und Werten, gesellschaftlichen „Skripts",[95] die die Folie bildeten, auf der die Autobiographie stilisiert wird. Selbst wenn das Publikum nicht bewußt vor Augen stünde, hätte der Autor dessen „Skripts" mehr oder weniger internalisiert. Auch Menschen, die ihre Lebensgeschichte nicht schriftlich artikulierten, stünden solchen „Skripts" Rede und Antwort, hätten sozusagen das öffentliche Forum in ihrer „gelebten" Biographie verinnerlicht.

Dennoch gibt es nach Luther Unterschiede in der Bewertung des öffentlichen Forums. Nicht für jeden Biographen habe das öffentliche Urteil das gleiche Gewicht. Die Chance für eine echte autobiographische Selbsreflexion bestünde dann, wenn der Autor in der Lage sei, sich vom urteilenden Publikum zu emanzipieren. Dazu gehöre der Mut, sich vom Bild, das von einem auf der Folie des gesellschaftlichen Standards entstanden ist (in den eigenen Augen

---

[92] Vgl. aaO. 49.

[93] „Darum spielen zeugnisgebende, vorbildprägende Autobiographien und Fremdbiographien im Pietismus eine hervorragende Rolle. Gott spricht, erzählt und handelt durch sie in jener Unmittelbarkeit, die uns aufgrund der eigenen, unmittelbaren Lebenserfahrung als Probe auf die biblische Verheißung zugänglich ist und potentiell keiner anderen „Vermittlung", etwa durch geschichtliche Tradition, kirchenamtliche Institution oder intellektuelle Einsicht mehr bedarf..." AaO. 40f.

[94] „ In jedem Fall scheint es die Gegenwartssituation der religiösen Individualitätskultur zu kennzeichnen, daß ein biographisches Interesse vornehmlich die Anspruchsgrundlage bildet, auf der sich das je eigentümliche und eigenverantwortliche Aneignungs- und Partizipationsverhältnis des einzelnen zur vorgegebenen Religion innerhalb ihrer mehrdeutigen und konkurrenten Gesamtlage in bestimmter Weise erst aufbaut: Ist Religion einmal, so muß sie notwendig und zentral auch lebensgeschichtlich orientiert sein, wie auch umgekehrt gilt, daß die Biographie eines Menschen Ausdruck seiner Religiosität ist." AaO. 58.

[95] H. Luther, Der fiktive Andere, Mutmaßungen über das Religiöse an Biograhien, in: Grözinger/Luther, 71.

und in den Augen der anderen), zu durchbrechen, und sich die Freiheit radikal eigenständiger Reflexion zu nehmen. Gelänge dies dem Autor, so bleibe die Frage, für wen er eigentlich seine Erlebnisse niederschreibe. Selbst wenn er nur für sich alleine schriebe, sei sein eigenes urteilendes Ich nicht klar festgelegt, bestehe doch immer eine Differenz zwischen dem lebenden und dem schreibendem Ich, dem Ich jetzt und dem Ich später.

Der Adressat ist nach Luther in jedem Fall eine übergeordnete Größe, der man sich auf Verständnis hoffend anvertraut, ein „fiktiver Anderer", der liebend und kritisch mit den eingegebenen Botschaften umgeht. Dieser „fiktive Andere" ist eine Größe, die sowohl über der eigenen Urteilskraft stehe, als auch über dem Urteil der anderen. In der christlichen Autobiographie hat nach Luther dieser „fiktive Andere" einen Namen: Gott. Die Attribute „liebend" und „kritisch" kämen dem theologisch überlieferten Gott des Christentums zu. In den Vorstellungen von Liebe und Kritik ließe sich danach das christliche Modell von Gnade und Gericht wiedererkennen. „Und das Muster der wechselseitig miteinander verschränkten Kritik und Liebe beim 'fiktiven Anderen' findet sich auch in der eigentümlichen Doppelstruktur, die als das entscheidende Charakteristikum christlicher Autobiographie gilt. Sie ist immer zugleich vertrauensvoller Lobpreis Gottes und Beichte, confessio laudis et peccati. Klassisch ist hierfür die Autobiographie Augustins, seine Confessiones, die Lobgesang und Klagegesang, hymnus und fletus (X. 4, 5) zugleich sein wollen."[96] Durch die Darstellung der Größe des „fiktiven Anderen" und der damit verbundenen Erzählhaltung versucht Luther aufzuzeigen, daß Religiöses nicht nur auf inhaltlicher Ebene zutagetritt, sondern auch in der formalen Struktur einer Autobiographie. „Wenn in Biographie Ich und Welt zueinander in Beziehung gesetzt werden, dann scheint die religiöse Dimension nicht erst auf, wenn eine dritte Größe wie Gott ins Spiel gebracht wird, sondern in einer spezifischen Konstellation, *wie* Ich und Welt in Beziehung zueinander gesetzt werden."[97] Luther wehrt sich also gegen die Meinung, christliche Autobiographie zeichne sich nur durch explizite Erwähnung Gottes aus.[98] Sei aufgrund radikaler Selbstreflexion ein „fiktiver Anderer" mit im Spiel, würde weder das Ich noch die Welt zum letzten Bezugspunkt gemacht und daraus der Raum für eine religiöse Dimension eröffnet. Damit sei jede (auch nicht explizit religiöse) Autobiographie für die religiöse Dimension offen, vielleicht gradezu prädestiniert. Christliche Autobiographie könne hingegen, aber müsse nicht diese Dimension ausdrücklich zu Sprache bringen.

Wenn ein Christ zu der Aussage: „Gott ist der Autor meiner Lebensgeschichte"[99] kommt, wird die autobiographische Situation, so W. Sparn, noch

---

[96] Ebd. 75.
[97] Ebd. 76.
[98] Ebenfalls wehrt er sich gegen die damit verbundene Annahme, Autobiographie sei außerhalb der christlichen Autobiographie prinzipiell areligiös.
[99] Zitat von Johann Georg Hamann: Gedanken über meinen Lebenslauf (1758), zitiert bei W. Sparn, 14. Es wäre auch möglich, daß er mit Gott als Autor seine Autobiographie in ihrem Anspruch auf Authentizität autorisieren möchte, dies wird bei Sparn nicht disku-

komplizierter. Er bekunde den Anspruch, daß Gott in seinem Selbstzeugnis auch zu Wort komme. Wenn der Zweck des schriftlichen Lebenslaufs zugleich Zeugnis von Gott und Dank an Gott sei, habe christliche Autobiographie die „paradoxe Form des Bekenntnisses und des Lobpreises"[100]. Die Autobiographie habe demnach zwei Subjekte als Gegenstand (das Selbst und Gott) und zwei Adressaten (die anderen und Gott). Paradox sei daran, daß Gott sowohl Adressat, als auch „Co-Autor"[101] sei. Diese von Sparn benannte Paradoxie zeigt sich auch in den Confessiones des Augustinus. Luther stellt für Augustinus, wie oben begonnen, fest, daß der Adressat primär Gott sei. Augustinus schreibe, so Luther, die Confessiones nicht für sich selbst, da sein Selbst für ihn letztlich nie ganz faßbar bleibe und Gott seinem Selbst näher sei, als er sich selbst (vgl. oben Augustinus im Zusammenhang Identität - Nicht-Identität). Augustinus schreibe seine Confessiones jedoch auch nicht für die anderen. Er bestreite sogar kategorisch die Möglichkeit, daß die anderen ihn aufgrund der veröffentlichten (veräußerlichten) Bekenntnisse in Wahrheit verstehen könnten. Die Individualität des einzelnen, so Luther, ginge nach Augustinus nicht in dem auf, was kommunizierbar sei. Es bliebe eine Differenz zwischen dem, was andere wahrnehmen könnten, und dem Innersten des Menschen.[102] Gott allein sei es für Augustinus möglich, die Lebensgeschichte zu verstehen, als einer, der „um sein alles weiß", Gott dürfe aber auch alles geoffenbart werden, weil er „Arzt im Innersten" und Befürworter sei.[103] Dennoch würde Augustinus nicht stringent seine Bekenntnisse an Gott richten. An manchen Stellen wechsle er unvermerkt in die dritte Person, spreche also nicht direkt zu Gott, sondern von Gott. An diesen Stellen spreche er offenbar zu sich selbst. An anderer Stelle wiederum fasse er explizit die Leser seiner Confessiones ins Auge, und zwar in belehrend-ermahnender Absicht.[104]

Wenn Augustinus die anderen als Adressaten ins Auge fasse, dann jedoch nicht als urteilsfähige Instanz oder gar als Tribunal, sondern als solidarische Gemeinschaft. Sein Beispiel solle andere anregen, ebenfalls in sich zu gehen und dort das eigentliche, von Gott erkannte Selbst zu finden.[105]

---

tiert. Wahrscheinlich geht Hamann auch nicht von der Annahme aus, Gott hätte ihm direkt seinen Lebenslauf in die Feder diktiert, sondern eher davon, daß sein Leben ein Geschaffenes und Gelenktes sei.

[100] W. Sparn, 14.

[101] „Die christliche Autobiographie kann daher kein Monolog sein, sondern hat nach wie vor die Struktur des Gebetes, des 'Redens des Herzens mit Gott'. Aber die auf Dauer gestellte Form dieser Herzensrede, die dialogische 'Herzensschrift', vollzieht an sich selbst die für das Gebet charakteristischen religiösen Bedingungen." AaO. 24.

[102] Vgl. H. Luther, Herz, 379.

[103] AaO. 380f.

[104] „Aber wem erzähle ich das? Nicht Dir, mein Gott; ich erzähle es in deiner Gegenwart meinesgleichen, dem Menschengeschlecht, wei klein auch das Häufchen sein mag, das einst an dies mein Buch geraten wird. Und wozu erzähl ich's denn? Damit ich und jeder, der es liest, bedenke, daß man aus jener Tiefe, noch so groß, zu Dir rufen soll. Denn was ist näher deinem Ohr als ein bekennendes Herz und ein Leben aus dem Glauben?" Confessiones II 3, 5, zitiert aaO. 377.

[105] Vgl. aaO. 384.

Eigentlicher Adressat ist bei Augustinus also Gott; das Selbst und die anderen Menschen werden aber mitbedacht und auch mitangesprochen. Augustinus hält demnach, nicht an seiner oben behaupteten Non-Kommunikabilität fest, sondern traut den anderen doch zumindest ein relatives Verständnis seiner Vita zu.[106] Durch den Konflikt von Augustinus, in der Adressatenfrage hin- und hergerissen zu sein, wird deutlich, daß der religiöse Autor zwischen dem in seinem Gewissen wahrgenommenen „absoluten Urteil" Gottes und der religiös und sozial relevanten „Mithörerschaft" seiner Leser steht. Der Leser wird einbezogen in die Gottesbeziehung des Autors, der durch Darstellung seiner Gott implizierenden Vita und direkter Ansprache Gottes (Lobpreis) paränetisches Bekenntnis und paradigmatische Präsentation seiner Persönlichkeit gibt.

Wo H. Luther die religiöse Dimension einer Autobiographie an den „fiktiven Anderen" radikaler Selbstreflexion gebunden hat, geht W. Gräb soweit, bereits jede lebensgeschichtliche Reflexion (in Form von Autobiographie) als eine Art von Religionsausübung einzustufen.[107] Gräb erklärt sich zunächst eins mit den Theorien religiöser Sozialisation, welche feststellten, daß die lebensgeschichtlich kontingente Wirklichkeit zur religiösen Verständigung über sich selbst dränge. Die Präsenz der Religion in der Lebensgeschichte beschränke sich jedoch nicht (wie scheinbar in diesen Theorien angenommen) auf institutionell gebundene oder „gesellschaftlich vagabundierende" religiöse Identitätsangebote und Interpretationsmuster.[108] Vielmehr sei das Religiöse vom individuellen Akt der Deutung her zu verstehen, mit dem Lebensgeschichten entworfen würden. Individuell-unabhängig geschriebene Lebensgeschichte sei damit ein religiöser Akt, oder anders gesagt, Religion definiere sich gerade aus dem Akt lebensgeschichtlicher Selbstauslegung. Gräb bezeichnet dieses Religionsverständnis als transzendentales.[109] Radikale Selbstreflexion, die sich von gesellschaftlichen Urteilen, Identitätszwängen und Institutionen emanzipiert habe, sei jedoch Voraussetzung für adäquate Selbstauslegung. „Es kann vielmehr gelten, daß eine Lebensdeutung religiös genau in dem Maße ist, in dem sie in ihrer Geltung nicht daran gebunden ist, daß sie von denen, denen sie gilt, zugleich lebenspraktisch, durch die Übernahme von Konsistenzverpflichtungen, durch einen ihr entsprechenden Lebensstil, auch eingelöst

---

[106] Weshalb hätte er sie sonst auch veröffentlichen sollen?

[107] Nicht ganz klar wird allerdings bei Gräb, ob er diese als eine Art unter vielen oder als ausschließliche Art der Religionsausübung postuliert.

[108] W. Gräb, 82.

[109] „In Entsprechung zu einem transzendentalen Relgionsverständnis wäre nämlich die Religion primär nicht an ihren institutionellen, rituellen und traditionell-interpretativen Gehalten festzumachen, sondern am Vollzug der Selbsterfassung eines bewußten Lebens, mit dem dieses zugleich den Grund zu Darstellung bringt, der es selber ermöglicht und der ihm seine tranzendente Einheit auch und gerade in lebensgeschichtlichen Differenzerfahrungen verbürgt." AaO. 83. Das anthropologische Gewicht nimmt in dieser Religionsdefinition zu, so daß schon angemerkt wurde, hier fiele denn auch auf das „Ich als Schöpfer seiner selbst" das Problem des Gottesbeweises zurück. So H. Leitner, 354, der explizit als Nicht-Theologe seine Zweifel anbringt.

wird."[110] Infolgedessen könne Lebensgeschichte als religiöse Selbstauslegung eine Form der Aneignung des christlichen Rechtfertigungsglaubens werden, weil der rechtfertigende Grund der Lebensgeschichte ein transzendenter sei.

1.2.3.5 Spirituell und therapeutisch motivierte Selbstreflexion

Oben bezüglich Identität und Individualität zu Wort gekommene Theologen, die sowohl Identität, als auch Individualität vorrangig auf dem Hintergrund der Abgrenzung des Individuums von sozialen Einschränkungen betrachteten, haben das autobiographische Motiv der nach Wahrheit und Werten suchenden Selbstreflexion noch nicht ausreichend zur Sprache gebracht.

Religiös motivierte Autobiographien, um diesen Aspekt hier zu ergänzen, können „Bekenntnis" nicht nur gegenüber anderen sein, sondern auch gegenüber sich selbst, denn diese schriftlich gefaßte Äußerung legt den Autor fest auf ein menschlich-religiöses Stadium, das er zum Zeitpunkt der Niederschrift besitzt. Somit präsentiert er diese „Schwarz-auf-weiß-Fassung" nicht nur anderen, sondern auch sich selbst zu einem späteren Zeitpunkt. In erster Linie erfüllen Tagebücher diese Funktion, aber jedes persönliche Dokument, das in seiner zeitlichen Verfassung der späteren Lektüre des Autors standhalten muß, kann dieser selbstreflexiven Funktion dienen. Autobiographie kann eingereiht werden in die vielfältigen personalen Dokumente, welche das Subjekt mit seiner Vergangenheit in Berührung und damit zur Auseinandersetzung mit der eigenen Geschichte bringen können.

Biographik in diesem Modus der Selbstreflexion kann auch als spiritueller Akt betrachtet werden: die Konfrontation mit dem historischen Ich als Anstoß zur Überprüfung der eigenen Persönlichkeitsentwicklung in menschlicher und religiöser Hinsicht, als eigenparänetischer Impuls mittels Selbstkritik und Selbstappell, theologisch gesprochen als Metanoia oder Umkehr.

Doch nicht nur die auf Vergangenheit bezogene Seite hat spirituelle Bedeutung. Die in der Adressierung des „fiktiven Anderen" geschehende Hinwendung zu Gott kann eine eigene Form des Betens sein, wie oben schon als Form des Lobpreises angesprochen. Über Lobpreis hinaus gibt es die Möglichkeit der Zwiesprache mit Gott bezüglich aller Lebensanliegen, autobiographische Kommunikation also als Gott implizierendes Selbstgespräch. Vielleicht könnte man diese Kommunikation auch als „anonymes Gebet" bezeichnen, besonders in jenem Falle, wo ein Autor keine anderen Formen des Gebetes finden kann. Das Gott implizierende Selbstgespräch kann sowohl von den Lesern in der Öffentlichkeit als auch inwendig vom Autoren selbst religiös verwertet werden.

Biographik im Modus der Selbstreflexion,[111] kann daher sowohl spirituelle als auch therapeutische Funktion haben, sie kann zur Heilung psychischer Versehrtheit beitragen. Das „sich-von-der-Seele-Schreiben" ist hier gemeint, bei

---

[110] W. Gräb, 88.
[111] Natürlich auch im Modus der Öffentlichkeitsartikulation

dem der Autor bewußt oder unbewußt hofft, durch die Adressierung an einen „fiktiven Anderen" Klarheit und Erleichterung zu finden. Auch Schreiben als „Bannzeichen"[112], wie es L. Kuld für Kafkas „Brief an den Vater" definiert, als Abwehr psychischer Attacken durch andere, als Distanzgewinn, kann hier eingeordnet werden.

1.2.4 Zusammenfassende Begründung für theologische Biographieforschung

1.2.4.1 Erforschung der Spiritualität im Lebenslauf als theologisch-ethische Aufgabe

In den letzten Abschnitten wurde deutlich, daß Biographisierung ethische Fragestellungen berührt: in der Übernahme von Verantwortung durch paränetisches Bekenntnis und paradigmatische vitale, spirituelle oder moralische Präsentation.[113] Welches Gottesbild auch immer hinter dem „fiktiven Anderen" steht, es ist die Gewissenstätigkeit des Autors, die dem Lebenszeugnis jene Authentizität verleiht, die identitätsförderndes, sinnstiftendes und handlungsmotivierendes Material hervorbringt. Auch wenn es in der Biographik Ausnahmen bezüglich der Authentizität und sogar subtile Formen der Lebenslügen geben mag, ist dies eine Kommunikationsform, die ethisch sehr ernst zu nehmen ist: sowohl der Akt der Gestaltung als auch die Möglichkeit der Teilnahme ist als zeitgemäßes Handlungsterrain mit sittlichen Ansprüchen (Wertbezogenheit, Authentizität, Identität) zu bewerten.[114]

Da mit dieser selbstreflexiven Handlung individuelle Ethosbildung geschieht, könnte Autobiographik innerhalb der Theologischen Ethik noch stärker als Ort der Ethosbildung und Objekt ethischer Forschung gewichtet werden.

---

[112] Kuld, 229. Kuld berichtet hier auch von Tilmann Mosers „Gottesvergiftung", in der Moser versucht habe, „'das Grauen' durch Schreiben zu vertreiben" (Moser 1976, S. 43).

[113] Wie diese Verantwortung wahrgenommen wird, bleibt allerdings offen, es wäre auch der Fall des religiösen Fundamentalisten zu denken, der durch autobiographische Aktivität versucht, um Sektenmitglieder zu werben.

[114] Ethisch interessant ist die „anti-autobiographische" Haltung der Literaten Koeppen und Handke: Wie schon in 1.1.4.4 erwähnt, wollte weder Koeppen („Jugend", 1976) noch Handke („Die Wiederholung", 1986) eine Autobiographie schreiben, obgleich in diesen Werken vorrangig autobiographisches Material verarbeitet wurde. Die Autoren bestanden darauf, daß auf eine Gattungsklassifikation verzichtet wurde. Inhaltlich fokussierten beide primär das Fragmentarische ihres Lebens und versuchten nach Friedrichs bewußt, Sinnganzes nicht erkennen zu geben. Friedrichs rechtfertigt dies als für die Spätmoderne typischen Impetus der „Verweigerung mimetischen Abbildens", der die LeserInnen zu eigenständigen sinnkonstituierenden „poietischen Potentialen" provozieren wolle. (Friedrichs, 31) Allerdings ist m.E. fraglich, ob diese Lektüre tatsächlich für den Leser auf diese Weise zum „existentiellen Erkundungsakt" werden kann, wie es Friedrich für möglich hält, wenn er nicht weiß, mit welcher Gattung und mit welchem Anspruch er es zu tun hat. Interessanterweise bleibt jedoch auch bei Handke, bei aller deklarierten Vorliebe für Fragmentarisches, ein „Lebenstraum", ein „Konzept" und damit vielleicht doch uneingestanden die Suche nach einem Sinnganzen. (Vgl. aaO. 29)

1.2.4.2 Theologische Biographieforschung als Ergänzung zu strukturgenetischen Ansätzen

Der Aufweis von Transformationsprozessen gelebter Religiosität wurde bisher in erster Linie von entwicklungstheoretischen Ansätzen verfolgt.[115] Bei diesen Ansätzen wird vorwiegend abstrahierend-deduktiv vorgegangen und religiöse Entwicklung in stufenweisen Schritten dargestellt. L. Kuld weist darauf hin, daß - auch wenn dort mit Biographien gearbeitet wird - Glaube hier mehr von seiner strukturalen, als von seiner inhaltlichen Seite her betrachtet wird und meistens die Stufen an biologisch-altersmäßige Entwicklungsschritte gekoppelt sind.[116]

Die entwicklungstheoretischen Ansätze konzentrieren sich häufig auf Kindheit und Jugend, Biographieforschung untersucht indes, dies wurde ja schon deutlich gemacht, religiöse Entwicklung induktiv in der Konkretion eines menschlichen Schicksals, im Zeitraum einer Lebensspanne.

Allerdings trennt Kuld, der für entwicklungstheoretisch auch den Ausdruck „strukturgenetisch" verwendet, vielleicht zu stark zwischen strukturgenetischem und biographiewissenschaftlichem Interesse. Die Perspektive des Subjekts sehr ernst zu nehmen, bedeutet m.E. nicht, daß keine Beschreibungen stufenartiger Absetzungen und keine strukturellen Zuordnungen geschehen dürften.[117] Auch innerhalb der Biographik muß strukturelle Arbeit möglich sein. Biologische, historische, soziale und religiöse Bedingungen einer Lebensgeschichte können in einer Zusammenschau reflektiert werden; Zusammenhänge zwischen Lebensphasen und Entwicklungsprozessen hergestellt und stufenartige Absetzungen wie auch die Interdependenz - so vorhanden - einzelner Stufen untersucht werden.

Der biographische Ansatz sollte den Anspruch haben, die Lebensspanne als ganze in den Blick zu nehmen, und nicht nur selektiv zugunsten einer Theorie herausgegriffene Lebensabschnitte.[118] Theologische Biographieforschung kann aus ihrer eschatologischen Perspektive heraus zudem den Akzent setzen, Lebensgeschichte nicht nur im Hinblick auf Gelungenes, sondern auch auf Fragmentarisches oder Brüchiges hin zu betrachten. Sowohl Niederlagen und Abbrüche, als auch Kontinuitäten und gelungene Veränderungen unter besonderer Berücksichtigung der Perspektive des sich äußernden Subjekts sind dabei von Interesse.

---

[115] Gemeint sind die Ansätze von z.B. Charlotte Bühler, Erik H. Erikson, Paul B. Baltes, Fritz Oser, James W. Fowler, Gabriel Moran - innerhalb der Theologie vorrangig von der Religionspädagogik rezipiert.

[116] z.B. bei F. Oser, J.W. Fowler.vgl. L. Kuld, 260.

[117] Vgl. aaO. 261. Das Problem der strukturgenetischen Forschung scheint mir primär die Kopplung der Entwicklung ans Alter der Subjekte zu sein.

[118] Wobei natürlich „Lebensspanne" insofern ein relativer Begriff ist, als das Forschungssubjekt noch leben kann, und auch nach dem Ableben beachtet werden muß, daß „noch manches hätte folgen können", also ein Leben unter Entwicklungsaspekten immer nur ein relatives Ende hat.

Die Forderung, die Lebensspanne als ganze in der Erforschung von Glaubensentwicklung zu berücksichtigen, wird inzwischen häufiger laut.[119] Vor allem die Glaubensentwicklung im Erwachsenenalter wird verstärkt von Interesse. P. Biehls Forderung, daß die Reflexion auf den Glauben als Erfahrung mit den lebensgeschichtlich sich wandelnden Erfahrungen neu aufgenommen werden muß, weil die Aufarbeitung der Lern- und Entwicklungsproblematik fehle, korrespondiert mit dieser Forderung.[120] Wenn Glaubensentwicklung heute erforscht wird, dann sollten struktural-entwicklungstheoretische Forschungsansätze durch inhaltlich-biographische Forschungsansätze ergänzt werden. Die durch Biographieforschung geförderte Konkretion und Synoptik ermöglicht differenzierte und vertiefte Ergebnisse.

Methodisch und begrifflich müßten allerdings in der gesamten theologischen Biographieforschung noch einige Klärungen stattfinden. So wäre zu klären, ob nicht in gleichartiger Quellenverwendung Vereinheitlichungen der Methodik möglich wären, und darausfolgend zumindest ein Mindestmaß an biographischem Forschungkanon zu erstellen wäre. Die Quellenlage ist ohnehin sehr unterschiedlich, das Spektrum geht, wie ja schon deutlich wurde, von personalen Dokumenten wie Tagebücher, Briefe und Autobiographien, über eigens zum wissenschaftlichen Zweck angefertigte Interviews, bis hin zu alltagspraktischen Lebensgeschichten wie Grabesreden und Lebensläufen und schließlich hin zu großen literaturhistorischen Biographien. Auch der Anspruch der zeitlichen Begrenzung der Quellen, d.h. der Begriff der Lebensspanne und seiner Ausdehnung müßte noch genauer reflektiert und definiert werden. Nicht zuletzt müßte noch schärfer getrennt werden zwischen Biographie- und Autobiographieforschung.

1.2.4.3 Akzeptanz der Biographisierung als kirchliche Aufgabe

Bekanntlich, und wie auch oben schon thematisiert, ist der Mensch in der Moderne zunehmender Pluralisierung und Differenzierung ausgesetzt. Er lebt in verschiedenen Teilwelten, sein Leben ist in Einzelbereiche segmentiert, zwischen denen er hin- und herwandert. Vormals gesellschaftlich vorgebene

---

[119] Kuld geht so weit, zu fordern, „daß die strukturgenetische Abstraktion von der Lebensgeschichte rückgängig zu machen ist, wenn wir das Zusammenspiel der verschiedenen Entwicklungslinien des Glaubens in der Lebensspanne verstehen wollen." Ebd., 245. Allerdings, dies muß kritisch angemerkt werden, bezieht Kuld in seiner konkreten biographischen Arbeit nicht die Lebensspanne als ganze ein, sondern beschränkt sich auf die durch autobiographische Werke vorgebene Lebensphasen.
Auch in der psychologischen Biographieforschung wurde kritisiert, daß in der Entwicklungspsychologie bisher nur die Entwicklung im Kindes- und Jugendalter erforscht wurden, nicht jedoch Entwicklungen im Erwachsenenalter. Vgl. W. Fuchs, 97. Allerdings geht der Trend innerhalb der entwicklungspsychologischen Lebenslaufforschung mittlerweile hin zu „komplexe[n], multilineare[n] und multivariate[n] Modelle[n] von Entwicklung", vgl. Kuld, 77 mit Zitat von P.B. Baltes.

[120] Vgl. P. Biehl, 292, Anmerkung 1.

Strukturen und Normen nehmen in ihrer Bedeutung ab, dem Individuum wird fortlaufend mehr Gewicht beigemessen. Die Übernahme verschiedener Rollen, und selbst innerhalb dieser Rollen Flexibilität wird verlangt.[121] Das Individuum bildet sozusagen die letzte Einheit der Gesellschaft.

Gab es bisher noch die Möglichkeit, sich als Individuum in der Gesellschaft durch seinen Lebenslauf in Gestalt einer Normalbiographie zu verorten, so ist auch diese Institution Lebenslauf ins Wanken geraten, da es immer weniger „normale" Lebensabläufe gibt.[122] Dieses Maximum an Individualisierung, näm- lich die weitgehende Autonomie von gesellschaftlicher Festlegung und die eigenständige Identitätskonstruktion des Individuums, verbunden mit einer De-Institutionalisierung des Lebenslaufs, wird in der Soziologie nun als Vorgang der *Biographisierung* bezeichnet.[123] Biographisierung meint also den Schritt noch weiter weg von gesellschaftlichen Standards hin zu ausschließlich persönlich gestalteten Wegen, Überzeugungen und Darstellungen. Das Individuum ist weitgehend selbst verantwortlich für die eigene Identität und muß sich ohne äußere Vorgaben sozusagen die „eigene Normalität" definieren. Biographisierung erfordert die bewußte Reflexion der eigenen Lebensgeschichte, um Identität und Zukunftsentwurf zu ergründen. Resultate aus der eigenen Vergangenheit werden verarbeitet, um die Weichen für das weitere Leben in eigener Regie zu stellen. Das Verhältnis zu Welt und Leben wird neu durchdacht und gesucht, nicht selten unfreiwillig, da schicksalshaft erzwungene Umbrüche stattgefunden haben. Ausdruck dieser Reflexion ist der enorme Anstieg von biographischen und autobiographischen Veröffentlichungen.

Für Kirche und Theologie ist es nun nicht leicht, mit derartigen individualisierenden Tendenzen umzugehen. Kirche ist immerhin, als Institution und Darstellerin einer Gemeinschaft in gewissem Sinne verpflichtet, für die Teilhabe an dieser Gemeinschaft zu werben und Gemeinschaft als kirchenkonstituierendes Faktum zu verteidigen.

Der einseitige Rückzug auf ihr eigenes, traditionell gegebenes Refugium, um dort die eigene Denk-, Glaubens- und Sprachwelt zu kultivieren, wäre allerdings unglücklich. Kirche wäre dann ein religiöses Angebot unter vielen und die Kluft zwischen Kirche und Gesellschaft würde sich weiter vergrößern. Einträglicher wäre es, wenn die Kirche in ihren theoretischen Verlautbarungen wie in ihrer pastoralen Ausgestaltung lebensgeschichtlich adäquat auf die Menschen einginge. Dies kann möglicherweise nur noch punktuell und unregelmäßig geschehen, ein lebensumfassender Ganzheitsanspruch müßte in vielen Fällen aufgegeben werden. Dennoch hätte die Kirche hier einen Platz im Leben des modernen Menschen, und vielleicht nicht nur, wie es H. Luther annnimmt, an den Schnittstellen der verschiedenen Lebenswelten, dort, wo das Individuum erneut Brüche erfahren muß, oder Diskrepanzen und Diffe-

---

[121] So agiert der Mensch heute gewöhnlich in nicht miteinander kommunizierenden Teilwelten in unterschiedlichen Rollen: Arbeitsplatz, Partnerschaft, Familie, Verein, Kirche, Politik, Freundeskreis, etc.

[122] Z.B. verschobene Ausbildungszeiten, „Baukastenfamilien" (Beck/Beck-Gernsheim, Chaos), Arbeitslosigkeit, Berufswechsel, Vorruhestand, beruflich erzwungene Mobilität.

[123] Vgl. S. Klein, 95.

renzen,[124] sondern auch an den festlichen Höhepunkten und in den mediokren Zeiten alltäglicher Normalität.

Auch wenn es bei auseinandertrifftenden Lebenswelten für eine Institution wie Kirche immer schwieriger wird, Sprache, Form und Forum zu finden, womit einzelne Individuen errreicht werden können, sollte sie den Phänomen der Pluralisierung und Individualisierung konstruktiv begegnen. Für die Menschen heute ist es jedenfalls aufgrund der mannigfaltigen Entscheidungen und autonomen Handlungen, die sie permanent ausführen müssen, undenkbar geworden, sich Eigenständigkeit und Mündigkeit nehmen zu lassen. Maß und Intensität der kirchlichen Teilnahme muß deshalb - wobei durchaus die Problematik der Unverbindlichkeit thematisiert werden kann - im Ermessen des Individuums liegen dürfen.

Gerade aber weil lebenstechnisch heute ein hohes Maß an Orientierungsleistung und Entscheidungskompetenz gefordert ist, gibt es hier einen Bedarf an Begleitung, in den sich Kirche und Theologie sinnvoll einklinken könnten. Wie oben beschrieben, sind Lebensgeschichten ja von Grund auf Bestandteil der christlichen Theologie, eine Grundkompetenz für lebensgeschichtlichen Umgang wäre vorhanden und könnte mit dem Ausbau biographischer Forschung vergrößert werden.

Für die Kirche könnte es ferner in einer Zeit, in der Glaubenssätze eher schwer vermittelbar sind, nur von eigenem Interesse sein, die Konkretion von Biographien zu nützen. Biographien könnten zum „Lernort des Glaubens" (Jürgen Werbick) werden, die den „locus theologicus schlechthin"[125] der heutigen Zeit bilden. In der Hinwendung zum Einzelfall könnte Allgemeines zur Geltung gebracht werden und an gelebten Geschichten Wahrheiten vermittelt werden, die sonst einer religiösen Sprachlosigkeit zum Opfer fallen würden.

Dieses Plädoyer für theologische Biographieforschung soll nun aber nicht bedeuten, daß subjektive Selbstzeugnisse gegen systematische oder dogmatische Erkenntnisse ausgespielt werden. Kirchliche Lehrgebäude und wissenschaftliche Theologie sollen auch die Institutionen darstellen, die individuelle Erfahrungen vor Selbstmächtigkeit bewahren, indem sie sie auf Gesamtzusammenhänge beziehen, auslegen und kommunikabel machen. Es kann demzufolge nur um ein Ineinander von subjektivem Zeugnis und objektivierender Wissenschaft und eine gegenseitige Verifikation gehen.[126] Der Extrakt könnte dann

---

[124] Vgl. H. Luther, Religion, 222.

[125] A. Pichlmeier, 110.

[126] Subjektive Religiosität muß auch auf narzistisch-phantastische Inhalte hin kritisch geprüft werden dürfen. Thomas Mann - dies nur zur Anregung für Theologen - hat interessanterweise in seinem Roman „Joseph und seine Brüder" bemerkt, daß mit subjektiver Spiritualität eine Wichtigkeit des Ich einhergehe, die einerseits Ausdruck eines egozentrischen Weltbilds, andererseits lebensnotwendige positive Bewertung der eigenen Existenz sei. Dazu mehr T. Rendtdorff, Perspektiven zum Verhältnis von Theologie und Frömmigkeit; Randnotizen zur Problemstellung des „ganzen" Menschen, in: V. Drehsen, Mensch, 331.

jedoch ein im Subjektiven vorkommendes Allgemeingültiges und theologisch Bedeutendes sein.

Nach diesen grundsätzlichen Überlegungen zur theologischen Biographik und der Darstellung verschiedener theologischer Beiträge zu diesem Thema sollen nun noch die biographiewissenschaftliche Zielrichtung dieser Studie und ihre Methodik genannt werden.

1.3 Biographieforschung am Leben von Thomas Merton

1.3.1 Erkenntnisinteresse dieser Studie

Diese Studie untersucht die spirituelle und moralische Entwicklung von Thomas Merton unter besonderer Berücksichtigung seiner eigenen Wahrnehmungsperspektiven. Von Merton selbst wurde das Thema Selbstfindung als Grundthema seines Lebens vorgegeben, auf dieser Spur möchte ihm diese Arbeit folgen. Dazu soll ein Beobachtungsbogen geschlagen werden zwischen seinem Lebensverlauf, der Identitätsthematik und seiner spirituellen, sozialen und politischen Lebensgestaltung. Ein spezifisches Interesse ist, zu erfahren, ob und mit welchen Implikationen man von einer qualitativ steigenden Spiritualität im Verlauf von Mertons Leben sprechen, und möglicherweise einen generalisierten Anspruch daraus formulieren kann.

Warum eine Studie dieser Art am Beispiel von Thomas Merton?

Nun, so wie in den Sozialwissenschaften von „Sozialpersönlichkeiten" gesprochen wird, die dem für allgemeine Rückschlüsse relevanten Untersuchungsinteresse entsprechen, könnte Thomas Merton als „Glaubenspersönlichkeit" bezeichnet werden, als die er sich besonders eignet, spirituelle Entwicklung nachzuvollziehen. Da außerdem spirituelle Entwicklung mit Lebensgeschichte zusammenhängt, liegt die Verbindung von Forschungsinteresse und biographischer Methode nahe.

Mertons Lebensgeschichte ist einerseits außerordentlich durch ihre Zäsuren, Ereignisse und Kontingenzen, andererseits ist sie im Vergleich mit den Lebensgeschichten vieler Menschen fünfzig Jahre später gar nicht mehr so ausserordentlich, da es scheint, als seien Ereignisvielfalt, Zäsuren und Fremdheitserfahrungen zum Normalfall des zeitgenössischen Lebenslaufs geworden.[127] Merton war so gesehen seiner Zeit voraus und kann daher idealerweise als Prototyp eines heute spirituell Suchenden ausgewählt werden. Er war zugleich aber auch jemand, der unablässig aus den Quellen der christlich-mystischen Tradition schöpfte, darüberhinaus die Quellen anderer Religionen studierte, Tatsachen, die heute Suchenden Wegweisung bieten können. Merton

---

[127] Man denke nur an oben genannte Fakten wie Mobilität, Flexibilität, Teilfamilien, Globalität, Umschulungen, Weiterbildungen, wissenschaftliche Neuheiten, Multikulturen, Austauschprogramme, Internationalität, - um nur einige der Faktoren zu nennen oder zu wiederholen, die den Menschen heute herausfordern.

war Priester, er hatte jedoch keinen „typisch klerikalen" Weg hinter sich mit Konvikten, Seminaren und Stipendien, sondern kam aus einem sehr säkularen Leben und verband diesen weltlichen Horizont mit kirchlichen und kontemplativen Traditionen - eine glückliche Verbindung, um Bedürfnissen nach einer „säkularen Spiritualität", wie es später noch formuliert wird, entgegenzukommen.

1.3.2 Methodik

Spirituelle Entwicklung zu verfolgen erfordert einen weit gesteckten Beobachtungszeitraum, welchen die temporal-prozessuale Arbeitsweise der Biographik ermöglicht. Maßstab ist dabei das von Hans Thomae formulierte Ideal, die Biographie zunächst möglichst interpretationsfrei wirken zu lassen und die „finalistische Betrachtung" erst sekundär zuzulassen.[128] Entsprechend wird in dieser Studie nach dem Versuch einer möglichst neutral dargestellten Teilbiographie dieselbe zunächst auf das Schwerpunktthema hin betrachtet und dann entweder systematisch aufbereitet oder gleich mit Mertons Werk in Bezug gesetzt. Zusammenhänge zwischen theologischer Thematik und Biographie sollen dabei herausgearbeitet werden, was der der von W. Fuchs oben vorgestellten „Hin-und-her-Bewegung" als „Dokumentarische Methode" entspricht.

Eine endgültige Betrachtung der Entwicklung Mertons erfolgt erst am Ende der Studie, wo schließlich auch die Funktionalität der autobiographischen Akte, die Adressatenschaft, der Beitrag der Biographik zum Identitäts- und Transformationsprozess und zur Ethosbildung geklärt werden sollen. Dort soll auch nach verallgemeinerbaren Kriterien und Impulsen für Glaubensentwicklung und Glaubenskultur gesucht werden.

Biographiewissenschaftliches Ideal ist also in dieser Studie, so eng wie möglich am erforschten Subjekt zu bleiben, deshalb sind Tagebücher,[129] Briefe,[130] und Autobiographie,[131] die wichtigsten Quellen,[132] darüber hinaus wird aber

---

[128] Thomae 1978, zitiert bei G. Jüttemann, 121.

[129] Die Tagebücher von Merton waren 25 Jahre lang, so war es in der Treuhand für den plötzlichen Tod Mertons festgelegt worden, unter Verschluß. Seit 1983 sind sie öffentlich zugänglich und seit 1995 herausgegeben bei HarperCollins, New York.

[130] Eine fünfbändige Briefsammlung, die 1985-1994 herausgeben wurde bei Farrar-Strauss-Giroux, New York.

[131] T. Merton, Der Berg der Sieben Stufen, Einsiedeln 1950, deutsche Übersetzung (Hans Grossrieder) von The Seven Storey Mountain, New York 1948.

[132] Was die oben angesprochene „Temporale Frage" anbelangt, halte ich (im Gegensatz zu W. Dilthey) den Zeitabstand vom Autor zum Geschriebenen für relevant, deshalb wird Tagebüchern und Briefen die Präferenz vor autobiographischen Arbeiten gegeben. Der „Berg der Sieben Stufen" ist beispielsweise mit der Brille des noch nicht sehr lange konvertierten und missionarisch engagierten Merton geschrieben. Deshalb versuchte ich, insofern ich die Autobiographie als Informationsquelle benutzte, die speziell zeitlich gefärbten Kommentare Mertons wegzulassen oder nur für diese Lebensphase auszuwerten.

auch seiner Fachliteratur (Monographien und Einzelschriften) autobiographischer Wert beigemessen.[133] Allerdings war es beim Umfang der personalen Schriften Mertons (fünf Bände Briefe und sieben Bände Tagebücher) nicht möglich, im Rahmen einer Dissertation eine Arbeitsbiographie mittels dieser Quellen alleine zu erstellen, so daß auf bereits existierende Biographien zurückgegriffen werden mußte. Mein Vertrauen galt jedoch ganz der vom Zisterzienserorden offiziell bestätigten Biographie von Michael Mott, die sehr eng an den Tagebüchern Mertons orientiert und mit großer Sachlichkeit geschrieben ist.[134] Neben Mott wurden auch andere Biographien verwendet.[135] Der Lebensweg Mertons wird in fünf Phasen mit Schwerpunktthemen eingeteilt, Phasen, die sich auch als Entwicklungsabschnitte erweisen werden. Jeder der fünf Abschnitte enthält eine Teilbiographie und einen thematisch-hermeneutischen Teil.

Die Schwerpunktthemen ergaben sich aus Mertons Leben oder Arbeit. Das jeweilige Thema wird auf seinen Bestand, seine Wirkung und seine Aufarbeitung durch Merton selbst hin geprüft. Durch die Verknüpfung von Biographie und Werk soll eine gegenseitige Verifikation von Theorie und Praxis geschehen.

Wichtiger technischer Hinweis für den Umgang mit dem Text:

Der biographische Text jeder Teilbiographie wird in Sinnsegmente eingeteilt und fortlaufend beziffert, als (1), (2), etc.; die Nummerierung beginnt in jeder Teilbiographie neu. Dies dient der Ereichterung der Suche einer Textstelle, wenn die Biographie in Verbindung mit dem Schwerpunktthema besprochen wird. Jedes mit Ziffer versehene Teilsegment enthält einen inhaltlich neuen oder bedeutenden Aspekt, auf den innerhalb oder außerhalb des Schwerpunktthemas zurückgegriffen werden kann.

Zusätzlich wird die Teilbiographie durch thematische Überschriften gegliedert, was der Groborientierung und ästhetischen Zwecken dient.

---

[133] Es gibt über sechzig Monographien von Merton und unzählige Einzelschriften. Selbst diese waren autobiographisch geprägt, worauf Merton selbst bereits 1949 hinwies, als er im Hinblick auf sein gerade erschienenes Buch 'Seeds of Contemplation' meinte, jedes Buch, das er schreibe, sei ein Spiegel seines Charakters und Gewissens. T. Merton, Das Zeichen des Jonas, Einsiedeln-Zürich-Köln 1954, 174.

[134] Der Ordensmann M. B. Pennington ist insofern anderer Meinung, als er das kontem- plative Leben Mertons durch Mott, den Nicht-Mönch, nicht ausreichend gewürdigt sieht, vgl. Pennington, T. Merton, Brother Monk. The Quest for True Freedom, NY 1987, xiii.

[135] Gelegentlich wurde mit der Biographie von M. Furlong (kritisch zu beurteilen, da sie dem Konflikt mit Abt James zuviel Gewicht verleiht), im Überblick mit der von M. B. Pennington (1987), relativ ausgiebig mit der von J. H. Griffin (1997, betrifft nur die drei letzten Lebensjahre, etwas zu euphorisch), mit Interesse mit der von E. Rice (1970, mit Vorsicht zu genießen, da große Ressentiments gegenüber Kirche und Orden), und flüchtig mit denen von J. Forest (1991) und W. Shannon (1997) gearbeitet.

2 Identität

Einleitend wurde oben einmal von „Biographieboom" gesprochen, und in Parallelität zum kritischen Begriff „Boom" angesichts des biographischen Phänomens stellte Odo Marquard bereits 1979 eine „Inflation"[136] des Begriffs *Identität* fest. Daraus ist zu folgern, daß, als das wissenschaftliche Interesse an Biographien gerade zu großem Aufschwung ansetzte, der Begriff Identität schon in hoher Konjunktur war und daß die Themenströmungen von Identität und Biographik miteinander zu tun haben. In der Tat sind sie zwei „Geschwister" eines Zeitgeistes, denn die Motive, die anfangs für Biographisierung gesammelt wurden, können auch für Identitätssuche gelten, wenn sie nicht sogar in eins gehen, wie eben ja „Suche nach Identität" als ein Motiv der Biographisierung angegeben wurde.[137]

An dieser Stelle soll nun der Identitätsbegriff nach heutigem soziologischem, psychologischem und ethisch-theologischem Kenntnisstand kurz - ausführlich ist das bereits an zahlreichen anderen Stellen geschehen[138] - erläutert werden mit dem Ziel, für Mertons Selbstfindungsprozess Kriterien und für Identitätssuche Impulse zu finden.

2.1 Identität im soziologischen Kontext

Identität ist wie Biograpik ein mit der Neuzeit begonnenes, im 20. Jahrhundert zur vollen Entfaltung gekommenes Kapitel, das auch im 21. Jahrhundert nichts an Aktualität verloren hat. Wie oben für die Biographisierung schon geltend gemacht wurde, ist es die Aufgegebenheit der Individualität, der Wert- und Sinnorientierung, des Selbstbewußtseins und der Selbstvergewisserung, die das Subjekt vermehrt nach einem Selbststand, nach der eigenen Identität suchen läßt, um in Reflexion, Haltung und Handlung seiner zunehmend pluralen und globalisierten Welt zu begegnen. Vielleicht ist es auch eine Krise des Allgemeingültigen, die das Individuum geradezu zwingt, durch eigenen Selbststand den vielen Teilwelten einer aufgesplitterten Realität gerecht zu werden. Das Individuum erfährt sich oft als verbindender Punkt nicht

[136] Vgl. O. Marquard, Identität. Schwundtelos und Mini-Essenz - Bemerkungen zur Genealogie einer aktuellen Diskussion, in: Ders./Stierle, K. (Hg.), Identität, München 1979, 347.

[137] Auch E. H. Erikson gibt Autobiographien als „reiche Quellen für die Erschließung der Wege zur Identitätsbildung" an, Erikson Identität und Lebenszyklus, Frankfurt 1997 (1959), 136.

[138] Z.B. Marquard, O. 1979; Haußer Haußer, K., Identitätsentwicklung, NY 1983; Hunold, G. W., Identität, in: Wils, J.-P./Mieth, D., Grundbegriffe der christlichen Ethik, Paderborn-München-Wien-Zürich 1992; Ders., Identitätstheorie: Die sittliche Struktur des Individuellen im Sozialen, in: Hertz, A.Korff, W., u.a. (Hg.), Handbuch der christlichen Ethik, Bd.1, Freiburg-Basel-Wien 1993; Beck/Beck-Gernsheim, Riskante Freiheiten, Zur Individualisierung von Lebensformen in der Moderne, Frankfurt 1994; Keupp, H./Höfer, R., Identitätsarbeit heute. Klassische und aktuelle Perspektiven der Identitätsforschung, Frankfurt/Main, 1997; Laubach, T. (Hg.), Ethik und Identität. Festschrift für G. W. Hunold zum 60. Geburtstag, Tübingen-Basel 1998.

miteinander kommunizierender, vielleicht sogar divergierender Teilwelten und bedarf daher - noch mehr als früher - einer eigenen stabilen Ich-Positionierung.

Der vielmals beschriebene Individualismus bedeutet bei genauer Betrachtung nicht, daß es keine sozialen Niederlassungsorte mehr gibt, sondern vielmehr, daß es zahlreichere und uneinheitlichere denn je gibt, zu deren Teilnahme, Gestaltung oder Bewältigung allerdings das Individuum weniger Anleitungen und Unterstützung von außen erfährt als früher. Der Mensch ist heute tendenziell weniger von außen sozial gebunden als früher (er ist aber auch weniger sozial gezwungen), kann jedoch auch heute nur im sozialen Kontext leben und muß (darf) sich deshalb die soziale Vernetzung vermehrt selbst wählen und gestalten.[139]

Für eine soziale Beheimatung und darüberhinaus für zahlreiche weitere Lebensbereiche, in denen die Gestaltungs- und Handlungsanforderungen ein Spektrum aufweisen, das im Erfahrungskontext vorhergehender Generationen nicht existierte, sind die individuellen Leistungsanforderungen immens erhöht und Orientierungskrisen kaum auszuschließen.

Der Mensch hat heute oft[140] nicht nur die Wahl, sondern den Zwang zur Gestaltung seiner Biographie mit allen Chancen und Risiken. Der Sozialwissenschaftler Ulrich Beck meint dazu: „Zu den entscheidenen Merkmalen von Individualisierungsprozessen gehört derart, daß sie eine aktive Eigenleistung der Individuen nicht nur erlauben, sondern fordern. In erweiterten Optionsspielräumen und Entscheidungszwängen wächst der individuell abzuarbeitende Handlungsbedarf, es werden Abstimmungs-, Koordinations- und Integrationsleistungen nötig. Die Individuen müssen, um nicht zu scheitern, langfristig planen und den Umständen sich anpassen können, müssen organisieren und improvisieren, Ziele entwerfen, Hindernisse erkennen, Niederlagen einstecken und neue Anfänge versuchen. Sie brauchen Initiative, Zähigkeit, Flexibilität und Frustrationstoleranz. [..] Der Mensch wird zur Wahl seiner Möglichkeiten, zum homo optionis. Leben, Tod, Geschlecht, Körperlichkeit, Identität, Religion, Ehe, Elternschaft, soziale Bindungen - alles wird sozusagen bis ins Kleingedruckte hinein entscheidbar, muß, einmal zu Optionen zerschellt, entschieden werden."[141]

---

[139] Und die Menschen tun dies offenbar mehr denn je, so H. Keupp: „Die zeitgenössischen Großstadtbewohner haben im Durchschnitt vielfältigere Kontakte zu Freunden, Arbeitskollegen oder Angehörigen spezifischer Vereine und Subkulturen als ihre Vorläufer-Generationen." In: Beck/Beck-Gernsheim, Freiheiten, 343.

[140] Dieses „oft" ist wichtig, denn, wie U. Beck betont, gibt es auch nicht „die" individualisierte Gesellschaft in Deutschland, da ländliche und städtische Lebensformen nach wie vor sehr verschiedenen seien und auch Lokalkulturen durchaus noch lebensbestimmend, vgl. Beck/Beck-Bernsheim, Individualisierung in modernen Gesellschaften - Perspektiven und Kontroversen einer subjektorientierten Soziologie, in: Freiheiten, 16. Hinzufügen könnte man den durch Bildung bedingten Unterschied der Lebensgestaltung, z.B. bei Akademikern und Nicht-Akademikern und örtlicher Flexibilität.

[141] Aao. 15f.

Die soziologische Perspektive zeigt bezüglich der Identitätsfrage, daß durch den rapiden sozialen Wandel die Menschen heute auf individueller Ebene verstärkt Leistungen und Lösungen bringen müssen, für die eine starke Ich-Positionierung fast Voraussetzung ist.

2.2 Identität in sozialpsychologischer Perspektive

In philosophischen Überzeugungen bis Anfang des zwanzigsten Jahrhunderts, so beschreibt es O. Marquard, von Schopenhauer über Scheler und Heidegger bis zu Habermas, galt, daß das Individuum seine Identität in Abgrenzung zu den anderen Menschen zu behaupten hatte, sprich im Verzicht auf „Vorstellung", „Uneigentlichkeit" oder „Rollenspiel"[142] Eine ähnliche Tendenz hat auch noch der Begriff der Individuation bei C.G. Jung, da der Zweck der Individuation - zumindest zu einem Teil - die Befreiung des Selbsts aus den „falschen Hüllen der Persona"[143] ist. „Persona" versteht Jung, wie die gerade genannten Philosophen, im antiken Sinne von „Maske", die der Schauspieler im antiken Theater trug und das „Selbst" ist bei ihm die Mitte der Persönlichkeit, die sich von der Persona befreit hat.[144]

Es war Verdienst des Sozialpsychologen George Herbert Mead, die soziale Beeinflussung des Individuums positiv anzuerkennen. G. H. Mead gelang es im Gegensatz zu den vorhergehenden philosophischen Deutungen, die Spannungseinheit Individuum-Gesellschaft durch die Einteilung des Subjekts in „I" und „me" aufzulösen und die soziale Prägung als legitim konstutives Moment der Persönlichkeit zu bewerten. Das von außen prägende „me" wurde dabei als dem ichbestimmenden „I" vorausgehend angenommen, und damit jede Form der Identitätssuche mit der grundlegenden Voraussetzung der sozialen Vermitteltheit verbunden.[145] Identität (self) als genuin individuelle

---

[142] Vgl. Marquard, 348.

[143] C.G. Jung, in: G. Wehr, Der Begriff der Individuation bei Jung, in: Eicke, D. (Hg.), Die Psychologie des 20. Jahrhunderts, Bd. III, Zürich 1977, 794. Der andere Teil ist die Befreiung von der Suggestivgewalt unbewußter Bilder.

[144] Mit der Persona sind bei Jung die Inhalte des persönlichen Unbewußten vermischt und verbunden. Der „Schatten der hellen, lichten Persönlichkeit" liegt in der Persona. Durch Selbsterkenntnis wird das dem kollektiven Unbewußten verhaftete persönliche Unbewußte aufgedeckt und einem Bewußtsein zugeführt, das die kleine Ich-Welt überschreitet. Es wird fähig, zum Selbst vorzudringen und die Wirklichkeit der außenstehenden Objekte zu erkennen. Durch diese „Sachlichkeit" führe Individuation nicht zum Individualismus, sondern lebe „die Schranken und Mauern, welche das Ich zwischen sich und die Umwelt gestellt hat", nieder. Das Ich werde nun, im neugebildeten Bewußtsein, zum Objekt des Selbst, die Persönlichkeit löse sich aus emotionalen und ideellen Verwicklungen. Theologischerseits ist interessant, daß die Individuation ist nach Jung ein Vorgang ist, der „Gott im Menschen" entstehen läßt; im gefundenen Selbst ist nach Jung Gott immanent. Wer das Selbst gefunden hat, ist gewissermaßen sein eigener Gott geworden und hat sich damit selbst erlöst. Für Jung ist damit Gott nicht transzendent, sondern nur immanent in der Seele zu finden. Vgl. J. Goldbrunner, Individuation - Die Tiefenpsychologie von C. G. Jung, München 1949, 129ff. und 153ff.

[145] Der Ansatz Meads soll hier nicht näher ausgeführt werden, da dies an verschiedenen Stel-

Aufgabe in reflexiver und handlungsbezogener Gestalt, sei es als Übereinstimmung oder sei es als Abgrenzung des Individuums vom sozialen Kontext,
wurde damit nicht diminuiert.

Was Mead als „self" bezeichnete, nannte Erikson bald darauf „identity"[146],
ebenfalls innere personale und äußere soziale Entwicklung verknüpfend und
nun den Enstehungsprozess der Selbstwerdung durch die Abfolge psychoso-
zialer Krisen erklärend. Erikson ließ mit seiner Theorie die Identitätsbildung
mit den ersten Erfahrungen des Lebens beginnen und im „reifen Erwachsenenalter" enden. Nach G. Jüttemann ist es gerade das Verdienst Eriksons, die
ganze Lebensspanne in den Vorgang der Identitätsfindung einbezogen zu haben.[147] Für Erikson ist also das ganze Leben in den Identitätsprozess invol-
viert, besonderes Gewicht verleiht er allerdings der Adoleszenz. In der Adoleszenz muß nach Erikson der Mensch beginnen, mittels eines integrierenden
Ichs Synthesen herzustellen und frühere Identifizierungen zu einem Ganzen
umzuwandeln.[148]

Das Konzept Eriksons wird inzwischen innerhalb der psychologischen Forschung häufig kritisiert, da es als zu statisch, als zu soziologisch, oder als zu
ungenau bezüglich der relationalen Seite seines „Beziehungskonzeptes"[149] bewertet wird. Im Widerspruch zu seinem relationalen Verständnis stünden Stellen, an denen er von Identität als stabilem Fundament spreche, das sich im Erwachsenenalter nicht mehr wesentlich verändere. Heute werde hingegen vermehrt die Unabgeschlossenheit psychischer Konstruktionen beachtet, die „in
äußeren oder inneren dialogischen Vergleichsprozessen verankert"[150] sei.
Angst vor zu statischen Identitätstheorien äußert beispielsweise H. Bilden und
spricht von „Teil-Selbsten", die für die Bewältigung des postmodernen Lebens und für ein „Selbst-in-Beziehungen" vonnöten seien.[151]

len hinlänglich getan wurde, so z.B. bei G. W. Hunold, Identitätstheorie, 177ff., oder von
W. Göbel, Individualisierung als Identitätsverlust. Problematik und immanentes Ethos des
modernen Projekts der Selbstfindung, in: Laubach, 115ff.

[146] E. H. Erikson, 16. Zur Erinnerung die acht Stufen: Säuglingsalter, Kleinkindalter, Spielal-
ter, Schulalter, Adoleszenz, Frühes Erwachsenenalter, Erwachsenenalter, Reifes Erwachsenenalter.

[147] Ob allerdings die Wandlungsprozesse weitgehend endogen vorrogrammiert seien, wie
Erikson es annehme, will Jüttemann nicht glauben.Vgl. Jüttemann, 113.

[148] Die meisten Kulturen richteten deshalb auch gewisse „psychosoziale Moratorien" ein,
währenddessen die schwierige Ablösung von Kindheitsschemen geschehen könne. Vgl.
aaO. 137. In der Adoleszenz gibt es dann phasenspezifische Errungenschaften, vgl. S.150:
Zeitperspektive, Selbstgewißheit, Experimentieren, Leistungszutrauen, Sexuelle Identiät,
Führungspolarisation, Ideologische Polarisierung.

[149] W. Bohleber, Artikel Identität, in: Handbuch pychoanalytischer Grundbegriffe, Stuttgart
2000, 329f.

[150] „Das Subjekt läßt dabei sein Selbst quasi durch das Objekt „hindurchgehen" und reflektiert diesen Vorgang metakognitiv auf einer höheren Ebene. Eine solche Definition ermöglicht, Identität weder konkretistisch mißzuverstehen, noch sie als Illusion zu dekon-
struieren, sondern sie als ein inneres Beziehungsgleichgewicht aufzufassen." Aao. 330.

[151] H. Bilden, Das Individuum - ein dynamisches System vielfältiger Teil-Selbste. Zur Pluralität in Individuum und Gesellschaft, in: Keupp, H./Höfer, R., Identitätsarbeit heute. Klassische und aktuelle Perspektiven der Identitätsforschung, Frankfurt/Main 1997, 227ff.

Eine Vielzahl von Formen des Individuum-Seins müsse hierzu akzeptiert werden. Heutige Handlungskompetenz setze Beweglichkeit und innere Vielfalt voraus, Identitätszwang und Einheitssehnsucht seien hingegen kontraproduktiv. Bilden gibt allerdings nicht an, wo sich bei einer postulierten inneren Vielfalt die Grenze zu der von ihr auch erwähnten „multiplen Persönlichkeit", die ja in der Medizin als Krankheitsbild gilt, befindet.

Sie fordert: „Heute wird immer klarer, daß lebenslange, bewußte Entwicklung ihrer selbst für die Subjekte notwendig ist: Um bei sprunghafter Veränderung der materiellen und symbolischen Lebensbedingungen nicht nur Objekte der sich verändernden gesellschaftlichen Verhältnisse, sondern wenigstens teilweise Akteure und Akteurinnen, Regisseure und Regisseurinnen des eigenen Lebens zu bleiben, müssen die einzelnen ihr Selbstverständnis und ihre Lebens- entwürfe immer wieder überprüfen und vielleicht ändern."[152]

Kritisch gegen Bilden sei eingewandt, daß für die Aufgabe der Lebensbewältigung die Aufsplitterung des Subjekts in „Teil-Selbste" nicht notwendig einleuchtet. Sowohl für Aktion und Regie, als auch für die Vorgänge Selbstverständnis und Lebensentwurf (wobei letztere zweierlei sind), muß es doch eher in der Person eine dominierende Instanz geben, welche bündelt, ordnet, entscheidet und lenkt, also eine Art „Haupt-Selbst", das bestimmt. Uneingestanden geht Bilden auch von einer inneren Kontinuität aus, wenn sie an anderer Stelle „die Kohärenz" als Produkt der „Kommunikation verschiedener Selbste"[153] angibt.

Vorbehalte gegen einen zu statischen Identitätsbegriff wurden auch schon, wie wir oben gesehen haben, innerhalb der theologischen Biographieforschung geäußert. Identität wurde dort bei Gräb, Luther und Drehsen vorrangig mit sozialer Vereinnahmung in Verbindung gebracht, mit zu statischen Rollenerwartungen oder Rollensicherheiten. Vorrausgesetzt wurde allerdings bei diesen Autoren ein Begriff von Identität, der einseitig auf Abgeschlossenheit, Fremdbestimmung oder Vertuschung beruht. Eine derartige Polarisierung von Identität ist dem theologisch-ethischen Identitätsbegriff, wie er unten beschrieben wird, eher fremd.[154]

Die Diskussion um Kontinuität und Flexibiltät zeigt jedoch, daß im Identitätsfindungsprozess eine Balance gesucht werden muß zwischen dem Prozessualen und Statischem und daß es einen Kern der Persönlichkeit geben muß, in

---

[152] Aao. 237.

[153] Aao. 245

[154] Eine gewisse „Gebrochenheit" von Identität, auf jeden Fall eine Unabgeschlossenheit bishin zur Möglichkeit von „Versehrtheit" von Identität wird immer vorausgesetzt, da alle Interaktionsprozesse, wozu der Identitätsprozess auch gehört, nicht nur zur Befreiung, sondern auch zur Beschneidung der eigenen Möglichkeiten führen könnten; entscheidend ist jedoch das Ziel, die größtmögliche Subjektwerdung durch Übereinstimmung mit sich selbst, vgl. Hunold, Identität, 38. Gerade die religiöse Dimension des christlichen Glaubens richte den Menschen jedoch, unter eschatologischem Vorbehalt, auch aus auf die Möglichkeit der Vollendbarkeit und stattet den Menschen aus mit identitätsmotivierender Hoffnung. Vgl. aaO. 42.

dem diese Prozesse zusammenlaufen, wo also retrospektiv und prospektiv die eigene Entwicklung reflektiert und einzelne Veränderungen integriert werden. Karl Haußers Modell scheint dies eher zu erfüllen, da er ein Selbst voraussetzt, von dem aus Integrationsprozesse laufen. Er definiert Identität als „Einheit aus Selbstkonzept, Selbstwertgefühl und Kontrollüberzeugung eines Menschen, die er aus subjektiv bedeutsamen und betroffen machenden Erfahrungen über Selbstwahrnehmung, Selbstbewertung und personale Kontrolle entwickelt und fortentwickelt und die ihn zur Verwirklichung von Selbstansprüchen, zur Realitätsprüfung und zur Selbstwertherstellung im Verhalten motivieren"[155]. Identität ist hier ein Relationsbegriff, da sie sich als das Ergebnis einer ständigen Konstruktion einstellt, mit der der Mensch seine Erfahrungen in Relation zu dem bringt, was ihn umgibt.[156] Trotz der Prozessualität wird hier eine Integrationsaktivität vom Selbst mitgedacht, die nur auf dieses Selbst bezogen erinnernd und vorausplanend Neues auf der Basis von Altem errichten kann.[157]

Identität, so sieht es bei aller Sympathie für Konstruktivität auch Bohleber, gründet primär in der sozialen Vermitteltheit und in der Reflexionsbeziehung des Selbst, und richtet den Blick schließlich doch dorthin, wo ihn Mead und Erikson auch zuerst hinwendeten: in die früheste Kindheit und die Spiegelfunktion bzw. Spiegelerfahrung von Mutter und Kind.[158] An diesem Punkt hat Identitätsbildung ihren Anfang, im „Kern" der Person, wo eine mit sich identische Persönlichkeit primär angelegt wird und durch weiterführende Prozesse gesteuerter Kontinuität und Veränderung zu einem Menschen mit Selbststand werden kann. Kindliche Anlagen werden danach durch eine individuelle sittlich-reflexive Lebenskultur weiterentwickelt, Persönlichkeitspotentiale zur realen Individuation gebracht.

Die Selbstfindung Mertons als adult kultivierter Prozess zwischen Kontinuität und Veränderung, sein spiritueller und moralischer Transformationsprozess, soll im letzten Teil der Studie mithilfe entwicklungspsychologischer Kriterien analysiert und reflektiert werden.

2.3 Identität in theologisch-ethischer Perspektive

Die Identitätsthematik wurde in der Theologischen Ethik aufgegriffen, da sie den „eigentlichen Träger des Sittlichen, den einzelnen Menschen in seiner Subjektivität und Individualität"[159] betrifft und dadurch von zentralem ethischen Interesse ist. Dies geschieht im Bewußtsein, daß unter anderer

---

[155] Haußer 1983, 103, zitiert von A. Maurer, Identität/Identitätsfindung, in: Lexikon der Bioethik, Gütersloh 2000, Bd. 2, 271. Eine ausführliche Beschreibung der Theorie von Haußer ist hier zu finden.

[156] Vgl. A. Maurer mit Bezug auf Haußer 104f.

[157] Oder wie es O. Marquard formulierte, „die Veränderung lebt allüberall parasitär zum Identischen", Marquard, 358.

[158] Bohleber, 328.

[159] Hunold, Identitätstheorie, 177.

Begrifflichkeit diese Thematik schon lange in der Philosophie- und Theologiegeschichte bekannt ist, allerdings nicht in der durch den Modernisierungsschub der letzten Jahrzehnte ausgelösten „Nachfrage"[160] Es ist also auch innerhalb der theologischen Ethik klar, „daß sich ethischer Orientierungsbedarf in der Gegenwart vermehrt auf die individuelle Lebensbewältigung des modernen Individuums in seiner Subjektivität und Identität richten muß"[161].

Die gesellschaftlichen Entwicklungen verlangen freilich weniger nach einem theoretischen Identitätsbegriff, sondern nach einem praktischen. Bezug wurde deshalb bisher in der Theologischen Ethik vorrangig genommen auf Erkenntnisse der Sozialpsychologie, insbesondere auf die Theorien von G. H. Mead und Erik H. Erikson.

Die soziale Vermitteltheit von Identität, wie sie seit Mead postuliert wird, entspricht der ethischen Maxime, „daß der Mensch in seinem Handeln immer schon entscheidend von den jeweiligen ihm von außen her vorgegebenen institutionalisierten Formen mitbestimmt ist", führt jedoch die Diskussion mit jenem aktuellen Akzent weiter, daß der Mensch „zur Übereinstimmung mit sich selbst und damit zu seiner ethischen Eigenwirklichkeit wesenhaft erst über deren Umsetzung in seine eigene Subjektivität und Individualität finden kann"[162].

Daraus folgend ergibt sich die ethische Fragestellung: „Das Grundanliegen aller Identitätsforschung läßt sich in der Frage zusammenfassen: Wie kann der Mensch unter der Voraussetzung eines ihm je unverwechselbar eigenen, genetisch bestimmten bio-psychischen Potentials im Entfaltungshorizont der jeweiligen seine Lebenschancen ermöglichenden sozio-kulturellen Dispositionen und Erwartungen zur Übereinstimmung mit sich selbst gelangen?"[163]

Untersuchung der „Übereinstimmung mit sich selbst" in der interaktionären Auseinandersetzung mit Individuen, Gruppen oder Institutionen, Übereinstimmung damit beider Momente, nämlich der sozialen Prämissen und der individuellen Entfaltung, mit Mead gesprochen, die Übereinstimmung von „me" und „I" sind demnach Fokus ethischer Identitätsforschung. Identität wird deshalb vorrangig in der Spannungsebene von Individuum und sozialer Gemeinschaft verortet, es geht um die persönlichkeitsbestimmenden Koordinaten Sozialität und Subjekt und deren Beziehung, eingedenk biologisch-psychischer Determinanten. Die eigene Bedürfniswelt sinnvoll zu gestalten ist danach aus ethischer Perspektive identitätsspezifische Aufgabe, freilich fordert diese Perspektive gleichzeitig die Berücksichtigung der Bedürfniswelt der anderen Mitgeschöpfe und damit auch den Identitätsprozess anderer Individuen. Identität heißt niemals Ichhaftigkeit auf Kosten des Anderen.

Hatte nun bisher die theologisch-ethische Bearbeitung des Identitätsbegriff primär die soziopsychologische Sachebene zur Grundlage, und dies als

---

[160] Vgl. Hunold, Identität, 34f. Hunold zeigt auf, daß die Identitätsphilosophie bereits in der Antike ihre Wurzeln hatte und von Schelling und Hegel weiterentwickelt wurde.

[161] Laubach, 13.

[162] Hunold, Identitätstheorie, 177.

[163] Hunold, Identität, 36.

Priorität zurecht, so wäre noch stärker in ergänzender Weise der spirituelle Bereich und seine Beitragsmöglichkeiten zur Identitätsthematik zu erarbeiten. Anknüpfen kann man dabei an die letzten Sätze aus G.W. Hunolds „Identitätstheorie", der nach der Forderung des Einklangs der individuellen Bedürfniswelt mit der Bedürfniswelt des anderen schreibt: „Da nun aber in jedem Menschen auch das nicht weniger mächtige Bedürfnis lebt, vom anderen in einer Weise ernst genommen und bejaht zu werden, die ihn unmittelbar selbst in seiner ganzen menschlichen und moralischen Realität meint, ihn also nicht nur aufgrund ganz bestimmter, dem anderen zufällig konvenierender Eigenschaften und Fähigkeiten akzeptiert sein läßt, wird ihm eben dieses Bedürfnis auch zum evozierenden Richtmaß für den Umgang mit dem anderen. Den anderen um seiner selbst willen bejahen und für ihn dazusein heißt ihn in die Hoffnung hineinnehmen, die man für sich selber hat."[164]

Gerade aber die „Hoffnung, die man selber hat" als ernstzunehmenden Faktor der Identitätsbildung zu berücksichtigen, d.h. der religiös-spirituellen Seite einen Platz im Identitätsfindungsprozess einzuräumen, soll in vorliegender Studie am Beispiel von Thomas Merton geschehen.

3 Glaubenskultur

3.1 Abschied von „Frömmigkeit"

3.1.1 Begründung einer erweiterten Begrifflichkeit

Der Begriff „Spiritualität" kommt über die Kirchengrenzen hinaus immer häufiger vor und gehört vielleicht zur gleichen geistigen Konjunktur, wie die vorausgegangenen Begriffe „Biographisierung" und „Identität". In dieser Studie soll jedoch der Ausdruck „Spiritualität" nicht im Vordergrund stehen, sondern der an „Frömmigkeit" anknüpfende Begriff „Glaubenskultur".

Da „Spiritualität" heute sehr weitgefaßt und sogar außertheologisch bereits von „Pseudospiritualität"[165] abgegrenzt wird, scheinen die Inhalte des Begriffs „Frömmigkeit" geeigneter, insbesondere für eine theologisch-ethische Studie, individuelle religiöse Kultur zu beschreiben. „Frömmigkeit" scheint jedoch als Ausdruck, und das nicht nur außerkirchlich, nicht mehr sehr gebräuchlich zu sein, vielleicht haftet diesem Wort die Konnotation von „weltfremd" an, verbunden mit einem kirchlichen „Image", nicht auf der Höhe der Zeit zu sein.[166]

---

[164] Hunold, Identitätstheorie, 195.

[165] So Christian Scharfetter, Spiritualität - Wege und Irrwege, in: Psychologie Heute, 26. Jahrgang, Heft 6, Juni 1999, 23.

[166] Ein theologischer Grund mag sein, daß Frömmigkeit, die innertheologisch sowohl katholisch als auch evangelisch der Ethik zugeordnet wird, trotz dieser Platzanweisung in spannungsvollem und unbefriedigt geklärtem Verhältnis zum theologischen Denken steht, wie

Inhaltlich stecken in „Frömmigkeit"[167] jedoch Gehalte, auf die nicht verzichtet werden soll, und welche „Spiritualität" allein nicht abdeckt, nämlich die Verbindung von innerlicher Spiritualität mit ethischer Reflexion und Handlungsorientierung.[168] „Glaubenskultur", genauer eigentlich „individuelle Glaubenskultur", ist damit gerade zur Beschreibung der spirituellen und sittlichen Praxis aus christlichem Glauben heraus geeignet und bringt auch die Identitätssuche mit der „Hoffnung, die man hat" (Hunold) ins Spiel.

Den Begriff Glaubenskultur für die individuelle Praxis zu verwenden, wo der Kulturbegriff vorrangig auf der sozialen Ebene gebräuchlich ist (z.b. kirchlich denkbar im liturgischen Bereich), ist mit der Individualisierungstendenz unserer Zeit begründbar. Die, wie oben beschrieben, zunehmenden Integrations- und Entscheidungsleistungen des Individuums sind schließlich auch eine persönliche kulturelle Leistung des Subjekts. Religiöse Praxis liegt, wie alle anderen sozialen und biographischen Leistungen, mehr als früher in der Zuständigkeit des einzelnen Individuums, so daß auf der Ebene des Subjekts von „Glaubenskultur" gesprochen werden kann.

Einige Inhalte des „alten" Begriffs „Frömmigkeit" scheinen dennoch für eine heutige Glaubenskultur überdacht und aktualisiert werden zu müssen. Da ein Ziel dieser Studie ist, Impulse für moderne Glaubenskultur zu gewinnen, sollen dazu einige theologische und spirituelle Ansätze dargestellt werden. Zunächst jedoch ein kurzer geschichtlicher Blick auf traditionelle Frömmigkeit.

3.1.2 Prägungen traditionell katholischer Frömmigkeit

Die katholische Frömmigkeit wurde stark von der durch die evangelischen Räte (Gehorsam, Armut, Keuschheit) gekennzeichneten Ordensfrömmigkeit geprägt, wodurch ein spirituell-sittliches Vollkommenheitsideal geprägt wurde.[169] Diese Frömmigkeit war mit der Einordnung in verpflichtende Normen verbunden, die die Kirche verbindlich vorgab, und zugleich mit einem

D. Rössler aufzeigt. Gründe werden hierfür in der Scholastik gesucht (H.U.v. Balhasar) oder im NT selbst (R. Leuenberger), in Vorgängen der Trennung von rationaler Theologie und praktischer Frömmigkeit. Vgl. D. Rössler Frömmigkeit als Thema der Ethik, in: Hertz, Anselm/Korff, Wilhelm, u.a. (Hg.), Handbuch der christlichen Ethik, Bd.2, Freiburg-Basel-Wien 1993, 508f.

[167] Zumindest in seiner früheren Bedeutung wie Tüchtigkeit, Nützlichkeit oder Rechtschaffenheit Vgl. F. Kluge, Stichwort „fromm", Ethymologisches Wörterbuch der deutschen Sprache, Berlin-New York 1995, 287.

[168] C. H. Ratschow sieht ein ganz enges Verhältnis und bezeichnet mit Frömmigkeit „die Einheit von Religion und Sittlichkeit". Das Sittliche gehe „aus dem religiösen Ausblick hervor". Das Gebet sei dadurch selbst ein Stück sittlicher Gestalt christlichen Daseins, nach dem Motto: „Für die Welt - vor Gott!" C. H. Ratschow, Von der Frömmigkeit. Eine Studie über das Verhältnis von Religion und Sittlichkeit, in: Ebd., (Hg.), Ethik der Religionen, ein Handbuch, Stuttgart-Berlin-Köln-Mainz 1980, 11ff.

[169] Vgl. D. Rössler Frömmigkeit, 510ff. Frömmigkeit wird bei Rössler auch eng mit Sittlichkeit verbunden, deswegen thematisiert er wohl nicht die eucharistische Frömmigkeit.

ganzheitlichen, eschatologisch definierten Lebenssinn. Neben den evangelischen Räten beeinflußte seit jeher auch der Rhythmus des Kirchenjahrs mit seinen liturgischen und kulturellen Ausformungen die katholische Frömmigkeit, viele liturgische Formen und Formulierungen stammten dabei ebenfalls aus der klösterlichen Gebetspraxis. Im Lauf der kirchlichen Geschichte entstanden jedoch auch spirituelle Bewegungen, die nicht direkt monastische Wurzeln hatten, wie beispielsweise Teile der franziskanischen Bewegung seit dem 12./13. Jahrhundert, Berufsspiritualität im Mittelalter,[170] und die „Devotio Moderna" des 14./15. Jahrhunderts. Die eucharistische Frömmigkeit mit ihren Deutungen und Wandlungen bildet darüberhinaus ein großes Spezialgebiet katholischer Spiritualität.[171]

Anfang des zwanzigsten Jahrhunderts wurde dann in der Katholischen Kirche der Begriff der Laienfrömmigkeit aufgebracht (zunächst in der kath. Jugendbewegung, später im II. Vat. Konzil), um dessen Füllung bis heute, auch unter den Überschriften „allgemeines Priestertum" oder „Communiotheologie" gerungen wird. Der „Laie" als der Nicht-Kleriker, gemeint ist im Grunde das ganze Kirchenvolk, dieser „Laie", steht nach wie vor in gewisser Spannung zur monastischen oder klerikalen Frömmigkeit, oder, wie es A. Auer formulierte, gewinnt aus der traditionellen Frömmigkeit nur mehr „wenig inkarnatorische Kraft"[172].

Insofern nun „Frömmigkeit" teilweise mit katholischen Traditionen verbunden wird, die viele der Getauften heute nicht mehr ansprechen, ist es sinnvoll, die Suche nach neuen Inhalten fortzuführen. Einen formalen Schritt in diese Richtung stellt die Umbenennung in „Glaubenskultur" dar. Inhaltlich wird diese Suche unten fortgesetzt, nachdem wir einen Blick auf die „allgemeine Glaubenslage" heute geworfen haben.

---

[170] Vgl. aaO. 512.

[171] Gerade in der eucharistischen Frömmigkeit vollzogen sich schon viele Veränderungen und sind längst nicht abgeschlossen, vgl. D. Nocke, Spezielle Sakramentenlehre, in: T. Schneider (Hg.), Handbuch der Dogmatik, 267f.

[172] Bereits im LThK von 1960 sprach Alfons Auer dieses Problem an: „Die monastische Prägung blieb aber auch für die Laien weithin wirksam und führte auf die Dauer zu einem Schwund der inkarnatorischen Kraft der christlichen Frömmigkeit. Heute setzt sich die Erkenntnis durch, daß der Mangel an inkarnatorischer Kraft in der christlichen Frömmigkeit eine wesentliche Ursache für die Gottlosigkeit der modernen Welt ist (F. v. Hügel) und daß dem nur abzuhelfen ist, wenn mit einer geschichtsgerechten Umgestaltung des christlichen Weltverhältnisses auch eine neue Akzentuierung in der Spiritualität der Laien Hand in Hand geht." A. Auer, Art. Frömmigkeit II, ²LThK, 404.

3.2 Neues Selbstbewußtsein als neue Glaubensherausforderung

3.2.1 Das Verhältnis zu Gott und Kirche heute

Es wird also seit etwa einem Jahrhundert nach der „Laienfrömmigkeit" gesucht, weil die von den Orden herkommende kirchliche Frömmigkeit für den Laien zu „fleischlos" geworden zu sein scheint. Dies bedeutet nichts anderes, als daß die Erfahrungen und die Sprache des nicht-klösterlich oder nicht-klerikal lebenden Menschen in der traditionell kirchlichen Spiritualität nicht ausreichend vorkommen und darüberhinaus heute „dem Laien" manches Theologumenon zu fremd geworden, zumindest in der herkömmlichen kirchlichen Redeweise nicht mehr verständlich ist.

Wenn beispielsweise heute ein gelegentlicher, kritisch-aufgeschlossener Kirchgänger - gelegentlicher bis seltener Kirchgang ist bei der Mehrheit der Getauften die Regel - im Gottesdienst zu hören bekommt, daß der Christ im „dreipersonalen Gott geborgen" sei, sich von „heidnisch-pantheistischer Ehrfurcht" abgrenze und nicht nur „anonym Höheres"[173] dann ist ihm in der Regel nicht nur eine solche Sprache fremd, sondern dann sind es auch die Inhalte. Er wird nicht nur mit „Dreifaltigkeit" Schwierigkeiten haben, sondern auch kritisch fragen, warum man sich als erstes abgrenzen muß von etwas „Heidnischem" (ein kaum mehr zu hörendes Wort) und erwidern, daß er den christlichen Gott auch oft als „anomym Höheres" erfährt. Kurzum, der Mensch heute geht oft schon mit einem ganz anderen Bewußtsein an die Botschaft von Theologie und Kirche heran, auch mit einem ganz anderen Selbstbewußtssein, als manchen Vertretern von Kirche und Theologie bewußt ist. Es scheint eine Bewußtseinslücke zu klaffen, ja, vor allem eine Selbstbewußtseinslücke zwischen kirchlichen Vertretern und sogenannten „Laien".

Bernhard Grom stellte angesichts dieser gewissen Spiritualitätskrise die Frage, ob möglicherweise ein ganz neues Gottesbild Einzug gehalten habe, denn nach Umfragen fanden die Befragten die Gläubigen bisher „zu unterwürfig, zu selbstanklagend, zu schuldbewußt"[174].

Der Mensch heute möchte eher vor Gott aufrecht stehn als knien, er stellt schärfer denn je die Theodizeefrage und lebt nicht in einem ständigen Kontingenz- und Schuldbewußtsein, das ihn die habituelle Sünderfrage stellen ließe. Groms eigene Meinung dazu ist zwiespältig, nicht alles an diesen Trends sei zwar ein Irrweg des Zeitgeistes, doch kritisiert er beim heutigen Zeitgenossen eine Haltung des „Rechts auf Glück", der Leid, Krankheit und Tod als fundamentales Unrecht betrachte.

---

[173] „Weil Bergung im dreipersonalen Gott, artikuliert sich christliche Frömmigkeit nicht als heidnisch-pantheistische Ehrfurcht oder als dumpfes Pflichtgefühl vor etwas anonym Höherem (pietas), sondern als liebende und damit personale Danksagung (eucharistia), Weihe (devotio) und Hingabe (sacrifcium; oblatio) an den dreifaltigen Gott." Lothar Lies, Art. Frömmigkeit, in: Praktisches Lexikon der Spiritualität, Freiburg 1992, 422.

[174] B. Grom, Ein neues Gottesbild?, in: Stimmen der Zeit, Bd. 219, Heft 6 2001, 361.

Ob das neue Selbstbewußtsein notwendig zu einer solchen Anspruchshaltung führt, kann bezweifelt werden, vielmehr - so sei kritisch gegen Grom eingewandt - steht der Zeitgenosse heute mehr als früher zu seinem Wunsch nach Glück, und ist es nicht menschlich nachvollziehbar, daß er sich vehement gegen Leid, Krankheit und Tod auflehnt? Auch der von Grom kritisierte Optimismus der „Psychokultur", die mit Carl Rogers meine, der Mensch tue das Gute ganz von selbst, sobald er einmal von blockierenden Abwehrhaltungen befreit sei, muß nicht grundsätzlich falsch sein.

Man wird moderner Glaubenskultur nur einen Dienst erweisen, wenn man sie in ihrem Selbstbewußtsein ernst nimmt. Für den spätmodernen Menschen gibt es keine monopolistischen Instanzen der Weltdeutung mehr, das muß auch die Kirche akzeptieren. Es verhält sich, wie Rainer Bucher schreibt, daß sich „Religiöses, noch mehr Kirchliches vor der Vernunft oder genauer: den aktuell gültigen Prinzipien des eigenen Denkens und Lebens zu legitimieren" hat, und „nicht mehr umgekehrt dieses Denken und Leben vor Religion und Kirche"[175].

Zwei weitere Studien und deren Ergebnisse sollen kurz erwähnt werden. Die eine Studie ist die European Values Studies (EVS) 1999[176], die ebenfalls vorherrschende Gottesbilder untersuchte, die andere Studie eine Studentenbefragung 2001[177] zu Glaube und Kirchenpartizipation.

In der EVS bejahten immerhin in Westeuropa 65,3 Prozent der Befragten die Frage nach dem Glauben an Gott (in Nordamerika sogar 92,2%).

Bei der Studentenbefragung des Projekts der Württembergischen Landeskirche gaben 52% der Studierenden an, sie seien gläubige Christen, 82% bezeichneten sich insgesamt als religiös. Sie fänden aber nicht mehr den Anschluß an aus ihrer Sicht wenig attraktive kirchliche Formen.

Bei der Auswertung der Zahlen und Tabellen der EVS kommt J. Kerkhofs zu dem Ergebnis, daß Gott aus der Alltagssprache der Menschen weitgehend verschwunden ist, sogar bei praktizierenden Christen. Auch wenn eine hohe Zahl der Befragten den Glauben an Gott bejahe, so werde „Gott" vorwiegend als Chiffre gebraucht für ein vieldeutiges Mysterium.

Die Schwierigkeiten vieler Menschen mit dem persönlichen Gott seien unübersehbar, obgleich ein Gespür für Gottes Geheimnis weiter existiere. Daß für viele Gott existiere, aber in ihrem Leben dennoch kaum vorkomme, liege auch an dem starken Eindruck, den die Naturwissenschaften hinterlassen hätten, vornehmlich Biologie und Paläontologie.

[175] Rainer Bucher, Pluralität als epochale Herausforderung, in: Haslinger, H./Bundschuh-Schramm, C., Handbuch der Praktischen Theologie, Mainz 1999, 92.

[176] Von der Jan Kerkhofs in der Theologisch-praktischen Quartalschrift berichtet, Linz, 2000/4, 338ff.

[177] Eine bisher unveröffentlichte Studie an den Fachhochschulen Reutlingen und Ludwigsburg und der Universität Stuttgart-Hohenheim 2001, im Rahmen des Projekts der Evangelischen Landeskirche in Württemberg 2001 - 2003: „Weiterentwicklung der kirchlichen Arbeit an der Hochschule". Vorliegend ist der Jahresbericht 2001, woraus die verwertete Tabelle stammt.

Zugleich werde in den Kirchen immer noch ein zu anthropomorphes Bild von Gott vermittelt, das die Menschen eher abstoße. Ferner, und dies ist für diese Arbeit von Interesse, habe sich zufolge der EVS-Analysen die Ethik völlig von Christentum und Kirche abgekoppelt.[178]

3.2.2 Rückschlüsse aus den Umfrageergebnissen

M. N. Ebertz thematisierte einen eigenartigen Schwebezustand des modernen Menschen zwischen religiöser und nicht-religiöser Existenz. Das religiöse „ich weiß nicht" sei jedoch keine pure Glaubensverweigerung, sondern eine Art „Stimmenthaltung" angesichts einer nicht nachprüfbaren Möglichkeit, einer nicht erkennbaren „Brauchbarkeit Gottes" und angesichts vielseits erwarteter Flexibilität.[179]

Man kann also nicht sagen, daß die Suche nach Gott heute nicht mehr stattfindet (obwohl sie vielleicht zu wenig stattfindet, Ebertz kritisiert auch die religiöse Gleichgültigkeit), sondern eher, und das sogar bei den Gläubigen, daß eine große Vorsichtigkeit in der Anrede Gottes besteht, und vielleicht sogar aus redlichen Gründen, um im Zeitalter der inflationären Bildkultur des 21. Jahrhunderts Gott vor falschen Bildern zu schützen und um ihn, den ganz Anderen, als heilig zu erhalten. Wenn dann die Sprache der Kirche, wie es Kerkhofs kritisiert, mit zu anthropomorphen Bildern operiert, enttäuscht das die Suchenden. Die eigens auferlegte Bildaskese wird von der Kirche ignoriert und, vielleicht sogar, naiv-kindisch übergangen - der Ernst der Glaubenslage oder die versteckte Suche nach heute möglicher Glaubenskultur vieler Getaufter wird übersehen.

Ein Rückschluß aus obigen Studien kann nur sein, daß eine christliche Glaubenskultur in ihrer Breite nur in einer individuell und säkular zugewandten Perspektive und in Bereitschaft zu Veränderung erhalten wird.

Nicht jede Neuerung bedeutet zugleich einen Verlust. Daß der sich Mensch beispielsweise heute weniger als Sünder fühlt wie früher, muß nicht per se schlecht sein. Wie wir oben bei der Identitätsproblematik schon in die sozialpsychologischen Vorgänge der frühen Kindheit geblickt haben, so wäre an diesem Beispiel zu überlegen, ob das fehlende Sündenbewußtsein des Zeitgenossen, damit zu tun hat, daß heute von klein auf Kindern mehr Wertschätzung entgegengebracht wird als in früheren Generationen. Mit Mead gesprochen, wird dann das „me" bereits mit mehr Selbstbewußtsein ausgestattet, so daß das Grundgefühl des Menschen nicht von vornherein das des kontingent Schuldigen ist. Gesellschaftlich prägende Werte wie Partnerschaftlichkeit,

---

[178] Sei Gott aber kein Gesprächspartner mehr, so verblasse das Gefühl einer Verantwortung einem Unsichtbaren gegenüber, so Kerkhofs, 342f.

[179] So M.N. Ebertz im Gespräch an der Katholischen Akademie Freiburg mit dem Präsidenten der Tschechischen Christlichen Akademie, wie es Johannes Röser in „Christ in der Gegenwart" 28/01 berichtet.

Mitspracherecht und Gleichberechtigung kommen hinzu. Damit entstammt jedoch das fehlende Sündenbewußtsein mehr einer gesunden Wurzel als einer defizitären. Der Wunsch nach Glück und Wohlsein sollte auch nicht vorschnell verurteilt werden. Wie anders soll das Leben aussehen denn als glücklich, wenn gepredigt wird, daß das Reich Gottes schon hier und jetzt beginne? Sind es dann aber nicht „typisch kirchliche" Töne, wenn in einer modernen Erlösungslehre davon gesprochen wird, daß alle Kraftanstrengung, gegen die schwierige äußere Wirklichkeit einen „einigermaßen auskömmlichen Lebensraum abringen" zu wollen, „doch nur einen Aufschub"[180] bringe und die Geburt nichts als Ausgestoßenheit bedeute, die sich im Tod vollende? Wenn man der „Letztgültigkeit der Trennung" soviel Gewicht einräumt, wie es Werbick hier tut, handelt es sich fast um lebensfeindlichen Pessimismus, der den spätmodernen Menschen, der sein Leben nutzen und genießen will, auf Distanz hält.

Weder Nivellierung des freilich mit dem Tod beschränkten Lebens, noch vorschneller Hedonismusverdacht oder lamentierendes Bedauern des fehlenden Sündenbewußseins werden jedoch die Spiritualität des „Laien" zu einer lebendigen Glaubenskultur reanimieren. Der Fleischlosigkeit der heutigen Glaubenskultur wird nicht durch neue Diätvorschläge Abhilfe geschafft werden. Es wird vielmehr eine radikale „Säkularisierung von innen" vonnöten sein, die sich schonungslos den Wirklichkeiten des spätmodernen Lebens aussetzt, um im Konfrontationsfeld von Welt und Evangelium eine Sprache und eine Botschaft zu finden, die den Menschen im Kern seines Wesens berührt und damit zum bejahten Christsein motiviert.

Natürlich hat man auch kirchlicherseits auf die spirituelle Krise zu reagieren versucht und daraufhin in den letzten Jahrzehnten, zumindest im deutschsprachigem Raum, eine Menge an pastoralen Konzepten, katechistischen Materialien, Gemeindeerneuerungs- und Exerzitienprogrammen produziert. Versuche, die gewiß viel Gutes bewirkt haben und an denen auch maßgeblich wir „Laientheologen" mitgewirkt haben, also nicht-klerikale Professionelle. Dennoch, so wird inzwischen kritisch überlegt,[181] hat sich auch hier wiederum eine Distanz zum Kirchenmitglied etabliert, insofern dieser Mensch nicht zum kerngemeindlich höchst engagierten Mitglied zählt, ferner nicht unbedingt in den

---

[180] J. Werbick, Soteriologie, Düsseldorf 1990, 197. Wörtlich: „Ist nicht schon die Geburt - die Psychologie spricht ja vom „Geburtstrauma" - ein abgründigens Nein zu dem, der da ausgestoßen und abgetrennt wird von der 'Quelle' des Lebens?" Hierzu möchte ich anmerken daß der Begriff „Geburtstrauma" hier sehr undifferenziert verwendet wird und bis heute nicht geklärt ist (und wahrscheinlich nie geklärt werden kann), ob die Geburt für den Fötus in der 40. Woche nicht eher Befreiung als Ausgestoßenheit aus der zunehmenden Enge darstellt.

[181] M. N. Ebertz kritisiert die „Reduzierung von Pastoral auf Gemeindepastoral", die einer weitgehenden Milieuverengung der Teilnehmerschaft am kirchlichen Gemeindeleben Vorschub leiste, M.N. Ebertz, Gesellschaft. Herausforderungen der Praktischen Theologie heute, in: Handbuch Praktische Theologie 1999, 340.

kirchlichen Rhythmus, zur kirchlichen Sprache, zum kirchlich-sittlichen Anspruch, kurz, zum „kirchlichen Stallgeruch" paßt.

Vieles am kirchlichen Leben wird außerdem von der „Normalbevölkerung" als zu verbindlich, zu fordernd, zu altmodisch, zu feminin, zu kindisch oder zu wenig alltäglich empfunden. D.h. auch das kirchengemeindliche Leben mit seinen Gewohnheiten und Ansprüchen hat oft beigetragen zur „Ent-Säkularisierung" der Kirche im Sinne der gesellschaftlich erwünschten oder angemessenen Bedingungen.

Natürlich gibt es heute auch bei vielen Getauften beklagenswerte Haltungen wie Bequemlichkeit, Vorurteile, Selbstgerechtigkeit oder Willenlosigkeit, und das alles in hoher Dosis, die sie davon abhalten, den eigenen Glauben zu kultivieren. Tragisch sind jedoch jene Fälle, wo Menschen, die trotz guten Willens und Motivation keinen Anschluß mehr an die Lehren Jesu Christi und/oder an die kirchliche Gemeinschaft finden.

Es geht um die Not jener Getauften, die an ihrer Kirchenmitgliedschaft festhalten oder diese aufgrund von hoher Frustration bereits aufgegeben haben, die in der gängigen Kirchenmentalität keinen Platz finden mit ihren spätmodernen Zweifeln und individuell verschiedenen Lebensbedingungen.

3.3. Präzisierung der inhaltlichen Defintion von Glaubenskultur

Es bleibt die Aufgabe, eine zeitgemäße Glaubenskultur inhaltlich näher zu bestimmen. Dieser Versuch soll, wie schon angekündigt, aus drei theologischen und einer nicht-theologischen Perspektive geschehen. Theologischerseits wird auf Aussagen von Karl Rahner, Alfons Auer und Jürgen Werbick zurückgegriffen, im Hinblick auf die säkulare Perspektive auf Aussagen des Psychiaters Christian Scharfetter, der sich ausgiebig dem Thema Spiritualität gewidmet hat.

3.3.1 Theologische Grundlagensuche in einer neueren Soteriologie (J.Werbick)

Eine christliche Glaubenskultur muß ihre Wurzeln und ihr Ziel kennen, und diese beruhen auf Jesus Christus. Wie das Leben und Wirken Jesu Christi, sein Erlösungswerk zu verstehen ist, muß deshalb grundsätzlich geklärt sein, was natürlich, dies belegen verschiedene theologische Auslegungen, gar nicht so leicht ist. Diesem Thema kann an dieser Stelle natürlich nicht eingehend nachgegangen werden, aber am Beispiel der Erlösungslehre J. Werbicks soll die theologische Aporie angesichts heutiger Bedingungen verdeutlicht werden.

Werbick nennt zwei alternative Soteriologien, eine „Soteriologie von oben" und eine „Soteriologie von unten", wobei er letztere als defizitär beurteilt.

67

Eine „Soteriologie von unten", von der Aufklärung initiiert, begreife das Erlösungswerk Jesu Christi allein aus Jesu Relation zu seinen Mitmenschen und als Erschließung des Christen der schon längst vorhandenen Wirklichkeit Gottes.[182] Glauben sei hier eine Geschichte des Entdeckens und Begreifens Gottes. Ein Konflikt zwischen Gott und Mensch komme hier nicht mehr vor, die Themen Sünde, Opfer und Versöhnung seien damit in den Hintergrund getreten. Als gegenwärtiges Beispiel für eine Theologie von unten führt Werbick den Ansatz Drewermanns an. Die Soteriologie von unten bleibe abstrakt, da sie von Gottes Liebe nur als Möglichkeit spreche. Aber auch eine zu radikale Theologie von oben scheint Werbick keine adäquate Erklärung für Jesu Erlösungswerk zu bieten, am Beispiel des Ansatzes von Hans Urs von Balthasar zeigt er auf, daß ein „Pathos des Zornes Gottes" den Kreuzestod Jesu heute auch nicht befriedigend erklärt.

Für Werbick selbst ist die richtige „Soteriologie von oben" jene, die primär das Beziehungsereignis zwischen Gott und Mensch ins Auge faßt, sprich, das reale Geschehen von Begegnung und Erfahrung, Gottes Liebe solle nicht nur entdeckt werden, sondern geschehen. Die richtige Erlösungslehre proklamiere den kommunizierenden Gott, der sich in seiner Liebe auch so mitteile, „daß seine Liebe und Selbstmitteilung das andere seiner selbst setzt und ihm eine heilvolle Beziehung zu sich eröffnet. Die Menschen mögen den Gottesbegriff 'Gott ist die Liebe' als Entdeckung ihrer Vernunft, als Implikat vernünftiger Selbstreflexion 'konstruieren'; als Glaubende wissen sie sich in eine Geschichte der Liebe hineingenommen, in der sich ihnen von Jesus Christus - dem Ereignis der göttlichen Liebe - her durch den Heiligen Geist erschließt, wie die Liebe ist, da Gott die Liebe ist und wie Gott ist, da er die Liebe ist."[183] Gottes liebende Kommunikation ist nach Werbick dort lebendig, wo sich Menschen vom Geist Jesu Christi „inspirieren" lassen und dem Geschehnis anvertrauen. Ein praktisches Element der Hingabe zeichnet demnach Werbicks „Soteriologie von oben" aus.

Eine Anmerkung zu Werbicks Lehre sei hier erlaubt.

So einleuchtend theologischerseits Werbicks Forderung nach einem „Geschehnis" des Glaubens und so unbezweifelbar die Richtigkeit dieses Anliegens erscheint, so schwer vermittelbar erscheint dennoch heute die krasse Gegenüberstellung von „oben" und „unten"[184]. Eine Diskrepanz zwischen „theologischer Richtigkeit" und gängiger Glaubenspraxis tut sich bei zu starker Polarisierung auf, wobei die gängige Glaubenspraxis theologisch nicht von vonherein richtig sein muß, aber auch nicht vornherein falsch.

Die Glaubenspraxis der spätmodernen Gläubigen scheint nun aber doch mehr das „unten" als das „oben" zur Sprache zu bringen, wie in den erwähnten

---

[182] Vgl. Werbick, Soteriologie, 216ff.

[183] AaO. 223f.

[184] Davon abgesehen setzt auch die Theologie Karl Rahners am „unten", beim „Hörer des Wortes" an.

Studien zum ermitteltem Gottesbild schon zur Sprache kam.[185] Der spätmoderne Mensch tut sich offensichtlich mit dem „Gott von oben" schwerer als je zuvor, er tritt selbstsicher Gott gegenüber, hat weniger Gerichtsangst, fragt radikaler nach der Präsenz Gottes im Leid und praktiziert vielleicht sogar eine Gebetsform, in der die Rede über Gott von der Rede zu Gott gar nicht so leicht zu trennen ist. Dem „Geschehnis" stehen viele Vorsichtigkeiten und Vorbehalte im Wege, oft weniger aus Vermessenheit und Verweigerung, sondern aus Unvermögen oder manchmal sogar redlicherweise aus besorgter Magieabstinenz (wie schon angesprochen, enthalten sich viele Menschen, abgestoßen durch trivialisierende Esoterikangebote lieber ganz der Religion, manchmal unbewußt „des Heiligen willen"). Viele Getauften halten sich an das „unten" Jesu Christi, weil ihnen, vielleicht auch nur vorübergehend, der Zugang zum „oben" nicht möglich ist. Der westlich orientierte Mensch von heute in seiner naturwissen- schaftlichen, demokratischen, individuellen, und emanzipierten Prägung ringt in der Regel mit seinem Glauben und um diesen lebendig zu erhalten bräuchte er (sie) in vielen Fällen neue Formulierungen der Rede über Gott, aber auch der Rede zu Gott.[186] Aus Ermangelung dieser Rede, einer schlüssigen Vermittlung, halten es viele lieber mit einem „Jesus von unten".

Fazit: Offensichtlich mangelt es bisher nicht nur an modern nachvollziehbarer Rede, an jenem Wort, das die inkarnatorische Kraft der christlichen Botschaft theoretisch und praktisch transportiert und den Zeitgenossen in ein „Geschehnis" mit hinein nehmen könnte, sondern auch theologisch an einer Soteriologie, die dem zeitgenössischem Horizont gerecht wird.

3.3.2 „Weltfrömmigkeit" (A. Auer)

Inkarnatorische Kraft aber forderte schon in „Weltoffener Christ" Alfons Auer ein und postulierte, daß ausgehend vom Inkarnationsereignis Jesu Christi und „Gottes Selbstentäußerung in die Welt hinein" christliche Frömmigkeit auch weltfähig sein müsse. So urteilte der Theologe streng: „Und die geistliche Zwiespältigkeit des christlich Frommen, seine Aufgespaltenheit in das christlich-religiöse und in das profan-weltliche Tun wie in zwei hermetisch voneinander abgeschlossene, wenn auch notwendig meist recht ungleiche Hälften,

---

[185] „Die Antworten zeigen, wie auch bei diesen aktiven Katholiken die Immanenz betont wird und wie man in Jesus das Menschliche stärker betont als das Göttliche." Jan Kerkhofs, 344, nach der Auswertung der Antworten der pastoral Tätigen in der Diözese Haarlem.

[186] Interessanterweise thematisiert Werbick in einer neueren Veröffentlichung genau dieses Phänomen am Beispiel des Vater-Unsers. Dieses sei heute längst nicht mehr „Sprachheimat", sondern eher „Glaubens-Zumutung", da seine Formulierungen nicht mehr direkt unsere Lebenserfahrungen artikulierten. Als „Fremd-Wort", so vorweg seine Lösung, habe es jedoch auch die Chance, bewußt wahrgenommen zu werden. Vgl. J. Werbick, Gebetsglaube und Gotteszweifel, Münster 2001, 129ff.

dieses schwer angehbare Krebsübel unserer Frömmigkeit, das nichts weniger als ihre Unfruchtbarmachung bedeutet, erfährt ihr schärfstes Gericht gerade durch das Christusereignis, auf das man sich gar noch zu ihrer Legitimierung berufen zu können glaubt."[187]

Wenn auch nicht genug über das Kreuz gesprochen werden könne, Auer weiter, so bestünde dennoch theologischerseits ein Defizit der Aufarbeitung von Inkarnation und Auferstehung, denn vom Kreuz alleine her lasse sich eine christliche Frömmigkeit nicht aufbauen. Frömmigkeit in der Welt aber sei zunächst Erkenntnis der Sinnwerte und der Ordnungen der irdischen Wirklichkeit, kurz, Liebe zum Sein. Jeder Mensch müsse deshalb gerade in seiner beruflichen, fachlichen oder familiären Situation Hingabe üben, Liebe zur Sache und zum „je auferlegten Weltstoff", denn „fromme Erkenntnis" sei „wachsames Auf-dem-Wege-Sein zum Logos, der allen irdischen Wirklichkeiten als Sinnmitte und Ordnungsgesetz innewohnt, der sie als dynamisches Prinzip immer mehr ihrer Vollendungsgestalt entgegentreibt. [..] Frömmigkeit ist Hinordnung des Weltdienstes auf das Christusmysterium. [..] Frömmigkeit in der Welt ist Sichtbarmachung der Sinnwerte und Durchsetzung der Ordnungsgesetze in der konkreten Wirklichkeit"[188].

Auers Forderung liegt ein konsequentes Ernstnehmen der weltlichen Bedingungen, der stofflichen und fachlichen Grundlagen unseres Lebens zugrunde. Wenn also der Mensch heute faktisch individuell, emanzipiert, global und rational geprägt ist, weil letztlich die Existenzbedinungen unserer Zeit es so erfordern, so muß die religiöse Praxis für diese Disposition geeignet sein; es muß eine Übersetzung des Traditionsgutes in das Denken und in die Sprache der aktuellen Zeit hinein geschehen.

Gott muß dort vorkommen dürfen, um Auers Anliegen weiterzudenken, wo der Mensch der Wirklichkeit begegnet, in den Geheimnissen der Schöpfung, sei es in der Ästhetik, im Genom, im fortschreitend eroberten Weltraum, in psychologisch erkannten zwischenmenschlichen Gesetzmäßigkeiten, in Akten der Mündigkeit und des Erwachsenseins, aber auch heute im verzweifelten Ruf: „Gott ich kann dich nirgends finden!"

Spirituell empfiehlt Auer - neben der partnerschaftlichen Mitarbeit des Menschen an den Mysterien der Schöpfung - die Meditiation. Weltliches Handeln müsse auf jeden Fall meditativ vor- und nachbereitet werden. Seinen spirituellen Schwerpunkt legt Auer jedoch, ganz katholisch-traditionell, auf die Eucharistie. Christus solle besonders im Mysterium der Eucharistie gesucht werden. Mit der Meditation spricht Auer ganz gewiß den Menschen von heute an, auf welche Weise es im 21. Jahrhundert gelingen wird, den Zugang zum Sakrament der Eucharistie lebendig zu erhalten, scheint allerdings eine schwierige Frage zu sein - dazu unten mehr.

---

[187] Alfons Auer, Weltoffener Christ, Düsseldof 1966, 4. durchgesehene Auflage (1960), 167.
[188] AaO. 302f.

3.3.3 „Frömmigkeit von morgen" (K. Rahner)

Auch Karl Rahner schrieb in „Zur Theologie des geistlichen Lebens", die eucharistische Frömmigkeit „als altmodische Übung zu verwerfen" sei ein Sakrileg trotz des Wissens, daß diese Art von Frömmigkeit erst im 11. Jahrhundert entstanden sei und meint, es würde auch dem Christ von morgen nicht schaden, „im Gebet zu knien vor dem Leib des Herrn, der für ihn dahingegeben wurde, vor dem sakramentalen Zeichen des Todes des Herrn und des eigenen Sterbens im Herrn, das auf ihn zukommt"[189].

Nun scheint jedoch, wie oben schon beschrieben, der Mensch von heute nicht mehr die Form des Kniens für sich als die angemessenste zu empfinden, Formen der erwünschten Spiritualität haben sich geändert oder sind in Änderung begriffen. Daß die Menschen heute dennoch religiös und spirituell suchend sind, das hat sich in den oben genannten Studien gezeigt, ist auch nicht von der Hand zu weisen, es scheint daher wirklich ein Problem der Formen und Worte zu sein, ja, tiefer, eine Frage des für unsere Zeit angemessenen Zugangs zu den Geheimnissen des Glaubens.

So liegt, um Rahner zu antworten, bei einer eventuellen Distanz zur Eucharistie vielleicht gar keine arrogante Verurteilung der eucharistischen Praxis zugrunde, sondern eher ein Unvermögen oder Unverständnis. Natürlich erreicht eine wache Kirche jene nie, die aus Bequemlichkeit oder Gleichgültigkeit Gott nur auf theoretischer Ebene in Erwägung ziehen, doch um der anderen willen, die sich trotz spätmoderner Mentalität nach einer sinnvollen Glaubenspraxis sehnen, sind offensichtlich geistige Brücken nötig. Hierzu werden gelegentlich erst Barrieren abgebaut werden müssen, um hier an Auers Kritik an einer einseitigen Kreuzestheologie anzuknüpfen, so will beispielsweise mancher Christ heute den Leib des Herrn eben nicht nur als metaphysisches „Dahingeben" durch den Kreuzestod erfahren, sondern vermehrt als präsentische Lebenshilfe, als Inspiration des individuellen Hingebens.

Es stellt sich grundsätzlich die Frage, ob die Nähe zu Christus in Zukunft anders gepflegt werden werden muß, als in der traditionellen „eucharistischen Frömmigkeit". Für das Geheimnis der Brotwerdung werden vielleicht neue Formen gefunden, die jedoch dieselbe Ehrfurcht, Intimität und Konzentration enthalten können, wie die traditionelle eucharistische Glaubenskultur.

Rahner verlangt weiterhin, daß „Frömmigkeit von morgen" aus dem Schatz der Tradition schöpfen müsse, „Mut zum Geplanten, Geübten, Geformten" haben, außerdem bereit zum Institutionellen sein müsse. Er schreibt dies auf dem Hintergrund des gerade stattgefundenen Zweiten Vatikanischen Konzils, um, damals aktuell, einem falschen Verständnis der innovativen Sätze des Konzils vorzubeugen. Es ist ihm wichtig, das „wirklich bewährte Alte" zu schützen vor „falscher existentieller Subjektivierung", falls diese „gestaltlos,

---

[189] Karl Rahner, Zur Theologie des geistlichen Lebens, Schriften zur Theologie, Bd. VII, Einsiedeln, Zürich, Köln 1966, 16.

willkürlich und unrealistisch bleibt, dazu noch in der ständigen Gefahr der Unwahrhaftigkeit"[190].

Wie oben im Zusammenhang der Identitätsproblematik schon bemerkt wurde, daß Veränderung immer parasitär zum Identischen lebe (Marquard), gilt dies unbestritten auch für eine christliche Glaubenskultur: sie muß ihre Wurzeln, Erfahrungen, Habitualitäten und Traditionen kennen und schätzen, um auf deren Boden neue Formen und Praktiken zu etablieren.

Interessant sind jedoch bei Rahner die neuen Perspektiven, die er im Lichte einer scharfsinnigen Zeitanalyse eröffnet. Grundlegend und entscheidend ist danach für eine „Frömmigkeit von morgen" das „persönliche unmittelbare Gottesverhältnis", das keine Selbstverständlichkeit sei, da der Mensch heute in einer Welt lebe, in der er „sein Innenleben auch zum Feld rational-technischer Wissenschaft gemacht hat, sich selbst analysiert und unter den Elementen dieser Analyse auch nicht ohne weiteres so etwas wie „Gott" entdeckt, wo er vielmehr dauernd unter dem Verdacht lebt, seine religiöse Erfahrung könnte entlarvt werden als altmodische Fehlinterpretation psychischer Antriebe, Nöte und Mechanismen, die ganz anders erklärt und bewältigt werden können und müssen als durch eine mythisch-undefinierbare Größe, die man 'Gott' nennt"[191].

Und weiter analysiert Rahner bereits 1966, was in heutigen Studien zutage gefördert wird: „Wir leben ja in einer Zeit, in der 'Gott' (oder was man darunter versteht) nicht mehr brauchbar zu sein scheint, um die 'Löcher zu stopfen', die wir in der Unzulänglichkeit unseres Daseins entdecken; wir haben vielmehr den Eindruck, daß wir diese Löcher entweder selbst stopfen müssen oder sie auch durch Gott ungestopft bleiben, Bittgebet also eine höchst zweifelhafte Sache geworden sei. Wir leben in einer Zeit, in der man wenig fragt, wie man als Sünder einen gnädigen Gott findet, der uns rechtfertigt, sondern eher den Eindruck hat, Gott - so es ihn gibt - müsse sich selbst rechtfertigen vor seiner gequälten Kreatur, die der Rechtfertigung nicht bedarf; in einer Zeit die mißtrauisch wird, wenn sie mit ihren Fragen auf ein Jenseits verwiesen wird, in der dann alles zur Klarheit und Ordnung kommt. In einer solchen Welt christlich fromm zu sein, ist gewiß keine Selbstverständlichkeit, zumal die *gesellschaftliche* Selbstverständlichkeit, daß man so etwas sein könne und müsse, nicht mehr existiert, wenn auch 90% der Kinder bei uns noch Religionsunterricht bekommen."[192]

Fast prophetisch beschreibt Rahner die Haltung der Menschen heute, die von erhöhtem Selbstbewußtsein geprägt ist. Allerdings scheint diese Haltung nun, 35 Jahre später, nicht mehr beklagt, sondern genutzt werden zu müssen: nicht gegen diese Einstellungen sondern nur mit diesen und innerhalb dieser wird das Evangelium Jesu Christi angesiedelt werden können, es wird als kein „christlich fromm" trotz dieser Welt und dieser Gesellschaft geben können,

---

[190] AaO. 13.
[191] AaO. 19f.
[192] AaO. 20

72

sondern nur innerhalb dieser entmythologisierten und rationalisierten Welt mit ihren selbstbewußten und emanzipierten Menschen.

Wenn die Menschen heute weniger einen „gnädigen" Gott suchen, dann suchen sie doch einen „partnerschaftlichen". Die Nähe Gottes steht nach wie vor zur Diskussion, auch wenn der Weg dorthin, aus den nun mehrfach genannten Gründen, anders aussieht, schwieriger ist und schwerer gefunden wird.

Aber Rahner öffnet selbst neue Türen. Die Kunst des Glaubens bestünde einfach darin, Gott trotz dieser Anfechtungen anzureden, „in seine Finsternis glaubend, vertrauend und gelassen hineinzureden, obwohl scheinbar keine Antwort kommt als das hohle Echo der eigenen Stimme", wenn einer immer wieder sein Leben in die Unbegreiflichkeit Gottes hineinstelle, obwohl er immer wieder „zugeschüttet" zu werden scheine durch die unmittelbar erfahrbare Wirklichkeit der Welt, wer diese Aufgabe als Verantwortung seines Lebens - auch ohne Unterstützung von außen - in immer erneuter Tat annehme und „nicht nur als gelegentliche religiöse Anwandlung", dann könne er der „heutige Fromme" oder „Christ" genannt werden.[193]

Bereits nach diesem theologischen Ansatz wird also individuell kultivierte Religiosität einen ungleich hohen Stellenwert in der Zukunft annehmen. Es werde, so Rahner, weder allgemeine Überzeugung noch religiöse Sitte geben, noch eine einheitliche kollektive Struktur, die das suchende Individuum trage. Die Folgerung der Kirche könnte daraus nur sein, zukünftig eine Mystagogie zu entwickeln, die das Individuum für seinen individuellen und freiheitlichen Weg zu Gott derart vorbereite, „daß einer sein eigener Mystagoge werden kann", denn: „Der Fromme von morgen wird ein 'Mystiker' sein, einer, der etwas 'erfahren' hat, oder er wird nicht mehr sein"[194]

Auf diesem Weg müsse aber der Gläubige lernen, daß Gottes Unbegreiflichkeit wachse, je richtiger er verstanden werde und je näher seine mitteilende Liebe komme, daß er nur unser „Glück" werde, wenn er bedingungslos angebetet werde, auch nicht bloß als der Ferne gegenüber einer Nähe, nicht als Antipol zur Welt, da er über solche Gegensätze erhaben sei.

Die Kunst der modernen Glaubenskultur besteht nach Rahner darin, zu Gott „Du" zu sagen, obwohl er in schweigender Finsternis weilt, ihn anzureden trotz seiner Stille, keine Angst vor ihm zu haben, obgleich er „nicht ein Moment unseres Systems ist"[195]. Für diese Art von Gottesverhältnis müsse die Theologie ein neues Verständnis und eine ihm gemäße Praxis des Bittgebetes bereitstellen, was sie noch nicht genügend getan habe.[196]

Rahner trifft dann noch auf Auer in der Hervorhebung des Autonomiegedankens, wenn er sagt, daß das freie Humane von der Glaubenskultur als ein

---

[193] AaO. 21.
[194] AaO. 22.
[195] AaO. 23.
[196] Ein eigener praktischer Versuch der Autorin liegt beim Grünewald-Verlag vor mit dem Titel: „Schaff meinen Gedanken einen Weg. Gebete ins Konkrete", Mainz 2001.

inneres Moment ihrer selbst verstanden werden müsse. Auch dort, „wo kein eigens errichteter Altar Gottes" stünde, komme Gott mit seiner Gnade an. Und ganz tröstlich hört es sich für den spätmodernen Menschen an, wenn Rahner auf dem Hintergrund gewisser Heilszusagen des II. Vatikanums für Atheisten ausführt, daß dann erst recht Gott dort weile, „wo ohne ausdrückliche Frömmigkeit das weltliche Leben fröhlich, frisch, ernst und tapfer gelebt wird"[197]. Hierin liege der wahre Sinn der Rede von einer Weltfrömmigkeit, im radikal „vorbehaltlos redlich"[198] gelebten weltlichen Leben.

Verantwortung und angewandte Tugenden hebt der Theologe damit als zentrale Momente der christlichen Glaubenskultur hervor, im je zugedachten Wirkungsort und mit den versehenen Talenten. Da dürfe sich der Christ an die Aufforderung des II. Vatikanums halten, das Leben lebenswerter zu machen im Rahmen einer freieren und menschenwürdigeren Welt. Angesichts heutiger brisanter ethischer Fragen ist Rahners Ausspruch aktuell. „Wenn das II. Vatikanum die Christen mahnt, ihre Aufgabe in der Welt von heute zu sehen, mitzuarbeiten mit allen an der Erbauung einer größeren, freieren, menschenwürdigeren Welt, Verantwortung und Mut zu haben, nicht bloß auf die moralischen Weisungen der amtlichen Kirche zu warten, nicht nur zu fragen, *wie* man etwas tun müsse, sondern zu fragen, *was* man tun könne, damit das Leben lebenswerter werde, dann paßt sich die Kirche nicht in Verrat ihrer Botschaft von Kreuz, Demut und Verlangen nach dem Ewigen einer säkularistisch gewordenen Welt an, sondern befiehlt ihrern Gläubigen, *christlich* ihre Aufgabe wahrzunehmen, die es früher *so* nicht gab, aber jetzt gibt, auch für den Christen als solchen und so auch als Teil seiner wahren Frömmigkeit, wobei freilich auf diesem Gebiet, wie auf allen anderen, jeder nach seiner Gabe und Berufung das Seine und nicht das des anderen tun muß."[199]

Dies ist die auf das täglich-weltliche Leben ausgerichtete „Frömmigkeit von morgen" bei Karl Rahner, wie sich allerdings noch konkreter die spirituelle Seite der Glaubenskultur in Zukunft gestalten läßt, wie die „Mystik der Gotteserfahrung und humane Welttat"[200] noch einheitlicher, wie dabei Altes und Neues zusammengefügt werden können, weiß er, so gibt er offen zu, an dieser Stelle nicht ausreichend zu beantworten.

Rahner betont jedoch, Zunahme von Pluralisierung und Individualisierung im 21. Jahrhundert hier vorwegnehmend, daß es in Zukunft aufgrund der unterschiedlichen Lebensweisen der Menschen viele Stile von Glaubenskultur geben wird; Stile und Formen der Spiritualität seien aber von zweitrangiger Bedeutung, solange die Früchte des Geistes dem jesuanischen Erbe entsprächen: Liebe, Friede, Freude, Geduld, Selbstbeherrschung und Güte.

---

[197] Rahner, Theologie, 24.
[198] AaO. 25.
[199] AaO. 26
[200] AaO. 30.

3.3.4 Spiritualität in einer außerkirchlichen Perspektive (C. Scharfetter)

Offenbar ist das Thema Religion und Spiritualität innerhalb der psychologischen und psychotherapeutischen Plattform in letzter Zeit gefragter als zuvor. Von einer psychotherapeutischen Tagung in Basel wird berichtet, daß dort die häufige Nachfrage der Klienten nach einer religiösen Deutung ihrer Schwierigkeiten besprochen und Rat bei Theologen gesucht wurde;[201] die Zeitschrift „Psychologie Heute" widmete dem Thema Spiritualität im Juni 1999 ein ganzes Heft.

Vielfach wurde nun schon herausgestellt, daß „der Mensch heute" in der Mehrheit nicht arelgiös ist, sondern im Gegenteil, offen für religiöse Überzeugung und Praxis, doch häufig nach anderen Gestalten sucht, als sie in den Sozialisationsformen der großen christlichen Kirchen vorfindbar sind. Bekannt ist auch, daß die sogenannte Esoterik-Szene hohe Konjunktur hat und die Nachfrage nach Seminaren und Literatur auf diesem Sektor die Nachfrage bei kirchlichen Angeboten übertrifft. Nun soll eine säkulare, aber esoterik-kritische Perspektive vorgestellt werden und gezeigt werden, wie hier zwischen Selbst- und Seinsfindung und zwischen echter und falscher Spiritualität unterschieden wird.

Es handelt sich um Beobachtungsergebnisse C. Scharfetters, Professor für Psychiatrie in der Universitätsklinik Zürich[202], der selbst spirituelle Erfahrungen zu haben scheint, theoretische Studien zu dieser Thematik betreibt und zugleich als Arzt auch mit pathologischen Seiten des spirituellen Lebens zu tun hat.[203]

Die Ausgangsthese Scharfetters ist, daß Spiritualität heute den euro-amerikanischen Zeitgeist *definiere*, ja, in den USA „Spirituellsein"[204] sogar längst zu den gesellschaftlich erwünschten Eigenschaften gehöre. Oft würde jedoch mit dieser Art von sprituellem Anspruch das wahre Wesen des „spirituellen Weges" nicht erkannt, welches keine lockere Angelegenheit, sondern ein Weg „steinig und voller Gefahren" sei.[205]

Spiritualität läßt sich nach Scharfetter erkennen an einer „besonderenen religiösen Lebenseinstellung", die sich auf das All-Eine, das umgreifende Sein beziehe, das den Menschen als unfaßbares Geistiges erscheine und dem viele Namen gegeben würden: Gott, Gottheit, Tao, Brahman, Buddha-Natur, großer

---

[201] So berichtet es Jürgen Springer in „Christ in der Gegenwart", 10. Juni 2001, 187.

[202] Spezialgebiete sind neben anderen Psychopathologie, Religion und Spiritualität.

[203] Zugrundegelegt werden zwei Veröffentlichungen: C. Scharfetter (Hg.), Der spirituelle Weg und seine Gefahren, Spiritualität, Begriff, Typen; Bewußtseinsbereich, Induktoren und Inhalte; Meditation; Spirituelle Krise, Sekten und totalitäre Kulte - Eine Übersicht für Berater und Therapeuten, Stuttgart 1999 und Scharfetters Beitrag „Spiritualität - Wege und Irrwege" in der Zeitschrift „Psychologie Heute" (26) vom Juni 1999.

[204] Die Entfaltung des Bewußtseins in Bereiche über das Alltagsbewußtsein hinaus werde von vielen Menschen gesucht, vgl. Scharfetter, Der spirituelle Weg, V.

[205] Scharfetter, Spiritualität, 21.

Geist. Von diesem Einen gebe es niemals gesichertes Wissen, es könne jedoch in ahnungsvoller Schau und als ergreifende Erfahrung lebensführend sein. Scharfetter interessiert sich in erster Linie für die Wirkungen spirituellen Lebens, er stellt drei Haupteigenschaften heraus: spirituelles Bewußtsein sei „*transnarzistisch*", indem der Mensch in entwicklungspsychologischem Sinne über „narzistische Haltungen kindlicher, symbiotischer Abhängigkeit und jeglichen Gehalten- und Gefüttertwerdens - auch im übertragenen Sinn - hinausgelangen" wolle, „*transegohaft*", indem der Mensch „das im besten Fall identitätsichernde, autonome, 'starke' Ich mit seinem Wollen und Lust-/Leidempfinden überschreiten und es in seiner scheinbar absoluten Bedeutung relativieren" wolle und „*transpersonal*", indem der Mensch über das individuell-personenhafte hinauswachsen wolle, in einer Art „Entwerdung" oder „Entpersönlichung", bei der versucht werde, selbst die biographische Identität zurück-zu- lassen.[206]

Der Autor will dabei genau unterschieden haben, und das ist für diese Arbeit von Interesse, zwischen einer Spiritualität der Selbstfindung und einer Spiritualität der Seinsfindung, beides unreflektiert zu vermischen, wie er es im Ansatz des New-Age-Pioniers Stanislav Grof finde, wozu auch die die begriffliche Vermischung der Adjektive spirituell und transpersonal verführe, sei für einen fundierten Spiritualitätsbegriff unzulässig. *Selbst*findung sei ein Prozess des gesundenden Selbst im psychiatrisch-psychotherapeutischen Sinne, die Tiefenpsychologie spreche hier vom wahren und vom falschen Selbst. Dies sei jedoch etwas anderes als die *Seins*findung, für die die psychische Selbstfindung höchstens propädeutische Funktion habe. Die psychische Selbstfindung sei auch völlig unabhängig von spirituellen Bezügen möglich und sei allenfalls Ausgangspunkt für die Seinsfindung, denn Seinsfindung liege auf der Ebene des Transzendenten, des Göttlichen, was mit dem Sanskritbegriff „atman" beschrieben werde.

Die Unterscheidung Scharfetters zwischen Selbstfindung und Seinsfindung erscheint auf den ersten Blick einleuchtend. Gewiß wird auch nicht nur in der New-Age-Bewegung zu undifferenziert operiert, sondern auch in der christlichen Spiritualität - die humanwissenschaftliche Ebene sollte gewiß von der religiösen unterscheidbar sein. Dennoch fließen beide Ebenen unvermeidlich auch immer wieder ineinander, oder können sogar in ihrer Verbindung gewollt sein, wie es noch bei Thomas Mertons zu erkennen sein wird.

Eine ganz strenge Trennung läßt sich jedenfalls kaum durchhalten, wofür der Autor selbst der beste Beweis ist.: Als „transnarzistisch" beschrieb Scharfetter den entwicklungspsychologischen Vorgang des spirituellen Lebens und „transegohaft" stellt eine kritische Revision des auf soziale Stützen und Rollen aufgebauten Ichs dar. Spiritualität hat demnach doch ihre psychologischen Anteile, auch wenn sie darauf nicht zu reduzieren ist. Fernerhin gibt es zwischen der psychiatrisch-psychotherapeutischen Selbstfindung und der ganz metaphysisch ausgerichteten Seinsfindung noch einen weiteren Bereich, den

[206] Vgl. aaO. 23.

Scharfetter hier nicht berücksichtigt, nämlich den der nicht-klinischen Persönlichkeitsfindung, sprich, den „ganz normalen" Entwicklungsprozess eines jeden Menschen hin zur reifen Persönlichkeit, wie es etwa in Eriksons Identitätskonzept beschrieben wird. Gerade aber für diese normale Persönlichkeitsentwicklung und Identitätsfindung, dies wird sich im Fall von Thomas Merton erweisen, können Impulse aus dem religiösen Bereich hilfreich sein.

Der Spiritualität befürwortende Autor möchte nun noch zwischen wahrer und falscher Spiritualität unterschieden wissen. Die wichtigste Eigenschaft der echten Spiritualität ist danach die Gelassenheit, gefolgt von den Eigenschaften Bescheidenheit, Demut, Friedfertigkeit, Toleranz, Ruhe und Güte. Scharfetter ist es wichtig, diese Eigenschaften herauszustellen, denn er entdeckt gegenwärtig nicht selten das Mißverständnis, den spirituellen Weg als Immunisierungsstrategie gegen Leiden Trauer, Schmerz und Angst anwenden zu wollen oder gar als Mittel, um sich „über die leid-, begierde- und ärgerverhafteten Mitmenschen erhaben zu fühlen"[207]. Pseudospiritualität sei schwierig zu erkennen, Verdacht müsse man jedoch besonders dann schöpfen, wenn sich jemand als spirituelles Wesen definiere, sich als „erwacht" und „befreit" beschreibe und dies in manieristisch exhibitionierter Seligkeit zu Schau trage.[208] Der spirituelle Mensch hingegen, so Scharfetter, und diese Aussage ist für eine Studie über christliche Glaubenskultur von Bedeutung, übernehme immer eine tiefe Verantwortung für sich selbst und für das Leben, und damit, das könnte man noch hinzufügen, auch für seine Mitmenschen. Grund dieser Verantwortungsübernahme sei die Wandlung seiner Beziehung zur Alltagsrealität, diese werde nicht abgewertet, erhalte jedoch auch nicht einen so hohen oder gar auschließlichen Wert wie in der westlichen Kultur. Grund dafür sei auch die Relativierung des Ichs in der spirituellen Beziehung „zur göttlichen, heiligen Transzendenz"[209]. Der Anspruch, im Mittelpunkt des Seins stehen zu wollen, werde aufgegeben. Hierin ist auch Scharfetters Qualifikation mit „transpersonal" anzusiedeln, die mit dem Zurücklassen von biographischer Identität meint, das eigene Leben mit seinen Daten in den größeren, transzendenten Kontext zu stellen und dahingehend loszulassen. Spirituelle Entwicklung kultiviert nach Scharfetter ganzheitliche Echtheit und Klarheit, auch im zwischenmenschlichen Bereich.

Die Kriterien und Wirkungen echter Spiritualität, wie sie Scharfetter herausgearbeitet hat, sind beinahe deckungsgleich, wie noch zu sehen sein wird, mit den aus christlicher Mystik herausgearbeiten Kriterien Mertons für echte Kontemplation. Die Stimmigkeit beider wird damit bekräftigt. Was sich unterscheidet, das wurde schon erwähnt, ist die scharfe Abgrenzung Scharfetters der Selbstfindung von Seinsfindung. Wenn aber, wie zu Anfang dieses Abschnitts erwähnt, Psychotherapeuten inzwischen gelegentlich Rat bei

[207] Ebd.
[208] Vgl. ebd.
[209] AaO. 22.

Theologen suchen, sind es vielleicht gerade Erkenntnisse bezüglich der Inter-dependenzen zwischen Selbst- und Seinsfindung, die für sie von Bedeutung sind.

3.4 Ergebnis: Säkulare Spiritualität?

Kriterien für eine moderne Glaubenskultur waren den zuletzt genannten theo-logischen und spirituellen Ansätzen nach eine zeitgemäße Sprache, Anknüp-fung an die Welterfahrungen der Zeitgenossen, engagierte Erfüllung des je weltlichen Berufs, Schöpfen aus überlieferten Erfahrungen und Traditionen, Wagnis zu einem Glauben ohne Gewißheit, Bereitschaft zur Überwindung ei-gener Narzißmen, sittliche Verantwortung und individuelle spirituelle Stilfin-dung.

Wird die Spiritualität der Zukunft eine Art „säkulare Spiritualität" sein? Säku-lar im Sinne von aufgeklärt, religionskritisch, kirchlich zurückhaltend, ethisch und weltbezogen? Wird eine säkulare Spiritualität in der Lage sein, Ethik und christliche Glaubenskultur wieder einander anzunähern, wenn stimmt, was J. Kerkhofs oben beschrieb, daß sich die Ethik vom Christentum abgekoppelt habe?

Das „Gewicht der Welt" ruht jedenfalls so schwer wie kaum zuvor auf den Schultern der Gläubigen. Ob der spirituelle Ansatz von Thomas Merton eine Wegweisung in Richtung säkulare Spiritualität ist, wird noch zu prüfen sein.

Spirituelles Leben und die aktive Kultivierung des Glaubens war schon im-mer, ist aber besonders heute eine sehr herausfordernde Aufgabe. Lasche Of-fenheit für das Religiöse wird hier nicht weit kommen, aber auch keine funda-mentalistische Siegesgewißheit, die meint, Gott ganz für sich verbuchen zu können. Weder das eine noch das andere Extrem wird für eine überlebensfähi-ge Spiritualität fruchten können.

Denn, und dies wird noch von Thomas Merton thematisiert werden, alle Ver-suche in diese Richtung bleiben behaftet mit „irdischer Relativität" angesichts einer niemals ganz faßbaren Transzendenz Gottes. Jede glaubwürdige Glau-benskultur muß, so sei schon der Tenor Mertons vorweggenommen, als ein unverkennbares Merkmal Annäherungscharakter haben, oder, nocheinmal an-ders gesagt, im Bewußtsein der Bild- und Besitzlosigkeit sein.

Vielleicht ist dies eines der wichtigsten Kriterien aller neuen Versuche, da nicht das Problem ist, daß das Religiöse seine Plausiblität verloren hat, son-dern daß „die Ehrfurcht vor einem Gott, der die Lizenz bekommt, diese Reli-giösität zu transzendieren und darin nicht aufgehen"[210] bleibt.

Dieser Anspruch hat zu tun mit dem für Glaubende nicht endenen Wagnis, al-le Absolutheitsvorstellungen von Gott und Welt aufzugeben und sich und die eigenen Lebens- und Gotteserfahrungen immer wieder zu überschreiten,

---

[210] Ottmar Fuchs, Gott ist kein Hampelmann, in: Theologisch-Praktische Quartalschrift, Linz 2000/4, 380.

bishin zur Bereitschaft, wie O. Fuchs kühn formuliert, „daß wir Menschen 'mehr' geben als Gott"[211].

Zugleich, so Fuchs, sind wir angewiesen auf die positive Füllung von Gottesbildern, eine pur Negative Theologie wird die zukünftigen Glaubensfragen alleine nicht lösen. Es klingt wie ein Drahtseilakt, christliche Spiritualität zwischen Bild und Bildlosigkeit ansiedeln zu wollen, aber dieses Wagnis, so wird der Einblick in traditionelle Mystik noch zeigen, ist kein neues Phänomen christlicher Glaubenskultur, sondern in den Tiefen des Glaubenslebens seit jeher die große Herausforderung für Menschen auf dem spirituellen Weg.

Das unnüberwindbare Nicht-greifbare, die Freiheit Gottes, aber auch die Nähe Gottes wird noch genug von Thomas Merton thematisiert werden, deshalb werden diese Überlegungen nun an späterer Stelle weitergeführt werden, nach dem Gang durch Mertons Lebensweg.

Dieser Gang durch Mertons Vita soll nun aufgenommen werden, wie angekündigt wird nun in fünf biographischen Abschnitten sein Leben und Werk erforscht. Nach den vielen spätmodernen Fragestellungen, die wir gerade erörtert haben, erfordert dieser Gang vom Leser nun die Umstellung auf andere Zeitbedingungen, da der Beginn von Mertons Leben schon fast hundert Jahre zurückliegt. Tauchen wir also zunächst ein in eine Kindheit Anfang des zwanzigsten Jahrhunderts.

---

[211] AaO. 384.

Teil II: Das Leben des Thomas Merton in fünf Abschnitten

1 Bekehrung

1.1 Erster biographischer Teilabschnitt (1915-1938)

1.1.1 Frühe Kindheit

(1) „Am letzten Tag des Januars 1915, im Zeichen des Wassermanns, in einem Weltkriegsjahre, und im Schatten französischer Berge nahe der spanischen Grenze, kam ich zur Welt. Frei von Natur, ein Ebenbild Gottes, war ich doch der Gefangene meiner eigenen Heftigkeit und Selbstsucht, nach dem Bilde der Welt, in der ich geboren wurde. Diese Welt war ein Abbild der Hölle, voller Menschen wie ich, die Gott liebten und ihn doch haßten; geschaffen, ihn zu lieben, lebten sie statt dessen in Angst, hoffnungslosen Widersprüchen und Begierden. "[1]

(2) Mertons Eltern hatten sich als Künstler in einem Pariser Atelier kennengelernt, wo sie beide Malerei studierten. Die Mutter, Ruth Jenkins Merton war Amerikanerin und stammte aus einer wohlhabenden Familie in Douglaston, New York. Mertons Vater, Owen Merton, war Neuseeländer walisischer Abstammung und kam aus einer Familie mit Lehrer- und Musikertradition. Er war ohne einen Pfennig nach Europa gekommen, um hier seinem Talent der Malerei nachzugehen und damit seinen Lebensunterhalt zu verdienen. Ruths Eltern waren nicht wenig enttäuscht über die Nachricht ihrer Tochter, diesen mittellosen Künstler heiraten zu wollen. Owen Merton seinerseits konnte sich mit der geräuschvollen, prahlerischen Art seines amerikanischen Schwiegervaters nicht anfreunden. Die Diskrepanz in der Lebensauffassung führte dazu, daß das junge Paar beschloß, weitgehend vom Einfluß der Eltern unabhängig zu bleiben.[2] Ruth und Owen Merton hatten deshalb geplant, in Südfrankreich, wo ihr Sohn Thomas zur Welt gekommen war, zu bleiben. Da jedoch der erste Weltkrieg voll im Gange war, fürchtete Owen eingezogen oder als Kriegsdienstverweigerer verhaftet zu werden. Zudem behinderte die Kriegssituation schmerzlich das Kaufinteresse der Leute an Kunstobjekten. Die junge Familie

---

[1] BSS, 9. Diese Perspektive Mertons, die er im Alter von gut dreißig Jahren schrieb, soll hier nur als Auftakt dienen, denn nicht zu jeder Lebenszeit hätte er sich und sein Elternhaus so bewertet.

[2] Oft hätten sie das von Sam Jenkins angebotene Geld dringend benötigt, es aber, ausgenommen für Medizin bei Erkrankungen der Kinder, ausgeschlagen.

geriet in finanzielle Engpässe. So setzte sie im Sommer 1916 nach Amerika über und bezog in Flushing, Long Island, ein gemietetes Haus. In den Vereinigten Staaten war die wirtschaftliche Situation wiederum nicht günstig genug, um Künstlern ausreichende Nachfrage zu bieten. Owen verdiente infolgedessen das zum Leben nötigste Geld mit Gartenarbeiten und Orgelspielen. Ruth Merton ging mit großem Pflichtbewußtsein der Aufgabe der Kindererziehung nach und studierte jeden pädagogischen Ratgeber, den sie auftreiben konnte. Die Entwicklung Toms hielt sie in „Tom's Book" fest bis zu dem Zeitpunkt, als das zweite Kind kam. Tom, wie er von seiner Mutter genannt wurde, war ein sehr aufgewecktes Kind, „qu' il a l' air éveillé"[3], bemerkten die französischen Bauern. Durch seine wache Natur und die starke Förderung seitens seiner Mutter konnte er überdurchschnittlich früh sprechen, schreiben und lesen.[4]

(3) Den Wert von Freiheit und Unabhängigkeit erfuhr Merton von kleinauf durch seine Eltern. Diese versuchten frei von politischen, bürgerlichen und religiösen Zwängen eine unabhängige Existenz zu führen. Diese Liberalität entbehrte nicht fester Wertvorstellungen, beispielsweise waren die Mertons überzeugte Pazifisten und hielten streng an Prinzipien wie Aufrichtigkeit, Echtheit und „Gesundheit" fest.[5] So sehr im Hause Merton Unabhängigkeit und Eigenständigkeit groß geschrieben wurde, so sehr war Ruth Merton auf der anderen Seite unerfreut über Eigensinnigkeit ihres Sohnes. Zwar gab sie sich mit grossem Ernst der Erziehung hin, doch mehr und mehr, vielleicht auch geprägt von ihrer Krankheit, ließ sie dem nicht ihrem Vollkommenheitsideal entsprechenden Kind Ablehnung spüren.[6]

1918 kam Toms Bruder John Paul zur Welt. Für den Älteren stellte der Jüngere einen Rivalen dar, der die Zuwendung der Mutter, welche ohnehin schon reduziert war, nocheinmal minderte. Tom nutzte die sich bietenden Gelegenheiten, den Jüngeren zu quälen.[7] John Paul war den Schilderungen Mertons nach in seinen ersten Jahren ein sehr ausgeglichenes Kind. Später waren die Brüder die meiste Zeit getrennt, da John Paul, vielleicht zu seinem Vorteil, konstant bei den Großeltern blieb. Als Jugendliche unternahmen die Brüder jedoch als gefürchtetes Duo viele Kino-Streun-Zechtouren bishin zu folgenreichen Sprengstoffexperimenten.[8]

(4) Obgleich es Ruth mit der Erziehung der Kinder sehr ernst nahm und sie selbst gelegentlich zur Versammlung der Quäker ging, unternahm sie nichts zu einer religiösen Erziehung. Tom war zwar beschnitten, aber aller Wahr-

---

[3] Vgl. Monica Furlong, Alles, was ein Mensch sucht, Freiburg-Basel-Wien 1982, 18.
[4] Ich werde den Namen Tom für die Kindheit verwenden.
[5] Der Begriff „gesund" (sound) im übertragenen Sinne war bei den Mertons ein zentrales Kriterium zur Beurteilung von Arbeiten, Haltungen, Zuständen, etc., vgl. Michael Mott, The Seven Mountains of Thomas Merton, Boston 1984, S.8 u. S.11.
[6] Diese Art von „Gefangenschaft in seiner Unvollkommenheit" begleitete Merton lebenslang als Trauma. Vgl. BSS S.11 und Mott, S.18.
[7] In der Autobiographie widmet Merton, von Schuldgefühlen und Mitleid geplagt, diesem Thema zwei Seiten. Vgl. BSS, 29ff.
[8] Vgl. Mott, 86.

scheinlichkeit nach nicht getauft.[9] Beten lernte er jedoch von seiner neuseeländischen Großmutter, die ihm, als sie einmal zu Besuch war, das Vater Unser beibrachte. Er vergaß es daraufhin nie mehr. Als Fünfjährigen verlangte es ihn danach, sonntags einmal den Gottesdienst zu besuchen. Dies durfte er bald regelmäßig, da der Vater an der Episkopalkirche eine Organistenstelle bekam und den Sohn dorthin mitnahm.

Ruth und Owen Merton überlegten gerade, nach Frankreich zurückzugehen, als Ruth erkrankte und sich ihr Zustand rasch verschlechterte. Nachdem bekannt wurde, daß es Magenkrebs war, mußte sie bald, im Sommer 1921, ins Krankenhaus eingeliefert werden.

Die Jungen wurden zu den Großeltern gebracht. Merton berichtet, er habe dort kaum die Mutter vermißt, sondern sich an den Freiheiten und Abwechslungen bei den Großeltern erfreut.[10] Der Ernst der Lage wurde den Kindern verschwiegen. Umso erschütternder war es für Tom, als der Vater für ihn aus dem Krankenhaus einen Brief der Mutter mitbrachte, dessen Bedeutung er, der Sechsjährige, nur mit Mühe entschlüsseln konnte. Man mutete ihm zu, die furchtbare Nachricht schriftlich entgegezunehmen. *„Ich nahm das Briefchen mit unter den Ahorn in den Hinterhof und las so lange darin, bis ich alles verstanden hatte, und begriff, was die Worte eigentlich bedeuteten. Da befiel mich eine furchtbare Traurigkeit und Niedergeschlagenheit. Es war nicht der Schmerz eines Kindes, mit seinem plötzlichen Leid und vielen Tränen. Nein, etwas von der schweren Bestürzung und Düsterkeit, die das Leid im Erwachsenen hervorruft, lag darin, und es lastete umso stärker auf mir, als ihm meine Natur nicht gewachsen war. Dies kam wohl daher, daß ich die Wahrheit mehr oder weniger selbst hatte entdecken müssen. "*[11]

(5) Als die Mutter gestorben war, wurde ihr Leichnam im Krematorium verbrannt, wohin Tom mitgenommen wurde, jedoch im Auto sitzenbleiben mußte. Kurz darauf verschwand der Vater für ein paar Monate und die Söhne blieben bei den Großeltern. Tom kam in Douglaston zur Schule, was ihm gar nicht gefiel. Der Geruch in der Schule und der Massenauflauf von Menschen waren ihm zuwider. Da er für sein Alter weit entwickelt war, wurde er bald in die zweite Klasse versetzt, was jedoch seine Liebe zur Schule nicht steigerte. Umso freudiger begrüßte er bei der Rückkehr seines Vaters die Nachricht, der Vater würde ihn mit auf eine Malreise nehmen. Den Großteil des Sommers verbrachten sie daraufhin, zusammen mit einer neuseeländischen Tante, in einer Hütte in Provincetown, Massachusetts. Tom genoß diesen Sommer, weil „die einzige Strafe, an die ich mich in jenem Sommer erinnere, ein milder

---

[9] Vgl. aaO. 8.
[10] Vgl. BSS, 21.
[11] Ebd. Merton verteidigt zwar in der Autobiographie die Entscheidung seiner Eltern und Großeltern, ihn nie mit ins Krankenhaus mitgenommmen zu haben. Konfrontation mit einer „Flut nackter Leiden" ohne die Hilfe des Glaubens, Gebets und Sakramentes sei sinnlos und deshalb besser zu unterlassen. Das Kind erst zu verschonen und dann wie einen Erwachsenen zu informieren kann jedoch von außen betrachtet als grausame Methode gesehen werden.

Tadel, weil ich mich weigerte, eine Orange zu essen, war"[12]. Er genoß diesen Sommer aber besonders, weil er sehr an seinem Vater hing, in dessen Gegenwart er sich zuhause fühlte.

Zurück in Douglaston war Tom kaum ein paar Wochen wieder zur Schule gegangen, als ihn der Vater abermals abholte, um ihn mit auf die nächste Malreise nach Bermuda zu nehmen.

Tom ging gerne mit und empfand den Aufenthalt in Bermuda als angenehm frei und abenteuerlich. Sie wohnten dort zusammen in einer Pension; nur während längerer Abwesenheiten des Vaters wurde Tom bei Freunden, Schriftstellern und Künstlern, untergebracht. An Schulbesuch war Tom nicht sehr interessiert, er streunte lieber alleine oder in Begleitung anderer Kinder durch die Dünen, bedacht darauf, nicht von der Lehrerin gesehen zu werden. Vielleicht verwirrten ihn manchmal die Ungeregeltheiten dieses Lebens, doch wußte er dessen Freiheit auszukosten. *„Es ist fast unmöglich, aus dem beständigen Wechsel in unserem Leben und unseren Plänen, von Monat zu Monat, während meiner Jugend einen Sinn herauszulesen. Und doch erschien mir jeder neue Schritt als vernünftig und bedeutungsvoll. Einmal mußte ich in die Schule, dann wieder nicht. Einmal lebten der Vater und ich zusammen, dann wieder war ich bei Fremden und sah ihn nur von Zeit zu Zeit. Menschen traten in unser Leben und gingen wieder. Einmal besaßen wir diese Freunde, dann wieder jene. Ein stetes Auf und Ab. Ich ließ alles über mich ergehen. Weshalb mußte gerade ich so leben? Mir kam es natürlich vor, wie der Wetterumschwung und der Lauf der Jahreszeiten. Eines konnte ich wirklich: tage- und tagelang durfte ich herumstreichen, wo ich wollte, und tun, was mir gefiel; das machte das Lebens sehr angenehm."*[13]

Was Merton nicht in der Autobiographie erwähnt, ist sein damaliger Konflikt mit der Geliebten seines Vaters, die Schriftstellerin Evelyn Scott. Tom lehnte sie eifersüchtig ab und widersetzte sich ihren Erziehungsversuchen. Diese Liebesbeziehung endete jedoch nach einigen Monaten wieder, nicht nur wegen des Jungen, sondern weil Owen in großen Geldnöten und Evelyn verheiratet war.[14] Als Owen eine Europa- und Nordafrikareise antrat und Tom bei Freunden zurückließ, hatte dieser eine Idee, wie er dem Vater aus seinen finanziellen Schwierigkeiten helfen könnte. Er hatte beobachtet, wie die Erwachsenen Geld von der Bank erhielten, wenn sie kleine Scheine ausfüllten. Nachdem er solche kleinen Scheine bei den Gastgebern gefunden und die Checks tatsächlich bei verschiedenen Banken in Geld umgesetzt hatte, tauchte sein amüsierter Großvater auf, um ihn zur Erleichterung der entsetzten Freunde nach New York zurückzuholen.[15]

---

[12] AaO. 24. Vgl. auch Mott, 20f.
[13] BSS, 25.
[14] Vgl. Mott, 23 ff. Der Bericht über diese Beziehung fiel gewiß der Zensur des Ordens zum Opfer.
[15] Vgl. aaO. 24f.

84

(6) Bei den Großeltern fühlte sich Tom im allgemeinen wohl, das Leben bei ihnen war angenehm und abwechslungsreich. Tom's Großvater, genannt „Pop", arbeitete für die Verleger Großet und Dunlap, die auf billige Neudrukke von Volksromanen und Kinderbüchern spezialisiert waren. Pop hatte die Idee eingebracht, illustrierte Bücher nach volkstümlichen Filmen zu gestalten, was zu großem Erfolg und bei den Jenkins zu Wohlstand geführt hatte. Tom saß oft den ganzen Tag im Arbeitszimmer des Großvaters, vertieft in die Heftchen und Bücher, die herumlagen. Auch der Wohnzimmertisch war übersät mit Illustrierten. Die Gesprächsthemen kreisten sehr oft um Filme, „weil alles, was mit Film zusammenhing, in Douglaston tatsächlich eine Art Familienreligion bildete"[16]. Die Brüder hatten recht viel Freiheit, ihre Einfälle auszuleben und stellten nicht selten den Haushalt auf den Kopf.

Der Nomination nach waren die Großeltern Protestanten, aber keiner Kirche fest angehörig. Die Lebensideale wurden eher aus dem „American Dream" und aus Filmen bezogen. Religionen wurden im allgemeinen als lobenswert beurteilt, ausgenommen von zweien: dem Judentum und dem Katholizismus. Gerade für den letzteren hatte Pop immer ein bissiges Wort übrig.[17] Das Leben war angenehm in Douglaston, dennoch fühlte sich Tom dort, zumindest am Anfang, nicht richtig zuhause. Er vermißte seinen Vater, mehr als ihm bewußt war. In der Autobiographie ist darüber nichts zu lesen, doch schrieb Meron Jahre später: „*Heute wurde mir nach der Messe bewußt, welch eine hoffnungslose und verzweifelte Kindheit ich um das Alter von sieben - neun - zehn Jahren hatte, als Mutter tot und Vater in Frankreich und Algerien war. Und wie bedeutend es für mich war, als er kam und mich nach Frankreich mitnahm! Es war wahrhaft meine Rettung.*"[18]

Der Vater erkrankte nun auf seiner Malreise sehr ernsthaft. Man rechnete mit seinerm Sterben und Tom wurde darüber informiert. „*Als Bonnemaman mir dies mitteilte, war ich schon alt genug, um zu begreifen, was es bedeutete. Es ergriff mich sehr tief und erfüllte mich mit Schmerz und Angst. Würde ich meinen Vater nie mehr sehen?*"[19] Den Schmerz behielt er für sich, er ging nach Empfang der Nachricht wortlos hinaus, um im Garten weiterzuspielen.[20] Doch der Vater genas und konnte in London die erfolgreichste Ausstellung seines Lebens gestalten.

---

[16] BSS, 28.
[17] Merton schreibt, daß eines der wenigen Dinge, die er in seiner Jugend von seinem Großvater übernahm, der Haß auf die Katholiken und alle Vorurteile gegen sie gewesen sei. Vgl. aaO. 32f.
[18] 24. Jan. 1966 in: Merton, Learning to Love, NY 1997. (EÜ)
[19] BSS, 34.
[20] Vgl. Mott, 26.

1.1.2 Leben mit dem Vater

(7) Zwei Jahre vergingen, bis der Vater wieder auftauchte. Owen erschien mit der Nachricht, Tom mitnehmen zu wollen, diesmal nach Frankreich. Tom wollte nicht, denn inzwischen hatte er sich nun doch in Douglaston eingelebt und einige Freundschaften geschlossen. Er ging seinen Hobbys nach und plante, Pfadfinder zu werden. Sein Protest half nichts, am fünfundzwanzigsten August 1925 fuhren sie mit dem Schiff nach Frankreich. Tom war zehneinhalb Jahre alt.

Die Reise ging nach Südfrankreich ohne ganz exaktes Ziel. Owen war in Montauban eine kirchliche Schule empfohlen worden. Deren Existenz stellte sich zwar als Irrtum heraus, doch entdeckte Owen in Montauban ein Bild von St.Antonin, einer Stadt einige Kilometer weiter und er beschloß, daß sie sich dort niederlassen würden.[21]

War mit dem Vater auf dessen letzter Malreise etwas geschehen? „*Etwas mußte ihn überzeugt haben, daß er die Erziehung und Sorge für seine Söhne keinem andern Menschen überlassen durfte; daß er die Pflicht hatte, irgendwo eine Art Heim zu finden, wo er gleichzeitig sein Werk weiterführen, uns bei sich haben und unsere Entwicklung überwachen konnte. Und was mehr ist, er war sich gewisser religiöser Verpflichtungen gegen uns, wie gegen sich selbst, bewußt geworden. Ich bin überzeugt, daß das religiöse Empfinden in ihm nie ganz erloschen war. Aber jetzt hieß er mich beten und Gott um Hilfe anrufen, damit er ihm beim Malen beistehe, ihm zu einer erfolgreichen Ausstellung verhelfe und uns einen Ort zum Leben finden lasse - etwas, was er, soweit ich mich entsinne, in den früheren Jahren nie getan hatte. Hatten wir uns einmal hier niedergelassen, so wollte er nach ein oder zwei Jahren auch John Paul nach Frankreich holen. Wir hätten dann ein Heim.*"[22]

(8) St.Antonin erwies sich als glückliche Wahl. Sie wurden als „Engländer" von den Einwohnern gut aufgenommen. Owen wurde gleich zum Klubpräsidenten des Rugbyvereins ernannt. Bald schon folgten Einladungen zu Familienfesten und Tom fand neue Spielkameraden. Sein Widerstand gegen Frankreich war bald vergessen. Der Vater beschloß, daß sie in St. Antonin bleiben würden und er kratzte sein ganzes Geld zusammen, um ein Grundstück zu erwerben, auf dem er ein Haus zu bauen anfing.[23] Als Tom gut genug französisch konnte, wurde er auf das weltliche Gymnasium mit Internat in Montauban geschickt. Die schöne Zeit in St.Antonin, auch wenn er sonntags noch immer dorthin fuhr, war nun vorbei. Es begann die Internatszeit mit ihren eigenen Lebens- und Überlebensgesetzen.[24] Der Aufenthalt im Lycée Ingres entwickelte sich für ihn bald zum Alptraum. Feindseligkeit, Wildheit, strenge Hierarchie unter den Schülern, Brutalität, Argot, Obszönitäten und die kalten

---

[21] Vgl. aaO. 31ff.
[22] BSS, 42.
[23] Vgl. Mott, 38 und BSS, 48ff.
[24] Mott philosophiert über die Gesetzmäßigkeiten von Internaten verschiedener Nationalitäten und zieht einige Schlüsse über Mertons Anpassungskünste. Vgl. Mott, 31ff.

Gemäuer schüchterten ihn ein und ließen ihn einsam fühlen. Er erkrankte häufig und verbrachte viel Zeit auf der Krankenstation.[25]

(9) Erleichterung verschaffte er sich, als er mit einigen Kameraden Geschichten zu schreiben begann, die sie dann miteinander besprachen. Seine Gesundheit jedoch war sehr.angegriffen, er litt, was er jedoch erst Jahre später erfuhr, an Tuberkulose. Sein Vater mußte sehr besorgt sein und schickte ihn zur Genesung in die Auvergne, wo er ein älteres Ehepaar kannte, das sich seiner annahm. Die Privats waren Bauern und katholisch. Sie hinterließen bei Tom nachhaltigen Eindruck, er beschrieb sie später in den wärmsten Tönen. Sie waren einfache, liebe und zutiefst religiöse Menschen. Zum ersten Mal begegneten Tom Katholiken aus der Nähe und sie stellten das Gegenteil von Pops Schilderungen dar. Sie waren sehr glaubwürdig in ihrer schlichten Frömmigkeit und boten vor allem dem Jungen ein menschlich warmes Klima, in dem er sich wohlfühlen und gesund werden konnte.Und sie entsprachen seinem Bedürfnis von Geborgenheit und Freiheit im richtigen Maße. *„Diese Wochen werde ich nie vergessen, und je mehr ich daran denke, desto bewußter wird es mir, daß ich den beiden Privats zweifellos ganz andere Dinge verdanke als nur Butter, Milch und gute, nahrhafte Speise für meinen Körper. Ich schulde ihnen auch weit mehr als nur die Freundlichkeit und Sorge, die sie mir bewiesen, als die Güte und zarte Obhut, die sie mir angedeihen ließen, wie wenn ich ihr eigenes Kind wäre, und zwar ohne betonte Vertraulichkeit. Schon als Kind, und auch später widersetzte ich mich stets jeder Art übertriebener Zuneigung von seiten der Mitmenschen - dies ist bedingt durch meinen tiefen Instinkt nach Unabhängigkeit und Freiheit. Und stets fühlte ich mich nur mit wahrhaft übernatürlich gesinnten Menschen ganz wohl und wirklich ungestört."*[26]

(10) Owen Merton hatte inzwischen zwei Ausstellungen in London hinter sich, die ihm zwar Erfolg bei den Kritikern brachten, doch nicht das Geld, das er für sich und die Ausbildung seiner Söhne benötigt hätte. Freunde und Verwandte rieten ihm, doch näher an eine Großstadt zu ziehen. Als Verwandte in England eine Privatschule für Tom wußten, in der er Vergünstigungen bekommen konnte, beschloß er, Frankreich zu verlassen. Er erschien 1928 an einem Junitag unangemeldet bei Tom im Lycee und verkündete, daß sie auf der Stelle nach England gehen würden. Tom packte seine Sachen und jubelte. *„Wie hell tönten die Hufe des Pferdes auf der harten, weißen Straße! Wie lustig widerhallten sie an den blassen, spießigen Mauern der staubigen Häuser! 'Freiheit!' riefen sie die ganze Straße entlang, 'Freiheit, Freiheit, Freiheit, Freiheit!'"*[27]

Owen brachte Tom zu den Verwandten nach England, um selbst noch einmal nach Frankreich zurückzufahren und dort das Haus zu verkaufen. Bei seiner

---

[25] In der Autobiographie stellt Merton Überlegungen über den negativen Einfluß eines Kollektivs auf prinzipiell gute Individuen an, blieb es ihm doch ein Rätsel, wie an für sich gute Kerle in der Gruppe so roh sein konnten.Vgl. BSS, 59f.

[26] AaO. 64f.

[27] AaO. 67.

Großtante Maud fühlte sich Tom sofort wohl, allerdings waren die unverhoff-
ten Ferien bei ihr nur von kurzer Dauer. Eine Woche nach Ankunft in England
kam er bereits wieder in die neue Schule. Ripley Court, eine kleine Privatschule mit festen Traditionen, „unschuldigen englischen Knaben" und verschiedenen Annehmlichkeiten stellte für Tom im Vergleich zu Ingres die rein-
ste Erholung dar - auch wenn es ihn hart traf, „wieder auf den letzten Platz zu-
rückzufallen, neben den kleinsten Knaben zu sitzen und von vorn beginnen zu
müssen", weil er zuvor kein Latein gelernt hatte.[28] Eine neue Erfahrung war
für ihn, offen praktizierte Religiosität zu erleben.Er sah die Jungen abends vor
ihrem Bett kniend beten und hörte mittags vor dem Essen das gemeinsame
Mittagsgebet. Ohne Mühe schloß er sich selbst diesem Brauch an und wurde
mit der Zeit „wohl beinahe aufrichtig religiös"[29]. Er war in den folgenden zwei
Jahren recht zufrieden, fast glücklich in Ripley Court. Nur am Ende dieser
Zeit legte sich wieder ein Schatten über sein Befinden, als er bei einem spontanen Besuch bei seiner Tante seinen Vater sehr krank vorfand. Niemand
wußte, woran der Vater litt.

(11) Nach zwei Jahren hatte Tom genug Lateinkenntnissse, um sich an einer
„Public School" zu bewerben. Sein Onkel hatte eine Schule ausfindig gemacht, die kostengünstig genug für den „Sohn eines armen Künstlers" war
und einen guten Ruf hatte. Es war die Schule von Oakham.

Für Tom schien der Vater von seiner Krankheit wieder genesen zu sein, da er
ankündigte, den Sommer vor Toms Eintritt in Oakham mit ihm zusammen bei
Freunden in Schottland zu verbringen. Vater und Sohn traten im August 1929
die Reise nach Schottland an. Owens Gesundheitszustand schien zu Beginn
der Reise tatsächlich gut zu sein, verschlechterte sich aber unterwegs und veranlaßte ihn, bei den Freunden angekommen, gleich wieder das Bett zu hüten.
Nach einigen Tagen trat Owen wieder die Rückreise an, um in London das
Spital aufzusuchen. Tom blieb bei den Bekannten zurück. Der Aufenthalt in
Schottland war für Tom sehr unangenehm. Das Wetter war grau und trist, er
zog sich eine Erkältung zu und hatte Probleme mit seinen Gastgebern. Letztere warfen ihm Unsportlichkeit und fehlenden Teamgeist vor, nachdem er sich
aus der pferdebesessenen Gesellschaft der Nichten zurückgezogen hatte und
vom Reiten nichts mehr wissen wollte. Er fühlte sich sehr einsam und mußte
ausgerechnet in dieser Verfassung die schlimme Nachricht seines Vaters ver-
kraften. *„Eines Tages war ich ganz allein zu Hause [..] Da läutete das Telefon. Einen Augenblick wollte ich es läuten lassen ohne zu antworten, aber
dann besann ich mich doch. Ein Telegramm für mich wurde mitgeteilt. [..]
Die Botschaft lautete: 'Im Hafen von New York angekommen. Geht gut.' Es*

<hr>

[28] AaO. 71f.

[29] AaO. 72. Merton beurteilt in den folgenden Seiten der Autobiographie die anglikanische
Religion sehr kritisch als eine nur auf die herrschende Klasse abgestimmte. Sie werde nur
zum Zwecke ihrer kastischen Verbindung und wie ein Brauch unter vielen anderen weltlichen Bräuchen praktiziert. Dies ist eine der Passagen, die Merton später, als er für ökumenische Anliegen aktiv wurde, sicher gerne aus seinem Werk gestrichen gewußt hätte. Seiner eigenen Religiosität in dieser Zeit mißt Merton auch nicht viel Wert bei, glaubt aber,
daß „die Gnade in verborgener Weise" auf seine Seele einwirkte.

*stammte von meinem Vater, der in London im Spital lag. Ich bemühte mich
der Frau am andern Drahtende beizubringen, es müsse von meinem Onkel
Harold stammen, der in jenem Jahr in Europa herumgereist war. Aber sie
wollte auf nichts eingehen, als was sie mit eigenen Augen las. Das Telegramm
war vom Vater unterzeichnet und kam aus London. Ich hängte den Hörer ab,
das Herz wollte mir zerspringen. Ich schritt im stummen, leeren Hause auf
und ab. Ich setzte mich auf einen der großen Lederstühle im Rauchzimmer.
Niemand war da. Im ganzen großen Hause war kein Mensch. So saß ich im
dunklen, unseligen Zimmer, unfähig zu denken und mich zu regen, indes die
unzähligen Elemente meiner wachsenden Vereinsamung von allen Seiten auf
mich einstürmten: kein Vaterhaus, keine Familie, keine Heimat, keinen Vater,
scheinbar keine Freunde, keinen inneren Frieden, kein Vertrauen, kein Licht
und keine Klarheit über mich selbst - keinen Gott, auch keinen Gott, keinen
Himmel, keine Gnade, nichts hatte ich mehr. Und was geschah mit dem Vater
in London? Ich war nicht imstande, daran zu denken."*[30]
Hatte der Vater den Verstand verloren? Als Ursache der Erkrankung stellte
sich ein bösartiger Hirntumor heraus, der Owen noch anderthalb Jahre lang bis
zu seinem Tod dahinvegetieren lassen sollte. Zurück in London, bei seinem
Besuch im Spital war Tom erleichtert, den Vater in einem geistesgegenwärti-
gen Moment anzutreffen. Jedoch hatte er eine große Beule am Kopf, die nicht
Gutes verhieß. Tom ahnte, daß seine schlimmsten Vermutungen eintreffen
könnten. Im September 1929 half ihm Tante Maud, seinen Koffer für Oakham
zu packen. Der Junge trat mit der Bahn die Reise zu seiner nächsten Lebens-
station an.

1.1.3 Schulzeit in Oakham

(12) Geübt in Anpassung lernte Tom in Oakham schnell die neuen Schuljun-
gen-Gesetze. Man durfte sich zum Beispiel auf keinen Fall als Streber erweisen. Also studierte Tom meistens gut getarnt bei aus seinem Grammophon
laut dröhnender Musik. Aber auch weil er umgänglich war, kein schlechter
Sportler und reizvoll avangardistische Ansichten vertrat, gewann er schnell
allgemeine Beliebtheit. Ebenfalls die offiziellen Regeln dieser Schule begriff
er jedoch schnell, beispielsweise konnte man vom Gemeinschaftsraum in ein
Zweibettzimmer, ein Studio, umziehen, wenn man bestimmte Leistungen auf-
wies. Im zweiten Jahr bewohnte er daraufhin schon ein Studio. Abends, nachdem er mit seinen Kameraden lärmend und Kartoffelchips futternd zusam-
mengesessen hatte, schrieb er oft Briefe an seinen Vater im Hospital.
In einer Sache hatte Tom Glück, denn zu seiner Zeit war gerade ein junger
Rektor neu an die Schule gekommen, der es ihm ermöglichte, den Zweig
Neue Sprachen zu wählen, ohne daß es diesen Zweig offiziell an der Schule
gegeben hätte. Auf diese Weise wurden die Begabungen des Jungen so gefördert, daß er große Leistungen erbrachte und gleich mehrere Klassen über-

---

[30] AaO. 80f.

springen konnte. Im Sommer 1930 kamen die Großeltern und sein Bruder John-Paul wieder zu Besuch nach England. Sam Jenkins, der für Tom die Schulgebühren zahlte, eröffnete Tom in einem feierlichen Gespräch „von Mann zu Mann", daß er für Tom Aktien angelegt und Grundstücke gekauft hätte, die ihm in Zukunft finanzielle Unabhängigkeit gewähren sollten. Tom fühlte sich bei dieser Nachricht großartig. Da er noch minderjährig war, wurde ein Vormund nötig und Sam Jenkins entschied sich für Toms Paten, den Freund seiner Eltern, Tom Bennett. Es wurde vereinbart, daß Tom von nun an die Ferien, ausgenommen die Sommerferien, bei Familie Bennett in London verbringen sollte.[31]

Durch das intellektuelle und mondäne Ehepaar Bennett, Tom Bennett war ein aus Neuseeland stammender Arzt und Iris Weiss Bennett die Tochter eines bekannten protestanischen Theologen aus Frankreich, tat sich für Tom eine neue Welt auf. Es war dies die Welt des gepflegten Lebens, des kulturellen Interesses, der Weltgewandtheit, der anspruchsvollen Konversation und vor allem des guten Geschmacks. Zugleich war es eine Welt der distinguierten, spöttischen Arroganz gegenüber der ungebildeten bürgerlichen Mittelschicht.

Tom fühlte sich sehr angezogen von dieser neuen Welt, spannend und herausfordernd wie sie war, begleitet von allerlei luxuriösen Annehmlichkeiten. Er lernte auch in dieser Welt schnell mitzuhalten. Jene intellektuellen Spitzfindigkeiten und Bemerkungen des Spotts kamen seiner Neigung zu Sophismus entgegen. Zuletzt fühlte er sich auch nicht wenig geschmeichelt, in seiner Meinung wie ein Erwachsener behandelt zu werden. Tom Bennett wurde jedenfalls für die nächsten Jahre sein großes Vorbild, und es war einige Jahre später ein schwerer Schlag für ihn, von diesem verehrten Menschen zurückgewiesen zu werden.

(13) Im Sommer 1930 besuchte Tom zusammen mit den Großeltern regelmäßig den Vater im Spital. Beim ersten Besuch nach langer Pause, Tom war ja in Oakham gewesen, überwältigte ihn das tiefe Elend. *„Wir traten ein. Der Vater lag im Bett zur Linken, hinter der Türe. Als ich ihn erblickte, erkannte ich plötzlich, daß es keine Hoffnung mehr gab für ihn. Sein Gesicht war geschwollen. Die Augen getrübt; vor allem war der Tumor an der Stirne schrecklich gewachsen. Ich fragte ihn: 'Wie geht es, Vater?' Er blickte mich an und streckte mir verwirrt und unglücklich die Hand entgegen, so daß ich begriff, daß er nicht mehr sprechen konnte. Aber gleichzeitig sah man, daß er uns kannte und wußte, was geschah; daß sein Verstand noch klar war, und daß er alles erfaßte. Der Schmerz über seine tiefe Hilflosigkeit stürzte plötzlich über mich herein wie ein Berg. Ich fühlte mich zermalmt; Tränen schossen mir aus den Augen. Niemand sprach mehr ein Wort. Ich verbarg mein Gesicht in der Bettdecke und schluchzte. Auch mein armer Vater weinte. Die andern standen dabei. Es war entsetzlich traurig. Wir fühlten uns vollkommen hilflos. Und alles war umsonst."*[32] In den nächsten Ferien, den Weihnachtsferien, schickten die Bennetts Tom nach Straßburg zu einem Freund der Familie

[31] Vgl. Mott, 53.
[32] BSS, 91.

mit der Begründung, dort die Französisch- und Deutschkenntnisse aufzubessern, aber wahrscheinlich auch, um dem Jungen weitere schmerzhafte Begegnungen mit dem Vater zu ersparen. Eine Woche nach seiner Rückkehr verstarb der Vater. Zum zweiten Mal in seinem jungen Leben mußte Tom den Weg zum Krematorium zurücklegen. Er war monatelang niedergeschlagen und traurig.

Als die Trauer nachließ, entwickelte er plötzlich einen ungeheuren Drang nach Freiheit und Unabhängigkeit und beschloß, sich von nichts und niemandem Fesseln anlegen zu lassen, nicht von Menschen, nicht von äußeren Umständen, aber auch nicht von einer Religion oder von Gott. *„Dann fühlte ich mich völlig befreit von allem, was den Drang meines Willens, zu tun, was mir gefiel, hemmte.[..] Es war kein Platz mehr für einen Gott in diesem leeren Tempel voller Staub und Schutt, den ich von da an eifersüchtig gegen alle Eindringlinge bewachte, um ihn ganz der Verehrung meines eigenen törichten Willens zu weihen."*[33]

Ostern 1931 machte Tom, inzwischen sechzehnjährig, eine Reise nach Rom und Florenz, kam aber enttäuscht nach Oakham zurück, verwundert darüber, was andere Leute so interessant am Italien der Antike und der Renaissance finden konnten. Zurück in Oakham begann er nun, lange Märsche in die umliegende Gegend zu machen, immer bepackt mit Literatur und Tagebuch. Seine häufigste Lektüre war der Lieblingsdichter seines Vaters geworden, William Blake. So sehr sich Tom in dieser Zeit gegen Religion sträubte, so sehr liebte er doch den durch und durch religiösen Poeten. Es war die überzeugende Echtheit des Dichters, die in Tom „ein wenig Glauben und Liebe entzündete"[34].

(14) Im Sommer 1931 fuhr er wieder nach Amerika. Auf der Überfahrt verliebte er sich leidenschaftlich in eine junge Frau, die allerdings verheiratet war und bei aller Sympathie für ihn nicht die Absicht hatte, mit ihm durchzubrennen. Tom war daraufhin den ganzen Sommer lang unglücklich und für seine Verwandten ungenießbar. Auf der Rückfahrt traf er auf eine Gruppe Mädchen, mit denen zusammen er das Schiff unsicher machte und die ältere Generation zum Kopfschütteln brachte. Es gab wohl einige Auseinandersetzungen zwischen den Generationen, an denen Tom sein größtes Vergnügen hatte. Er gefiel sich in der Rolle des Skandal-Jugendlichen, der rauchend und trinkend mit den Mädchen durchs Schiff zog, viel Lärm machte und anbei noch erklärte, Kommunist zu sein. Andererseits war er angewidert von der Leichtgläubigkeit und Klatschsucht der Erwachsenen und fühlte sich sehr überlegen.

„Die Pöbelhaftigkeit [..] und die Dummheit der übrigen Leute mittleren Alters, welche die Geschichten der ersteren über uns geglaubt hatten erfüllte mich mit einem Gefühl der Verachtung für ihre ganze Generation. Daraus schloß ich, daß ich von nun an erlöst sei von jeder Autorität und daß mir kein Mensch mehr einen Rat geben konnte, auf den ich zu hören brauchte. Denn Ratschläge waren für mich ein Deckmantel der Heuchelei, Schwäche,

---

[33] AaO. 94.
[34] AaO. 97.

Gemeinheit oder Furcht. Die Autorität war eine Einrichtung der Alten und Schwachen, deren Wurzel im Neid auf die Freuden und Vergnügungen der Jungen und Starken zu suchen war..." [35]. In Oakham hing nun das kommunistische Manifest demonstrativ an der Wand seines Studierzimmers, nicht weil er ein großes Bewußtsein von den sozialen Ungerechtigkeiten oder den Problemen der Arbeiterklasse gehabt hätte, sondern weil er provozieren wollte und sich als Revolutionär empfand. *„Denn es war mir klar, daß ich ein großer Revolutionär sei. Ich bildete mir ein, ich hätte mich plötzlich über alle Irrtümer, Dummheiten und Fehler der modernen Gesellschaft erhoben [..] und hätte in den Reihen jener Platz genommen, die aufrechten Hauptes und geraden Blicks der Zukunft entgegenmarschierten.*"[36]

(15) Im Herbst 1931 wurde er Herausgeber der Schülerzeitung „Oakhamian", welche durch ihn ihre pfiffige Aufmachung erhielt. Er gewann Preise im Fach Englisch, war ein guter Boxer, spielte Rugby, hörte heiße Jazz-Musik und rauchte Pfeife. Er bemühte sich eifrig um Fremdsprachen und bewältigte ein hohes Maß an Lektüre. Letztere bestand zunehmend in moderner Literatur: Aldous Huxley, André Gide, John Don Passos, Theodore Dreiser, Jules Romains, Ernest Hemingway. Bei den Schulgottesdiensten preßte er demonstrativ die Lippen zusammen, wenn gebetet wurde. An der Schule war er nun allen bekannt und sein Ruf sollte noch Jahre nach seinem Weggang andauern.[37] In den Osterferien 1932 reiste Tom, wie gewohnt alleine, nach Deutschland. Er durchwanderte das Rheinland und studierte Spinoza. Unterwegs wurde er einmal von einem mit laut grölenden Jugendlichen der Hitlerjugend besetzten Wagen aufgeschreckt und mußte sich mit einem Sprung ins Gebüsch in Sicherheit bringen. Kurz darauf entzündete sich seine Zehe, so daß er das Wandern aufgeben und nach England zurückfahren mußte. In Oakham kaum wieder angekommen, wurde er ernstlich krank. Da er einen Eiterzahn hatte, hielt man diesen zunächst für die Ursache seines hohen Fiebers, bis Tom, oft im Fieberdelirium abwesend, nach Tagen die entzündete Zehe einfiel. Blutvergiftung hatte sich eingestellt, schlimm genug, um ihm das Gefühl zu geben, der Tod stünde an seinem Bett. Bei der Vorstellung, bald sterben zu müssen empfand er indes keine Furcht, sondern nur Apathie und Gleichgültigkeit.[38] Als er wieder genesen war, hatte die lebensbedrohliche Erkrankung zwar ein Gefühl für seine physische Verletzbarkeit hinterlassen, sein Bedürfnis nach Lebensgenuß und Erfüllung aber umsomehr erhöht. Genuß und Erfüllung aber sah er in erster Linie in der Liebe mit einem schönen Mädchen. Letztere Erkenntnis setzte er im Sommer 1932, nachdem er zuvor an der Schule das Abitur bestanden hatte, gleich in die Tat um, und befreundete sich während der Urlaubszeit mit seinen Großeltern in England mit einem Mädchen aus London. Als dieses am Ende der Ferien nach London zurückkehrte, versank er wieder in Liebes-

---

[35] AaO. 102.

[36] AaO. 103.

[37] Der nachfolgende Rektor schrieb an den Bischof von Nottingham: „He is something of a legendary figure among the old boys of his generation and he was clearly something of a rebel." Zitiert in Mott, 65.

[38] Vgl. BSS, 107f.

kummer wie im Sommer zuvor.[39] Er beschloß, wenn er Oakham abgeschlossen haben würde, wurde er in die Welt ziehen, um sich „*alle ihre Freuden und Vergnügungen zu erobern*"[40].

(16) Das spannendste Ereignis des nächsten halben Jahres war die Stipendiumsprüfung in Cambridge. Eine Woche lang dauerte diese Prüfung, bei der Tom einen Aufsatz nach dem anderen anfertigte und darin seine Meinung über Molière, Racine, Balzac, Victor Hugo, Goethe, Schiller und andere abgab. In der *Times* konnte er kurz darauf nachlesen, daß er, zusammen mit zwei anderen Oakham-Kameraden, das Stipendium erhalten hatte. „*Meine Befriedigung war gewaltig. Ich freute mich meiner Freiheit. Nun war ich, wie ich mir vorstellte, wirklich erwachsen und unabhängig; jetzt konnte ich die Hände ausstrecken und ergreifen, was ich wollte. Daher aß und trank ich während der Winterferien soviel und machte soviel Gesellschaftsanlässe mit, daß ich davon erkrankte.*"[41]

Einen Tag nach seinem 18. Geburtstag, Tom Bennett hatte ihn dazu ins Café Anglais eingeladen, begab sich Tom auf seine zweite Reise nach Italien mit den Zielen Florenz und Rom. Auf der Fahrt, in Avignon, war ihm jedoch schon sein ganzes Geld ausgegangen, weshalb er nach London an Bennett schrieb, er möge ihm Geld nachschicken. Das Geld kam, allerdings begleitet von einem Brief voller Vorwürfe, die nicht nur sein ökonomisches Verhalten anprangerten. Bennett hatte den Vorfall dazu benutzt, Tom eine allgemeine „Moralpredigt" zu halten. Tom war in seiner Ehre schwer gekränkt. In Rom angekommen, mußte er sich zuerst in die Obhut eines Zahnarztes begeben, um sich erneut einen eitrigen Zahn ziehen zu lassen. Er war bedrückt und enttäuscht darüber, wie sich seine seit kurz gewonnene Freiheit anließ. Auch als er anfing, das antike Rom in den Ruinen, Museen und Bibliotheken zu rekonstruieren, fand er keinen Gefallen daran. Mehr und mehr interessierten ihn hingegen die Kirchen, davon besonders jene mit frühchristlichen Fresken und byzantinischen Mosaiken. Diese Bilder beeindruckten ihn sehr und weckten in ihm das Bedürfnis, auch ihre Botschaft zu verstehen. Bald gebrauchte er bei seinen Rundgängen mehr die Bibel als den Baedeker und genoß dabei in den Kirchen die friedvolle Stille.

Eines abends hatte er in seiner Pension ein einschneidendes Erlebnis.[42] „*Ich war auf meinem Zimmer. Es war Nacht. Kein Licht brannte. Auf einmal war mir, als befände sich mein Vater, der nun schon länger als ein Jahr tot war, bei mir. Das Gefühl seiner Gegenwart war so lebhaft, so wirklich und überraschend, als hätte er mich am Arm berührt oder mich angesprochen. Das Ganze verlief wie ein Blitz; aber in diesem Blitz packte mich augenblicklich eine*

---

[39] Vgl. Mott, 62f.
[40] BSS, 173.
[41] AaO. 113.
[42] Vielleicht war es die byzantinische Kunst, die ihn an die byzantinischen Heiligen erinnerte, die sein Vater kurz vor seinem Tod auf kleine Zettel gezeichnet hatte. Vielleicht waren es Szenen aus dem Evangelium, die ihm sein Vater einst erzählt hatte und nun wieder vor seinen Augen entstanden. Jedenfalls tauchte der Vater vermehrt in seinen Gedanken auf, bis hin zum Eindruck seiner Gegenwart.

plötzliche, tiefe Einsicht ins Elend und die Verderbnis meiner Seele; und ein tiefes Licht durchfuhr mich, das mir irgendwie meinen Zustand deutlich machte; ein Entsetzen ergriff mich vor dem, was in mir war; und meine Seele sehnte sich mit einer Kraft und Gewalt nach Flucht und Befreiung von all dem, wie ich sie noch nie empfunden hatte. Nun begann ich zum erstenmal in meinem Leben wirklich zu beten, nicht mit den Lippen, dem Verstand und der Phantasie, sondern aus den Wurzeln meines Lebens und Seins heraus - und zu Gott, den ich nie gekannt hatte: er möge aus Seiner Verborgenheit zu mir herabblicken, mir helfen, mich von den tausend furchtbaren Dingen, die meinen Willen geknechtet hielten, befreien. Gleichzeitig flossen Tränen, die mir wohl taten. Und fortwährend stand mein Vater in meinem Innern, obgleich ich das anfängliche, lebendige, qualvolle Gefühl seiner Gegenwart im Zimmer verloren hatte."[43] Tom, bisher selbstsicher, ein wenig eingebildet und voller narzistischer Zukunftsträume, fühlte sich plötzlich klein und elend. Vom nächsten Tag an besuchte er die Kirchen mit neuem Interesse, er wollte darin beten. Doch plagten ihn nun fürchterliche Skrupel, ob er als Nichtkatholik denn überhaupt Erlaubnis hätte, katholische Kirchen zum Gebet zu benutzen. Er fühlte sich beobachtet und rechnete immer damit, von einem Priester ertappt und hinausgebeten zu werden. In den folgenden Tagen wurde er jedoch ruhig. Er empfand Frieden und Glück und überlegte, wie er sich bessern wollte. Er wußte niemanden mit dem er über sein Erlebtes hätte sprechen können. Tom Bennett hätte ihn wahrscheinlich für verrückt erklärt, ebenso seine Verwandten in Amerika. Auch in den Romanen, die er las, fand er nicht mehr seine Themen. Er blieb bei der Lektüre weitgehend unbefriedigt. So blieb ihm nur sein Tagebuch, in dem er alles festhielt und aus dem er viele frühere Seiten herausriß, die ihm nun zu eitel erschienen.

(18) Von Italien aus schiffte er sich nach Amerika ein. Im Haus seiner Großeltern fuhr Tom fort, die Bibel zu lesen. Er besuchte auch verschiedene Gottesdienste bei den Quäkern und in der Zionskirche, jedesmal danach enttäuscht, überall nur „Gemeinplätze" zu hören bekommen.[44] Zuhause, vor allem gegenüber seinem Onkel Harold, nahm er die Rolle des intellektuellen „Detektivs für religiöse Heuchlerei" ein, bedacht darauf, nicht zu zeigen, daß er selbst betete. Wichtig war für ihn in diesem Sommer, den Kontakt mit Reginald Marsh aufzunehmen, einem ehemaligen Freund seines Vaters und bekannten Cartoonisten. Im Vergleich zu Tom Bennetts „gutem Geschmack" bot Marsh eine andere Lebensauffassung. Für ihn war es „the life in the damn thing"[45], das zählte, und dieses Leben fand er vor allem im lauten, prunken, vulgären, lebhaften New York. Tom verbrachte viel Zeit in Marsh's Atelier, begleitete ihn häufig zu Gesellschaftsanlässen und lernte so New York „von innen" kennen. Er betätigte sich noch bei einem Job als Ausrufer für eine Pornoshow bei der Weltausstellung in Chicago und nachdem er nach New York zurückgekehrt war, hatte sich sein religiöses Interesse wieder weitgehend verflüchtigt. Im

---

[43]   AaO. 120f.
[44]   AaO. 125.
[45]   Vgl. Mott, 73f.

September fuhr er zurück nach England um in Cambridge sein Studium aufzunehmen.

1.1.4 Studienzeit in Cambridge

(19) Zu Beginn verbrachte Merton in Cambridge noch viel Zeit mit seinen Oakhamer Freunden, alle drei froh umeinander in der fremden Umgebung. Bald aber ging jeder eigene Wege, speziell Merton brach nun aus der geordneten Studienwelt aus. Er gesellte sich zu einer Gruppe abenteuerlustiger Gesellen und war selbst bald als „Schürzenjäger und Zechbruder"[46] verschrien. Einen großen Teil seiner Zeit verbrachte er in verschiedenen Kneipen, bei skurilen Partys oder mit einem Mädchen in einem nahegelegenen Bootshaus. Große Mengen an Alkohol und Zigaretten wurden konsumiert. Bald hatte er auch Schulden. *„Ich stürzte mich hinein und versuchte, alles aus dem Leben herauszuholen, was man mit achtzehn Jahren von ihm fordern zu können glaubt."*[47] Seine Leistungen an der Universität blieben seinem Lebenswandel entsprechend gering. Da die Reglementierungen in Cambridge recht streng waren, die Studenten mußten abends zu festgelegter Zeit auf ihrem Zimmer sein, Damenbesuch war verboten, Leistungen wurden überprüft, etc., dauerte es nicht lange, bis Merton Schwierigkeiten bekam. Die Haushälterin seines Hauses beklagte sich bitter über ihn, nicht nur weil er oft unerhörlichen Lärm mit dem Grammophon oder dem Klavier machte, sondern auch weil er Mädchen mit auf sein Zimmer nahm. Die Klagen drangen über seinen Tutor, der selbst Mertons Fernbleiben von den Vorlesungen streng kritisierte, weiter nach oben bis zur Hochschulleitung und erreichten schließlich auch seinen Vormund Tom Bennett. Tom Bennett meldete sich schriftlich mit scharfen Tönen. Da beide vereinbart hatten, daß Merton den Diplomatischen Dienst als Berufsziel anstreben sollte, erklärte ihm Bennett, daß dieses Ziel auf seinem bisher eingeschlagenen Weg nicht erreichen würde. Ferner sei das Stipendium durch sein Verhalten bedroht. Danach zitierte er Merton zu sich nach London um ihm weitere Mahnungen zu erteilen, für den Studenten ein äußerst unangenehmer und demütigender Gang.
(20) Von den Veranstaltungen an der Hochschule interessierte ihn nur eine, das Seminar bei Professor Bulloughs über Dantes Göttliche Komödie. Das Werk wurde in italienischer Sprache studiert und Merton fand an den Bildern und philosophischen Gedanken Gefallen.
Das andere fachliche Interesse, das er nun mit Hingabe hegte, war die psychologische Literatur. Er verschlang alle Bücher von Freud, Jung und Adler, die er in der Universitätsbibliothek bekommen konnte. Da er sein religiöses Interesse wieder weitgehend zurückgestellt hatte, wurde Psychologie eine Art Ersatzreligion für ihn. *„Ich, der in erster Linie verlangte, daß alle Fähigkeiten meiner Seele Früchte tragen sollten, weil nichts anderes meine Triebe zu*

---

[46] Furlong, 83.
[47] BSS, 128.

zähmen vermochte, die sich in unzusammenhängenden, ausschweifenden, unbeherrschten Leidenschaften verströmten, kam zu dem Schluß, daß die Ursache meines ganzen Unglückes in der sexuellen Verdrängung liege! Und das Ganze wurde dadurch noch perfider, daß ich weiter zum Schlusse kam, eines der größten Verbrechen auf dieser Welt sei die Introversion. Und meine Anstrengungen, mich in einen extrovertierten Menschen zu verwandeln, voran laßten mich zu einer Reihe Überlegungen und beständiger Selbstprüfungen, bei denen ich alle meine Antworten studierte und die Eigenart jeder Empfindung und Reaktion zergliederte, so daß ich genau das wurde, was ich nicht werden wollte: ein Introvertierter."[48]

Die Mädchen, mit denen Tom Merton Kontakt pflegte waren keine Kommilitoninnen. Letztere kamen im klassengeprägten England der Dreißiger aus guten Familien gehobener Schicht, waren strebsam und zumeist sehr reserviert. Mertons Mädchen waren aus der Stadt, der Unterschicht zugehörig. Eines dieser Mädchen wurde nun von ihm schwanger.

Im April 1934 rief Bennett Merton ein zweites Mal zu sich nach London. Er verlangte eine Erklärung, was Merton natürlich nicht geben konnte. Für Tom Merton war jedoch die Kälte und die spürbare Verachtung seines Vormunds genauso schlimm wie seine eigenen „Fehler". Er spürte, daß sein einstiges Vorbild dabei war, ihn aufzugeben. Tom Bennett war immerhin so fair, Merton zu versprechen, den Großeltern von der Vaterschaft nichts mitzuteilen. Das Versprechen hielt er auch. Die Versorgung von Mutter und Kind ließ er von Anwälten regeln, wozu ein Teil von Mertons Vermögen verwendet wurde.[49] Was Thomas Merton bei der letzten Unterredung mit seinem Vormund gespürt hatte, wurde in einem Brief deutlich, den er im Sommer, als er wieder in Amerika weilte, von Bennett erhielt. In diesem Brief schlug Bennett vor, Merton solle doch für immer in Amerika bleiben. Immerhin würde Cambridge ernsthaft erwägen, das Stipendium zurückzuziehen und für den Diplomatischen Dienst hätte Merton sowieso kaum mehr Chancen. Merton fand die Idee sofort gut. Allerdings schmerzte es ihn doch sehr, daß ihn sein Vormund nun fallen ließ. Das Verhalten Bennetts riefen Erinnerungen aus seiner frühen Kindheit wach, in der die Mutter begonnen hatte, ihn abzulehnen.[50]

In den folgenden Jahren dachte Merton nur mit Widerwillen und Ekel an England. Er beschrieb immer wieder das dekadente und ausgehöhlte Gesellschaftssystem Englands seiner Zeit. *„Was stimmte nicht in diesem Lande, an diesem Volke? Warum war alles so leer? Weshalb tönte vor allem das ungestüme Treiben und der Lärm der Universitätsfußballmannschaften, der Rugby- und Kricketspieler, der Ruderer, der Jäger und Zecher im 'Löwen' und der unbeholfenen Tänzer im 'Rendez-vous' so einfältig, hohl und lächerlich? Mir schien, als wollte dieses Cambridge und bis zu einem gewissen Grade, ganz England, mit sorgfältiger, berechneter, bewußter und gelegentlich vielleicht*

---

[48] AaO. 133f.

[49] Vgl. Mott, 84 und 86.

[50] Immer wieder sprach Merton in diesem Zusammenhang den Satz „I don't take sweetly to rejection", z.B. Merton 1967 in einem Brief an Rosemary Ruether, vgl. aaO. 17 und 85.

mutiger Anstrengung so tun, als steckte es voller Leben. Und es unternahm alles mögliche. Es spielte eine gewaltige, verwickelte Scharade mit kostspieligen, umständlichen Verkleidungen und Szenen und einer Menge unpassender Lieder; und doch war das Ganze unerträglich düster, weil die meisten Leute moralisch schon tot waren, erstickt vom Dunst ihres eigenen, starken, gelben Tees, vom Geruch ihrer Wirtshäuser und Brauereien oder vom Schimmelpilz an den Mauern von Oxford und Cambridge."[51]

1.1.5 Studienzeit an der Columbia Universität New York

(21) Auf seiner letzten Überfahrt von England nach Amerika hatte Merton beschlossen, Kommunist zu werden. *„In Wirklichkeit stand ich mitten in einer Bekehrung. Es war nicht die eigentliche Bekehrung, aber doch eine Wandlung. Vielleicht war sie ein kleineres Übel. Ich glaube sogar sicher. Das heißt nicht, daß sie etwas besonders Gutes darstellte. Ich wurde nämlich Kommunist. Diese Feststellung klingt fast, als wollte ich sagen: 'Ich ließ mir einen Schnurrbart wachsen'. In der Tat war ich noch zu jung, um mir einen Schnurrbart wachsen zu lassen. Oder ich wagte es gar nicht. Und ich glaube, mein Kommunismus sah ungefähr so reif aus wie mein Gesicht - wie das saure, verlegene Engländergesicht auf dem Lichtbild meiner Einwandererkarte. Aber, soviel ich sehe, handelte es sich um einen aufrichtigen und bedingungslosen Schritt zur moralischen Bekehrung, der ungefähr meiner damaligen Einsicht und meinem Verlangen entsprechen mochte. Seit meiner relativen Abgeschlossenheit in Oakham, und seit ich die Freiheit erlangt hatte, in der Welt draußen allen meinen Trieben zu folgen, war manches geschehen; und es war Zeit geworden für eine große Neuordnung meiner Werte. Dieser Einsicht konnte ich mich nicht entziehen. Ich fühlte mich zu elend, und es war mir klar, daß es mit meinem sonderbaren, vagen, selbstsüchtigen Hedonismus nicht weiter ging. Während des Jahres, das ich in Cambridge verbracht hatte, dachte ich kaum je darüber nach, daß meine Träume von phantastischen Freuden und Vergnügungen unsinnig und absurd waren, daß alles, wonach ich die Hand ausstreckte, sich mir in Asche verwandelte, während ich selbst mich dabei zu einem mißratenen, eitlen, selbstsüchtigen, liederlichen, schwachen, unentschlossenen, sinnlichen, schlüpfrigen und hochmütigen Menschen entwickelte. Mein eigenes Bild im Spiegel erregte meinen Ekel."*[52]
„Dazu kam meine persönliche Überzeugung - als Ergebnis meines unklaren und irregeleiteten Strebens nach sittlicher Erneuerung -, ich müßte mich nun dem Wohl der Gesellschaft opfern und mich, wenigstens bis zu einem gewissen Grade, den gewaltigen Problemen meiner Zeit widmen."[53] Abgesehen von seinen ehrlichen Absichten, sich moralisch zu bessern, lieferte ihm der Kommunismus auch eine einfache Erklärung für das, was ihm alles widerfahren

---

[51] BSS, 136.
[52] AaO. 143f.
[53] AaO. 148.

war. „*Ich betrachtete den Menschen, der ich jetzt war, denjenigen, der ich in Cambridge gewesen und der ich geworden war, und erkannte, daß ich ein Produkt der Zeit, der Gesellschaft und meiner Klasse war. Ich war ein Produkt der Selbstsucht und Verantwortungslosigkeit des materialistischen Jahrhunderts, in dem ich lebte.*"[54]

(22) Großvater Samuel Jenkins war hocherfreut über die Nachricht, Tom würde nun in den Vereinigten Staaten bleiben. Die Familie beratschlagte, welchen Beruf Tom einschlagen könnte und entschied sich für den des Journalisten. Verschiedene Redakteure rieten, Tom solle erst noch einen akademischen Grad in einem für Journalismus sinnvollen Fach erwerben.

Da Tom Begabung im Zeichnen hatte, versuchte Reg Marsh, ihn als Cartoonist unterzubringen, jedoch erfolglos. Also blieb es bei der Lösung, daß Tom ein Studium, das dem Journalismus dienlich sein konnte, in den Staaten beginnen würde.

An der neuen Fakultät, der Columbia University in New York, wo er sich in englischer Literatur einschrieb, gesellte er sich anfangs zur kommunistischen Gruppe. Er engagierte sich drei Monate lang bei Demonstrationen und Vorträgen und erhielt den Parteinamen „Frank Swift". Bald war er jedoch enttäuscht von den kommunistischen Kameraden und Kameradinnen, die, zumeist aus der wohlhabenden Bügerschicht kommend, eher „dumme Vorurteile" hegten als ausgereifte Überzeugungen und ihm kindisch vorkamen. Zudem war er bei einer Party enttäuscht, daß *„niemand auf Trinken eingestellt war als ich."* Er kehrte dem Kommunismus alsbald den Rücken. *„Dies war das Ende meiner Tage als großer Revolutionär. Ich hielt es für klüger, nur noch ein 'Mitläufer" zu bleiben. In Wahrheit war meine Begeisterung, fürs Wohl der Menschheit zu wirken, von Anfang an recht schwach und abstrakt gewesen. Ich interessierte mich nur noch fürs Wohl eines einzigen Menschen auf Erden - das meine."*[55]

Nach einem nicht einfachen Einstiegssemester fühlte sich Merton an der Columbia dann doch sehr wohl. Schon das äußere Erscheinungsbild der Studenten, die leger gekleidet und nicht „herausgeputzt" wie die Studenten in Cambridge waren, tat ihm gut. Die meisten Studenten mußten nebenher arbeiten, um die Studiengebühren bezahlen zu können, vielleicht einer der Gründe, weshalb sie bescheidener auftraten. Aber auch die Professoren und Dozenten waren seinem Empfinden nach schlichter und nahbarer. Kontakt fand er zu Kommilitonen über eine Studentenverbindung, der er beitrat. Wichtiger aber wurden für ihn die Bekanntschaften mit den Studenten, die bei den Universitätszeitungen mitarbeiteten: Robert Lax, Robert Giroux, Robert Gibney. Merton schrieb Artikel für „The Columbia Review" und wurde in die Redaktion des „Jester", einem Witzblatt, aufgenommen.

Mit ungeheurer Schaffenskraft stürzte sich Merton in alle Tätigkeiten an der amerikanischen Universität. Es machte ihm selbst Freude zu sehen, wie leistungsfähig er war. Nicht nur, daß er in allen Fächern Bestnoten und Auszeichnungen erhielt, sondern er war neben seinem journalistischem Engage-

---

[54] AaO. 145.
[55] AaO. 159.

ment noch Mitglied in zahlreichen Gremien und Arbeitsgemeinschaften. Bald schrieb er noch für den „Spectator" und bekam zudem die Leitung des Columbia Jahrbuchs übertragen. Von seinen Artikeln und Zeichnungen für den „Jester" konnte er die Studiengebühren bezahlen, worauf er sehr stolz war.

(23) Neben seinen journalistischen Tätigkeiten nahm er noch diverse andere Jobs an, so daß er zu seinem Lebensunterhalt gut beitragen konnte. Dies war allerdings auch nötig, denn er gab weiterhin viel Geld aus für teure Bücher, Verabredungen, Restaurants und Nachtclubs, Kinobesuche, Schallplatten, usw. *„Drei-, viermal in der Woche bestieg ich mit meinen Verbindungsbrüdern abends die schwarze, kreischende Untergrundbahn nach der 52. Straße, wo wir in den kleinen, lärmigen, teuren Nachtklubs, die an Stelle der einstigen verbotenen Alkoholtrinkstätten im Kellergeschoß der schmutzigen Sandsteinhäuser florierten. [..] Dabei betranken wir uns nicht. Wir saßen einfach da, im überfüllten Raume, tranken fast wortlos und ließen uns betäuben vom Jazz, der durchs ganze Meer der Leiber pulsierte und sie wie eine Art Fluidum miteinander verband. Es war eine seltsame, tierische Travestie der Mystik: so dazusitzen in den dröhnenden Sälen, während einem der Lärm durchdrang, der Rhythmus ins Knochenmark fuhr und der ganze Leib vibrierte. Man konnte diesen Zustand nicht, per se, eine Todsünde nennen. Denn wir saßen nur da, das war alles. Wenn wir am folgenden Tag einen Kater hatten, so vor allem vom Rauchen und von nervöser Erschöpfung.*
Häufig verfehlte ich nach einer solchen Nacht die Long-Island-Bahn nach Hause und schlief irgendwo auf einem Ruhebett im Verbindungsheim oder in der Wohnung eines Bekannten. Das schlimmste war, wenn ich mit der Untergrundbahn heimfuhr, in der Hoffnung, in Flushing einen Autobus zu erreichen! Es gibt nichts so Düsteres wie die Autobusstation in Flushing um die graue, stille Stunde vor Einbruch der Morgendämmerung. Stets erblickte man dort ein, zwei Menschen, wie ich sie unter den Toten der Morgue gesehen hatte. Gelegentlich etwa ein paar betrunkene Soldaten, die nach Fort Totten zurückkehren wollten. Auch ich stand unter ihnen, müde und erschöpft zum Umfallen, und zündete mir die vierzigste oder fünfzigste Zigarette des Tages an. Am meisten bedrückte mich die Scham und Verzweiflung, die mein ganzes Wesen druchdrang, weil die Sonne bereits aufstand und die Arbeiter an ihre Arbeit gingen: gesunde, wache, ruhige Männer mit klarem Blick und einem vernünftigen Ziel vor sich. Diese Verdemütigung und das Bewußtsein meines eigenen Elends und der Sinnlosigkeit meines Tuns erweckten beinahe ein Gefühl der Reue in mir. Es war eine Reaktion der Natur. Sie bewies wenigstens, daß mein sittliches Empfinden noch nicht erstorben war; oder vielmehr, daß immer noch eine schwache Befähigung zum sittlichen Leben in mir steckte. Der Ausdruck 'sittliches Leben' könnte die Tatsache, daß ich geistig tot war, verdunkeln. Das war ich schon längst!"[56]
Wohnen konnte er noch bei seinen Großeltern in Douglaston. Großvater Pop, dem selbst das Geld immer locker in der Tasche saß, hatte für den Enkel größtes Verständnis und blieb sehr spendabel. Im übrigen mußte Pop auch viel

---

[56]   AaO. 167f.

Geld für den anderen Enkel, John Paul, bereithalten, der das gleiche Talent besaß und mit dem Tom in den Ferien das Geld immer gemeinsam ausgab.

1.1.6 Schwere psychische Krise

(24) 1936 verstarb plötzlich Großvater Pop. Tom, der dem Großvater während der letzten zwei Jahre noch sehr nahe gekommen war, trauerte sehr. Es befiel ihn ein großes Bedürfnis, für Pop zu beten, was er auch tat. Knapp ein Jahr später starb auch die Großmutter, die über den Tod ihres Mannes nicht hinweggekommen war. Merton hatte noch viele Nachtwachen an ihrem Bett verbracht. Auch dieser Verlust schmerzte ihn sehr. Der zweimalige Weg zum Krematorium innerhalb eines Jahres rief natürlich auch die anderen zwei schweren Wege, die er einst dorthin schon gehen mußte, in Erinnerung. Nach dem Tod der Großeltern ging es Merton sehr schlecht. Körperlich kam dies zum Ausdruck, als er bei einer Sportveranstaltung plötzlich in Ohnmacht fiel. Psychisch zeigte sich die Schwäche wenig später in einer Art Angstneurose. Dies begann, als er einmal wie üblich mit der Bahn in Richtung New York unterwegs war. Er litt plötzlich unter furchtbarem Schwindel und konnte sich kaum mehr auf den Beinen halten. Der Schwindel war verbunden mit panischer Angst, in die Tiefe zu stürzen. Er suchte sofort einen Arzt auf und nahm ein Zimmer im Hotel. Das große Fenster im Hotelzimmer erschien ihm jedoch auch bedrohlich, er fürchtete sogar, daß er sich hinabstürzen könnte. Er kehrte in derselben Nacht noch ins Haus seiner Großeltern zurück und legte sich dort nieder. Der Schwindel wich langsam und es ging ihm zunächst wieder besser. Die panische Angst vor dem Eisenbahnfahren und das Gefühl, dabei abstürzen zu können, hielt jedoch noch monatelang an.
In der folgenden Zeit litt er außerdem unter großen Magenbeschwerden und entwickelte eine skrupulöse Vorsichtigkeit in Bezug auf Essen. Zu seinem schlechten Befinden gesellte sich noch Liebeskummer: ein Mädchen, das er verehrte, hatte sich für einen anderen entschieden.
(25) Wenn Merton in dieser Zeit oft deprimiert und traurig war, so gab es doch einen Unterschied zu früher: er hatte nun Freunde, mit denen er sprechen konnte. Es waren dies die Kameraden, die über die Universitätszeitung kennengelernt hatte, und die sich bei Seminaren des Dozenten Mark Van Doren wiederfanden. Dieser Professor, Mark Van Doren, der Literatur lehrte, wurde der wichtigste Lehrer in Mertons Leben. Er beeindruckte Merton mit seiner unverkünstelten Direktheit in der Auslegung englischer Literatur. Van Doren suchte nicht formal nach geschichtlichen, soziologischen, psychologischen oder volkswirtschaftlichen Kategorien zur Beurteilung der Literatur, sondern fragte frei nach dem Thema und Sinn eines Textes. Dabei wurden ganz grundsätzliche Fragen des Lebens, wie die Frage nach dem Leid, der Liebe, dem Tod, der Angst, etc., thematisiert. Merton hatte das Gefühl, zum ersten Mal einem Hochschuldozenten zu begegnen, der weder auf Effekthascherei oder eitle Geistreichheit, noch auf einseitige Theorien angewiesen zu sein schien.

Zudem verstand es der Lehrer, die Studenten ins Gespräch zu bringen, ja, er bestand darauf, daß sie sich selbst eine Meinung bildeten. Studenten, die sich im Kreis um Mark Van Doren befanden, wurden also Mertons Freunde, besonders zu Robert Lax hatte bildete sich ein Vertrauensverhältnis. Seine Freunde erlebten außerdem oft ähnliche Nöte, wie die Ungewißheit über die berufliche und persönliche Zukunft, Verlusterlebnisse, Ängste und schließlich ein großes Unbehagen angesichts der Weltpolitik. Die internationalen Vorgänge beobachteten die Freunde sehr genau. Besonders die Vorgänge in den europäischen Staaten, speziell in Deutschland, machten ihnen große Sorgen. Die meisten von Mertons Freunden waren Juden.

1.1.7 Hinwendung zum katholischen Glauben

(26) Die eigenen Fragen und Interessen wurden im Gespräch über Literatur deutlich. Robert Lax empfahl Merton, „Ends and Means" von Aldous Huxley zu lesen. Huxley wurde zu jener Zeit mit großem Interesse von der amerikanischen Öffentlichkeit aufgenommen, es gab Spekulationen, ob er bald zum Buddhismus oder zum Katholizismus konvertieren würde. Merton war begeistert von dem Buch, in dem Huxley Teile aus Buddhismus und Christentum als erstrebenswert herausstrich und für eine Lebensweise in Askese und Gebet plädierte. *„Zwei Grundgedanken behielt ich aus dem Buch: das Bewußtsein, daß es eine übernatürliche, geistige Ordnung gab und daß eine Möglichkeit bestand, mit Gott in eine wirkliche, erfahrensgemäße Berührung zu treten. [..] Mein Haß gegen den Krieg, meine damalige persönliche Not und die allgemeine Weltkrisis ließen mich jene Offenbarung unseres Bedürfnisses nach einem geistig-religiösen und innern Leben, verbunden mit einer Abtötung, aus ganzem Herzen annehmen.“*[57] Die „Abtötung" fand er zwar nur theoretisch gut, wie er sofort anfügte, doch schrieb er gleich einen Artikel über das Buch in der Columbia Review und trat in Schriftverkehr mit dem Autor. Ferner veranlaßte ihn das Werk, sich weiter in die Lektüre orientalischer Mystik zu vertiefen.

(27) Ein zweites Buch beschäftigte ihn sehr, er hatte es aufgrund seines Seminars für französische mittelalterliche Literatur angeschafft: Etienne Gilsons „Der Geist der mittelalterlichen Philosophie". Äußerst verärgert war er allerdings, als er das „Nihil obstat ...Imprimatur" las, ausgerechnet er, der einst Pop's kritische Haltung gegenüber der Katholischen Kirche übernommen hatte, war nun im Besitz eines katholisch zensierten Buches.[58] Trotz Widerwillen las er das Buch. Und es war genau dieses Buch, das eine Wende in seinem Leben bewirken sollte. *„Vor allem ein Grundgedanke des Buches sollte mein ganzes Leben umgestalten. Er ist enthalten in einem trockenen, fremdartigen Fachausdruck, wie sie der scholastischen Philosophie eigen sind: im Wort*

---

[57] AaO. 195f.
[58] Allerdings war ja seine Aversion seit seinem zweiten Rombesuch schon schwächer geworden, hatte er doch in Rom die katholischen Kirchen zu schätzen gelernt.

aseitas. In diesem einen Wort, das nur auf Gott angewendet werden kann, um sein wesentlichstes Attribut zu bezeichnen, entdeckte ich einen völlig neuen Gottesbegriff - einen Begriff, der mir plötzlich zeigte, daß der katholische Glaube keineswegs ein unklarer Aberglaube aus einem vergangenen unwissenschaftlichen Zeitalter sei, wie ich bisher meinte. Im Gegenteil, dieser Gottesbegriff war zugleich tief, bestimmt, einfach und scharf umrissen. Und was mehr ist, er enthielt eine Gedankenfülle, zu deren Erfassung mir noch kein Weg offen stand, doch konnte ich sie wenigstens dunkel ermessen, trotz meines Mangels an philosophischer Bildung.

Aseitas -: Aseität bedeutet einfach die Gabe eines Wesens, absolut aus eigener Kraft zu existieren, nicht weil es sich selbst geschaffen hätte, sondern weil es keine Ursache, keine andere Rechtfertigung für seine Existenz nötig hat, da sein Wesen und seine Existenz eins sind. Außer Gott kann es kein anderes solches Wesen geben. Wenn man aussagt, Gott existiere a se, aus, durch und aufgrund Seiner selbst, so heißt das, daß Gott unabhängig sei, nicht nur in bezug auf alles, was außer Ihm ist, sondern auch in bezug auf alles, was in ihm ist."[59]

Merton erklärt auch, warum dieser Gedanke so starken Eindruck auf ihn machte. *„Der nachhaltige Eindruck, den diese und ähnliche Gedanken auf mich machten, hing, wie mir scheint, tief mit meinem Innern zusammen. Ich hatte mir nämlich nie eine adäquate Vorstellung von dem machen können, was die Christen unter Gott verstehen. Es war mir stets selbstverständlich gewesen, daß der Gott, an den die religiösen Menschen glauben und dem sie die Erschaffung und Lenkung aller Dinge zuschrieben, eine geräuschvolle, theatralische, leidenschaftliche Person, ein unbestimmtes, eifersüchtiges, verborgenes Wesen sei, die Objektivierung ihrer eigenen Wünsche, Bestrebungen und subjektiven Ideale.*"[60]

Endlich war es ihm gedanklich ermöglicht, einen Zugang zu Gott zu finden. Er fand einen nüchternen, asketischern Gottesbegriff vor, befreit von allen menschlichen Projektionen. *„Welche Erleichterung empfand ich daher, als ich entdeckte, daß nicht nur keine unserer Ideen, von den Bildern gar nicht zu reden, eine adäquate Vorstellung von Gott geben kann, sondern, daß wir uns mit einer solchen Gotterkenntnis nicht zufrieden geben dürfen. Auf diese Weise bekam ich auf einmal eine gewaltige Ehrfurcht vor der katholischen Philosophie und dem katholischen Glauben. Das letztere war das wichtigste. Nun erkannte ich wenigstens, daß der Glaube einen ganz bestimmten Sinn hatte und daß ihm eine zwingende Notwendigkeit innewohnte. Das war schon viel, aber im Augenblick so ziemlich alles, was ich tun konnte Ich erkannte, daß jene, die über Gott nachdachten, gute Gründe darür hatten, und daß jene, die an ihn glaubten, wirklich an ein Wesen glaubten; und daß ihr Glaube mehr als nur ein Traum war.*[61] *„Die Wirkung des Buches auf mein Leben begann eigentlich erst, als ich es schon weggelegt hatte und nicht mehr an seinen Inhalt*

[59] AaO. 180f.
[60] AaO. 182.
[61] AaO. 183.

dachte. Allmählich erwachte in mir der Wunsch, in die Kirche zu gehen - und diesmal war er aufrichtiger, reifer, und wurzelte tiefer als je zuvor. Noch nie hatte ich ein so starkes Verlangen danach empfunden."[62]

(28) Im Frühjahr 1937 fing er wieder an, Gottesdienste zu besuchen. Er ging zur Kirche seiner Kindheit, der Episkopalkirche, in der sein Vater immer Orgel gespielt hatte. Den Pastor dort fand er nett, seine Predigten jedoch mißfielen ihm, weil sie seiner Meinung nach nur Literatur und Politik zum Inhalt hatten. Sprach der Pfarrer indes doch über den christlichen Glauben, so machte er nach Mertons Eindruck keinen Hehl daraus, von den meisten Glaubensinhalten nichts zu halten. Er war enttäuscht. Auch seine Freunde Gibney, Lax und Gerdy hatten reges Interesse am Christentum entwickelt und erwogen sogar einen Übertritt zum Katholizismus. Es blieb jedoch bei allen zunächst nur beim Gedanken. Inzwischen hatte Merton mit seiner Magisterarbeit begonnen, er schrieb über „Kunst und Kultur bei William Blake". Der romantische Dichter des 18. Jahrhunderts, der dem damaligen Zeitgeschehen kritisch gegenüberstand und sich mit visionär-mystischen Gedichten distanzierte, entsprach seiner eigenen Suche nach Glaube und Moral. *„Als ich den Schlüssel zu Blake in seiner Auflehnung gegen die Oberflächlichkeit und den Naturalismus in der Kunst entdeckt hatte, erkannte ich, daß seine 'Prophetischen Bücher' und seine übrigen Dichtungen auch weitgehend eine Auflehnung gegen den Naturalismus auf moralischem Gebiet darstellten. Welche Offenbarung für mich! Als Sechzehnjähriger hatte ich mir vorgestellt, Blake verherrliche, gleich den übrigen Romantikern, die Leidenschaft und die natürliche Kraft als solche. Dem war nicht so. Er verherrlicht viel mehr die Verklärung der natürlichen menschlichen Liebe, der natürlichen menschlichen Kräfte im läuternden Feuer der mystischen Erfahrung: und das bedingt an sich schon eine glühende, völlige Reinigung durch den Glauben, die Liebe und Sehnsucht von allen kleinlichen, materialistischen, gemeinen, irdischen Idealen seiner rationalistischen Freunde."*[63]

Blake motivierte ihn, seine religiöse Suche fortzusetzen. *„Während Blake mich in Bann hielt, wurde mir allmählich die Notwendigkeit eines lebendigen Glaubens und die völlige Unwirklichkeit und Wesenlosigkeit des toten, selbstsüchtigen Rationalismus, unter dem mein Geist und Wille in den vergangenen sieben Jahren erstarrt waren, bewußt. Nach Verlauf des Sommers sah ich ein, daß ein lebenswertes Leben nur in einer von der Gegenwart und Wirklichkeit Gottes erfüllten Welt möglich sei. Dieser Gedanke sagt sehr viel, aber ich möchte damit nur die Wahrheit sagen. Ich muß ihn zwar insofern etwas einschränken, als diese Einsicht in mir vorwiegend intellektueller Natur war. Sie erfaßte den Kern meines Willens noch nicht. Und das Leben der Seele liegt nicht in der Erkenntnis, sondern in der Liebe, denn die Liebe ist die Tätigkeit der höchsten Fähigkeit des Willens, durch den sich der Mensch ausdrücklich*

---

[62]   AaO. 184.
[63]   AaO. 211f.

mit dem Endziel seines ganzen Strebens vereinigt - durch den er eins wird mit Gott."[64]

(29) Onkel Harold, dem Bruder von Mertons Mutter, war die Vormundschaft über Merton in Amerika übertragen worden. Da Merton sich nicht besonders mit ihm verstand und er sich das Eisenbahnfahren ersparen wollte, zog er im Juni 1937 aus dem Haus in Douglaston aus und nahm sich ein Zimmer unweit der Universität, West 114th Street.[65] Seit einiger Zeit hatte er neben seinen Journalistischen Tätigkeiten begonnen, sich an Romanen zu versuchen. Beruflich gab er sein bisheriges Ziel, Journalist zu werden, auf, und strebte nun den Beruf des Lehrers an einer Hochschule oder einem Internat an mit der Möglichkeit, nebenher als Schriftsteller tätig zu sein.

Eine wichtige Bekanntschaft wurde für ihn die mit Bramachari, einem Hindu-Mönch, den er über seinen Freund Seymour Freegood kennenlernte. Bramachari, der durch kuriose Umstände als mittelloser Mönch aus Indien nach Amerika gekommen war, hatte sich an der Universität in Chicago den Doktortitel in Philosophie erworben und hielt Vorträge in Schulen, Kirchen und sozialen Einrichtungen. Er und Merton verstanden sich von Anfang an gut. Bramachari äußerte manch Kritisches über die amerikanische Gesellschaft und die christlichen Kirchen. Merton horchte auf, als er berichtete, die einzigen Kirchen, in denen er das Gefühl gehabt hätte, daß die Leute wirklich beteten, seien die katholischen gewesen. Ferner belehrte ihn der Mönch, daß es im Christentum wertvolle Bücher im Bereich der Mystik gäbe und empfahl ihm, unbedingt die „Bekenntnisse" des Augustinus und „die Nachfolge Christi" von Thomas von Kempen zu lesen. Merton, der sich bisher nur mit fernöstlicher Mystik befaßt hatte, war nicht wenig erstaunt, von einem indischen Mönch den Hinweis auf christliche Mystik zu erhalten. Er setzte bald diese Empfehlung in die Tat um.

(30) Die Auseinandersetzung mit dem Katholizismus nahm in Mertons Leben immer mehr Raum ein. Er las die oben genannte „Nachfolge". Sodann widmete er sich James Joyce's „The Portrait of the Artist as a Young Man". Die darin beschriebene Predigt sprach ihn sehr an. „*Die Überzeugungskraft, die Festigkeit und der Schwung, welche im Buch dem Priester in den Mund gelegt wurden, sagten mir zu. Einmal mehr empfand ich die größte Befriedigung beim Gedanken, daß diese Katholiken wußten, woran sie glaubten, daß sie wußten, was sie zu lehren hatten und daß alle dasselbe lehrten, und daß ihre Lehre ein zusammenhängendes, höchst wirkungsvolles Ganzes bildete. Das alles packte mich zuerst, noch vor dem Inhalt ihrer Lehre - bis ich die genannte Predigt in der Corpus-Christi-Kirche hörte.*"[66]

In den von Joyce satirisch gemeinten Beschreibungen des katholischen Milieus in Irland übersah er bewußt die Ironie und sog alle Informationen über den Katholizismus wißbegierig auf. Bald machte er sich an Jacques Maritains

---

[64] AaO. 199f.
[65] Vgl Mott, 108.
[66] BSS, 221.

„Kunst und Scholastik". Damit fand er gleichzeitig einen Schlüssel zu den Gedichten von William Blake.[67] *„Doch jetzt, wo ich Blake in Verbindung mit Maritain las, zerstreuten sich all diese Schwierigkeiten und Widersprüche. Ich war, trotz meines einstigen Antinaturalismus in der Kunstauffassung, in moralischer Hinsicht ein reiner Naturalist gewesen. Es war daher nicht erstaunlich, daß sich meine Seele krank und zerrissen fühlte. Doch nun heilte die blutende Wunde wieder zu mit Hilfe des Begriffs der christlichen Tugend, welche die Seele auf den Weg zur Vereinigung mit Gott führte."*[68] Schließlich beschäftigten sich einige seiner Freunde nach wie vor mit der Frage einer möglichen Konversion zum katholischen Glauben, nicht zuletzt brachte sein Freund Robert Lax immer wieder dieses Thema auf. Merton selbst hatte mehr und mehr das Gefühl, mit der Übernahme des katholischen Glaubens an ein Ziel gekommen zu sein. *„In der Zeit, wo ich mit der eigentlichen Niederschrift meiner Doktorarbeit beginnen konnte, gegen Anfang September 1938, war das Fundament für meine Bekehrung mehr oder weniger vollendet. Und wie leicht und sanft war alles vor sich gegangen, dank der äußeren Gnaden, welche mir die gütige Vorsehung Gottes längs des Weges zufließen ließ!"* [69]

(31) Langsam kam in ihm der Wunsch auf, eine katholische Messe zu besuchen. Den Wunsch konnte er sich insofern zunächst nicht erfüllen, als er sich sonntags immer mit einem Mädchen, mit dem er sich seit einiger Zeit angefreundet hatte, auf Long Island traf. Eines Sonntags sagte er jedoch der Freundin ab und ging in die katholische Corpus-Christi-Kirche. Es war das erste Mal in seinem Leben, denn vor Jahren in Rom hatte er immer schnell die Flucht ergriffen, wenn in einer der Kirchen, die er besuchte, Messe gefeiert wurde. Er war nun zutiefst beeindruckt, nicht nur von der großen Zahl der Gottesdienstbesucher, die in allen Altersstufen vertreten waren, sondern vor allem von ihrer offensichtlich echten Frömmigkeit. Genauso beeindruckt war er von der Predigt des jungen Priesters. *„Worüber sprach er? - Daß Christus der Sohn Gottes sei. Daß Gott in ihm, der zweiten Person der heiligen Dreieinigkeit, eine menschliche Natur, einen menschlichen Leib und eine Seele angenommen habe, Fleisch geworden sei und unter uns gewohnt habe, voller Gnade und Wahrheit: und daß dieser Mensch, den die Menschen Christus nennen, Gott sei. Er war zugleich Mensch und Gott: zwei, hypostatische in einer Person oder einem Suppositum vereinigte Naturen, eine göttliche Person, die eine menschliche Natur angenommen hat. Und seine Werke seien die Werke Gottes. Seine Taten die Taten Gottes. Als Gott liebte er uns und kam zu uns. Als Gott starb er für uns am Kreuze, Gott von Gott, Licht vom Lichte, wahrer Gott vom wahren Gott."*[70]

Gebannt und ehrfürchtig verfolgte er den Gottesdienst. Während der Wandlung jedoch befielen ihn Skrupel, ob es ihm überhaupt erlaubt sei, der Messe

---

[67] Blake hatte selbst auch mit dem Katholizismus sympathisiert.
[68] AaO. 212.
[69] AaO. 213. Mit Doktorabeit ist hier eigentlich die Magisterarbeit gemeint, vgl. 246.
[70] BSS, 218.

ganz beizuwohnen. Er verließ die Kirche. Draußen hatte er das Gefühl, die Welt nun mit anderen Augen zu sehen.

„Nun spazierte ich müßig in der Sonne über den Broadway, während meine Augen eine neue Welt erblickten. Ich begriff nicht, was mich so glücklich machte, warum ich mich so ruhig fühlte und zufrieden mit dem Leben. Denn das reine Gefühl, das uns eine wirkliche Gnade schenkt, war mir noch ungewohnt. - Es ist in der Tat nicht ausgeschlossen, daß ein Mensch, der gläubig eine solche Predigt anhört, gerechtfertigt wird, indem die heiligmachende Gnade in seine Seele einzieht, so daß das göttliche, übernatürliche Leben von diesem Augenblick an wahrhaft in ihm wohnt. Doch möchte ich nicht weiter darüber nachgrübeln.

Jedenfalls begriff ich, daß ich mich in einer neuen Welt befand. Sogar die häßlichen Gebäude der Columbia erschienen mir verklärt, und überall herrschte Friede in diesen für die Rastlosigkeit und den Lärm bestimmten Straßen. Darauf saß ich vor dem düstern, kleinen Restaurant Childs in der 111. Straße, hinter den staubigen Zierbüschen, nahm das Frühstück ein, und es war mir, als befände ich mich im Elysium."[71]

(32) Als er sich eines Tages in den Briefwechsel von Gerard Manley Hopkins und Kardinal Henry Newman vertieft hatte, in dem es um die mögliche Konversion Hopkins ging, stand für ihn der Entschluß fest, daß er sich taufen lassen wollte. Umgehend machte er sich auf den Weg zum Pfarrer der Corpus-Christi-Kirche und bat diesen um ein Katechumenat. Mit Eifer nahm er in den folgenden Wochen an allen Unterrichtsstunden teil. *„Wenn die Menschen besser ermessen könnten, was es bedeutet, sich vom kräftigen, wilden Heidentum, von der geistigen Ebene eines Menschenfressers oder antiken Römers zum lebendigen Glauben und zur Kirche zu bekehren, so hielten sie den Katechismus nicht für etwas Triviales und Bedeutungsloses. Meist denken wir bei diesem Wort an den gewohnten Religionsunterricht, den die Kinder vor der ersten Kommunion und der Firmung erhalten. So gewöhnlich derselbe sein mag, gehört doch diese Aussaat des göttlichen Wortes in einer Seele zum Ergreifendsten, was es auf der Welt gibt. Erst eine Bekehrung bringt uns dies wirklich zum Bewußtsein."*[72]

Er dachte viel über seine Sünden nach. Eine Predigt des Priesters über die Hölle wurde für ihn zum wichtigen Ereignis. *„Die Reaktion, welche die Predigt über die Hölle in mir auslöste, läßt sich als ungeordnet, verworren bezeichnen - aber es war keine hektische Gefühlsverwirrung, welche der Leidenschaft und Selbstsucht entspringt. Vielmehr empfand ich eine stille Qual und einen gleichmütigen Kummer beim Gedanken an die entsetzlichen, grauenhaften Leiden, die ich verdiente und auf die sich mir in meinem jetzigen Zustand die besten Aussichten boten. Zugleich aber verlieh mir die Größe der Strafe eine ganz besondere Erkenntnis des unermeßlichen Übels, das die Sünde darstellt. Daraus ergab sich für mich ein weit tieferes, wacheres inneres Empfinden, eine vermehrte geistige Einsicht und ein Wachsen im Glauben, in der*

---

[71] AaO. 220.
[72] AaO. 226.

Liebe und im Gottvertrauen, denn von Gott allein konnte ich mein Seelenheil erhoffen. Und als Folge davon, das stärkste Verlangen nach der Taufe."[73] Einige Wochen später war Ed Rice, der einzige Katholik unter seinen Freunden, nicht wenig erstaunt, von einem Kameraden zu hören, Merton suche ihn dringend, da er einen Taufpaten benötige. Die Taufe fand am 16. November 1938 statt, ein Datum, das Merton lebenslang bedeutsam blieb. Wichtig war ihm jedoch auch, daß seine Freunde anwesend waren, neben Ed Rice noch seine Freunde Robert Lax, Robert Gerdy und Seymour Freegood, letztere drei alles Juden.[74]

1.2 Theoretische Grundlagenreflexion und Präzisierung des Phänomens Bekehrung

Der erste Lebensabschnitt Mertons ist ganz unter das Thema Bekehrung gestellt worden. Bevor nun hermeneutisch auf die biographischen Ereignisse eingegangen wird, soll zunächst eine systematische Bearbeitung des Begriffs der Bekehrung erfolgen.

Es schien nötig, den Vorgang der Bekehrung terminologisch und material ausführlich zu systematisieren, da er historisch sehr unterschiedlich gefüllt wird und einen komplexen Sachverhalt darstellt.

Angesichts der Tatsache, daß sich der Glaube im Laufe des Lebens eines Christen immer wieder verändern kann - inhaltlich durch neue Überzeugungen, formal durch neue Intensität oder Formen - , wird gelegentlich von lebenslanger Bekehrung gesprochen. Da jedoch in dieser Arbeit der Begriff der Bekehrung auf eine Lebensetappe Mertons beschränkt und nicht auf sein ganzes Leben angewandt wird, soll demonstriert werden, was generell theologisch und speziell in dieser Arbeit unter Bekehrung verstanden wird. Nach der theoretischen Abhandlung kommt der bisherige biographische Abschnitt zur Sprache und wird auf den Bekehrungsprozess hin untersucht.

1.2.1 Theologischer Befund

1.2.1.1 Umkehr und Bekehrung als biblisches Thema

Eine der zentralen Aussagen des Neuen Testaments ist Mk 1,15: „Die Zeit ist erfüllt, das Reich Gottes ist nahe. Kehrt um und glaubt an das Evangelium!". Umkehr (metanoia oder epistrophe) ist einer der Schlüsselbegriffe des Neuen Testaments. Es gibt viele Umkehrgeschichten im Neuen Testament (Zachäus, Levi, Der verlorene Sohn), die ausführlichste ist die Bekehrung des Paulus (in

---

[73] AaO. 227f.
[74] Vgl. Mott, 119ff.

der Apostelgeschichte drei mal beschrieben und in Paulus' Briefen häufig kurz erwähnt).

Umkehr (Nacham oder Shab) ist auch ständiges Thema des Alten Testamens, beginnend mit dem Sündenfall der biblischen Urgeschichte, fortgesetzt in den Schriften, bei den Alten und Neuen Propheten, in den Psalmen und Sprüchen. Eine wichtige Umkehrgeschichte ist die Geschichte von David und Bathseba, 2 Sam 11-12. Wie die Geschichte Davids schon zeigt, heißt Umkehr selten Rückkehr zum Urzustand, da dieser, hier durch den Tod Urijas, nicht mehr herzustellen ist. Umkehr ist hier eher zu verbinden mit Buße und Reue, in diesem Sinne wurde auch metanoia häufig übersetzt (z.b. Luther: Buße). Material steht Bekehrung noch weiteren Begriffen sehr nahe, neben Reue und Buße auch Rechtfertigung, Vergebung, Erlösung, Gnade, Glaube.

Es lassen sich daraus folgend zwei Bedeutungen von Umkehr unterscheiden. Die eine Bedeutung von Umkehr ist die „Erstumkehr" oder die „Radikalumkehr" eines Menschen, der zum ersten Mal mit der Wirklichkeit des Glaubens in Berührung kommt (Paulus). Die zweite Bedeutung von Umkehr ist, wie sie auch bei David der Fall war, die Umkehr eines schuldig gewordenen, bereits im Glauben stehenden Menschen. Hier sehnt sich der schuldbewußte Glaubende nach einem Neuanfang, d.h. nach einem durch Vergebung ermöglichten neuen Weg. Die Erstumkehr soll in dieser Arbeit, wie untern noch erläutert wird, als Bekehrung bezeichnet werden.

1.2.1.2 Theologiegeschichtlicher Horizont

In der lateinischen Sprache gibt es keine Unterscheidung zwischen Umkehr und Bekehrung, (conversatio ist nur die spätlateinische Form von conversio), vielleicht gingen gerade deshalb die theologischen Meinungen, wie sich „conversio" vollziehen soll seit jeher stark auseinander. In der Alten Kirche gab es vorrangig zwei Richtungen.[75] Die eine vertrat die Ansicht, daß Bekehrung als langsamer Prozeß stattfindet, vorbereitet durch philosophische Bildung und zunehmende Vernunft bis hin zum angemessenen Verständnis des christlichen Glaubens (Clemens von Alexandrien). Die andere Richtung plädierte für einen radikalen Bruch mit der Vergangenheit, einhergehend mit dem schonungslosen Bewußtwerden begangener Sünden und der Verwerfung früherer Ideale (Cyprian von Karthago). Während die erste Richtung einherging mit der Überzeugung, daß das ganze christliche Leben eine fortgesetzte Bekehrung darstelle (Origines), vertrat die letztere eher die Auffassung von der strikten Teilung in ein Vorher-Nachher. Die Taufe galt immer als sichtbares Zeichen der Bekehrung, ob sie nun jedoch als Schluß- oder Anfangspunkt dieser konvertierenden Glaubensaktivität bewertet wurde, lag in der jeweiligen Akzen-

---

[75] Die folgenden Ausführungen beziehen sich, wenn nicht anders gekennzeichnet, auf die Beiträge zum Artikel „Bekehrung" von W. H.C. Frend, P. Engelbert und F. Wagner in: G. Krause/G. Müller (Hg.), Theologische Realenzyklopädie, Berlin, NY 1980, 439ff.

tuierung: bei der prozessualen Auffassung also am Anfang, bei der zäsurbetonten am Ende der Bekehrung.

Bei Augustinus, dessen Bekehrung einzigartige Berühmtheit in der Christentumsgeschichte erfuhr, war die Taufe eine Station unter anderen seines längeren Bekehrungsweges. Für ihn, der ja mit der Aussage „unruhig ist mein Herz, bis es ruht in dir" die Vermutung nahelegt, er hätte von einem bestimmten Augenblick an jene Ruhe gefunden, ist Bekehrung gerade nicht ein abzuschließender Prozeß, sondern vielmehr eine lebenslange sittliche Umwandlung, und auch eine lebenslang dauernde Selbstfindung.[76]

Auch für Benedikt von Nursia und für Gregor den Großen war Bekehrung kein einmaliges Ereignis, sondern lebenslanger Prozeß, am ehesten verwirklicht im klösterlichen Leben.

Im Mittelalter wurde bald conversio mit Eintritt ins Klosterleben gleichgesetzt, als Conversi wurden jene bezeichnet, die nicht als Kind (Oblati), sondern als Erwachsene ins Kloster eintraten. Bernhard von Clairvaux steigerte diese Ansicht nocheinmal, indem er die vollkommene Bekehrung sogar auf den Übertritt zum Zisterzienserorden beschränkte. Die franziskanische Bewegung versuchte den zu stark monastisch geprägten Begriff conversio durch den eigens gedeuteten Begriff poenitentia (innere Buße tun) zu ersetzen, um Verdinglichungen und Erstarrungen von Bekehrung entgegenzuwirken.

Die Scholastik befaßte sich vorrangig mit der Frage, auf welchem Wege die Umkehr für den Büßer wirksam werde, über die Gnade Gottes allein (Frühscholastik) über die „Schlüsselgewalt" des Priesters, über beide im Wechselspiel (Thomas von Aquin) oder auf zweierlei Wegen, dem sakramentalen und dem außersakramentalen (Johannes Duns Scotus).[77]

Für Martin Luther war Bekehrung zunächst eng verbunden mit contritio (Zerknirschung, Reue), durch die Zusage des Evangeliums ist es jedoch der Glaube allein, der den Menschen von seinen Sünden abkehren läßt. Die erfolgte Bekehrung war auch nach Luther kein einmaliges Ereignis, sondern eine anhaltende Bewegung im Leben des Christen durch Reue und Buße. Im Anschluß an Martin Luther war es den altlutherischen Dogmatikern wichtig, durch Erstellung einer „Konkordienformel" jede synergistische Tendenz abzuwehren und die Aktivität der Rechtfertigung Gottes Gnade allein zuzusprechen. Der Pietismus hingegen betonte die Selbständigkeit der religiösen Erfahrung und damit die Wichtigkeit eines Bekehrungserlebnisses. Von der täglichen Buße wurde dieses besondere Bekehrungserlebnis streng unterschieden, die Gemeinde der Bekehrten identifizierte sich gerade durch ein „Leben danach", durch eine zeitlich genau fixierbaren Bekehrungserfahrung und durch Abgrenzung zu jenen Menschen, die jene Erfahrung nicht teilten („die Welt").

Katholischerseits wurde im Dekret über die Missionstätigkeit der Kirche („Ad Gentes") des Zweiten Vatikanums der Anfangscharakter von Bekehrung betont. Bekehrung wurde hier als Anfang eines geistlichen Weges beschrieben,

---

[76] Vgl. H. Luther, Herz, in: W. Sparn , 375f.

[77] Vgl. F.-J. Nocke, Buße, in: T. Schneider (Hg.), Handbuch der Dogmatik, Düsseldorf 1992, 317.

bei dem sich Empfinden und Verhalten, speziell das soziale Verhalten des Bekehrten verändern.[78]

1.2.1.3 Systematische Perspektiven

Durch den historischen Abriß wurde deutlich, daß von Beginn des Christentums an unterschiedliche Defintionen der Bekehrung existierten.[79] Folgende Fragen lagen zugrunde: Ist Bekehrung (notwendiger) Ausgangspunkt für das Leben eines Christen und stellt sie damit einen Anfang dar? Oder gehen ihr eher verschiedene Entwicklungen voraus und sie bildet deren Abschluß, ist Bekehrung demnach eher als Endpunkt zu bewerten? (Ändert sich ein Mensch eher vor der Bekehrung oder nachher?) Vollzieht sich Bekehrung spontan, schnell und unvorhergesehen oder durch einen langsamen Entwicklungsprozess? Ist bei einer Bekehrung das Kennenlernen der biblischen Botschaft ausschlaggebend (inhaltlicher Aspekt) oder die geeignete Verfassung des Subjekts (strukturaler Aspekt)?

Am sinnvollsten scheint es, im Zusammenhang einer Bekehrung von einer „Wende des Geistes" zu sprechen, wobei natürlich nicht nur der Geist des Individuums betroffen ist, sondern der ganze Mensch mit Verstand, Gefühl, Wille und Verhalten. „Wende des Geistes" trifft als Kurzformel die Sache insofern, da bei Bekehrung eine geistige Aktivität des Individuums, verbunden mit Wille und Entscheidung, eine große initiale Rolle spielt. Ohne geistige Initiative kommen keine Bekehrungen zustande. Diese vorrangig geistige Aktivität des Subjekts stellt auch K. Rahner fest. „Vom formalen Wesen der Freiheit her gesehen, ist die Bekehrung die religiös und sittlich gute Grundentscheidung auf Gott hin, insofern dies mit einem gewissen (wenn auch relativen) größeren Grad von Reflexion geschieht und somit in der Geschichte eines Lebens einen in etwa fixierbaren Zeitpunkt hat."[80]
Auch wenn mancher Theologe in diesem Zusammenhang - Franz Böckle stellt noch einmal die Wichtigkeit des ersten Satzes von Jesu Aufforderung in Mk 1,15 zur Umkehr heraus: 'die Zeit ist erfüllt, das Reich Gottes ist nahe' - an die aktive Gnade Gottes und die damit verbundene passive Seite des Individuums erinnert,[81] ist die Mitwirkung des Subjekts mittels geistiger

---

[78] Vgl. Decretum de activitate missionali Ecclesiae „Ad Gentes", Kapitel 13.

[79] Etymologisch ist „Bekehrung" (von mhd. bekeren) auch eine Lehnübersetzung des lateinischen convertere. Vgl. F. Kluge, Etymologisches Wörterbuch, Berlin-New York 1995, 95.

[80] K. Rahner, in: K. Rahner (Hg.), Sacramentum Mundi, Freiburg 1970, 40.

[81] Grundlage des Heils sei das Angekommensein der Gottesherrschaft, das bedeute für die Umkehr, daß zuvor Gottes Gnade schon vorausgegangen sei. Das Recht der Liebe sei durch Jesu Ankündigung errichtet. „Diese *Heilsverkündigung* und nicht - wie etwa noch beim Täufer - die Gerichtsdrohung ist das entscheidende Motiv der Umkehrforderung." F. Böckle, Fundamentalmoral, München 1977, 198.

Offenheit, Entscheidung und Wille unverzichtbar.[82] Das schließt weder die vorausgehende Gnade Gottes, noch die sittliche und emotionale Betroffenheit aus. Mit J. Sudbrack gesprochen: „Alles, was Gott uns geschenkt hat, kann sich zu ihm öffnen".[83] Auch K. Rahner ergänzt, daß die biblischen Begriffe, die von Bekehrung sprechen „mehr als (..) eine intellektuelle Meinungsänderung besagen und den *ganzen* Menschen in seinem Grundverhältnis zu Gott, nicht bloß eine Änderung des sittlichen Urteils und Verhaltens einem bestimmten Einzelgegenstand (und Gebot) gegenüber meinen"[84]. In der Mehrheit der theologischen Aussagen über Bekehrung ist diese Erkenntnis zu finden - Umkehr oder Bekehrung wird im Zusammenhang mit der Liebe Gottes zu den Menschen und damit auch der notwendigen Liebe der Menschen untereinander beschrieben.[85]

1.2.2 Religionspsychologische Deutungen

1.2.2.1 Bekehrung bei William James

Obwohl nun schon hundert Jahre alt, lohnt es sich beim Thema Bekehrung den religionspsychologischen[86] Klassiker „The Variety of Relgious Expe-

---

[82] Entscheidung bedeutet auch nicht sofort „Entscheidungsaktivismus" und „Selbstmächtigkeit", wie H.-J. Fraas befürchtet. Nach Fraas kann es sich deshalb nur um „verstehendes Akzeptieren" handeln; vgl. H.-J. Fraas, Die Religiosität des Menschen, Ein Grundriß der Religionspsychologie, Göttingen 1993, 41.

[83] J. Sudbrack, Mystik: Selbsterfahrung - kosm. Erfahrung - Gotteserfahrung, Mainz 1992, 151.

[84] Rahner, Sacramentum, 40.

[85] Eine Auswahl theologischer Deutungen ist zu finden bei Walter Conn, Christian Conversion, New Jersey 1986, 199ff. Conn deutet sie selbst als „the beginning of an ever more profound journey into the mystery of God's love - the journey of religious conversion." (212) und als Bewegung „from self-centeredness to God-centeredness: allowing God to take possession of one's beinig through a free surrender of absolute autonomy." (216).

[86] Neben der Theologie interessieren sich noch Soziologie und Psychologie für Bekehrungsvorgänge. Während die Psychologie die Wandlung der personalen Struktur beobachtet, zielt das Interesse der Soziologie auf den Wandel der Weltanschauung und damit verbundener sozialer Identität, bzw. Gruppenzugehörigkeit, so F. Wiesberger, Bausteine zu einer soziologischen Theorie der Konversion: soziokulturelle, interaktive und biographische Determinanten religiöser Konversionsprozesse, Berlin 1990, 3f. Seitens der Soziologie würden Bekehrungen vorrangig in Zusammenhang mit Sozialisation und Kommunikation gebracht und Ursachen für Perspektivwechsel demnach häufig in Kommunikationsstörungen und sozialen Bedingungen gesucht. T. Shibutani (1962) stelle beispielsweise folgendes Bekehrungsmuster auf: Kommunikationsstörung, Suche nach neuen Kommunikationsmöglichkeiten, Aufbau neuer, stabiler Kommunikationsmuster. Nach P. Berger und Th. Luckmann (1966, 1969) setze eine Bekehrung Resozialisationsprozesse voraus, die der Primärsozialisation ähnlich seien. Danach gelte, daß es weder eine Bekehrung gebe ohne vorausgehende interpersonelle Krise, noch eine Bekehrung ohne stabilisierende neue Gemeinschaft, vgl. Wiesberger, 34ff. Nicht nur mystisch überwältigende Erlebnisse, sondern auch langsames Hineinwachsen in die geistige Ausrichtung einer Gemeinschaft kön-

rience" von William James heranzuziehen.[87] Bekehrung, in Amerika oft als „zweite Geburt" bezeichnet, heißt darin für James, der sich mit seinen Erkenntnissen häufig auf Untersuchungen des Psychiaters Dr. D. E. Starbuck bezieht, daß sich im Bewußtsein eines Menschen etwas ändert. James unterscheidet mit Starbuck zweierlei Typen von Bekehrung: einen „willentlichen Typ" und einen „Typ der Selbstpreisgabe"[88]. Zwar seien die Übergänge zwischen beiden Arten von Bekehrung manchmal fließend, aber beide doch verschieden: der erstere sei ein bewußt gewollter Vorgang, der zweite ein eher passiver, unvorhergesehener. Danach ist der erste Weg (Typ I) eine graduelle Errungenschaft, die darin bestehe, „Stück für Stück einen neuen Satz moralischer und geistlicher Gewohnheiten zu errichten"[89].

Der „Weg der Selbstpreisgabe" (Typ II) hingegen sei ein Vorgang, in dem das Individuum die Selbstkontrolle für kurze Dauer aufgebe oder verliere, und etwas „mit sich geschehen" lasse. Bei diesem zweiten Weg vollziehe sich Bekehrung unvorhergesehen, teilweise schockartig, oft begleitet von sinnlichen Wahrnehmungen wie Auditionen, Photismen oder Gerüchen.

Für den Religionspsychologen, der unbewußte oder unterbewußte Vorgänge beobachten und deuten möchte, sei, so James, der zweite Weg interessanter und deshalb beschränke er sich auf Beobachtungen von Typ II. Zu diesem zweiten Typ von Bekehrung stellt er nun die These auf, daß es, abgesehen von einer allgemeinmenschlichen Neigung zu Bekehrungen während der Adoleszenz, bestimmte Persönlichkeitstypen gebe, die mehr zu Bekehrungen dieser Art disponiert seien, als andere. Es seien dies Menschen, die sehr sensibel seien und zu Ängstlichkeit und Depressionen neigten; Menschen, die ein starkes Sündenbewußtsein einerseits und hohe Ideale andererseits hätten, die von „morbider Selbsterforschung" und Sündengefühlen umgetrieben würden, hypnotisch beeinflußbar seien, manchmal Handlungszwängen unterlägen und ein „sublimales Selbst"[90] besitzen würden.

Das Entscheidende beim Vorgang der Bekehrung sei nun, daß Informationen aus dem sublimalen Bewußtsein in das normale Bewußtsein dringen, sozusagen Dinge aus der Peripherie des Bewußtseins in das Zentrum desselben rükken würden. Der betroffene Mensch erlebe dieses Ereignis, das oft begleitet werde von heftigen, wie übersinnlich empfundene Sinneswahrnehmungen, als großen emotionalen, seelischen und geistigen Einbruch. Sein Leben erfahre

ne in soziologischer Perspektive als Bekehrungsvorgang bezeichnet werden. Der Konvertit sei dabei kein „passives Objekt transzendenter Kräfte", sondern aktiv nach neuen „Kommunikationskanälen" Suchender. Ein weiteres Phänomen, das die Soziologie in den Sechziger Jahre zu erforschen begann, war die erzwungene Bekehrung, darunter die sogenannte „Gehirnwäsche" vgl. aaO. 38ff.

[87] William James, The Varieties of Religious Experience, Edinburgh 1901/1902. Hier wird die deutsche Fassung verwendet: W.James, Die Vielfalt religiöser Erfahrung. Eine Studie über die menschliche Natur. Übersetzt, herausgegeben und mit einem Nachwort versehen von E. Herms, Olten 1979.

[88] Vgl. aaO. 200.

[89] Ebd.

[90] AaO. 232. Das „sublimale Selbst" ist bei James ein aktives Unterbewußtsein, das seine Aktivität durch Zeichen zu erkennen gibt.

eine kürzer oder länger andauernde Zäsur. Wenn nun, so James, der „Fokus der Erregung"[91] in einem religiösen System zu liegen komme, würde aus dem subjektiven Erlebnis das, was eine religiöse Bekehrung genannt werde. Zweierlei Faktoren kommen demnach nach James bei einer religiösen Bekehrung zusammen: Ein außerordentliches Erlebnis des subjektiven Bewußtseins und ein Interpretationsangebot durch ein religöses System. Subjektive Erfahrung muß danach mit einem objektiven Erklärungssystem koinzidieren. Theologische Formulierungen verwendend, beschreibt James die entscheidenden Ziele von echter Bekehrung als „Geduld seines Herzens" und „Freiheit von Selbstliebe"[92]. Bekehrung vom Typ II sei ein möglicher, aber nicht notwendiger Weg, auf welchem jene Ziele erreicht werden könnten; ein Weg speziell für jene Menschen, die zu solchen Erlebnissen disponiert seien. Bekehrung vom Typ II ist für James jedoch eher ein psychologisch als theologisch interessantes und bedeutsames Phänomen. Das heißt nun aber nicht, daß Bekehrung vom Typ II nur psychologisch relevant und religiös unbedeutend sei, wie James oft unterstellt wird, sondern James spricht durchaus von der Möglichkeit, daß auf psychisch-spektakulärem Wege ein religiöses Ereignis stattfinden kann.[93] Er würdigt die Bekehrung vom Typ II als „Höchstgrenze seiner geistlichen Kapazität"[94] eines menschlichen Wesens.

Der Umkehrschluß, wie es von manchen pietistisch-freikirchlichen Gruppierungen manchmal gefordert wird, daß ein besonderes Bekehrungserlebnis (genannt „twice born", „born again" oder Wiedergeburtserlebnis) notwendig sei, um echter Christ zu sein (und um dies zu erreichen, Sündenbewußtsein und Ängste gefördert werden) gilt nach James ebenfalls als ausgeschlossen: es sei nicht wichtig, wie ein Mensch zur christlichen Persönlichkeit, zur Einheit mit sich und Gott gelange, sondern daß er dorthin gelange.

Nach James ist der Bekehrungsweg vom Typ I, der graduelle Weg des sich Bemühens um die Hinkehr zu Gott und Mitmensch, der üblichere. In stärker kirchlich ausgerichteten Gemeinschaften, in denen Sakramente mehr Gewicht

---

[91] AaO. 191.
[92] „Die Anhänger der Lehre vom nichtnatürlichen Charakter plötzlicher Bekehrung haben praktisch zugeben müssen, daß es kein untrügliches besonderes Kennzeichen für alle wahrhaft Bekehrten gibt. Die über das Normale hinausgehenden Vorgänge, wie Stimmen und Gesichter und ein überwältigendes Beeindrucktsein vom Sinn plötzlich präsentierter Schrifttexte, die schmelzenden Empfindungen und tumultuarischen Affekte, die auf dem Höhepunkt der Verwandlung auftreten, sie alle könnten auf natürliche Weise zustande kommen oder - schlimmer noch - Täuschungen des Satans sein. Das wahre Zeignis des Geistes für die zweite Geburt kann nur in der Disposition des echten Gotteskindes, in der unwandelbaren Geduld seines Herzens, in seiner Freiheit von Selbstliebe gefunden werden. Und dies findet sich zugegebenermaßen auch in solchen, die keine Krise durchmachen, und könnnte sogar ganz und gar außerhalb des Christentums gefunden werden." AaO. 230.
[93] James wehrt sich selbst gegen eine areligiöse Auslegung seiner Erkenntnisse, ein Mißverständnis, das sich bis heute immer wieder hält (z.B. W. Keilbach im LThK 2. Auflage, Artikel Bekehrung, z.B. auch J.W. Fowler, Faihful Change: the personal and public challenge of postmodern life, Nashville 1996, 76.), vgl. aaO. 233f.
[94] AaO. 246.

hätten, wie beispielsweise im Katholizismus, sei Typ I gängiger und seien Bekehrungsvorgänge vom Typ II seltener.[95]

Das Resultat einer Bekehrung ist bei James jedoch immer ein positives: Ein geteiltes, unglückliches Subjekt findet durch Bekehrung zur Einheit und damit zum Glück.

„Bekehrung, Wiedergeburt, Gnadenempfang, religiöse Erfahrung, Erlangung von Gewißheit: dies sind verschiedene Ausdrücke zur Bezeichnung des gradweisen oder plötzlichen Prozesses, durch den ein bisher geteiltes und bewußtermaßen schlechtes, unterlegenes und unglückliches Selbst seine Einheit erlangt und bewußtermaßen rechtschaffen, überlegen und glücklich wird infolge seines stärkeren Haltes an religiösen Realitäten."[96]

Auch wenn es in den Jahrzehnten nach James bereits innerhalb der Religionspsychologie Zweifel daran gab, daß Bekehrung immer zu positiven Resultaten führe - auch Regression wurde als mögliche Folge in Betracht gezogen -, so war man sich doch mit James einig, daß Bekehrung mit Veränderungen der Persönlichkeitsstrukturen einherginge. Die beginnende soziologische Erforschung von Bekehrungen behauptete dagegen, daß Konversion nicht primär zu Identitätswandel, also nicht unbedingt zu strukturellen Änderungen der Person führe, sondern zu Perspektivwechsel. Identitätswandel sei bei Bekehrungen zwar möglich, aber nicht notwendig, es gäbe andersherum jedoch keine Bekehrung ohne Perspektivwechsel.[97]

1.2.2.2 Bekehrung als strukturelle Änderung (W. Conn)

An dieser Stelle sei der Ansatz von W. Conn vorgestellt, der in seiner Monographie davon ausgeht (wie in diesem Punkt W. James), daß bei Bekehrungen immer strukturelle Änderungen stattfinden. W. Conns Arbeit ist an dieser Stelle nicht nur interessant, weil er Bekehrung in den Zusammenhang mit neueren entwicklungspsychologischen Theorien bringt, sondern weil er sich auch mit der Bekehrung von Thomas Merton auseinandersetzt. Seine allgemeine Theorie zur Bekehrung sei an dieser Stelle dargestellt, einige seiner konkreten Rückschlüsse auf Merton in 1.3. Allerdings, dies wird sich zeigen - ist „conversion" bei Conn nicht deckungsgleich mit dem in dieser Arbeit definierten Begriff von Bekehrung, so daß Conns Erkenntnisse über Mertons Bekehrung auch nur bedingt verwendet werden können.

Motivierend war offensichtlich für W. Conn, festzustellen, daß´die Entwicklungspsychologie selbst nichts direkt zum Begriff der Konversion beigetragen hat. Dies sei bedauerlich, da viele Wechselwirkungen zwischen Entwicklung und Bekehrung bestünden. So überlegt er, ob möglicherweise Konversion schlicht ein anderer Begriff für das sei, was bei Piaget, Erikson, Kohlberg,

---

[95] Vgl. aaO. 195.
[96] AaO. 185.
[97] Hierfür wurden Studien vorgelegt, vgl. F. Wiesberger, 17ff.

Fowler und Kegan personale Entwicklung genannt würde, oder ob möglicherweise Entwicklung nichts anderes ist als eine Reihe von Konversionen.[98] Den Weg zur Verbindung beider Vorgänge versucht Conn über den Begriff des Gewissens. Konversion sei untrennbar mit Gewissen verbunden, d.h. Gewissen und Bekehrung könnten nur richtig verstanden werden, wenn sie zueinander in Beziehung gesetzt werden.

Die ausschlaggebende Aktivität beim Gewissen als auch bei Bekehrung läge in „radical drive for self-transcending authenticity"[99]. Gerade aber ein „radikales Streben nach selbstüberschreitender Echtheit" meint er als Schlüsselkriterium für menschliches Reifen in den Entwicklungstheorien entdecken zu können; allen Entwicklungstheorien läge diese dynamische Wirklichkeit der „self-trans- cendence" zugrunde.[100] „Selbstüberschreitung" legt Conn damit selbst als normativen Akt für vollständige menschliche Entwicklung fest. Da dies ein struktureller Prozeß sei, sei dem strukturellen Aspekt bei Bekehrungen vor dem inhaltlichen Vorrang zu geben. Bei Bekehrungen fänden also eher Änderungen der personalen Struktur („vertical conversion"), als Änderungen in der mental-inhaltlichen Ausrichtung („horizontal conversion") statt. Auch wenn bei einer Bekehrung horizontale Prozesse immer dazugehörten, dominierten die vertikalen. Bekehrung richte die persönliche Subjektivität radikal neu aus, indem Struktur und Inhalt des Gewissens durch „self-transcendence" zur reiferen Autonomie hin verändert würden, sie sei demnach eine strukturell-inhaltliche Reifung des Gewissens - der Mensch würde mündiger, weitsichtiger, selbstloser, weiser.

Entsprechend der von Erikson definierten vier letzten (von acht) Entwicklungsstadien des Menschen, angereichert mit Erkenntnissen von L.Kohlberg, treten nach Conn auch vier strukturell unterschiedliche Arten von Bekehrungen auf:[101](1) Moralische Konversion, (2) Affektive Konversion, (3) Kognitive/ Kritisch-moralische Konversion, (4) Religiöse Konversion. Alle vier Bekehrungsstadien seien sowohl im religiösen Kontext, als auch im nicht-religiösen möglich. Moralische Konversion (1) entspricht nach Conn der moralischen Reifung, wie sie von Kohlberg zwischen Stufe 2 und Stufe 3 beschrieben wurde, dem Übergang von präkonventionellem moralischem Urteil zu konventionellem. Es handle sich demnach um „a shift from a premoral to a moral orientation, that is, from a radically egocentric orientation in which the criterion for decision is self-interested satisfaction to a social orientation in which the criterion for decision is value"[102]. Moralische Konversion komme damit primär in der Adoleszenz vor. Affektive Konversion (2) korrespondiere mit Eriksons Stufe VI, der Intimitätskrise im frühen Erwachsenenalter. Bedingung für dieses Stadium sei, daß wir „really move beyond ourselves with

---

[98] Vgl. W. Conn, Christian Conversion, New Jersey 1986, 105.
[99] AaO. 17.
[100] Vgl. aaO. 66.
[101] Conn übernimmt die Theorie der Lebensstadien ab Adoleszenz, weil er vorher Bekehrungen für ausgeschlossen hält, vgl. aaO. 197.
[102] AaO. 27f.

regularity, insofar as - and only insofar as - we fall in love"[103]. Kognitive, bzw. kritisch-moralische Konversion (3) entspreche Kohlbergs Stufe 5, dem post-konventionellem Stadium, das sich dadurch auszeichne, daß „one must disco-ver the final criterion of value in one's own critical judgment, and thereby be-come the author of one's own moral life"[104].

Religiöse Konversion (4) bringt Conn mit Kohlbergs Stufe 7 in Verbindung, der Stufe, in der ein Mensch fragt, weshalb er überhaupt moralisch sein soll und dies durch Einnahme einer kosmischen oder unendlichen Perspektive (mittels „non-egoistic contemplative experience") positiv beantwortet. „The structural result is a decentering figure-ground shift in which despair is over-come by the contemplative experience of cosmic unity implicit in the des-pair."[105]

Theologisch konkretisiert heißt dies bei Conn eine radikale Reorientierung des eigenen Lebens, die geschehen kann, wenn Gott erlaubt wird, aus der Periphe-rie in das Zentrum der Existenz zu rücken. Die Illusion der eigenen absoluten Autonomie könne deshalb aufgegeben werden.[106] Die religiöse Bekehrung ist danach eine Veränderung hin zu einer universalen Liebe, die nicht notwendig von konkreten religiösen Inhalten geformt sein muß. Religiöse Bekehrung ist ein Reifestadium, zu dem vorzudringen nur möglich ist, wenn alle anderen Konversionsstadien durchschritten wurden, sei man nun ein explizit oder ein implizit religiöser Mensch. Für Conn ist danach ein Christ erst dann wahrhaft gottbezogen, wenn er durch viele Konversionen zu diesem Reifegrad vorge-drungen ist.

Religiöse Bekehrung ist für Conn jedoch auch kein Schlußpunkt, sondern durch die eschatologische Dimension des christlichen Glaubens gilt immer, daß Selbstüberschreitung nicht zu ihrer vollen Verwirklichung in diesem Le-ben kommt. Christliche Konversion ist vielmehr „the beginning of an ever more profound journey into the mystery of God's love - the journey of reli-gious conversion"[107].

Conns Theorie entfaltet, wie sich an den vier Bekehrungsstadien erkennen läßt, einen eng an Entwicklung gekoppelten, qualitativ steigenden Begriff der

---

[103] AaO. 28.

[104] AaO. 29.

[105] AaO. 30. Conn übersieht hier jedoch, daß Stufe 7 für Kohlberg keine echte Stufe (keine „harte", sondern eine „weiche") und eher ein Zustand ist, der auf verschiedenen Stufen vorkommen kann, vgl. L. Kohlberg, Die Psychologie der Moralentwicklung, Frankfurt 1997, 220f.

[106] „Properly understood, one surrenders not oneself or one's personal moral autonomy, but one's illusion of absolute autonomy. But such total surrender is possible only for the per-son who has totally fallen-in-love with a mysterious, uncomprehended God, for the per-son who has been grasped by an other-worldly love and completely transformed into a being-in-love. Such religious conversion is not only rare, it is not even religious in any or-dinary sense. One need not be „religious" to experience it; indeed, when it is experien-ced by an explicitly religious person, such radical transformation might be best under-stood as a conversion from religion to God." Conn, 31.

[107] AaO. 212.

Bekehrung, verbunden mit kognitiven, moralischen und affektiven Fähigkeiten. Seine Definition ist demnach zweifach strukturell ausgerichtet, da Bekehrung einerseits von der Entwicklung der Persönlichkeit abhängt, andererseits sie gerade die Änderung der personalen Struktur bewirkt. Die Strukturänderung der Persönlichkeit hat größere Bedeutung als die inhaltliche Neufassung von Überzeugungen.[108] Dieser Versuch, Gewissen, Entwicklung und „conversion" zusammenzubringen, besonders der Aspekt, daß ein echtes religiöses Leben nicht ohne personale Strukturveränderungen geschehen kann, ist wichtig. Am Ende dieser Studie soll im Zusammenhang mit Mertons Transformation dieser Aspekt aufgegriffen werden. Unangemessen scheint jedoch die Verwendung des Begriffs „conversion" für eben diese weitgreifenden strukturellen Veränderungsvorgänge. Noch problematischer ist, daß Conn von sehr unterschiedlichen Formen von Bekehrung ausgeht, jene der vier Stufen (ob dabei diese Art von Verknüpfung verschiedener religionspsychologischer Erkenntnisse gelungen ist, mag dahingestellt sein), deren gemeinsamer Nenner psychisch-moralische Entwicklung ist. Es stellt sich die Frage, weshalb Conn überhaupt noch am Begriff conversion hängt, da conversion bei ihm nicht inhaltlich religiös geprägt sein muß. Im Grunde verknüpft er conversion so eng mit moralischer Entwicklung, daß kein nennenswerter Unterschied zwischen beiden bleibt. Eher als einen Bekehrungsbegriff entwickelt Conn einen eigenen moralpsychologischen Entwicklungsbegriff, nämlich einen aus diversen entwicklungpsychologischen Erkenntnissen synthetischen. In dieser Studie wird es jedoch als sinnvoller erachtet, den Bekehrungsbegriff im religiösen Kontext zu belassen und für Entwicklungsvorgänge nach anderen Begriffen zu suchen (moralische Individuation, Transformation, strukturelle Wandlung, etc.).

Der Bekehrungsbegriff in einer anderen Deutung zeichnet sich aus durch ein inhaltliches Angebot einer Religion und die hinwendende, zeitlich begrenzte Reaktion des Individuums, eine Deutung, die auch bei J. W. Fowler zu finden ist.

1.2.2.3 Bekehrung als materiale Änderung (J. W. Fowler)

Fowler, der in seinen Forschungen strukturelle Entwicklungsstufen in Glaubenshaltungen untersucht, bedauert, daß in den Entwicklungstheorien allgemein und speziell in seiner eigenen Erforschung der Glaubensstufen bisher zu wenig die Beziehung zwischen Struktur und Inhalt sowohl bei „Stufenwechsel", als auch bei „Bekehrung" untersucht wurde.[109] Er setzt beim Phänomen Bekehrung nicht nur die An- oder Übernahme einer bestimmten Religion voraus, sondern er gibt hier entschieden den inhaltlichen Kriterien den Vorrang. „Nach mehreren Jahren des Nachdenkens finde ich es am nützlichsten, die

---

[108] Explizit wendet er sich damit gegen Fowler. Vgl. aaO. 208f.
[109] Vgl., J. W. Fowler, Stufen des Glaubens: die Psychologie der menschlichen Entwicklung und die Suche nach Sinn, Gütersloh 1991, 290.

Bezeichnung *Bekehrung* für solche plötzlichen allmählichen Prozesse zu reservieren, die zu wesentlichen Veränderungen in den Glaubens*inhalten* führen. Eine strukturelle Stufenänderung, unabhängig von einem Bekehrungsprozeß oder als Teil eines solchen sollten als Stufenänderung beschrieben werden."[110] Fowler greift auf die begriffliche Differenzierung von Romney M. Moseley zurück, der zwischen Veränderungen des Inhalts Veränderungen der strukturellen Stufe unterscheidet. *Laterale Bekehrungen* sind hiernach alleinige inhaltliche Veränderungen ohne Strukturveränderung, als *Intensivierungserfahrungen* werden die Erfahrungen bezeichnet, die weder mit einer Änderung der strukturellen Stufe, noch des Inhalts einhergehen. Bekehrung ist bei Moseley „die Art der Transformation im Glauben, die sowohl eine Veränderung des Inhalts als auch eine Veränderung der strukturellen Stufe einschließt"[111].

Trotz seiner begrifflichen Sympathie für Moseley bleibt Fowler bei seiner inhaltlichen Präferenz.[112] Inhalte sind für Fowler von großer Bedeutung, weil sie seiner Meinung nach die Verhaltensweise und die Lebenshaltung des Menschen überhaupt bestimmen.

„Die operativen Inhalte unseres Glaubens - ob explizit religiös oder nicht - prägen unsere Wahrnehmungen, Interpretationen, Prioritäten und Leidenschaften. Sie stellen den Einsatz unseres Leben dar. Unsere Liebe und unser Vertrauen, unsere Werte und Visionen konstituieren unseren Charakter als Menschen und als Glaubensgemeinschaften. Wenige Dinge könnten wichtiger sein als das ernsthafte Nachdenken darüber, wie wir die *Inhalte* unsers Glaubens gestalten und uns ihnen (und durch sie) hingeben."[113] Inhalte sind bei Fowler weit gefaßt, sie bestehen aus „Wertzentren, unseren Bildern der Macht und unseren 'master stories'"[114]. So kommt er zu folgender Definition von Bekehrung: „Bekehrung ist eine bedeutungsvolle Neuausrichtung der früheren bewußten oder unbewußten Wert- und Machtbilder eines Menschen und die bewußte Übernahme einer neuen Reihe von 'master stories' bei dem Entschluß, sein Leben in einer neuen Interpretations- und Handlungsgemeinschaft neu zu gestalten."[115] Dabei wird deutlich, daß die Betonung der Inhalte bei Fowler nicht heißt, die moralische und soziale Dimension auszuklammern - diese sind als auf die Zukunft gerichtete, vorsätzliche Handlungsoptionen eingeschlossen. Daß Walter Conn James Fowler vorwirft, Bekehrung auf „new storys" ohne strukturelle und moralische Bezüge, ohne „intrinsic requirements for cognitive, affective, and moral transformation"[116] zu beschränken, scheint nicht gerechtfertigt.

---

[110] AaO. 302f.

[111] Ebd. Moseley entspricht hier der These Walter Conns.

[112] Moseley benennt damit genau die von mir benannten drei Stufen, nur mit anderen Begriffen: Laterale Konversion entspricht meinem Begriff Bekehrung, Intensivierungserfahrung entspricht Umkehr, Konversion entspricht Transformation, vgl. unten.

[113] AaO. 298f.

[114] AaO. 295.

[115] AaO. 299.

[116] W. Conn, 208.

Zwischen Inhalten und Strukturen des Glaubens gibt es nach Fowler ein dynamisches Wechselspiel, radikale Veränderungen in den Inhalten des Glaubens eines Menschen, wie bei der Bekehrung, können entweder zu einem strukturellen Stufenwechsel führen oder aus ihm resultieren. Die Inhalte des Glaubens haben jedenfalls strukturierende Kraft. Zwischen Bekehrung und Stufenveränderung kann es folglich ganz verschiedene Beziehungen geben: Stufenveränderung ohne Bekehrungsveränderung, Bekehrungsveränderung ohne Veränderung der Glaubensstufe, Bekehrungsveränderung, die eine Veränderung der Glaubenstufe auslöst, Bekehrungsveränderung, die mit einer strukturellen Stufenveränderung korreliert und mit ihr Hand in Hand geht, Bekehrungsveränderung, die die mit den Glaubensstufenveränderungen verbundenen Schmerzen blockiert oder zu vermeiden hilft,...[117]. Wichtig ist jedoch für Fowler, und dies ist ein großer Unterschied zu W.Conn, daß Bekehrung nicht abhängig ist von dem Erreichen einer bestimmten (höheren) Stufe, sondern so wie jede Stufe „das Potential für Ganzheit, Gnade und Integrität und für Stärken, die sowohl für Schicksalsschläge als auch für Segnungen des Lebens ausreichen"[118], besitze, so könne auch Bekehrung auf jeder Stufe stattfinden.

1.2.3 Bekehrungsbegriff in dieser Studie

1.2.3.1 Terminologie: Umkehr - Bekehrung - Konversion - Transformation

Wie sich im biblischen und theologiegeschichtlichen Befund schon zeigte, gibt es keinen begrifflichen Konsens zu Umkehr und Bekehrung. Im angelsächsischen und romanisch-sprachlichen Bereich kommt erschwerend dazu, daß nur das Wort „conversion" zur Verfügung steht.
Zwischen Umkehr und Bekehrung war unterschieden worden, wobei deutlich wurde, daß es auch über die Neuzuwendung zur Religion und die tägliche Umkehr hinausgehende, weiterreichende Veränderungen eines bereits Bekehrten gibt, wovon manche Autoren als „Beständigkeit der Bekehrung" oder als „lebenslange Bekehrung" gesprochen hatten. Beständigkeit wurde jedoch auf zwei verschiedene Weisen interpretiert: zum einen, daß an der einmal gewonnenen Überzeugung einfach festgehalten wird bis zum Lebensende (James), zum anderen, daß sich wiederholt im weiteren Lebensverlauf „Bekehrungserlebnisse" einstellen (Augustinus, Luther).

Für die vorliegende Studie wird nun folgende Terminologie festgelegt: „Umkehr" für das Tagesgeschehen einer ständigen kritischen Revision von Hal-

---

[117] Diese Beziehungen werden bei Fowler kurz beschrieben, er verweist jedoch darauf, daß sie nur anfanghaft formuliert seien und weitere Erforschung benötigen, vgl. Fowler, Stufen, 303f.
[118] AaO. 291f.

tung und Taten (metanoia), *„Bekehrung"* für die inhaltliche Neuausrichtung auf eine Religion hin, *„Konversion"* für den formalen Akt des Eintritts in eine gläubige Gemeinschaft und *„Transformation"* schließlich für den Prozess der religiösen und moralischen Reifung der Persönlichkeit, die im weiteren Verlauf ihres Lebens stattfindet. „Transformation" ist hier der Begriff, der die Glaubensentwicklung in ihrer Auswirkung auf die Persönlichkeitsbildung beschreibt und mit dem theologisch-ethischen Identitätsbegriff korrespondiert.[119]

Als Bekehrung von Thomas Merton wird demnach in diesem Kapitel nur der Prozess, in dem Merton zu den Inhalten des christlichen Glaubens fand, beschrieben. Spätere Veränderungen seiner Spiritualität werden unter den Begriff Transformation gefaßt. Bekehrung ist damit nicht identisch mit Transformation (wie „conversion" bei Conn), sondern ist idealerweise der Anfang, also nur Teil eines längerwährenden Transformationsprozesses.[120]

1.2.3.2   Definition: Bekehrung als Änderung der Glaubensinhalte - ein Vorgang in drei Phasen

Es ging oben um die Frage, was sich primär bei Bekehrung verändert: der Inhalt der geistigen Ausrichtung oder die Struktur der Persönlichkeit. (W. Conn, J. Fowler) Fowlers Vorschlag, bei Bekehrung primär von inhaltlichen Veränderungen auszugehen, wird hier der Vorzug gegeben. Fowlers Umkehrschluß jedoch, daß jede inhaltliche Neuausrichtung des Glaubenden bereits eine Bekehrung darstelle, soll hier nicht übernommen werden. Eine nicht gravierende inhaltliche Neuausrichtung soll hier unter „Umkehr" gefaßt werden.[121]

Natürlich sind die Vorgänge von Bekehrung, Umkehr, Konversion und Transformation auch nicht immer scharf voneinander zu trennen. Bereits im Bekehrungsprozeß kann beispielsweise eine Person anfangen, neue Haltungen und Handlungsformen einzunehmen, also, wie W. Conn zuzustimmen ist, strukturelle Vorbedingungen aufweisen (vgl. auch W. James). Von Gleichzeitigkeiten, Mischungen und Wechselwirkungen struktureller und inhaltlicher Vorgänge muß also in gewissem Maß ausgegangen werden.

---

[119] Der Begriff „Transformation" scheint besonders geeignet, Glaubensentwicklung der ganzen Lebensspanne zu beschreiben. Der Begriff „Glaubensentwicklung" wurde innerhalb der Religionspsychologie meistens auf Kindheit und Adoleszenz beschränkt (F. Oser, G. Moran u.a.).

[120] Es kann auch oberflächliche Bekehrungen geben, die nicht zu einem Transformationsprozeß führen. Transformation bezeichnet aber nicht nur die Veränderungsvorgänge im Lebensverlauf eines Bekehrten, sondern generell die eines Glaubenden.

[121] Auch L. Kuld läßt sich von Fowlers Terminologie anstecken und kommt zur Aussage: „Glaubensgeschichten sind Bekehrungsgeschichten", vgl. Kuld, 106. Die Bezeichnung jeder geringfügigen spirituellen Änderung als Bekehrung führt m.E. zu inflationärem, und damit zu unscharfem Gebrauch des Begriffs.

Bei Bekehrungen soll dennoch der geistig-inhaltliche Aspekt im Vordergrund stehen. Primäre Inhalte verursachen demnach sekundär Entwicklungen. Die „geistige Wende", oder, wie es soziologisch formuliert wurde, der „Perspektivenwechsel" wird als entscheidendes Charakteristikum von Bekehrungen bewertet. Wo Fowler nun jedoch mit zwei Kategorien (Konversionen und Stufenänderung) operierte, geschieht es, wie erklärt, in dieser Studie mit vieren. Demnach stellt Bekehrung ein einmaliges oder zumindest seltenes Ereignis dar (das sich möglicherweise über Jahre hinziehen kann), ein Ereignis, das zum Erwerb einer bestimmten religiösen Überzeugung führt und sich von Umkehr unterscheidet.

Die neue Überzeugung einer Bekehrung richtet den Betreffenden inhaltlich-kognitiv neu aus, und hat, entsprechend der Gestalt der Religion, moralischen Anspruch. Bekehrung setzt strukturelle Entwicklungen voraus (mit Conn), stellt selbst jedoch nur den Anfang von einem sich noch entwickelnden Glaubensleben dar (gegen Conn).

Speziell christliche Bekehrung ist die neue Begegnung mit dem Wort Gottes derjenigen Personen, die nicht durch Geburt und Erziehung bereits mit der christlichen Religion vertraut sind oder derjenigen Personen, die sich trotz christlicher Erziehung vom christlichen Glauben zuvor entfernt oder entfremdet hatten.

In eine Reihenfolge gebracht, heißt das: Nach der materialen Hinwendung zum Glauben (Bekehrung) mit einer konfessionellen Entscheidung (Konversion) folgt die täglich zu erneuernde Hinwendung zu Gott (Umkehr) und die lebenslange Hinwendung zur eigenen Personmitte (Transformation).

Weitere Ergebnisse sind:

1. Es gibt Bedingungen, die Bekehrung erleichtern, bzw. hervorrufen, wie beispielsweise die neue Begegnung mit der religiösen Botschaft, persönliche Suche nach Sinn, Identitätskrisen, Umbrüche, Verlusterlebnisse, bestimmtes Lebensalter (Adoleszenz).

2. Manche Persönlichkeitstypen sind mehr zu plötzlicher Bekehrung disponiert als andere.

3. Bekehrung kann unbewußte Anteile enthalten, ist jedoch vorwiegend ein bewußter Vorgang, der auf Entscheidung und Wille beruht.

4. Sie hat normalerweise einschneidende Wirkung auf die geistige, psychische und soziale Verfassung der betroffenen Person.

5. Im Idealfall trägt die Bekehrung zur Reifung der Persönlichkeit bei, im Negativfall kann sie auch zu Stagnation oder Regression führen.

6. Bekehrung vollzieht sich nie nur im Privaten, sondern erfordert eine tragende Gemeinschaft; sie hat immer Auswirkungen auf das soziale Umfeld.

7. Bekehrung wird fast immer als herausragendes Ereignis wahrgenommen und ist in vielen Fällen verbunden mit ungewöhnlichen Sinneswahrnehmungen wie Photismen, Auditionen, Visionen.

8. Sie kann sich plötzlich oder langsam, oder beides im Wechsel, vollziehen, ist aber auch bei langsamem Vollzug zeitlich in etwa fixierbar, d.h. es gibt

einen relativen Endpunkt, von dem ab sich das Subjekt als Bekehrtes empfindet.

Im Bekehrungsvorgang sind drei Phasen zu erkennen:
1. Eine strukturelle Vorbereitungsphase: Diese Phase hat propädeutische Funktion, sie bildet durch bio-psychische und sozio-kulturelle Faktoren der Biographie des Subjekts die für Bekehrung disponierenden Konditionen. Offenheit für neue Inhalte entsteht.
2. Eine Phase der inhaltlichen Neuausrichtung: Die Begegnung der Person mit der religiösen Botschaft, die entweder spektakulär-affektiv (nach James Typ II) oder kontinuierlich-reflektiv (Typ I) geschieht, und die zu tiefer Ergriffenheit und/oder zu intensiver Auseinandersetzung mit den Inhalten der Botschaft führt.
3. Eine Phase der endgültigen Entscheidung für die neue Weltsicht, die willentliche Bekräftigung des neuen religiösen Bewußtseins und die Entscheidung für eine Glaubensgemeinschaft.

Nach dieser theoretischen und begrifflichen Auseinandersetzung mit Bekehrung soll nun das Augenmerk auf das Leben von Thomas Merton im ersten biographsichen Abschnitt gerichtet werden. Zunächst sollen die existentiellen und strukturellen Bedingungen mit den ersten Lebenstheorien in Phase eins in den Blick genommen, dann die inhaltliche Neuausrichtung in Phase zwei und die Entscheidung in Phase drei beschrieben werden. (Zur Erinnerung ein texttechnischer Hinweis: die Ziffern betreffen die Segmente innerhalb der Teilbiographie.)

1.3 Die Bekehrung von Thomas Merton

Merton begrenzte selbst seine Bekehrung auf eineinhalb Jahre, beginnend mit seiner Lektüre von Gilsons „Geist der mittelalterlichen Philosophie" bis zum Herbst 1938, in dem er sich taufen ließ.[122] In dieser Arbeit wird die Bekehrung „im engeren Sinne", also, wie oben beschrieben, Phase zwei und drei, ebenfalls auf diese Zeit festgelegt. Phase eins, die Zeit, in der innere und äußere Einflüsse vorbereitend wirkten, beginnt bereits in der Kindheit.

1.3.1 Erste Phase: Strukturelle Disposition und geistige Suche

Die existentiellen und personalen Bedinungen, die durch die Biographie ausführlich dargestellt wurden, sollen hier zunächst nocheinmal reflektiert werden, um in ihrem Beitrag zur Bekehrung bewertet zu werden. Anschließend sollen die drei geistigen Stoßrichtungen, die Merton in dieser Phase einschlug, in ihrem Verhältnis zu Bekehrung untersucht werden.

[122] Vgl. BSS, 213.

1.3.1.1 Existentielle Bedingungen

1. Bezugspersonen und Verlusterlebnisse: Grundsätzlich wurde Tom Merton eine gesunde, intelligente, lebensbejahrende und wertorientierte Grundvitalität in die Wiege gelegt. Hinsichtlich seiner Bezugspersonen muß allerdings seine Kindheit mehr mit Verlust als mit Bezug in Verbindung gebracht werden, wodurch er emotional nicht unversehrt blieb. Das Leid des Verlustes fing jedoch bereits vor dem Tod der Mutter an, da Mertons „rejection-Trauma" mit dem Liebesentzug der Mutter in seinem Trotzalter begann. (3) Die Mutter, die vielleicht selbst überfordert war, überforderte den kleinen Jungen, dies gipfelte in der Dramatik der schriftlichen Mitteilung an Tom ihres nahen Sterbens. (4) Sein Vater schien ein gütiger, aber nicht sehr steter Mensch gewesen zu sein. Tom hing in großer Liebe an ihm und stellte ihm seine Abwesenheiten nicht in Rechnung. Seine Trauer über des Vaters Leid und Tod war umso heftiger. (13) Bei den Großeltern hatte er sich als Kind nicht zuhause gefühlt, als Student verkraftete er jedoch kaum ihren Tod. (24) Mit Verlustgefühlen endete auch die Beziehung zu Tom Bennett. (20) Diese Beziehung hatte ihre eigene Tragik, da Bennett die Not des Heranwachsenden nicht erkannte, und offensichtlich auch nicht dessen ihm entgegengebrachte Bewunderung. Da er bei den Bennetts nur in den schulfreien Zeiten zu Gast war, stellt sich die Frage, ob es in Oakham unter den Lehrern eine Bezugs- oder Vertrauensperson gab. Der junge Schuldirektor Doherty wurde als ihm in seinen Begabungen sehr entgegenkommend beschrieben, von einem Vertrauensverhältnis war nicht die Rede. (12) Es wird auch kein anderer Lehrer in derartiger Funktion genannt. Toms Bezugspersonen und Ratgeber waren offensichtlich die Figuren in Romanen, deshalb war er auch nach seinem religiösem Erlebnis in Rom traurig, sein neues Thema in der Literatur nicht zu finden. Bedauerlicherweise war er an den Zustand, seine Fragen an keinen Menschen richten zu können, gewohnt. Der einzige „menschliche Zuhörer" war sein Tagebuch. (17)

2. Lebensmilieus: Von klein auf war Thomas Merton schon Kosmopolit, vertraut mit verschiedenen Sprachen, Lebensmilieus, Konventionen und Kulturen. Er lernte als Kind das Leben mit den Eltern und dem Bruder in der Kleinfamilie kennen (1-4), dann das Leben beim alleinerziehenden Vater (7), das Leben bei Freunden des Vaters, (5 u. 11) bei der frommen katholischen Bauernfamilie in Frankreich (9) und das Leben bei den sehr amerikanisch lebenden Großeltern. (6/22) Sodann, und dieses waren die dauerhaftesten Aufenhalte, lebte er in drei verschiedenen Internaten (8/15) Von seinem vierzehnten Lebensjahr ab verbrachte er viel Zeit bei den upper-class-bewußten Bennetts, (12) während der Ferienzeit in Amerika im Künstlermilieu von Reginald March, (18) in Cambridge lernte er in seiner Clique Jugendliche der englischen Unterschicht kennen. (19/20) Positiv bewertet ermöglichte ihm dieses Leben, sich in vielen Rollen zu erproben, negativ bewertet trug es zu seiner geistigen Orientierungslosigkeit bei. Er hatte viele Lebenskulturen kennengelernt, war jedoch in keiner heimisch geworden, ausgenommen vielleicht das

Internat Oakham. Vieles von dem, das ihn zunächst fasziniert hatte, war zur Enttäuschung geworden. Er war weit mehr als in seinem Alter üblich desillusioniert und früher als üblich - natürlich nicht bewußt - mit der Frage der Identität konfrontiert.

3. Religion und Auflehnung: Tom Merton war mit einem lockeren Verhältnis zu Religion aufgewachsen, er hatte erlebt, daß man mit christlicher Religion leben konnte, aber auch ohne. Als Kind war er von seiner Mutter nicht explizit, im weiteren Sinne jedoch implizit religiös erzogen worden, d.h. mit Offenheit auf die eigene religiöse Entwicklung hin, durch Vorbild (sie besuchte ja Gottesdienste) und mit ästhetischen und moralischen Wertmaßgaben. (4) Im Zusammenleben mit dem Vater wurde sogar gelegentlich gebetet, (7) Großvater Pop beeindruckte ihn hingegen mit seinem Abscheu vor dem Katholizismus. (6) An der Schule von Ripley Court nahm Tom noch selbstverständlich an den Gebeten der Schüler teil, (10) in Oakham verweigerte er dann die Schulgebete. (15)

Letzteres war jedoch sein Verhalten nach dem Tod des Vaters. Widersprüchlich parallel zur frommen Lektüre von Blakes Gedichten formulierte Merton nun seinen Vorsatz, sich von nichts und niemanden mehr einschränken zu lassen. (13) Frühe Selbstständigkeit war ihm ohnehin zu bescheinigen, dies belegten seine eigenständigen Reisen von frühster Jugend an, sein neuer Freiheitsdrang hatte nun jedoch eine andere Qualität: es war Auflehnung.

Nachdem die erste Trauer über den Tod seines Vaters abgeklungen war, entsprach sein neuer Vorsatz einem Racheakt gegen ein brutales Schicksal, das ihn in Einsamkeit zurückließ. Er projizierte seinen Haß nun auf die Erwachsenenwelt, repräsentiert durch einzelne Personen und durch gesellschaftliche oder kirchliche Institutionen. Gerade weil er zu keinem Erwachsenen mehr eine wirkliche Bindung hatte, schienen ihm alle pädagogisch-moralischen Einschränkungen künstlich und fremd. (14) Sein Atheismus hatte dieselben emotionalen Gründe: so wie er allen Erwachsenen mißtraute, mißtraute er auch den Vertretern der Religion, sein Mißtrauen begründete er psychologisch mit deren Anthropomorphismen und Wunschprojektionen. Er kompensierte seine innere Leere mit Revolte und hedonistischer Lebensweise. (15)

Mit achtzehn Jahren, noch vor seiner Cambridge-Zeit, hatte er sein erstes Bekehrungserlebnis. Diese religiöse Erfahrung ließ auch seine wahre Innenwelt aufblitzen, seine Trauer, seine Sehnsucht nach menschlicher Nähe und seine Scham über seine religiöse und moralische Verweigerung. (18) Diese Erfahrung zeigte ihm die Fragilität seiner „Freiheits-Ideologie" und die entspannende Wirkung religiösen Glaubens. Es war eine Glaubenserfahrung, die nun zwar nicht zum Durchbruch kam, die jedoch eine prinzipielle Offenheit für den christliche Glauben und für die katholische Kirche in seiner Persönlichkeit einrichtete, an die er später wieder anknüpfen konnte.

4. Suche nach Selbstverwirklichung und Liebe: Tom Merton war sehr empfänglich für Zuneigung, ertrug Nähe allerdings nur bis zu einem gewissen

Grad. (9) Emotionale Vereinnahmung lehnte er ab, fühlte sich jedoch hinge-
zogen zu Menschen, die er mit dem Kriterium „innocence of heart" beschrieb,
womit er wohl eine Mischung aus Freundlichkeit, Echtheit und Einfachheit
meinte; das außerdem ein Indiz für sein verbleibendes moralisches Empfinden
war.

Sein Streben nach Unabhängigkeit und Freiheit war nach dem Tod des Vaters
die eine Seite seines Innenlebens, die Suche nach Anerkennung und Liebe die
andere. Gewiß genoß der Schüler Tom Merton bereits am Internat von Oakham als Art Schülerprominenz seine Beliebtheit. Gewiß brauchte er auch diese Sympathien, nicht nur wie jeder Jugendliche, sondern als Jugendlicher ohne richtiges Zuhause ganz besonders. Seine Sehnsucht galt vor der Cambridge-Zeit jedoch der „großen Liebe", symbolisiert im Traum von einer schönen
Frau im offenen Cabrio. Bot sich in den Ferien eine reale Gelegenheit, ein
Mädchen näher kennenzulernen, so stürzte er sich mit voller Leidenschaft in
eine Liebesbeziehung. (14/15) Die „Welt der Frauen" blieb jedoch für ihn als
einen Jugendlichen, der sich immer unter gleichgeschlechtlichen Altersgenos-
sen in Internaten aufgehalten hatte und auch kein Zuhause mit Mutter, Schwestern oder Freundinnen kannte, relativ abstrakt oder unwirklich. Er überhöhte
oder dezimierte Frauen in seinen Vorstellungen.[123] In Cambridge hatte er sich
rücksichtslos ins „Vergnügen" gestürzt, und, wie er später reumütig räsonierte,[124] viel Schaden angerichtet. Seine innere Haltlosigkeit konnte er durch
„Liebe" nicht kompensieren - seine relationalen Kompetenzen waren unterent-
wickelt, die momentane Gefühls- und Geisteslage wirr. Auch sein psychologisches Studium brachte keine Ordnung in sein Innenleben. (20)

5. Die totale Niederlage und die totale Krise: Sein inneres Chaos hatte äußere
Konsequenzen, wobei der schwerste Teil seiner Niederlage war, daß Bennett
sich nun so radikal zurückzog und damit die Wunde „rejection" in ihm aufriß.
Bennetts Laufpaß bedeutete aber auch, daß er gezwungen war, wieder neu an-
zufangen. Zweierlei Gefühle wechselten sich ab, das Gefühl der Schuld und
das Gefühl des Opfers. Letzteres führte zu seinen „Haßtiraden" auf England,
welche sicher versteckt an seinen Vormund gerichtet waren. Daß er jedoch in
England alles als vollkommen hohl und verlogen beurteilte, lag auch an seiner
eigenen Einsamkeit gegenüber einer vielfach verflochtenen Gesellschaft. (20)
Seine eigenen Schuldgefühle wogen indes so schwer, daß er den dringenden
Wunsch verspürte, sich moralisch zu bessern. Die Idee, Kommunist zu werden, brachte hier eine Lösung. Nicht nur seine aktive Anstrengung, sich zugunsten des „Wohles der Gemeinschaft" zu bessern, sondern auch die Erklärung des Kommunismus, daß der Einzelne immer Produkt seiner Gesellschaft
und Klasse sei, bot ihm psychische Entlastung. Seine diffusen Anklagen

---

[123] Was beispielsweise in seinem ein paar Jahre später geschriebenen Roman „Das Laby-
rinth", wo er in einer Abschiedszene der Frau tiefere Gefühle absprach, obwohl diese vom
Partner verlassen wurde - den verlassenden Mann hingegen alleine als von großem
Schmerz ergriffen und verzweifelt beschrieb, deutlich wurde.Vgl. Mott, 90.

[124] Z.B. bei seinem fünfzigsten Geburtstag, Teilbiographie 4 - (37)

gegen England und gegen seinen Vormund konnten ebenfalls in dieser Theorie untergebracht werden. Zwar war sein kommunistisches Engagement schnell wieder beendet, aber er hatte immerhin einen kurzen Bußgang, den er selbst später als „Bekehrung" beschrieb, auf sich genommen. (21/22) Äußerlich betrachtet, beruhigte sich sein Leben in Amerika, innerlich war er jedoch weiterhin, obwohl er sich bei den Großeltern relativ wohl fühlte, nicht sehr gefestigt - er war sich seiner Berufs- und Lebensziele nicht im klaren und wurde von diffusen Reuegefühlen angesichts seines unsteten Lebenswandels geplagt. (23) Auch ohne innere Mitte hielt jedoch zunächst das Gleichgewicht, bis seine Großeltern starben. Beinahe wörtlich warf ihn dieser erneute Abschied, nach den vorgehenden, aus der Bahn. (24) Der Zusammenbruch ließ ihn noch deutlicher seine Verlorenheit ahnen, seine geistige und emotionale Orientierungslosigkeit, die alles so relativ, beliebig, und letztlich sinnlos machte.[125] Da es nach dem Tod seiner Großeltern keinen engeren menschlichen Fixpunkt mehr in seinem Leben gab (das Verhältnis zu seinem Bruder war sehr lose), und er nach den exzessiven Frauenerfahrungen in Cambridge nur noch sehr zurückhaltend mit Frauen umging (auch mit Jinny Burton blieb er letztlich auf Distanz), suchte er noch weniger als zuvor nach einer emotionalen Lösung für seine Probleme. Er suchte vielmehr nach einer rationalen, geistigen Lösung, nach einem Gedankensystem, in das er sein Leben einordnen konnte. Nur ein geistig überzeugendes System war zu diesem Zeitpunkt für ihn eine Möglichkeit, seinem Leben Struktur und Sinn zu geben. Durch die Anerkennung seiner Freunde und Van Dorens fand er dennoch auch emotionale Unterstützung in dieser Suche, und er war tapfer genug, trotz seiner panischen Angst vor dem Eisenbahnfahren, den Weg zur Universität auf sich zu nehmen. (25) Wenn nun die Freunde über geschätzte Autoren wie Aldous Huxley den Katholizismus ins Gespräch brachten, bildete dies für Merton eine wertvolle psychologische Brücke zur ernsthaften Auseinandersetzung mit christlichen Inhalten. In „Ends and Means" von Huxley war für ihn die Verbindung von nicht-christlichem Autor und dessen Überzeugung, „daß es eine übernatürliche, geistige Ordnung gab", sehr wichtig, seine Vorbehalte gegen das Christentum begannen zu schwinden. (26)

1.3.1.2 Erste fragmentarische Orientierungen

1. Glaubenserlebnis in Rom: Gerade wurde verdeutlicht, auf welche Weise die existentiellen Bedingungen zu Mertons Disposition für Bekehrung beigetragen haben. Diese Disposition war eine treibende Kraft, die ihn nach einem Erklärungsprinzip für Lebenszusammenhänge und Sinndimensionen suchen ließ.

---

[125] Merton beurteilte sich später sehr streng. „Damit hatte etwas die Herrschaft über mein Leben erlangt, woran ich vorher nie gedacht hatte: die Angst. War es eigentlich etwas Neues? Nein, denn die Angst ist untrennbar mit dem Hochmut und der Begierde verbunden. Eine Zeitlang können wir sie verheimlichen; doch ist sie nichts anderes als ihre Kehrseite. Mehr als ein Jahr sollte nun dieser Adler an meinen Eingeweiden fressen." BSS, 173.

Zusammenhänge erkennen zu wollen war bereits in Rom der Anlaß, nach dem Sinn der religiösen Motive in den Kirchen zu fragen. Stimuliert von den christlichen Botschaften der Malereien und Fresken, erfuhr er in Rom sein eindrückliches Glaubenserlebnis. Er machte die Erfahrung einer transzendenten und zugleich personalen Wirklichkeit, die ihn danach an die Gegenwart Gottes glauben ließ. Es war eine Vision, wie sie W. James in seinem Typ II beschrieb, ein eklatantes und umwerfendes Erlebnis, eine spektakuläre, geheimnisvolle und persönliche Glaubenserfahrung, die sein Leben für kurze Zeit völlig veränderte. Das anschließende Versickern der neuen Überzeugung lag nicht daran, daß er sich wieder vom Glauben abwendete, sondern vielmehr an seiner verworrenen Gefühls- und Gedankenwelt, ferner daran, daß es nur eine fragmentarische Begegnung mit dem Christentum war und schließlich am Fehlen einer gemeinschaftlich-systemischen Begleitung seiner Glaubenserfahrung. Wie es ja ebenfalls James bereits beschrieb, gehört zu einer Bekehrung vom Typ II ein geistiges System, in das die subjektive Erfahrung zu ruhen gelangt - bei einer tragfähigen Bekehrung koinzidiert subjektive Erfahrung mit dem Erklärungssystem einer stabilisierenden Gemeinschaft. Da Tom letzterer nicht begegnete - die Predigten in der Zionskirche und bei den Quäkern enttäuschten ihn nur -, (18) er ferner auch keinen geeigneten Gesprächspartner wußte, dem er seine Erfahrungen hätte mitteilen können, und vielleicht auch der Leidensdruck der inneren Orientierungssuche noch nicht groß genug war, versank sein religiöses Bewußtsein wieder ins Unbewußte (nach James gesprochen in den sublimalen Bereich) oder ins Unwichtige neben der vielen „Wichtigkeiten" des Lebens eines Achtzehnjährigen. Die Zeit war also noch nicht reif genug für die „Bereitstellung" aller Voraussetzungen für tatsächliche Bekehrung und Thomas Merton war noch nicht reif genug für die zu einer Bekehrung erforderlichen Entscheidungskraft.[126]

2. Suche in der Psychoanalyse: Merton erhoffte sich von der psychoanalytischen Literatur die Klärung seiner eigenen Ungereimtheiten. Aus dem „Berg der sieben Stufen" erfahren wir keine Details über studierte und angewendete Passagen, sondern nur von der Tatsache, daß er sich monatelang intensiv, in jeder freien Minute, mit äußerster Hingabe und großer Hoffnung dieser Thematik widmete. Ferner sprach Merton im Nachhinein davon, mittels der Psychoanalyse versucht zu haben, „seine Seele zu retten", was, trotz ironischem Unterton, die anwesende innere Not des Achtzehnjährigen unterstreicht. (20) Der Grund, in der Psychoanalyse letztlich keinen Stand gefunden zu haben, lag vielleicht auch an einer fehlenden „psychologischen Gemeinde", wo er hätte Fragen anbringen und Kontakte aufbauen können und möglicherweise Zugang zu einem umfassenderen „System" erhalten können. Zu denken wäre

---

[126] Merton im „Berg der Sieben Stufen" über sich: „Wenn ich ihr [der Gnade, d. Verf.] gefolgt wäre, so hätte mein Leben im Laufe der nächsten Jahre ganz anders und bei weitem nicht so elend ausgesehen." AaO. 122.

an dieser Stelle natürlich auch an eine gezielte Psychotherapie, die ihm gewiß hätte helfen können.

3. *Entschluß zum Kommunismus:* Die marxistische Philosophie kannte Merton wahrscheinlich nur oberflächlich, was er jedoch davon kannte, entsprach seinem Bedürfnis, einen moralischen Neuanfang zu machen. Merton sprach im „Berg" von der Entscheidung für den Kommunismus als „Bekehrung". (21) Zugleich fand er im Kommunismus sein Ideal des Aufbegehrens gegen gesellschaftliche Mißstände wieder und konnte seine eigenen Fehltritte in die Verantwortung der Gesellschaft einreihen. Dieser profane Bußakt war eine für ihn in jener Zeit angemessen „dosierte Bekehrung". Er hatte also mit dem ehrlichem Willen, sich moralisch zu bessern, in der kommunistischen Studentengruppe begonnen und zu agieren versucht. Daß dieser Anfang keine Fortsetzung fand, lag vorrangig daran, daß Anschauungen und Haltungen, wie sie in der „Jungkommunistischen Liga" zum Besten gegeben wurden, für den kritischen Merton nicht ausgereift und überzeugend waren. Wäre er dort auf weniger pubertierende Sprüche gestoßen, hätte es sein können, daß seine kommunistische Karriere nicht so schnell zu Ende gegangen wäre. Auch in seinem kommunistischem Versuch fehlte es also an einer überzeugenden, tragenden Gemeinschaft.[127]

4. *Bewertung:* Mertons geistige Niederlassungsversuche waren nur von kurzer Dauer und fragmentarisch, so daß sie nicht zu „Bekehrung" im engeren Sinne führten, soweit man überhaupt profane Weltanschauungen mit Bekehrung titulieren möchte, wie es Merton, wie oben ersichtlich, selbst tat. Walter Conn sprach oben von „moralischer Bekehrung" als erstes Stadium eines gesamten Konversionsgeschehens, diese Phase Mertons beurteilte er als „uncritical moral conversion", da hier eine für Adoleszenz typische ideologische Polarisierung (nach Erikson) und typische konventionelle Moralität (nach Kohlberg) im Gange gewesen sei.[128] In der Tat war das Bedürfnis des jungen Merton nach moralischen Richtlinien wichtiger als die Art der Lebenstheorie, deshalb kann man dieses Stadium bei ihm als vorrangig strukturell ausgerichtet beurteilen. Priorität hatte sein Bedürfnis nach einem System, mit dem er seine Existenz in eine Ordnung bringen konnte, welcher Art das System war, war zweitrangig. Mertons personale Struktur erlaubte ihm hier noch gar nicht, Inhalte umfassend zu prüfen und geistige Angebote gleichwertig zu behandeln, da er stark befangen war mit Voreingenommenheiten. In religiöser Hinsicht kamen höchstens fernöstliche Gedanken in Frage, die nichts mit abendländischem, bürgerlichem Lebensstil zu tun hatten. Seine christliche Erfahrung in

---

[127] Ich kann die Ansicht von W. Conn nicht teilen, daß Merton in diesem Stadium moralisch nicht reif genug, und dies der vorrangige Grund für sein Ausscheiden aus der kommunistischen Bewegung gewesen sei. Vgl. Conn 1986, 162.

[128] AaO. 16of.

Rom verdrängte er, sie war mit seinem intellektuellen Stolz nicht vereinbar. Für die Kürze der Dauer aller drei Orientierungsversuche ist jedoch der Grund hauptsächlich in der fehlenden Begleitung durch konkrete Menschen, die zu einer unterstützenden Gemeinschaft und möglicherweise zu einem überzeugenden Lehrsystem hätten hinführen können, zu suchen.

1.3.2 Zweite Phase: Inhaltliche Neuausrichtung

Die zentrale inhaltliche Neuausrichtung Mertons war sein „aseitas-Erlebnis". Für Walter Conn war dieses Stadium in Mertons Bekehrungsprozess die „Kognitive Konversion", die immer noch keine religiöse Bekehrung gewesen sei, da die Beziehung zu Gott noch gefehlt habe.[129] Man kann dies anders beurteilen: das Aseitas-Erlebnis als das erste Element seiner Gottesbeziehung. Eine neue Weltsicht präsentierte sich ihm, die er zwar zunächst noch aus gewisser Distanz betrachtete, jedoch schon, und das ist der erste Schritt seiner Bejahung der Realität Gottes, eine „zwingende Notwendigkeit" enthielt. (27) Mit diesem Erlebnis kam er zu einer Einstellung, die er vorher abgelehnt hatte. Der entscheidende inhaltlich faszinierende Gedanke war für ihn, neben der ihn ansprechenden systematisch und logisch aufgebauten Sprache der scholastischen Theologie, die Maßgabe, daß Gottesvorstellungen immer inadäquat seien. Die „aseitas" Gottes räumte auf mit allen anthropomorphen Fehlformen von Glauben, wodurch er die christliche Theologie bisher immer verachtet hatte. Es war wie ein persönliches Theodizee-Ereignis, Gott wurde philosophisch gerechtfertigt. Hier kam die christliche Theologie seiner Meinung nach ihrem Wahrheitsanspruch nach und wurde dem Anspruch, ein umfassendes, stimmiges System sein zu wollen, gerecht; die Lehren des Pastors aus der Episkopalkirche hielten hingegen diesem Anspruch nicht stand. (28)
Neben diesem materialen Aspekt der neuen Inhalte muß natürlich konstatiert werden, daß hier wiederum ein struktureller Faktor wichtig war: die Erkenntnis, daß die katholische Theologie nicht losgelöst von rationalem und philosophischem Denken arbeitete, räumte in ihm psychische Barrieren aus.
Seine Auseinandersetzung mit dem katholischen Glauben erhielt danach weiteren Stoff durch die Literaturempfehlungen Bramacharis. Auch Bramachari war psychologisch wichtig als „neutraler" Nichtkatholik. (29) Dieser Prozess des Kennenlernens und Prüfens dauerte nun einige Monate an, bis er im Herbst bereit war, eine Entscheidung für diese „Notwendigkeit" zu treffen. Das vorsichtig begonnene Vertrauen war zu einer großen Überzeugung gewachsen.

---

[129] AaO. 165 u. 195f. Conn hält die Phase danach, von 1938 bis 1941 zwar immer noch nicht für eine religiöse Bekehrung, aber für eine „christliche Bekehrung", da Merton in dieser Zeit eine Beziehung zu Christus aufgebaut hätte.

1.3.3 Dritte Phase: Die Konversion

Die Sicherheit, mit der Katholiken ihre Lehre vorbrachten, die philosophische Durchdachtheit und die Einheitlichkeit, die in den Aussagen zu erkennen war, ließ seine Überzeugung der Richtigkeit dieser Lehre wachsen. Er hatte offenbar das Gefühl, sich hier an eine stimmige Wahrheitsgewißheit anlehnen zu können, da „diese Katholiken wußten, woran sie glaubten". (30) Conn bezeichnet die Haltung Mertons an dieser Stelle als „Autoritätsabhängigkeit", eine Haltung, die bei Konvertiten oft zu finden sei,[130] und gewiß herrschte bei Merton an dieser Stelle ein sehr großes Bedürfnis nach verläßlicher Lehrinstanz. Es verlangte ihn deshalb auch nach streng dogmatischen, lehrhaften Predigten - die erklärenden Worte eines jungen Priesters, wie zu denken sei, daß Jesus gleichzeitig Mensch und Gott war, traf für ihn auf den Punkt. (31) Als Mertons Wissensdurst ausreichend gesättigt war und er auch sein Verhalten mit dem Begriff der christlichen Tugend in Griff zu bekommen meinte (sich nun als unermeßlich großen Sünder zu erkennen, quälte ihn zwar, aber er nahm es der Erlösung von seinen Sinnlosigkeitsgefühlen willen gerne in Kauf), entschloß er sich, mit der neuen Überzeugung Ernst zu machen und sich taufen zu lassen. Merton löste sich nun aus der suchenden Kameradengruppe und ging seinen Weg selbständig weiter, seinem Erwarten nach genug unterstützt vom Pfarrer von Corpus Christi.

1.3.4 Überblick

In dem Moment, als Merton das Buch von Etienne Gilson in die Hände fiel, spielten die existentiellen und personalen Strukturen seines Lebens, d.h. die biologisch-sozialen und biographischen Bedingungen seines Schicksals so zusammen, daß sie zu einer religiösen Bekehrung disponierten. Diese Disposition hatte sich langsam, durch die Summe vieler Faktoren entwickelt: positiv durch sein vitales Naturell, seine Intelligenz, seinen großen Erfahrungs- und Bildungshorizont, seine positiven menschlichen und religiösen Erfahrungen; negativ durch die Verlusterlebnisse, seine emotionale Versehrtheit, seine Identitätskrise, seine Revolte, seine Einsamkeit, seine Niederlage und seine Orientierungslosigkeit. Da ihm zunehmend geistige Orientierungspunkte mehr zusagten als menschlich-emotionale, versuchte er auch vermehrt die Identitäts- und Orientierungskrise mittels Denksystemen zu bewältigen. Weder bei der Psychoanalyse, noch beim Kommunismus blieb er jedoch länger. Auch die christliche Religion konnte ihn - trotz seines Romerlebnisses - lange nicht überzeugen, da sie als die praktizierte Religion der von ihm abgelehnten Gesellschaft eine Statthalterin seines Feindbildes war. (18/27) Die heftige psychische Krise 1937 gab dann jedoch den Ausschlag für sein nochmaliges Intensivieren der Suche und die Neuzuwendung zum Christentum. Seine intellektuellen Vorbehalte gegen das Christentum und den Katholizismus wurden

---

[130] AaO. 183.

durch die moralisch-philosophischen Themen bei Professor Van Doren und durch die Thematisierung durch seine Freunde geringer, aber auch dadurch, daß sich während und nach der Kriegsjahre nicht wenige amerikanische Intellektuelle dem Katholizismus zuwendeten (wie Aldous Huxley), und er sich, ohne sein intellektuelles Gesicht zu verlieren, dieser Zeitströmung anschließen konnte.

Mertons Bekehrung vollzog sich langsam in Etappen. Beginnend in einer ersten Phase struktureller Vorbereitung mit anschließend relativ dürftigem Glaubenswissen und relativer Austauschbarkeit der Inhalte (Schwankung vom katholischen Glauben bis zur marxistischen Philosophie), konkretisierten sich die Inhalte zugunsten der Lehre der Katholische Kirche in einer zweiten Phase und wurden in einer dritten Phase in einer definitiven Entscheidung fixiert. Die Bekehrung enthielt Momente der ekstatischen Gotteserfahrung, wie auch Momente des nüchternen Denkens, Momente der persönlichen Krise und Momente der Sinnantwort. Mertons intensive Suche nach transzendenter, sinnstiftender Wirklichkeit stieß auf das Angebot katholischer Theologie. Entscheidend war dabei seine Entdeckung des philosophisch fundierten Begriffs der Aseität Gottes, durch den er der Katholischen Theologie wissenschaftliche Redlichkeit zugestand. Begleitet wurde diese Suche von seinen Freunden auf der einen Seite und dem Priester seiner Pfarrei, zu dem er Vertrauen hatte, auf der anderen. Geistige, psychische und soziale Faktoren bildeten ein strukturelles Dreieck, in das neue Inhalte eingezeichnet werden konnten. Merton war Ende 1938 soweit, sich ganz auf eine inhaltliche Neuausrichtung einzulassen. Dies schloß seinen festen Willen ein, in Zukunft ein dem katholischen Glauben gemäßes sittliches Leben zu führen. Mit den Kategorien von W. James ausgedrückt war die Bekehrung von Thomas Merton vorrangig eine vom Typ I, eine willentlich gelenkte Suche des Glaubens. Sie enthielt aber auch Elemente von Typ II, mit ekstatischen und wunderhaften Erlebnissen. Entscheidend war am Ende bei ihm ein für ihn stimmiges Lehrsystem und dementsprechend ausgerichtete Repräsentanten. Da er auf beides traf, ließ er sich hineinnehmen in eine große Gemeinschaft und fühlte sich von dieser getragen: die Katholische Kirche. Er, der Heimatlose, schien mit dieser Bekehrung ein geistiges Zuhause gefunden zu haben.

2 Berufung

2.1 Zweiter biographischer Teilabschnitt (1939 - 1941)

2.1.1 Erste Versuche als Schriftsteller

(1) Neben Mark Van Doren wurde noch ein anderer Dozent für Merton wichtig, Dan Walsh, ein Philosoph und Gilson-Schüler, der als Gastdozent an der Columbia ein Seminar über Thomas von Aquin hielt. Walsh, überzeugter Katholik, war unter Mertons Freunden sehr anerkannt und Merton hatte die Gelegenheit, mit ihm zusammen einen Vortrag von Jacques Maritain zu besuchen. Als sie danach ins Gespräch kamen, herrschte sogleich eine Atmosphäre des Vertrauens, Merton entdeckte bei Dan Walsh „innocence of heart". Einige Monate später sollte es Walsh dann sein, den Merton anläßlich seiner Berufungsfrage zu Rate zog.

Zunächst schloß er Anfang des Jahres 1939 sein Studium erfolgreich ab und konnte nun den M.A.- Titel tragen. Sofort steuerte er als sein nächstes Ziel an, den Ph.D.- Titel an, und wollte hierfür eine Doktorarbeit über die Gedichte von Gerard Manley Hopkins schreiben.

Nebenher schrieb er inzwischen Buchrezensionen für *The New York Herald Tribune* und *The New York Times* und besserte damit sein Einkommen auf. Erfolge als Schriftsteller waren ihm jetzt existentiell wichtig: *„ Mein Hauptanliegen war, mich gedruckt zu sehen."*[131] Er hielt zum ersten Mal eine öffentliche Vorlesung über Poesie beim „Columbia Writers Club", was ihm trotz Nervosität gut gelang.

(2) Für den Sommer 1939 waren die Pläne schon geschmiedet: Rice, Lax und Merton wollten sich gemeinsam ins Ferienhaus von Laxens Schwester bei Olean zurückziehen, um dort ihren schriftstellerischen Arbeiten nachzugehen. Erklärtes Ziel war für alle drei, ein Buch zu schreiben, das sie auf einen Schlag berühmt machen sollte. Was dann aus Mertons Feder floß, machte ihn jedoch nicht berühmt, „Das Labyrinth" war ein dem Titel entsprechend verwirrendes Buch, das viele unzusammenhängende Episoden aus Mertons eigenem Leben enthielt. Sämtliche Verlage, bei denen er das Manuskript später einreichte, schickten es mit Bedauern zurück. Dafür wurde in *The New York Times* eines seiner Gedichte veröffentlicht, womit er sogar einen Preis gewann, der mit fünfzig Dollar, einer stolzen Summe, dotiert war.[132]

Der Sommer in Olean verging jedoch nicht nur mit strenger Arbeit, sondern auch mit ein paar wilden Ausflügen, wie zum Beispiel dem Besuch des Karnevals von Bradfort. Dort verspielten die Freunde ihr ganzes Geld, entkamen mit knapper Not einer Schlägerei und kehrten reichlich betrunken, brüllend

---

[131] BSS, 249.
[132] Vgl. Mott, 128.

vor Lachen, nach Hause zurück. Es war ein glücklicher Sommer mit viel Zeit, zugebracht in Harmonie und Freundschaft.

(3) Als die Freunde aus ihrer Abgeschiedenheit Mitte August wieder nach New York zurückkehrten, berichteten die Medien über den drohenden Krieg in Europa. Merton, der immer geglaubt hatte, daß es doch nicht zu Krieg kommen würde, war sehr betroffen. Nicht nur das Grauen eines Krieges, sondern auch Schuldgefühle bedrückten ihn.

„In meinem Innern regte sich ein weiteres Gefühl. Ich sagte mir: „Ich bin verantwortlich dafür: Meine Sünden sind schuld an all dem. Hitler hat diesen Krieg nicht allein begonnen. Auch ich bin schuld daran...." Dieser Gedanke ernüchterte mich tief, und das starke, durchdringende Licht dieser Erkenntnis erleichterte meine Seele ein wenig. Ich beschloß, am ersten Septemberfreitag zur Beichte und Kommunion zu gehen."[133]

Am Freitag, den 1.September tönte es es dann aus den Radios, daß Warschau bombardiert wurde. Merton hatte für dieses Wochenende seiner Freundin Jinny Burton zugesagt, zu einer Party in Virginia mitzukommen. Das Wochenende wurde für ihn zu einer grotesken Veranstaltung, da er einerseits völlig im Mittelpunkt der Gruppe als der spritzige Alleinunterhalter stand, der vor Humor und Energie nur so sprühte. Andererseits sprach er, völlig in sich gekehrt, während der schönen Bootsregatta am Sonntag, kein Wort, weil ihn die Tatsache des Krieges in Europa zu sehr belastete. Hinzu kam noch, daß er das ganze Wochenende von rasenden Zahnschmerzen geplagt wurde, die er mit Alkohol zu betäuben suchte, und obendrein mit Gefühlen der Eifersucht kämpfte.[134]

(4) Der Herbst 1939 wurde für ihn zu einer schwierigen Zeit. Ein Lebensgefühl der Leere und Unwirklichkeit schlich sich ein. Nichts, was er in seinem Leben anpackte, schien Hand und Fuß zu haben. Er schrieb viel über das Leben und die Liebe und doch schien alles nur Theorie zu sein. Mit seinen schriftstellerischen Arbeiten war er sehr unzufrieden, er wußte zwar viel über Stil und Textaufbau zu sagen, mußte aber erkennen, daß er selbst keinen eigenen Stil entwickelt hatte und nicht einmal in der Lage zu sein schien, interessant zu schreiben. Und selbst wenn gute Passagen dazwischen auftauchten, so fehlte es an Struktur und Zusammenhang.[135] Auch sein religiöses Leben schien zu stagnieren. *„Ich hörte den Ruf, und war doch nicht imstande, ihn zu fassen und zu begreifen. Vielleicht war es für mich innerlich überhaupt unmöglich, eine solche Aufgabe zu erfüllen, weil ich noch gar nicht wußte, wie*

---

[133] BSS, 261.

[134] Von diesem Wochenende blieb Jinny Burton jedoch vor allem seine Losgelöstheit und sein Esprit im Gedächtnis. Vgl. Mott, 134f.

[135] Vgl. aaO. 136ff. Mott stellt Überlegungen an, woran der schriftstellerische Mißerfolg Mertons gelegen haben mochte, da seine Tagebücher und Notizbücher doch mit großer Lebendigkeit und subtiler Wahrnehmung geschrieben worden seien. Als möglichen Grund sieht Mott gekünstelte Konstruktionen, um Stil und abstrakte Theorien darzustellen. Merton hätte in dieser Krisenzeit jedoch selbst erkannt, daß Authentizität und Echtheit zu besserem Schreiben führen würde als konstruierte Abstraktionen.

man beten, Opfer bringen, der Welt entsagen, ein übernatürliches Leben füh-
ren mußte."[136]
„Wo steckte mein Wille? 'Wo dein Schatz ist, da ist dein Herz.' Ich bewahrte
meine Schätze nicht im Himmel auf. Sie befanden sich alle auf Erden. Ich
wollte Schriftsteller, Dichter, Kritiker, Professor werden. Ich wollte alle Freu-
den des Geistes und Gefühls genießen. Und um sie mir zu verschaffen, zögerte
ich nicht mich in Abenteuer zu stürzen, von denen ich wußte, daß sie in einem
geistig-religiösen Unglück enden mußten - obwohl mich gewöhnlich meine
Triebe so sehr verblendeten, daß ich den Ausgang nie klar erkannte, bis es zu
spät und der Schaden schon geschehen war."[137]

(5) Sein Freund Lax schlug ihm schlicht vor, als Lebensziel doch anzustreben,
ein Heiliger zu werden. *„ 'Ich kann nicht ein Heiliger werden', sagte ich, 'ich*
kann es nicht.' [..] Aber Lax antwortete: 'Nein. Wer ein Heiliger werden will,
muß es notwendigerweise wollen. Glaubst du nicht, daß Gott dich zu dem ma-
chen wird, wofür er dich geschaffen hat, wenn du darin einwilligst?' Schon
längst hatte der heilige Thomas von Aquin dasselbe gesagt - und genau das-
selbe geht aus dem Evangelium hervor für jeden, der es fassen will. Als Lax
fort war, dachte ich darüber nach, und es wurde mir klar. Am nächsten Tag
sagte ich zu Mark Van Doren: 'Lax behauptet, das einzige was ein Mensch be-
nötige, um ein Heiliger zu weden, sei daß er es werden wolle.' 'Sicher', erwi-
derte Mark. Diese Menschen waren weit bessere Christen als ich. Sie verstan-
den Gott besser als ich. Was tat ich? Warum war ich so langsam, so verwirrt,
so unsicher auf meinem Wege und so unklar?"[138]

2.1.2 Entscheidung für den Priesterberuf

(6) Nicht wenige Nächte verbrachte er in dieser Zeit mit Jinny Burton in
„Nick's" oder „El Chico's", wo sie gekonnt auf lateinamerikanische Rhythmen
tanzten. Merton wurde an diesen Abenden nicht nur große Begabung als Tänzer bescheinigt, sondern auch als Jazz-Musiker, wenn er ein Klavier zu spielen bekam. Er wurde jedoch auch dieser Unternehmungen überdrüssig und
faßte eines Morgens nach durchzechter Nacht im Beisein von Kameraden
plötzlich den Beschluß, Priester zu werden.[139] Dieser Wunsch traf ihn aufs
heftigste. Noch am selben Tag legte er während der Eucharistie ein Versprechen ab.

[136] BSS, 240.
[137] AaO. 243.
[138] AaO. 251.
[139] Vgl. aaO. 265ff. und Mott, 139. Der Beschluß wird in BSS als sehr plötzlich dargestellt
und Mott unterstellt Merton, er habe dies um der Theatralik willen getan. Auch die Gespräche zu diesem Thema mit Dan Walsh seien schon früher gelaufen. In der Tat beweg-
ten Merton bereis im Katechumenat und danach Gedanken über seine mögliche Berufung
zum Priester, allerdings nur als „dunkles Verlangen" und ohne Nachdruck, vgl. BSS, 228
u. 241.

„Ich richtete den Blick auf die Monstranz und die weiße Hostie. Da wurde mir auf einmal klar, daß mein ganzes Leben an einem Wendepunkt stand. Weit mehr, als ich mir vorstellen, als ich begreifen und ahnen konnte, hing jetzt von einem Wort - einer Entscheidung, die ich zu fällen hatte, ab. [..] So stand nun die Frage vor mir: „Willst du wirklich Priester werden? Wenn ja, so sag ...„ [..] Ich schaute die Hostie an und wußte nun, wen ich darin erblickte und sprach: „Ja, ich will Priester werden, aus ganzem Herzen will ich es. Wenn es Dein Wille ist, so mach mich zum Priester - mache mich zum Priester.“[140]

(7) Bei einem Spaziergang mit Dan Walsh teilte er Walsh mit, daß er das Verlangen verspüre, in einen Orden einzutreten und Priester zu werden. Walsh zeigte sich sofort erfreut und hielt ihn für sehr geeignet. Für Merton war dieses Urteil von großer Bedeutung. Mit Dan Walsh überlegte er in der nächsten Zeit, welcher Orden am ehesten für ihn in Frage käme. Die Jesuiten, vor denen Merton nach der Lektüre von Joyce eher Angst hatte oder die Trappisten, welche Walsh von regelmäßigen Exerzitien her kannte, kamen aufgrund ihrer Strenge für ihn nicht in Betracht. So schlug Walsh vor, er solle sich doch bei den Franziskanern bewerben. Der Vorschlag gefiel Merton, und er reichte bald darauf seine Bitte um die Aufnahme ins Seminar bei den Franziskanern ein.[141] Die Antwort der Franziskaner ließ jedoch auf sich warten, da verschiedene Formulare und Bescheinigungen fehlten, die erst aus Europa angefordert werden mußten. Merton begann indes mit den Exerzitien des Ignatius von Loyola und widmete diesen täglich mindestens eine Stunde. Dadurch wurde er ruhiger. Darüberhinaus ging er nun täglich zur Kommunion, wie auch regelmäßig zur Beichte.

Seine Freunde akzeptierten seinen Entschluß, Priester zu werden, schon alleine der Freundschaft wegen. Das hieß natürlich nicht, daß diesen Entschluß auch alle nachvollziehen konnten, so glaubte beispielsweise Bob Gibney nicht an den Ernst seiner Entscheidung oder Ad und Joan Reinhardt, überzeugte Kommunisten, hielten ein Kloster allenfalls für geeignet, ein Dach über dem Kopf und Essen sicherzustellen. Sein Freund Ed Rice spielte jedoch selbst mit dem Gedanken, Priester zu werden. Merton hätte dies gern gesehen. Im Gespräch stellte sich jedoch heraus, daß Rice sich zwar vorstellen konnte, auf Ehe zu verzichten, nicht jedoch auf die Freiheit, schriftstellerisch aktiv zu bleiben. Letzterem gab er wenig Chancen und nahm deshalb wieder Abstand von Berufungsgedanken. Merton äußerte Übereinstimmung in den Prioritäten: 'Verzicht auf Ehe, ja, Verzicht auf Schreiben, nein', vertraute jedoch darauf, im Kloster Schriftsteller bleiben zu können.[142]

Ende 1939 waren nun alle nötigen Formulare bei den Franziskanern eingetroffen und Merton wurde zu Gesprächen mit Pater Edmund vorgeladen. Für den Eintritt ins Noviziat bekam er eine Zusage, allerdings war er sehr enttäuscht

---

[140] AaO. 267f.

[141] Vgl. Mott, 123f.

[142] Vgl. aaO. 142f. Merton hatte sich in den Jahren zuvor in seinen Tagebüchern positiv gegenüber einer Eheschließung geäußert, er war ja auch ständig verliebt und hatte im Lauf der Jahre viele Freundinnen. Meistens waren die Freundschaften von kurzer Dauer, zwei davon ausgenommen mit zwei Frauen, darunter die mit Jinny Burton.

zu hören, daß der für ihn frühest mögliche Kurs im August 1940 beginnen würde. Er versuchte, einen früheren Zeitpunkt auszuhandeln, aber ohne Erfolg.

Zu der Enttäuschung, noch über ein halbes Jahr auf den Eintritt ins franziskanische Seminar warten zu müssen, gesellten sich noch zwei weitere. Eine davon war, daß ihm mitgeteilt wurde, seine Doktorarbeit nicht über die Gedichte von Gerald Manley Hopkins schreiben zu können. Die andere bestand darin, daß nun der dritte Verlag seine eingesandte Novelle ablehnte. Was sein Schreiben anging, suchte er sich nun Hilfe bei der Literaturagentur Curtis Brown und wurde dort einer Miss Naomi Burton zugeteilt. Dieses Mal hatte er Glück, denn Burton gefiel 'Das Labyrinth' und er wurde übernommen.

2.1.3 Die Reise nach Kuba

(8) Im Frühjahr 1940 entschloß sich Merton, von einer Blinddarmoperation gerade wieder genesen, zu einer Reise nach Kuba. Es sollte eine Wallfahrt zu Unserer Lieben Frau von Cobre sein, und die Reise war in der Tat durch und durch religiös geprägt, denn Merton deutete alle Begegnungen mit Natur und Menschen dieses Landes als „Überhäufung mit Gnade"[143]. Er genoß die spanische Sprache, die kubanische Geselligkeit und die katholische Frömmigkeit der Leute und fand auch immer viele Zuhörer, wenn er selbst das Wort ergriff, um eine Rede über Religion und Moral zu halten.

Der Besuch in Cobre wurde indes zu einer Enttäuschung, schlicht weil er dort keine Ruhe zum Gebet fand. Allerdings legte er dort ein Gelübde ab. *„Da bist du, Caridad del Cobre! Dich zu besuchen, bin ich gekommen. Bitte Christus, daß er mich zum Priester mache, dann will ich dir mein Herz schenken, o Jungfrau! Und wenn du für mich das Priestertum erlangst, so will ich bei der Primiz deiner Bitte gedenken, dir die Messe weihen und sie durch deine Hände der Heiligen Dreifaltigkeit, welche deine Liebe benützte, um mir diese große Gnade zu erlangen, als Dankesopfer darbringen."*[144]

(9) Eine prägende Glaubenserfahrung machte er zurück von Cobre in Havanna.

„Nach meiner Rückkehr nach Havanna kam mir eine höchst bedeutsame Erkenntnis. Ich begriff plötzlich, nicht bloß geistig, sondern erfahrungsgemäß die ganze Nutzlosigkeit dessen, was ich halb vorsätzlich erwartete: die Erscheinungen auf den Ceicabäumen. Diese Erfahrung öffnete mir ein weiteres Tor, ein Tor in eine unendlich neue Welt, eine Welt, die völlig außerhalb der unsern und unendlich hoch über ihr steht - es war nicht eine Welt, sondern es war Gott selbst. Ich befand mich in der Franziskuskirche in Havanna. Es war Sonntag. Ich war in einer andern Kirche zur Kommunion gewesen, ich glaube in El Christo, und wohnte nun einer weiteren Messe bei. Die Kirche war gedrängt voll. Vorn beim Altar knieten in dichten Reihen die Kinder. Ich weiß

---

[143] Vgl. BSS, 291.
[144] AaO. 294.

nicht mehr, waren es Erstkommunikanten oder nicht: jedenfalls befanden sie sich in diesem Alter. Ich kniete weit hinten, gewahrte aber die Köpfe all dieser Kinder. Der Augenblick der Wandlung nahte. Der Priester streckte die Hostie in die Höhe, erhob dann den Kelch. Als er den Kelch wieder auf den Altar gesetzt hatte, stand auf einmal ein Mönch im braunen Gewand mit dem weißen Strick vor den Kindern, und alle Kinderstimmen miteinander hoben laut an: 'Creo en Diós...'

'Ich glaube an Gott Vater, den allmächtigen Schöpfer Himmels und der Erde...'

Es war das Glaubensbekenntnis. Aber dieser Schrei: 'Creo en Diós!' tönte so laut, unerwartet, fröhlich und sieghaft! Es war ein herzhafter, kraftvoller Ausruf, den all diese kubanischen Kinder ausstießen, eine freudige Bekräftigung des Glaubens.

Da erwachte in meinem Innern, ebenso plötzlich und bestimmt wie dieser Schrei, aber tausendmal lichtvoller, die Einsicht, die Erkenntnis, das Bewußtsein dessen, was eben auf dem Altare bei der Wandlung geschehen war: das Bewußtsein, daß Gott durch die Worte der Wandlung in einer Weise gegenwärtig war, in der Er auch mir angehörte. Irgendwie war diese Einsicht unwahrnehmbar. Und doch traf sie mich wie ein Donnerschlag. Ein so helles Licht erleuchtete mich, daß es mit keinem sichtbaren Licht verglichen werden konnte, und doch leuchtete es so tief und zu innerst in mich hinein, daß es jede geringere Erfahrung zunichte machte. Am stärksten aber packte mich dabei die Erkenntnis, daß dieses Licht in einem gewissen Sinne ein 'gewöhnliches' Licht war - ein Licht (und das benahm mir am meisten den Atem), das jedermann zugänglich war und nichts Außergewöhnliches an sich hatte. Es war das zur äußersten, plötzlichen Deutlichkeit vertiefte und vereinfachte Licht des Glaubens. Der Grund, warum mich dieses Licht so sehr blendete und überwältigte, war, daß ihm keine Spur von Gefühl und Phantasie beigemischt war. Wenn ich es ein Licht nenne, so ist das eine Metapher, die ich erst lange nach dem Geschehnis verwende. Im Augenblick jedoch erdrückte mich jene Erkenntnis so sehr, daß sie alle Vergleiche und Metaphern entwaffnete und den ganzen Knoten der Bilder und Phantasmen, die wir naturgemäß zum Denken benötigen, durchschnitt. Sie drang über jede Erfahrung hinaus unvermittelt ins Herz der Wahrheit, als wäre eine plötzliche, unmittelbare Berührung zwischen meinem Verstand und der Wahrheit selbst, die sich wesenhaft vor mir auf dem Altar befand, hergestellt worden. Diese Berührung war keinesweges spekulativ und abstrakt; sie war konkret und erfahrungsbedingt und gehörte zur Ordnung der Erkenntnis, gewiß - aber noch weit mehr zur Ordnung der Liebe."[145]

---

[145] AaO. 295ff.

2.1.4 Selbstzweifel und Niederlage

(10) Zurück in New York wurde Merton zunächst einmal durch die Kriegsnachrichten erschreckt. Die deutsche Armee stand in Holland, Belgien und Frankreich. Vor allem letzteres ging ihm nahe. Er entschied, wieder nach Olean zu fahren wie im Sommer zuvor.

Als er unterwegs noch seinen Bruder John Paul in Ithaca besuchte, schien dieser an jener geistigen Leere zu leiden, die Merton in seiner Cambridge-Zeit erlebt hatte. John Paul studierte kaum noch, sondern verbrachte den Großteil seiner Zeit in seinem Auto und in Cafés. Mertons Erzählungen von seiner Konversion zum katholischen Glauben hörte er sich höflich an, ohne näher nachzufragen. Sein einzig verbliebenes Interesse schien der Fliegerei zu gelten, welche er seit kurzem in Ithaca begonnen hatte. Merton schmerzte der Zusand seines Bruders, fühlte sich aber ohnmächtig, und reiste weiter.

In Olean war dieses Mal eine größere Gruppe anzufinden als im Jahr zuvor, darunter auch Frauen. Es wurde recht eng in der Hütte und einige der Männer, darunter Merton, zogen in die Garage. Dort wurde nun viel über den Kriegsdienst diskutiert und überlegt, wie man sich bei einem Einberufungsbescheid verhalten würde. Lax war ganz und gar Pazifist, die anderen eher hin- und hergerissen. Merton neigte auch zu einer pazifistischen Haltung, wußte aber, daß er als Seminarist ohnehin vom Kriegsdienst freigestellt würde. Als Seminarist stellte Merton sich nun oft in seinen Tagträumen vor, in brauner Kutte, auf den Ordensnamen John Spaniard hörend, mit demütigem Blick über lange Flure huschend. Er war glücklich bei diesen Vorstellungen und konnte den Eintritt in den Orden kaum mehr erwarten.

Die Gegenwart von Frauen in der Olean-Hütte löste allerdings in ihm Nachdenklichkeit aus. War dieses Thema für ihn wirklich ganz geklärt? Bedürfnisse, von denen er sich in den letzten Monaten frei gefühlt hatte, meldeten sich wieder. Aber, so überlegte er wiederum, auch wenn es schmerzte, würde er doch lieber auf das Zusammensein mit einer Frau verzichten, da ihm seine zahlreichen Beziehungen allzuviel Liebeskummer, Unruhe und Seelenqual eingebracht hatten.[146] Von diesen Beziehungen, und besonders von seiner Cambridge-Vergangenheit, das wurde ihm nun unangenehm bewußt, hatte er gegenüber Pater Edmund nichts erwähnt. Dieses Versäumnis quälte ihn und er wollte sein Bekenntnis so schnell wie möglich nachholen.

Die Gedanken an seine Vergangenheit löschten aber plötzlich seine ganze Vorfreude auf das Noviziat aus. Er hatte Dinge verdrängt und verheimlicht, die hätten ausgesprochen werden müssen. Große Selbstzweifel überfielen ihn von einem Augenblick zum anderen. Selbst wenn sein Verlangen, Mönch zu werden, echt war, stimmte offensichtlich etwas an seiner Haltung nicht. Er hatte so getan, als wäre er kein großer Sünder. Zweifel und Verwirrung nahmen ihn jetzt völlig in Beschlag.

(11) Seine bösen Ahnungen wurden schließlich beim Gespräch mit Pater Edmund noch schlimmere Wirklichkeit. Möglicherweise hatte Pater Edmund

---

[146] Vgl. Mott, 155 und BSS, 304.

zuvor schon Mertons große Ungeduld, so schnell wie möglich ins Seminar aufgenommen zu werden, negativ bewertet. Vielleicht war man auch über jeden, der seine Bewerbung zurückzog, froh, da das Seminar ohnehin schon überfüllt war. Jedenfalls wurde Merton aus dem Gespräch mit der Überzeugung entlassen, daß seine Vergangenheit ein „legales Hindernis" für die Aufnahme ins Franziskanerkloster darstelle. Er könne nicht Priester oder Ordensmann werden.[147]

Entsetzt begab er sich in die nächstgelegene Kapuzinerkirche und schilderte dort im Beichtstuhl, unterbrochen von Schluchzen, dem diensttuenden Priester seine Geschichte. Anstatt Trost zu erfahren, mußte er sich jetzt jedoch noch den Verweis anhören, er mißbrauche das Sakrament der Beichte zu egoistischen Zwecken und verhalte sich hysterisch. Merton war zerstört. *„Völlig gebrochen ging ich aus diesem Gottesurteil hervor. Ich konnte die Tränen nicht mehr zurückhalten; sie rannen durch die Finger meiner beiden Hände, hinter denen ich mein Gesicht verbarg. So betete ich vor dem Tabernakel und dem großen steinernen Christus am Kreuz, der über dem Altar hing. Das einzige, was ich neben meinem furchtbaren Elend erkannte, war, daß ich nicht länger annehmen durfte, ich hätte den Ordensberuf."*[148]

(12) Er war froh, daß Jinny Burton, als er sie aufsuchte, nicht viele Fragen stellte, sondern ihn nach Urbanna einlud, wo ein Arbeitsurlaub zum Bau einer Sommerhütte stattfinden sollte. Merton kam mit, blieb jedoch nur eine Woche. Er hatte einen Entschluß gefaßt: Wenn es ihm schon nicht möglich war, den Ordensberuf zu ergreifen, so wollte er dennoch leben wie ein Priester. *„Es kam für mich nicht mehr in Frage, daß ich so lebte wie die Weltleute. Ich wollte nichts mehr gemein haben mit dem Leben, das mich bei jedem Schritt zu vergiften suchte. Ich mußte mich von all diesen Dingen abwenden. Gott hatte mich aus dem Kloster zurückgezogen: das war seine Sache. Er hatte mir auch den Beruf geschenkt, ähnlich zu leben wie die Mönche. Daß ich nicht Mönch oder Priester sein konnte - das war Sache Gottes. Trotzdem wollte ich irgendwie das Leben eines Priesters oder Ordensmannes führen."*[149] Er kaufte sich ein Brevier und begann damit, die Gebetszeiten zu halten. Ferner wollte er dem Dritten Orden beitreten.

2.1.5 Lehrer in St. Bonaventura

(13) Da nun der Herbst nicht in den geplanten Bahnen verlaufen sollte, stellte sich die Frage nach Alternativen. Er mußte für seinen Unterhalt sorgen und brauchte deswegen Arbeit.

In St. Bonaventura, einer franziskanischen Hochschule, unweit von Olean gelegen, hatte er gehört, würde eine Stelle im Fachbereich englische Literatur frei. Er bewarb sich als Lehrer. Dieses Mal hatte er Glück und wurde genom-

---

[147] Vgl. Mott, 156.
[148] BSS, 311.
[149] AaO. 316.

men. Es war eine solide Stelle mit freier Kost und Logie und einem Monatslohn von 45 Dollar; in einer Zeit der Rezession und Arbeitslosigkeit wahrlich ein Glücksfall. Einmal reiste er in diesem Herbst noch nach New York, um bei Frau Burton seine Novelle 'The man in a Syncamore Tree' abzugeben.
Eine gute, wenn auch anstrengende Zeit, brach nun für ihn an. Die geordnete Lebensweise, zu der zuerst die Einhaltung der Stundengebete, dann aber auch die regelmäßigen Arbeits-, Essens- und Schlafenszeiten gehörten, tat ihm sehr gut. Er entwickelte dabei wieder eine große Schaffenskraft und schrieb neben seinen Unterrichtsvorbereitungen an Gedichten, Romanen, Novellen und Tagebüchern. Dazwischen legte er viele Streifzüge durch die Gegend ein, begeistert von der hügeligen Landschaft im Wechsel von Weiden und Wäldern. Im Vordergrund stand aber nun sein religiöses Leben.
„Das Schönste war jedoch, daß mein Wille in Ordnung war und meine Seele im Einklang stand mit sich selbst und mit Gott, wenn auch nicht ohne Kampf und Mühe. Diesen Preis mußte ich bezahlen, wollte ich nicht mein Leben völlig verlieren. Es blieb daher kein anderer Ausweg, als geduldig auszuharren und mich von den Mühlsteinen der zwei widerstreitenden Gesetze in mir zermalmen zu lassen. Dabei empfand ich nicht die Spur eines verdienstlichen, gottgefälligen Martyriums; denn immer noch quälte mich die unvermischte, rohe und bedrückende Demütigung, die mir beständig ins Auge blickte, zu tief. 'Peccatum meum contra me est semper'. Und trotz allem lebte die tiefe, unverbrüchliche Gewißheit der Freiheit, die innere Gewißheit der Gnade, der Verbindung mit Gott in mir. Jeden Tag empfing ich das tägliche Brot und trat zur unermeßlichen segensvollen, mächtigen, verborgenen Heilquelle, die mein krankes Wesen vollkommen reinigte, stärkte und den armen, zerrissenen Nerv meines Innern mit seinem unendlichen Leben nährte.“[150]
(14) Das Unterrichten fiel ihm allerdings nicht leicht, er hatte Mühe, seine eigene Begeisterung für Literatur den Schülern zu vermitteln.[151] Er war außerdem irritiert, daß seine Schülerschaft so wenig Anteil nahm an dem Krieg, der in Europa wütete. Es schien für sie kein Thema zu sein. Gewaltsam wollte er jedoch nicht ihr Augenmerk in diese Richtung lenken. Bei ihm selbst tauchte der Krieg in Tag- und Nachtträumen auf, verfolgte ihn unterschwellig ständig. Im November 1940 erhielt er, wie alle Studenten und Dozenten im wehrfähigen Alter an der Hochschule, das Einberufungsformular. Wenn er einberufen würde, so hatte er es sich überlegt, würde er um den Dienst als Sanitäter bitten, um nicht töten zu müssen und seinem Gewissen zu entsprechen.
Es gelang ihm weitgehend, ein priesterliches Leben zu führen. Er hatte das Rauchen eingestellt, Alkohol reduziert, Fleisch fast immer aus seiner Speisekarte verbannt. Die Brevierlesungen hielt er getreu ein. Es gab aber auch Niederlagen, so führte eine Begegnung mit einer Frau zu reuevollen Worten in seinem Tagebuch.[152]

---

[150] AaO. 320.
[151] Jedenfalls blieb er in der Erinnerung der Schüler eher eine blasse Figur, vgl. Mott, 162.
[152] Vgl. aaO. 162f. mit Bezug auf den Tagebucheintrag vom 2.März 1941 (vgl. Th.Merton, Run to the Mountain: the story of a vocation, NY 1995, 315) und auf den Tagebuchein-

(15) In den Weihnachtsferien reiste er wieder nach New York. Bei dieser Gelegenheit traf er sich mit Dan Walsh. Da er überlegte, ob er an Ostern irgendwo Einkehrtage machen könnte, erzählte ihm Walsh von den Exerzitien bei den Trappisten, den „Zisterziensern strenger Observanz" in Kentucky, an denen er regelmäßig teilnahm. Merton veranlaßte dieses Gespräch, an der Columbia Universitätsbibliothek nachzuschagen, was die Katholische Enzyklopädie über die Trappisten schrieb. Demnach schliefen sie in durch Vorhang geteilten Zellen in Schlafsälen, begannen wenige Stunden nach Mitternacht den Tag, fasteten das halbe Jahr, aßen fast ausschließlich Gemüse und Brot, und blieben lebenslang in den Gemäuern ihres Klosters. Freundschaften innerhalb des Ordens waren nicht erlaubt, alle Ordensmänner unterstanden in absolutem Gehorsam dem Abt und hatten sich an das Gebot des absoluten Schweigens zu halten. Die Ziele des Ordens waren Buße und Kontemplation, wobei wesentlich ausführlicher die Bußpraxis als die der Kontemplation beschrieben wurde.

Auch wenn er diese Beschreibung mit Schaudern las, so erwachte in ihm erneut, mit Wehmut, die Sehnsucht nach einem kontemplativen Ordensberuf. Er schrieb mit der Bitte um Exerzitien an das Kloster und erhielt eine Zusage für die Karwoche.[153] Zu gleicher Zeit kam nun der Musterungsbescheid, den er mit der Bitte um die Befreiung vom Waffendienst erwiderte. Bei der Musterung stellte sich jedoch heraus, daß er aufgrund seiner schlechten Zähne unter 1-B eingestuft und damit zurückgestellt wurde.

(16) Samstag früh vor Palmsonntag 1941 machte er sich auf den langen Weg nach Kentucky zum Trappistenkloster Gethsemani. Als er am Montag um acht Uhr abends ankam, lag das Kloster in Dunkelheit vor ihm, denn die Mönche waren bereits zu Bett gegangen. Der Pfortenbruder mußte erst herausgeklingelt werden. Auf dem Weg ins Gästehaus fragte der Bruder, ob er denn für immer bleiben würde, eine Frage, die Merton erschreckte und die er schnell verneinte.

Am nächsten Morgen und in den folgenden Tagen war er zutiefst beeindruckt von den Gottesdiensten, den Psalmgebeten und der schweigenden, demütigen, in weiß gekleideten Mönchsschar. Die Bußfertigkeit und die nüchterne, aber schöne Karfreitagsliturgie des Ordens machten ihn betroffen und rückten ihm erneut die eigene Sündhaftigkeit ins Bewußtsein.

„'Erkennst du, was Liebe ist? Nie hast du den Sinn der Liebe erfaßt, du, der stets alles in den Mittelpunkt deines eigenen Nichts zogst. Hier ist die Liebe, in diesem Kelch des Blutes und Opfers und der Hingabe. Weißt du, daß die Liebe den Tod fordert zu Ehren des Geliebten? Und wo ist deine Liebe? Wo

---

trag vom 30.Januar 1965 (Th.Merton, Dancing in the Water of Life: seeking peace in the hermitage, NY 1997, 198); in letzterem beschrieb es Merton als Ehebruch.

[153] Vgl. Mott, 168 und BSS, 328f.; beide Beschreibungen differieren hier, in der Autobiographie überwiegt die Begeisterung für den Ordensberuf, Motts Nachforschungen zeigen auf, daß Merton gar nicht sicher war, ob er Exerzitien in einem trappistischen Orden machen wollte.

ist dein Kreuz, da du mir nachfolgen willst und vorgibst, mich zu lieben?' In der ganzen Kirche klangen lieblich und taufrisch die Glöckchen.
'Diese Menschen sterben für mich. Diese Mönche töten sich selbst für mich: und für dich, für die Welt, für die Menschen die mich nicht kennen, für die Millionen, die auf dieser Erde nie von ihnen wissen werden...' Nach der Kommunion war mir, als müsse mein Herz zerspringen.
[...] Die Wirkung dieser Liturgie war umso mächtiger, als sie die eine, klare, zwingende, gewaltige Wahrheit ausdrückte: daß diese Kirche, der Hof der Himmelskönigin, die wahre Hauptstadt des Landes sei, in dem wir lebten. Hier steht der Mittelpunkt der ganzen Lebenskraft Amerikas. Hier liegt die Ursache und der Grund der innern Verbundenheit der Nation. Diese in der Anonymität ihres Chors und ihrer weißen Gewänder verborgenen Männer leisten für ihr Land, was keine Armee, kein Kongreß, kein Präsident je leisten könne: Sie erlangen ihm die Gnade, den Schutz und die Freundschaft Gottes."[154]

Merton blieb acht Tage in Gethsemani und schrieb in dieser Zeit dreiundzwanzig Seiten in sein Tagebuch.[155] Wie im Rausch sog er die Eindrücke, Gedanken und Stimmungen in sich auf. Da er den Tagesablauf der Mönche einhielt, abends jedoch nicht zeitig zu Bett ging, sondern aufgewühlt nachsinnte und schrieb, war er bald mit seinen Kräften völlig am Ende.

Das hinderte ihn nicht, sich entgegen des relativen Schweigegebots im Gästehaus mit einem anderen Exerzitenteilnehmer in aller Lautstärke über Gottesbeweise zu streiten, bis der Gästepater Einhalt gebot. Verschiedene Gespräche mit dem Gästepater fanden statt, doch Merton wagte nicht, die ihn am meisten drängende Frage zu stellen. War das Nein der Franziskaner unumstößlich? Unzufrieden mit sich selbst und erschöpft reiste er am Ostermontag wieder ab.

(17) Die intensiven Tage im Kloster ließen nun „die Welt" und seinen Alltag noch viel schaler und „vergifteter" erscheinen, als er es zuvor schon empfunden hatte. Die Städte waren zu laut und zu häßlich, die Kleidung der Frauen zu militärisch, die Menschen zu hektisch und Europa in einem schrecklichen Krieg. Dorthin gehörte er nicht mehr, ohne daß er einen Ausweg erkennen konnte. Er fühlte sich herausgerufen, ohne zu wissen, wohin; berufen ohne Berufung. Die Berufungsfrage versuchte er zu verdrängen und widmete sich in seinen Tagebüchern anderen Auseinandersetzungen. Wie sollte er sich angesichts des Krieges verhalten, wenn er grundsätzlich gegen Krieg, aber doch kein Pazifist war? Wie war der Glaube mit sozialer Ungerechtigkeit zu vereinbaren? Dann aber kehrten seine Gedanken doch zu seiner persönlichen Lage zurück. Er hatte in der Vergangenheit große Fehler gemacht. Dann hatten sich ihm zwei Chancen des Neuanfangs geboten, sein Umsiedeln nach Amerika und seine Konversion zum Katholizismus. Er hatte sie genutzt und dennoch hatte sich sein Leben nicht grundlegend verändert. Zwar versuchte er, als guter Katholik zu leben, aber wie lange würde ihm das aus sich heraus gelingen?

---

[154] BSS, 337f.
[155] Vgl. Mott, 172f. Mott bemerkt, daß der Schriftsteller Merton wesentlich mehr Raum einnahm als der Kontemplative Merton.

Gelang es ihm überhaupt? Es war nicht leicht, ein guter Mensch zu sein. Auch sein Vater war ein guter Mensch gewesen, war aber in vielem doch gescheitert. Er hatte keine Familie. Die Freunde aus dem Freundeskreis der Columbia, mit denen er in Olean noch so gute Gemeinschaft erlebte, waren nun in alle Richtungen verstreut; manche hatten irgendwo eine Arbeitsstelle, andere dienten im Militär. Irgendeinen äußeren Halt brauchte er, eine Struktur, die ihm half, dem Willen Gottes gemäß zu leben.[156]

Er bedurfte des Rates, wußte aber niemanden oder wagte auch nicht, einen Geistlichen zu fragen. Die Angst, wieder abgewiesen zu werden, war zu groß. Zunächst mußte er bei seinem persönlichen geistlichen Leben bleiben. Öfters erinnerte er sich an das Gespräch mit Lax, in dem dieser ihm geraten hatte, als Lebensziel anzustreben, ein Heiliger zu werden. Dabei entdeckte er ein neues Vorbild, paradoxerweise war es Therese von Lisieux, jene Heilige, die einem Intellektuellen mit nüchternem Geschmack und etwas theologischer Bildung eher Gänsehaut erzeugte als Verehrung. Es war jedoch die radikale Hingabe, die originelle, aber auch einsame Religiosität und die Liebeskraft jener Heiligen, die Merton überzeugte. Hingabe und Sühne waren Haltungen, die ihn tief beeindruckten, dies hatte sich auch kürzlich in Gethsemani gezeigt.

Immerhin hatte der „New Yorker" wieder ein Gedicht von ihm abgedruckt und mit zweiundzwanzig Dollar dotiert. Ein kleiner Trost in dieser Zeit der inneren Unruhe.

2.1.6 Einsatz in Harlem

(18) Eine andere Begebenheit wurde für Merton wichtig. Im Rahmen einer Vortragsreihe in St. Bonaventura über Einsätze der Kirche in der Welt trat Catherine de Hueck, eine russische Baronin auf, die in Harlem ein soziales Projekt für Schwarze aufgebaut hatte. Der Vortrag wurde im Freien gehalten und Merton kam eher zufällig vorbei, wurde jedoch schnell angezogen von der energischen Frauenstimme. In diesem Vortrag war die Baronin sehr offensiv und griff die Bewohner des Klosters unverblümt an. Sie warf ihnen Gleichgültigkeit und Bequemlichkeit angesichts der drängenden Sozial- und Rassenprobleme im Lande vor. Merton hatte im Stillen sofort einige Gegenargumente parat, besann sich aber und bot in der Pause der Baronin für die vorlesungsfreie Zeit seine Hilfe an. Diese erwiderte ihm ein ungläubiges „gewiß!" und war überrascht, im August Merton tatsächlich als Helfer in ihrem Zentrum vorzufinden.

Dieser Schritt war Merton wirklich nicht leicht gefallen. Zahlreiche Ängste vor dem berüchtigtem Harlem waren aufgetaucht und nur in Bündelung seines gesamten Mutes gelang ihm die Ausführung seines Vorsatzes. Sollte er einen Beruf wählen, der im Einsatz für die Armen und Unterdrückten bestand? Seine Ängste erwiesen sich bald als unnötig, wurde er doch in Harlem von der

---

[156] Vgl. aaO. 182f.

Mitarbeiterin Mary Jerdo herzlich aufgenommen und „einfachen" Aufgaben zugeteilt. Diese bestanden im Sortieren der Kleiderspenden und in der Beaufsichtigung Ping-Pong spielender Jugendlicher. Von aggressiven Negerbanden war im „Haus der Freundschaft" jedenfalls nichts zu sehen. Es gefiel ihm, daß Catherine de Hueck, deren nähere Bekanntschaft er nun machte, bei ihrer Sozialarbeit vor allem religiös motiviert war. Sie diskutierten heftig über christliche Lebensformen. Herausfordernd war für Merton, daß sie vom Ordensleben, vor allem vom kontemplativen, wenig hielt. Als er nach einigen Wochen wieder zurück in Bonaventura war, blieb er mit ihr in regem Briefkontakt und vertraute ihr viele seiner religiösen Überlegungen an.

(19) Er verbrachte nocheinmal bei Trappisten, dieses Mal im Kloster „Our Lady of the Valley", Rhode Island, eine Woche Exerzitien, bewußt mit der Frage, ob er eine Berufung für das Engagement in Harlem hätte. Die Antwort war negativ. *„Denn seit dem Erlebnis in Harlem hatte sich mir das Berufsproblem neu gestellt. Und zwar hatte es sich in diesen acht Tagen bis zum Feste der Geburt Mariä mehr oder weniger von selbst abgeklärt. Blieb ich in der Welt draußen, so bestand mein Beruf zuerst im Schreiben, dann im Unterrichterteilen. Eine praktische Betätigung wie diejenige im 'Friendship House' käme erst nach den beiden. Bis alles endgültig abgeklärt war, wollte ich bleiben, wo ich war, in St. Bonaventure's."* [157]

In seinem Tagebuch begründete er seine Entscheidung mit zwei Argumenten. Das erste Argument war, daß im Friendship House seinem Geschmack nach zuviele junge Frauen arbeiteten. Er hatte sich ertappt, wie er versuchte, die Frauen zu beeindrucken. Manche der Frauen hatte ihm danach schon auffällig zugelächelt. Frauen stellten für ihn jedoch eine Versuchung dar, der er nicht gewachsen war. Vielleicht wollte er geliebt werden, überlegte er, ohne selbst imstande zu sein, viel Liebe zurückzugeben, jedenfalls hatte er sich schon vor einiger Zeit gegen Ehe und Partnerschaft entschieden. Der andere Punkt war, daß es ihn nicht mit Befriedigung erfüllte, schwarzen Jugendlichen beim Tischtennisspielen zuzusehen, es langweilte ihn schlichtweg. [158]

Als die Baronin dann jedoch kurz darauf wieder zu einem Vortrag nach St. Bonaventura kam und ihn auf den Kopf zu fragte, ob er nun endgültig nach Harlem käme, war er so überrumpelt, daß er ihr zusagte. Er müsse nur noch das Semesterende abwarten, antwortete er, und das hieß, bis Anfang des Neuen Jahres in St. Bonaventura zu bleiben.

Vielleicht war die Frage der Baronin und seine Antwort die Fügung, daß er doch endgültig nach Harlem gehen sollte, dachte er nun. Stutzig machte ihn nur, daß die Baronin ihn am gleichen Tag auch fragte, ob er denn nie daran gedacht hätte, Priester zu werden. Als sein Schulleiter Thomas Plassman bei seiner Ankündigung, die Schule zu verlassen, ihn das gleiche fragte und schließlich kurz darauf bei einem Treffen mit Mark Van Doren dieser das Thema ebenso ansprach, wußte er, daß diese Frage noch einmal neu gestellt werden mußte. War er doch zum Priester berufen?

---

[157] BSS, 368.
[158] Vgl. Mott, 197f. und BSS, 368f.

2.1.7 Entscheidung für die Trappisten

(20) Durch die Zusage an die Baronin und seiner Kündigung an der Schule gab es nun ein Ultimatum. Die Zeit drängte und er mußte nun dringend mit einem Geistlichen sprechen.

Noch mehr, plötzlich wurde ihm klar, daß sein größter Wunsch war, Trappist zu werden. *„Die Tage verliefen ereignislos. Es war Ende November. Die Tage waren kurz und dunkel. Endlich fühlte ich mich am Donnerstagabend dieser Woche auf einmal von der lebhaften Überzeugung ergriffen:'Die Zeit, Trappist zu werden, ist für mich da.' Woher war der Gedanke gekommen? Ich wußte nur, daß er plötzlich da stand. Und zwar mächtig, unwiderstehlich und klar. Ich nahm das kleine Buch über das Leben der Zisterzienser, das ich in Gethsemani gekauft hatte, zur Hand, blätterte die Seiten um, als hätten sie mir noch etwas mehr zu sagen. Sie schienen mir alle mit glühenden, feurigen Worten beschrieben. Ich ging zum Abendessen, kehrte zurück und nahm das Buch wieder hervor. Mein Inneres war völlig durchdrungen von dieser Überzeugung. Und doch blieb noch ein Zögern in mir zurück, wie stets bisher. Aber diesmal litt es keinen Aufschub mehr. Ich mußte ein- für allemal damit fertig werden und eine Antwort finden. Ich mußte mit jemandem sprechen, der sie mir gab. In fünf Minuten konnte das geschehen. Und jetzt war es Zeit. Jetzt."*[159]

Er wollte sofort mit Pater Philotheus sprechen, machte aber vor dessen Zimmer wieder kehrt und wiederholte diesen vergeblichen Anlauf nach zwei Stunden nocheinmal. Irgendetwas schien ihn beinahe physisch und gewaltsam zurückzuhalten. Erst beim dritten Male, zu später Stunde, überwand er diese Widerstände und klopfte. Pater Philotheus war der zuletzt aufgebliebene Mönch an diesem Abend. Die Unterredung war kurz, denn Pater Philotheus sah spontan keinen Grund, weshalb er nicht in ein Kloster eintreten und Priester werden sollte. Nur daß es ausgerechnet die Trappisten sein mußten, verstand er nicht.

Merton setzte sich sofort hin und schrieb an den Abt von Gethsemani mit der Bitte, über Weihnachten Exerzitien machen zu können. Kurz darauf kam auch schon die Zusage.

Zur selben Zeit kam ein anderer Brief. Das Rekrutierungsamt forderte Merton zu einer zweiten Musterung auf. Dies bedeutete aber nichts anderes, als daß die Einstufungskriterien gelockert worden waren und Merton nun sicher als tauglich hervorgehen würde. Er schrieb an das Amt mit der Bitte um Zurückstellung, da er in ein Kloster eintreten wolle. Der Bitte wurde stattgegeben und der Musterungstermin um vier Wochen verschoben.

Nach Gethsemani schrieb nun einen zweiten Brief mit der Bitte, schon früher kommen zu dürfen und erhielt auch hierfür die Erlaubnis.

(21) Nun ging alles sehr schnell. Merton ordnete seine Sachen, schickte seine Tagebücher, eine Kopie seiner Novelle 'Journal of My Escape from the Nazis' und eine getippte Fassung all seiner Gedichte an Mark Van Doren. Sein

---

[159] BSS, 381.

'Kubanisches Tagebuch' sandte er an Catherine de Hueck. Die besseren Kleider sandte er an Mary Jerdo im Friendship House. Bis auf fünf schenkte er alle seine Bücher der Bibliothek von St. Bonaventura.

Am siebten Dezember 1941 hörte er vom Angriff auf Pearl Harbour. Am nächsten Tag war Amerika in den Krieg eingetreten. Am neunten Dezember wurden seine Klassen unter den Lehrerkollegen verteilt. Er schrieb Briefe an seinen Onkel Harold, an Robert Lax, an Ed Rice, an die Baronin und an Mary Jerdo. Pater Plassman übergab ihm ein starkes Empfehlungsschreiben für den Abt von Gethsemani. Am 10. Dezember verließ Thomas Federal Merton, inzwischen fast siebenundzwanzigjährig, St. Bonaventura und fuhr nach Gethsemani, Kentucky.[160] *„Es war seltsam. Meile um Meile wuchs mein Verlangen nach dem Kloster in Unglaubliche. Ich war völlig in diesen einen Gedanken versunken. Und doch wuchsen auch, paradoxerweise, Meile um Meile, die Gelassenheit und der innere Friede in mir. Und wenn ich nicht aufgenommen würde? Dann ginge ich zur Armee. Sicher war dies ein Unglück? Keineswegs. Sollte mich das Kloster schließlich zurückweisen, so daß ich eingezogen würde, dann war es offensichtlich Gottes Wille. Ich hätte getan, was in meiner Macht war; das übrige lag in Gottes Hand. Und da meine Sehnsucht nach dem Kloster so gewaltig wuchs, beunruhigte mich der Gedanke, ich könnte doch noch, statt ins Kloster, in ein Armeelager kommen, in keiner Weise mehr. Ich war frei. Ich hatte meine Freiheit wiedererlangt. Ich gehörte Gott, und nicht mir selbst. Und Gott gehören, heißt frei sein, frei von allen Ängsten, Nöten und Mühsalen, welche zu dieser Erde und der Liebe zu den Dingen gehören. Was macht es aus, ob wir hier leben oder dort, dieses Kleid tragen oder jenes, wenn unser Leben Gott gehört, und wir uns vollständig in seine Hand gegeben haben? Das einzig Entscheidende ist das Opfer der wesenhaften Hingabe unserer selbst, unseres Willens. Alles andere ist Nebensache."*[161]

2.2 Der Vorgang der Berufung

Dieses Kapitel, das unter das Thema „Berufung" gestellt wird, ist biographisch und systematisch weitaus weniger umfassend als das Kapitel „Bekehrung". Dennoch soll dieser Lebensabschnitt zwischen Bekehrung und Eintritt ins Kloster als eigener behandelt werden, da er, wie in Teil III noch reflektiert werden wird, seine eigene Bedeutung in Mertons Glaubensentwicklung hatte.

In der Phase nach einem Studium oder einer Ausbildung, in der sich ein junger Mensch gewöhnlich in einem Beruf zu etablieren versucht, suchte Thomas Merton nach seiner Berufung. Welche Motive seine Suche steuerten und seine Entscheidung bestimmten, soll in den folgenden Abschnitten geklärt werden. Dazu soll zuerst nach dem Unterschied zwischen Beruf und Berufung gefragt werden.

---

[160] Daß er genau am 10. Dezember siebenundzwanzig Jahre später seine letzte Reise antreten würde, bleibt ein gewissermaßen mysteriöser Umstand.
[161] AaO. 388.

2.2.1 Konfessionell verschiedene Berufungsverständnisse

In den Evangelien gibt es zahlreiche Berufungsgeschichten. Es sind dies Erzählungen, in denen Jesus einen Mann in seine Jüngerschaft beruft, woraufhin dieser Mann in den meisten Fällen alles liegen und stehen läßt und Jesus nachfolgt (z.b. Mt 9,9; Joh 1,43; Mk 2, 14; Lk 5, 27).

Es gibt kirchlicherseits zwei Auslegungsschwerpunkte in der Unterscheidung von Beruf und Berufung: einen katholischen und einen protestantischen. Die Radikalität der Nachfolge, die sich auf die äußeren Lebensbedingungen erstreckt, scheint vorwiegend von der katholischen Auffassung von Berufung aufgenommen worden zu sein.

Historisch gesehen verfestigte sich dieses Verständnis von Berufung als Akt der radikalen Lebensumstellung einst parallel zum aufkommenden Mönchtum. Im frühen Mittelalter begann man dann, die Berufung als „vocatio" auf das Mönchtum zu beschränken, eine exklusive Verbindung von Berufung und geistlichem Stand wurde dadurch hergestellt. Die Mönche standen durch die vocatio, den Ruf zur Erfüllung der evangelischen Räte, dem Stand der Vollkommenheit näher als die übrigen Christen, die nur zum Einhalten der Gebote (praecepta) aufgerufen waren. Dadurch entstand jene Kluft zwischen geistlichem und weltlichem Stand, die Berufung nur noch für die eine Seite, nämlich die geistliche, denkbar und möglich ließ.[162] Biblisch wurde dieses Verständnis auf den in den Evangelien beschriebenen Ruf Jesu Christi bezogen, verbunden mit radikalem Wechsel von Umgebung und Beruf. Wichtig war dabei, daß der Einzelne sich die neue Tätigkeit nicht selbst wählte, sondern sie aus höherer Bestimmung herrührte, auch entsprechend der Berufung der Propheten im Alten Testament. Wenn sich Propheten im Alten Testament als von Gott berufen verstanden oder erklärten, bedeutete dies, daß sie ihre Reden und Taten nicht der eigenen Initiative, sondern der göttlichen entsprungen wissen wollten.[163]

Luther war nicht zufrieden mit diesem Berufungsverständnis und wies darauf hin, daß es biblisch auch noch eine andere Deutung von Berufung gab, nämlich die des Paulus.[164]

Bei Paulus, der äußerst häufig mit dem Verb *kalein* operiert, ist Berufung die Annahme des Glaubens an Jesus Christus und die Erlangung der Gnade überhaupt. Berufung ist damit Angelegenheit eines jeden Gläubigen. Von Gott berufen sein heißt danach, Heil und Gnade in Jesus Christus gläubig anzunehmen, eine Gnade, die natürlich auch keinesfalls selbst gewonnen, sondern

---

[162] Vgl. F. Wagner, Berufung III, in: TRE, Berlin New York 1980, 691.

[163] Dabei wurden die prophetischen Berufungsberichte „anscheinend mehr durch reflektierendes Interesse gestaltet als durch irgendeine unmittelbare Nötigung der Propheten, sich in Augenblicken, in denen ihre Autorität angefochten war, zu verteidigen." B. O. Long, Berufung I, in: TRE, Berlin New York 1980, 683.
Die Theologie der Berufung im Alten Testament ist nach Long eng mit einer Theologie von Geschichte und Offenbarung verbunden. In der Exilszeit wurde der Begriff der Berufung ausgeweitet auf die Berufung ganz Israels.

[164] Vgl. Wagner, 691.

ausschließlich von Gott geschenkt wird.[165] Den Beruf des Apostels reiht Paulus in die Reihe anderer von Gott gesegneten Berufe ein: „So hat Gott in der Kirche die einen als Apostel eingesetzt, die andern als Propheten, die dritten als Lehrer; ferner verlieh er die Kraft, Wunder zu tun, sodann die Gaben, Krankheiten zu heilen, zu helfen, zu leiten, endlich die verschiedenen Arten von Zungenrede." (1Kor 12, 28) Berufung öffnet hier die Perspektive für viele Berufe, und damit die Möglichkeit, entsprechend der persönlichen Begabung das Evangelium Jesu Christi konkret werden zu lassen.

Luther und die Reformatoren sprachen sich gegen eine Höherbewertung der monastischen vocatio gegenüber der Berufung des Menschen in seinen jeweils besonderen weltlichen Stand aus. In Anlehnung an Paulus lehrte Luther, daß Gott den Menschen sowohl in einen geistlichen wie auch einen weltlichen Stand berufen könne.

Seit dem Zweiten Vatikanum gibt es auch innerhalb der katholischen Kirche Ansätze zugunsten einer Ausweitung des Verständnisses von Apostolat und Priesteramt, und damit auch der Berufung. Aus dem Dekret über die Kirche (LG, bes. Art. 10, wo vom gemeinsamen Priesteramt der Gläubigen gesprochen wird) und aus dem Dekret über das Apostolat der Laien (AA, bes. Art. 3), wo gesagt wird, daß Laien „Pflicht und Recht zum Apostolat" haben, lassen sich solche Schlüsse ziehen.[166]

Diese Differenzen beschäftigten jedoch Thomas Merton 1939 nicht. Er bewegte sich auf dem Boden eines traditionell katholischen Berufungsverständnisses, weshalb ihm weniger in den Sinn kam, daß er auch zu einem anderen „segensreichen weltlichen" Beruf berufen sein könnte. Obgleich Merton vom „Priesterberuf" sprach, stellte er diesen Beruf nicht in die Reihe anderer Berufe, sondern behandelte ihn von Anfang an als andere Kategorie, als „Berufung"[167]. Er sehnte sich nach einem „übernatürlichen Leben" und „hörte den Ruf" (4), was aus seiner neuen katholischen Sicht hieß, den „Ruf" in einer Berufung zum Ordensmann oder zum Priester zu verwirklichen.[168] Daß zu diesen religiösen Motiven noch andere kamen, wird unten erläutert.

---

[165] Nach F. Wagner hat Berufung damit die „Bedeutung eines terminus technicus für Vermittlung und Empfang des in Jesus Christus manifest gewordenen Heils." Wagner, Berufung II, 686. (Vgl., Röm 4,17; 8,30; 9,12.24; 11,29; 1Kor 1, 9.26: 7,15. 17; Gal 1,15; 5,8; Phil 3,14; 1 Thess 2,12; 4,7; 5,24; 2 Thess 2,14; 2 Tim 1,9).

[166] Im LThK von 1986 (1957) gibt es interessanterweise noch zwei Artikel, einen zu „Berufung" und einen zu „Berufung zum Priester und Ordensstand". Bei ersterem (von E.Neuhäuser) wird einerseits der „Ruf ins Heil" aller Christen entsprechend paulinischer Theologie betont, andererseits betont: „der Christ verbleibt in der Welt, gehört ihr aber grundsätzlich nicht mehr an". F. Dander, Art. Berufung zum Priester- u. Ordensstand, ²LThK, Bd. 2, 283.

[167] Vgl. BSS 228: „...über meinen Priesterberuf beraten müsse.."; „...Lenkung meiner Berufung.." AaO. 265: „Es war ein neues, tiefes, klares Bewußtsein, daß ich wirklich zum Priester berufen sei."

[168] Mit der strikten Trennung von Beruf und Berufung liegt Merton indes nicht nur auf der Linie katholischer Tradition, sondern auch im Trend neuzeitlich-moderner Entwicklung. Je weiter sich der Mensch seit Beginn der Neuzeit von theologischen Vorgaben löste, desto weiter entfernten sich auch die Vorstellungen einer möglichen Verbindung von Beruf

2.2.2 Begebenheiten bis zur Entscheidung für die Trappisten

Ein wichtiger Beitrag zu Mertons Suche nach dem „Ruf" war gewiß die Aufforderung von Robert Lax, ein „Heiliger" zu werden. (5) Robert Lax, selbst religiös offen, übernahm damit jene katholische Auffassung, die zwischen heiligem und nicht-heiligem Leben trennte, und die Konsequenz daraus konnte für Merton nur sein, seinem Berufungsgedanken in Sinne des katholischen Berufungsverständnisses weiter nachzugehen.
Merton pflegte danach eine Art „Kairos-Dramatik", wenn er nach durchzechter Nacht salbungsvoll die Entscheidung aussprach, Priester werden zu wollen, angesichts der Hostie ein feierliches Versprechen ablegte, (6) oder in Cobre ein Gelübde machte. (8)

Mit seiner Panik, den Zeitpunkt des Eintritts zu verpassen, hatte er offensichtlich bei Pater Edmund keinen guten Eindruck erweckt, es war jedoch von dessen Seite aus völlig unangemessen, ihn nur nach einem Gespräch mit der Nennung eines „legalen Hindernisses" - ein Ausspruch ohne kirchenrechtliche Basis - eine Absage zu erteilen. (11) Ungerecht war dieses Urteil auch insofern, als das Thema nur aufgrund Mertons Ehrlichkeit zur Sprache gekommen war. Jedenfalls dient gewöhnlich gerade Postulats- und Noviziatszeit dazu, die Eignung eines Kandidaten zu einem Ordensberuf herauszufinden.[169]
Mertons Berufungsgefühl war jedoch stärker als diese Niederlage, deshalb resignierte er nach diesem Erlebnis nicht, sondern suchte sich seinen eigenen „priesterlichen Weg". (12) Er hatte beschlossen, sein Leben zu ändern und setzte diesen Entschluß nun mit Beharrlichkeit und Konsequenz um.
Sein Leben in Bonaventura mit den selbst auferlegten Gebetszeiten verhalf ihm - zumindest partiell - zu innerer Ruhe, sein Lehrerberuf erfüllte ihn allerdings nicht. (14) Vielleicht war er nicht der geborene Pädagoge, vielleicht fand er auch nicht den Schlüssel zur „Welt" seiner Schüler, - es war jedenfalls nicht seine „Berufung". Vielleicht langweilten ihn auch die Schüler genauso wie die Ping-Pong spielenden Jugendlichen in Harlem. Beziehungen aufzubauen, zumindest Beziehungen, die mit Verantwortung verbunden waren, stand weniger im Rahmen seines Könnens oder Wollens.[170] Bewunderung für heroische Sühnetaten durch Mönche und Heilige lag ihm näher, oder Bewunderung für den radikalen Einsatz für die Armen einer Baronin de Hueck. (17 u. 18) Nicht für einen bescheidenen Alltag mit Engagement im Kleinen schlug sein Herz, sondern für große, herausragende Taten. Nur ein herausragender Schritt konnte auch groß genug, sein, um es mit dem „Berg" an Schuldgefühlen, den er vor sich herschob, aufzunehmen. Die Bewältigung von Schuld durch freiwilliges Leid und der Gedanke der stellvertretenden Sühne mit der

[169] und Berufung.
Dazu gehört gesundheitliche, intellektuelle und religiös- charakterliche Eignung, weniger die „fühlbare, spontane Sehnsucht nach dem Priesterstand", vgl. F. Dander, 284f.
[170] Im Gegensatz zu W. Conn bin ich nicht von Mertons sozialer Kompetenz zu diesem Zeitpunkt seines Lebens überzeugt, Conn meint, in Harlem habe Merton „adäquat den realen Bedürfnissen der notleidenden Menschen entsprochen", vgl. W. Conn, 178.

Aussicht auf Erlösung von Problemen und Schuldgefühlen waren für ihn entscheidend. Nur eine Totalhingabe konnte ihn von seiner Last erlösen, so wie die Sühne der Mönche Gethsemanis die Rettung der „Lebenskraft Amerikas" bewirkte. (16)

Fast wie eine Art Mut- oder Bewährungsprobe schien dann noch sein Einsatz in Harlem zu sein. Frauen und Kinder waren jedoch seiner Einschätzung nach die falsche Herausforderung, Harlem war dadurch einerseits zu „easy", was die heroischen Taten anbelangte, andererseits zu „tough", was die Frauen anbelangte. (19) Aus seinem Einsatz in Harlem ergab sich jedoch „das Ultimatum" - zu Harlem gab es jedoch nur noch eine Alternative: Gethsemani. (20)

2.2.3 Mertons Motive für die Suche nach einem geistlichen Beruf

Eine Bekehrung zum christlichen Glauben führt nicht zum Endpunkt, sondern stellt den Anfang eines in der Regel lebenslang andauernden Glaubensprozesses dar. Häufig ruft die Entdeckung, „noch nicht fertig zu sein" bei Bekehrten Verwunderung, wenn nicht gar Enttäuschung hervor.

Ähnlich war es auch bei Thomas Merton. Er wähnte sich mit seiner Bekehrung zwar im richtigen Glauben, jedoch nicht in der richtigen Lebensführung. Er hatte zunehmend das Gefühl, daß sich etwas in seinem Leben radikal ändern und er aus gewohnten Gleisen herausspringen müsse. Zugleich spürte er in sich einen „Ruf". Dieser „Sprung" in ein ganz anderes Leben gehört, wie oben beschrieben, nach tradtionell katholischem Verständnis zu einer Berufung - wer einen „Ruf" hört, wird vor die Entscheidung eines radikalen Umbruchs gestellt. Bei Merton kamen nun jedoch noch weitere Motive hinzu, welche die Bereitschaft zu diesem „Sprung" erhöhten.

Wir hatten gesehen, was Thomas Merton im Jahr 1939 bewegte. Er empfand sich zunächst im Zwiespalt: Einerseits gefiel ihm sein studentisch-schriftstellerisches Leben in Freiheit und Unabhängigkeit, verbunden mit Künstlerflair und Bohème und er gefiel sich nach wie vor in der Rolle des intellektuellen Lebemanns. Gewiß genoß er weiterhin auch die Bewunderung seiner Kommilitonen und vor allem Kommilitoninnen in dieser Rolle. (3) Ehrgeizig strebte er nun nach Erfolg als Schriftsteller, (1) seine weiteren Berufsvorstellungen waren mit der Möglichkeit von Karriere verbunden. (4) Andererseits hielt derartiges Leben nicht seinen neuen christlichen und moralischen Ansprüchen stand, welche zwar reichlich diffus waren, ihn aber doch unruhig machten. Nach Vergnügungstouren empfand er zunehmend Schalheit und Reue, in seinem Alltag oft Leere und Ziellosigkeit. (4) Im Hinblick auf den Krieg in Europa überkamen ihn wahre Schuldgefühle, die sich zu depressiven Zuständen ausweiteten. (3/6) Daß seinem bisherigen Dasein als Student ein Ende bevorstand, das sich durch zunehmende Verabschiedungen seiner Kommilitonen ankündigte, verunsicherte ihn. Er verlor damit seine engeren Freunde aus der unmittelbaren Nähe, Freunde, die für ihn ein Stück Familie waren. (17) Ferner stellte für ihn, der als Schüler und Student beim Schreiben von Erfolg verwöhnt wurde, das Scheitern seines ersten Romans ein nicht geringes Problem dar. (7) An derartige Niederlagen war er nicht gewöhnt, selbst in Cambridge war es anders gewesen, als er dort die Leistung bewußt verweigert hatte.

Wenn er sich dann in Tagträumen geistig als „Bruder John Spaniard demütig über Flure huschen sah" (10) und schließlich die Trappisten in Gethsemani als „Mittelpunkt der ganzen Lebenskraft Amerikas" (16) beurteilte, bestand ein Teil seiner Ideale gewiß in romantischen, teils naiven Vorstellungen vom Ordensleben.

Es gab durchaus profane Motive, die sich bei Mertons Berufungssuche unter die religiösen mischten. Ein Psychologe hätte gewiß eine Aufgabe darin gefunden, seinem Verhältnis zu Frauen (Verhältnis zu seiner Mutter?) und seinen Schuldgefühlen (Zusammenhang mit seiner Vaterschaft?) nachzugehen. Merton pflegte viele Bekanntschaften zu Frauen, hatte wohl aber eher kurze Liaisonen als eine gelungene Liebesbeziehung, obleich ihn eine engere, doch unverbindliche Freundschaft mit Jinny Burton verband. (3/6) Immerhin erwog er ja während seiner ersten Studienjahre, eine Familie zu gründen (7, Anm.), ließ aber ohne großes Bedauern von diesem Wunsch wieder ab. Vielleicht hatte er auch einfach zu wenig Familie erlebt, als daß sie ein wirkliches Ideal und Ziel hätte darstellen können. Aber daß er ein Problem mit Frauen hatte, bekannte er offen in seinem Tagebuch. (19)
Man könnte kritisch fragen, ob ihm die Perspektive des Priesterberufs auch eine Möglichkeit bot, sich des schwierigen Frauenproblemes „bequem" zu entledigen, - ein Fluchtmotiv in diesem Falle. Suchte er nicht zuletzt - möglicherweise - im Kloster in gewissem Sinne auch Schutz vor sich selbst? Ein Kloster sozusagen als Art „moralische Gehhilfe"? In Bonaventura beschrieb sich Merton einerseits im Einklang mit sich selbst, andererseits als „von den Mühlsteinen der zwei widerstreitenden Gesetze in sich Zermalmten." (13) Letzteres spielte auf seine sexuellen Bedürfnisse an, denen er gelegentlich noch „zum Opfer" fiel, (14) vielleicht auch auf seine bleibenden Ambitionen als Schriftsteller. (19) Es überwog zwar in dieser Zeit schon „die Gewißheit der Gnade", doch sah er immer wieder besorgt das Bild seines Vaters vor sich, der seiner Meinung nach als guter Mensch doch „gescheitert" war. (17) Vermutlich hatte seine wachsende Überzeugung von der „Vergiftung der Welt"[171], mit seinen eigenen Ambivalenzen, vermischt mit diffusen Ängsten, die er auf die Welt projizierte, zu tun.
Vielleicht trug aber auch sein schriftstellerischer Mißerfolg unbewußt zu seinem Wunsch nach radikaler Veränderung bei, - dies wäre ein weiteres mögliches Fluchtmotiv. Und selbst wenn er mehr Erfolg gehabt hätte, wäre es

---

[171] Sein Weltbild war jedenfalls völlig dualistisch, in seinem Roman „My Escape from the Nazis", den er in Bonaventura schrieb, machte er weitere vereinfachende Schuldzuweisungen und weltverachtende Bemerkungen, derer er sich später sehr schämte. Vgl. Thomas Merton, Das Zeichen des Jonas, Einsiedeln-Zürich-Köln 1954, 333.

schwer gewesen, in einer Zeit der wirtschaftlichen Rezession von dem Beruf des Schriftstellers zu leben.

Schließlich könnte noch ein weiteres Motiv mitgespielt haben. Mit Dan Walsh besprach er seinen Wunsch, Priester zu werden. (7) Mit dem Priesterberuf verband jedoch Merton, und Walsh stellte dies nicht in Frage, den Wunsch nach Eintritt in ein Kloster. Merton fühlte sich demnach nicht berufen, als Weltpriester in einer Kirchengemeinde zu arbeiten. War möglicherweise eine Klostergemeinschaft der vertraute Rahmen, den er von seiner Internatszeit her kannte? Oakham war ein Lebensrahmen gewesen, in dem er sich wohl und zuhause gefühlt hatte, ein Rahmen mit Disziplin und Gemeinschaft, mit Distanz und Nähe, ein Rahmen, in dem er seine Kräfte und Talente zur Entfaltung hatte bringen können. War der Schritt hin zu einer Klostergemeinschaft womöglich gar kein „Sprung" in ganz Neues, sondern eher ein Zurück in vertraute Gefilde? Seine Art von Familie?

Zusammenfassend läßt sich sagen, daß die Entscheidung für den Beruf des Ordenspriesters, zumindest vorläufig, nicht nur seine spirituellen Fragen, sondern auch seine weltlichen und psychischen Probleme löste. In dieser Phase seines Lebens, in der Merton zwischen heiligem und unheiligem Leben, irdischer oder überirdischer Existenz strikt trennte, zeichnete sich sein Berufungsverständnis aus durch eine klare Polarität: Berufung und geistlicher Beruf auf der einen Seite, weltliches Leben auf der anderen. Beides erschien ihm, zumindest, was seine Person anbelangte, unvereinbar. Die Berufungstheologie der katholischen Kirche bot hierfür den geistigen Nährboden, er fand sich in seiner Hoffnung, durch geistliche Läuterung und „Totalhingabe" der „Vergiftung der Welt" zu entkommen, bestätigt. Die Predigten und Texte, die er zu hören und zu lesen bekam, förderten diese Haltung, denn, wie oben schon beschrieben, war die Trennung der „Welten" und die Hierarchie in der Bewertung der geistlichen Vollkommenheit in dieser Zeit in der katholischen Kirche noch sehr üblich.

Insgesamt hatten ihn seine soziale, psychische und religiöse Verfassung in ihrem Zusammenspiel für die Entscheidung zum Ordensberuf disponiert und die „Welt des Übernatürlichen" eines klösterlichen Lebens mit strenger asketischen Ordnung seine Aussicht auf seelische Erlösung eröffnet.

2.2.4 Ausblick

Ein besonderes religiöses Erlebnis, das Merton nicht weiter kommentierte, kann jedoch noch als Ausblick auf seine weitere spirituelle Entwicklung betrachtet werden.

Seine Pilgerreise nach Kuba hatte ihn zu Kubas berühmter Wallfahrtsstätte, der Muttergottes von Cobre geführt. Er hatte sich an jener Stätte eine besondere religiöse Erfahrung erhofft und war enttäuscht, als diese nicht eintraf. (8) In der Franziskuskirche von Havanna hingegen hatte er eine Art Erscheinung, die ganz anders war, als er es erwartet hatte. Es war für ihn eine Erfahrung Gottes, die er mit „unmittelbarer Berührung", „zur Ordnung der Erkenntnis und Liebe gehörend" umschrieb, eine Art Erleuchtung, die ihm eine neue Einsicht und ein neues Bewußtsein verlieh, nämlich das Bewußtsein der Gegenwart Gottes im „gewöhnlichen Licht" der alltäglichen Eucharistie und in den Worten des Glaubensbekenntnisses kleiner Kommunionkinder. (9) Daß sich die Erfahrung Gottes so unspektakulär und doch so gewaltig zugleich vollzog, war „umwerfend" und neu für ihn. Gott nicht nur im sensationellen Wunder, sondern auch, oder noch mehr, im Gewöhnlichen, im Stillen, im unvermutet Nahen, zu erahnen, bewegte ihn zutiefst. Diese Erfahrung warf erste Strahlen voraus auf seinen späteren Weg, auf dem er dann wagen sollte, Gottes Geist doch auch in der „Welt", ja sogar im Nicht-Katholischen und im Nicht-Christlichen zu suchen.

3 Kontemplation und Mystik

3.1 Dritter biographischer Teilabschnitt (1941 - 1952)

3.1.1 Beginn eines neuen Lebens

(1) *„Bruder Matthew ließ das Tor hinter mir zufallen, so daß ich in den vier Mauern meiner neuen Freiheit eingeschlossen blieb.* "[172] Das so von Merton formulierte Paradox stellte für ihn in seinen ersten Klosterjahren gar keines dar, die Begrenzung empfand er tatsächlich als Befreiung. Während der ersten Jahre, vor allem in seiner Noviziatszeit, fühlte er sich vollkommen zuhause in Gethsemani.[173] Die folgenden sieben Jahre sollte er keinen Fuß mehr aus dem klösterlichen Areal hinaussetzen, danach auch nur für wenige Stunden zu behördlichen Zwecken in Louisville.

Bei den Trappisten, den Zisterziensern strenger Observanz, trat Merton mehr oder weniger in die Welt des Mittelalters ein. Der Orden erfuhr in den Sechziger Jahren im Zuge des „Aggiornamento" viele Neuerungen, im Jahre 1941 wurden indes noch die meisten überlieferten alten Ordnungen und Gebräuche eingehalten. Zisterziensisches Prinzip war seit jeher, in allen Dingen Schlichtheit zu pflegen, in der Baukunst, im Gottesdienst, im täglichen Leben. Die äußeren Bedingungen des täglichen Lebens wurden deshalb durch und durch asketisch gehalten: angefangen bei ungeheizten Räumen über spärliche vegetarische Kost (in Fastenzeiten oft wochenlang nur Kartoffel), unbequeme Wäsche in der Machart des 16. Jahrhunderts (Wolle), dem gemeinsamen Schlafen aller Mönche in einem Schlafsaal, harter körperlicher Arbeit, stundenlangem

---

[172] BSS, 393.
[173] Vgl. aaO. 405.

Chorgebet, bishin zu einem streng geregeltem Tagesablauf, der frühmorgens um zwei Uhr begann und um 19 Uhr abends endete. Es herrschte absolutes Schweigen, gesprochen werden durfte nur mit dem Prior und dem Abt, mit den anderen Mönchen verkehrte man bei alltäglichen Notwendigkeiten mit einer ordensinternen Zeichensprache. Regelmäßig fand das sogenannte Schuldkapitel statt, bei dem die Mönche, vom Abt aufgefordert, hervortraten, und sich vor der Kommunität ihrer Verstöße gegen die Regel bezichtigten oder von anderen bezichtigt wurden. Je nach Schweregrad des Verstoßes gab es eine vom Oberen bestimmte Buße. Jeder Mönch hatte zudem über seiner Schlafstätte (die aus einem Brett und einer Strohmatratze bestand) eine Geißel hängen, mit der er sich individuell „nach Bedarf", oder angeordnet im Kollektiv, auf den Rücken peitschte. Zum Schlafen entkleideten sich die Mönche nicht.

Freizeit war äußerst knapp bemessen, eine halbe bis ganze Stunde am Tag, da fast der ganze Tag mit Feldarbeit, geistlicher Lektüre und Chorgebet ausgefüllt war. Post durfte 1941 nur viermal im Jahr verschickt werden, beschränkt auf vier halbseitige Briefe, davon zwei an Familienangehörige. Die Post, die man erhielt, wurde ebenfalls nur viermal im Jahr verteilt und wurde vorher von der Zensur kontrolliert.

Gethsemani wurde 1848 als eine Tochtergründung des französischen Mutterklosters Melleray erbaut. Die französiche Ordenspraxis mit allen asketischen Maßnahmen wurde komplett übernommen, ungeachtet der klimatischen Unterschiede. Da in Kentucky die Winter sehr kalt und die Sommer schwül-heiß sind, die Junihitze ist gefürchtet, wurde im Winter viel gefroren und im Sommer schier unerträglich viel geschwitzt. Bei einer Visitation des Generalabts Gabriel Sortais im Sommer 1944 war dieser so überwältigt von der Hitze, daß er eilends anordnete, die Mönche sollten wenigstens bei den Mahlzeiten und im Chor die Kapuze ausziehen dürfen. Gegen die Hitzeblasen half das allerdings auch nicht.

(2) Merton hatte erstaunlich wenig Schwierigkeiten mit den äußeren Entbehrungen im Kloster, im Gegenteil, es plagte ihn sogar noch das schlechte Gewissen angesichts der Tatsache, daß er jeden Tag ein zwar bescheidenes, aber doch ein sicheres Mahl vorfinden konnte und andere Sicherheiten, von denen andere Menschen nur träumen konnten.[174] Nur die sommerliche Hitze brachte ihn manchmal an seine physischen Grenzen: *„Man stieg auf den großen, dunklen Boden, wo Staub umherwirbelte, die einen luden, so rasch sie konnten, das Heu vom Wagen ab, die andern verstauten es auf dem Boden. Nach zwei Minunten bekam man allmählich das Gefühl, in der Hölle zu sein, denn die Sonne brannte unbarmherzig auf das dünne Dach überm Kopfe, und der Dachboden verwandelte sich in einen mächtigen Glutofen. Ich wollte, ich*

---

[174] Vgl. Merton, Das Zeichen des Jonas, Chur 1954, 157f. (JON) Nach Mott nahm Merton nicht nur aufgrund seiner alten Schuldgefühle alle asketischen Übungen bereitwillig an, sondern auch aufgrund seiner natürlichen Disposition zum „harten Leben", vgl. Mott, 208.

hätte früher, während so mancher Sünden in der Welt draußen, ein bißchen an diese Kuhscheune denken müssen. Dann hätte ich wohl gezögert."[175]

(3) Im Kloster gab es Laienbrüder und Chormönche, letztere wurden in der Regel Priester. Merton hatte am 13. Dezember bei einem Gespräch mit Abt Frederic Dunne erfahren, daß er als Postulant für den Chor aufgenommen würde. Zu seiner riesigen Erleichterung stellte seine Vergangenheit dieses Mal keinen Hinderungsgrund für die Aufnahme ins Kloster dar. Im Februar 1942 wurde er als Chormönch akzeptiert und erhielt Tonsur und Noviziatshabit. Seine persönlichen Sachen wurden aufgelistet und weggeräumt. Er hieß nun Bruder M. Louis Merton, O.C.S.O.

Es wurde nicht nur streng zwischen Laienbrüdern und Chormönchen unterschieden, sondern auch zwischen Novizen und jenen Mönchen, die bereits ihr Gelübde abgelegt hatten. Die Novizen durften sich nur im Skriptorium, der Kapelle, dem kleinen Garten innerhalb des Noviziats und nur während der Gottesdienste in der Klosterkirche aufhalten. Es war ein sehr beschränkter Raum, aber die Atmosphäre im Noviziat war gut, warm und humorvoll. Viermal die Woche fanden „Novizenkonferenzen" statt, bei denen eine Dreiviertelstunde lang Unterweisungen zur Ordensregel, zum geistlichen Leben, zur Askese, zur Liturgie, zum Gesang, stattfanden. Zur Arbeit gingen die Novizen in einer Reihe in den Wald oder auf die Felder, beaufsichtigt vom Novizenmeister, zu Mertons Zeit Pater Robert.

3.1.2 Die Ambivalenz des Schreibens

(4) Mertons Arbeit sollte bald aus zweierlei Aufgaben bestehen: aus der Handarbeit zum einen und aus schriftstellerischen Aufträgen zum anderen. Ganz entgegen seiner eigenen Erwartungen wurde er nämlich vom Novizenmeister und vom Abt selbst ermutigt, *„Gedichte, Betrachtungen und andere Dinge, die mir im Noviziat in den Sinn kamen, aufzuzeichnen"*[176]. Er hatte wirklich nicht damit gerechnet, im Trappistenkloster die Erlaubnis zum Schreiben zu erhalten, galten die Trappisten doch eher als literaturfeindlich, nicht nur was das Verfassen von Texten betraf, sondern auch das Lesen, ausgenommen die Heilige Schrift und Heiligenviten. In Gethsemani jedoch gab es bereits einen Schriftsteller, Pater Raymond Flanagan, und man hatte erkannt, daß dessen Werke nicht nur Einkünfte, sondern auch Konversionen und Klostereintritte zu Wege brachten. Ferner entstammte Abt Frederic Dunne selbst einer Verlegerfamilie, was seine Aufgeschlossenheit für Literatur erklärte. Neben seinen eigenen Aufzeichnungen sollte Merton Schriften über den Zisterzienserorden, über Trappistenpersönlichkeiten und Übersetzungsarbeiten anfertigen. Seine persönlichen Aufzeichnungen durfte er zunächst nur in seiner Freizeit vornehmen, für die Auftragsarbeiten erhielt er nur sehr

---

[175] BSS, 413f.

[176] AaO. 412. Dieses durfte er allerdings nur in seiner knappen Freizeit und auch nicht in der Meditationszeit nach der Morgenmesse.

wenig Zeit von der praktischen Arbeitszeit abgezogen. Er entwickelte dadurch eine enorme Konzentrationsfähigkeit, die es ihm ermöglichte, das gewünschte Pensum überhaupt zu schaffen.[177]

(5) Merton war nicht nur glücklich über die unerwartete Erlaubnis zur Schriftstellerei. Nicht nur ödeten ihn die Schriften über die Zisterzienser teilweise an, sondern er zweifelte stark daran, daß Schreiben für seine spirituelle Entwicklung förderlich war.

„Nun wäre ich von allen Fragen nach meiner wahren Identität befreit gewesen. Ich hatte bereits die einfache Profeß abgelegt. Und die Gelübde hatten mich noch der letzten Fetzen irgendwelcher besondern Identität entkleidet. Aber da blieb noch dieser Schatten, dieser Doppelgänger, dieser Schriftsteller, der mir ins Kloster gefolgt war. Er ist mir immer noch auf der Spur. Zuweilen reitet er auf meinen Schultern wie ein Gespenst. Ich kann ihn nicht los werden. Er trägt immer noch den Namen Thomas Merton. Ist es der Name eines Feindes?
Er sollte tot sein. Doch steht er da und begegnet mir am Torweg all meiner Gebete und folgt mir in die Kirche. Er kniet neben mir hinter der Säule, dieser Judas, und flüstert mir immer wieder ins Ohr. Er ist ein Geschäftsmann. Er steckt voller Einfälle. Er brütet Ideen und neue Pläne aus. In der Stille schafft er Bücher, welche die Süßigkeit des unendlich schöpferischen Dunkels der Beschaulichkeit enthalten sollen. Und das Schlimme ist, daß meine Vorgesetzten auf seiner Seite stehen. Sie wollen ihn nicht hinauswerfen. Ich kann ihn nicht los werden. Am Ende wird er mich vielleicht töten, mir mein Blut aussaugen.“[178]

3.1.3 Die ersten Besucher

(6) Im Juli 1942 kam sein Bruder John Paul nach Gethsemani. Er war inzwischen bei der kanadischen Luftwaffe zum Bomberpilot ausgebildet worden und stand vor seiner Versetzung nach Europa. Er wollte sich taufen lassen und bat Tom um Konvertitenunterricht. Merton bekam die Erlaubnis und setzte alle Energie daran, seinen Bruder im katholischen Glauben zu unterweisen. Am Ende der Woche war er völlig erschöpft. *„Am Samstagnachmittag hatte ich John Paul alles gesagt, was ich wußte. Ich war bis zu den Sakramentalien und Ablässen gekommen und hatte dann wieder weiter vorn angefangen und ihm den für manche der Kirche Fernstehenden so geheimnisvollen Begriff des „Herzens Jesu“ erklärt. Dann hatte ich aufgehört. Ich war erschöpft. Ich hatte ihm alles gegeben, was ich vermochte. [..] Da begriff ich dunkel, daß der Einfluß meines schlechten Beispiels, im Laufe von achtzehn bis zwanzig Jahren, reingewaschen und von der göttlichen Liebe wieder gut gemacht worden war. Das Übel, das ich in meiner Dummheit durch mein Prahlen, Auftrumpfen*

---

[177] Vgl. Mott, 216. Insgesamt zwei Stunden täglich für Schreibarbeiten, vgl. JON 170.
[178] BSS, 434f.

und Wichtigtun in ihm angerichtet hatte, war gleichzeitig, von meiner wie von seiner Seele abgewaschen worden. "[179]

John Paul wurde in einer benachbarten Kirche getauft, danach durften die Brüder in Gethsemani gemeinsam kommunizieren, für Merton ein großes Ereignis. Als John Paul am folgenden Tag wieder abreiste, hatte Merton das Gefühl, ihn auf Erden nie wieder zu sehen. Diese Vorahnung bewahrheitete sich, da John Paul bei einem Fliegerangriff auf Mannheim im Frühjahr des nächsten Jahr über dem Kanal abstürzte. Er konnte sich mit Kameraden noch in ein Schlauchboot retten, hatte jedoch so schwere Verletzungen, daß er, nach einigen Stunden Deliriums und verzweifelten Verlangens nach Wasser, starb. Merton hatte zuvor noch einen Brief von John Paul erhalten, in dem er dessen Entsetzen über den Krieg herauszulesen meinte. *„Seine Einstellung zum Krieg hatte sich aufeinmal vollkommen geändert. [..] John Paul stand somit Aug in Auge mit der Welt, an deren Errichtung wir beide mitgeholfen hatten.* "[180]

(7) 1943 kam ein weiterer Besucher, den Merton plötzlich während der Messe in der Kirchenbank entdeckte. Es war Robert Lax, der inzwischen auch zum katholischen Glauben konvertiert war. Es war ein herzliches Wiedersehen, bei dem Merton das Neueste über seine Freunde erfuhr. Am Schluß gab er Lax seine Gedichte der letzten Jahre mit, welche Lax Mark van Doren übergab, der sie wiederum zum Verleger James Laughlin brachte. Diesem gefielen die Gedichte. Im November 1944 kamen sie bei New Directions unter dem Namen „Thirty Poems" heraus. Es war Mertons erstes veröffentlichtes Buch. Er war nun eingereiht in die Autorenliste von New Directions unter Namen wie Henry Miller, Djuna Barnes, Ezra Pound, William Carlos Williams, Céline.

Am 19. März 1944 legte Merton die einfachen Gelübde ab und zog vom Noviziat auf die andere Seite des Klosters. Er machte ein vorläufiges Testament, in dem stand, daß sein Geld der Person zukäme, die Tom Bennett kenne.[181]

3.1.4 Was heißt Kontemplation?

(8) Eines beschäftigte Merton seitdem er seinen Fuß über die Schwelle des Klosters gesetzt hatte am meisten: Was verstand der Trappistenorden, der sich als kontemplativer ausgab, unter Kontemplation? Bei seiner Ankunft in Gethsemani hatte er im Gästehaus bereits die „Anleitung zum geistlichen Leben" mit dieser Frage studiert. *„Aus dem 'Spiritual Directory' erfuhr ich, daß 'die heilige Messe, das Chorgebet, das Gebet und die erbauliche Lektüre, welche die Übungen des kontemplativen Lebens bilden, den größten Teil unseres Tages beschäftigen'. Es war ein kalter, unbefriedigender Satz. Die Bemerkung von der 'erbaulichen Lektüre' klang verdrießlich, und der Gedanke, daß das*

---

[179] AaO. 421.
[180] AaO. 426.
[181] Gemeint war die Mutter seines Kindes, vgl. Mott 217. Mit den ewigen Gelübden wurden diese Testamente wieder hinfällig, denn danach ging der gesamte Besitz in das Eigentum des Klosters über.

kontemplative Leben in 'Übungen' aufgeteilt sei, hätte mich unter normalen Bedingungen enttäuscht. [..]
Ich konnte mir damals den Sinn des kontemplativen Lebens nicht klar machen. Aber ich hatte den Eindruck, es bedeute mehr als einen vielstündigen täglichen Aufenthalt in der Kirche und ebensoviele anderswo, [..]. Trotzdem bekam ich den Eindruck, die Kontemplation in einem Trappistenkloster sei eine sehr relative Sache, und wenn ich den geheimen Wunsch nach dem, was die Erbauungsbücher in ihrer Sprache die 'Höhen', die 'Gipfel' nennen, empfände, so dürfte ich nur ganz vorsichtig etwas davon verlauten lassen."
Merton schob im Gästehaus diese Frage wieder beiseite, kannte er doch nur *„eine Sorge: den Willen Gottes zu erfüllen, ins Kloster einzutreten, wenn es mir gestattet wurde, und die Dinge zu nehmen, wie sie kamen, und wenn mir Gott etwas davon gewähren wollte, so konnte er es tun. Und alles übrige würde sich von selbst ergeben.*"[182]

(9) Daß sich gerade in dieser Frage nicht alles von selbst ergab, stellte sich in den nächsten Jahren heraus. Die Frage nach der Kontemplation mit ihren praktischen Auswirkungen sollte noch Anlaß für seine heftigsten Auseinandersetzungen mit dem Orden geben.
„Denn ich habe den Eindruck, daß aus unsern Klöstern nur sehr wenig rein kontemplative Mönche hervorgehen. Unser Leben ist zu aktiv dafür. Es herrscht zu viel Bewegung und Tätigkeit. Das stimmt besonders für Gethsemani. Es ist ein Kraftwerk, nicht bloß ein Kraftwerk des Gebets. Bei manchen herrscht eine beinahe übertriebene Hochschätzung der Tätigkeit. Etwas tun, etwas leiden, etwas denken, wahrnehmbare, konkrete Opfer bringen aus Liebe zu Gott - das scheint die Kontemplation hier zu bedeuten - und vermutlich entspricht das der allgemeinen Einstellung in unserem Orden. Diese wird als „aktive Kontemplation" bezeichnet. Das Wort aktiv paßt gut dafür. Was den letzteren Ausdruck anbelangt, so bin ich dessen nicht so sicher. Es bedarf wohl einer gewissen Einschränkung."[183]
Noch harscher wurde seine Kritik im 'Zeichen des Jonas'. *„ Das Zisterzienser-Leben ist voller Tatkraft. Es gibt bei uns Gezeiten von Vitalität, die durch die ganze Gemeinschaft fluten und selbst in faulen Leuten Energie wecken. Und hier in Gethsemani sind wir zugleich Zisterzienser und Amerikaner. In gewisser Hinsicht ist das eine gefährliche Kombination. Unsere Energie läuft mit uns davon. Wir ziehen zur Arbeit aus wie eine Studenten-Fußballmannschaft auf das Spielfeld. Trappisten glauben, alles, was ihnen schwerfällt, sei Gottes Wille. Was einen nur leiden läßt, ist Gottes Wille. Aber wir haben ernstliche Zweifel in bezug auf alle Dinge, die keinen Aufwand an körperlicher Energie verlangen. Sind diese wirklich der Wille Gottes? Wohl kaum! Sie brauchen ja keinen Dampf. Augenscheinlich meinen wir, Gott wäre mit keinem Kloster zufrieden, in dem es nicht in jeder Beziehung zugeht wie in einer Munitionsfabrik unter dem Hochdruck von Kriegszeiten. Wenn es uns an etwas fehlt,*

---

[182] BSS, 395f.
[183] AaO. 411f.

reden wir uns leicht ein, das sei Gottes Wille, solange es sich als schwer er-
hältlich erweist. Was leicht ist, ist mein eigener Wille; was schwer ist, ist Got-
tes Wille. [..] Wir meinen, wir hätten Großartiges geleistet, nur weil wir er-
schöpft sind. Wenn wir uns in die Felder oder Wälder gestürzt, massenhaft
Zersörung angerichtet haben, sind wir zufrieden. Es ist uns egal, wenn wir al-
le unsere Maschinen verderben, solange wir nur betäubenden Lärm machen
und eine große Staubwolke aufwirbeln. Man hat doch etwas geschafft. "[184]
Dies schrieb Merton fünf Jahre nach Eintritt in Gethsemani. Was also anfangs
purer Verdacht war, erwies sich als real: nach seiner Auffassung hatte der Orden keinen eindeutigen und keinen angemessenen Begriff von Kontemplation,
sondern legte nur asketisches Leben als Kontemplation aus.

(10) Kontemplation bedeutete für Merton eine *„hohe Stufe des Gebets"* und
„Vereinigung mit Gott". Es gab Momente, in denen er das Gefühl hatte, in
Gethsemani genug Möglichkeit zur Kontemplation zu haben. *„Gott hat mich*
an einen Platz gestellt, wo ich täglich Stunde um Stunde mit Beschäftigungen
verbringen kann, die immer an der Grenze des Gebets sind. Jederzeit steht es
mir frei, die Grenze zu überschreiten und in einfache und kontemplative Ver-
einigung mit Gott einzutreten. Ich darf viel Zeit vor dem Allerheiligsten Sa-
krament verbringen. Ich habe die Gewohnheit angenommen, unter den Bäu-
men oder die Friedhofsmauer entlang auf und ab zu wandern, in der Gegen-
wart Gottes." [185]

Die Natur spielte für seine Kontemplation eine wichtige Rolle. *„Die schrägen*
Strahlen umrissen das Laub der Bäume und ließen ein neues Weizenfeld ge-
gen die dunkle Wand der Wälder auf den Hügeln erglänzen, die im Schatten
lagen. Es war sehr schön. Tiefer Friede. Schafe auf den Hängen hinter dem
Schafstall. Die neuen Spaliere im Novizengarten unter einem Hügel von Ro-
sen. Ein plötzliches Finkenlied im Walnußbaum und Stapel von duftenden
Stämmen rings um die Holzlege, um bei schlechtem Wetter zersägt zu werden.
Ich betrachtete das alles in tiefer Ruhe, still in Geist und Herzen. Mir scheint
die Landschaft wichtig zur Kontemplation. Jedenfalls mache ich mir keine
Skrupel darüber, sie zu lieben.
Hat der hl. Johannes vom Kreuz sich nicht in einem Raum hoch oben in einem
Kirchturm versteckt, wo ein einziges kleines Fenster war, durch das er auf die
Landschaft hinausschauen konnte?" [186]

(11) Erneut beeindruckte ihn die Spiritualität der Therese von Lisieux. *„Mein*
ganzes Verlangen zieht mich immer mehr in diese Richtung. Klein sein, nichts
sein, sich seiner eigenen Unvollkommenheit freuen, froh sein, daß man nicht
der Beachtung wert ist, daß man im Universum nichts bedeutet. Das ist die
einzige Befreiung. Der einzige Weg zu wahrer Einsamkeit." [187]
Seine kontemplative Berufung, von der er überzeugt war, bedeutete für ihn:
„Verzicht auf die Geschäfte, ehrgeizigen Ziele, Ehren und Freuden und

---

[184] JON, 23. April 1947, 49.
[185] AaO. 14. Januar 1947, 30.
[186] AaO. 2. Juli 1948, 117f.
[187] AaO. 18. Juli 1948, 120.

anderen Aktionen der Welt. Es erlaubt nur ein Mindestmaß von Beschäftigung mit zeitlichen Dingen. " Zugleich versuchte er auch sein Streben nach Kontemplation zu relativieren. *„Wie auch immer, worauf es ankommt, ist nicht, für die Kontemplation zu leben, sondern für Gott zu leben. Das liegt auf der Hand, denn darin besteht schließlich die kontemplative Berufung.* "[188]

Seine selbstkritischen Töne vermehrten sich: *„Inzwischen habe ich über mein eigenes inneres Leben nachgedacht. Wiederum scheint es mir, ich sollte alles Verlangen nach den Erleuchtungen und Tröstungen aufgeben, die mich beim Gebet selbstzufrieden machen. Ich sollte nichts anderes wollen, als alle die gewöhnlichen Dinge zu tun, die einem Mönch obliegen, regelmäßig und ordentlich, ohne weiter an Befriedigung durch sie zu denken.*

Insbesondere denke ich an die heilige Kommunion. Heute ist ein guter Tag, um darüber nachzudenken. Alles, um dessentwillen ich hierhergekommen bin, scheint sich mir in die zwanzig oder dreißig Minuten schweigender und glücklicher Versenkung zusammenzudrängen, die der Kommunion folgen, wenn ich die Möglichkeit zu einem Dankgebet habe, das wirklich ein Dankgebet ist. Nach der Messe bin ich gern allein und still. Dann ist mein Geist gelöst, die Phantasie schweigt, der Wille geht in einer Liebe unter, die jenseits allen Begreifens, jenseits fester Vorstellungen ist. "[189]

(12) Sein Verlangen nach Kontemplation erfuhr einige Läuterung: *„Während der Kommunion des Hochamtes, bevor ich als Kirchendiener die Kerzen auslöschte, kam mir ein Gedanke, den ich schon früher gehabt habe, jetzt aber berührte er mich im Innersten. Es ist dies: das Verlangen, Gott zu lieben, das Verlangen nach vollkommener Vereinigung mit Gott bedeutet überhaupt nichts und ist in Gottes Augen völlig wertlos, wenn es nicht von Gott eingegeben und von der Gnade gelenkt und in Übereinstimmung mit Gottes Wille ist. Mancher wird sagen: alles Verlangen nach Vereinigung mit Gott ist von der Gnade eingegeben. Das ist nicht wahr. Die Teufel möchten Gott besitzen. In uns ist ein natürliches Verlangen nach Kontemplation, das vielleicht in den meisten Menschen nie zum Durchbruch kommt, aber es existiert. Das alles ist ohne Wert oder Verdienst. Unser Verlangen nach Gott muß von Gott kommen und von Seinem Willen gelenkt werden, ehe es in der übernatürlichen Ordnung irgend etwas bedeutet. Und darum genügt es nicht, voll Verlangen nach Kontemplation in die Kirche zu stürzen oder im Verlangen nach Heiligung zahlreiche gute Werke und Tugendakte zu vollbringen. In allen Lebensaspekten ist das höchste Gut, das alles andere einschließt, allein Gottes Wille. Ohne ihn sind Kontemplation und Tugend nichts. Die erste Bewegung jeden Gebetes sollte, zugleich mit dem Glauben an Seine Gegenwart, das Verlangen sein, seinen Willen zu erkennen und sich selbst vollkommen Seinen Plänen und Absichten für uns zu überlassen.* "[190]

(13) Neben glücklichen kontemplativen Momenten gab auch den Zustand quälenden Defizits, so schrieb er ungefähr ein Jahr später: *„Und doch habe*

[188] AaO. 11. März 1947, 38.
[189] AaO. 3. April 1947, 44.
[190] AaO. 25. Juli 1948, 121f.

ich seit der Diakonatsweihe eine neue Einstellung gewonnen. Obwohl es mich halb umbringt, fange ich an, mich mit dem Gedanken abzufinden, daß ich vielleicht doch keine rein kontemplative Berufung habe. Ich sage „abfinden". Denn ich glaube *es nicht. Es ist mir völlig unmöglich, so etwas zu glauben. Alles in mir schreit nach Einsamkeit und nach Gott allein. Und doch fange ich an mir einzugestehen, daß ich vielleicht nicht weiß, was das wirklich bedeutet, daß ich vielleicht auf einer zu niedrigen geistigen Stufe stehe, um es zu erfassen und sogar, daß ich irgendwie durch Gottes Liebe davon ausgeschlossen bin. Das Gefühl ist einfach entsetzlich - diese Macht der Anziehung, die mir das Leben auszusaugen, die Wurzeln meiner Seele auszureißen scheint - und dann diese leere Mauer, gegen die ich pralle."[191]*

3.1.5 Die Last der Gemeinschaft

(14) Daß Merton das richtige Verständnis von Kontemplation so am Herzen lag, rührte zu manchen Teilen gewiß aus einer Not: Er litt unsäglich darunter, zu wenig Zeit für sich und zu wenig Zeit für Stille zu haben, er vermißte zum einen Alleinsein und Ruhe, zum anderen Privatsphäre. Daß in einem Orden des Schweigens zu wenig Raum für Stille war, schien äußerst paradox, hing aber für ihn mit dem kritisierten Aktivismus zusammen. Privatsphäre war indes in einem Trappistenkloster von vornherein nicht vorgesehen, dies hatte Merton von Anfang an gewußt. Er hatte gewußt, daß Gemeinschaft bei den Trappisten so radikal gelebt wurde, daß es kaum Gelegenheit zum Alleinsein bishin zum gemeinsamen Schlafen gab, ja, daß selbst Freundschaften unter den Mönchen verboten waren.

(15) Was das Einfügen in die Gemeinschaft nun aber wirklich bedeutete, erfaßte er erst im Lauf der Zeit und dies ließ ihn von seiner früheren romantischen Sicht Abschied nehmen.

„Jetzt sah ich das Kloster von innen, sozusagen vom Boden der Kirche und nicht mehr von der Besuchertribüne aus. [..] Nun stand ich Aug in Auge mit Mönchen, die nicht nur im Traum oder in einem mittelalterlichen Roman existierten, sondern in der kalten, unentrinnbaren Wirklichkeit. Die Klostergemeinschaft, die ich als Einheit in der ganzen Macht der eindrucksvollen, äußern liturgischen Anonymität, welche einer Gesamtheit von Menschen, verborgenerweise, das Kleid der Person Christi selbst verleiht, gesehen hatte, erschien mir nun in ihre Bestandteile aufgelöst, und all die guten und schlimmen, angenehmen und unangenehmen Einzelheiten standen vor mir, so daß ich sie ganz aus der Nähe betrachten konnte. Da verlieh mir Gott genügend Einsicht, so daß ich wenigstens dunkel erkannte, daß die bereitwillige Einordnung ins Leben einer Gemeinschaft, in der jeder seine Unvollkommenheiten besitzt, zu den wichtigsten Dingen eines Ordensberufs gehört und der erste, elementarste Beweis dafür ist, ob ein Mensch zum Ordensleben berufen ist -

---

[191] AaO. 6. April 1949, 184.

mag er nun Jesuit, Franziskaner, Zisterzienser oder Karthäuser sein. "[192]
Trotz dieser Einsicht war Merton nicht sicher, am richtigen Ort zu sein. Nicht
daß er an seiner Ordensberufung gezweifelt hätte, doch fragte er sich, ob er
nicht besser bei den Karthäusern, bei denen der Einzelne viel mehr Zeit für
sich hatte, aufgehoben wäre. Der Gedanke des eremitischen Lebens faszinierte
ihn immer mehr.

(16) Was er anfangs nur bedauernd feststellte, entwickelte sich zu einem großen Problem: er spürte, daß er des Alleinseins und der Stille existentiell bedurfte. Wie heilsam für ihn das Alleinsein war, merkte er in Phasen der
Krankheit, wenn er auf der Krankenstation ein Zimmer für sich hatte. Erst hier
hatte er das Gefühl, richtig beten und meditieren zu können.[193] Obwohl es ihm
ein schlechtes Gewissen bereitete, nahm der Gedanke, Kartäuser werden zu
wollen, immer mehr Raum ein. Er sprach diese Gedanken gegenüber dem Abt
aus, der dann gütig versuchte, in davon zu überzeugen, der beste Platz sei für
ihn in Gethsemani. Oft verwarf er dann wieder reuevoll alle Karthäuserträu-
me.[194] Sein Gesundheitszustand hatte sich schon am Ende des Noviziats verschlechtert, auch deswegen hatten ihm die Oberen Schreibarbeiten statt körperlicher Arbeit aufgetragen. 1947 gingen seine Beschwerden immer mehr in
Schlaflosigkeit über. Nicht nur seine innere Unruhe war die Ursache, sondern
auch seine Empfindlichkeit gegenüber Geräuschen. In einem Schlafsaal mit
nur durch Vorhänge getrennten Zellen hörte man natürlich jedes Umdrehen,
Husten, Schnarchen - hier ging die Askese für ihn in Schrecken über.

(17) Probleme machte ihm jedoch auch das Beten in Gemeinschaft, die aus-
giebigen Chorgebete. „*Ungefähr anderthalb Stunden lang machte ich heute
nachmittag einfach Schluß und konnte alles vergessen und in Gott verweilen,
zuerst außerhalb der Kirche, dann drinnen. Alles, was mich bedrückt, verschwand bis zur Vesper. Sobald ich anfing zu singen, war alles wieder da.
Wieder einmal irritierte mich der Chor und meine eigene Arbeit und überhaupt alles, und ich kam auf den alten Refrain zurück, daß ich Eremit sein
möchte. Zerstreuung überwältigt mich, sobald die Glocke zum Offizium läutet
und wir die Bücher aufschlagen und zum Singen bereit sind. Nun, wenn es zur
Ehre Gottes dient, daß ich voller Verwirrung dort stehe, so habe ich nichts
einzuwenden.* "[195]
Nicht nur Merton hatte Probleme, sondern auch Gethsemani. Ein unerwarteter
Zustrom von Männern, die ins Kloster eintreten wollten kam Mitte der Vierziger Jahre auf. Viele Ex-Soldaten, vom Krieg und seinen Grausamkeiten trau-
matisiert, sehnten sich nach dem kontemplativen Leben. Ganz Amerika stand
mehr oder weniger bei Kriegsende unter Schock, nicht nur durch die Entdek-
kung antisemitischer Greueltaten in Deutschland und anderer Vernichtungsta-
ten der Kriegsführenden, sondern auch durch die eigene Greueltat des Atom-

---

[192] BSS, 402.
[193] Vgl, JON 104.
[194] Vgl. aaO. 69 und 87. Der folgende Abt rang ihm sogar das Versprechen ab, „nicht zu den
    Kartäusern davonzulaufen", bis er ihn zum Subdiakon geweiht hätte, vgl. aaO. 145.
[195] AaO. 9. Juli 1947, 64.

bombenabwurfs über Japan.[196] Gethsemani versuchte den Zuwachs des Klosters zunächst durch Tochtergründungen zu bewältigen.

3.1.6 Der 'Berg der Sieben Stufen' wird Bestseller

(18) Merton bekam 1945 die Erlaubnis, seinem Verleger James Laughlin häufiger zu schreiben. Er teilte Laughlin als erstes den Beschluß seiner Zensoren mit, daß sein religiöser Name auf keiner Publikation erscheinen dürfe. Über diese Nachricht und dem Versuch des Ordens, sich von seinen Publikationen etwas in Distanz zu halten, war Merton reichlich amüsiert. Anfang 1946 berichtete er Laughlin dann ganz begeistert von seiner neuen Idee, zu der er gerade den Segen des Abts erhalten hatte. *„Der ehrwürdige Vater gab gerade die Zustimmung zu einem neuen Projekt - ein kreatives, mehr oder weniger in poetischer Prosa, wesenhaft autobiographisch, aber keine reine Autobiographie. Etwas, soweit ich es jetzt schon sagen kann, zwischen Dante's Purgatorium, Kafka und einem mittelalterlichen Wunderspektakel, genannt 'The Seven Storey Mountain'. Es gärt schon lange in mir und sobald ich meine momentanen Aufgaben abgeschlossen habe, werde ich es gewiß schnell anfangen und zu Ende bringen."* [197]
Der 'Berg der Sieben Stufen', der tatsächlich schnell entstand, nahm schließlich aber weder den Stil Kafkas, noch den eines mittelalterlichem Wunderspektakels an, sondern Merton entschied sich schließlich doch für „straight biography". Er hielt sich dann zwar an seinen Vorsatz, das Buch zügig niederzuschreiben, nicht jedoch an die geschäftsmäßig übliche Treue zum Verleger. Bereits im Herbst 1946 war das beinahe sechshundertseitige Werk fertig und Merton legte es, vielleicht aus Dankbarkeit, daß sie ihn einst bei seinen schriftstellerischen Anfängen unterstützt hatten, Naomi Burton und Robert Giroux vor, weshalb das Buch über die Agentur Curtis Brown an den Verlag Hartcourt, Brace kam. Glücklicherweise war James Laughlin, der als Erstverleger gewisse Ansprüche hätte geltend machen können, großzügig genug, ihm diesen Faux-pas zu verzeihen.
Abt Frederic erlaubte Merton, sein Manuskript im Oktober 1946 an Curtis Brown zu schicken.
Naomi Burton gefiel es auf Anhieb und sie war sich sicher, daß es als gedrucktes Buch eine breite Leserschaft finden würde. Sie schrieb an Merton, sie hätte das Gefühl er sei mit dem Buch einer Art Selbsthypnose verfallen, die auch seine Leser anstecken würde.[198] Nachdem sie das Manuskript an Robert Giroux weitergereicht hatte, meldete sich dieser mit derselben Begeisterung bei ihr zurück. An Merton schickte er ein Telegramm, das dieser kaum

---

[196] Vgl. Mott 230. Merton erfuhr vom Atombombenabwurf erst ein Jahr später.
[197] Merton an James Laughlin, 1.März 1946, vgl. Mott 226. (EÜ)
[198] Vgl. aaO. 231. Naomi Burton nennt es Selbsthypnose. Mott sieht Mertons Überzeugung, ein außerordentliches Schicksal zu haben und von außerordentlichen Eltern abzustammen, was ihn, unter günstigen Umständen, „zu einer Art König gemacht hätte" (BSS 10), eher kritisch, vgl. aaO. 229.

zu öffnen wagte, da er dachte, bei so schneller Reaktion des Verlegers könne das Manuskript nur verlorengegangen oder abgelehnt sein, es lautete aber: „Manuskript angenommen. Gutes Neues Jahr."[199] Burtons und Giroux' Einschätzungen erwiesen sich als richtig: Als das Buch endlich im Herbst 1948, nach vielen Beanstandungen und Korrekturen durch die Zensoren, die das Nihil obstat lange nicht gewährten, erschien, war nicht nur die erste Auflage im Nu vergriffen, sondern nach einem halben Jahr waren bereits 3oo.ooo, am Schluß 6oo.ooo Exemplare verkauft. Merton rangierte damit auf der amerikanischen Bestsellerliste und war durch den 'Berg der Sieben Stufen' plötzlich berühmt geworden.

(19) Merton hatte später viel Mühe mit diesem Werk, da er sich mit etlichen Passagen nicht mehr identifizieren konnte, beispielsweise mit seinen Aussagen zur „Welt".[200] Im Vorwort zum 'Thomas-Merton-Lesebuch', das 1962 herauskam, schrieb er, daß ihm seine späteren Werke auch deshalb so viel bedeuteten, weil sie den gelungenen Versuch darstellten, aus den Beschränkungen auszubrechen, die er sich mit dem 'Berg der Sieben Stufen' geschaffen hätte.[201] Schreiben war für ihn ein Mittel der Suche, der Suche nach seinem kontemplativen Weg, der Suche nach seiner Identität und schließlich der Suche nach Gott. Dieser schloß in sich, daß er sich selbst veränderte, ja ihm das Schreiben gerade auch zu Veränderung und Entwicklung verhalf. Schreiben bedeutete Bewältigung seiner Lebensfragen, mit der Niederschrift waren sie deshalb oft erledigt. Deshalb konnte er am Ende seines als 'Das Zeichen des Jonas' veröffentlichten Tagebuchs sagen: *„Der Mann, der dieses Tagebuch begonnen hat, ist tot, ebenso wie der Mann, der den 'Berg der Sieben Stufen' beendete, tot war, als dieses Tagebuch anfing. Noch mehr, der Mann, der die zentrale Gestalt im 'Berg der Sieben Stufen' war, der war vollkommen tot. Und nun, da alle diese Männer tot sind, genügt es für mich, das auf dem Papier festzustellen, und ich denke, das Ende wird sein, daß ich sie vergesse. Denn das aufzuschreiben, wovon der 'Berg der Sieben Stufen' handelt, genügte, um es mir für immer aus dem Sinn zu bringen."*[202]

3.1.7 Die Zeit der Profeß und weitere Bücher

(20) Ende 1946 stellte Merton den Antrag auf Feierliche Profeß, dieser wurde vom Kapitel angenommen. Das bedeutete, daß ihn die Kommunität für immer aufnehmen würde. Anfang 1947 machte Merton deshalb sein endgültiges Tes-

---

[199] JON, 29. Dezember 1946, 28.
[200] „Meine Klagen über die Welt im Berg und in manchen Gedichten sind vielleicht eine Schwäche. Nicht, als gäbe es nicht massenhaft Grund zur Klage, aber meine Reaktion ist zu natürlich. Sie ist unlauter. Die Welt, über die ich mich auf dem Papier kränke, ist vielleicht ein Produkt meiner eigenen Einbildung. Es ist ein pschychologisches Spiel, das ich seit meinem zehnten Lebensjahr spiele." AaO. 20.Februar 1949, 171. Zur Welt-Kritik Mertons vgl. BSS 420 u. 442.
[201] Vgl. Thomas P. McDonnell, Editor, A Thomas Merton Reader, New York 1974, 15f.
[202] JON, 13. Juni 1951, 339.

tament, nach dem sein Eigentum in den Besitz des Klosters übergehen würde. Seine ins Kloster mitgebrachten Kleider wurden nun an Bedürftige weggegeben. Am Fest des Heiligen Josefs, 19.März 1947, legte Merton seine ewigen Gelübde ab. Er war an diesem Tag sehr glücklich. *„Ich bin ein Teil von Gethsemane. Ich gehöre zur Familie. Es ist eine Familie, über die ich mir keine Illusionen mache. Und das Befriedigenste an diesem Gefühl der Inkorporation ist die Tatsache, daß ich froh bin, zu dieser Gemeinschaft zu gehören, zu keiner anderen, mit Haut und Haar in denselben Leib hineinzuwachsen wie diese Brüder und wie keine anderen. Ihre Unvollkommenheiten und meine eigenen bleiben so offenkundig wie immer, aber sie scheinen nichts mehr auszumachen. Der Gedanke stört mich nicht, daß sie vielleicht wieder einmal anfangen werden mich zu ärgern, wenn die Freude dieses Tages verblaßt ist. Und ich glaube, daß ich mindestens in der Lage sein werde, der Versuchung anders zu begegnen. "*[203]

(21) Im späten Frühjahr 1947 klagte Merton über zu viel Arbeit, zwölf Projekte listete er in seinem Tagebuch auf. Die meisten Aufträge leistete er „aus Gehorsam" und war sich dabei nicht sicher, ob diese Arbeiten wirklich alle gottgefällig waren. Es waren indirekte Vorwürfe gegen seinen Auftraggeber, Abt Frederic Dunne, den er jedoch im selben Atemzug wieder verteidigte, da dessen Weisungen „immer so nett, unbestimmt und elastisch" waren.[204]
Im Juni bekam Merton Gelegenheit, seinen ersten Verleger, James Laughlin, der auf der Durchreise in Gethsemani Halt machte, kennenzulernen. Die beiden Männer waren sich auf Anhieb sympathisch und von da an befreundet. Laughlin, der Merton schon seit einiger Zeit zu bewegen suchte, eine Anthologie der mittelalterlichen Mystik anzufertigen, unterhielt sich mit Merton viel über Johannes vom Kreuz. Eine Parallel-Text-Übersetzung, die Merton anfertigen sollte, war die Überlegung. Merton hatte sich bis dahin schon einige Notizen zu Johannes vom Kreuz gemacht, war der Spanier doch der Mystiker, der ihn am meisten faszinierte und beeinflußte. Seine Beschäftigung mit Johannes vom Kreuz führte nun aber nicht zu einer Parallel-Übersetzung, sondern zu dem Werk 'The Ascent to Truth'. Es dauerte beinahe fünf Jahre, bis das Buch, das er zunächst 'The Cloud and the Fire' genannt hatte, fertig wurde. Ein Grund für den zeitlichen Verzug war, daß sich Merton sehr hohe Ziele gesteckt hatte. Er wollte nicht nur den Menschen seiner Zeit den Inhalt und Sinn von Kontemplation nahebringen, sondern auch die dogmatischen Grundlagen der Mystik systematisch vermitteln. Er versuchte eine Synthese aus thomistischer Theologie, johanneischer Mystik und der „via negationis" der apophatischen Tradition.[205]

---

[203] AaO. 20. März 1947, 40.
[204] Vgl. aaO. 1. Mai 1947, 54.
[205] Das Resultat war ein schwieriges, trockenes und von vielen Wiederholungen geprägtes Buch, das, abgesehen von ein paar Bildern aus moderner Technik keine Zugeständnisse an den zeitgenössischen Leser machte, außerdem enthielt es einige Stellen, in denen Merton die Autorität der Kirche befremdlich betonte. Dennoch war es ein Zeugnis intensiver Arbeit und ehrlichen Ringens um die sachgerechte und aktuelle Vermittlung von Kontem-

(22) Ein anderes Werk, das Merton ebenfalls 1947 begann, gelang ihm auf Anhieb, „Seeds of Contemplation". Es sollte eine Art theoretische Grundlage für die Praxis des geistlichen Lebens darstellen, ohne daß es ein „Rezeptbuch" sein sollte. Zwar enthielt es auch einige Wiederholungen, ansonsten wurde es jedoch ein sehr zugängliches und ansprechendes Werk.

Merton selbst war skeptisch: *„Jedes Buch, das unter meinem Namen erscheint, ist ein neues Problem. Zunächst bedeutet jedes eine gründliche Gewissenserforschung. Jedes Buch, das ich schreibe, ist ein Spiegel für meinen Charakter und mein Gewissen. Immer schlage ich das fertige, gedruckte Exemplar mit der schwachen Hoffnung, auf, mich selbst annehmbar zu finden, und nie ist das der Fall. Auch dieses enthält nichts, worauf ich stolz sein könnte. Es ist gescheit und liest sich schwer, nicht so sehr, weil ich tiefgründig bin, sondern weil ich nicht verstehe, das Wichtige hervorzuheben, und weil mein Gedankengang schwerfällig und gewunden ist. Es feht Wärme und menschliches Gefühl. Auf dem Grunde finde ich bei mir einen heimlichen Stolz, den ich schon überwunden glaubte, aber er ist immer noch da, so schlimm wie je. Ich kann mir nicht vorstellen, wie das Buch jemals irgend etwas Gutes bewirken soll. Es wird die Menschen entweder aufbringen oder sie dünkelhaft und überheblich machen."*[206]

(23) 1947 litt Merton so heftig unter Schlaflosigkeit, daß man ihm ein kleines Schafzimmer über der Treppe zuwies und ihm erlaubte, abends Wasser mit aufs Zimmer zu nehmen, beides große Ausnahmen bei der sonst so unnachgiebigen Ordensregel. Im Juli traf es ihn jedoch hart, als einige seiner Mitbrüder, an deren Gesellschaft er sich nun so gewohnt hatte, für eine Neugründung in Utah ausgewählt wurden und Gethsemani für immer verließen. Merton hatte gehofft, selbst für diesen neuen Ort ausgewählt zu werden, jedoch vergeblich.

Nachdem „Der Berg der Sieben Stufen" nun veröffentlicht war, setzte eine Flut von Verehrerpost ein. Da Post immer noch zensiert wurde, kamen die Zensoren in das Dilemma, dem Ausmaß von Briefen nicht mehr Herr zu werden. Merton sollte daraufhin sein eigener Zensor werden. Er bemühte sich sehr, alle Briefe zu beantworten, was bei seiner knapp bemessenen Zeit eine zusätzliche Belastung darstellte. Selbst als er viele Briefe nur noch mit Vordrucken beantwortete, blieben noch genug, die aufgrund persönlicher Anfragen „aus Nächstenliebe" genauer beantwortet werden mußten.

1948 starb plötzlich Abt Frederic Dunne. James Fox wurde sein Nachfolger. James Fox hatte einst mit einundzwanzig Jahren den Abschluß an der Harvard Business School gemacht und galt als überaus tüchtig. Er übernahm jetzt die Leitung eines tief verschuldeten Klosters mit vielen baufälligen Gebäuden und zweihundert Mönchen, die ernährt sein wollten.

Zwischen Merton und dem neuen Abt, der dieses Amt bis 1967 innehatte, sollte es noch zu großen Spannungen kommen. Mit ökonomischem Talent

---

plation, mit durchaus spannenden Passagen, und wurde beispielsweise, wie Merton 1964 bei seinem Treffen mit Suzuki in New York erfuhr, von Zen-Mönchen sehr geschätzt.
[206] AaO. 6. März 1949, 174.

packte Abt James Fox sofort die materiellen Probleme des Klosters an: er begann, die morschen Gebäude renovieren zu lassen und fand unter den Brüdern einen jungen Wirtschafter, der der klösterlichen Landwirtschaft durch geeignete Innovationen zu mehr Produktivität verhalf. Merton war stolz, selbst durch den Erfolg seines Bestsellers materiell zum Erhalt des Klosters beitragen zu können.

3.1.8 Merton wird zum Priester geweiht

(24) Im Frühjahr 1949 wurde Merton zum Diakon geweiht, einige Wochen darauf zum Priester. „Priesterliche Verantwortung" ruhte nun auf ihm. *„Ein Mönch unter den feierlichen Gelübden kann immer noch vor allem anderen an seiner eigenen Vervollkommnung, seiner eigenen Heiligung arbeiten - mit anderen Worten, er kann sich darauf beschränken, seinen eigenen geistlichen Nutzen zu suchen. Der Priester hat kein Recht, sich selbst in irgendeiner Weise voranzustellen. Christus kommt immer zuerst. Ein Priester ist nicht nur für seine eigene Heiligung da, sondern für das Opfer Christi und für das Evangelium, für das Volk, für die Welt. Das schließt seine eigene Vervollkommnung ein. Aber die Vervollkommnung eines Priesters besteht im wesentlichen darin, Christi Opfer vollkommen darzubringen, für sich selbst und für die Kirche. Er gehört sich nicht mehr sich selber, während ein Mönch sehr wohl rechtmäßig sich selber gehören und fast ausschließlich mit seinen eigenen Fortschritten beschäftigt sein kann. Das Heil der Welt hat für ihn eine sekundäre Bedeutung. Ein Priester darf das Heil der Seelen nicht über seine eigene Seele stellen. Von so etwas ist keine Rede. Aber er muß Gott und die Messe allem anderen voranstellen. Er ist in seinem Gewissen für die ganze Kirche verantwortlich, und er verzichtet auf seinen eigenen Willlen nicht nur, um die Tugend des Gehorsams zu erlangen, er verzichtet auf seinen Willen, um ein Werkzeug zur Erlösung der Welt und zur reinen Verherrlichung Gottes zu werden."*[207]
(25) Bei der Diakonweihe faßte er den Beschluß, das Schreiben aufzugeben. *„Zunächst wurde mir, als ich nach der Weihe und während des Kanons der Messe vor dem Allerheiligsten kniete, vollkommen klar, daß ich mit meinen Versuchen, ein Dichter zu sein, Schluß machen müßte, und zwar endgültig. Ich ging nachher zum Vater Abt, und er gab seine Einwilligung. Schon dadurch habe ich viel innere Freiheit zurückgewonnen. Am Nachmittag habe ich die Notizen für ein Gedicht zerrissen, die ein paar Tage lang herumgelegen hatten.*
So fühlte ich mich nach der Weihe in dieser und anderer Beziehung zum erstenmal im Leben mehr als ein Mann des praktischen Lebens. Plötzlich hatte ich das Gefühl, ich wüßte, wie ich alles anpacken müßte, was mich zur Zeit beschäftigt."
(26) Die alten Schuldgefühle existierten indes immer noch. *„Heute beim Segen waltete ich als Diakon. Das neue Gefühl praktischer Tüchtigkeit*

---

[207] AaO. 14. März 1949, 175f.

erstreckte sich nicht auf die Zeremonien. Ich war wie in einem Nebel, aber sehr glücklich. Ich konnte an nichts anderes denken als daran, daß ich gleich die Hostie in die Hand nehmen sollte. Ich hatte Angst, die ganze Kirche würde über mir zusammenstürzen, wegen meines früheren Lebens - als ob das nicht vergessen wäre! Aber Gott wiegt fast gar nichts. Obwohl Er mehr als die Welt in sich enthält, war Er so leicht, daß ich fast vom Altar gefallen wäre. Diese ganze Leichtigkeit teilte Er meinem eigenen Geiste mit, und als ich herabstieg, war ich so glücklich, daß ich Mühe hatte, nicht laut herauszulachen."[208]

(27) Mertons Priesterweihe lag ein paar Tage vor der Hundertjahrfeier des Klosters, die im Juni mit dem Kloster unbekanntem Aufwand begangen wurde. Viele Vorbereitungen waren im Gange, da die Feier im Fernsehen übertragen wurde und zahlreiche Gäste erwartet wurden. Für ein Trappistenkloster so viel Trubel, daß alle Mönche erleichtert waren, als es vorüber war. Merton genoß indes sehr den Tag seiner Priesterweihe, zu der viele seiner Freunde angereist kamen: Bob Lax, Ed Rice, Sy Freegood, Dan Walsh, Bob Giroux, James Laughlin. Er war in Hochstimmung, scherzte und lachte den ganzen Nachmittag, war doch sein Traum, Priester zu werden, nun in Erfüllung gegangen. Nach der Priesterweihe erschienen ihm wieder Einfachheit und Schlichtheit als größte Ideale. *„Nach meiner ersten Messe verstand ich vollkommen und zum erstenmal in meinem Leben, daß nichts anderes auf der Welt von Bedeutung ist, als Gott zu lieben und Ihm in Einfalt und Freude zu dienen. Ich erkannte ganz klar, daß es sinnlos und trügerisch ist, Ihm auf irgendeine auffallende und außerordentliche Weise dienen zu wollen, da aller gewöhnliche Dienst erhaben und außerordentlich wird, sobald er durch die Liebe zu Ihm verwandelt wird. Ich erkannte auch, daß Seine Gnade und insbesondere die Gnade des Priestertums die Liebe zur leichtesten Sache in der Welt gemacht hat. Gott zu lieben kostet weniger Mühe, als zu essen, zu schlafen, zu atmen oder die einfachsten und instinktivsten Akte unseres natürlichen Lebens zu vollziehen. Denn ein Willensakt erfordert überhaupt keine Anstrengung, wenn unser Wille immer von Seiner Gnade beherrscht und gelenkt ist, denn dann wird die Liebe etwas ebenso Natürliches und Beständiges und Ununterbrochenes wie der Atem. Ich lebe, aber nicht ich, sondern Christus lebt in mir. Was gibt es Leichteres, als Gott in dir leben zu lassen und Ihn zu lieben, der dich liebt?"*[209] In den Wochen nach seiner Priesterweihe war er zunächst ganz berauscht vom Glück, selbst Messe halten zu können. Seine priesterliche Aufgabe in der Wandlung der Eucharistie nahm ihn ganz in Bann. *„Das ganze Opfer ist etwas so Ungeheures, daß es dem höchsten Überschwang niemals gelingen wird es auszudrücken. Sich unbemerkt niederzubeugen und beim 'Supplices te rogamus' den Altar zu küssen, ist eine Gebärde, die mich mir selbst enthebt und meinen Frieden verdoppelt. Das Pater noster zu sprechen, ist, als schwämme man im Herzen der Sonne."*[210] *„Tag für Tag kommt mir mehr zum Bewußtsein, daß ich am Altar alles andere bin als mein alltägliches*

---

[208] AaO. 20. März 1949, 178.
[209] AaO. 194.
[210] AaO. 10. Juni 1949, 208.

Ich. Dieses Gefühl von Unschuld ist tatsächlich, als wäre man ausgewechselt. Ich bin verdrängt von einem, in dem ich ganz wirklich bin. Ein Anderer hat meine Identität angenommen (oder sie enthüllt), und dieser Andere ist ganz Kindheit. Und ich stehe am Altar - man verzeihe die Sprache, es sollten keine außergewöhnlichen Worte sein - ich stehe am Altar, die Augen ganz rein gewaschen im Lichte, das die Ewigkeit ist, und ich werde zu einem, der alterslos wiedergeboren ist. Ich bitte um Entschuldigung für diese Sprache. Ich weiß keine Worte, die einfach genug wären, um so etwas zu beschreiben, ich kann nur sagen, daß ich jeden Tag einen Tag alt bin, und am Altar bin ich das Kind, das Gott ist; und dennoch, wenn alles vorüber ist, muß ich sprechen: 'Lux in tenebris lucet, et tenebrae eam non comprehenderunt', und ich falle zurück in meine eigene, in meine armselige 'propria', die Ihn überhaupt nicht aufnehmen kann. Ich muß mich sogar freuen, nichts zu sein als eine Schale. Ich durfte einen Abglanz Seiner Reinheit auffangen, und es hat Ungeheures bedeutet, für mich und für die Welt, so daß ich bei meinem sehr langen Memento für die Lebenden in einem Meer von Freude schwimme, das mich fast von meinem Ankergrund losreißt und mich vom Altar wegspült. Es ist auch gerade die Messe, bei der ich am einsamsten bin und zugleich für die übrige Welt am meisten bedeute. Es ist tatsächlich der einzige Augenblick, in dem ich den anderen Menschen etwas geben kann. Und ich allein kann es ihnen geben, denn wenn ich es ihnen nicht zuwende, wird ihnen die besondere Frucht dieser meiner Messe nicht zu eigen werden. "[211]*

3.1.9 Beginn einer seelischen Krise

(28) Die gute Stimmung sollte aber nicht anhalten. Einige Wochen später ereilte ihn ein schweres Tief, das er „nervöse Erschöpfung" nannte und das ihn fast anderthalb Jahre in Bann hielt. Es legte sein Schreiben beinahe völlig lahm. *„Als der Sommer meiner Priesterweihe zu Ende ging, fand ich mich einem Mysterium gegenüber, das begann, sich auf dem Grunde meiner Seele zu bezeugen und in mir Schrecken zu erregen. Fragt mich nicht, was es war. Ich könnte mich dafür entschuldigen und es 'Leiden' nennen. Das Wort entspricht nicht, denn es läßt an körperliche Schmerzen denken. Und das meine ich ganz und gar nicht. Allerdings fing irgend etwas an, meine Gesundheit zu beeinträchtigen. Was aber mit meiner Gesundheit auch vor sich gehen mochte, es war nur, so scheint mir eine Wirkung jenes Unausdenkbaren, das sich in der Tiefe meines Wesens entwickelte. Und noch einmal: ich habe keine Möglichkeit zu erklären, was es war. Es war eine Art langsames, unterseeisches Erdbeben, das an der sichtbaren, psychologischen Oberfläche meines Lebens seltsame Verwirrungen auslöste. Ich war aufgerufen, mit Freude und mit Furcht zu kämpfen, und dabei wußte ich in jedem einzelnen Fall, daß das Gefühl von Kampf irreführend war, daß mein scheinbarer Gegner nur eine Täuschung und daß die ganze Verwirrung einfach die Wirkung von etwas war,*

---

[211] AaO. 19. Juni 1949, 210f.

was bereits ohne mein Wissen in dem verborgenen Vulkan losgebrochen war."[212]
Dies war eine der wenigen Beschreibungen seiner Krise, da er zwar sein Tagebuch in größeren Intervallen weiterführte, aber bewußt nur in Momenten des Friedens, nicht in jenen des „Schreckens".

(29) Immerhin beschrieb er in seinem Tagebuch gefühlvoll-ekstatische Augenblicke, die er aber eher als beunruhigend oder hysterisch empfand, denn als tröstlich. *„Dieser Tage nimmt das Wort 'poignant' einen hervorragenden Platz in meinem Vokabelschatz ein. Und zwar weil irgendeine Macht ständig mein Herz in der Faust hält und Schreie aus mir herauspreßt (ich meine die stille Art, die durch inneres Sich-winden vernehmbar wird) und mich dahin und dorthin stößt, bis ich kaum noch taumeln kann. Tag und Nacht werde ich von den verdächtigsten Freuden gequält. Ich verbringe meine Zeit im Ringen mit Erschütterungen, die bald leidenschaftliche Liebe, bald Qual und dann wieder höchste religiöse Verzückung zu sein scheinen. [..] Heute morgen war ich bei der Konsekration des Kostbaren Blutes so überwältigt, daß mir Zweifel kamen (ich hoffe, es waren unbegründete Zweifel), ob ich tatsächlich alle Worte richtig gesprochen hätte und ob die Konsekration gültig wäre. Aber gelegentlich gibt es eine kleine Ruhepause. Gestern zum Beispiel war mir fast den ganzen Tag Entspannung in einer hochwillkommenen Trockenheit beschieden, in der alles wieder einmal wohltuend indifferent und ohne Geschmack war. Was für eine Erholung, gleichgültig gegen die Dinge zu sein, nachdem ich von vielen verschiedenen Arten von Rausch umgetrieben war, von denen einige tief heilig scheinen, während andere sich nicht einmal die Mühe nehmen, sich zu maskieren. Es ist nicht gerade angenehm, das geistliche Leben mit den geistigen Anlagen eines Künstlers zu führen. Gestern nachmittag im Kornfeld kam mir eine gewisse Wut über die ganze Sache. [..] Im Augenblick war in meinem Herzen nur noch ein Abgrund von Selbsthaß - in Erwartung der nächsten Schreckenswoge.*"[213] An anderer Stelle sprach er vom „*Gefühl von Furcht, Niedergeschlagenheit, Nichtexistenz*"[214] und konnte nicht verbergen, daß er zeitweise lebensmüde war. *„Aber es gibt auch eine sündige Art, auf den Tod gefaßt zu sein. Nämlich mitten im Leben, an der Quelle des Lebens zu stehen und dabei im Herzen jene kalte Hinneigung zum Tode zu spüren, die fast bereit ist, dem Leben zu entsagen - jene tote moderige Säure, die mit Entmutigung und Furcht den Kern unseres Wesens zerfrißt!*"[215]
Noch im Sommer hatte er während des Evangeliumlesens in der Messe einen Ohnmachtsanfall erlitten, der ihm furchtbar peinlich war und ihn lange beschäftigte. Von da an hatte er panische Angst vor dem Zelebrieren der Messe. Diese Angst hinderte ihn wiederum am Schlafen, so daß er morgens oft völlig

[212] AaO. 242.
[213] AaO. 21. September 1949, 251f.
[214] AaO. 15. Dezember 1949, 260.
[215] AaO. 30. Dezember 1949, 270.

zerschlagen sein Nachtlager verließ. Im Neuen Jahr befiel ihn eine auf- und abloderende Grippe, die er nicht mehr los wurde.

(30) Die schwere Krise, die vom Sommer 1949 bis Ende 1950 dauerte, hing auch mit seinen Problemen und Auseinandersetzungen mit dem Orden zusammen. Das Bild von Jonas im Titel seines Tagebuchs war Ausdruck für sein Befinden, das Gelübde der Beständigkeit stellte für ihn den Bauch des Walfisches dar. „Gefangen" also in seinem Kloster, eingeengt und versucht, durch einen Wechsel in ein anderes Kloster zu entkommen, hoffte er, wie Jonas an den Ort seiner Bestimmung zu kommen. Erleichterung fand er im Grunde nur, wenn er Momente und Orte des Alleinseins fand. Hierfür entdeckte er immer neue Schlupfwinkel. *„Ich lese noch einmal den Geistlichen Wechselgesang auf Spanisch in einem kleinen Winkel hinter den Zedern am Pferdestall, wo ich zwischen den Brombeerbüschen im Windschutz sitzen kann"*[216] *„Ich bin zum Wagenschuppen hinausgegangen."*[217] *„Ach, von den Ställen in der warmen Sonne auf dem schlammigen Wege zwischen Obstgärten und Gemüsegärten heimzugehen, den 'Geistlichen Wechselgesang' unter dem Arm und diese wundervollen Worte vor sich hinzusprechen! Ich habe einen prächtigen Platz zum Lesen und Beten gefunden, auf dem Dachboden eines Stallgebäudes, wo früher die Kaninchen waren [..] Es ist der stillste und verborgenste und abgelegenste Platz, den ich innerhalb der ganzen Klostermauern gefunden habe - allerdings nicht gerade der wärmste [..] Fast alle Tätigkeit macht mich krank, aber sobald ich wieder allein und still bin, versinke ich tief in Frieden, Sammlung und Freude."*[218]
Mit der Suche nach stillen Plätzen wurde es im Kloster immer schwieriger, da der Zustrom der Bewerber, manche mit dem 'Berg der Sieben Stufen' unter dem Arm, nicht abriß. 1950 waren es hundertfünfzig Novizen und insgesamt zweihundertsiebzig Mönche. Da das Haus keine derartige Aufnahmekapazität hatte, wurde für die Novizen im Hof ein Zelt aufgestellt. Immerhin erhielten nun die Professen die Erlaubnis vom Abt, sich auch *„im Obstgarten, rund um den Wagenschuppen und hinter dem alten Pferdeschuppen zu ergehen"*[219].
Für Merton wurde die freie Zeit noch knapper, als er ab November 1949 für die Scholastiker eine Vorlesungsreihe abhielt, die ins Theologiestudium einführte. *„Ich bin in die Schande verfallen, die ich in meinen Schriften bekämpft habe: ich bin ein Kontemplativer, der nahe dran ist, unter Überarbeitung zusammenzubrechen. Ich glaube, das ist eine Sünde und eine Sündenstrafe, aber jetzt muß ich es zum Guten wenden und mich auf irgendeine Weise dadurch heiligen lassen."*[220]

[216] AaO. 256.
[217] AaO. 254.
[218] AaO. 17. Dezember 1949, 261.
[219] AaO. 220.
[220] AaO. 20. Dezember 1949, 262.

3.1.10 Heilsames Alleinsein

(31) Hatte er bei seiner Diakonsweihe noch beschlossen, nun endgültig das Schreiben aufzugeben, ließ er kurz darauf ganz andere Töne verlauten. Er entdeckte Schreiben als Ort der Stille. *„Ich sehe mich gezwungen zu gestehen, daß meine Klagen über meine schriftstellerische Arbeit närrisch waren. Augenblicklich ist Schreiben das einzige, was mir die Möglichkeit zu wirklicher Stille und Einsamkeit verschafft. Auch finde ich, daß es mir hilft zu beten, denn wenn ich bei der Arbeit innehalte, so entdecke ich, daß mein innerer Spiegel überraschend klar und tief und friedlich ist. Gott leuchtet dort und läßt sich sogleich ohne langes Suchen finden, als sei Er mir während meines Schreibens genaht und ich hätte sein Nahen nicht bemerkt. Und ich meine, dies sollte Ursache einer großen Freude sein, und das ist es auch für mich."*[221] *„Gott wird mir für meine letzten Tage Seine eigene Einsiedelei bereiten, und mittlerweile ist meine Arbeit meine Einsiedelei, denn das Schreiben ist das, was mir am allermeisten hilft, hier in Gethsemane ein einsiedlerischer und kontemplativer Mensch zu sein."*[222] Anfang 1950 schrieb er davon, aufgegeben zu haben, ein Karthäuser werden zu wollen. Alleinsein mit Gott bereitete ihm immer wieder das Gefühl des Angenommenseins, des Geliebtwerdens, einer freiheitlichen Liebe, der die Liebe zwischen Menschen nie ganz gleichkomme.[223] Er hatte bereits öfters vom Abt die Erlaubnis erhalten, einen Nachmittag in den Wäldern von Gethsemani zu verbringen. Der Abt hatte jedoch seine Bitte abgelehnt, jeden Monat regelmäßig einen ganzen Tag lang im Wald bleiben zu dürfen und dort seine Gebete zu verrichten. Allerdings ernannte er ihn bald darauf zum Waldhüter, so daß Merton seine Arbeitszeit häufig im Wald verbringen konnte. Die Natur bekam für seine Besinnungen immer mehr Gewicht, nicht zuletzt weil sie mit der Einsamkeit verbunden war, die er so heftig ersehnte.

(32) Auch die Heilige Schrift bekam fortan für ihn mehr Bedeutung. *„Es tut mir leid, daß es so lange gedauert hat, bis ich anfing, die Psalmen zu entdecken. Es tut mir leid, nicht mit ihnen gelebt zu haben. Ihre Worte sind voll der lebendigen Wasser jener echten Tränen, mit denen Du das Samaritische Weib Deine Barmherzigkeit gelehrt hast."*[224] *„[..]..und lese und liebe den hl. Thomas. Und dort habe ich entdeckt, daß das, was die Mönche schließlich doch am meisten brauchen, nicht Vorträge über Mystik sind, sondern mehr Einsicht in Bezug auf die normalen Tugenden, sei*

---

[221] AaO. 21. Juli 1949, 217f.

[222] AaO. 18. Januar 1950, 280.

[223] Vorbehalte gegen menschliche Liebe zeigen sich beispielsweise in seiner Beschreibung der kontempaltiven Erfahrung in 'Seeds', wo er auf die immer geteilte Liebe der Menschen anspielt: „What happens is that the separate entity that was *you* suddenly disappears and nothing is left but a pure freedom indistinguishable from infinite Freedom, love identified with Love. Not two loves, one waiting for the other, striving for the other, seeking for the other, but Love Loving in Freedom." Merton, Seeds of Contemplation, Norfolk 1979, 195.

[224] JON, 18. März 1950, 300.

*es nun Glaube oder Klugheit, Liebe oder Mäßigkeit, Hoffnung oder Gerech-
tigkeit oder Tapferkeit. Am allermeisten aber brauchen und wünschen sie das
Eindringen in das Mysterium Christi, die Kenntnis Seines Wortes im Evangelium und in der ganzen Bibel ...* "[225]

(33) Im Herbst 1950 mußte Merton zweimal für mehrere Wochen ins Krankenhaus nach Louisville. Die dadurch verschaffte Ruhe und Privatsphäre tat
ihm so gut, daß seine schriftstellerische Blockade aufbrach. Er brachte innerhalb von drei Monaten 'The Ascent to Truth' zum Abschluß, das noch 1951 erschien. Im Juni 1951 begab er sich in Anzug und Colar nach Louisville, um
amerikanischer Bürger zu werden. Hierbei mußte er sich noch einmal für seine kommunistischen Aktivitäten als Student verantworten. Er genoß es, inmitten einer bunten Schar fremder Menschen zu sitzen und deren Lebenswege zu
erfahren.

3.1.11 Neue Tätigkeit als Scholastikerpräfekt

(34) 1951 ernannte Abt James Fox Merton zum Scholastikerpräfekten, ein
Amt, das in Gethsemani aufgrund der zahlreichen neuen Priesteranwärter neu
geschaffen wurde.

Merton erschrak zunächst aus Angst vor der Verantwortung und aus Angst,
dadurch noch beschränkter in seiner Zeit zu sein, nahm aber daraufhin seine
Aufgabe sehr ernst und versuchte, den jungen Mönchen sowohl ein guter Lehrer, als auch ein guter Seelsorger zu sein. Nach späteren Aussagen der Scholastiker gelang ihm beides.[226]

Seine häufigen Zweifel an der Richtigkeit des Ortes Gethsemani für ihn bekamen nun einen höheren Sinn, da er überzeugt war, aufgrund seiner durchge-
fochtenen Kämpfe die Brüder besser zum Thema Beständigkeit beraten zu
können. Ferner hatte er das Gefühl, durch die neue Aufgabe zu wachsen. *„So
stehe ich auf der Schwelle eines neuen Daseins. Der Mensch, der am stärksten
durch das neue Scholastikat geformt werden wird, ist der Magister der Scholastiker. Es ist, als finge ich noch einmal ganz von vorn an, Zisterzienser zu
sein. Aber diesmal tue ich es, ohne mir die abstrakten Fragen zu stellen, die
der Luxus und die Qual der mönchischen Jugendjahre sind. Denn jetzt bin ich
ein erwachsener Mönch und habe für nichts anderes mehr Zeit als für das
Wesentliche. Das einzig Wesentliche ist nicht eine Idee oder ein Ideal, es ist
Gott allein, den man nicht findet, indem man die Gegenwart gegen die Zukunft oder die Vergangenheit abwägt, sondern nur, indem man sich in das
Herz der Gegenwart sinken läßt, so wie sie ist.* "[227]

(35) Selbst der Wunsch nach Alleinsein bekam nun, wenn er an seine Anver-
trauten dachte, ein anderes Gesicht: *„Ich weiß nicht, ob sie irgend etwas*

---

[225] AaO. 10. Januar 1952, 348.
[226] Vgl. Mott, 263.
[227] JON, 13. Juni 1951, 340.

Neues entdeckt haben oder fähig geworden sind, Gott mehr zu lieben, oder ob ich ihnen geholfen habe, sich selbst zu finden, was heißt, sich zu verlieren. Aber ich weiß, was ich entdeckt habe: daß die Art Arbeit, die ich einst fürchtete, weil ich dachte, sie würde die „Einsamkeit" stören, in Wirklichkeit der einzige wahre Pfad zur Einsamkeit ist. Man muß in gewissem Sinne ein Eremit sein, ehe die Sorge um die Seelen dazu dienen kann, einen tiefer in die Wüste zu führen. Wenn Gott dich aber einmal zur Einsamkeit berufen hat, dann führt dich alles, was du berührst, tiefer in die Einsamkeit. Alles was dich bewegt, formt dich zum Einsiedler, solange du nicht darauf beharrst, das Werk selbst zu tun und dir deine eigene Einsiedelei zu bauen. Welches ist meine neue Wüste? Ihr Name heißt Mitleid. Keine Wildnis ist so schrecklich und so schön, so dürr und so fruchtbar wie sei Wildnis des Mitleids. Es ist die einzige Wüste, die wahrhaftig wie die Lilie blühen wird. Sie wird zum Gewässer werden, sie wird Knospen ansetzen und blühen und vor Freude frohlocken. In der Wüste des Mitleids verwandelt das dürstende Land sich in Wasserquellen, auf daß der Arme alles besitze. Keine Grenzen können die Bewohner dieser Einsamkeit fassen, in der ich allein lebe, so vereinsamt wie die Hostie auf dem Altar, die Speise aller Menschen, allen und keinem gehörig, denn Gott ist bei mir, Er wohnt in den Ruinen meines Herzens und predigt den Armen Sein Evangelium. "[228]

„Ich brauche keine Einsiedelei mehr, da ich eine gefunden habe, wo ich sie am wenigsten vermutete. Als ich einst meine Brüder noch weniger kannte, machte ich mir viele komplizierte Gedanken über sie. Nun, da ich sie besser kenne, bekomme ich eine Ahnung von der Tiefe der Einsamkeit, die in jeder menschlichen Person steckt, von der jedoch die meisten Menschen nicht wissen, wie sie sie vor sich selbst, vor den anderen oder vor Gott aufdecken sollen. "[229]

(36) Wie sich sein Verhältnis zu den Mitmenschen zu wandeln begann, tat dies auch sein Urteil über „die Welt". Als Merton im März 1951 von Schwester Thérèse Lentfoehr das Manuskript seines 'Journal of my Escape from the Nazis', geschrieben während seiner Bonaventura-Zeit, zugeschickt bekam, erschrak er über die harschen Urteile, die er einst in jenem Buch gefällt hatte. *„Eines der Probleme des Buches war meine Beziehung zur Welt und zum letzten Krieg. Als ich es schrieb, glaubte ich, eine sehr übernatürliche Lösung dafür zu haben. Nach neun Klosterjahren sehe ich, daß es überhaupt keine Lösung war. Die falsche Lösung bewegte sich in folgenden Gedankengängen: die ganze Welt ist böse, der Krieg ein charakteristischer Ausdruck für sie. Darum muß man sie zuerst lächerlich machen, dann anspeien und endlich mit einem Fluch verwerfen. In Wirklichkeit aber bin ich ins Kloster gekommen,*

---

[228] AaO. 29. November 1951, 344.
[229] AaO. 10. Januar 1952. An dieser Stelle gefiel mir die deutsche Übersetzung so wenig, daß ich eigens übersetzte.

um meinen Platz in der Welt zu finden, und wenn es mir mißlingt, diesen Platz in der Welt zu finden, so vergeude ich meine Zeit im Kloster. "[230]

(37) „Welt" wurde nun ein Synonym für einen inneren Zustand, der mit der Anbetung Gottes in Widerspruch stand, unabhängig von äußeren Bedingungen. Daß diese gewisse Welt, von der er sich nach wie vor abgrenzte, auch in den Klostermauern zu finden war, stand nun nicht mehr außer Frage. *„In einem einzigen Dunst von schmelzendem Schnee, der ebensowohl über Gethsemane wie über Louisville hängt, sehe ich die ganze Welt wie Rauch, und ich gehöre nicht dazu. Es gibt nichts auf dieser Welt, was mir nicht einen Schmerz verursachte. Unterhaltung in der Stadt, Ehrgeiz im Kloster. Ich meine sogar den Ehrgeiz, Großes für Gott zu tun. Dieser Ehrgeiz ähnelt zu sehr dem ehrgeizigen Streben in der Stadt. Ich empfinde die Stille rings um mich im Lande wie von einer Welt, die den Menschen verschlossen ist. Sie leben in dieser Welt, und doch ist die Tür ihnen verschlossen. Diese Stille ist überall. Es ist der Raum, in den Jesus uns eintreten hieß, wenn wir beten.* "[231]

3.1.12 Fortdauernder Konflikt mit Abt James Fox

(38) 1952 sollte es zu einem heftigen Konflikt zwischen Merton und seinem Abt kommen.
Merton hatte eine Einladung der Karthäuser zur Besichtung ihrer neugegründeten nordamerikanischen Klause in Vermont bekommmen. Als der Abt ihm die Erlaubnis zur Abreise verweigerte, empfahl der Karthäuserabt Merton, sich doch an die Camaldolenser in Italien zu wenden. Naomi Burton, die in Italien zu tun hatte, bot sich zur Vermittlung an. Die Camaldolenser wollten Merton daraufhin mit offenen Armen aufnehmen, James Fox tat jedoch alles, um diesen Wechsel zu verhindern.[232] James Fox verstand sich als behütender Vater, der wußte, was für Merton das Beste sei, Merton fühlte sich hingegen gegängelt und zurückgesetzt. Aus Mertons Perspektive war der Abt restriktiv und eng, James Fox hatte jedoch das Gefühl, Merton schon genug Ausnahmegenehmigungen erteilt zu haben. Beide respektierten zwar einander in gewisser Weise, immerhin hatte der Abt sich sogar Merton als Beichtvater gewählt und Merton äußerte manchmal er „bräuchte Abt James", sie waren aber beide verbittert in der Frage der 'stabilitas loci'. Der Abt bekämpfte nämlich nicht nur den möglichen Wechsel in ein anderes Kloster, sondern jede Möglichkeit Mertons, das Kloster auch nur für kurze Zeit zu verlassen, beispielsweise für Vorträge oder Tagungen. James Fox hatte Angst, daß Merton möglicherweise den zahlreichen Versuchungen der Lebensalternativen draußen erliegen würde, sei es anderen Klöstern oder Frauen. Merton war dagegen verbittert darüber, daß ihm der Abt so wenig vertraute. Der Konflikt zwischen beiden

---

[230] AaO. 3. März 1951, 333.
[231] AaO. 13. Dezember 1951, 329.
[232] Vgl. Mott, 270f.

wurde aber nie richtig ausgetragen, schon allein, weil James Fox gerne offene Konflikte vermied, aber auch weil Merton seinen Ärger zurückhielt.[233]

(39) Ein weiteres Problem stellte sich 1952, das der Zensur. Naomi Burton und Robert Giroux wollten gerne sein Tagebuch 'The Sign of Jonas' veröffentlichen. Bereits 1950 hatte Abt James auf Mertons Bitte, seine Tagebücher veröffentlichen zu dürfen, mit einem strikten Nein reagiert.[234]
War Abt James 1952 in dieser Frage offener geworden und hatte er sogar für Merton beim Ordensgeneral um die Erlaubnis dieser Veröffentlichung gebeten, war es diesmal Gabriel Sortais, der die Bitte ablehnte. Für Merton war dies umso ärgerlicher, als der oberste römische Sekretär der Ordenskongregationen, Monsignore Larraona, der im August 1952 in Gethsemani zu Besuch war, und für den Merton aus dem Italienischen und Spanischen übersetzte, ihn ermutigte, seine schriftstellerischen Arbeiten unbedingt fortzusetzen. Von oberster Stelle also wurde er also angestiftet, von der nächst unteren gebremst, eine widersprüchliche Situation, die er nicht akzeptieren wollte.[235] 1952 schrieb Merton, daß ihn nur noch eines in Gethsemani halte: das Kreuz. Was die Camaldolenser anbelangte, forcierte er nie, schon allein durch sein Einwilligen in das Prinzip des Gehorsams, seine Anstrengungen bis hin zu einem offenen Konflikt. Er vertraute darauf, daß Gott selbst für einen Wechsel sorgen würde, wenn es sein Wille sei. Was hingegen das Problem der Zensur anbelangte, wurde Merton aktiv und schaffte es, Generalabt Gabriel Sortais mit einem fünfseitigen Brief von der Veröffentlichung des Jonas zu überzeugen. 'The Sign of Jonas' kam schließlich 1953 heraus. Es wurde überall, unter anderem in einer Rezension in 'The New York Times', mit positiver Resonanz, aufgenommen.
Die Schwierigkeiten mit seinem Abt und mit seinem Orden führten dazu, daß sich Merton noch mehr bemühte, innerhalb des Klosters Refugien des Rückzugs zu finden. Ferner las er alles, was er zum Thema Einsiedlertum finden konnte, besonders zu Eremiten innerhalb des Zisterzienserordens. Abt James erlaubte ihm, einen Geräteschuppen für Stunden des Alleinseins zu nutzen, 1952 jedoch noch nicht, sich in die Wälder von Gethsemani als Eremit zurückzuziehen.

3.2 Inhaltliche Bestimmung von Kontemplation und Mystik

In den ersten zehn Jahren seines Klosterlebens könnte man mehrere Themen in Mertons Leben ausmachen, wie beispielsweise das Thema „Konflikt mit

---

[233] Beides trifft nach Mott auch zu, Fox war gewiß überbehütend und ängstlich, was Mertons Verlassen des Klosters anbelangte, Merton intendierte indes ja tatsächlich einen Wechsel in ein anderes Kloster, ferner genoß Merton tatsächlich manche Privilegien, die andere Mönche nicht hatten und tendierte dazu, aus einer Ausnahmegenehmigung gleich eine Regel zu machen, vgl., Mott 267f und 278 ff.
[234] Vgl. aaO. 257.
[235] Vgl. aaO. 269 und 271f.

Abt und Klosterregel", „Sehnsucht nach Einsamkeit", „Weiheerfahrungen" oder „Erfahrungen als Schriftsteller", all diese Themen kommen aber auch im hier festgelegten Gesamtthema dieser Lebensphase vor, der intensiven Auseinandersetzung mit dem Wesen der Kontemplation. Da Merton ein intellektuell anspruchsvoller Mensch war, arbeitete er sich intensiv und gewissenhaft an das Thema Mystik heran und kam zu klärenden Ergebnissen. In diesem Kapitel hier soll nun der Erkenntnisertrag Mertons nachgezeichnet und im Vergleich zu anderen theologischen Schriften und Studien zum Thema Mystik bewertet werden.

3.2.1 Biographischer Überblick

Im Kapitel 'Berufung' hatte sich bei Mertons Berufungsweg gezeigt, daß er im Kloster das weltabgewandte, übersinnlich-überirdische Leben suchte. Als er in das Kloster eintrat, so hatten wir gesehen, verließ er bewußt seine erlebnisreich-mondäne, aber auch schmerzvolle Vergangenheit, und hoffte, mit dem Eintritt ins Kloster jedes Partikelchen „Welt" hinter sich zu lassen und ein ganz neues Leben zu beginnen.[236] Dieser Wunsch wurde ihm nun in den ersten Jahren seines monastischen Lebens tatsächlich erfüllt, er hatte das Gefühl des Geborgenseins in einer harten, aber besseren Welt. (1/2)
Das „Eintauchen" offenbarte sich allerdings, in den folgenden Jahren, mit seinem eigenen Bild des Tagebuchtitels 'Im Zeichen des Jonas' ausgedrückt, als Aufwachen im Bauch des „Walfisches Gethsemani", was nichts anderes bedeutete, als er sich als Gefangener vieler Beschränkungen und Grenzen empfand. Mit den weiteren Jahren entdeckte er schließlich immer mehr „Welt" im Kloster, Elemente, die er nicht als gottgefällig einstufte und die seiner Meinung nach jene kontemplativ-mystischen Erfahrungen, die er so intensiv suchte und die seiner Meinung nach zur monastischen Existenz gehörten, sogar behinderten. Monastisches Leben bedeutete für ihn radikale Gottsuche im Bemühen um ständige Gottverbundenheit und Gotteserfahrungen. Allein die religiöse Ekstase, zu finden in den Lehren und Erfahrungen der Mystik und der Kontemplation, schien ihm zu diesem Zeitpunkt den Sinn des monastischen Lebens auszumachen. Parallel zu dieser Suche und zu seiner enttäuschenden Entdeckung von „Welt" im Kloster begann er jedoch auch ganz vorsichtig wieder seine Fühler nach der Gesellschaft außerhalb des Klosters auszustrecken und formulierte das Ziel, seinen Platz in der „Welt" noch finden zu wollen. (36) Eine neue Auffassung von „Welt" schlug sich schon anfangshaft nieder in 'Seeds of Contemplation'.

Drei biographisch bedeutsame Punkte, sollen noch einmal hervorgehoben werden:

---

[236] „Welt" wurde bei ihm anfangs synonym verwendet für die profane, akirchlich lebende Menschheit im pejorativen Sinne.

1. Der Stellenwert des Schreibens: Die unerwartete Erlaubnis, im Kloster schriftstellerisch aktiv sein zu dürfen, brachte, wie wir gesehen haben, Merton genauso viele Schwierigkeiten wie Freuden. Die Ambivalenz bestand darin, daß Schreiben sein innerstes Bedürfnis war, er jedoch zugleich Schuldgefühle angesichts der Befriedigung dieses Bedürfnisses hatte, da sich die schöpferische Tätigkeit während der Gebetszeiten in der Kirche gedanklich verselbständigte. (5) Ambivalent war die Schreiberlaubnis jedoch auch inhaltlich und zeitlich: es wurden bestimmte inhaltliche Vorgaben seitens des Ordens gemacht und seine Zeit hierfür viel zu knapp bemessen. Totale Erschöpfung war bald das Resultat, Erschöpfung, die vielleicht auch eine der Ursachen seiner baldigen psychischen Krise wurde. (4/21)

Es schien zuweilen, er wäre glücklicher gewesen, man hätte ihm das Schreiben verboten, denn dann wären dann seine Probleme „gewaltsam gelöst" gewesen. Bis in die Sechziger Jahre hinein plagte sich Merton mit „Schreibskrupeln", auf den Leser zuweilen unangenehm selbstquälerisch wirkend.

Beim 'Berg der sieben Stufen' erfüllte ihn sein schriftstellerischer Erfolg jedoch auch mit Stolz, vermischt mit dem Sendungsbewußtsein, daß seine Lebensgeschichte den Menschen den christlichen Glauben nahebrachte. (22) Seine Biographie war danach missionarisch relevant, was auch in den Augen seines Ordens die Veröffentlichung begründete. Ferner brachte dieser schriftstellerische Erfolg eine neue Herausforderung mit sich, die er gerne annahm, das Konfrontiertwerden mit vielen Problemen und Anliegen anderer Menschen in der „Welt" durch deren Leserzuschriften. (23) Schreibend begann er nun wieder, an den Anliegen der „Welt" teilzunehmen. Zunehmend fokussierte er auch danach den weltlichen Leser in seinen geistlichen Werken. Daß ihm autobiographisches und sachthematisches Schreiben half, persönliche Fragen und geistliche Begriffsinhalte (auch den Begriff der Kontemplation) zu klären, vor allem auch dringend benötigtes Alleinsein zu verschaffen, kam ihm nur langsam zu Bewußtsein. (31)

2. Kritik an den Trappisten ohne Kontemplation: Wie wir gesehen haben, empfand er die Chorgebete nach einiger Zeit seines Klosterlebens kaum mehr als Raum zur Andacht, sie wirkten auf ihn nur noch ablenkend. Als irritierend empfand er ferner die permanente Anwesenheit der Mitbrüder, er benötigte Zeiten des Alleinseins, was ihm in Zeiten auf der Krankenstation deutlich wurde (14/16/17) Er litt wohl auch psychisch unter der eigenartigen, fast anonymen Art von Gemeinschaft, die ständig präsent und dennoch nicht tiefgehend kommunikativ war. Durch den abhandenen verbalen Austausch und die reduzierte Kommunikationsform der Zeichensprache waren Mißverständnisse vorprogrammiert und vertrautere Verbundenheit der Brüder behindert. Gegenseitige seelische Unterstützung war beschränkt, für belastete Menschen wie Merton bestimmt zum Nachteil. Möglicherweise, so sei erlaubt zu spekulieren, projizierte auch er alte Problemmuster auf seine Mitbrüder und litt deshalb so heftig an ihrer Gegenwart. (15)

Für seine ausbleibenden „geistlichen Höchsterfahrungen" gab er zum Teil sich selbst schuld, vor allem sich als Schriftsteller, der sich nicht genug Zeit nahm, um die Hl. Schrift zu meditieren und zur Ruhe zu kommen. (32) Zum anderen aber beschuldigte er - wie wir gesehen haben - sein Kloster und die Ordensregel, erstens auf praktischer Ebene nicht genug Raum für Kontemplation zu schaffen, (9) und zweitens sich auf theoretischer Ebene nicht um einen Begriff der Kontemplation zu bemühen. (8) Merton hatte dieses Urteil beinahe von den ersten Tagen seines Klostereintritts an gefällt, es aber zunächst in der Hoffnung, andere Zugänge zum beschaulichen Leben im klösterlichen Alltag zu finden, zurückgestellt.

Über die Perspektive Mertons hinaus könnte man aber auch feststellen, daß für Gethsemani nun einmal explizit galt, daß Gott primär in der tätigen Arbeit - was Merton ja gewußt hatte - und im gemeinsamen Chorgebet zu suchen und zu finden war - und daher kritisch fragen, ob bei Merton auch Wunschprojektionen eines religiösen Anfängers mitgespielt haben mochten.[237]

3. Merton pflegt klerikale Spiritualität: In der Zeit zwischen seiner Diakons- und Priesterweihe legte Merton aus einer Art sakraler Euphorie heraus elitär-klerikales Bewußtsein an den Tag. Möglicherweise war ein Grund für seine Euphorie - für ihn als ästhetisch veranlagten Menschen - seine Empfänglichkeit für die feierliche „Inszenierung" der Liturgie; hinzu kam seine Freude an der tätigen Verantwortung, da er nun mit dem Amt des Priesters einen sichtbaren Dienst an der Gemeinschaft verrichten konnte. Auffällig stark betonte er jedoch die Notwendigkeit einer priesterlichen Vermittlung des Heils für das Volk. Priester auf der einen Seite und Volk auf der anderen Seite (implizit Laienbrüder) standen sich gegenüber, der Priester gehörte, im Gegensatz zum Volk, nicht mehr sich selbst, sondern Christus, vom Priester hing das Heil der Seelen ab. (24) Da diese Verantwortung so groß war, duldete sie keine Nebenbeschäftigung. (25/26)

Merton übernahm hier ungefiltert eine vorkonziliäre (Vat.II) priesterzentrierte Theologie, die bei ihm übergroßes Verantwortungsgefühl für die richtige Zeremonie verursachte, verbunden mit alten Schuldgefühlen. Entscheidende und danach euphorisierende Erfahrung war an dieser Stelle gewiß die Schuldentlastung durch die vergebende und menschenfreundlichen Seite Gottes (die Kirche stürzte nicht über ihm zusammen). Das Gefühl der personalen Bejahung in Gott, auch wenn Merton dies krass beschrieb, war gewiß eine wichtige Erfahrung für seinen gesamten Glaubensprozeß. Als er in der folgenden Zeit, wie zu sehen war, emotional pendelte zwischen Begeisterung und Absturz, handelte es sich wahrscheinlich um ein Gemisch aus psychischer Krise und

---

[237] Immerhin, was sich unten noch zeigen wird, entwickelte sich im Laufe der Jahre auch sein Begriff von Kontemplation von asketischer Strenge ('Aufstieg') hin zu größerer inneren Gelassenheit ('Seeds'). Außerdem kamen selbstkritische Revisionen seiner Ansprüche vor und Appelle zur Akzeptanz des Gewöhnlichen. (11) Dennoch rührte Merton mit seiner Kritik an reale wunde Punkte des Ordens und gab einige wichtige Impulse für spätere Änderungen der Regel in Gethsemani.

mystischem Erleben.[238] Einige Wochen nach seiner Priesterweihe war er jedenfalls am Rand eines Nervenzusammenbruchs, depressiv und lebensmüde. (29) Gewiß waren es die genannten Faktoren in ihrer Summe, die zur totalen Krise führten, vielleicht jedoch besonders die Enttäuschung über die ausbleibende eigene spirituelle Erfüllung, sprich, das Ausbleiben - trotz Priesteramt und Studien zum Kontemplationsbegriff - der „vollkommenen Vereinigung mit Gott". (10)
Auch die Auseinandersetzung mit Abt James förderte seine Stimmung nicht, und sein (vorläufiger) Verzicht auf einen Übertritt in ein anderes Kloster, brachte ihm nicht die ersehnte innere Ruhe.[239] Die seelischen Nöte trieben ihn jedoch auch in seinem geistlichen Bemühen und Arbeiten voran, so daß jene differenzierten, unten ausgeführten Ergebnissen entstanden, die vielen Lesern auf der Suche nach christlicher Spiritualität weiterhalfen.

3.2.2 Theologische Definitionsversuche von Kontemplation und Mystik

Bevor Mertons Studienergebnisse zum Thema Mystik (oder Kontemplation) ins Visier genommen werden, soll ein kurzer Überblick zu Problemen und Deutungen des Begriffs im theologischen Diskussionsstand gegeben werden mit dem Ziel, eine Vergleichs- und Verifikationsebene für Mertons Ergebnisse zu finden und zu prüfen, auf welchem theologischen Niveau er zu diesem Thema arbeitete.

---

[238] Wie sich in seinen Ausführungen zur Mystik noch zeigen wird, gehört das Wechselspiel zwischen Freude und Traurigkeit, Licht und Dunkelheit, Quelle und Dürre auch unverzichtbar zur mystischen Erfahrung.

[239] Ob ihm die Gründe des Abtes dabei eingeleuchtet hatten, daß er, als „berühmter" Mönch durch einen Übertritt eine Flut von Austritten, zumindest aber viel Unruhe im Kloster ausgelöst hätte, sei dahingestellt, vielleicht war er sich letztlich selbst nicht ganz sicher, ob er in einem anderen Kloster glücklicher gewesen wäre. Der Konflikt mit dem Abt wurde aber nach Ansicht seines Arztes und Mitbruders John Eudes Bamberger und nach Ansicht des offiziellen Biographen Michael Mott oft überbewertet. Bamberger meinte, daß es kein Abt mit Merton einfach gehabt, und andersherum, Merton es mit keinem Abt einfach gehabt hätte, da Merton ein überaus hellsichtiger, vorausschauender Geist gewesen sei, der aus seinen Ansichten keinen Hehl gemacht und damit jeden „normalen" Menschen überfordert hätte. Vielleicht habe Merton dies selbst geahnt, und sich deshalb dem Urteil von James Fox gefügt. Bamberger führt einige Beispiele politischer oder ordensimmanenter Art an, bei denen Merton Mißstände weit früher als andere Menschen erkannt und benannt hatte, vgl. Mott, 113ff. Außerdem, so Bamberger, habe Merton ein hitziges Temperament gehabt, und manchmal Thesen schärfer formuliert, als er sie selbst vertrat. Hinzu käme, und Merton habe dies später selbst einmal geäußert, daß er manche Probleme, die eigentlich seine eigenen gewesen seien, auf die Klostergemeinschaft übertragen hätte. „There was a period when his political and social views were much more advanced than ours, and he felt a great disappointment in the community. But as he said later, he was taking things out on the community that were conflicts within himself." AaO. 121.

3.2.2.1 Deutungen von Kontemplation und Mystik durch Begriffsinhalte[240]

Sowohl bei Kontemplation als auch bei Mystik wurde gelegentlich festgestellt, daß es konsensunfähige oder gar undefinierbare Begriffe seien, und in der Tat gibt es sehr divergierende Auslegungen.[241] Die Schwierigkeit der Beschreibung mystischer Erfahrung und die fehlende einheitliche mystische Sprache sind dabei nur zwei der problematischen Seiten. Umstritten ist auch, ob der Begriff Mystik in der griechischen Antike schon gebräuchlich war oder erst mit dem Christentum etabliert wurde.

Ob bei Mystik mehr vom wörtlichen Sinn des „myein" (Schließen von Ohren, Mund und Augen), und des „mystikós" (geheimnisvoll) oder doch vom historisch gebräuchlichem Sinn der alten und mittelalterlichen Kirche (*offenbartes Geheimnis der Liebe Gottes, offenbart in Jesus Christus*) ausgegangen werden soll, war ebenfalls Streitpunkt der Auslegung. Im ersteren Fall liegt die Betonung auf dem Rückzug ins subjektiv-geheimnisvolle, im zweiten Fall gegenteilig auf der Offenlegung der göttlichen Geheimnisse durch Jesus Christus (nach Origines ist Jesus Christus auch der Schlüssel zum Verständnis der Heiligen Schrift). Polarisiert wurde oft auch die Ebene der praktischen Erfahrung (verbunden mit gegebener Unaussprechlichkeit) der Mystik auf der einen Seite gegen die theoretische und lehrhafte Ebene der Theologie auf der anderen. Polarisierungen gab es ferner auch bezüglich der Inhalte der mystischen Erfahrung, da auf der einen Seite gerade die Erfahrung einer „Leere" eines „Nichtsein" postuliert wurde, auf der anderen die Erfahrung konkreter Liebe, konkreter Bilder und Gefühle.[242]

Die unterschiedlichen Auslegungen führten zeitweilig zu völliger Trennung von Mystik und Theologie, und damit auch zur Etablierung „mystischer Religion" im Gegensatz zu christlicher.

Besonders seit dem siebzehnten Jahrhundert (bis Mitte des zwanzigsten) wurde Mystik meistens getrennt von theologischer Erkenntnis und kirchlicher Bezogenheit, sei es seitens von Kirchengegnern (die eine mystische Religion gegen die kirchliche ausspielen wollten), oder sei es seitens von Kirchenvertretern (die hinter Mystik bald nur noch lehramtsfeindliche oder quietistische Strömungen witterten).[243] Erst im zwanzigsten Jahrhundert, Thomas Merton

---

[240] Im Verhältnis zueinander wurden beide Begriffe immer wieder synonym verwendet, sind also inhaltlich eng verwandt, weshalb hier auf Erweis der Differenzen verzichtet wird. „Die normale Bezeichnung sowohl im Mittelalter als auch im 16. Jahrhundert für „Mystische Erfahrung" ist „contemplatio" (Beschauuung) oder „extasis", „excessus mentis" (Bernhard von Clairvaux) und „dilatatio mentis" (Richard von St. Viktor)." O. Steggink, Art. Mystik, in: C. Schütz (Hg.), Praktisches Lexikon der Spiritualität, Freiburg i.B. 1992, 904ff.

[241] Auf Kontemplation bezogen vgl. Jean Leclercq, Merton the monk, in: Paul Wilkes, Ed., Merton, By those who knew him best, San Francisco 1984, 128. J. Sudbrack erklärt von Mystik, daß es „keinen allgemein akzeptierten Begriff" gäbe, vgl., J. Sudbrack in: Mystik: Selbsterfahrung - kosmische Erfahung - Gotteserfahrung, Mainz Stuttgart 1992, 14.

[242] Vgl. aaO. 31.

[243] Dies betrifft zunächst die katholische Kirche, noch viel größer waren indes die Vorbehalte in der protestantischen Theologie. Dort wurde Mystik teilweise mit Monismus gleichge-

ist hier einzureihen, gab es dann zahlreiche Versuche der Wiederannäherung von Theologie und Mystik bishin zu der inzwischen häufig vertretenen Ansicht der unverzichtbaren Zusammengehörigkeit beider.[244] Die Verbindung von „Mystik und Politik" (J.B.Metz) und der Begriff der „Mystagogie" (K.Rahner) trugen auch dazu bei.

In die enge Verwandtschaft von Mystik und Kontemplation gesellte sich im zwanzigsten Jahrhundert noch der Begriff der Meditation und eine Unterscheidung der drei Begriffe, sofern dies als nötig erachtet wird, macht keine geringen Schwierigkeiten.[245] Thomas Merton hielt sich vorwiegend an den Begriff der Kontemplation, vielleicht schon alleine, weil das Wort „Mystik" in der englischen Sprache praktisch nicht existiert, es kommt meistens als pejorativ anmutendes „mysticism" vor. Oft und geradezu synonym für „contemplation" verwendete Merton jedoch „mystical prayer" - für ihn waren Mystik und Kontemplation sachlich eng verbunden.

Beim Begriff Kontemplation ist die Herleitung aus dem Lateinischen, mit den entsprechenden Konnotationen, wie es Georg Tepe in seiner Einleitung zu „Im Einklang mit sich und der Welt" vollzieht, aufschlußreich. Das lateinische *templum* sei danach vom griechischen *témenos* abgeleitet und bedeute den Bezirk, den ein Zeichendeuter mit seinem Stabe am Himmel und auf der Erde umschrieb und damit einen freien, umgrenzten Raum hatte, den man auf einmal überblicken konnte. „Con-templatio" bedeute den Aufenthalt in diesem Bezirk mit einem diesem Raum entsprechenden Verhalten. Da dieser Raum kein gewöhnlicher gewesen sei, hafte dem Begriff Kontemplation das „Etwas eines Besonderen" an; in der religiösen Verwendung des Begriffes sei es der Aufenthalt in jenem Raum, in dem das ganz andere, das „Numen" gegenwärtig sei. „Numen ist der Wink, dessen Wer und Woher verborgen bleiben. Aber gerade das ist das Entscheidende! *Templum* ist gerade dies: das eigens Freigeräumte, eigens Offene und Offengehaltene für das „Hereinwinken", das heißt Ankommen und Anwesen eines, nein *des* verborgenen anderen

setzt, in der Annahme, daß der unverzichtbare Personalismus der christlichen Religion zugunsten einer „Alleinheit" aufgegeben würde. Selbst bei Versuchen der Verbindung von „theistischem Glauben und der Mystik des Transzendenten" sei es doch so, „daß ein klarer Personalismus als das wirklich beherrschende in der Gottesbeziehung der mystischen Einstellung widerstrebt. Für eine sich selbst klar erfassende theistische Frömmigkeit ist die Innigkeit eines persönlichen Verhältnisses, die zugleich ein Ich und Du deutlich gesondert hält, das Höchste und Letzte. Die Mystik dagegen erstrebt Erlebniszustände des frommen Subjekts, in denen sich diese Grenze in einer wirklichen Einswerdung gerade verliert. Sie will nicht nur Gott fürchten, lieben und vertrauen; sie will seines weltjenseitigen Seins erlebnismäßig teilhaft werden. Und sie kann das nur, indem ihr das klar geschaute souveräne Ich Gottes ins Substanzhafte des abstrakten Letzteinen verliert. [..] Auch wo der Christ sich umfangen weiß von der Allmacht und Güte Gottes, wird das Ich- und Du-Verhältnis nicht wirklich gesprengt wie im Einheitserlebnis der Mystik." T. Steinmann, in: Die Religion in Geschichte und Gegenwart, Tübingen 1930, Bd. 4, 361f.

[244] Diese Ansicht vertritt beispielsweise auch J. Sudbrack, Mystik, 23f.

[245] Vgl. den Versuch von Erika Lorenz, Wort im Schweigen, Freiburg i.B. 1993, 13ff.

- nämlich zu allem wovon der Tempel zwar als er selber eingebunden bleibt: der Welt." [246]

Kontemplation ist hier schön beschrieben als die „Winke" des ganz anderen in die jeweils konkrete Existenz hinein, oder seitens des Subjektes als ein Sich-Offenhalten für die Botschaften des „in die Welt hereinwinkenden Geheimnisses". *Templum* heiße aber auch, so Tepe, die „kleine Zeit", die begrenzte Zeit. Sehe man diese Bedeutung mit der alten lateinischen zusammen, dann könne das räumliche Eintreten des Kontemplativen mit der Zeit seines Lebens zusammengebracht werden. Er, der betende Mensch, werde so innerhalb seiner eigenen begrenzten Zeit zum möglichen „Ort für das 'Hereinwinken' des Anderen, für das Ankommen und Anwesen des Göttlichen"[247].

Es lassen sich andere, teilweise weitgesteckte Definitionen ausmachen, beispielsweise daß Kontemplation (oder Mystik) schlicht mit intensiver (personaler oder apersonaler) Gotteserfahrung zu tun habe, oder mit einem göttlichen Einheits- oder Anwesenheitsgefühl.[248]

Johannes vom Kreuz sah Kontemplation von der Aktivität Gottes her und formulierte folgende Definition: „Kontemplation ist nichts anderes als ein geheimes, friedvolles und liebeserfülltes Einströmen Gottes, der, wenn man ihm stattgibt, die Seele in Liebe entflammt."[249]

3.2.1.2 Formale und inhaltliche Bestandteile

Speziell katholischerseits ist man seit einigen Jahrzehnten bemüht, die Erfahrungen und Theorien zu christlicher Mystik (und Kontemplation) inhaltlich so aufzuarbeiten, daß Mystik nicht als Irrweg, sondern als Bereicherung christlicher Theorie und Praxis sichtbar wird. Die folgenden fünf Elemente werden als wichtige Bestandteile christlicher Mystik beschrieben:

1. Propädeutik: Ein Vorbereitungsweg desjenigen, der die mystische Erfahrung sucht, wird verlangt. Dieser Weg erfordere Disziplin und Konzentration, Askese und Stille, „Offenbarungskenntnis" (Joh. v. Kreuz), dazu verschiedene

---

[246] G. Tepe, Einleitung, in: Merton, Im Einklang mit sich und der Welt, Zürich 1986, 12.

[247] AaO. 14.

[248] „Ziel der Kontemplation ist stets die Einheit mit der persönlich oder unpersönlich vorgestellten Gottheit..", Brockhaus Enzyklopädie, Art. Kontemplation, Bd.10, Wiesbaden 1970. „...eine Form des inneren Gebetes, bestehend in eiem einfachen liebenden Blick auf Gott oder göttliche Dinge", H. Schuster, Art. Beschauung, in: ²LThK, Bd.2, Freiburg 1958, 288. „'Kontemplation', die wortlose Erfahrung Gottes", Lorenz, 13. Lorenz hält die Übersetzung mit „Schau" oder „Betrachtung" für unglücklich, da Gott ja nie „geschaut" werden könne, sie plädiert für „Anwesenheit", und auch für die Herleitung aus „templum". „Kontemplation war also schon vorchristlich eine heilige, dem Göttlichen zugeordnete Handlung, auch insofern dem Ort des Gottes, dem Tempel zugehörig. Von daher dann die spätere christliche Bedeutung: die Nähe, die heilige Anwesenheit Gottes erfahren - so stark, daß demgegenüber alles, aber auch alles verschwindet, ausgenommen die Liebe." AaO. 16.

[249] Aus der „Noche obscura", zitiert bei Lorenz, 88.

Tugenden wie Geduld, Bescheidenheit, Sittlichkeit, schließlich auch Bereitschaft zur eigenen Veränderung. Immer wieder wird der Verzicht auf „Wissen- und Erfahren-Wollen, Meister-Sein" gefordert. Jeder Versuch des Erzwingen-Wollens einer übersinnlichen Erfahrung und jede Behauptung des „Angekommen-Seins" wird abgelehnt. Christliche Mystik dürfe nach Johannes vom Kreuz nicht ausarten in „geistige Naschhaftigkeit", habe also mit Genuß primär nichts zu tun. „Die christliche Mystik aber ist eindeutig: Nur im radikalen Offensein wird Gott erfahren."[250]

2. *Eingebundenheit in christliche Theologie und Dogmatik:* Es wird davon ausgegangen, daß mystische Erfahrung generell gebunden ist an kulturelle und religiöse Vorgaben. Christliche Mystik könne demnach auch keine neuen Inhalte aufbringen, als die in Christus offenbarten. Mystik erzeuge auch keine neue Glaubensqualität allenfalls eine neue Glaubensintensität. Mystik sei deshalb auch „innerhalb des Rahmens der normalen Gnade und des Glaubens zu konzipieren"[251]. Das Verhältnis von Aktivität und Passivität, Empfangen und Geben entspreche dem Sachverhalt des Glaubens: „In Begegnungen wie in der Mystik durchdringen sich Bereitung und Entscheidung. Der Beitrag des Menschen von unten und das Geschenk Gottes von oben sind eng verzahnt. Begegnung braucht Vorbereitung, braucht die kleinen Zeichen der Zuneigung. Zugleich aber ist der Kern der Begegnung von keiner Vorbereitung und keiner Steuerung in den Griff zu bekommen."[252] „Alles, was Gott uns geschenkt hat, kann sich zu ihm öffnen." Dieses Öffnen geschieht, so Sudbrack, besonders im „meditativen Aufstieg zu Gott"[253].

3. *Erfahrungskern:* Ein „Erfahrungskern" wird beschrieben, in der der Mystiker Begegnung mit einer „endgültigen Wirklichkeit", mit einer „unvergleichlichen Gegenwärtigkeit" verspüre, ein „Einheitserlebnis", oder eine „Erkenntnis", ein Bewußtwerden der Gegenwart Gottes, eine Erfahrung, die ihn begeistere. Sudbrack erklärt, daß bei aller Einheitserfahrung mit dem Göttlichen das Menschliche dennoch nicht unterginge in einem „Rausch der Verschmelzung" und nicht aufsteige „zum Titanischen", sondern vielmehr das „Empfangen" das vorrangige Charakteristikum dieser Erfahrung bleibe.[254] Mit dem Erlebnis einer wunderbaren tranzendenten Begegnung korrespondiere jedoch oft

---

[250] Sudbrack, Mystik, 151, vgl. auch Lorenz, 73ff.
[251] K. Rahner, Art. Mystik, in: ²LThK, Bd. 7, 744f. Ob Mystik mehr im Rahmen der „Normalität" angesiedelt oder mit Bewertungen wie „Höhepunkt" und „Gipfel", wie bei Sudbrack (139) versehen wird, bleibt dann noch eine Differenz.
[252] Sudbrack, Mystik, 139.
[253] AaO. 151.
[254] Vgl. Steggink, 907, Lorenz, 114 und Sudbrack, 137f. Sudbrack erwähnt auch Gefahren dieser Erfahrungen: „Wo das 'Mystische' von Methoden oder Aufstiegsschemata umgriffen wird, ist die Qualität des 'Göttlichen' ausgeschaltet und das Mystische zum Psychisch-Somatischen abgewertet worden. Wo aber - auch in sogenannter Selbst- oder Natur-Mystik - das Geschenk- und Gnadenhafte, das Unumgreifbare, das 'Ankommende', das 'Offene' aufscheinen, leuchtet Gottes-Mystik, leuchtet Du-Erfahrung auf."

ein Erleben der „Leere", des „Nichts", der Mystiker erlebe Phasen der Trok-kenheit, Zweifel und „Erfolglosigkeit".

4. *Aushalten der Spannung von Bild und Bildlosigkeit:* Charakteristisch für mystische Erfahrung sei die paradoxe Spannung von Befürwortung und Ab-lehnung eines Gottesbildes. Erfahrung würde deshalb manchmal als Nicht-Er-fahrung bezeichnet, Licht und Dunkelheit zusammengestellt (Johannes v. Kreuz). Ursache dieser Paradoxien sei einerseits das intendierte Freihalten des Glaubens von Projektion und anthropomorphem Reduktionismus, andererseits die Schwierigkeit, transzendente Erfahrung in Worte zu fassen. „Jede Mystik hat es mit Bildern zu tun. Aber sie besteht im ständigen Überschreiten der Bil-der, besser gesagt: in deren Öffnung für die geistige Welt, die sich im Bild verleiblicht. Diese Bewegung ist von unterschiedlicher Intensität, bleibt aber auch in sublimster Geistigkeit eine Bewegung 'vom Bild ins Über-Bild'. Die Bildlosigkeit des Johannes vom Kreuz warnt vor der Verwechslung von Bild und Wirklichkeit, schärft den aszetischen Weg des Loslassens ein und betont, daß diese Bewegung über die Bilder hinaus nie erstarren darf."[255]

5. *Spirituelle und moralische Transformation des Mystikers:* Daß ein Mysti-ker zu der Persönlichkeit reift, die Gott in ihm angelegt hat, hat Tradition so-wohl in der westlichen als auch in der östlichen Mystik. (Die ostkirchliche Option zielt explizit darauf, daß der Christ immer gottähnlicher wird.) Der Mystiker soll zu einem neuen Menschen umgeformt werden und zu seiner wahren Identität finden. Diese Umwandlung bedeute aber nicht „Vergeisti-gung" im Sinne von „Entweltlichung", sondern Einlassen Gottes in die eigene Mitte und „Teilnahme am Tod Christi in Liebe zur Welt, und damit „heilende Verklärung aller gottgeschaffenen Wirklichkeit"[256]. „Aufgrund seiner Vision der Einheit, Ganzheit und Gerechtigkeit, der 'neuen Wirklichkeit', zu der er er-wacht ist, läßt der Mystiker sich in seinem Wesen anrühren von der menschli-chen Gebrochenheit von Reich und Arm, Haß und Liebe, Krieg und Frieden, Unterdrückung und Freiheit."[257] Zu dem Werden der Persönlichkeit gehören demnach moralische Qualitäten wie Empathie, Solidarität, Offenheit, Gerech-tigkeit und Entwicklungsbereitschaft.

---

[255] AaO. 148.
[256] Rahner, Mystik, 745.
[257] Steggink, 909.
Erika Lorenz zur Wandlung bei Joh, v. Kreuz: „Die Transformation des mystischen We-ges, mit der Juan de la Cruz den Prozeß der Kontemplation gleichsetzt, erschöpft sich nicht im Übergang vom Sinnenhaften zum Geistigen, oder vom Denken zum Nichtden-ken. Nein, die Verwandlung bezieht sich vor allem auf den 'Raum', also auf die Möglich-keit, die Gott für sein von ihm gewünschten Wirken erhält." Lorenz, 129.

3.2.3 Mertons Verständnis von Kontemplation

Daß sich zentrale Phänomene und Bedingungen christlicher Mystik durchaus objektivieren lassen, ist nicht nur Ergebnis systematisch arbeitender Theologen, sondern war auch Ergebnis der Arbeit Mertons. Merton fertigte allerdings keinen Lexikonartikel „Kontemplation" an, sondern behandelte Kontemplation als lebendigen Begriff, den er, obgleich sehr sachlich und belegt, zeitlebens immer wieder aus verschiedenen Perspektiven wahrnahm.

Seine Schriften sind also weder streng wissenschaftlich noch eigene Erfahrungsberichte. Vielmehr stellen sie eine umfassende, sinnvolle Einsichten und Schlüsse enthaltende Reflexion dar, eher als praktische Hilfestellung für interessierte Leser gedacht, denn als Forschungsbeitrag. Zugleich war er in der Schilderung seiner eigenen praktischen kontemplativen Erfahrungen, zumindest in seiner Prosa, seine Lyrik mag da anders bewertet werden, sehr zurückhaltend. Er schrieb in seinen Tagebüchern viel über sich selbst, hielt jedoch seine persönlichen Gebets- und Gotteserfahrungen fast immer zurück.[258]

Seinen Kontemplationsbegriff entwickelte er auf der Basis der Schriften der klassischen Mystik. Seine bevorzugten Quellen wurden Gregor von Nyssa, Bernhard von Clairvaux, Thomas von Aquin, Jan von Ruysbroeck, Theresa von Avila, Johannes vom Kreuz, Blaise Pascal und Johannes vom Heiligen Thomas.[259]

Als Ergebnis entstanden zunächst 'The Ascent to Truth' und 'Seeds of Contemplation'.[260] Wichtig ist zur Kenntnis zu nehmen, daß zwar 'Seeds of Contemplation' zwei Jahre früher (1949) als 'The Ascent to Truth' (1951) veröffentlicht wurde, der 'Aufstieg' jedoch bereits einige Zeit vor den 'Seeds' konzipiert worden war und deshalb Zeugnis gibt von einem früheren Merton.[261]

---

[258] Dieses Urteil bestätigt auch J.E. Bamberger: „Yet, he was very reticent to talk about the deeper things .. For example, his experience with prayer. You'll find there was nothing directly stated about that in any of his writings or on any of his tapes." John Eudes Bamberger, in: P, Wilkes, Merton by those who knew him best, San Francisco 1984, 117. Eine Ausnahme wird unten beschrieben (JON, 26.02.1952).

[259] Merton begründete ferner im Anhang des 'Aufstiegs', weshalb er beispielsweise Gregor von Nyssa den Vorzug vor Pseudo-Dionysios gab und er Thomas von Aquin nicht nur als dogmatische, sondern auch als mystische Quelle beurteilte. Seine Hauptquelle war indes eindeutig Johannes vom Kreuz, die meisten seiner Erkenntnisse bezog er aus dessen Schriften.

[260] Was es allerdings schwer macht, Mertons Schriften diesbezüglich zu folgen, ist die oft fehlende Systematik und die fehlende Bündelung seiner Theorien. Daß er sich auf zahlreichen Wegen dem Kernpunkt einer Aussage annähert, diese mühsam umkreist, bis er die Sache, wenn überhaupt, auf den Punkt bringt, macht den 'Aufstieg zur Wahrheit' zur schweren Kost. 'Seeds of contemplation' hingegen ist derart von Spontanität und Intuition geprägt, daß es schier jeder Systematik entbehrt.

[261] Merton hatte sich bereits vor 1947 zahlreiche Notizen über Johannes vom Kreuz gemacht, welche dann in den 'Aufstieg' einflossen.

3.2.3.1 Kontemplationspropädeutik

1. Religiöse Ausgangslage des Menschen: Die Situation des Menschen beschrieb Merton im 'Aufstieg zur Wahrheit' grundlegend als jene, in welcher der Mensch durch den Sündenfall die glückliche Anschauung Gottes verloren habe und sich wieder durch einen „Aufstieg zur Wahrheit" auf deren Suche machen müsse. Mit Gregor von Nyssa beschrieb er diesen Weg als „eine Reise aus der Dunkelheit an Licht und aus dem Licht in die Dunkelheit"[262]. Kontemplation wurde für ihn danach, so schrieb er, als die „visio beatifica" „der normale Zweck und die Erfüllung des christlichen Lebens"[263], „Grund des Geschaffenseins und Sinn der menschlichen Existenz"[264].
In 'Seeds' bezeichnete er bereits mit anderem Akzent die Ausgangssituation des Menschen als sündhafte „Existenz im falschen Selbst". Es war eine geistlich-psychische Perspektive, die bedeutete, daß der Mensch als „the thing that was born of my mother" von Beginn seines Seins an von einer illusionären Person überschattet war.[265] Sünde bestehe nämlich darin, daß der Mensch von seinem falschen Selbst ausgehe und dessen egozentrischen Wünschen folge. Mit Vergnügen, Macht, Ehre, Wissen oder Liebe versuche das falsche Selbst sich eine objektive Realität zu schaffen. Die Aufgabe eines jeden Menschen bestehe darin, durch Kontemplation die Falschheit seiner Person zu überwinden und zu seinem wahren Selbst vorzudringen. Wahre Identität sei nur mit und bei Gott zu finden. Kontemplation ermögliche die Aufdeckung der eigenen Egoismen, welche sowohl der Verbundenheit mit Gott, als auch der Verbundenheit mit den Mitmenschen entgegenstünden.[266]

2. Askese als Grundvoraussetzung für kontemplatives Leben: Im 'Aufstieg' erklärte Merton in sehr thomistischer Sprache, daß im kontemplativen Leben vor allem am Anfang die asketischen Übungen aktiv geleistet werden müßten, um für den meditativen „passiven" Zustand der Kontemplation vorzubereiten.[267] „Die Seele" müsse erstens ihre „Treue in der Mitwirkung mit den gewöhnlichen Eingebungen der Gnade" beweisen, zweitens sich in Mut und Disziplin üben, um der „passiven Reinigung" im mystischen Gebet standzu-

---

[262] Merton, Der Aufstieg zur Wahrheit, Übers. aus dem Englischen von Hans Grossrieder, Zürich 1952, 54.

[263] AaO. 229.

[264] Vgl. Th. Merton, Seeds of Contemplation, New York 1949, 144.

[265] AaO. 27.

[266] „All sin starts from the assumption that my false self, the self that exists only in my own egocentric desires, is the fundamental reality of life to which everything else in the universe is ordered..[..]..Therefore there is only one problem on which all my existence, my peace and my happiness depend: to discover myself in discovering God. If I find Him, I will find myself and if I find my true self I will find Him." AaO. 28f.

[267] „Darunter ist die aktive Selbstreinigung zu verstehen, durch welche sich die von der Gnade erleuchtete und gestärkte Seele aus eigenem Antrieb eine strenge Zucht der Selbstverleugnung und Tugendübung auferlegt. Der Nachdruck liegt auf dem Wort aktiv." Merton, Aufstieg, 147.

halten.[268] Allerdings wurde, um asketischen Übertreibungen vorzubeugen, betont, daß wahre Askese nicht in „strengen Abtötungen" und „außergewöhnlichen Bußübungen"[269] bestehe, sondern sich besonders durch Einfachheit und schlichte Annahme der gewöhnlichen Pflichten des Standeslebens auszeichne. In Anlehnung an Johannes vom Kreuz gehörte für Merton zur Askese die kritische Überprüfung aller „Eingebungen"[270] durch den Verstand.

In 'Seeds' sprach Merton nicht explizit von Askese, sondern von „Loslösung" (detachment). Kontemplation sei nicht möglich, wenn jemand von den ungeordneten Wünschen seines Willens beherrscht werde. Selbst wenn diese Wünsche sich auf positive Dinge wie auf Frieden, Sammlung oder Gebet beziehen würden, seien sie dennoch natürliche und selbstsüchtige Triebe, welche wahre Kontemplation verhindern könnten. Wirklichen inneren Frieden und innere Sammlung erlange paradoxerweise nur jener, der selbst vom Verlangen nach Frieden und Sammlung losgelöst sei. Nur der könne wirklich beten, der nicht die Befriedigung des Gebetes suche. Wer jedoch seine Wünsche aufgebe und nur Gottes Willen suche, der werde auch durch Mühen, Anfechtungen und gescheiterte Versuche hindurch Kontemplation und Friede erreichen. Loslösung geschehe nicht einfach dadurch, daß man die Dinge aufgebe, „die an die fünf Sinne gebunden sind"[271]. Natürlich sei auch die sinnliche Disziplin unverzichtbar, wer aber hierin stehenbleibe, sei kein wirklich Kontemplativer. Gott liege jenseits aller menschlicher Vernunft, Weisheit, Disziplin Klugheit, Hoffnung und Freude. Alles was mit natürlichen Mitteln ersehnt werde, stelle tatsächlich ein Hindernis zum echten kontemplativen Gebet dar. Solange der Kontemplative befriedigt werde mit einer der vielleicht noch so edlen Tugenden, bleibe er unendlich entfernt von Gott selbst. Alles müsse schwinden, wolle man sich ganz auf Gott einlassen, paradoxerweise selbst der Wunsch nach dem Besitz der höchsten geistigen Güter. Das wahre kontemplative Leben bestehe nicht im Genuß innerer geistlicher Wohltaten, sondern vielmehr in einer Arbeit an der Liebe, die alle Erfahrung und Befriedigung übersteige, und die den Mut habe, in der „Nacht des reinen, nackten Glaubens"[272] zu verharren.

In 'Seeds' wurden ferner, in modernerer Sprache als im 'Aufstieg', konkrete Hinweise für „Loslösung" gegeben. Gottsuche bedeute, auf Illusionen, leere Vergnügungen, auf weltliche Wünsche und Sorgen, auf alle Tätigkeiten, die Gott nicht gefallen, zu verzichten, Stille zu halten und auf Gottes Stimme zu hören, ferner sich Freiheit von den Begriffen und Bildern der geschaffenen Dinge zu bewahren. Sie bedeute, alle Menschen wie sich selbst zu lieben, demütig zu bleiben und sich aus dem Wetteifern mit anderen Menschen

---

[268] AaO. 149.

[269] AaO. 148f.

[270] „Das Werkzeug der innern Askese besteht in nichts anderem als dem eingebornen Licht unseres Verstandes." AaO. 144.

[271] Vgl., Seeds, 128ff.

[272] Vgl. aaO. 130f.

herauszuhalten, außerdem Abstand zu nehmen von Streitereien, Verurteilungen und Kritiksucht, auch Abstand vom Zwang, überall Bescheid wissen zu müssen.[273]

Vor allem aber sei der Kontemplative aufgerufen, er selbst zu werden im Verzicht auf das Bild, das er seither von sich hatte. Alles, was in seiner Person bisher auf Lüge und Selbstsucht aufbaute, müsse absterben. Dort, wo Distanz und Erhabenheit gegenüber den Mitmenschen gepflegt wurde, müsse dieses als Stolz und Arroganz entlarvt werden. Wo der Betroffene seinen Schatten mit dem Schatten anderer verglich, sei dies als Handel mit Unwirklichkeiten aufzudecken.[274] Der Kontemplative dürfe zugleich seine Identität nicht nur in Gott suchen, sondern auch in den Mitmenschen. Nie würde er in der Lage sein, sich selbst zu finden, wenn er sich vom Rest der Menschheit isoliere. Wer sich in Einsamkeit zurückziehen wolle, dürfe das nicht aus Flucht vor den Menschen tun, sondern nur um dort Gott und die Menschen noch mehr lieben zu lernen. Wahre innere Einsamkeit könne nur der erfahren, der seinen Platz in Beziehungen zu anderen gefunden habe.[275] Ähnlich wie in 'Seeds' hatte er im Tagebuch 'Jonas' als Voraussetzung kontemplativen Lebens „Verzicht auf die Geschäfte, ehrgeizigen Ziele, Ehren und Freuden und anderen Aktionen der Welt" genannt.(11)

3. Akzeptanz von Kirche und Lehramt: Als weiterer unverzichtbaren Punkt in der Hinführung zur Kontemplation nannte Merton im 'Aufstieg' die Bindung zur Kirche. Er kritisierte der Kirche fernstehende Autoren, die oft den christlichen Mystikern besondere Wertschätzung entgegenbrächten, in der Annahme, die Mystiker seien erhaben über kirchliche Bedingungen, kirchenrechtliche Ordnungen und theologische Fragen. Christliche Mystik, so Merton in Anlehnung an Johannes vom Kreuz, habe ihren Mittelpunkt nicht nur im geschichtlichen Christus, sondern auch im „mystischen Leib Jesu Christi", seiner sichtbaren Kirche.[276] Auch wenn Gott alleine den kontemplativen Menschen bilde und Kontemplation passiv durch Eingebungen des Heiligen Geistes geschehe, so benutze Gott doch gewöhnlich andere Menschen zur Vermittlung seines Wortes und zur Anleitung in der Kontemplation. Kontemplatives Leben erfordere für den Anfänger normalerweise einen Lehrer, einen „Seelenführer". Auch in anderen Religionen, so Merton, werde vom Anfänger verlangt, sich einem Meister oder Guru zu unterstellen. Subjektive Eingebungen und Empfindungen sollten auf diesem Wege geprüft werden. Gedeihe die Kontemplation auch am besten in Stille und Einsamkeit, so habe sie doch auch immer sozialen Charakter.[277]

---

[273] Vgl. aaO. 37.
[274] Vgl. aaO. 43.
[275] Vgl. aaO. 41f.
[276] Vgl. Merton, Aufstieg, 221f.
[277] „Jede wahre übernatürliche Kontemplation ist eine Teilnahme an der Selbstoffenbarung Gottes an die Welt in Christus. [..] Das beschauliche Leben ist ein Leben der Liebe. Und die christliche Liebe ist stets zweifach. Sie hat nur ein Ziel: Gott. Aber sie gelangt sowohl direkt zu Ihm, in Ihm selbst, wie durch die Mitmenschen. Unser inneres Leben stirbt ab,

Wieder in Bezug auf den Karmeliten gelte die Wichtigkeit nicht nur individuellen Seelenführern, sondern dem Lehramt als ganzem.[278] Der Mystiker müsse sich danach immer dem Magisterium unterordnen. Demut, Gehorsam und innere Loslösung ermöglichten so erst die wahre geistige Freiheit. Sie wirkten irrationalem Subjektivismus und Privatoffenbarungen entgegen und seien daher nach Johannes ein höchst vernünftiger Akt. Die Glaubensätze der Kirche, die, so Merton, unbestritten die Wahrheit über Gott aussagten, enthielten Gott „als das Formalobjekt" des Glaubens. Gott sei „die Substanz hinter der Erscheinung, die aus einem glaubwürdigen Satz über ihn besteht"[279]. Merton lokalisierte die kontemplative Erfahrung oft sogar ganz im Verstand: die „wahre Beschauung" habe „der Form nach ihren Sitz in der Intelligenz"[280]. Die Kontemplation gehe erst danach hinter die Erscheinung, den Glaubenssatz, zurück und werfe einen „liebenden Blick", welcher mit natürlichen Begriffen und Bildern nicht mehr beschreibbar sei, auf Gott selbst. Der Glaubenssatz der Kirche stelle dabei den notwendigen Ausgangspunkt dar, von dem aus die mystische Vereinigung mit Gott erst möglich werde.

Neben der Integration von Lehramt und Dogma verwies Merton jedoch mit allem Nachdruck auf den gegensätzlichen, aber auch rational geprägten Zugangsweg zur Kontemplation, beruhend auf der Beachtung der Relativität allen Menschenworts. Diese apophatische Denkweise[281] betone, daß selbst die objektive Wahrheit im Geiste des Menschen die Wirklichkeit Gottes niemals erfassen könne, da Gott in seiner Unendlichkeit den endlichen Menschengeist überfordere. Die Aussagen über Gott seien also immer nur analog wahr, und folglich sei jeder Gottesbegriff doppelschichtig: wahr und falsch zugleich. Die uns offenbarten Attribute Gottes, wie Gerechtigkeit, Barmherzigkeit, etc., seien zwar wahr, aber nicht Eigenschaften Gottes in anthropomorphem Sinne. Es ergäben sich aus diesem „Dilemma" zwei Wege, Gott zu erfassen: der Weg der Bejahung und der Weg der Verneinung. Um Gott mit menschlichen Mitteln näher zu kommen, müßten beide Wege gewählt werden. Aus der Annahme einer Gott zugesagten Eigenschaft und zugleich ihrer Ablehnung, entstehe die fruchtbare Spannung des Glaubens. Der wache Glaube, der über den gewöhnlichen Glaube hinausgehe, bedürfe sozusagen eines „Ja" und eines

---

wenn die beständige, lebendige Berührung mit Gott auf diesen zwei Wegen aufhört. Wenn wir uns nicht durch andere Menschen leiten lassen, die in Seinem Namen reden, können wir nicht behaupten, unter Seiner Führung zu stehen.", aaO. 137f.

[278] „Die Mystik des heiligen Johannes vom Kreuz läßt sich nicht bloß mit der kirchlichen Autorität und einem Dogmensystem vereinbaren - sie ist, in der Tat, unmöglich ohne dieselben." AaO. 225.

[279] AaO. 247.

[280] AaO. 151.

[281] Die 'apophatische' Theologie als das Gegenstück zur 'kataphatischen' entstammt einer ostchristlichen mystischen Strömung, zurückgehend auf Klemens von Alexandria und Origines, und vertritt die Auffassung, daß Gott gerade nicht der Inhalt jener Begriffe ist, mit denen er beschrieben wird, sondern durch Überschreitung der Begriffe gesucht werden muß.

„Nein", um lebendig zu bleiben, er müsse als Weg des Bejahens und der Weg des Verneinens (via negationis, apophatische Theologie) begangen werden.[282] Dennoch sei das immer noch nicht die ganze Seite des mystischen Lebens; zur „Via negationis" des Verstandes müsse die „Via amoris" des Willens hinzukommen. Erst mit dieser letzteren habe der Mensch genug Aktivität gezeigt, um sich der Passivität des mystischen Gebets und damit der „Aktivität Gottes"[283] überlassen zu dürfen.

Besonderen Wert legte er darauf zu betonen, daß Kontemplation ganz und gar nichts mit emotionalen Ekstasen oder Verzückungen zu tun habe, auch wenn letztere im mystischen Leben auftreten könnten. Die wahre mystische Kontemplation hänge nicht im geringsten von solchen Phänomenen ab. Er erklärte, daß die apophatischen christlichen Theologen in der Tradition des Gregor von Nyssa und des Pseudo Dionysius die Abgrenzung echter von falscher Mystik auf die Aussage zuspitzten, ein Mensch, der eine Vision gehabt habe, in der er Gott klar zu sehen glaubte, hätte auf keinen Fall Gott gesehen. In diesem Sinne berichtete er auch von Johannes vom Kreuz, der in seinem 'Aufstieg zum Berge Karmel' die Christen ermahnte, übernatürliche Gotteserkenntnis weder zu suchen, noch anzunehmen, da letztlich keine Vorstellung des Menschen und keine Bild der Wirklichkeit Gottes gerecht würde.[284]

4. Die Notwendigkeit von Einsamkeit: Da im Johannesevangelium Jesus die Jünger als 'nicht von der Welt' bezeichnete (Joh 17, 16), müsse es einen Bereich geben, so Merton in 'Seeds', in dem sich der Christ von der Welt distanziere. Es gäbe sozusagen einen Ort der berechtigten Weltflucht. Wovor fliehen? Die einzig berechtigte Flucht sei die Flucht vor der Selbstsucht. „Die Welt" sei eine „unruhige Großstadt" jener, die nur für sich selbst lebten und deshalb untereinander zerstritten und geteilt seien. Hiervor müsse geflohen werden und hier sei die Einsamkeit zu suchen. Wer aber samt seiner

---

[282] Vgl. aaO. 90ff.
„Die christliche Mystik ist aus einer theologischen Krise entstanden. Diese theologische Krise wird hervorgerufen durch das Wesen des Glaubens. Denn der Glaube, der im Herzen der Beschauung liegt, benützt Begriffe und übersteigt sie dennoch. Er „sieht" Gott, aber nur in der Dunkelheit. In der Dunkelheit sehen, heißt nicht sehen. In einem Rätsel verstehen, heißt nicht verstehen, sondern verwirrt werden. Die Notwendigkeit dieser Dunkelheit und dieses Rätsels - das heißt die Notwendigkeit des Glaubens - ist wiederum die Frucht einer andern Krise - der Krise einer apophatischen Philosophie. Ich rede vom Glauben innerhalb der Stufenleiter der Mittel, durch die wir Gott erkennen; nicht vom gewöhnlichen konkreten Glauben der Christen, den sie bei der Taufe empfangen haben und mit dem sie in vertrauter Gemeinschaft aufgewachsen sind. Sie sind zufällig von der Notwendigkeit, Gott in der Zwickmühle der Philosophie zu suchen, befreit. Für den beschaulichen Menschen gibt es keine solche Befreiung. Das Kreuz ist der einzige Weg zum mystischen Gebet." AaO. 103f.

[283] Vgl. aaO. 94.

[284] Vgl. aaO. 70. Merton erwähnte hier auch den sogenannten Qietismus, von der Kirche bereits im siebzehnten Jahrhundert verurteilt, der davon ausging, daß spekulative Gotteserkenntnis ein Hindernis für die Kontemplation darstelle und der Mystik in erster Linie als Methode zu übernatürlicher Erkenntniserzeugung verstand.

Selbstsucht die Einsamkeit suche, nehme jene „Großstadt" mit in seine Einsamkeit - wer andersherum mit einer selbstlosen, von Liebe getragenen Einsamkeit in der echten Großstadt lebe, könne dort gut als „nicht von der Welt" leben.[285] Wenn jedoch auch die Qualität der Einsamkeit entscheidend sei, so sei für den Kontemplativen dennoch nicht auf ein gewisses Maß an äußerer Stille und Zurückgezogenheit zu verzichten. Physische Einsamkeit sei für Kontemplation in gewissem Maße Voraussetzung. Der Kontemplative brauche einen Raum oder eine Ecke, wohin er sich zurückziehen könne, ohne gestört zu werden; einen Raum der es ihm erleichtere, von allen weltlichen Bindungen freizukommen. Ferner sollten die Vergnügungen und Geschäftigkeiten der Menschen gemieden werden. Orte, an denen geklatscht, gestritten, gespottet oder ausgebeutet werde, sollten umgangen werden. Am besten, so Merton hier, lese man auch keine Zeitungen, höre kein Radio, nehme nicht teil an der „schauderhaften modernen Musik" und auch nicht am allgemein verbreiteten „Körperkult".[286]
Einsamkeit solle nicht um ihrer selbst willen gesucht werden, sondern mit dem Ziel der Liebe Gottes und der Menschen. Die wahre Einsamkeit sei nicht nur äußerer Zustand, nicht nur pure Abwesenheit anderer Menschen oder Geräusche, sondern vielmehr ein „Abgrund im Zentrum der eigenen Seele", eine innere Verfassung, die geprägt sei von „Hunger, Durst, Verlangen, Armut und Sorge". Es sei ein Zustand der Leere, vergleichbar mit einer „Reise ohne Ziel oder einem Land ohne Grenze". Ein Land, das nicht durch Reisen entdeckt werde, sondern nur durch Stillstand. In dieser Einsamkeit könnten dann die höchsten Aktivitäten beginnen, allerdings auf paradoxe Weise.[287]

3.2.3.2 Nähere Bestimmung und Wirkung der Kontemplation

Merton unterschied im 'Aufstieg' zwischen dem „gewöhnlichen" Glauben des normal Getauften und dem des Kontemplativen, der sich in höherer Erkenntnisstufe bewege. Der „gewöhnliche Glaube" sei eher ein Akt der Tugend, als ein kontemplativer, er bestehe schlicht in einer „einfachen Zustimmung zur Autorität, welche eine zu glaubende Wahrheit vorbringt"[288]. Diese Art Primärglaube sei zwar auch der erste Schritt eines Kontemplativen, dieser bleibe jedoch nicht dabei stehen. Sein Glaube solle zwischen Begriffen und Übersteigung der Begriffe stehen. Er brauche die Begriffe, um der Kontemplation Form zu geben und müsse die Begriffe verlassen, um zu ihrer Substanz, zu Gott selbst zu gelangen.
Gebet war für Merton auch nicht gleich Gebet. Nicht jeder Betende sei ein Kontemplativer. Es gebe ein Gebet, das schicht die Glaubenswahrheiten be-

[285] Merton, Seeds, 57.
[286] Vgl. aaO. 60.
[287] „It is here that you discover act without motion, labor that is profound repose, vision in obscurity, and, beyond all desire, a fulfillment whose limits extend to infinity." AaO. 59.
[288] Merton, Aufstieg, 194.

trachte, ohne zum kontemplativen Leben zu führen. Die Kontemplation zeichne sich aber dadurch aus, daß sie nicht gemacht werden könne. Ohne besondere Eingebungen des Heiligen Geistes sei sie undenkbar, sie sei ein passives Geschehen, bei dem der Betende sich von Gott allein bewegen ließe. Das Bemühen um höhere Erkenntnisstufen des Kontemplativen war danach eine denkerische, geistig-asketische Angelegenheit, vorrangig im Verzicht auf anthropomorphe Vorstellungen bestehend, ein theologisch-philosophisch vorbereitetes geistiges Leerwerden und Passivwerden, um für „übersinnliche" Wahrnehmungen offen zu werden. Ein Vorgang, der größte Mühe koste und verbunden sei mit „Schmerzen"[289].

Er wurde nicht müde zu betonen, wie wichtig für derart übersinnliche Erfahrungen die Vorbereitung durch theologische Erkenntnis und begriffliches Denken sei. Erst nach Leistung theologisch-intellektueller Reflexion könne sich der Kontemplative in die Dunkelheit der Unbeweisbarkeit hineinwagen und Gott im Verborgenen suchen. Er gerate dann jedoch in das „zentrale Paradox der Mystik", Glaube als die „dunkle Schau" Gottes zu erfahren, als „Qual der Liebe, die Gott besitze, ohne Ihn zu sehen"[290]. Die mystische Erkenntnis sei dann ein „unmittelbarer Genuß, welcher der dunklen mystischen Liebe entspringt"[291]. Negativ verspüre der Kontemplative Überdruß an jeder begrifflichen Vorstellung und an allen Geschehnissen und Kleinigkeiten des täglichen Lebens. Im Zustand der Kontemplation sei er völlig unfähig zu konkreter Betrachtung, der Verstand versage. Es entstehe der Eindruck, als würde er Gott nicht mehr lieben, weil die Konkretion entschwinde. Dennoch wachse die Anziehung gerade zur eigenen Passivität, um sich der übernatürlichen Begegnung hingeben zu können.[292]

Der Aspekt der „Passivität" wurde auch in 'Seeds' hervorgehoben. Hier konstatierte Merton das Problem, daß Gott gar nicht vom Menschen gefunden werden könne: Gott könne sich nur selbst finden. Wohl könne der Mensch etwas von Gottes Sein und Wesen kennen, wer er aber wirklich und im ganzen sei, könne auf keine menschliche oder rationale Weise erfaßt werden. „The only One Who can teach me to find God is God, Himself, Alone."[293]
Kontemplative seien wir dann, wenn Gott sich selbst in uns wiederfände. Um Gott zu kennen und zu lieben, wie er ist, müßten wir Ihn in uns in neuer

---

[289] „Die christliche Beschauung wird von Krisis zu Krisis, von Schmerz zu Schmerz geworfen. Sie entsteht aus einem geistigen Widerstreit. Sie ist ein Sieg, der plötzlich in der Stunde der Niederlage auftritt. Sie ist die von der Vorsehung bewirkte Lösung von Problemen, für die es keine Lösung zu geben scheint. Sie ist die Versöhnung von Feinden, die unversöhnlich scheinen. Sie ist eine Schau, in welcher die Liebe die Dunkelheit durchdringt, zu der das Denken keinen Zugang hat, und mit einem einzigen Band alle fernen Küsten verbindet, welche der Verstand allein nicht zu verbinden vermag, und mit diesem Seil das ganze Wesen des Menschen in die göttliche Vereinigung hineinzieht, deren Wirkung eines Tages in die „Außenwelt" überfließen wird." AaO. 104.
[290] AaO. 246.
[291] AaO. 235.
[292] Vgl. aaO. 213. Zum Verhältnis von Aktivität und Passivität vgl. aaO. 204.
[293] Merton, Seeds, 30.

Weise leben lassen. Wir müßten Ihn selbst die Brücke schlagen lassen, um die unendliche Distanz zwischen Ihm und Seiner geschaffenen Kreatur zu überwinden. Er selbst, der in der Tiefe aller Dinge und in der Tiefe unser selbst wohne, müsse uns sein Wort und seinen Geist mitteilen, um uns durch diese Botschaften zu seinem Leben und zu seiner Liebe zu führen. In dieser Tiefe sei auch die eigene Identität zu finden.[294]

Kontemplation heiße, „Gott Gott sein lassen", sie bestehe im Wunsch, daß Sein Wille um Seiner Selbst willen geschehe. Wer hier einstimme, lasse die Sünde zurück und nehme teil an der Freude Gottes. Er würde aus der eigenen Begrenztheit kraft der Liebe herausgerissen, und in dieser „Ekstase" fähig, das Erste Gebot zu erfüllen. Durch einen solchen Kontemplativen würde der Friede in der Welt vermehrt.[295]

Bereits im Tagebuch zeigte sich, daß Merton der „Passivität" großes Gewicht beimaß, als er davon sprach, daß „die Teufel Gott besitzen möchten". (12) Kontemplation mußte im Bewußtsein geschehen, daß alle Erfahrungen Gottes und seiner Nähe immer nur auf Geschenk und Gnade beruhten, Eigenleistung oder Besitzansprüche unangemessen waren. Die letztliche Unerreichbarkeit Gottes, auch nach Erfahrungen von Vereinigung, war anzuerkennen.

Sei die eine Seite des mystischen Paradoxes die Dunkelheit, so sei die andere die des Lichtes. Der Mensch mache Erkenntnisse neuer Art, bekomme eine Ahnung von der Größe und Liebe Gottes. Diese Einsichten seien mit intellektueller Erkenntnis vergleichbar.[296] Intuitiv erfasse der Kontemplative die Wahrheit der Offenbarung, welche der Sache nach identisch mit der theologischen Erkenntnis sei.[297] Kontemplation als mystische Erfahrung sei unmittelbare Erfahrung der Liebe Gottes oder „Gottesgenuß in Liebe". Die Erfahrung der Liebe Gottes in der Kontemplation aber habe besondere Qualität, da „unsere Seelen geistige Substanzen" seien und da Gott „reiner Geist" sei, dieser Liebe in ihrer „ekstatischen Vereinigung" daher nichts mehr im Weg stehe.[298]

---

[294] „My discovery of my identity begins and is perfected in these missions, because it is in them that God Himself, bearing in Himself the secret of who I am, begins to live in me not only as my Creator but as my other true self. 'Vivo, iam non ego, vivit vero in me Christus'." AaO. 33.

[295] Vgl. aaO. 199f.

[296] „Der Glaube ist nicht bloß eine blinde Zustimmung des Willens, welche der Vernunft Trotz bietet. Sondern durch seine Zustimmung wird der Verstand zwar geblendet, aber er wird auch positiv erleuchtet. Der Glaube ist ein intellektuelles Licht. Es erleuchtet den Menschenverstand für das Übernatürliche, indem es ihn seines natürlichen Lichts beraubt, nicht in bezug auf die Erkenntnis überhaupt, sondern nur in bezug auf die übernatürlichen Geheimnisse, die unser Verstand allein niemals zu durchdringen vermag." Merton, Aufstieg, 240f.

[297] „Die vollkommene Anschauung Gottes ist eine klare Intuition, die in einem Blick gewissermaßen alles erfaßt, was dunkel und stückweise in allen Glaubenssätzen, in allen von Gott geoffenbarten Wahrheiten und auch in jenen Wahrheiten über Gott und Seine Schöpfung, welche die Vernunft analog in der Philosophie erkennt, geoffenbart worden ist." AaO. 274.

[298] Vgl., aaO. 253f.

Der Kontemplative erfahre sich vom Geist Gottes angezogen und erfüllt in Einsamkeit Einfachheit und Frieden.[299]

Die Wirkung der Kontemplation entspreche der Wirkung des Glaubens. In der Kontemplation betrete der Meditierende durch die „Dunkelheit" hindurch ein neues „Paradies des Friedens, der innern Freiheit, des geistlichen Wachstums". „Die Seele" erfahre sich als neue Schöpfung in ihrer „wesenhaften Würde". Sie beginne ihre eigene Natur zu übersteigen, indem sie sich „in halber Höhe zwischen Erde und Himmel" zu bewegen anfinge. Sie werde befähigt, die „theologischen Tugenden zu vervollkommnen" und in der Liebe zu wachsen. Der Kontemplative steige in einen Wachstumsprozess ein, der zu seinem eigentlichen Wesen führe und Ausdruck in seinem sittlichen Verhalten fände.[300]

Liebe sei Ziel und Wirkung der Kontemplation. „Aber vom Augenblick an, wo unsere Kontemplation über die klaren Begriffe hinausgeht, vom Augenblick an, wo der Verstand in die göttliche Dunkelheit eintritt, wird unsere Gotteserkenntnis von der Liebe beherrscht und entspringt der Liebe."[301]

Weil Gott die Liebe ist, sei sie der Grund der Existenz, und damit auch Grund der Kontemplation, so Merton in 'Seeds'. Um die Liebe, auch die Liebe zum Mitmenschen, zu finden, müsse man in das Heiligtum eintreten, in dem sie verborgen sei, im Wesen Gottes. Der Suchende müsse hierfür Gott gleichwerden, Anteil an seiner Heiligkeit gewinnen, was wiederum nie durch menschliches Bemühen alleine zu erreichen sei, sondern nur durch Gottes Liebe selbst. Sie beginne im Glaubenden zu wirken, wenn er bereit sei, sich „in Gott zu verlieren" und neue Wege, die möglicherweise seine Mitmenschen nicht begreifen, zu wagen. Ein Transformationsprozeß in Gottes Liebe beginne, bis der Kontemplative entdecke, wer er eigentlich sei.[302] Liebe sei das „Herz der Kontemplation". Je mehr aber die eigene Identität in Gott gefunden würde, desto mehr würde der Suchende auch mit den Mitmenschen eins, die ihrerseits ihre Identität in Gott hätten. Der mystische Leib Christi entstehe.[303] Kontemplation sei nicht vollkommen, solange sie nicht geteilt würde. Die Freude über Gottes Herrlichkeit wolle überfließen und weitergegeben werden.[304]

---

[299] Vgl. aaO. 200.

[300] Vgl. aaO. 215f.

[301] AaO. 248.

[302] Vgl. Merton, Seeds, 46.

[303] „[..]and we shall love one another and God with the same Love with which He loves us and Himself. This love is a Person and it is God Himself." AaO. 47.

[304] Die höchste Vollkommenheit kontemplativen Lebens bestünde nicht aus einem Himmel separater Individuen, in dem jeder seine private Vision Gottes pflege, sondern aus einem „Meer der Liebe, das durch die Eine Person aller auserwählten, Engel und Heiligen" fließe. Gottes Glorie werde außerdem vermehrt, wenn seine Liebe durch den Einzelnen wie durch ein Fenster hindurchscheinen könne und dieses Licht von dessen Individualität noch speziell gefärbt werde. Vgl. aaO. 50.

3.2.3.3 Moralische Relevanz der Kontemplation

Merton siedelte zunächst den Glauben selbst auf der Ebene der „Tugend" an, denn sowohl der „gewöhnliche Glaube liege durch „einfache Zustimmung zur Autorität" im Handlungsbereich des Menschen, als auch der kontemplative Glaube in seinem „Habitus"[305]. Das Ziel und die Reife des christlichen Lebens bestehe in der vollkommenen Liebe Gottes und der Mitmenschen. Kontemplation sei nur *ein* möglicher Weg dorthin, wenn auch der der „wirksamste"[306]. Kontemplation hatte bei Merton zur Verfassungszeit des 'Aufstiegs' unmittelbare Auswirkung auf die Moralität. Der Mensch werde durch Kontemplation zu einem neuen Geschöpf, erhalte Anteil an der Gegenwart, am Sein und an der Liebe Gottes. Christlicher Glaube sei die schlechthinnige Voraussetzung für sittliches Urteilsvermögen, deshalb werde durch Kontemplation, und zwar nur durch sie, das sittliche Leben gestaltet.[307] Für ihn stand fest: „Der Agnostizismus führt unweigerlich zur sittlichen Gleichgültigkeit."[308] Ohne Verbindung zur einzigen Quelle der Sittlichkeit, Gott, sei der Mensch nicht in der Lage, sittliche Werte zu beurteilen. Mit kulturpessimistischem Unterton lehnte Merton bürgerlich-humanistische Ethik ab, eine nicht direkt von Glaubenssätzen abhängige Moral[309] war ihm zu diesem Zeitpunkt undenkbar.[310]

Ähnlich rigoros wie im 'Aufstieg' verwies er in 'Seeds' auf den christlichen Gott als Zentrum alles Glaubens und Handelns, vermittelt durch das Magisterium der katholischen Kirche. Außerhalb des Magisteriums, so Merton sehr abfällig, gäbe es nur „eine Leere des Nirwana, ein schwaches Licht von platonischem Idealismus oder ein sinnliches Träumen des Sufismus"[311]. Wer aber das Geschaffene nicht in Gott liebe, erfahre nicht Freude, sondern Schmerz.

---

[305] Vgl. Merton, Aufstieg, 194.

[306] Vgl. aaO. 254.

[307] Vgl. aaO. 242.

[308] AaO. 108. „Daher muten die schwachen Bemühungen des Bürgertums gegen Ende des neunzehnten und Anfang des zwanzigsten Jahrhunderts, ihre Kinder, ohne Gottesglauben, in der Ehrfurcht vor den sittlichen und sozialen Plichten zu erziehen, so eigentümlich und komisch an. Die stets zunehmende Zügellosigkeit jeder neuen heranwachsenden Generation stellt in Wirklichkeit einfach die Frage: „In wessen Namen verlangt ihr von uns ein sittliches Benehmen? Weshalb sollte ich im Namen einer Lebenseinstellung, die nur in eurer Phantasie existiert, den Freuden, wonach es mich verlangt, entsagen? Weshalb sollte ich im Namen des Nichts die Phantasiegebilde verehren, die ihr mir aufdrängt?"

[309] Wie sie theologischerseits später als „Autonome Moral" formuliert wurde, allen voraus Alfons Auers bekannter Entwurf „Autonome Moral und christlicher Glaube", Düsseldorf ²1984.

[310] Unbemerkt begab er sich im 'Aufstieg' allerdings auch in leichte Widersprüche, da er auch davon sprach, daß Kontemplation nur ein Weg (unter anderen) zur Liebe Gottes und der Menschen sei und daß es eine der Menschennatur immanenten „Liebe zur höchsten Wahrheit" gebe, außerdem von der „intellectuellen Erfüllung" und „natürlichen Intuition" sprach, die dem Verstand von Natur aus zugänglich sei und beispielsweise „den heidnischen Philosophen die höchste Seligkeit" einbringen könne. Vgl. Merton, Aufstieg, 108 u.183.

[311] Vgl. Merton, Seeds, 87. (EÜ)

Angst rühre aus der Unordnung unserer Wünsche, die ihren Objekten mehr Realität zumesse, als ihnen eigentlich gebühre. Unbewußt bete dann der Mensch an der Stelle Gottes sich selbst oder anderes an. Vergöttlichung des Geschaffenen führe jedoch ins Nichts und das Nichts anzubeten sei die Hölle.[312] Christliche Kontemplation aber ermögliche das Entkommen aus dem Gefängnis der Selbstsucht. Wer von der Selbstsucht loskommen wolle, müsse in jenes Leben eintreten, das auf dem Grund allen Geschaffenen gegenwärtig sei, Gott. Derjenige aber, der in Gottes Liebe lebe, so Merton, besitze alle Dinge zugleich und könne sie frei genießen. Alle Dinge würden für ihn zu Trägern von kontemplativer Erfahrung und zu Vorboten himmlischer Freude. Weiterhin betonte er in 'Seeds', daß sich Kontemplation und Aktivität nicht widersprächen, sondern zwei Aspekte der einen Liebe zu Gott seien. Die Aktivität eines Kontemplativen müsse aber auf ihre Herkunft aus dem Glauben verweisen, sie müsse die erleuchtete Ruhe ihres Trägers widerspiegeln. Die Basis seines Friedens, die Vereinigung mit Gott, solle sowohl in seiner Kontemplation, als auch in seinem Handeln sichtbar werden. Sein Handeln aber solle wie die Kontemplation von Leere, Stille und Losgelöstheit geprägt sein. Letztlich sei in allen Dingen Gottes Wille zu erfüllen. Die Kontemplation solle das ganze Wesen des geistlichen Menschen prägen, bis ins Unbewußte seiner Handlungen hinein. Selbst die Weise seines Gehens und Sprechens, Sitzens und Bewegens, solle Ausdruck seiner geistigen Durchdringung sein. Er solle sich seiner selbst immer weniger bewußt sein, Gott hingegen immer mehr in sich handeln lassen.[313] Für den Kontemplativen seien alle Begabungen, Fertigkeiten und Tugenden dazu da, sie zu teilen. Heilige seien nicht Heilige, weil sie in ihrer Art so bewundernswert für alle seien, sondern weil ihnen umgekehrt ihre Heiligkeit erlaube, alle anderen zu bewundern. Ein vollkommener Christ, d.h. ein Heiliger, müsse „aber immer auch ein Kommunist sein"[314]. Er solle bereit sein, all seine Habe zu teilen und sich für die Bedürfnisse anderer wachzuhalten.

3.2.3.4 Gestaltung und Methodik

Ein Anfänger der Kontemplation studiere, betrachte, denke nach, bis das „natürliche Spiel des Denkens" und die Vorstellungskraft gehemmt werde, so Merton im 'Aufstieg'. Ab einem bestimmten Grad entziehe sich Gott der klaren Begrifflichkeit und der Kontemplative gerate in einen Zustand der „Trockenheit". Er empfinde sich als Gefangener eines „verwirrenden Schweigens",

---

[312] „For until we love God perfectly, everything in the world will be able to hurt us. And the greatest misfortune is to be dead to the pain they inflict on us, and not to realize what it is. For until we love God perfectly His world is full of contradiction. The things He has created attract us to Him an yet keep us away from Him. They draw us on and they stop us dead. We find Him in them to some extent and then we don't find Him in them at all." AaO. 22.

[313] Vgl. aaO. 115f.

[314] Vgl. aaO. 106.

das ihn einerseits lähme, andererseits anziehe wie eine „Verheißung der Befreiung"[315]. Er merke, daß die Vereinigung mit Gott über die Ebene jedes bestimmten Bildes und Gedanken erhebe und Gott nur noch „als Unbekannter
erfaßt" werde. Wenn der Anfänger die Behinderungen durch den Intellekt
überwinde, trete er ein in ein Stadium der „Nacht der Sinne" und der „passiven Tätigkeit"[316].

In 'Jonas' beschrieb Merton genauer die Schritte, die er persönlich ging, um zu
jener „passiven Tätigkeit" zu gelangen. Es gehe darum, verschiedene Grade
von Tiefe herzustellen. Schritt eins sei dabei das Vorhaben, „weniger Dinge
zu sagen, weniger unbesonnen zu sprechen", der Versuch, wesentlicher zu
werden. Im zweiten Schritt versuche er mithilfe von Naturbildern („große
blaue, purpurne, grüne und graue Fische") ein Meditationsbewußtsein der
„friedlichen Dunkelheit" herzustellen. Es sei ein „naturhaftes Gebet", das einem Schlummer gleiche, eine „trostreiche Ruhe", frei von „Vergesellschaftung", „heilige Botanik"[317].

Die dritte Stufe beschrieb er mit sehr verschiedenen Metaphern (Luft, Nacht,
Sternenlicht, Mondlicht, Mauern), wichtig schien ihm in dieser „dritten Stufe"
die Bereitschaft zu sein, das Leben in seiner Ganzheit wahrzunehmen, von
seinem Anfang bis zu seinem Ende, vor allem durch Einbeziehung des Todes.
Irdisches und überirdisches Leben wurden zu einer Einheit, die Übergänge
von Sein und Nichtsein fließend.[318]

Ganz anders ging Merton in 'Seeds' mit der Frage der Methodik um. Er verwies schlicht darauf, daß es zu Techniken und Methoden der Meditation zahlreiche Literatur gäbe, und diese auch bei kritischem Gebrauch durchaus zu
empfehlen sei. Noch besser sei es jedoch, sich auf einen eigenen spirituellen
Weg zu machen und die individuelle Weise des kontemplativen Gebets zu

---

[315] Merton, Aufstieg, 82f.

[316] AaO. 204.

[317] Vgl. JON, 349f.

[318] „Dritte Stufe. Hier gleitet wirkliches Leben durch das satte Dunkel, das nicht mehr dick
ist wie Wasser, sondern klar wie Luft. Sternenlicht, und du weißt nicht, woher es kommt.
Mondlicht ist in diesem Gebet, Schweigen, das auf den Erlöser harrt. Mauern, die tief in
der Nacht vor Horizonten wachen. In velamento diei et in luce stellarum nocte. Alles ist
Erkenntnis, obwohl alles Nacht ist. Hier gibt es keine Spekulation. Hier ist Wachsamkeit.
Das Leben selbst ist in seiner eigenen geläuterten Tiefe Reinheit geworden. Alles ist
Geist. Hier wird Gott angebetet. Sein Kommen wird erkannt, er wird empfangen, sobald
Er erwartet wird, und weil er erwartet wird, wird er empfangen. Aber Er ist rascher vorübergegangen, als Er erschien, er war vorüber, ehe Er kam. Er ist wieder gekommen für
immer. Er ist nie vorübergegangen, und schon ist er entschwunden für alle Ewigkeit. Er
ist und er ist nicht. Alles und Nichts. Nicht hell, nicht dunkel, nicht hoch, nicht niedrig,
nicht auf dieser Seite noch auf jener. Für immer und ewig. Im Winde Seines Vorübergan-
ges rufen die Engel: „Der Heilige ist entschwunden." Darum liege ich tot im Lufthauch
ihrer Schwingen. Leben und Nacht, Tag und Dunkel, zwischen Leben und Tod. Dies ist
der heilige Keller meines irdischen Daseins, das sich in den Himmel öffnet. Es ist ein selt-
sames Erwachen, wenn man den Himmel in sich und über sich und rings um sich findet,
so daß der eigene Geist eins ist mit dem Himmel und alles wirkliche Nacht ist." AaO. 351,
26. Feb. 1952.

entdecken. Wichtig für den Anfänger des spirituellen Lebens sei es, sich eine Disziplin des Geistes anzueignen, die es ihm erlaube, sich auf ein spirituelles Thema zu konzentrieren und in dessen Tiefe einzudringen. Das erworbene geistige Gut müsse jedoch ins Leben integriert werden und sollte in jeder Lebenssituation etwas von der Liebe Gottes offenkundig machen. Die Gegenwart Gottes solle bald nicht nur in den Gebetsstunden des Tages erfahren werden, sondern immer unterschwellig bewußt sein. Zur Sammlung des Geistes sei zu empfehlen, auf Papier, schreibend oder zeichnend, zu meditieren, oder, wem das besser liege, ein Kunstwerk eingehend zu betrachten. Gebet solle in jeder Situation geübt werden, sei es auf der Straße, beim Spaziergang, beim Warten an der Bushaltestelle. Auch den liturgischen Zyklus der Kirche ins Leben zu integrieren, gehöre zu den ersten Schritten des kontemplativen Lebens.[319] Kämpfe der Kontemplative mit Zerstreuung, so helfe ihm oft ein wiederholt gelesener Text. Es sei gut, dies in der Nähe des Allerheiligsten zu tun, aber auch in der freien Natur sei es sehr fruchtbar.[320] Auffallend war hier eine Akzentverschiebung der exquisiten Kontemplation hin zum alltäglichen: in jeder Minute sollte die Gegenwart Gottes ins Bewußtsein gerückt werden, es bedurfte nur einfacher Übungen und Gebete, jeder sollte sich hierzu seiner bevorzugten Mittel bedienen.

3.2.4 Forschungsergebnisse im Vergleich

3.2.4.1 Übereinstimmende Ergebnisse

Die Darstellung der Begriffsherleitung machte deutlich, daß sich Merton in der Suche nach einem klaren Begriff von Kontemplation keine leichte Aufgabe gestellt hatte, da nicht nur der Begriff in seiner Deutungsgeschichte sehr belastet, sondern auch der Umfang des Forschungsmaterials nicht gering war. Ein Vergleich zwischen den Ergebnissen theologischer Forschung und Mertons Schriften zeigt nun aber, daß in den Hauptpunkten Konsens besteht und damit Mertons Arbeit in der Tat sehr fundiert war. Die zentralen Ergebnisse zum Begriff der Mystik/Kontemplation waren folgende:

1. Christliche Mystik bedarf einer asketischen Vorbereitung (physischer, psychischer und sozial-ethischer Art) und hat mit emotionalen Ekstasen wenig zu tun.
2. Sie bedarf einer begrifflichen und symbolischen Gebundenheit an die christliche Religion.[321]

---

[319] Vgl. Merton, Seeds, 135ff.
[320] Vgl. aaO. 159.
[321] Welchen Stellenwert Mystik in anderen Religionen hatte, war zu diesem Zeitpunkt nicht Mertons Thema, gewiß aber hätte er auch Sudbracks These unterstützt, daß mystische Erfahrung „bis in die Wurzeln hinein geprägt" sei von der kulturellen und religiösen Voraussetzung des Mystikers. Vgl. Sudbrack, Mystik, 27.

3. Sie weist eine inhaltliche Spannung von bildlicher Vorstellung und Verwerfung von bildlicher Vorstellung auf.
4. Sie besteht in einer Erfahrung des Beschenktwerdens durch Gott, der Nähe und Anwesenheit Gottes.
5. Sie erfordert die Bereitschaft zur strukturell-ethischen Wandlung des kontemplativen Subjekts.

Christliche Mystik ist danach nicht beliebig, willkürlich oder subjektivistisch, sondern weist, bei aller persönlichen Erfahrung, zahlreiche objektivierbare Strukturen und Inhalte auf. Merton selbst gelang es, ein sachlich fundiertes Verständnis von Kontemplation entwickeln und zu präsentieren.

3.2.4.2 Besondere Akzente von Mertons Kontemplationsbegriff

Bei aller gerade genannten Übereinstimmung gab es bei Mertons Begriff von Kontemplation Akzente, die ihn von allgemeinen Bestimmungen abhoben und ihm eine besondere Kontur verliehen. Diese Akzente unterschieden sein Verständnis von Kontemplation weniger in der Sache, als im Maß der Betonung einzelner Elemente.

1. Betonung von Rationalität und Sicherheitsabstinenz: Geradezu penetrant betonte Merton die Seiten der verstandestätigen Vorbereitungen, der emotionalen Enthaltsamkeit und des „geistlichen Besitzlosigkeit". Kontemplation und Mystik durfte für ihn nicht im geringsten zu tun haben mit quietistischen, irrationalen oder subjektivistischen Phänomenen. Immer wieder sprach er von der bleibenden Unwissenheit, Suche, Angewiesenheit, „Passivität".
Er machte geradezu geistliche Unsicherheit zum Programm der Kontemplation. Kontemplation war danach nur wahre Kontemplation, solange sie in der Haltung des empfangenden Werdens begriffen war und der Kontemplative in Entwicklungsbereitschaft „auf der Reise" blieb, verbunden mit der Bereitschaft, nie ans Ziel zu gelangen. Kontemplation enthielt sich jedes bleibenden Gewinns an Gottesnähe, Wissen und Sicherheit, die einzige zulässige Errungenschaft war die des Wachsens der eigenen Persönlichkeit im Hinblick auf Identität, Integrität und Sozialbilität.
Diese Radikalität entstammte gewiß auch seiner eigenen mystischen Erfahrung, da die dunkle Seite bei ihm immer viel Raum einnahm, für ihn bedeutete Kontemplation mehr das Nichterleben der Nähe Gottes als die Nähe, die Trockenzeiten waren ausgiebiger als die fruchtbaren Zeiten, die Leidensseite der Kontemplation hatte starkes Gewicht. Vielleicht waren seine eigenen Erfahrungen jedoch auch gerade Resultat seiner selbst praktizierten geistigen Askese.

2. Mystischer Qualitätsrang: Kontemplatives Leben oder kontemplativer Glaube stand für Merton im 'Aufstieg' qualitativ höher als „gewöhnlicher

Glaube". Diese These stößt bei anderen Theologen nicht auf Zustimmung, obgleich auch gesehen wird, daß es Unterschiede in der Intensität der Suche nach religiöser Erfahrung gibt.[322]

3. Offenheit für Definitionsänderung: Wie wir gesehen haben, setzte Merton in 'Seeds' ganz andere Akzente als im 'Aufstieg': Im 'Aufstieg' versuchte er in streng scholastischen Formulierungen zu erklären, in welche Tiefen „die Seele" vordringen müsse, um der Kontemplation fähig und würdig zu sein. Die Gottesbeziehung wurde vorwiegend „vertikal", zwischen der Seele und Gott angesiedelt und als höchst innerliche, mit großer Gebetserfahrung verbundene und möglichst in der reinen Tradition der „klassischen" Mystiker zu praktizierende Angelegenheit vorgestellt. Zwischen Kontemplativen und „Normalchristen" wurde qualitativ unterschieden.
In 'Seeds' ging es Merton bei Kontemplation hingegen eher um ein alltägliches, immerpräsentes Gottesbewußtsein, eine lebensnahe Spiritualität, die natürlich, aber bewußt Gott in alle Gedanken und Handlungen miteinbeziehen sollte. Kontemplation schien nicht mehr an bestimmte monastische Lebensformen, auch nicht mehr an traditionelle Gebetsübungen gebunden zu sein, vielmehr wurde vermittelt, daß alle Glaubenden auf variable Weise Zugang zum kontemplativen Leben haben konnten.
Mertons Begriff von Kontemplation war damit kein unveränderlicher Begriff, sondern ein flexibler, insofern die oben aufgeführten Grundelemente erfüllt waren. Er wurde weiterhin in den folgenden Jahren variiert und ergänzt. Auch 'Seeds' überarbeitete er noch einmal und gab es dann 1962 als 'New Seeds of Contemplation' heraus. Unter anderem waren darin die Stellen gestrichen, in denen Merton die Moral anderer Religionen in Frage gestellt hatte.

4. Spirituelle und moralische Transformation: Zunächst war Glaube, genauer, christlicher Glaube, für Merton die Bedingung für Moral. Diese ausschließliche Sicht behielt er jedoch nicht bei, obgleich ihm die metaphysische Bezogenheit des Menschen für Identitätsfindung und sittliches Handeln immer wichtig blieb.
Kontemplation hatte bei Merton, und hierbei blieb er lebenslang, große Bedeutung im Hinblick auf die Persönlichkeitsentwicklung. Die Erfahrung der Liebe Gottes hatte „katalysatorische" Wirkung bezüglich der eigenen personalen Fähigkeiten, nicht zuletzt der Liebesfähigkeit gegenüber dem Mitmenschen. Das bedeutende Geschehen war die Verwandlung des kontemplativen Menschen. Ein Mystiker blieb nicht „der alte Mensch". Er wurde umgestaltet zu der Person, die er „eigentlich" war, die er im Angesicht und im Willen Gottes darstellte. Das implizierte auch die Bereitschaft des Kontemplativen,

---

[322] „Gleich mit welchem Begriffssystem man es darstellt - in Karl Rahners Transzendental-Theologie oder im dialogischen Ansatz (Martin Bubers, Anmerk. der Autorin) -, die Frage, ob jeder Mensch oder nur einzelne „Bevorzugte" zur Mystik berufen seien, erweist sich als falsch gestellt. Mystik als Begegnung stellt ein inneres Moment jedes lebendigen Gottes-Glaubens dar." Sudbrack, aaO. 135.

sich an den Punkten der eigenen Defizite und Egoismen zu bewegen. Askese hieß deshalb in erster Linie Offenheit für psychisch-soziale Arbeit an sich selbst. In dieselbe Richtung ging seine Forderung nach Einsamkeit. Wahre Einsamsamkeit war ein Zustand des „nur-an-Gott-gebunden-Seins", eine gesunde psychische Unabhängigkeit von anderen Subjekten, um von internalisierten pathologischen Rollen und Bindungen wie Geltungssucht, Ehre, Haß, Begehren frei zu werden.

Der Mystiker drang vor zu seinem „wahren Selbst", einem Ort, an dem Gott weilte und die Liebe herrschte und das Gefühl für den Mitmenschen entstehen konnte. Merton griff dieses Motiv ausgiebig auf, Selbstfindung in der Nähe Gottes wurde das Leitmotiv der Kontemplation und die geistliche Aufgabe schlechthin. Der Selbst-Suchende trat in der Kontemplation ein in den „Tempel" der Anwesenheit Gottes und des eigenen wahren Selbst, dadurch wurden Wachstumsprozesse zur ausgereiften Persönlichkeit, zur liebesfähigen Person in Gang gesetzt.

4 Gemeinschaft und Aktion

4.1 Vierter biographischer Teilabschnitt (1953 - 1967)

4.1.1 Wunsch nach Wechsel in ein anderes Kloster

(1) Mitte der fünfziger Jahre verschärfte sich Mertons Konflikt mit dem Abt in Zusammenhang mit der Frage der „stabilitas loci". Erneut ging es um die Camaldolenser. Merton hatte seinen Vertrauten, den Benediktinerabt Jean Leclercq, brieflich um Auskunft über die Camaldolenser von Frascati, zu denen er gerne übergetreten wäre, gebeten. Abt James jedoch hatte den Brief gelesen und wochenlang zurückgehalten, schließlich mit einem Kommentar versehen und dann an Leclercq abgeschickt. Aber nicht nur das, er hatte sogleich den zuständigen Erzbischof in Rom, Kardinal Montini, angeschrieben und um eine Verweigerung der Erlaubnis zum Übertritt gebeten.[323] Merton erfuhr von allem, gab aber die Hoffnung auf den Wechsel den ganzen Sommer über nicht auf. Als ihm schließlich Erzbischof Montini im August von einem Wechsel zu den Camaldolensern dringend abriet, schrieb er zwischen Frustration und Ergebung: *„Eines ist sicher, und ich merke es immer mehr, daß ich unvermeidlich immer einsamer werde, und daß selbst die Vorkehrungen, die mich von*

---

[323] Dieses Schreiben des Abtes war auch inhaltlich äußerst unfair, da James Fox von Merton ein Bild eines wankelmütigen, subjektistischen, unsteten Mönches zeichnete. Besonders übel war die negative Bewertung der nicht-katholischen Herkunft Mertons: „Der gute P. Louis stammt nicht aus einer katholischen Familie, sondern ist erst mit dreiundzwanzig oder vierundzwanzig Jahren katholisch geworden. Er neigt dazu, subjektive Gefühle sehr wichtig zu nehmen." Dom James Fox, Brief an Kardinal Erzbischof Giovanni Montini vom 16. Mai 1955, in: Furlong, 259.

meinem Streben nach Zurückgezogenheit abbringen sollen, nur dazu führen,
mich innerlich und sogar auch äußerlich immer mehr zum Einsiedler werden
zu lassen. Warum sollte ich mir da noch groß Sorgen machen, was ich unter-
nehmen soll?"[324]

(2) Trotz seiner einsiedlerischen Tendenzen durchzog das Thema Gemeinschaft seit Anfang der fünfziger Jahre alle seine Schriften. In 'Bread in the
Wilderness' (1953) verteidigte er den Wert öffentlicher Liturgie gegen private
Messen und gegen privatisierende Frömmigkeit. In 'The Living Bread' (1955)
betonte er die wichtige Stellung der Eucharistiefeier im kontemplativen Leben
und die Bedeutung der Kirche als Institution. In 'No Man is an Island' (1956)
suchte er nach dem Wesen der Liebe und nach Kriterien für echte Einheit mit
den anderen Menschen, mit Gott und mit sich selbst.

(3) Im September weilte der Abt bei einer Generalversammlung in Citeaux
und brachte dort auch den Wunsch Mertons nach mehr Zurückgezogenheit
vor. War James Fox Anfang der fünziger Jahre noch gegen Einsiedlertum,
konnte er sich nun sogar Eremiten auf dem Gelände Gethsemanis vorstellen.
Angesichts Mertons Wunsch hatte er den Einfall, ihn doch für die Besetzung
des von der staatlichen Forstverwaltung frisch errichteten Feuerwachturms auf
dem Hügel Vineyard zu beordern. Gabriel Sortais stimmte tatsächlich dieser
Möglichkeit zu.

Als der Abt bei seiner Rückkehr Merton den Vorschlag präsentierte, machte
Merton einen überraschenden Rückzug und Gegenvorschlag. Er schlug dem
Abt vor, ihn doch für das gerade frei gewordene Amt des Novizenmeisters zu
nominieren. Obwohl der Abt irritiert war, da er sich ja gerade für seine eremi-
tische Bedürfnisse in Frankreich stark gemacht hatte, entsprach er dem neuen
Wunsch.

4.1.2 Herausforderungen als Novizenmeister

(4) Merton wurde Novizenmeister und hatte damit eines der höchsten Ämter
des Klosters inne. Er nahm fortan sein Amt sehr ernst und wurde sehr beliebt
bei seinen Novizen, auch wenn er nach Ansicht von John Eudes Bamberger
nicht der optimale Lehrmeister und geistliche Führer für Neulinge war.[325] Seine Unterrichtsstunden waren jedoch immer lebendig, zurückzuführen auf seine humorvolle Art und sein großes Wissen, aber auch auf manchen Einfall,
die Novizen vom Schreibtisch wegzuholen und sie zu naturkundlichen Wal-
dexkursionen mitzunehmen, gelegentlich auch zu regelwidrigen Badeaktionen
im nahegelegenen Weiher.

---

[324] Merton an Dom Jean Leclercq, 11. August 1955, in: aaO. 263.
[325] Bamberger äußerte in einem Interview mit M. Mott, daß Merton manchmal zu idea-
listisch hinsichtlich der Fähigkeiten seiner Novizen gewesen sei und diese oft überfordert
hätte, vgl. Mott, 288.

In der seelsorgerlichen Betreuung der Novizen hatte Merton jedoch zunehmend das Gefühl, sich psychologisch besser auskennen zu müssen. Er versuchte sich autodidaktisch psychologisch fortzubilden. Diese Studien führten zu seinem Aufsatz 'Neurosis in the Monastic Life', den er auf Anraten von Robert Giroux zum bekannten Psychoanalytiker Gregory Zilboorg, welcher - ebenfalls Autor bei Hartcourt, Brace und kürzlich zum katholischen Glauben konvertiert - sandte.

Daß er jedoch in der Anwendung seiner neuen Erkenntnisse gleich gravierende Fehler machte, mußte er sich kurz darauf selbst eingestehen, in einer Tagebuchaufzeichnung berichtet Merton reuevoll über sein voreiliges Urteilen in der Betreuung eines Novizen.[326] Eine andere Fortbildungsweise unter professioneller Anleitung schien ihm erforderlich.

(5) Zilboorg wollte seit längerem „aus verschiedenen Gründen" Merton gerne treffen, ein zweiwöchiges Seminar in Collegeville über Psychiatrie und deren Anwendung im religiösen Leben unter seiner Leitung, an dem Merton nun teilnehmen wollte, bot dazu Gelegenheit. Der Abt gab nicht nur seine Zustimmung zu Pater Louis' und Pater John Eudes' Teilnahme, sondern wollte das Seminar in der zweiten Woche selbst besuchen. Als Merton im Juli 1956 voller Erkenntnisdrang zu diesem Seminar flog, ahnte er nicht, was ihn dort erwarten sollte.

Gregory Zilboorg war ihm gegenüber alles andere als unvoreingenommen, nicht nur daß ihn sein ihm dilettantisch anmutender Aufsatz über Neurosen geärgert hatte, sondern er meinte auch, Merton anhand seiner öffentlichen Schriften schon „analysiert" zu haben. Das Urteil fiel dabei nicht positiv aus.[327] Beim ersten privaten Gespräch zwischen Zilboorg und Merton kam dann Zilboorgs Diagnose schnell zutage: Er hielt Merton für einen narzistischen Neurotiker, für ein psychologisches Quacksalber und für einen der Priesterwürde nicht entsprechenden Seelsorger. Merton hielt die Worte Zilboorgs genau in seinem Tagebuch fest:

„1) Es stellt sich heraus, daß er selbst mein Kommen über Abt Baldwin in die Wege geleitet hat, weil er teilweise von meinen Schwierigkeiten ahnte.

2) Außerdem stellt sich heraus - was mir ja nicht neu ist -, daß ich in einigermaßen schlechter Verfassung und neurotisch bin! Die Schwierigkeiten, das Problem adäquat zu lösen seien beträchtlich! Er hat seine eigenen Vorstellungen davon - Gott allein weiß, ob sie taugen.

---

[326] Fügte allerdings hinzu, er hätte viel aus diesem Fall gelernt. Mott merkt trocken an, daß die Heilung des „Arztes" die Probleme des Patienten dennoch nicht gelöst hätte, vgl. aaO. 290.

[327] Robert Giroux äußerte später, er hatte das Gefühl, daß Zilboorg Merton als großen Rivalen in der Gunst der katholischen Öffentlichkeit empfand. „[..]..even if Giroux sensed there was a good deal of the rival writer in Zilboorg's attitude. There may also have been another kind of rivalry: both men were converts, both were Catholic culture heroes - in the eyes of others, if not in their own. Zilboorg would certainly have sensed this aspect." AaO. 291.

3) Umfangreiches Eingehen auf meine Abhängigkeit von Worten - ich hätte nicht gedacht, daß ich sie so benutze, wie er es beschrieb - aber naja, ich werde mich darüber noch genauer informieren. Als Ersatz für Wirklichkeit?
4) 'Sie sind Ihren Vorgesetzten ein Dorn im Auge!'
'Äußerst hartnäckig - Sie kommen solange wieder, bis Sie erreichen, was Sie sich in den Kopf gesetzt haben!'
'Sie haben Angst davor, ein gewöhnlicher Mönch in der Gemeinschaft zu sein.'
'Sie und Bruder Eudes können leicht zu zwei semi-psychotischen Quacksalbern werden.'
'In dem Gespräch mit Dr. Rome (über Zen) dachten Sie nur an sich selbst; er diente Ihnen nur als Informationsquelle und zur Selbstbereicherung - Sie dachten kein bißchen an Ihre Priesterschaft, an das Apostolat, an die Kirche, an seine Seele.'
'Es gefällt Ihnen, berühmt zu sein, Sie möchten eine große Nummer sein, Sie drängen sich beharrlich hinaus in die Öffentlichkeit - Größenwahnsinn und Narzißmus sind Ihre großen Neigungen.'
Dinge, die mir bekannt waren, und nicht bekannt waren. Und ich vermute, dies ist gerade das Problem. Ich schaffe es ziemlich leicht zu sagen 'ich bin ein Narzisst' und doch ändert das gar nichts. Es hilft mir nicht einmal, mich zu verstehen.
Während er all das sagte, dachte ich: 'Wie sehr er Stalin ähnelt', doch in Wirklichkeit bin ich unheimlich erleichtert und dankbar - und als ich mit den Mönchen die Messe sang, betete ich inständig um Erkenntnis, was als nächstes zu tun ist und es zu tun.
Noch ein paar andere Dinge sagte er:
'Ihre Neigung zum Eremitentum ist pathologisch.' 'Sie sind ein Promoter - wenn Sie nicht im Kloster leben würden, wären Sie der Typ, der an einem Tag an der Wall Street abräumen und am nächsten Tag beim Pferderennen alles wieder verlieren würde.' (Ich dachte bei mir, daß da doch einiges von Pop in mir stecken muß. War es nicht Pop, der sagte: 'Überleg nicht lange, machs aus dem Bauch heraus!')“.[328]

(6) Merton schrieb am nächsten Tag an Naomi Burton, Zilboorg sei „terrific“ - „ungeheuer gut“, weil er ihm so direkt und brutal gesagt hätte, was „Sache sei“. Nach diesem Gespräch überlege er, ob er nun doch auf seine Einsiedlerwünsche verzichten solle, da diese möglicherweise nur pathologisch seien. Obwohl er im Tagebuch manches Fragezeichen, eher aus Verwunderung, denn aus Ablehnung hinter die Feststellungen Zilboorgs gesetzt hatte, nahm er dessen Kritik größtenteils sehr ernst.
Zilboorgs Voreingenommenheit gegenüber Merton war indes so groß, daß er dessen Bereitschaft, an sich zu arbeiten, übersah. Schlimmer noch, er lieferte ihn einige Tage später, ungeschickt oder bösartig, in einer gemeinsamen Sitzung mit James Fox, den einseitigen Vorurteilen des Abtes ungeschützt aus.

[328] Merton, Restricted Journals, 28. Juli 1959, in: aaO. 295f. (EÜ)

Zilboorg hatte diese Sitzung einberufen und dann plötzlich das Thema Einsiedlerwunsch angeschlagen. Merton war schockiert, da ihm Zilboorg zu diesem Thema absolute Diskretion versprochen hatte. Schließlich konnte es für seine Zukunft äußerst nachteilhaft sein, wenn der Abt seine Eremitenwünsche in Verbindung mit dem Begriff „pathologisch" hören würde. Als Zilboorg dann auch noch provozierend damit anfing, Merton wolle ja am liebsten ein Einsiedler mitten auf Times Square mit groß angebrachter Werbetafel „Eremit" sein, brach Merton in Tränen aus und schrie Zilboorg wütend an: „Stalin, Stalin."

(7) Ungeachtet dieser Niederlage, wollte Merton in den folgenden Wochen noch auf Zilboorgs Angebot einer Analyse in New York eingehen. Dieses Vorhaben zerschlug sich aber bald, da Gethsemani in Louisville einen Psychologen ausfindig machte, der die Betreuung der Novizen und anderer Mönche übernahm. Merton frequentierte Dr. Wygal von da an regelmäßig und war im Nachhinein froh, daß aus dem Projekt Zilboorg nichts geworden war. Er schämte sich fast, auf diesen Psychiater so intensiv eingegangen zu sein.

„Es wäre schlichtweg unmöglich und absurd gewesen. Und doch, denke ich, wußte er wohlweislich, daß ich in diese Art von Theater nicht gepaßt hätte. [..] Er war bestimmt intelligent genug (mehr als genug, er ist keineswegs auf den Kopf gefallen!), um zu wissen, daß es für ihn, für den Abt (der gerne eingewilligt hätte) und für mich eine schlechte Produktion geworden wäre. Zu meiner Schande muß ich gestehen, daß ich in jenem Moment gerne hingegangen wäre, was zeigt, welch ein Narr ich war."[329]

Ein positives Ergebnis der Auseinandersetzung mit Zilboorg, der ihm unter anderem ja vorgeworfen hatte, ein schlechter Mönch zu sein, war, daß er sich erneut zur richtigen Gestaltung des Mönchslebens Gedanken machte. Er beschäftigte sich hierzu intensiv mit der Regel Benedikts und deren Umsetzung in verschiedenen benediktinischen und zisterziensischen Modellen. Seine Gedanken führten noch 1957 zum Buch 'The Silent Life'. Er pries darin aufs neue bevorzugt die Qualitäten der Karthäuser und Camaldolenser.

Der Abt hielt Merton wohl nicht für ganz so neurotisch, wie Zilboorg ihn hingestellt hatte, setzte er ihn doch bald, zusammen mit Pater John Eudes und Pater Matthew Kelty im neu eingerichteten „screening team" für Postulanten ein, welches die Eignung der Postulanten für das monastische Leben prüfen sollte.

(8) In seiner Aufgabe als Novizenmeister blieb Merton bei den Novizen beliebt, auch wenn er diese oft überforderte. Seine theoretischen Unterweisungen waren anspruchsvoll und so geistreich, daß nicht selten die Novizen Probleme hatten, dem Unterricht zu folgen, beispielsweise dann, wenn er aus Witz genau das Gegenteil von dem behauptete, was er sagen wollte, um danach das Eigentliche herauszustellen. Wiederholungen langweilten ihn, so daß er schnell von einem Thema zum nächsten ging und oft an Details, die für ihn selbst Neues darstellten, hängenblieb. Die Unterrichtsstunden waren deshalb eher unterhaltsam als didaktisch immer erfolgreich.[330]

---

[329] Merton, Restricted Journals, März 1963, in: aaO. 298. (EÜ)
[330] Zu diesen Schlüssen kommt Mott nach zahlreichen Interviews mit ehemaligen Novizen

4.1.3 Neues soziales Bewußtsein

(9) Als es 1956/1957 im Kloster zur Überlegung einer Neugründung in Ecuador kam, begann Merton sich intensiv mit Mittel- und Südamerika zu beschäftigen. Er stürzte sich in landeskundige Literatur und wollte alles über das Leben der Menschen im südlichen Teil des Kontintents wissen. Nicht wenige seiner Novizen waren spanischsprachig, einer von ihnen war ein nicaraguanischer Poet, Bruder Lawrence, Ernesto Cardenal. Cardenal verschaffte Merton zahlreiche Adressen von Dichtern und Lyrikmagazinen in Mexiko. Merton veröffentlichte 1957 selbst auch wieder einen Gedichtband, der allerdings keine besonders guten Kritiken erhielt.

(10) Im August 1957 entdeckte er ein Gedicht Cardenals in einer dieser mexikanischen Zeitschriften, in der Cardenal die United Fruit Company angriff. Beim Lesen des Gedichtes wurde ihm plötzlich klar, wie wenig informiert er selbst bezüglich sozialer Belange war und wie groß sein Nachholbedarf sein mußte. Er wollte nun seinen Informationsstand so schnell wie möglich aktualisieren. Zuvor schon einmal hatte er die Abgeschnittenheit von Informationen über öffentliche Ereignisse als sehr schmerzlich erfahren, nämlich als die Mönche Gethsemanis erst ein Jahr später vom Atombombenabwurf der USA in Japan unterrichtet worden waren.
Seine Haltung war jedoch in puncto Informiertheit ambivalent, denn seiner neuen Offenheit standen viele frühere Plädoyers für Abgrenzung von weltlichen Belangen gegenüber.[331]

(11) Eine weitere Entdeckung der Jahre 1956/57 war für ihn russische Literatur und die russische Mystik. In seine eigene Prosa und Lyrik nahm er verschiedene Gedanken seines neuen Lektürematerials auf. Besonders angetan war er von der Personifikation der Weisheit, der Hagia Sophia, in der russischen Mystik. Im Frühjahr 1957 nahm er sich vor, Gemeinsamkeiten von ostkirchlicher und westkirchlicher Spiritualität, von russischer und spanischer Mystik herauszufinden, um vielleicht „in sich selbst die Vereinigung der getrennten Kirchen"[332] zu finden.

(12) Ende 1957 begann wieder eine nervenaufreibende Auseinandersetzung mit seinen Zensoren, gar nicht, was seine aktuellen Schriften anbelangte, son-

Mertons, vgl. aaO. 301.

[331] 1949 hatte er beispielsweise geschrieben: „... *a contemplative community will prosper to the extent that it is what it is meant to be, and shuts out the world, and withdraws from the commotion and excitement of the active life, and gives itself entirely to penance and prayer.*" Merton, The Waters of Siloe, 1949, xxxii. Mott stellt kritisch fest, daß Merton im Grunde mit zweierlei Maß maß, er hätte einerseits jede technische und ökonomische Neuerung im Kloster kritisiert (weil damit „die Hektik und Aufregung des akiven Lebens ins Kloster einziehe"), aber andererseits für politische Aktualität und soziale Betroffenheit auf der Höhe der Zeit plädiert. Für sich hätte Merton beide Arten von Aktivitäten streng unterschieden, technische Fortschritte dienten danach dem kontemplativen Leben nicht, soziale Betroffenheit hingegen durchaus und ginge konform mit monastisch angestrebter Armut und Barmherzigkeit. Vgl. Mott, 306.

[332] RJ, 28.4.1957, in: ebd. (EÜ)

dern sein vor langer Zeit geschriebenes 'Kubanisches Tagebuch'. Er hatte es einst Catherine de Hueck geschenkt, die es nun veröffentlichen wollte, um mit dem Erlös bedürftige Familien zu unterstützen. Drei der vier Zensoren Mertons lehnten jedoch die Veröffentlichung ab, befremdlicherweise nicht aus theologischen Gründen, sondern aus literarischen. Merton war entsetzt. Abt James, der die Veröffentlichung befürwortete, hatte schließlich an De Hueck bereits fünfhundert Dollar Entschädigung bezahlt, als die Zensoren doch noch einlenkten. Allerdings waren an dem Tagebuch, das 1959 als 'Secular Journal' herauskam, so viele Sätze der Zensur zum Opfer gefallen, daß es für Autor und Leser nur noch eine Enttäuschung war.[333]

Im Kloster störten ihn zwei Dinge immer mehr, das eine war die Auswahl der Refektoriumslektüre, welche ihm oft zu schwülstig-fromm war. Das andere war das Schuldkapitel, bei dem man sich seiner Meinung nach zum Narren machen konnte.

(13) Im Frühjahr 1958 wurde Mertons neues Interesse an der Welt durch einen ihn zutiefst bewegenden Traum bekräftigt. Er hatte eines Nachts geträumt, er sei einem jungen jüdischen Mädchen begegnet, das ihn heftig umarmte und sich auf seine Nachfrage als „Sprichwort" („Proverb") ausgab. Von dieser Begegnung war Merton wochenlang beeindruckt. Es war einerseits die weibliche Berührung, die ihn so faszinierte, zumal ihn das Mädchen im Traum ohne Vorbehalte als liebenswürdig erachtet hatte, und andererseits die Anspielung an das Buch der Sprüche. Im Buch der Sprüche liebte Merton seit jeher besonders das achte Kapitel mit dem Auftreten der personifizierten Weisheit.

Dieser Traum motivierte ihn von nun an, sowohl theologisch das weibliche Prinzip im Wesen Gottes zu suchen, als auch menschlich-anthropologisch die Bedeutung des weiblichen Geschlechts neu zu reflektieren.[334] Als er bei seinem Künstlerfreund Hammer auf eine unvollendete Frauendarstellung auf einem Triptychon stieß (eine geheimnisvolle Frau, die Christus krönte), konnte er sich kaum mehr von diesem Bild lösen und wurde sehr nachdenklich. An Victor Hammer schrieb er danach: *„Ganz ursprünglich ist die Hagia Sophia die dunkle, namenlose Ousia (das Wesen) des Vaters, des Sohnes und des Heiligen Geistes, die unfaßbare, 'ursprüngliche' Dunkelheit, die unendliches Licht ist. Die drei göttlichen Personen sind je für sich ebenfalls Sophia und bekunden sie. Aber für die Sophia Ihres Bildes gilt dies: Gottes Weisheit, die 'machtvoll von einem Ende zum andern reicht', ist auch das Tao, der namenlose Angelpunkt allen Seins und der Natur, die Mitte und der Sinn jeglichen Seins, das, was am kleinsten, ärmsten und demütigsten ist, das 'kleine Mädchen', das im All, das er geschaffen hat, vor Gott spielt, 'allezeit vor ihm spielt, in der Welt spielt' (Spr 8) ... Dieses weibliche Prinizip im All ist die unerschöpfliche Quelle schöpferischer Leistungen der Herrlichkeit des Vaters in der Welt und ist im Grunde die Offenbarung seiner Herrlichkeit. Wenn wir noch weiter gehen, ist die Sophia in uns Gottes Barmherzigkeit, die zarte*

---

[333] Vgl. aaO. 309f., besonders Anm. 409.

[334] Ästhetische und erotische Motive hatten gewiß ebenfalls ihren Anteil.

Liebe, die durch die unendlich geheimnisvolle Macht der Vergebung das Dunkel unserer Sünden in das Licht der göttlichen Liebe verwandelt. So ist also die Sophia die weibliche, dunkle, gefügige, zarte Ergänzung der Macht, Gerechtigkeit und Schöpferkraft des Vaters. "[335]

(14) Der Traum steigerte jedoch auch seine Offenheit gegenüber den Menschen außerhalb des Klosters. Diese neue Einstellung manifestierte sich bei seinem nächsten Besuch in Louisville:

„In Louisville, an der Ecke von Fourth und Walnut Street, mitten in der Einkaufspassage, überwältigte mich plötzlich das Bewußtsein, daß ich alle diese Menschen liebte, daß sie mir gehörten und ich ihnen, daß wir einander nicht fremd sein konnten, obwohl wir ganz und gar Fremde füreinander waren. Es war, als erwachte ich aus einem Traum des Abgetrenntseins, des Isoliertseins als Partikel in einer Eigenwelt für mich, in der Welt der Entsagung und der vorgeblichen Heiligkeit. Die ganze Illusion, man könne abgetrennt von der übrigen Menschheit eine heilige Existenz führen, ist ein frommes Wunschbild. Nicht daß ich die Realität meiner Berufung, meines Mönchslebens in Frage stelle: aber der Begriff einer 'Trennung von der Welt', den wir im Kloster haben, erweist sich allzuleicht als eine vollständige Illusion: als die Illusion, daß wir durch die Tatsache, Gelübde abzulegen, zu einer besondern Art von Wesen werden, zu Pseudoengeln, zu 'geistlichen Menschen', Menschen des inneren Lebens oder was immer dergleichen. "[336]

(15) Es war für Merton ein durchschlagendes Ereignis, sich seit seinem Abschied 1941 von „der Welt" wieder als Teil dieser Welt, als „Mitglied der menschlichen Rasse" zu empfinden. Er konnte nun auch Frauen mit neuen Augen sehen, es war ihm, als könne er sie frei bewundern. Jede der Frauen, die er an jenem Tag in Louisville gesehen hatte, „ohne daß eine davon besonders schön gewesen war", besaß für ihn „eine geheimnisvolle Schönheit". Er äußerte, durch sein Gelübde der Keuschheit, „mit dem verheiratet zu sein, was gerade alle Frauen der Welt anteilhaft am Gut der höchsten Wahrheit in sich hatten."[337]

Das weibliche Prinzip, so überlegte er nun, wurde von der Gesellschaft und von der Kirche sträflich vernachlässigt. Die Rolle Mariens innerhalb der katholischen Kirche unterzog er einer kritischen Prüfung. So sehr er selbst Verehrer der Mutter Gottes war und die „protestantische Vernachlässigung Mariens" nicht verstehen konnte, so fragte er sich doch, ob möglicherweise Marienverehrung dahingehend mißbraucht wurde, vitale weibliche Einflüsse in der Katholischen Kirche zu unterdrücken.

---

[335] Merton, Brief an Victor Hammer, 14. Mai 1959, in: Furlong 1982, 287.

[336] Merton, Conjectures of a Guilty Bystander, New York 1968, 131-132, 156-158. in: Merton, Ein Tor zum Himmel ist überall. Zeiten der Stille. Ausgewählt, eingeleitet und erläutert von Bernardin Schellenberger, mit einem Vorwort des Dalai Lama, 80. Mott merkt kritisch an, daß Mertons Empfindung der Nähe zu den Menschen in Louisville äußerst abstrakt gewesen sei, da er diese Menschen nur als „people" und „crowd" ins Auge gefaßt habe vgl. Mott, 311.

[337] Vgl. aaO. 313.

„Proverb" war für ihn jedoch nicht nur in den weiblichen Wesen zu finden, sondern existierte in allen Menschen. An Boris Pasternak schrieb er: *„Aus jedem einzelnen Menschen strahlt ihre außerordentliche Schönheit und Reinheit und Scheu, selbst wenn sie nicht wissen, wer sie sind und sich vielleicht ihrer Namen schämen - weil sie ihretwegen verspottet werden. Sie wissen nicht um ihre Identität mit dem Kind, das Gott so teuer ist."*[338]

Seine eigene Suche nach der „Frau Weisheit" führte ihn noch tiefer in die russische Literatur, wo das Thema Weisheit vorherrschend war. Mit Boris Pasternak begann er regen Briefwechsel und sein lyrischer Text 'Hagia Sophia' entstand.

Mit der Suche nach der Weisheit begann er auch Katholizität neu zu definieren, katholischer Glaube enthielt für ihn nun vorrangig universale Elemente. *„Für mich ist der Katholizismus nicht auf eine Kultur beschränkt, auf eine Nation, eine Epoche, eine Rasse ... [..] Mein Katholizismus erfaßt die ganze Welt und alle Zeitalter ...".*[339] Einige seiner neuen Gedanken flossen ein in 'Thoughts of Solitude', ein Buch, das noch im Frühjahr 1958 erschien.

(16) Das Thema Weisheit war für ihn wahrscheinlich einfacher als das Thema Liebe. Als Pater John of the Cross eines Morgens über das Thema Liebe predigte, schrieb er desolat in sein Tagebuch: *„Ein Grund, weshalb ich so dankbar für die Predigt vom heutigen Morgen bin ist der, daß meine schlimmste und innerste Krankheit die Verzweiflung und Frage ist, ob ich jemals wirklich fähig sein werde, zu lieben. Denn ich frage mich verzweifelt, ob ich jemals der Liebe wert sein werde. Aber der Ausweg liegt darin, fähig zu werden, seinen Freunden zu vertrauen und in ihnen Handlungen und Dinge zu akzeptieren, die von einem kranken Geist als Beweis mangelnder Liebe gedeutet werden - als Vorwand, um sich der Verpflichtung zu lieben zu entziehen."*[340]

Vielleicht gerade weil er seine eigenen Anteile von „krankem Geist" zu heilen versuchte, pflegte er nun Freundschaften intensiver, entgegen der Beschränkungen durch die Ordensregel auch mit Mitbrüdern, wie Bruder Lawrence (Ernesto Cardenal), Pater Tarcisius Conner (der stellvertretende Novizenmeister) und Pater John of the Cross. Außerhalb des Kloster wurden der österreichische Künstler Victor Hammer und seine Frau Carolyn enge Freunde. Mit letzteren verbrachte er auf dem Klostergelände viele schöne Picknickstunden (James Laughlin, der einmal dabei war, staunte nicht schlecht, als Merton dabei fast einen ganzen Truthahn verzehrte, einige Dosen Bier und eine Dreiviertelflasche Wein trank). Nach wie vor besuchten ihn jedoch auch seine alten Columbia-Freunde, im Frühjahr 1959 Robert Lax, Ad Reinhart und Robert Giroux.

---

[338] Merton an B. Pasternak, zitiert in: Merton; Zeiten der Stille. Ausgewählt, eingeleitet und erläutert von B. Schellenberger, Freiburg Basel Wien, 1992, 122.

[339] Merton, Vorwort zu „Obras Completas", in: ebd., 315. (EÜ)

[340] Merton RJ, 30. März 1958, in: Mott, 317. (EÜ)

(17) Seine Brieffreundschaft mit Boris Pasternak vertiefte sich weiter. Betroffen war er, daß Pasternak, kurz nachdem dieser für den Nobelpreis für Literatur nominiert worden war, aus dem Verband der sowjetischen Schriftsteller ausgeschlossen wurde. Merton, von dem gerade ein Kommentar zu 'Doktor Schiwago' in der New York Times veröffentlicht worden war, schrieb sowohl an den Päsidenten des sowjetischen Schriftstellerverbands, Surkov, als auch an Khrushchev. Kurz darauf kam die Nachricht, daß Pasternak den Nobelpreis abgelehnt und sich auf seine Dacha bei Moskau zurückgezogen hätte. Merton schrieb in diesem Herbst noch drei Artikel über Pasternak und dessen Werk. Im Frühjahr 1959 war er zutiefst beunruhigt über das Schicksal seines Freundes, als eine offizielle sowjetische Meldung verlauten ließ, Pasternak hätte sich ans Schwarze Meer zurückgezogen, „um vor ausländischen Journalisten sicher zu sein." Er las Messen für Pasternak und erfuhr mit Erleichterung bald, daß er doch in Sicherheit war. Pasternak schrieb ihm im Frühjahr 1960 nochmal einen Dankesbrief, starb aber noch im selben Jahr.

Merton trauerte sehr um diesen Freund und schrieb in sein Tagebuch, daß er mit Pasternak am andern Ende der Welt in engerem Kontakt gestanden hätte, als mit vielen Menschen ganz in seiner Nähe.[341]

4.1.4 Weitere Auseinandersetzungen mit den Ordensoberen

(18) Noch einmal taten sich Perspektiven des Wechsels in ein anderes Kloster auf. Der Prior des mexikanischen Klosters „Unsere liebe Frau der Auferstehung" von Cuernavaca war im Frühjahr 1959 nach Gethsemani gekommen, um ihn zu einem Übertritt zu seinem Kloster zu bewegen, in der Hoffnung, Merton könne die sich in Krise befindliche Ordensgemeinschaft neu motivieren. Aber noch weitere Angebote kamen, nachdem er zuvor selbst verschiedene Bischöfe nach Möglichkeiten des Einsiedlertums in ihren Diözesen angeschrieben hatte. Plätze auf den westindischen Inseln, in Nevada, in Nicaragua wurden ihm angeboten. Der mexikanische Abt war allerdings so hartnäckig und kam so oft nach Gethsemani, bis sich Merton tatsächlich für die Bewerbung um einen Wechsel nach Mexiko entschied. Er bat den Oberen der Ordenskongregationen in Rom, Kardinal Larraona, um Erlaubnis zum Wechsel. Nachdem er monatelang auf die Antwort gewartet hatte, kam diese schließlich kurz vor Weihnachten und war negativ, die bekannten Argumente eines möglichen öffentlichen Skandals wiederholend. Er schrieb in sein Tagebuch, daß diese Ablehnung ihn, nachdem er zuerst wütend durch den Wald gestapft war, schließlich nur noch zum Lachen gebracht hätte. *„Gewiß wird es am Ende so sein, daß ich Einsamkeit finde, aber nur durch ein Wunder, und keinesfalls durch meinen eigenen Beitrag. Und wo? Hier oder dort, das ist gleich. Irgendwo, nirgendwo, jenseits aller 'Orte'. Einsamkeit außerhalb der Geographie oder innerhalb. Egal. Ich ging zurück, bog um eine Ecke des Waldes und bekam das Kloster in den Blick. Da mußte ich laut lachen. Es war nicht mehr*

---

[341] Vgl. aaO. 324f.

derselbe Ort, es war keine Last mehr. Ich war frei davon. Ich erinnere mich an den Schmerz und an die innere Auflehnung, die der gleiche Anblick vor meiner feierlichen Profess im März '47 ausgelöst hatte. "[342]

(19) Weniger zum Lachen fand Merton jedoch eine andere Sache. Er hatte entdeckt, daß der Abt einen Brief von Ernesto Cardenal mit der Aufschrift „Gewissenssache" einfach ungelesen an den Absender zurückgeschickt hatte (aus gesundheitlichen Gründen hatte Cardenal das Kloster verlassen müssen). Als Merton den Abt daraufhin ansprach, bemerkte dieser nur, daß sich für Gewissenssachen gewiß bessere Helfer in der Nähe Cardenals fänden. Als Merton dann hinzufügte, Cardenal sei ein enger Freund von ihm, war der Abt entrüstet: persönliche Freundschaften seien erstens der Klosterregel nach untersagt, und „enge" Freundschaften ihm sowieso verdächtig. Merton war insofern konsterniert, als ihn der Abt, der ihn bisher immer für gefährdet gehalten hatte, einer Frau zu erliegen, nun plötzlich mit Homosexualität in Verbindung brachte. Es fiel ihm diesmal schwer, dem Abt Gehorsam zu leisten. Persönliche Freundschaften brauchte er. In einem Brief vor Weihnachten an Abt James bat er sich deshalb dringend aus, Gewissenssachen auch nach seinem eigenen Ermessen behandeln und sich im Zweifelsfall an eigens ausgewählte geistliche Betreuer wenden zu können. Mehr oder weniger als Gegenleistung bot er an, von nun ab zeitlebens nie mehr Schritte in Richtung Ordenswechsel zu unternehmen.

Was das Verbot der persönlichen Freundschaft anbelangte, setzte er sich einfach darüber hinweg und pflegte seine internen und externen Freundschaften mit Bedacht. Der Abt konnte ihm auch seinen Wunsch, häufig und regelmäßig zu psychoanalytischen Stunden nach Louisville zu Dr. Wygal zu gehen, nicht abschlagen, nachdem er ihn im Zusammenhang mit Mertons Wunsch nach Klosterwechsel gegenüber den Ordensoberen nicht nur einmal als „neurotisch" präsentiert hatte. Für Merton waren diese Stunden aber eher Gelegenheit, nach Louisville zu kommen, und mit seinem Freund Wygal nette Gespräche zu führen.[343]

Er räumte aus dieser Erfahrung mit dem Abt heraus von nun an seinen Novizen ein, sich in Gewissensfragen einen Berater nach Belieben, über den Novizenmeister hinaus, auszusuchen. Daneben gestaltete er viele Unterrichtsstunden zum Thema Gehorsam. Gehorsam in seinen Formen von sinnvoll bis hin zu Kadavergehorsam, beispielsweise eines Adolf Eichmanns im Dritten Reich wurde ein häufig reflektiertes Thema seiner Lektionen und Schriften.

Gehorsamsprobleme gab es jedoch nicht nur mit dem Abt, sondern auch mit dem Generalabt. Gabriel Sortais schrieb schärfer werdende Briefe an Merton.

[342] Merton, RJ, 17. Dezember 1959, in: aaO. 333. (EÜ) Mit einem Lachen alleine war es allerdings doch nicht getan, in einem Brief an Abt Gregorio verwies Merton bitter auf das einstige fatale Urteil Zilboorgs der „neurotisch bedingten Einsiedlerwünsche", von dem er wußte, daß es sein Abt an die Oberen in Rom weitergegeben hatte und das ihm nun womöglich Möglichkeiten in diese Richtung verbaute.

[343] Das war zumindest die Ansicht von John Eudes Bamberger, der ferner meinte, Merton benötigte sowieso keine Behandlung, vgl. aaO. 345.

Er war erzürnt über einige Anspielungen an den Orden in Mertons zur Veröffentlichung anstehenden Briefesammlung 'Disputed Questions'. Ein anderes Projekt, zu dem Jacques Maritain Merton ermutigen wollte, nämlich eine Aufsatzsammlung von Werken Fromms, Tillichs, Eliades und Mertons, lehnte der katholisch-konservativ orientierte Generalabt rigoros ab.

4.1.5 Ökumene und Außenkontakte

(20) Ökumenische Initiativen begannen Ende der fünfziger Jahre jedoch überall in der Kirche aufzubrechen und machten auch vor Gethsemani nicht halt. Zahlreiche ökumenische Konferenzen fanden im Kloster statt und Merton machte sich stark für sie. Da der Besucherstrom so groß wurde, war das Kloster bald über Gebühr strapaziert und man ging daran, ein neues Gebäude auf dem Hügel Olivet des Klostergeländes für die Zusammenkünfte zu errichten. Merton plädierte dafür, das Gebäude sehr schlicht zu halten, möglicherweise mit dem Hintergedanken, daß es dann nicht zu oft für Konferenzen genutzt würde und ihm um so mehr als „Klause" zur Verfügung stünde. In der Tat erhielt es weder Elektrizität noch Leitungsrohre, war also nur für kurze Aufenthalte von Gruppen geeignet.
Er bekam vom Abt die Erlaubnis, sich in dieser Begegnungsstätte tagsüber, sofern keine Konferenzen dort abgehalten wurden, aufzuhalten. Dieser einsame Ort, zehn Minuten zu Fuß vom Kloster entfernt, machte ihm nun neue Hoffnungen. Er schrieb an Jean Leclercq:
„*Was mir so zu schaffen macht, scheint sich irgendwie von selbst zu regeln. Auf einem schönen Bauplatz hat man eine schöne, kleine Klause gebaut. Sie dient der Begegnung - und Gesprächen - mit protestanischen Geistlichen und Professoren, aber sie dient auch der stillen Einkehr. Und ich habe jetzt wenigstens die Erlaubnis, sie stundenweise zu benutzen. Das ist eine Lösung, die zu weiteren Hoffnungen berechtigt. Und ich bin überzeugt, wenn ich wenigstens ein bißchen <u>wirkliche</u> Einsamkeit und Schweigen finden kann, macht das schon sehr viel aus. So kann man wenigstens einer Krise wie der von 1959 entgegenwirken, als ich meinte, ich müsse mein Kloster wechseln und anderswohin gehen. Solange es bei dieser Lösung bleibt, kann man das vermeiden.*"[344]
Bald nannte er diesen Ort, an den er sich einige Jahre später ganz zurückziehen sollte, liebevoll seine „Eremitage vom Berge Karmel".
Seine ökumenischen Initiativen setzte er dennoch fort und organisierte viele Workshops mit protestantischen Theologen. Dieses Engagement drang bis zu Papst Johannes XXIII vor, der ihm ausrichten ließ, er hätte „großes Interesse an den Einkehrtagen mit Protestanten, die Pater Louis in Unserer Lieben Frau in Gethsemani organisieren würde".[345] Nicht nur das, der Papst schickte Merton auch eine Stola, die er selbst getragen hatte.

---

[344] Merton an Abt Jean Leclercq, Dez. 1960, in: Furlong, 291.
[345] Vgl. Mott, 350.

(21) Seine Brieffreundschaften, und damit das Maß seiner Korrespondenz, nahmen Anfang der sechziger Jahre ungeheuer zu. Zwanzig bis dreißig Briefe erreichten ihn jede Woche, darunter natürlich auch ärgerliche Post von Extremisten verschiedenster Art. Mit zahlreichen Schriftstellern und Künstlern trat er jedoch selbst in Kontakt.[346] Ein wichtiger Brieffreund davon wurde in diesen Jahren Czeslaw Milosz, der polnische Schriftsteller, der in Berkley Professor wurde. Mit Milosz tauschte er sich zum Thema der personalen Integrität und dem Verhältnis zum Mitmenschen aus, beide besonders interessiert am Phänomen der Projektionen anderer auf die eigene Person, verstärkt durch den Schriftstellerberuf. Bezüglich schriftstellerischen Skrupeln schrieb Merton an Milosz: *„Sie haben recht, wenn Sie wegen des Schreibens eine gewisse Scham empfinden. Das geht mir auch so, aber immer erst zu spät - fünf Jahre nachdem ein Buch erschienen ist, wünsche ich, daß ich nie ein so großer Narr gewesen wäre, es zu schreiben. Aber wenn ich am Schreiben bin, finde ich es gut. Wenn wir nicht alle Narren wären, würden wir nie etwas zustande bringen. "*[347]

Ganz philanthrop schrieb Merton einerseits über seine Einstellung zum Mitmenschen:

„Doch was die Solidarität mit anderen Menschen anbelangt, betreibe ich nur eine sehr einfache und elementare Art von Solidarität, die vielleicht politisch bedeutungslos, aber meiner Meinung nach die einzige Art ist, die funktioniert. Nämlich auf die Menschen, die ich aus der Menge heraus wahrnehme, zuzugehen und mich mit ihnen einen Augenblick lang zu freuen, daß wir dieselbe Sprache sprechen. An was auch immer sie an der Oberfläche glauben, was auch immer die Formeln sind, an die sie sich gebunden fühlen. Ich kümmere mich immer weniger darum, was die Menschen sagen oder was sie glauben zu sagen: zunehmend wichtiger ist mir zu beachten, was sie zu sein imstande sind. "[348]

Kurz darauf fiel er jedoch in pessimistische Töne:

„Was Menschen guter oder schlechter Struktur angeht, so habe ich keine einfachen Antworten, doch denke ich, daß auch hier viel von der Liebe abhängt: wenn Menschen geliebt werden, ändern sie sich. Was wir jedoch heute erleben ist der totale Zusammenbruch der Liebesfähigkeit des Menschen. Der Mensch heute ist unter den materiellen Belangen begraben, begraben unter seiner wunderbaren Ausbreitung und unter allen ihn umgebenden Dingen - der Überfluß läßt uns in einem Zustand der ständigen Verwirrung und Angst leben. Man kann gar nicht erst anfangen, sich einer verbindlichen Liebe zu widmen, da das ganze Spiel zu komplex und zu riskant ist - und man jegliche

---

[346] Nach Ansicht Motts war Merton einer der großen Briefeschreiber des Jahrhunderts und sein schriftstellerisches Talent hätte hätte am meisten in dieser Gattung gelegen. Brieffreundschaften seien aber auch in menschlicher Hinsicht die Art von Beziehung gewesen, die ihm am besten gelegen hätte, nämlich Freundschaft mit gewisser Distanz. Vgl. aaO. 353f.

[347] Merton an C. Milosz, 21. Mai 1959, in: T. Merton, The Courage for Truth, New York 1993, 63. (EÜ)

[348] AaO. 60. (EÜ)

Mitte verloren hat. So werden wir vom Wirbelwind fortgetragen, und unsere Kinder sind noch hilfloser als wir es schon sind. Es ist die elementare Hilflosigkeit des Menschen, zutagetretend im Moment seiner größten Macht über Dinge außerhalb seiner selbst, die diese moralische Krise ausgelöst hat. Aber immer schon gab es diese Furcht der Hilflosigkeit, jene Ungeduld und Panik, aufgrund derer sich der Mensch seiner Macht versichern will, bevor er sich zu entspannen und zu lieben erlaubt. Und so bleibt er beschäftigt mit seinen Projekten, die ihn daran erinnern, daß er existiert, und er kann sich nie erlauben, ganz zu lieben - von sich selbst loszulassen. Wer ist daran schuld? Alle. "[349]

(22) Milosz legte Merton ans Herz, Simone Weil und Albert Camus zu lesen. An den Büchern von Camus entwickelte Merton daraufhin besonderes Interesse, Weil fand er teilweise zu manichäisch. Die beiden Autoren waren sehr offen zueinander, auch Kritik wurde geäußert. Milosz störten Mertons „romantische" Naturbeobachtungen, er würde einseitig die schönen Seiten der Natur hervorheben, die grausamen Naturgewalten aber übersehen. Auch Mertons beginnendes Engagement in der Friedensbewegung sah Milosz kritisch, er meinte, er solle sich nicht in Aktivität verlieren, sondern lieber nach theologischen Antworten auf jene Fragen suchen, die die russischen Philosophen des neunzehnten Jahrhunderts die „furchtbaren Fragen" genannt hätten. Was not täte wäre ein zeitgenössischer Pascal, ein geistlicher Führer, wie er ihn selbst suchte.[350] Merton stand daraufhin auch Milosz theologischen Fragen Rede und Antwort, und schrieb zum Thema Vorsehung:

„Zur Vorsehung: Sicher, ich denke, daß die glatten Klischees, die über den Willen Gottes abgefaßt werden, reichen, um auch dem Letzten den Glauben zu rauben. Diese Klischees sind in Amerika noch möglich, aber ich kann mir nicht vorstellen, wie sie in Europa aufrecht erhalten werden können, zumindest, wenn man an jene denkt, die ein Konzentrationslager gesehen haben. Ich jedenfalls habe das zwanghafte Bedürfnis abgelegt, diese Fragen nett beantworten zu müssen. Es ist sicherer und sauberer hier unartikuliert zu bleiben - und erweist Gott größere Ehre. Ich denke, der Grund weshalb wir nicht sehen, daß die Vorsehung in unserer Welt wirksam ist, liegt darin, daß sie viel zu einfach ist. Unsere Vorstellungen von Vorsehung sind zu kompliziert und zu menschlich: eine Frage von Zweck und Mittel, und warum dieses Mittel zu diesem Zweck? Gott will es so aus diesem Grund .... Wie auch immer das Geheimnis der Vorsehung sein mag, denke ich, daß es viel direkter und irgendwie brutaler ist. Aber dies bleibt unergründlich, solange wir an Gott abseits der Menschen im Konzentrationslager denken, 'einräumend, daß ihr Aufenthalt dort zu ihrem Besten dient' (Pause, während ich erbreche). Tatsächlich aber ist Gott selbst im Konzentrationslager. Genauer gesagt, natürlich, Christus. Nicht im kollektiven Sinne, sondern speziell in der Schändung und Zerstörung jeder einzelnen Seele geschieht die Erneuerung der Kreuzigung. Dies ist natürlich bekannt, zumindest die Worte, meine ich. Es kann so verstanden

---

[349] AaO. 63f. (EÜ)
[350] Vgl. Mott, 357.

werden, daß ein Mensch im KZ, ob er nun sein Morgengebet verrichtet oder nicht, und auch wenn er ein Sünder ist: er ist Christus. Wenn dieses aber nicht einmal von religiösen Menschen verstanden wird, dann kann es erst recht nicht von anderen verstanden werden und der letzte, der fähig ist, dies zu verstehen, ist sozusagen 'Christus' selbst...Vorsehung gibt es nicht für diesen verborgenen Christus. Er ist selbst Seine eigene Vorsehung. In uns. Insofern wir Christus sind, sind wir unsere eigene Vorsehung. Es geht dann also nicht darum, zu kämpfen, um die 'Gesetze' einer mysteriösen und uns fremden und so gänzlich außerhalb unser liegenden Macht aufzudecken, sondern darum, zu akzeptieren, was uns im tiefsten Inneren gegeben ist, in der Tiefe unseres eigenen Wesens. Was auch immer unsere 'Vorsehung' an der Oberfläche des Lebens für uns bereithalten mag, (und dieser inneren Vorsehung geht es nicht wirklich so direkt um die Oberfläche unseres Lebens), jenes Innere, unerreichbar für den bösen Willen anderer, ist immer gut, es sei denn, wir selbst schneiden uns ganz bewußt davon ab. Jene aber, die zu zerrissen sind, um irgendetwas auf die eine oder andere Weise tun zu können, werden Stück für Stück in den Himmel gehoben und sich dort als Ganzes wiederfinden, ohne zu wissen, wie dies je möglich sein konnte. "[351]*

4.1.6 Politischer Pessimismus

(23) Im Februar 1961 zitterte Merton vor der jährlichen Visitation des Generalabts - würde dieser seinen täglich stundenweisen Rückzug in die „Eremitage" verbieten? Zu seiner Erleichterung war Gabriel Sortais jedoch ganz einverstanden, „diese Art Lösung" anzuerkennen. Vielleicht war Sortais auch noch angesichts der Ablehnung des Wechsels 1959 nach Mexiko großzügig gestimmt. Eine andere Frage war die der Zensur. Die Zensoren hielten gerade wieder ein Buch Mertons zurück, 'The New Man'. Merton lernte nun in Gesprächen die Vorbehalte von Sortais kennen, welche wieder ganz andere waren als die der anderen Zensoren. Ein Problem der Zensur schien zu sein, daß jeder Zensor, über Fragen der Doktrin und Moral hinaus, seinen „eigenen Geschmack" hatte und Merton das Leben damit schwer machte.

Im Lauf der nächsten Jahre suchte Merton Wege, die Zensur zu umgehen, vor allem ermöglicht durch das Aufkommen der Vervielfältigungsmaschinen. Zensur betraf nach offiziellen Regeln nur gedruckte Bücher, Veröffentlichungen in kleineren, vervielfältigten Auflagen fielen nicht darunter. Letztere bedurften nur der Erlaubnis durch den Abt.

Hilfe erhielt er nun durch seinen Freund Victor Hammer, der eine kleine Druckerei besaß. Hammer druckte 'Prometheus', 'The Solitary Life' und 'Hagia Sophia' in jeweils geringer Anzahl, außerdem manche seiner Friedensschriften, ein besonderer Freundschaftsdienst, da Hammer Mertons politische Auffassungen nicht immer teilte.

---

[351] Merton, Courage, 59f. (EÜ)

(24) Im Frühjahr 1961 faszinierten ihn zwei Mystiker, Meister Eckhart und Juliane von Norwich, beide wieder Vertreter der apophatischen Theologie. Bei Juliane von Norwich meinte er viel von der 'Hagia Sophia' zu erkennen, jenes weibliche Element der christlichen Religion, das die Mystikerin auch in Christus gefunden habe. In einem Brief, in dem er Juliane zusammen mit John Henry Newman zu den größten Theologen Englands erhob, schwärmte er von Juliane: *„Juliane ist zweifellos eine der wundervollsten aller christlichen Stimmen. Je älter ich werde, desto großartiger wird sie für mich und selbst wenn ich in den vergangenen Jahren ganz verrückt nach dem Heiligen Johannes vom Kreuz war, so würde ich ihn jetzt nicht mehr gegen Juliane tauschen wollen, selbst nicht einmal dann, wenn man mir die ganze Welt, die westindischen Inseln und alle spanischen Mystiker auf einmal schenken würde.* "[352]

(25) Seine Stimmung Ende der fünfziger, Anfang der sechziger Jahre war selten positiv. Besucher, die mit ihm ins Gespräch kamen, beklagten seinen zunehmenden Pessimismus.

Es waren das intellektuell-moralische Klima in Amerika und der Kalte Krieg, welche ihn sehr deprimierten. Als Ursache des Kalten Krieges beklagte er die rigiden Strukturen beider Machtblöcke im Osten und im Westen. In seinen dunkelsten Visionen setzte er Rußland und Amerika in den Strukturen ihrer Unmenschlichkeit gleich. *„Ein ganzes Heer von potentiellen 'neuen Menschen' wächst an amerikanischen Universitäten und selbst in Geschäftskreisen heran: kopf- und phantasielose Menschen, mit drei oder vier Augen und eisernen Zähnen, die insgeheim in das Konzept einer riesigen Manager-Gesellschaft verliebt sind. Eines Tages wachen wir auf und finden Amerika und Rußland gemeinsam im Bett vor (verzeihen Sie mir das unklösterliche Bild) und stellen dabei fest, daß sie eigentlich immer schon verheiratet waren.* "[353]
Ähnliche Gedanken schrieb er in noch schärferer Form an den nicaraguanischen Dichter Pablo Antonio Cuadra, bis ihm sein Pessimismus schon selbst unheimlich wurde. *„Warum bin ich so gewillt zu glauben, daß das Land vor der Zerstörung steht? Sicher wäre es möglich und in gewissem Sinne vielleicht sogar wahrscheinlich. Dennoch ist dies ein Fall, in dem wir die Hoffnung nicht aufgeben dürfen, auch wenn alle Indizien dagegen sprechen. Man darf nicht in Resignation und Verzweiflung verfallen, genauso, wie man bei einer Krankheit, die als unheilbar gilt, die Hoffnung zu leben nicht aufgeben darf. Das ist der Punkt. Diese Schwäche und Verdrossenheit, deren Wurzeln im Egoismus zu suchen sind, und die ich mit anderen Intellektuellen in diesem Land teile. Auch nach vielen Jahren im Kloster fehlt mir die nötige Stärke und das moralische Format, welche allein durch Demut und Selbstvergessenheit hervorgebracht werden.* "[354]
Mit seiner Weltuntergangsstimmung war Merton nicht alleine, der Kalte Krieg verbreitete überall Furcht vor einem nuklearen Krieg und viele

---

[352] Merton an Schwester M. Madeleva, in: Seeds of Destruction, New York 1962, 274f.
[353] Merton, Courage, 61. (EÜ)
[354] Restricted Journals, 19. September 1961, in: Mott, 365. (EÜ)

wohlhabenden Amerikaner machten sich daran, Schutzbunker für den Ernstfall eines Atomkriegs zu bauen.

Auch seine intensive Beschäfitgung mit dem Dritten Reich in diesem Frühjahr trug nicht unbedingt zu besserer Stimmung bei. Sein Gedicht 'The Ausschwitz poem' entstand.

4.1.7 Anschluß an Friedensbewegung

(26) Die prekäre politische Situation ließ in Merton das Gefühl aufkommen, sich einmischen zu müssen. Sein Gewissen drängte ihn, sich für Frieden einzusetzen. Gewaltlosigkeit mußte für die Menschheit oberstes Gebot sein und alles Menschenmögliche mußte getan werden, um Gewalt zu verhindern. Deshalb wurde Gewaltlosigkeit jetzt das Hauptthema seiner Schriften.

Gewaltanwendung durch Amerika in jüngster Vergangenheit sah er im Abwurf der beiden Atombomben über Japan. Sein faktenreich-zynischer Text 'The Original Child Bomb' entstand, „Original Child Bomb" als Titel von der japanischen Bezeichnung für die Bombe auf Hiroshima übernommen. Nicht nur der Titel schaffte Verwirrung, nachdem Abt James und Generalabt Sortais überraschend entgegen der anderen Zensoren den Text zur Veröffentlichung freigegeben hatten, waren nicht wenige Leser über die Inhalte und die Position Mertons konsterniert. Das Image des still-kontemplativen Mönches war erschüttert, er wurde nun für die einen zum unloyalen staatsfeindlichen Querulanten, für die anderen zum gesellschafts- und militärkritischen Propheten. Auch innerhalb des Ordens teilten sich nun sehr die Meinungen. Unglücklicherweise waren unter seinen Kritikern die meisten der Zensoren.

(27) Im vollen Bewußtsein, daß sich sein Ansehen bei vielen Leuten ändern würde, schloß sich Merton der pazifistisch orientierten Minderheit seines Landes an. Zahlreiche Artikel erschienen von ihm im 'Jubilee' und im 'Catholic Worker'. Er unterstützte viele Friedensaktivisten mit ermutigenden Briefen. Nicht glücklich war er allerdings darüber, daß auch Texte gedruckt wurden, die er nicht zur Veröffentlichung vorgesehen hatte. Es kam natürlich nicht nur vor, daß seine neuen Freunde seine Texte überstrapazierten, sondern auch, daß er von Gegnern falsch zitiert wurde. Mißverständnisse und Feindseligkeiten blieben nicht aus. „*Ich stehe vielleicht am Wendepunkt meines spirituellen Lebens: vielleicht erreiche ich langsam den Punkt der Reife und der Auflösung meiner Zweifel - und das Vergessen meiner Ängste, hineinmarschierend in eine bekannte und endgültige Schlacht. Möge Gott mich dabei schützen. Der Catholic Worker hat einen Bericht über meinen Artikel gedruckt, der eine größere Reaktionswelle auslösen könnte - oder auch nicht. Jedenfalls bin ich allem Anschein nach einer der wenigen katholischen Priester im Land, die sich eindeutig für einen völlig unnachgiebigen Kampf zur Abschaffung des Krieges und für den Einsatz gewaltloser Mittel zur Beilegung internationaler Konflikte ausgesprochen haben. Also nicht nur implizit gegen die Bombe,*

gegen Nuklearversuche, gegen Polaris U-Boote, sondern gegen jede Gewalt.
Dazu werde ich unvermeidlich noch Stellung beziehen müssen. Gewaltlose
Aktion, nicht bloße Passivität! Wie ich das jedoch erklären und schnell eine
definitive Meinung verteidigen soll, wenn es schon zwei Monate lang dauert,
bis ich nur einen kurzen Artikel durch die Ordenszensur bekomme, bleibt für
mich eine offene Frage. "[355]

(28) Angeregt durch die Überlegung mancher pazifistisch orientierter Christen, inwieweit es im Verteidigungsfall einen bedingten Einsatz von Atomwaffen geben dürfe, beschäftigte er sich kirchengeschichtlich mit der Thematik des gerechten Krieges. Keine Argumente für einen gerechten Krieg, auch nicht die des Augustinus, überzeugten ihn, er blieb bei seiner Meinung, daß *„unnachgiebiger Kampf zur Abschaffung des Krieges und Einsatz gewaltloser Mittel zur Beilegung internationaler Konflikte"* notwendig sei. Er grenzte sich dennoch immer wieder vom „absoluten Pazisfismus" ab und hielt seine Kritik an radikalen Pazifisten nicht zurück.[356]
Er beklagte das Fehlen einer Verlautbarung des Vatikans zu nuklearen Waffen. Spitz kritisierte er die ethische Prioritätenliste des Vatikans und das Mißverhältnis der ethischen Äußerungen im Vergleich von Abtreibungsfrage und Friedensproblematik. Da das Zweite Vatikanische Konzil bald stattfinden sollte, hoffte er jedoch zusammen mit seinen Friedensfreunden auf eine Korrektur dieses Defizits.
Nicht wenige seiner Freunde aus der Friedensbewegung, beispielsweise Dorothy Day, begannen das Drogenproblem in ihren Reihen zu beklagen. Und nicht nur das, die Bewegung litt unter der hohen Anzahl problematischer Leute, die aufgrund ihres jugendlichen Alters oder ihrer Disposition mehr Schaden als Gewinn brachten.
Merton verwahrte sich streng gegen künstlich herbei geführte „mystische Erfahrungen", es gäbe keinen „deus ex machina" durch Drogen und zwischen echter und falscher Mystik sei zu unterscheiden. Was den „untauglichen Eifer anbelangte, schrieb er: *„ Wir müssen uns vor gewissem blinden und unreifen Eifer in Acht nehmen, dem Eifer des Enthusiasten oder des Zeloten, der exakt jene wahnsinnige Kompensation der tiefen persönlichen Qualitäten, an denen es uns mangelt, darstellt".*[357]

(29) Abt James, der politisch anderer Meinung war als Merton, ließ ihn hier gewähren. Er teilte Merton nicht einmal mit, daß die Ordensoberen seit Monaten Druck auf ihn ausübten, er solle Merton zum Schweigen bringen. Seine Ordensoberen erschwerten zunächst seinen Publizismus, indem sie Schriftstücke lange zurückhielten und Freigaben hinauszögerten. Im Frühjahr 1962 erteilten sie ihm ein völliges Schreibverbot zum Thema Krieg, unter das auch

[355] Merton, 23. Oktober 1961, in: Turning Toward The World: The Pivotal Years, New York 1996, 172. (EÜ)
[356] Vgl. Mott, 395f. (EÜ)
[357] Merton, Seasons of Celebration, 18, in: aaO. 380. (EÜ)

das gerade fertiggestellte 'Peace in the Post-Christian Era' fiel. Merton beeilte sich, von letzterem Buch noch einige Kopien anfertigen zu lassen, war aber ansonsten nicht nur böse über das Verbot: die Friedensarbeit hatte ihm auch viel Unruhe beschert, von der er sich gerne wieder entlasten ließ. Außerdem war sein Standpunkt klar und sein Beitrag zur Friedensarbeit geleistet. Als ein seiner Meinung nach weitaus wichtigerer Text zum Thema Frieden erschien, nämlich die Enzyklika 'Pacem in Terris' von Papst Johannes XXIII, war dies ein weiterer Grund, selbst nichts mehr zum Thema sagen zu müssen. Allerdings ärgerte ihn dennoch, daß er trotz der eindeutig kriegskritischen Haltung des Papstes sein Werk 'Peace in the Post-Christian Era' weiterhin nicht veröffentlichen durfte.

Sein Ärger verhinderte allerdings nicht seine Trauer um Gabriel Sortais, als dieser ein halbes Jahr später starb. Im Sommer zuvor hatte es auch schon einen anderen Tod zu beklagen gegeben, da sein sehr geliebter Papst Johannes XXIII. gestorben war.

(30) Immer mehr Menschen kamen nach Gethsemani, um Merton zu besuchen, von der Friedensbewegung waren es unter anderen Jim Forest, Bob Kaye und Daniel Berrigan. Letztere trafen übrigens nach ihren Beschreibungen keinen pessimistisch-schwermütigen, sondern einen fröhlichen, humorvollen und vor allem gut genährten Mönch an. Dann besuchten ihn John Wu, sein chinesischer Dichter- und Brieffreund und Rabbi Abraham J. Heschel. Neben den neuen Freunden ließen jedoch auch die alten nicht davon ab, ihn immer wieder aufzusuchen. Merton war inzwischen zu einer bekannten Persönlichkeit in den Vereinigten Staaten geworden und wurde sogar ins Weiße Haus eingeladen, um dort Vorträge zu halten (woraus nichts wurde). Er selbst machte sich über seinen Ruhm lustig und über den Mythos Merton, der soweit ging, daß sich Leute für ihn ausgaben und in seinem Namen Vorträge hielten oder bettelten, teilweise damit sogar große Summen abkassierten. Er kritisierte sich selbst, am Aufsehen manchmal Gefallen zu finden.

„ Was für ein überflüssiges und dummes Aufhebens. Wann werde ich es endlich lernen zu laufen ohne Spuren zu hinterlassen? Noch weit davon entfernt: immer noch liebe ich Anerkennung und habe es nötig, zu predigen, um dann selbst an meine Botschaft zu glauben - und indem ich das glaube, glaube ich an mich selbst, oder kann mich eine Weile lang akzeptabel finden. Absurd, außerdem sehr unehrlich. Ich wünschte, ich könnte anders sein!"[358]

Er erhielt den Ehrendoktor der Universität von Kentucky und schrieb amüsiert an James Laughlin, er würde nun eine Weile lang den orange-roten Doktorhut im Chor tragen.

In der Bibliothek von Bellarmine College wurde nun eine Merton-Sammmlung eröffnet. Dan Walsh verlas Mertons Verlautbarung zu diesem Anlaß, die enthielt: *„ Was auch immer ich geschrieben haben mag, glaube ich, daß es sich auf die eine elementare Wahrheit reduzieren läßt: daß Gott*

---

[358] Merton, 12. Nov. 1963, in: Dancing in the Water of Life: Seeking Peace in the Hermitage, New York 1997, 33. (EÜ)

Menschen zur Einheit mit Sich beruft und zur Einheit untereinander in Chri-
stus, in der Kirche, die Sein Mystischer Leib ist.[359] Zum Empfang seiner
Würden durfte er natürlich nicht reisen, und auch nicht zu den zahlreichen
Einladungen für Seminare und Vorträge.
1964 hatte er das Gefühl, daß jeder im Kloster stets Reiseerlaubnis erhielt, nur
er selbst nie. Zugleich wurde jedoch jedes Seminar und jede Gruppenveran-
staltung innerhalb des Klosters ihm zu organisieren auferlegt. War er einerseits über diese Tatsache verärgert, so nahm er doch zur Kenntnis, daß das
strikte Reiseverbot ihm auch die schwierige Entscheidung abnahm, zu welchen der zahlreichen Einladungen er nun wirklich reisen sollte.

(31) Eine kurz darauf gestellte Reise-Bitte wurde ihm allerdings doch nicht
abgeschlagen. Der hochbetagte Suzuki war in die Vereinigten Staaten gereist
und hatte, nachdem er aufgrund seiner Gebrechlichkeit selbst nicht in der Lage war, eine Reise bis Gethsemani zu unternehmen, Merton nach New York
eingeladen. Merton erhielt die Erlaubnis für eine Drei-Tages-Reise mit der
Auflage, sich mit niemandem außer Szuzuki zu treffen. Er flog im Juni zu dieser Begegnung und sah auf diese Weise nach dreiundzwanzig Jahren New
York zum ersten Mal wieder.
Begeistert marschierte er viele alten Wege ab. Mit Suzuki führte er zwei Gespräche mit Tee-Zeremonie und erfuhr, daß sein 'Aufstieg zur Wahrheit' unter
Zen-Schülern in Japan sehr beliebt war. Suzuki, der zuvor schon Merton als
den „Zen-Ersten des Westens" bezeichnet hatte, faßte zum Abschied den
Geist ihrer Gespräche zusammen: „Das allerwichtigste ist die Liebe."[360] Es
waren glückliche Stunden für Merton.

(32) Nicht nur der Besuch einer Kunstausstellung in New York, sondern seine
eigene Öffnung zur visuellen Kunst, veranlaßte ihn danach, sich intensiv mit
Kalligraphie und Fotografie zu beschäftigen. Er fotografierte von nun an
selbst mit einer geliehenen Kamera.
Nach seiner Rückkehr aus New York erhielt er die gute Nachricht, daß die
Zensur über seine Friedensschriften insofern aufgehoben sei, als er nun zwar
nicht über Krieg, jedoch über Frieden schreiben dürfe. Da die Erfüllung der
neuen Auflage nur eine Frage der Definition war, machte er sich gleich daran,
'Seeds of Destruction' mit einem Auszug seiner 'Cold War Letters' und mit
seinem Aufsatz 'Peace in the Post-Christian Era' zu veröffentlichen.
Seine Freude über die neugewonnene Freiheit wurde durch die Nachricht von
Jim Forest getrübt, daß in Harlem schwere gewaltsame Aufstände im Gange
waren und Rassenunruhen an vielen Orten das Land erschütterten. Er war sehr
betroffen, als er von der Ermordung von Bürgerrechtlern in Mississippi
erfuhr.

---

[359] Aus: The Thomas Merton Collection, in: Mott 392. (EÜ)
[360] Vgl. aaO. 399.

(33) Inzwischen nahte eine große Konferenz des Ordens, die ihm zu organisieren aufgetragen wurde. Äbte und Novizenmeister der Trappisten wollten zusammenkommen, um über monastische Erneuerung zu sprechen. Bei dieser Konferenz, deren Vorbereitung und Durchführung ihn große Anstrengung kostete, stellte sich heraus, daß viele Ordensoberen zwar Mertons öffentliche Kritik von Atomwaffen mißbilligten (das sei für einen Ordensmann „unangemessen"), ihn jedoch als Autorität in spirituellen Fragen sehr schätzten. Gerade angesichts der gravierenden Generationenkonflikte in den Klöstern war sein Rat sehr gefragt, nicht nur aufgrund seiner schriftlichen Arbeiten, sondern auch seiner über zehnjährigen Erfahrung als Novizenmeister. Merton riet, als Maß für richtige Stukturen Entwicklungskriterien anzusetzen: wo sich Mönche in ihrer Spiritualität individuell und frei entwickeln würden, seien auch die richtigen Strukturen vorhanden. Rein äußerer Gehorsam sei kein echter, wahrer Gehorsam sei der freie Austausch von Willen. Alles andere sei „brainwashing"[361].

(34) Eine weitere Konferenz organisierte Merton im Herbst 1964, ein Treffen der Gruppe „Fellowship of Reconciliation" (FOR), die zur Frage der Gewaltlosigkeit und der „spirituellen Wurzeln des Protests" zusammenkam. Merton ging es hierbei nicht um die „Formulierung eines Programms", sondern um „die Vertiefung der Wurzeln". Die Gruppe war konfessionell sehr gemischt, deshalb hatte er vom Abt einige Anweisungen zur Handhabung der Gottesdienste erhalten. Allerdings hatte sich die Gruppe, deren Mitglieder auch die Berrigan-Brüder waren, in ihrer religiösen Praxis bereits verselbständigt: Neben unkanonischer Messe in englischer Sprache wurde Kommunion nicht nur in beiderlei Gestalt verabreicht, sondern auch an die protestantischen Mitglieder. Merton verfolgte diese Praxis mit gemischten Gefühlen: einerseits fand er sie abtrünnig, andererseits beeindruckte ihn ihre einfache Selbstverständlichkeit.

4.1.8 Beginnende Eremitage

(35) Im Oktober 1964 durfte Merton zum ersten Mal in seiner Eremitage übernachten. Abt James machte sich daran, einen Antrag für dauerhaftes Einsiedlertum für das Kapitel vorzubereiten. Sobald Pater Callistus im folgenden Sommer aus Rom zurückkehren sollte, würde Merton von seinen Pflichten als Novizenmeister enthoben werden und sollte von da an ganz in seiner Einsiedelei bleiben. Bereits in diesem Winter weilte Merton außerhalb seiner Novizenpflichten meistens dort. James Fox hatte inzwischen an der Idee des Einsiedlertums Gefallen gefunden und beauftragte ihn, das benachbarte Grund-

---

[361] Vgl. aaO. 404. Bekanntlich gewährte Merton seinen Novizen immer größtmögliche Freiheit, nach John Eudes Bamberger deshalb, weil er selbst auch ein guter „self-corrector" gewesen sei, vgl. aaO. 405.

stück auf seine Tauglichkeit für weitere Einsiedeleien zu untersuchen. Er wollte sich später selbst in eine solche zurückziehen.

Die Bedingungen in der Eremitage waren äußerst asketisch, nur ein kleiner Holzofen spendete Wärme, Licht gab es durch eine Petroleumlampe, das Plumpsklo lag ein Stück von der Behausung entfernt. Kein klagendes Wort über die äußeren Bedingungen kam über Mertons Lippen, zu dankbar war er für sein neues Refugium. Als er ab Sommer ganz in der Einsiedelei blieb, machte er einen festen Stundenplan, den auch der Abt verlangte. Sein Tag begann morgens um halb drei und endete abends um halb acht, strukturiert durch feste Gebets-, Meditations-, Lese-, Essens- und Arbeitszeiten. Nur einmal am Tag ging er zum Kloster hinunter, um dort die Messe zu halten und um eine warme Mahlzeit einzunehmen. In der Eremitage kochte er höchstens Suppe oder Tee, da Kochen ihm nicht lag. Es blieben noch genug praktische Tätigkeiten wie Aufräumen, Putzen, Holzhacken.

(36) Die Friedensproblematik beschäftigte ihn Anfang 1965 aufs Neue. Aus Rom hörte er, daß in den Vorbereitungen des Zweiten Vatikanischen Konzils die kritischen nuklear-militärischen Aussagen von Johannes XXIII. ins Schema Dreizehn des Konzils (Gaudium et Spes) nicht aufgenommen werden sollten. Sogleich nahm er mit zwei Geistlichen, von denen er wußte, daß sie im entsprechenden Komitee mitarbeiteten, Mutter Luke Tobin und Pater Illud, Kontakt auf und legte ihnen ans Herz, die Aussagen des vorhergehenden Papstes nicht untergehen zu lassen. Ob auf seinen Einfluß zurückgehend oder auch nicht: nichts wurde aus Schema Dreizehn gestrichen.[362]

(37) Er stand nun kurz vor seinem fünfzigsten Geburtstag. Wie jedes Jahr zog er Bilanz. Er schwankte zwischen Anflügen von Trauer über seine Niederlagen und Sünden seit seiner Jugendzeit und Dankbarkeit für die Gegenwart. Vielleicht war es besser, nur einfach für das Gegenwärtige dankbar zu sein, selbst wenn es Defizite gab, die noch immer nicht gelöst waren. Es gab nach wie vor einen schwierigen Punkt in seinem Leben, dem des Vertrauens, näherhin, speziell sein fehlendes Vertrauen zu Frauen, ein Problem aus Kindheit und Jugend, das nie gelöst worden war. Er wußte, daß hier ein unbewältigtes Defzit schlummerte, das zu beheben es zwar wenig Gelegenheit gab, das dennoch Relevanz für sein Leben hatte. Ferner war Keuschheit für ihn immer das radikalste, und für ihn persönlich das schwierigste Gelübde gewesen.

„ [..] Doch wie ich hier so sitze an diesem winterlichen, einsamen, stillen Ort, kommt es mir vor, als wäre ich noch derselbe wie der Achtzehnjährige, der damals mit dem Bus aus dem New Forest, in dem ich für ein paar Tage und Nächte allein gecampt hatte, allein nach Bournemouth zurückfuhr. Nun, was ich wohl am meisten bedaure, ist mein Mangel an Liebe, meine Selbstsüchtigkeit, meine Frivolität, mit der ich eine tiefe Schüchternheit und ein drängendes Bedürfnis nach Liebe verdeckte. Diese Schlüpfrigkeit mit Mädchen,

[362] Seinen Aufsatz zum Schema Dreizehn veröffentlichte er, vgl. Merton, Witness to Freedom, Hrsg. W.H. Shannon, New York 1994, 88ff.

welche mich doch, zumindest für eine gewisse Zeit, liebten. Mein Fehler lag in meiner Unfähigkeit, an ihre Liebe zu glauben, und in meinem Verlangen nach absoluter Sicherheit und vollkommener Erfüllung.

Ich vermute, ich bin immer noch dieselbe Person, die für kurze Zeit in der Bridge-Street Nr. 71 in Cambridge wohnte und Sabberton als Schneider hatte. Er machte mir diesen seltsamen Alphonse Daudet Mantel und den Frack, den ich vielleicht zweimal trug. Einmal zum Ball beim 'Boat-Race', wo ich Joan gegenüber sehr egoistisch und herzlos war. Und Clare hieß mein College, und was war ich doch für ein verdammter Narr, mich mit Sylvia bis spät in die Nacht hinein auf die Treppen beim Bootshaus zu setzen ... all diese Geschichten. Abenteuer.

Was sich am stärksten durch mein Leben zieht, ist Illusion: etwas entsprechend einer Idee, die ich mir zurechtgelegt habe, sein zu wollen. Ich hoffe, ich komme jetzt endlich davon los, denn das ist entscheidend, und auch wenn von mir etwas erwartet wird, das ich sein soll. Ich muß bestimmten Ansprüchen von Ordnung und innerer Erleuchtung und Stille nachkommen, Gottes Ordnung, was nichts anderes bedeutet, als daß ich jene Hindernisse beseitige, die Seinen Gaben im Wege stehen. [..] Welche Fehler und Irrfahrten mein Leben auch geprägt haben mögen, so ist es doch, glaube ich, zum größten Teil glücklich verlaufen und hat, soweit ich weiß, der Wahrheit entsprochen. Da gab es große Abschnitte der Unsicherheit, vor allem, als ich noch unter einundzwanzig war und mich Freunden anschloß, die nicht wirklich zu mir paßten. Aber in meinem letzten Columbia-Jahr kamen die Dinge in Ordnung. [..] Und hier? Die bedeutungsvollsten und glücklichsten Jahre meines Lebens habe ich in und um Gethsemani herum verbracht, doch auch manche der schlimmsten. Meistens geschahen die glücklichen Augenblicke in den Wäldern und auf den Feldern, verbunden mit Himmel und Sonne, aber auch hier oben in der Eremitage und an Nachmittagen mit den Novizen und bei der Arbeit. Gute Momente außerdem mit zu Besuch gekommenen Protestanten, besonders mit den Hammers, und natürlich bei dem einen oder anderen Besuch in Lexington. Gute Begegnungen mit J. Laughlin, Ping Ferry, gute Tage in Louisville mit Jim Wygal; aber das tiefste Glück empfand ich immer dann, wenn ich alleine war, entweder hier in der Eremitage oder im Zimmer des Novizenmeisters (jener wunderbare Sommer mit den Gardenias und Plato), oder einfach nur draußen auf den Feldern. [..] Ich könnte jetzt noch eine Seite nur mit Namen von Leuten füllen, deren Gesellschaft ich genossen und von denen ich gerne gehört habe. Lax vor allem, und Mark Van Doren und alle die alten Freunde, Ad Reinhardt und so weiter. [..]"[363]

Zur Kontemplation stellte er ebenfalls Überlegungen an.

„[..] In diesem Moment wurde mir klar, was Einsamkeit wirklich bedeutet. Wenn die Taue losgemacht sind, zwischen Schiff und Land keine Verbindung mehr besteht und das Schiff in See sticht, ohne Fesslen und Halt, nicht ins Meer der Leidenschaft, sondern ins Meer der Reinheit und Liebe, das direkt in in IHM ist als dem ALLES und dem scheinbaren Nichts, das alles ist. Der

---

[363] 30. Januar 1965, in: Merton, A Vow of Conversation, New York 1988, 139ff. (EÜ)

unsagbare Trugschluß jener, die meinen, Gott sei ein geistiges Objekt und 'Gott allein lieben' bedeute, alle anderen Objekte auszuschließen und sich auf dieses allein zu konzentrieren! Fatal. Dennoch ist es das, weshalb so viele die Bedeutung von Kontemplation und Einsamkeit mißverstehen und verurteilen. Zugleich merke ich, daß ich nicht mehr das geringste Bedürfnis habe, mich mit diesen Leuten zu streiten. Ich habe nichts zu rechtfertigen, nichts zu verteidigen. Ich muß nur diese große einfache Leere vor mir selbst verteidigen, und alles andere ist klar. [364]

(38) Frühjahr und Sommer 1965 wurden für ihn zu einer schwierigen Zeit. Noch war er seinen Verpflichtungen als Novizenmeister nicht enthoben, noch war auch vom Kapitel nicht abgestimmt worden, ob er als Einsiedler leben durfte. Hinzu kamen Anflüge von Unsicherheit während der Aufenthalte in seiner Eremitage, physische und psychische Unsicherheit, da ihn nun theoretisch jeder in seiner Hütte aufsuchen konnte ohne bei der Klosterpforte vorzusprechen, Freunde oder Gegner, möglicherweise sogar Verrückte. Anlaß für diese Gefühle war ein Hinweis eines Mitbruders im Pfortendienst, der ihm eines Morgens zeichensprachlich signalisierte, es sei gut, daß er so spät komme, da gerade ein Mann dagewesen sei, der ihn, Merton, hätte erschießen wollen. Darüber hinaus gab es gesundheitliche Probleme, er litt unter einem heftigen Ausschlag an beiden Händen, so daß er manchmal nicht einmal mehr schreiben konnte, von handwerklichen Tätigkeiten ganz zu schweigen. Es dauerte fast ein Jahr, bis man herausfand, daß es sich um eine Sonnenallergie handelte. Nach diversen Erkältungen litt er an Darmgrippe, die hartnäckig anhielt und als deren Ursache man schließlich Kontamination seiner Quelle an der Eremitage feststellte. Zu allem Unglück verletzte dann auch noch ein zurückschellender Ast seine Augenhornhaut, so daß er einige Tage lang nicht mehr lesen konnte, und geraume Zeit mit dunkler Brille leben mußte. Ungeachtet seiner schlechten Gesundheit schrieb er jedoch in diesem Jahr so viel wie selten zuvor.[365]

4.1.9 Das Thema der Gewaltlosigkeit

(39) Die Rassenunruhen im Süden der Staaten veranlaßten ihn, erneut die Frage von Gewalt und Gewaltlosigkeit zu überdenken. Als er bei einem Arztbesuch in Lexington das Magazin 'Life' studierte, war er angewidert von Bildern amerikanischer Soldaten in Vietnam, Kongo und der Dominikanischen Rebublik. Es schien ihm, als kämpfe Amerika überall dort, wo andere Rassen lebten, im Wahn, die eigene Kultur gegen alle anderen verteidigen zu müssen.

---

[364] 31. Januar 1965, in: aaO. 142. (EÜ)
[365] Manches davon etwas später publiziert, 'The Way of Chuang Tzu', 'Gandhi on Non-Violence', 'Seasons of Celebration', 'Raids on the Unspeakable', 'Mystics and Zen Masters', u.a.

Die rassistische Haltung war seiner Meinung nach nicht auf weiße Südstaatler beschränkt, sondern betraf die Politik der Staaten als ganzes. Vom gewaltfreien Friedensmarsch in Selma hörte er, daß der Zug nur solange friedlich ziehen konnte, wie das Fernsehen und damit das öffentliche Interesse anwesend war, nachts wurden hingegen einige Marschierer ermordet. Die Wichtigkeit öffentlicher Medien, vor allem des Fernsehens gestand er entgegen früherer Kritik jetzt ein. Er überlegte ferner, inwieweit Gewalt als Widerstandsform legitim sein könnte, als Möglichkeit der Verteidigung für Minderheiten. Einfluß auf seine konziliante Haltung bezüglich Gewalt hatte seine Lektüre von und über Simone Weil, die angesichts der Gewalttaten des Dritten Reiches bewaffneten Widerstand befürwortet hatte. Merton, der immer bemüht gewesen war, seinen Pazifismus von Passivität abzugrenzen, bemühte sich, in der Gewaltfrage zu differenzieren. Daß er nun Minderheiten bei Aufständen gegen Unterdrückung Gewalt zugestand, brachte ihm natürlich auch die Kritik jener Friedenskämpfer ein, die versuchten, auch Minderheiten mit friedfertigen Mitteln zu ihrem Recht zu bringen, - ein prominenter Vertreter dieser Richtung war Martin Luther King.[366]

(40) Trotz gewisser Zugeständnissse bieb er jedoch Gegner bewaffneter Auseinandersetzungen, besonders staatlicher Konflikte, da diese seiner Einschätzung nach heute immer zu nuklearen Katastrophen eskalieren konnten.
„Obwohl ich in der Theorie selbst kein totaler Pazifist bin, glaube ich fest daran, daß jeder Christ versuchen sollte, Gewaltlosigkeit anstatt von Gewalt zu praktizieren und daß sich einige als Vorbild für andere nur dem friedlichen Weg verpflichten sollten. Für mich als Mönch wäre es meiner Meinung nach niemals zulässig, einen anderen Menschen zu töten, nicht einmal in Selbstverteidigung und ich würde gewiß alles versuchen, dies zu tun. Es gibt viel bessere und ehrlichere Wege als Gewalt. Töten führt zu nichts. Und schließlich, obwohl ich sagte, daß ich theoretisch einräume, daß es für einige Personen im Verteidigungsfall legitim sein kann, Krieg zu führen (wie zum Beispiel die Ungarn im Jahre 1956), muß gesagt sein, daß Atomkrieg außerhalb jeder Debatte steht, denn dieser ist zweifellos Mord und Sünde und muß für immer verboten werden. Da aber in der Praxis jeder kleine Krieg zum nuklearen Krieg führen kann, denke ich, daß Krieg praktisch grundsätzlich verboten werden sollte und als Methode zur Beilegung von internationalen Konflikten heute noch abgeschafft werden sollte."[367]

(41) Nachdem er Anfang August eine Woche wegen Colitis im Krankenhaus verbrachte hatte, bekam er Mitte August die endgültige Erlaubnis, sich von

---

[366] Vgl. Mott, 417f. Es gab keinen Briefwechsel zwischen King und Merton, aber King hatte Merton mitteilen lassen, daß er gerne bald Exerzitien in Gethsemani machen wollte, wozu es aufgrund des Attentats nicht mehr kam, so Merton in seinem Brief an Corretta King am 5. April 1968, in: Merton, The Hidden Ground of Love, The Letters of Thomas Merton on Religious Experience and Social Concerns selected and edited by W. H. Shannon, New York 1985, 451.
[367] Merton, Cold War Letters, in: Mott 416f. (EÜ)

seinen Verpflichungen als Novizenmeister zurückziehen und ganz in seine Einsiedelei übersiedeln zu dürfen. Er war glücklich und er pries in seinem Tagebuch tagelang die Stille und Einsamkeit seines neuen Lebens. Einige Wochen später mischten sich jedoch unter seine Glücksgefühle auch traurige Töne, beispielsweise, als er Ende August seine Mitbrüder bei der gemeinsamen Feldarbeit sah und sich dabei einsam fühlte. Er begann, sich in Briefen an seine Freunde über die Gleichgültigkeit seiner Mitbrüder zu beklagen, die ihn völlig zu vergessen schienen. Daß diese Mitbrüder ihm seinen sehnlichsten Wunsch erfüllt hatten und eine vormals für Gethsemani undenkbar gewesene Ausnahmeexistenz eingerichtet hatten, vergaß er bei seinen Vorwürfen.

In diesem Herbst meldete sich Ernesto Cardenal und versuchte ihn für die Teilnahme an seinem Projekt in Solentiname zu überzeugen. In der Tat war Merton sehr interessiert und reichte ein Gesuch beim Diözesanbischof und beim Papst ein. Motiv für sein Interesse war sein zunehmendes Unwohlsein gegenüber der Politik der USA und sein schlechtes Gewissen gegenüber der „Dritten Welt", er hatte das Gefühl, „etwas tun" zu müssen. Aus seinem Gesuch beim Bischof und Papst wurde, wie zu erwarten war, nichts.

(42) In der Vietnamfrage wurde der Widerstand in der Friedensbewegung Amerikas heftiger. Es fanden öffentliche Verbrennungen von Einberufungsbefehlen statt und andere radikalere Widerstandsaktionen als die früheren Friedensmärsche. Merton war jedoch nicht auf dem ganz aktuellen Stand der Informationen, als ihn am 11. November 1965 ein Einschreibebrief von Jim Douglas erreichte, in dem Douglas von der Selbstverbrennung Roger Laportes vor dem Gebäude der Vereinten Nationen berichtete. Laporte war ein Mitglied der Catholic Peace Fellowship und vielleicht dachte Merton, diese Gruppe würde nun derartige Aktionen befürworten, als er ein radikales Telegramm an Jim Forest aufsetzte: „Erfuhr gerade von Roger Laportes Selbstmord. Zwar halte ich die Catholic Peace Fellowship nicht für diese Tragödie verantwortlich, doch die gegenwärtigen Entwicklungen in der Friedensbewegung machen es mir unmöglich, die Fellowship weiterhin zu unterstützen. Bitte streichen Sie meinen Namen von der Liste der Sponsoren."[368]

Daß die Leute von der Friedensbewegung genauso geschockt und erschüttert über den Selbstmord Laportes waren wie er, hatte er nicht in Betracht gezogen, daß er diesen Leuten mit seinem Rücktritt noch einen weiteren Schlag versetzte, ebensowenig.

Briefe, die folgten, klärten einiges auf, setzten ihn aber auch unter Beschuß. John Heidbrink warf ihm vor, als „passiver" Mönch leicht reden und sich verweigern zu können, wo er sich doch ohnehin schon als Eremit im „Nebel verhüllte". Recht auf Beurteilung der Situation hätten nur jene, die auch bereit wären, an Aktionen teilzunehmen. Merton wehrte sich und die Freundschaft überlebte diese enormen Spannungen. Mögliche Mißverständnisse wurden mit verschiedenen Mitgliedern der Friedensbewegung geklärt und Merton nahm

---

[368] Ausführliche Schilderung dieses Vorfalls in: John Howard Griffin, Geh mit der Ekstase: Thomas Mertons Einsiedlerjahre, Münsterschwarzach 1997, 69f.

seinen Rücktritt zurück. Er blieb „Sponsor" der katholischen Friedensbewegung. Ein gewisser Nachgeschmack blieb jedoch, da er in der schwierigen Stunde den Freunden nicht zur Seite gestanden hatte.[369]

(43) Diese Angelegenheit der Friedenssache, aber auch zahlreiche Besuche in seiner Eremitage, übergroßer Schriftverkehr und viele Schreibprojekte führten zu der Feststellung, daß sein Leben, ungeachtet der neuen einsiedlerischen Existenz, sehr unruhig war. Nicht nur äußerlich unruhig, sondern auch innerlich. Er suchte nach Hilfen, wie er zugleich beteiligt an Fragen von Welt und Gesellschaft und doch losgelöst von ihnen leben konnte. Zen und mittelalterliche Mystik schien ihm geistige Hilfe zu bieten. Aber auch in der Welt Rilkes, besser gesagt, in der Einsamkeit Rilkes, fühlte er sich sehr zuhause, er schätzte den Dichter wie nie zuvor und bemühte sich, ihn auf deutsch zu lesen. Äußerlich wurde es jedoch durch die Jahreszeit bedingt bald ruhiger: mit Einsatz des Schneefalls nahm die Besucherzahl ab.

Er war im Winter 1965/1966 sehr geplagt, seine Dermatitis an den Händen war so schlimm wie nie, seine Darmprobleme hörten nicht auf. Ständiges Aufsuchen seiner Latrine außerhalb der Hütte bei Temperaturen unter Null übertraf manch asketische Übung. Hinzu kamen nun noch unerträgliche Rückenschmerzen, einhergehend mit Gefühllosigkeit in seiner rechten Hand. Eine Röntgenuntersuchung im Krankenhaus von Louisville erwies eine Operation als unvermeidlich, Ende März sollte er an einem Halswirbel operiert werden.

Nach dem kurzen Aufenthalt zur Untersuchung in Louisville und mit der Aussicht, nun für einige Wochen dorthin zu müssen, sah er sein Kloster wieder mit wohlwollenden Augen.

„Es ist schon wahr: der Gemeinschaftsgeist ist ausgezeichnet und der Ort ist gesegnet. Sehr gute Menschen leben dort. Es eine aufrichtige und vortreffliche Gemeinschaft. Vater Chrysogonus schreibt schöne neue Melodien, die sehr authentisch sind und wahrscheinlich so gut wie jede Kirchenmusik, die zurzeit geschrieben wird. Könnten sich sogar als die besten erweisen. Er ist ein außerordentlicher Mann. Vater Flavian wird vielleicht bald Einsiedler und hat viele beeindruckt durch die Ernsthaftigkeit seines Gebetslebens. Vater Eudes leistet ausgezeichnete Arbeit. Vater Callistus ist ein guter Prior und wird der Leiter der norwegischen Gründung. Und so weiter. Abt James selbst hat bei all seinen Grenzen und Eigenheiten unermeßlich viel Gutes für die Gemeinschaft getan, hartnäckig alles zusammenhaltend. Er ist ebenfalls ein außerordentlicher Mann, vielseitig, rätselhaft, oft irritierend, ein Mann mit enormem Willen, der aber ehrlich und auf seine Art aufrichtig versucht, ein Instrument Gottes zu sein. Und das ist er am Ende auch. Ich bin dankbar, daß ich ein Teil all dessen sein durfte."[370]

---

[369] Vgl. Mott 427ff.
[370] 23. März 1966, in: Merton, Learning to Love: Exploring Solitude and Freedom, New York 1997, 33. (EÜ)

4.1.10 Liebesbeziehung mit einer Krankenschwester

(44) Die Operation am 25. März wurde erfolgreich durchgeführt. Merton freute sich nach dem Aufwachen aus der Narkose, daß er schmerzfrei war und noch die tägliche Kommunion empfangen konnte. Weniger freute er sich in den folgenden Tagen darüber, daß sich herumgesprochen hatte, wer er war und nun großes Aufhebens um ihn gemacht wurde.

Als sich an einem der folgenden Tage eine schwarzhaarige, auffallend hübsche Schwesternschülerin als die ihm zugewiesene Pflegerin vorstellte, war er zunächst genervt, da sie viel redete. Es stellte sich jedoch heraus, daß sie 'Das Zeichen des Jonas' gelesen hatte und selbstsicher genug war, um auch Kritik am Gelesenen zu äußern. Merton fand entgegen der ersten Einschätzung nicht nur Gefallen an der Unterhaltung mit ihr, sondern erlag ihrem Charme. Neben ernsten Gesprächen wurde bald herumgealbert und der Blick in die Augen tiefer. Dieser Umgang dauerte einige Tage, dann hatte sie Urlaub und flog nach Chicago, um dort ihren Verlobten zu treffen. Traurig nahm er Abschied und notierte noch ihre Adresse, um ihr Sachen, die er geschrieben hatte, schicken zu können.

Nachdem er entlassen und wieder in Gethsemani angekommen war, vermerkte er in seinem Tagebuch, er hätte an „S." einen Brief geschrieben, „um von ihr auch ein paar Briefe zu bekommen" [371] Er erhielt tatsächlich umgehend Post von ihr, woraufhin er flugs im Kloster ein Telefon aufsuchte, um sie anzurufen. Er mußte viele vergebliche Versuche hinnehmen, bis es ihm gelang, ihr mitzuteilen, daß er bald zu einer Nachuntersuchung nach Louisville kommen und sie dann gern sehen würde. Sie zeigte freudig Interesse. Er bat bei jenem Anlaß Jim Wygal um den Gefallen, mit ihm und „S." zusammen zum Essen zu fahren. Wygal war äußerst unwohl, den Mönch bei derartigen Abenteuern zu unterstützen, tat ihm jedoch den Gefallen. Bei diesem Treffen blieb Merton und „S." nur eine halbe Stunde für sich selbst, Zeit jedoch genug, um einander Liebe zu gestehen.

(45) Merton stürzte sich nun rückhaltlos und leidenschaftlich in diese Liebesbeziehung und glaubte sogar, einen Weg zu finden, sie mit seinem monastischen Leben vereinbaren zu können. Eine Beziehung, deren äußere und innere Schwierigkeiten zahlreich waren: zu den äußeren gehörte, daß beide weder Auto noch Telefon besaßen (das Telefon des Klosters lief über die Pforte und konnte dort jederzeit abgehört werden), und daß Post an Merton auch mit dem Aufschrieb „Gewissenssache" vor Zensur nicht sicher war.

Zu den inneren Schwierigkeiten gehörte, daß völlig unklar war, welchen Stellenwert und welche Zukunft diese Beziehung haben sollte, denn, was ihn anbelangte, zweifelte er auch in diesem Moment nicht an seiner monastischen

[371] Vgl. Mott, 436. Obwohl J. H. Griffin in seiner Biographie den Namen der jungen Frau veröffentlicht hat, soll hier die diskreten Initialen Motts und Mertons verwendet werden.

Berufung und war sich durchaus bewußt, daß er seine hart erkämpfte Eremitage nicht aufs Spiel setzen durfte. Doch das war Theorie. Praktisch waren ihm „alle Sicherungen durchgebrannt" und er stürzte sich trotz aller inneren und äußeren Warnungen (nicht nur von Jim Wygal, auch von James Laughlin, der ihm einen ähnlichen Dienst wie Wygal erwiesen hatte) in dieses Abenteuer. Er kannte bald nur noch einen Wunsch: bei „M.S." zu sein.

Schlaflose Nächte und höchste Anstrengungen, Wiedersehen zu organisieren, mit einhergehenden Erschöpfungszuständen, folgten. Er benutze dabei in den nächsten Wochen nicht nur völlig unvorsichtig das Telefon des Klosters für Gespräche mit ihr, sondern auch skrupellos Freunde, um in die Nähe von „S." zu gelangen. So sehr er sich über seine Berufung zum Mönch sicher war, so wankelmütig wurde er oft im Gespräch mit M.S. Zahlreiche Liebesgedichte entstanden, viele Liebesbriefe wurden abgeschickt.

Da er sich zunächst bei ihren Treffen einigermaßen an sein Gelübde der Keuschheit hielt, hatte er genug Vorwand, die Beziehung vor seinen eigenen Einwänden zu rechtfertigen. Mehr noch, er sah sie geradezu als notwendiges Stadium seiner Entwicklung an, als Aufgabe, zu ergründen, ob er im Gegensatz zu früher nun liebesfähig geworden sei. *„ Wer weiß überhaupt etwas über das Leben in Einsamkeit, wenn er nicht verliebt gewesen ist, und zwar während seiner Einsamkeit? Liebe und Einsamkeit müssen einander prüfen in dem Menschen, der alleine leben möchte: sie müssen ein und dasselbe werden in ihm, oder er wird nur ein halber Mensch sein.* "[372]

Merton erlebte sich selbst in dieser Beziehung als bedürftig und unvollkommen, eine Selbsterfahrung, die er seit langem nicht mehr gemacht hatte.[373] Er tauchte ganz in die Emotionen der Liebe ein und stand doch gewissermaßen neben sich, um über das Geschehende Klarheit zu gewinnen.[374]

(46) Im Juni verließ er wohl bei einem Treffen in Jim Wygals Haus (in dem Merton sich aufhalten durfte, auch wenn, wie in diesem Fall, Wygal nicht zuhause war) auch seine guten Vorsätze der Keuschheit. Danach besprach er am Telefon den Vorfall stundenlang mit ihr, wobei auch Überlegungen zur Zukunft angestellt wurden und die Möglichkeit einer Heirat genannt wurde. Dieses Telefonat wurde jedoch vom zuständigen Pfortenbuder mitgehört und dem Abt gemeldet.[375]

---

[372] Merton 19. April 1966, in: J. H. Griffin, 97.

[373] „Was immer an seiner Liebe zu M. richtig oder falsch sein mochte, die Erfahrung lehrte ihn doch etwas Wichtiges: die wahre Beziehung bestand nicht zwischen ihr und seinem idealen Selbst, sondern zwischen ihr und seinem tatsächlichen, wirklichen Selbst, und er mußte dankbar sein, wenn das ideale Selbst von Zeit zu Zeit durch „Dummheit und Egoismus" entlarvt würde." Griffin, 112.

[374] „In diesen Wochen gelang es Merton, alle Furcht und Qual der Liebe zu erdulden und gleichzeitig daneben zu stehen und sich selbst beinahe unbarmherzig zu beobachten. Schließlich mußte M. ihn bitten, die Beziehung nicht länger zu analysieren, da sie spürte, daß er es riskierte, sie mißzuverstehen. Er stimmte zu, es war ihm jedoch unmöglich, nicht in die allergenauesten Spekulationen zu verfallen, wenn er versuchte, seine Lage zu durchschauen." AaO. 113.

[375] Nach Mott braucht dieser Vorgang nicht unbedingt als „Spionage" gewertet werden, da das Telefonat auch durch eine Fehlschaltung in die Pforte gelangen konnte, vgl. Mott,

Vor dem Gespräch mit dem Abt hatte er Angst, doch der Abt erwies sich als wohlwollend. Natürlich erwartete er, daß das Verhältnis sofort gelöst würde. Da er meinte, der Grund der Beziehung läge in Mertons eremitischer Einsamkeit, verpflichtete er ihn für die nächste Zeit zur Leitung aller im Kloster stattfindenden ökumenischen Seminare. Nur dann dürfe er in der Einsiedelei wohnen bleiben. Trotz aller Traurigkeit war Merton auch erleichtert. *„Durch das, was ich seit Samstag alles erlebt habe, ist mir jedenfalls klar geworden, in welche spirituelle Gefahr ich geraten bin. Es hat nicht mehr viel gefehlt und alles wäre falsch gelaufen. Es ist Fügung, daß nun das Ganze gestoppt wurde. Vielleicht rettet dies mich vor dem Untergang."*[376]

In tiefem Trennungsschmerz, aber auch in Sorge um „S.", verbrachte er weiterhin viele schlaflose Nächte in seiner Eremitage. Hinzu kamen Entfremdungsgefühle von der Gemeinschaft, er stellte sich vor, daß er nun bekannt war „als der Mönch, der eine Frau liebt" und unter seinen Brüdern als ein „Aussätziger" galt. Er fühlte sich „wie ein einsamer Stein". Seine Gedanken kreisten einmal eine ganze Nacht durch, bis sich eine gewisse Leere einstellte. *„Um einen Knoten zu lösen muß man zuerst wissen, wie er gebunden worden ist. Buddha."* Am folgenden Morgen fühlte er sich seit langem wieder bei sich zuhause.[377] *„Ich liebe M., aber anders, friedlich und ohne Verwirrung oder innere Gespaltenheit. Ich spüre, daß ich wieder ganz hier bin. Ich bin endlich an meinen Platz und meine Arbeit zuückgekehrt und beginne wieder das zu sein, was ich bin. Es war eine Zeit der grausamen und doch wundervollen Entfremdung."*[378]

(47) Es tat ihm gut, mit Dr. Wygal alles besprechen zu können, als er mit ihm kurz darauf nach New Haven fuhr. Noch mehr Erleichterung verschaffte ihm ein Telefonat mit M.S., bei dem er erfuhr, daß es ihr trotz der unausweichlichen Trennung und ihres Schmerzes gut ging. Sie bat ihn, einen Platz in seiner Einsamkeit zu bewahren, an dem sie immer präsent sein würde, was er ihr versprach. Ende Juni trafen sie sich trotz des Verbots durch den Abt noch einmal. Sie teilte ihm dabei mit, daß sie sich um eine Stelle in Cincinnati beworben hatte, da sie die Einstellung des Abtes und Dr. Wygals nicht mehr ertragen konnte. Sie gingen nocheinmal mit Jim Wygal zusammen essen. Als der Arzt kurz etwas erledigte, stürzten die beiden *„aufeinander in Verzweiflung*

444.

[376] 14. Juni 1966, in: Merton, Learning to Love, 82. (EÜ)

[377] „In dieser schwierigen, quälenden, von Träumen und häufigen Erwachen unterbrochenen Nacht ließ Merton zu, daß er in das innerste Zentrum der Verlassenheit gechwemmt wurde. Er was sich dabei nur schwach der langen Stunden in der Dunkelheit der Einsiedelei, der Stille und dem Schweigen des Waldes ringsum bewußt. Es ging so, bis die Verlassenheit absolut war, keinem menschlichen Trost mehr zugänglich. Er wartete, gab sich der Leere hin, solange, bis die Verlassenheit sich in Einsamkeit verwandelte und er erkannte, daß es für ihn stimmte. Er hieß die Rückkehr der Einsamkeit willkommen, die ihn nährte und die er monatelang nicht mehr gekannt hatte. Er erwachte ausgehöhlt vom Schlafmangel, fühlte sich aber mehr wie er selber." Griffin, 116.

[378] Tagebuchaufzeichnungen in: aaO. 117.

und Liebe... überwältigt von Liebe und darin verloren, im Wissen, es werde wahrscheinlich nie wieder so sein." Nachts konnte er wieder nicht schlafen und schrieb: *„Der Zustand, in dem ich mich jetzt befinde, ist ziemlich abstossend, so als hätte ich alles verloren. Aber trotzdem vertraue ich auf die Gnade Gottes, und obwohl ich wieder einmal bewiesen habe, daß ich auf mich allein gestellt völlig absurd und hilflos bin, spüre ich, daß Er dennoch im Verborgenen mit mir gewesen ist und mich unterstützt.*"[379]

(48) Schwierige Wochen der Ablösung folgten bis zum Herbst, erst dann glätteten sich die leidenschaftlichen Wogen. Im Juli noch hatte er den Lorettoschwestern von Nerinx von der Einmaligkeit des Einsiedlertums erzählt, davon, daß sich das Leben des Einsiedlers grundlegend vom Leben anderer Menschen unterscheide. In der Einsamkeit befasse sich der Mensch nach und nach mit den wesentlichen Dingen, wie: „Ich bin ich. Gott ist Gott. Das Leben ist das Leben."[380] Auf die Bitte der Schwestern, doch über Zen zu sprechen, meinte er, Zen würde helfen, vom „Idealselbst" zum „wahren Selbst" zu gelangen, denn besonders Ordensleute seien gefährdet, ganz an ihrem Idealselbst zu hängen. Von seinem speziellen Weg des Sommers, sein Idealselbst zusammenbröckeln zu sehen, erzählte er den Schwestern nicht.

Was er bisher zum „wahren und falschen Selbst" geschrieben hatte, schien ihm nun nicht mehr ausreichend. Es gab viele Stadien und Varianten des Selbst, vor allem immer ein „reales Selbst", das vom „idealen" weit entfernt war. *„Ich muß diesem Urteil mannhaft ins Auge sehen und darf meine Mitte nicht nur in einem idealen Selbst entdecken, das einfach nur ist (voll verwirklicht), sondern in einem tatsächlichen Selbst, das alles tut, um ehrlich zu sein und wahrhaft zu lieben, obgleich es immer auch fallen kann ...*"[381]

Als er später überlegte, ob seine Liebesbeziehung der Öffentlichkeit eines Tages bekannt gemacht werden solle, entschied er sich dafür mit der Begründung, daß auch seine Schwächen bekannt sein sollten. *„[..] es soll auch bekannt werden, denn es ist Teil meiner selbst. Mein Bedürfnis nach Liebe, meine Einsamkeit, meine innere Zerrissenheit, der Kampf, bei dem Einsamkeit gleichzeitig Problem und 'Lösung' ist. Und vielleicht nicht einmal eine perfekte Lösung.*"[382]

(49) Im Herbst sah er sich sehr kritisch und überlegte, ob das Verhältnis mit M.S. ein Vesuch gewesen sein mochte, aus seiner Berufung und deren Aufgaben auszubrechen. Er versicherte sich selbst, daß Alleinsein für ihn die einzige richtige Lebensform war. *„...Ich werde nie anders leben können als alleine. Meine Einsamkeit ist mein normaler Zustand. Daß es mir erlaubt war, so viele Momente der vollkommenen Übereinstimmung und Harmonie und Liebe mit einer anderen Person zu erleben, mit ihr, war einfach außerordentlich. Ich*

---

[379] AaO. 123f.
[380] Vgl. aaO. 126.
[381] 4. Juni 1966, in: Merton, Learning to Love, 78. (EÜ)
[382] 11. Mai 1967, in: aaO. 234. (EÜ)

mag Menschen, aber gewöhnlich bin ich nach einer Stunde des Zusammen-
seins müde. Daß ich mit ihr Stunde um Stunde verbringen konnte, ohne nur ei-
nen Augenblick von ihr ermüdet zu sein - das war ein Wunder, was wiederum
aber nicht heißt, daß ich nicht grundsätzlich einsam gewesen wäre. [383]

Obwohl er es nicht mochte, daß der Abt von seinem „Problem" gesprochen
hatte - er selbst sah anfangs in der Liebesbeziehung eher eine Lösung als ein
Problem - zeigte er im Oktober vor allem Reue über das Geschehene. Er versprach sich selbst, sich *„nie wieder in eine Liebesaffäre zu verwickeln und die*
alte nicht erneut aufflammen zu lassen. Erst jetzt erkenne ich, was alles in
Scherben liegt. Was für ein peinliches Durcheinander. Und wie schrecklich
dumm bin ich gewesen." [384]

Er konnte sich in dieser Zeit oft selbst nicht leiden, so daß ihm Ermutigung
durch Freunde guttat. Zwei besondere Besucher erschienen noch in diesem
Herbst: Jacques Maritain und Joan Baez. Maritain war zum letzten Mal nach
Amerika gekommen und wollte unbedingt noch einmal Merton treffen. Es
wurde ein gelungenes, herzliches Wiedersehen in tiefer Verbundenheit. Einzige Irritation war, daß Merton in seiner Begeisterung für Bob Dylan Maritain
dessen Platten vorspielte, eine Begeisterung, die Maritain ganz offensichtlich
nicht teilen konnte.

Als ihm der algerische Mystiker Sidi Abdesalam bei einem Besuch sagte, er
hielte ihn für einen ganz großen Kontemplativen, der bestimmt bald mystische
Vereinigung erleben würde, hegte er zwar an diesem Urteil gelinde Zweifel,
machte sich aber dann Vorwürfe, wie er seine Berufung so hatte aufs Spiel
setzen können. Durch den Zuspruch des Arabers stellte sich jedoch für ihn eine ganz neue, elementare Frage: Er war immer davon ausgegangen, daß falsche Identität durch anderer Menschen Urteile und Projektionen entstand,
konnte sich möglicherweise wahre Identität auch mittels Anerkennung durch
andere manifestieren?

Er lenkte sich ab mit neuer Lektüre: William Faulkner verschlang er nun, wie
er zuvor Albert Camus verschlungen hatte. Weihnachten 1966 verbrachte er
dann ruhig und in Frieden in seiner Eremitage.

4.1.11 Briefwechsel mit Rosemary Radford Ruether

(50) Noch im Herbst 1966 hatte er Briefkontakt mit der katholischen Theologin Rosemary Radford Ruether begonnen, der sich Anfang 1967 intensivierte.
Die Theologin stellte wie niemand sonst zuvor Mertons Dasein als Eremit in
Frage. Er reagierte zunächst auf ihre kritischen Briefe empfindlich, rief sie
doch mit ihrem scharfen Intellekt ungute Erinnerungen an den Intellektualis-
mus seiner Mutter wach, bald aber bat er sie um theologische Beratung, da er
von ihrer scharfsinnigen, kritischen Wahrnehmung profitieren würde. Sie aber
blieb in allen Fragen gnadenlos offensiv und akzeptierte viele seiner Ant-

---

[383] Merton, A Midsummer Diary, 9, in: Mott, 452. (EÜ)
[384] Merton, 31. Oktober 1966, in: Griffin, 141.

worten nicht. Beispielsweise fragte sie ihn, wie er nach heutigen exegetischen Bibelerkenntnissen noch so eindeutig sagen könne, „dies und das ist die Lehre der Kirche"[385]. Merton stellte darauf sein aktuelles Verhältnis zur Kirche dar:

„ Um mit der Kirche zu beginnen: Ich habe kein Problem, was das 'Aussteigen' oder ähnliches betrifft. Mein Problem mit 'Autorität' ist das übliche und das überlebe ich. Aber die reale Kirche. Ich habe ganz einfach genug von Katholiken und fürchte mich vor ihnen - vor allen Katholiken, von Ottavianai bis du Bay, auf der ganzen verdammten Linie. Es gibt ein paar Katholiken, denen ich mit Gelassenheit begegnen kann, wenn ich nicht daran denke, daß ich Katholiken vor mir habe und mir vergegenwärtige, daß sie nur meine Freunde sind, wie Dan Berrigan und Ed Rice und Schwester Mary Luke und viele Leute wie sie. Ich mag die Mönche, aber sie könnten geradeso gut in China leben. Ich mag all die netten wohlwollenden Menschen, die zur Messe gehen und die Dinge zum Besseren verändern wollen und so weiter, doch ich verstehe Zen Buddhisten besser als sie und die Zens verstehen mich besser. Aber das ist furchtbar, denn wo befindet sich die Kirche und wo bin ich in der Kirche? Vielleicht aber haben Sie ein Konzept für die Kirche, dem ich vertrauen könnte, und vielleicht helfen Sie mir weiter. Eine Idee von Kirche, bei der weder Projekte noch Kreuzzüge (alte oder moderne) weder Ideen (neue oder alte), noch Politik oder Orthodoxie (alte oder neue) hindernd zwischen den Menschen stehen. Ist die Kirche eine Gemeinschaft von Menschen, die einander lieben oder ein Kampfschauplatz, wo man seine religiösen Geschäfte erledigt und sich unterdessen seine Freunde woanders sucht?
Hätten Sie mir dazu einen guten Vorschlag? Ich habe schon lange kein katholisches Zeug mehr gelesen, Bücher oder Zeitschriften (ausgenommen kürzlich Guardini über Pascal). Ich könnte ohne weiteres vergessen, daß ich ein Katholik bin. Vermutlich ist das schlechter Glaube, denn ich lebe weiterhin in einem Kloster und in einer Einsiedelei, wo ich zufrieden bin' und mich die Institution darin unterstützt ...
Was die Bibel anbelangt, lese ich sie in Frieden und wahrscheinlich ergebnislos. Ich versuche nicht, das neuerscheinende Zeug zu verfolgen, es gibt davon einfach zu viel. Aber eigentlich sollte ich. Und da Sie schon öfters darauf hingewiesen haben, hoffe ich auf Ihre Empfehlungen diesbezüglich.
Ich weiß, dies ist ein recht schlechter Brief (schlechtes Gewissen wegen all dem Gesagten). Aber ich frage mich tatsächlich manchmal, ob die Kirche überhaupt real existiert. Ich glaube es, wissen sie. Aber ich frage mich, ob ich hierin verrückt bin. Gehöre ich zu einem großen Schwindel? Es fällt mir schwer, auszudrücken, was ich meine, nocheinmal: das Bewußtsein für und das Vertrauen in eine zugrundeliegende Wirklichkeit ist vorhanden - ich zweifle keinen Moment an der Gegenwart Christi in der Welt. Aber ist diese Präsenz auch dort, wohin wir alle zeigen? Wir zeigen alle mit dem Finger darauf (in unterschiedlichen Richtungen) und ich habe das ungute Gefühl, daß wir alle auf die falsche Stelle zielen. Könnten Sie mir die richtige Stelle nennen?

[385] Vgl. Furlong 1982, 371.

...Ich muß ein Buch über das Ordensleben schreiben und frage mich, ob ich ihm Relevanz verleihen kann - oder irgendeinen Sinn. (Ich habe kein Problem mit meiner Berufung.) "[386]

(51) Daß er keine Probleme mit seiner Berufung hatte, fand die Theologin alarmierend, denn den Ordensstand beurteilte sie für das Wirken eines wachen Christen in der heutigen Zeit als ungeeignet und obsolet. Ihrer Meinung nach war heute die Großstadt mit ihren „stickigen Elendsvierteln" der angemessene Ort des Einsatzes.[387] Merton wurde defensiv: *„ Zum Thema Ordensleben, meiner Berufung und all dem: ich hatte es zu kurz gefaßt. Oft gehe ich vorschnell davon aus, jedermann wüßte von meinem zurückliegendem Kampf mit dem Klosterleben in seinem jetzigen Zustand und meinem andauernden heftigen Widerstand gegen die Parteilinie. Ich bin ein notorischer Einzelgänger im Orden und mein Abt betrachtet mich als gefährliches Subjekt, immer bereit, mit einer Frau durchzubrennen oder dergleichen, so daß ich unter konstanter Beobachtung stehe. [..] In anderen Worten, ich erleide mit meiner Berufung die ganz normalen Qualen, bin allerdings nun, nach fünfundzwanzig Jahren, in einer Position der Quasi-Laisierung und De-Institutionalisierung. Deshalb lebe ich wie alle die anderen allein lebenden alten Käuze dieser Hügel in diesem Landstrich und fühle mich wieder wie ein normaler Mensch. Mein Eremitendasein ist ausdrücklich eine Laienexistenz. Mein Habit trage ich nie, ausgenommen im Kloster und ich versuche so oft wie möglich alleine zu sein, wie die Menschen hier in der Gegend. Außerdem versuche ich, so gut ich kann, wertvolle und lebendige Kontakte mit meinen Freunden, die mitten im Leben stehen, aufrecht zu erhalten und jedermann weiß ja, wo sich meine wirkliche 'Gemeinde' befindet. Ich glaube ehrlich, daß hier der richtige Platz für mich ist (Wald, nicht Gethsemani) und es stellt das richtige Schlachtfeld für mich dar. Es ist eine Art Guerilla-Posten, wenn man will. Jedenfalls würde ich meiner Erfahrung nach ein scheinhafteres und weniger ehrliches Leben führen, wenn ich wieder in einer Stadt lebte. Das sage ich nur für mich selbst, nicht für andere. Indem ich hier bleibe, bin ich nicht nur hier für mich, sondern für meine Freunde, meine Kirche, und für alle, mit denen ich verbunden bin. Außerdem bin ich mir einer Sache ganz gewiß: ich muß zuallererst in meinem Herzen jeden auf mich zukommenden Kampf zugunsten von Ehrlichkeit wagen und Gott treu bleiben ... "*[388]

(52) An anderer Stelle verteidigte er sein Eremitentum gegen den Vorwurf, es handle sich um eine künstliche Existenzform. Er sagte, für ihn sei es keine besondere, extravagante Weise, Mensch zu sein, sondern eine Weise, <u>nur</u> Mensch zu sein, ohne Status, Rollen, Masken. Bei dieser Existenzform sei er weder Mönch, noch Laie, sondern reduziert auf das bare Faktum, Mensch zu sein. Er könne damit auch in keine gesellschaftliche Rolle schlüpfen, wie ein

---

[386] Merton an Radford Ruether, 29. Januar 1967, in: Merton, Hidden Ground, 499f. (EÜ)
[387] Vgl. Furlong 373.
[388] Merton, Hidden Ground, 14. Februar 1967, 501. (EÜ)

Doktor, ein Banker oder ein Politiker, sondern sich nur auf das pure Mensch-sein berufen.

„Für diesen Zustand des bloßen Menschseins bedarf es keiner Einsamkeit auf dem Land, er kann und sollte überall verwirklicht werden. Dies ist nur meine Art, es zu tun. Was anderen wie der letzte Schritt in die totale Entfremdung erscheinen mag, ist für mich der Beginn der Aufhebung aller Entfremdung und die Vorbereitung für eine wirkliche Rückkehr in die Welt ohne Masken und ohne Schutzmechanismen, als purer Mensch."[389]

Die Freundschaft wurde durch Radford Ruethers Unnachgiebigkeit und durch Mertons schärfer werdende Antworten auf die Probe gestellt, hielt aber und wurde im Lauf des Jahres 1967 noch ganz herzlich und scherzhaft. *„Ach ja, ich bin schon sehr böse geworden. Das liegt daran, daß ich mich mit diesen Theologinnen herumtreibe! Wie kann man nur so tief sinken. Laßt es den anderen rechtzeitig eine Warnung sein. Junge Priester können nicht vorsichtig genug sein. Ts, ts."*[390]

Merton setzte die Linie seines autobiographischen Schreibens fort. 1966 hatte er schon 'Conjectures of a Guilty Bystander' veröffentlicht, das ihm nun 1967 viel Leserpost bescherte. 1967 arbeitete er an der Veröffentlichung seiner Tagebücher von 1964-65, die unter dem Titel 'A Vow of Conversation' erscheinen sollten. Er zögerte allerdings mit der Veröffentlichung, da ihm die vielen kritischen Bemerkungen über Abt James Fox ein ungutes Gefühl bereiteten. Im Sommer 1967 erschien sein meditativer Aufsatz 'Day of a Stranger'.

4.2 Beziehung zum Mitmenschen und soziales Engagement

Nach diesem ausführlichen biographischen Abschnitt soll nun wieder thematisch weitergearbeitet werden, und als Hauptthema dieses Lebensabschnitts, wie schon in der Überschrift ersichtlich, Mertons Interesse am Mitmenschen ausgemacht werden - eine Thematik, die sein Leben und Schreiben in dieser Zeit vorgibt. Seine schriftlichen Reflexionen zu menschlicher Relationalität, persönliche Beziehungen und sein Verhältnis zu Kirche, Gesellschaft und Politik sollen an dieser Stelle analysiert werden.

Im vorigen Kapitel „Mystik und Kontemplation" lag das Hauptaugenmerk Mertons auf der Beziehung des Menschen zu Gott, und, obgleich auch dort schon ein Fenster zum Mitmenschen hin geöffnet wurde, beispielsweise wenn er Askese primär als psychische-soziale Arbeit definierte, war dort die „Vertikale", die explizite Ausrichtung auf Gott hin Zentrum seines Visiers. Dies galt bis Anfang der fünfziger Jahre, für die nächsten fünfzehn Jahre, wie wir eben biographisch gesehen haben, setzte er einen anderen Akzent in seiner stetigen Öffnung hin zur „Welt", und damit in seiner Ausrichtung in eine eher „horizontale" Mitmenschlichkeit.

---

[389] AaO. 19. März 1967, 508. (EÜ)
[390] AaO. 31. Dezember 1967, 515. (EÜ)

Der folgende thematische Abschnitt ist nun so aufgebaut, daß zuerst Mertons theoretische Ausführungen zum Thema Zusammenleben und Liebe in seiner geistlichen Literatur der Jahre 1955 bis circa 1965 untersucht werden, dann seine eigenen persönlichen Beziehungen anhand der biographischen Daten, und schließlich sein politisch-soziales Wirken als Mitglied der Friedensbewegung und als Autor zahlreicher Schriften über Fragen der Kriegsursachen und Möglichkeiten von Gewaltlosigkeit.

4.2.1 Mertons Reflexion von Liebe und Gewissen

Wenn M. Basil Pennington Mertons Präferenz der erfahrenen Praxis gegenüber der Theorie preist - nicht Gedanken und Ideen seien für ihn wichtig gewesen, sondern erfahrene Wirklichkeit - dann gibt es Gründe, diese These zu bezweifeln.[391] Gewiß hatte Merton geäußert, daß es nicht darum ginge „Leben durch Denken und Handlungen durch Ideen zu ersetzen"[392], natürlich beschrieb er auch eigene Erfahrungen und hatte manches durch Erfahrung geprüft, bevor er es in Zeilen faßte. Dennoch waren es gerade seine in Büchern beschriebenen geistig-theoretischen Erkenntnisse, die ihm und anderen Ansporn geben sollten, die Lebenspraxis neu auszurichten. Der Handlung setzte er die Erkenntnis voraus. Und nicht alle seine Erkenntnisse waren durch Praxis geprüft, im Gegenteil, er versuchte schreibend-erkennend der Realität, in diesem Fall der Realität Liebe, ein Stück näher zu kommen. Gelegentlich könnte man beim Thema Liebe Merton sogar als „Theoretiker" bezeichnen, da, wie sich noch erweisen wird, einige seiner Ausführungen befremdlich abstrakt und weltverneinend blieben.

Das Werk, in dem Merton am ausführlichsten die Beziehung zum Mitmenschen untersuchte, ist 'No Man is an Island', 1955 zum ersten Mal erschienen. Michael Mott bezeichnet es als „the most paradoxal of all Merton's books", da es dort, wo es konkret sein wolle, meistens besonders abstrakt wirke, wo Merton nach Realität suche, eine Atmosphäre der Unwirklichkeit entstünde.[393] Beide Stellungnahmen, sowohl von die Pennington als auch die von Mott, scheinen etwas einseitig, Merton war nicht der „Praktiker", wie es Pennnington sehen möchte, er blieb jedoch auch nicht *nur* im Abstrakten, wie es Mott behauptet.

Zur Erforschung von Mertons „Theorie der Liebe" sollen neben 'No Man is an Island' noch zwei Artikel aus 'Love and Living' herangezogen werden, ferner die Monographien 'Thoughts in Solitude' und 'New Seeds of Contemplation'.[394]

---

[391] Vgl. M. Basil Pennington, Thomas Merton, My Brother, New York 1996, 12f.

[392] T. Merton, Gedanken eines Einsiedlers (1958), in: Meditationen eines Einsiedlers, Zürich-Einsiedeln-Köln, 1979, 76.

[393] Mott 285f.

[394] Bei den Artikeln im posthum veröffentlichten 'Love and Living' konnte ich leider nicht bei allen den Zeitpunkt der Abfassung in Erfahrung bringen.

4.2.1.1 Merton zum Thema Liebe

Der Mensch habe die Aufgabe, im Laufe seines Lebens seine Liebesfähigkeit zu entwickeln, so Merton in 'Keiner ist eine Insel'. Hierzu müsse er in der Liebe zu Gott, in seiner Selbstfindung und in der Beziehung zum Mitmenschen weiterkommen. Selbstfindung beruhe nicht nur auf psychologischer oder natürlicher Entwicklung, sondern habe auch „eine objektive mystische Realität - ein Sich-Selbst-Finden in Christus, im Geiste oder, wenn man lieber will, in der Ordnung der Übernatur"[395].

Das christliche Gebot der Nächstenliebe sei nämlich so schwierig, da es die Frage nach dem Anfang aufwerfe: wer sich selbst nicht liebe, könne den anderen nicht lieben und wer den anderen nicht liebe, könne auch sich selbst nicht in rechter Weise lieben. Der Anfang könne deshalb nur übernatürlicher Herkunft sein, so Merton, aus der Antwort auf Christus folge nämlich eine „selbstlose Liebe zu uns selbst"[396], die sich sowohl Gott als auch den Menschen, implizit sich selbst, zuwende. Würde nur die eine Seite gepflegt, könne die eigene Entzweiung nicht überwunden werden. Gott sei die einzige Möglichkeit, das Vakuum zwischen dem eigenen Sein und dem Sein des geliebten Menschen zu füllen. Gott alleine schlage die Brücke zwischen den Seelen, er verbinde sie.[397] Die Fähigkeit zu lieben werde durch die Einwohnung des Heiligen Geistes ermöglicht. Christus schenke den Menschen den Geist der Liebe in dem Maße, indem sie ihn verlangten. Wenn der Vater um den Geist gebeten werde, gewähre Er diesen Wunsch, entsprechend Lk 11,13 und je reichlicher der Betende den Heiligen Geist empfange, desto mehr verlange er nach seiner Liebe. Die entstehende selbstlose Liebe sei ganz von Dankbarkeit geprägt, sie bejahe das Leben als Geschenk und gebe es dankbar weiter.

Die selbstlose Liebe bedeute auch, nicht vor sich selbst zu fliehen, sondern die eigenen Grenzen anzunehmen. Das Leben des Glaubens wachse immer nur auf dem Boden der Realität. Dies befreie auch von dem Anspruch, wie Gott sein zu wollen, mehr und mehr erkenne der Glaubende seine Menschlichkeit mit allen Schwächen und Fehlern und seine Angewiesenheit auf die Gemeinschaft der anderen. Er erfahre sich als Teil der Menschheit, als Teil eines Organismus. Weder Erfolge noch Niederlagen gehörten dann ausschließlich ihm selbst, Leistungen wie Fehler könnten eingeordnet werden in die jeweilige Generation, Gesellschaft und Zeit, eingeordnet werden auch in das Mysterium Christi. Ein neues Gefühl von Solidarität stelle sich ein, das Leben erhalte

---

[395] T. Merton, Keiner ist eine Insel, Zürich-Einsiedeln-Köln 1984, 10.
[396] AaO. 15.
[397] „Denn aus uns selbst heraus werden wir immer getrennt und fern voneinander bleiben, in Gott aber können wir mit unseren Lieben eins werden." AaO. 160. Aussagen des Paulus, die die autonome Fähigkeit zum Guten jener bekräftigen, die keine Christen sind, da sie nach dem „inneren Gesetz" kraft ihrer Vernunft handeln und lieben können (Röm 1, 19f, 2,14), rückten hier nicht in seinen Horizont. Seine radikale Sicht wurde von der Pastoralkonstitution 'Gaudium et Spes', nicht vertreten, hier wurde der Autonomie der Person bereits wesentlich mehr Raum zugestanden. Vgl. GS, Kap, 22.

Sinn. „Jeder andere Mensch ist ein Stück von mir, denn ich bin Teil und Glied der Menschheit. Jeder Christ ist ein Teil meines eigenen Leibes, denn wir sind Glieder Christi."[398]

Zur Selbstfindung gehörten aber auch Abgrenzungen, so Merton nun mit dem eigenen Erfahrungshintergrund des Lebens in Gemeinschaft, Abgrenzungen jedoch nicht in der Art der „Herdenmentalität", bei der nur den Antworten der Gemeinschaft, und auch nicht im Geiste eines „Prophetenwahns", bei der nur den Antworten eines Einzelgängers vertraut werde, sondern im Sinne einer eigenständigen Integration der Glaubensbotschaft in das persönliche Leben.

Hinsichtlich der entstehenden „selbstlosen Liebe" differenzierte er allerdings: sie solle nicht mit Unverstand verschwendet werden. Liebe wolle in Freiheit verschenkt und nicht ausgenutzt werden. Wo selbstlose Liebe einen Selbstsüchtigen erreiche, entstehe kein vollkommenens Glück. Letzteres entstehe erst dann, wenn sie auch von einem selbstlosen Empfänger aufgenommen werde. Da Liebe nach Wahrheit strebe, könne sie den anderen nicht im Irrtum lieben, sondern suche auch aufrichtig nach dem wahren Selbst des anderen. Hierzu müsse sie in das „Geheimnis von Gottes Liebe für ihn eindringen"[399], d.h. die Bestimmung Gottes für ihn achten.

Aber auch die Anwesenheit der Wahrheit solle im anderen vorausgesetzt und die Anwesenheit Gottes in ihm geliebt werden. Im Vertrauen auf Gottes geheimes Wirken in der Welt und im Nächsten erhalte die Liebe zum anderen somit „gottesdienstlichen Charakter"[400]. Selbstlose Liebe achte den anderen als autonome Persönlichkeit. Sie gestehe ihm Raum für Wachstum und Entwicklung zu, sie versuche nicht, Besitz von ihm zu ergreifen. Sie achte unbedingt sein Alleinsein. Wahre Liebe suche das Wohl und Gut des anderen, indem sie sich mit dem anderen soweit identifiziere, daß sein Wohl das eigene werde. Alles Vergleichen, subtile Abhängigmachen oder Projizieren höre damit auf.

Wahre Liebe sei grundsätzlich maßvoll, das gelte besonders hinsichtlich der Zahl der engen Vertrauten. Könne man in gewissem Sinne auch aller Menschen Freund sein, da sich mit fast jedem Gemeinsames finden ließe, so sollten Vertrautheit und Intimität doch einigen wenigen vorbehalten sein, jenen nämlich, mit denen uns möglichst viel Gemeinsames verbinde. Liebe könne sich auch nicht in Zerstreuung verlieren, sondern müsse dem geliebten Wesen und sich selbst treu bleiben. Vorbild, so Merton, sei Jesus, der im Gleichgewicht gelebt habe zwischen der Liebe zu allen Menschen und der engen Freundschaft mit einigen wenigen.[401]

Liebe sei mehr als Gefühl, sie stehe unter der Führung des Willens. Oft werde die Liebe im anderen erst dadurch hervorgerufen, daß er einen Vorschuß an Zuwendung erhalte, der auf den Willensakt des anderen zurückzuführen sei.

[398] Merton, Insel, 17.
[399] Aao. 21.
[400] AaO. 22.
[401] Vgl. aaO. 25f.

Ferner suche der gute Wille nicht nur, dem anderen Gutes zu tun, sondern in ihm auch Gutes zu finden. So verhalte es sich auch mit der Feindesliebe: so solle nicht nur im eigenen Gut-sein-wollen begründet sein, sondern im Interesse, der Feind möge selbst gut werden. Liebe sei auf Entwicklung hin angelegt, die Entwicklung der eigenen Vollkommenheit und die der anderen.[402]

Es gebe zwei Arten christlicher Nächstenliebe, den Nächsten in Gott zu lieben oder Gott im Nächsten. Letzterem sei Vorzug zu geben, da es die Weise sei, nicht rastlos Gott in den Einzelpersonen zu suchen und unruhig zu beobachten, „wie Gott in den Seelen wächst"[403], sondern hier wachse man selbst in der Tiefe bei Gott und entdecke Ihn dadurch mehr und mehr im anderen. Dies sei die kontemplative Weise der Nächstenliebe.

Jesus Christus habe mit seiner Erlösungstat, indem er für die Menschen gestorben sei, bewirkt, die Menschen an sich zu ziehen und in ihnen Gott zu sein. Christus eine deshalb die Christen untereinander im Heiligen Geist und lasse sie teilhaben an Seinem Einssein mit dem Vater. Die Liebe der Christen sei dadurch elementar anders als „das Gemeinwohl" der säkularen Welt - es sei der Heilige Geist, der in den Herzen der Christen wirke in Form von Mahnung, Protest oder Appell. Die übernatürliche Kraft des Geistes unterstütze den Glaubenden im Bemühen um die Liebe, entsprechend Eph 3,16f. Die Gemeinschaft, die durch den Heiligen Geist erzeugt werde, sei qualitativ nicht zu vergleichen mit dem säkularen „Gemeinwohl", da sie um vieles besser sei.[404]

In seinen 'Insel' nachfolgenden Schriften betonte Merton nachdrücklich die Notwendigkeit der Anerkennung der Zugehörigkeit zur menschlichen Gemeinschaft. In 'New Seeds' griff er scharf jene Haltung an, wo sich jemand - sei er nun ungläubig oder fromm - gegenüber Mitmenschen arrogant distanzierte, um die eigene Identität herauszustellen. Nie könne Identität ohne

---

[402] Vgl. aaO.162ff.

[403] Vgl. aaO. 164f.

[404] „Die Philosophie, die abstrakt denkt, spricht von 'Gesellschaft' und von 'Gemeinwohl'. Die Theologie, die höchst konkret denkt, spricht vom Mystischen Leibe Christi und vom Heiligen Geist. Es macht einen großen Unterschied, ob man das Leben vom philosophischen oder vom theologischen Standpunkt aus betrachtet. Das Gemeinwohl protestiert nicht, wenn es verletzt wird. Der Heilige Geist aber wehrt sich, überredet, protestiert, mahnt und beharrt. Das Gemeinwohl wirkt nicht auf den Willen. Aber 'die Liebe Gottes ist in unseren Herzen ausgegossen durch den Heiligen Geist, der uns verliehen ist' (Röm 5,5). Das Gemeinwohl ist etwas Unbestimmtes und zu Mattes, um die Leidenschaften in uns zu ertöten - es kann nichts tun, um sich gegen sie zu schützen! [..] Das Gemeinwohl kann uns nichts anderes bieten als eine Art von allgemeinem Kompromiß, in dem die Interessen zahlloser menschlicher Wesen gleich uns selbst ohne zu große Konflikte verwirklicht scheinen. Gewiß, das Gemeinwohl weitet unseren Horizont, aber nur um uns eine Art sibirischer Landschaft zur Betrachtung zu geben: eine weite Gedankensteppe ohne bestimmte Züge, flach, niedrig, düster unter einem kalten grauen Himmel. Kein Wunder, daß die Menschen das 'Gemeinwohl' so uninteressant finden, daß sie irgendein selbstsüchtiges Gebäude aufführen, das dazu dient, die Monotonie zu unterbrechen!" AaO. 165f.

Bezug zum Mitmenschen erlangt werden. Wer sich von der Menschheit abgrenze, lebe irreal.[405]

Im Aufsatz „Liebe und Bedürfnis" definierte er den Sinn des Lebens als Hingabe an den anderen und Geliebtwerden durch den anderen. „Wir werden niemals vollständig wirklich werden, bis wir uns in Liebe fallen lassen - entweder zu einem anderen Menschen oder zu Gott. [..] Ich kann mich nicht in mir selbst finden, sondern nur in einem anderen. Mein wahrer Sinn und Wert werden mir nicht in meiner Selbsteinschätzung gezeigt, sondern in den Augen dessen, der mich liebt; und dieser muß mich lieben, wie ich bin, mit meinen Fehlern und Grenzen, und mir die Wahrheit offenbaren, daß diese Fehler und Grenzen meinen Wert in *seinen* Augen nicht zerstören können und daß ich daher als Mensch wertvoll bin trotz meiner Unzulänglichkeiten und trotz der Unvollkommenheiten meiner äußeren 'Verpackung'."[406] Hier war nun nach Merton offensichtlich zwischenmenschliche Liebe ohne unmittelbare Bezogenheit auf Gott möglich.

Zugleich hielt er auch Alleinsein als Voraussetzung für Beziehungsfähigkeit hoch, so in 'Liebe und Einsamkeit': um allen Entfremdungen und Entfernungen, die das aktive Leben mit sich bringe, zu überwinden, müsse die Einsamkeit gesucht werden. Um sich für Liebe zu öffnen, müsse erst einmal schweigend innegehalten werden. Nur durch Einsamkeit könne eine bestimmte Bewußtseinsebene erreicht werden, die dann auch Liebe zulasse. „Kollektive Beschwörung wird, soviel sie auch immer über das 'Ich und Du' predigen mag, das Ziel niemals erreichen. Denn auf dem Grund der Einsamkeit sind 'Ich und Du' eines. Und nur von diesem Grund her wächst die wahre Liebe."[407] Einsamkeit sei wie das Fundament der eigenen Mitte, aus ihr wachse die Fähigkeit zu wahrer Kommunikation. Natürlich dürfe die Einsamkeit auch kein narzistischer Selbstläufer werden, sondern müsse immer verbunden sein mit Liebe, Einfachheit und Mitgefühl.

4.2.1.2 Bewertung von Mertons Theorie der Liebe

Bereits vor seinem oft zitierten Erlebnis von „the corner of Fourth and Walnut" (14), das drei Jahre nach Herausgabe der 'Insel' stattfand, hatte Merton also begonnen, seine Aufmerksamkeit auf Zwischenmenschliches zu richten und es scheint, als habe er sich hier schon wieder als Teil der menschlichen Gemeinschaft begriffen und nicht als herausgenommenes, spezifisch monastisches Subjekt.[408]

---

[405] Vgl. Merton, New Seeds, London 1961, 37ff.

[406] Merton, Liebe und Bedürfnis: Ist Liebe eine Werbepackung oder eine Botschaft? in: Liebe und Leben, Zürich 1988, 36f u. 44.

[407] Merton, Liebe und Einsamkeit, in: Liebe und Leben, 27.

[408] M. Basil Pennington meint, Fourth and Walnut habe den absoluten Wendepunkt in seinem Leben dargestellt, ein großer Sprung in seinem Bewußtsein sei hier geschehen, vgl. M.B.

Trotz seiner neuen Aufmerksamkeit für relationale menschliche Zusammenhänge machten dennoch seine Aussagen gelegentlich einen etwas abgehobenen Eindruck. Seine Sätze in 'Insel' über die Liebe schwankten zumindest häufig zwischen „Himmel und Erde". Oft setzte er mit sehr weisen „geerdeten" Erkenntnissen an - Liebe entstehe nur auf dem Boden der Realität, selbstlose Liebe müsse kritisch bleiben, die Achtung vor der Autonomie des anderen, das vernünftige Maß der Liebe - , um dann wieder die Bedingung allen Handelns und Liebens direkt bei Gott zu verorten. Ohne den unmittelbaren und konkreten Bezug auf die Hilfe Jesu Christi waren alle sozialen Versuche aussichtslos, so hatte er auch dem weltlichen Gemeinwohl 1955 jede echte Qualität abgesprochen.[409]

Es ist „legitim", wenn ein Mönch diese ganz enge Verbundenheit von Liebe und Glaube postuliert. Auf viele Leser wirkt dieser gewaltige Anteil an „Himmel" heute jedoch befremdlich und die Absolutheit der metaphysischen Fundierung menschlicher Liebe zu dominant, da sie auch von der Möglichkeit einer autonomen zwischenmenschlichen Liebe ausgehen.[410]

Bei Merton rührte indes die totale Angewiesenheit der menschlichen Beziehung auf die Gottesbeziehung aus seiner eigenen Lebenserfahrung, für ihn war die Erfahrung der Liebe Gottes der Schlüssel zum Mitmenschen, und zwar lange Zeit fast der einzige Schlüssel. Er hielt an der moralisch unmittelbaren Relevanz Gottes lange fest und war deshalb lange Zeit überzeugter Vertreter einer engen Glaubensethik.[411] Er, der durch seine schwere Kindheit und Jugend ein Beziehungstrauma davongetragen hatte, das ihm den Zugang zum Du erschwerte, fand in seiner Spiritualität einen Weg zur Mitmensch-

Pennington 1996, 13. Auch wenn Merton selbst „Fourth and Walnut" als „Erwachen aus einem Traum des Abgetrenntseins" beschrieb, (14) widersprechen seine Aussagen zur Nächstenliebe in 'Insel' der Radikalwende. Mott sieht wiederum das Erlebnis von Fourth and Walnut sehr kritisch, da er die geäußerte „Liebe zu allen Menschen" für abstrakt und unrealistisch hält, vgl. Mott, 311.

[409] Später, zu Zeiten des Zweiten Vatikanums waren solche Töne von Merton nicht mehr zu hören, im Gegenteil, 'Gaudium et Spes' wurde zu seiner Herzenssache. Dort wurde artikuliert, daß allein schon der Globalisierung wegen (GS, 26) bürgerliche Werte wie Freiheit, Würde, Menschenrechte und Gemeinwohl ihren autonomen und wichtigen Platz in dieser Welt einnehmen mußten. Das weltliche Gemeinwohl wurde sehr ernst und dadurch auch in die Pflicht genommen, menschenwürdige Lebensgrundlagen zu gewährleisten.Vgl. GS Kap 26, 30, 36.

[410] Theologisch formuliert in Ansätzen wie die 'Autonome Moral' von Alfons Auer, Autonome Moral und christlicher Glaube, Düsseldorf ²1984. Dazu auch: D. Mieth, Autonome Moral im christlichen Kontext, In: Orientierung, 40. Jg. 1976, 31-34. Autonomie heißt nach diesem Konzept auch nicht, daß der Glaube irrelevant für die Beziehung zum Nächsten sei (wichtige Funktion der Motivation), sondern daß Menschliches (ethische Konkretion) auch mit menschlichen Mitteln bewältigt werden kann kraft geschöpflich gegebener Attribute wie Vernunft, Gefühl, Sprache, Gewissen, etc. Der Glaube an Gottes Gegenwart und Beistand widerspricht nicht der menschlich-ethischen Eigenleistung.

[411] „Glaubensethik" im Sinne des Gegenentwurfs zur „Autonomen Moral", als deren Vertreter B. Stoeckle, G. Erwecke, J. Ratzinger und H. U. v. Balthasar zu nennen wären. Vgl. B. Stoeckle, Die Grenzen der autonomen Moral, Freiburg 1974.

lichkeit.[412] Es war ein geistig-geistlicher Schlüssel, auf Meditation und Bewußtsein beruhend und deshalb etwas vergeistigt, manchmal an Gefühl, Wärme und Natürlichkeit mangelnd.[413] Es schien als könne er nur langsam zum Du gefühlsmäßig Zugang finden, und nur über mentale Brücken. (13/14)

Darüberhinaus soll jedoch festgehalten werden, daß in 'Insel' zum Thema Liebe auch viele starke Passagen mit klugen und praktikablen Ratschlägen enthalten waren, die von Weisheit und tiefer Reflexion zeugten. Nicht wenige Stellen glichen Aussagen der 'Kunst des Liebens' von Erich Fromm, das ein Jahr nach 'Insel' erschien.[414]

Das entscheidende an Mertons „Theorie der Liebe" ist jedoch, daß sie einen weiteren wichtigen Aufbruch in seiner Lebensgeschichte darstellt. Vielleicht teilweise unbeholfen und unscharf, aber bemüht und engagiert richtete sich sein Blick aus vormals monastischer Binnensicht heraus auf das zeitgenössische, konkrete Gegenüber. Vorrangig fokussiert wurde nicht mehr das eigene Innenleben, sondern das Befinden des Menschen allgemein und Geschehen zwischen den Menschen. Die Themenstellung war im Vergleich zu vorigen Lebensabschnitten neu.

Die Erweiterung seiner Perspektiven wurde aber auch oben schon in den Texten aus 'Liebe und Leben' und 'New Seeds' deutlich, wo er die Mitmenschlichkeit ins Zentrum rückte und die sozialen Fähigkeiten des Menschen noch mehr würdigte.

4.2.1.3 Merton zum Thema Gewissen

Wie wir gesehen haben, stellten Mertons Überlegungen zum Thema Liebe bislang keine umfassende ethische Abhandlung dar, sonderen eher assoziative

---

[412] J.E.Bamberger stellte ebenfalls fest, daß Merton aufgrund seiner schwierigen Jugend einerseits überdurchschnittlich viel Zuwendung, andererseits überdurchschnittlich viel Unabhängigkeit brauchte. „I think dealing with Merton was more challenging in many ways because of both his backround and temperament. He was a man who had a deep need to know that he was appreciated and loved: it was very strong, I think stronger than average, much stronger than average. One reason he felt there was tension between him and the community after he moved to the hermitage, I'd think, was simply the fact that there was markedly reduced contact and so little opportunity for those small, daily signs of friendliness and acceptance that are important. He needed that. But, at the same time, he was a very independent type, I think partly because he had to be. His mother died when he was six, and his father was an artist who would suddenly decide to go off to North Africa to paint for a long period and leave his son behind. So he had to become emotionallly free, probably more than he should have had to be as a young boy." Bamberger in Wilkes, Merton by Those, 119.

[413] Aufschlußreich ist diesbezüglich, daß in seinen geistlichen Schriften (sein Tagebuch macht eine Ausnahme: Biogr. 3 - (35)) das Wort „Mitgefühl" erst in den späten Texten von 'Love and Living' auftauchte.

[414] Parallelitäten z.B. Liebe vorrangig als Willensakt (Fromm 68), Notwendigkeit der Fähigkeit zum Alleinsein (32), die Achtung vor dem anderen (38), Sorge für das Wachstum des anderen (37). Vgl. Erich Fromm, die Kunst des Liebens, Frankfurt/M Berlin 1956.

und spirituelle Reflexionen. Auf gleiche Weise, nur in geringerem Umfang, behandelte er das Thema Gewissen.

Das Gewissen sei die „Seele der Freiheit, ihr Auge, ihre Triebkraft, ihr Leben", so Merton in 'Insel'.[415] Ohne Gewissen wisse die Freiheit nicht, was sie mit sich selbst anfangen solle, sie würde sich sogar „zu Tode langweilen" und sei auf keinen Fall zu sittlichem Handeln in der Lage. Zur Entwicklung des wahren Selbst gehöre die Reifung des Gewissens. Nur ein reifes Gewissen befähige den Menschen, rechte Ziele zu wählen, Gewissen sei aber „die Erleuchtung, durch die wir den Willen Gottes in unserem Leben deuten"[416].

Auch das Gewissen hatte also nach Merton eine metaphysische Komponente: „Das Gewissen ist Hinweis auf Verborgenes, auf unwahrnehmbare Handlungen und Neigungen, die viel mehr bedeuten als sie an sich sind. Es ist der Spiegel für die Tiefe eines Menschen. Die Wirklichkeit eines Menschen ist etwas Tiefes und Verhülltes, begraben nicht nur in den unsichtbaren Winkeln seiner eigenen metaphysischen Verborgenheit, sondern in der Verborgenheit Gottes selbst."[417] Die wichtigste Aufgabe des Gebetslebens sei, das Gewissen zu erleuchten und zu stärken. Das Gewissen spiegle eben nicht nur die eigenen inneren Vorgänge wider, sondern auch, insofern es sich durch Glaube, Hoffnung und Liebe mit dem Heiligen Geist verbinde, das Gesetz Gottes. Dieses Gesetz schütze den Glaubenden auch vor falschem Gehorsam gegenüber Mitmenschen.

Für die Reifung des Gewissens war also in 'Insel' ebenso der Glaube an Gott notwendige Voraussetzung, wie für die Nächstenliebe. Drastisch formulierte und urteilte er dann noch, der Mensch sterbe geistig, sobald seine bewußte Beziehung zu Gott abreiße: „Der größere Teil der Welt schläft oder ist tot. Die frommen Menschen schlafen zumeist. Die Ungläubigen sind tot."[418]

In seinem Aufsatz 'Ethik', 1965, der einen der Abschnitte von 'Seven Words' an Ned O'Gorman darstellte, schlug Merton zunächst andere Töne an. Die Ausgangslage war auch eine ganz andere, er hatte sich inzwischen intensiv mit Politik, gesellschaftlichen Themen und Friedensarbeit beschäftigt. Der Hintergrund dieses Essays war der Konflikt aufeinanderprallender „Ethiken" angesichts der Verteidigungsfrage. Da auf gesellschaftlich oder politisch vorgebene Maßstäbe kein Verlaß mehr sei - man lebe heute in einer Welt, in der ethischen Prinzipien die Tendenz anhafte, außerordentlich verschwommen zu sein oder sogar diskreditiert zu werden -, läge der Ausweg nur in der Formung einer auf persönlicher Integrität und Verantwortlichkeit, sprich in einer auf einem gereiften Gewissen beruhenden persönlichen Ethik. In aller Demut und Offenheit müßten dabei auch vorläufige Entscheidungen in Kauf genommen werden. „Ein reifes Gewissen ist eines, das bereit ist, sich auf das Risiko eines

---

[415] Merton, Insel, 39.
[416] AaO. 42.
[417] AaO. 42f.
[418] AaO. 54.

verantwortlichen Handelns einzulassen, das auf vernünftigen und gesunden Normen basiert, die jedoch nicht den Anspruch einer stets unfehlbaren und unveränderlichen Gültigkeit erheben"[419].
Die Wissenschaft der Ethik müsse eigentlich die „Ziele des Menschen als Mensch in der Fülle seiner Menschlichkeit und in all seiner persönlichen Freiheit und Verantwortlichkeit" klären. Die müsse den Menschen lehren, „so zu leben, daß unsere Handlungen uns menschlicher machen und uns ermöglichen, uns selbst in vollem Umfang als freie Menschen zu erfahren"[420].

Moralische Normen, so der Unterschied zu Mertons früherer Auffassung, konnten der Mensch und die menschliche Gemeinschaft in „Vernünftigkeit" hier selbst entwickeln, sie seien, trotz mancher Ausnahmen, universell und beständig.
Ethik sei dennoch nicht einfach ein Satz Regeln, nach denen man gesellschaftliche Spiele zu spielen lerne, sondern ziele auf die vollständige Entwicklung der menschlichen Person. Übergeordnete Kriterien, beruhend auf Gebet, Glaube und Gottvertrauen, blieben besonders bei Entscheidungen unverzichtbar, die ganz alleine gefällt werden müßten, ohne den Rat und die Kenntnis anderer. „Wir müssen natürlich darauf hinweisen, daß reine Ethik in Form von Moralphilosophie ihre Grenzen hat. Sie muß durch eine höhere Wissenschaft vervollständigt werden, die andere und geheimnisvollere Normen wahrnimmt. Diese sind dem Menschen von Gott offenbart worden und erwachsen aus der tiefen, persönlichen Beziehung zu Gott... "[421]

Merton hatte sich also, wie gerade deutlich wurde, in seinen späteren Texten für die Möglichkeit sittlicher Autonomie des Menschen geöffnet, dennoch mit Vorbehalten und dem nicht nachlassenden Appell zur metaphysischen Fundierung sittlichen Handelns. Von persönlichen und theoretischen Erkenntnissen schritt er aber weiter zu sozialen und politischen Interaktionen, wie gleich zu sehen sein wird. Zunächst aber soll ein Blick darauf geworfen werden, wie Merton selbst Beziehungen erlebte und gestaltete.

[419] Merton, Ethik, in: Liebe und Leben 1988, 143.
[420] AaO. 144.
[421] AaO. 145. Er begründete seine Skepsis mit der Erklärung, moralphilosophische Systeme seien oft zu absolut und zu unrealistisch, überforderten deshalb die Menschen. Es würde oft ein Ideal-Selbst postuliert, das den menschlichen Fähigkeiten nicht mehr gerecht würde. Solche ethischen Systeme könnten sogar zur perverse Züge annehmen, sobald der Mensch zur Ablehnung seiner selbst und seiner Liebe gezwungen werde. Dies führe zu einer Moral von Selbsthaß, Frustration und Mißmut und führe letztlich zum Haß auf das Leben. Daß vielleicht auch im Rahmen einer christlichen Ethik Phänomene dieser Überforderung auftreten könnten zog Merton hier nicht in Erwägung.

4.2.2 Mertons persönliche Beziehungen

4.2.2.1 Beziehung zur Klostergemeinschaft

Wenn es nach Merton gegangen wäre, hätte er sein Kloster verlassen. Nicht, um wieder in der „Welt" zu leben , sondern in einem anderen Kloster. (1/18) Gethsemani war ihm zu eng, er wollte mehr Freiheit, mehr Zeit für sich, weniger Reglement. Er suchte ein Kloster, in dem letzteres durch eine andere Regel gewährleistet war, er suchte aber auch eines, um seinem Abt zu entkommen. Ein großer Teil seines Problems mit dem Kloster war der Konflikt mit James Fox. Vom Abt fühlte er sich immer wieder gegängelt und mißverstanden, manchmal sogar hintergangen. (19) Zugleich gab es immer wieder Zeiten der Dankbarkeit und Anhänglichkeit an sein Kloster, sogar gegenüber dem Abt (41/43) und Zeiten der Trauer um Ordensmitglieder, die entweder in eine Zweigniederlassung geschickt wurden oder verstarben. Es spricht für ihn, daß er auch um seinen Widersacher Sortais trauerte. (29) Soweit es die Regel von Gethsemani zuließ, und darüberhinaus, pflegte er auch Freundschaften mit einzelnen Mitbrüdern. (16) Sein Verhältnis zur klösterlichen Gemeinschaft war demnach äußerst ambivalent. Er begann, sich nicht mehr allen Regeln des Konvents unterzuordnen (19) und beanspruchte Freiheiten, die sonst niemand im Kloster genoß.[422]

Die einzige Möglichkeit, sich mit seinem Kloster arrangieren zu können, schien Merton offenbar das Einsiedlertum auf dem Klostergelände. Als ihm dies zum ersten Mal in Aussicht gestellt wurde, zog er - als wäre dieses „Experiment" noch einmal nötig, bevor er sich in die Einsamkeit zurückzog - die Herausforderung einer besonderen Beziehungsrolle vor: die des Lehrers und Fürsorgers als Novizenmeister. (3) Auch wenn er vielleicht dieser Rolle nicht in allem gerecht wurde, so bemühte er sich um kompetente Anleitung und war, wie wir gesehen haben, aufgrund seiner herzlichen und humorvollen Art sehr beliebt. (4/8)

4.2.2.2 Beziehungen zu Bekannten und Freunden

Trotz seines monastischen Lebens hatte Merton Kontakt zu immens vielen Menschen. Mit nicht wenigen davon kommunizierte er allerdings Zeit seines Lebens nur schriftlich. (21)

Kontakt pflegte er mit seinen alten Columbia-Freunden, welche ja auch ihrerseits ihm die Treue hielten und weite Anreisen auf sich nahmen, um ihn zu besuchen. Freundschaft pflegte er ferner, wie wir gesehen haben, mit seiner Literatur-Agentin Burton Stone und mit seinem Verleger James Laughlin. Wie oben erwähnt, gab es auch einige Mitbrüder, mit denen er sich befreundet

---

[422] Manche nicht mehr zeitgemäßen Regeln des Ordens wurden dann auch, als der Geist des „Aggiornamentos" in Gethsemani zu wehen begann, für alle Mönche gelockert.

fühlte und schließlich entstanden auch noch einige neue Freundschaften im lokalen Umfeld des Klosters wie mit dem Künstler Victor Hammer oder der Familienfrau Tommie O'Callahan.

Er erhielt insgesamt wesentlich mehr Besuch, als in der Klosterregel vorgesehen war und als er selbst auch wünschte. An diesem Punkt herrschte eines seiner Paradoxe: er genoß einerseits Gesellschaft und litt zugleich unter ihr. Paradox war dies auch, weil sich Menschen in seiner Gegenwart sofort wohl fühlten, er konnte konzentriert aufmerksam zuhören und besaß eine besonders freundliche, warme und verständige Art, die immer eine positive Atmosphäre entstehen ließ.[423] Daß für ihn solche Zeiten der Begegnung zwar schon auch Freude, aber zugleich höchste Anstrengung darstellten, wußte kaum jemand. Schriftlich äußerte er in seinen Tagebüchern jedoch häufig, daß er, neben allen schönen Gemeinschaftserfahrungen, immer dann am glücklichsten sei, wenn er alleine sei. (37) Nicht nur einmal schrieb er auch davon, daß ihm Besuch nach einer Stunde immer schon zuwider war oder langweilte. (49) Auffallend ist jedoch, daß er auch mit seinen engsten Freunden insofern auf Distanz blieb, als er fast nie von seinem Befinden sprach. Wie die Aussagen von Robert Lax und W.H. Ferry belegen, waren seine persönlichen Fragen und Probleme nie Inhalt der Gespräche, die Freunde wußten nicht einmal, wie es um sein Befinden stand.[424] Offensichtlich ging Freundschaft bei Merton grundsätzlich nur bis zu einer gewissen Grenze, und diese Grenze schien weitaus früher als bei vertrauten Personen üblich zu beginnen.

Wenn er beipielsweise äußerte, sich mit einem Brieffreund wie Pasternak, (17) den er nie getroffen hatte, wesentlich verbundenener zu fühlen als mit seinen Mitbrüdern, dann könnte dies den Verdacht erregen, daß er prinzipiell die „Beziehung auf Distanz" um der Distanz willen vorzog. Distanzierte Beziehung kann aber auch leicht auf Illusionen und Projektionen beruhen, die es leicht machen, dieses Verhältnis Freundschaft zu nennen. Der Titel „Freundschaft" könnte in diesem Sinne auch bei seinem Verhältnis zu D. T. Suzuki hinterfragt werden, kannte er diesen ebenfalls nur, ausgenommen das einzige Treffen in New York, aus schriftlichem Kontakt. (31)

Mertons kurzfristiger Rückzug aus der Friedensbewegung aufgrund Laportes Selbstmord führte hingegen zu einem echten Freundschaftskonflikt. Abgesehen von Mißverständnissen hatte er sich hier nicht als ganz standfest erwiesen, war allerdings Freund genug, um nach einigen Gesprächen einzulenken. (42)

Mindestens bis zu einem gewissen Grad war Merton sich seiner Grenzen bewußt, vielleicht auch bewußt, daß er in puncto Freundschaft und Beziehung

---

[423] So die Aussagen von Robert Lax, W.H. Ferry und Mary Luke Tobin in: Wilkes, 65, 88, 96.

[424] „Funny, I think I've found out more about his interior struggles and his whole interior life when I read his books than I ever did in talking to him. When we talked, neither of us talked very much about our interior lives." R. Lax, in: Wilkes, 70. In der Freundschaft mit W.H.Ferry war seltsam, daß ihn Merton erst in seine Beziehungsaffäre einweihte (da er seine Hilfe brauchte), später aber kein Wort mehr darüber fallen ließ, vgl. Ferry, in:Wilkes 91f.

noch einiges zu lernen hatte. (16) Vielleicht bemühte er sich deshalb noch intensiver um Freundschaften innerhalb des Klosters und in lokaler Nähe. (19)

Eine kurze und unerfreuliche Beziehung unterhielt Merton zum Psychiater Zilboorg. (5/6/7) Das Tragische lag darin, daß Merton diesem Mann wirklich viel Vertrauen entgegenbrachte, das der Psychiater jedoch nicht konstruktiv umzusetzen wußte, sondern im Gegenteil einen persönlichen Racheakt daraus zu gestalten schien, der von Zwanghaftigkeit seiner selbst zeugte. Dabei hatte Zilboorg begonnen den Finger auf einige der richtigen Wunden zu legen, auf Paradoxien im Leben Mertons wie die Sehnsucht nach totalem Rückzug und gleichzeitigem Zwang zur Selbstdarstellung. Zilboorg hätte gewiß Chancen nutzen können, Merton in einigen Punkten weiterzuhelfen, scheiterte jedoch offensichtlich an seinen eigenen Grenzen. Für Mertons echtes Bemühen spricht, daß er nach dieser Niederlage nicht aufgab, sondern den Psychiater Wygal frequentierte, woraus bekanntlich auch eine Freundschaft entstand. (7)

4.2.2.3 Beziehung zur Kirche

Merton hatte kirchliche Ideale und versuchte diese in seinem Wirkungskreis umzusetzen, nicht nur als Novizenmeister und Schriftsteller, sondern auch in seinem theologischen Engagement, beispielsweise für die Pastoralkonstitution Gaudium et Spes („Schema Dreizehn"). Auf intermonastischer Ebene war er ein gefragter Mann, weniger wegen seiner Friedensarbeit, sondern aufgrund seiner spirituellen Schriften und Erfahrungen. Merton nutzte seine Stellung, um seine Ideen, vor allem seine Vorstellungen von Kirche, speziell vom Ordensleben, zu profilieren. (33) Im Bereich der Ökumene hatte er sich so weit eingesetzt, daß sein Engagement bis zum Papst vordrang. (20)
Obwohl er, auch als Einsiedler, an den monastischen Ritualen wie dem Stundengebet und der täglichen Eucharistiefeier ganz überzeugt festhielt, wurde seine Sicht der katholischen Kirche, parallel zu seinem Interesse an Friedensarbeit, von Jahr zu Jahr kritischer. (28) Durch seine Friedensarbeit erhielt er Anstöße zur Überprüfung kirchlicher Festlegungen. (34) Besonders den Umgang mit Autorität in der Kirche verachtete er. Falls er in seinem Brief an Rosemary Radford Ruether nicht nur kokettierte oder der Brieffreundin schmeicheln wollte, behielt die Institution des monastischen Lebens in seinen Augen Bedeutung bei, nicht jedoch die Institution der katholischen Kirche. (50)

4.2.2.4 Verhältnis zur Welt

Die Wichtigkeit, sich als Teil der Menschheit zu fühlen, wie er in 'Insel' postuliert hatte, war nicht nur Theorie. Sein Interesse am Schicksal von Menschen wuchs von da an, soziale und politische Zusammenhänge begann er zu hinterfragen. Er versuchte mit großer Anstrengung, sein Informationsdefizit aufzuholen. (9/10) Aber auch die weltliche Literatur, die seit seines Klostereintritts tabu gewesen war, griff er wieder auf, übergangsweise zunächst zu Themen, die mit dem spirituellen Weg verwandt waren, wie das Thema Weisheit. (11) Das Thema Weisheit war auch Symptom für den Übergang zwischen Weltablehnung und Weltbejahung, Symptom aber auch für sein erwachendes Interesse an Frauen, oder am „weiblichen Prinzip", wie er es nannte. Es scheint fast, als hätte er sich seine Sehnsucht nach weiblicher Nähe nicht eingestehen können, und deshalb seine emotionalen Bedürfnisse akademisch tarnen und weisheitlich-mystisch verschlüsseln müssen. Daß dieser Vorgang mit seinem Unterbewußten zu tun hatte, zeigen die Erscheinungen in Träumen. (13) Als Schriftsteller machte er aus seinen persönlichen Anliegen ein allgemeines und forderte die höhere Beachtung des weiblichen Prinzips innerhalb der Kirche. (15) Daß er auch von der weiblichen Seite Gottes sprach, Gott als „zugleich Vater und Mutter" bezeichnete und von „Jesus, unserer Mutter" sprach, war für diese Zeit beachtlich modern.[425] Ganz explizit rühmte er das weibliche Prinzip, aber auch die weibliche Seite Gottes in seinem Text 'Hagia Sophia', von zärtlicher Frauenstimme (in Person einer Krankenschwester, was kurioserweise in seinem Leben noch Wirklichkeit werden sollte) und weiblicher Sanftheit schwärmend. Dabei schreckte er leider auch nicht vor dem üblen Klischee zurück, das Weibliche mit Fehlen von Vernunftgründen, Antwortlosigkeit und Einfalt zu verbinden.[426]

Er interessierte sich nun wieder fürs Zeitgeschehen und stellte Ende der fünfziger Jahre kritische Analysen auf, Materialismus, Konsumismus und Fatalismus anprangernd. (21/25) Die Ost-West-Spannungen stimmten ihn regelrecht depressiv. Er ermahnte sich selbst jedoch, nicht nur schwach zu lamentieren, sondern sich aktiv, soweit es in seinen Kräften und Möglichkeiten stand, ins politische Geschehen einzumischen. (26) Da sich die meisten Kirchenmänner in Sache Friedenspolitik bedauerlich zurückzuhalten schienen, sah er umsomehr die eigene Notwendigkeit, laut zu werden. Und in der Tat, seine Worte taten ihre Wirkung in der kirchlichen Öffentlichkeit, aber auch in der gesellschaftlichen horchte man auf und erschrak über seine unkonventionellen Stellungnahmen, übte natürlich auch an ihm unverhohlen Kritik. Friedensaktivisten aber fühlten sich bestärkt und ermutigt. (27)

Mertons ernsthaftes Einlassen auf die Fragen der Zeitgenossen wurde auch in der deutlich in seinen theologischen Antworten, beispielsweise auf die Frage von Milosz nach der Vorhersehung: er gab lieber zu, keine passende Antwort angesichts eines Konzentrationslagers zu haben, oder keine, die alle weiteren Fragen beseitigt hätte, hielt lieber die Sprachlosigkeit aus, als daß er einen

---

[425] Hagia Sophia, in: Th. Merton, Ein Tor zum Himmel ist überall, hrsg. v. B. Schellenberger, Freiburg 1999, 123ff.

[426] „O Gesegnete, Schweigende, die überall spricht! Wir hören die sanfte Stimme nicht, die gütige Stimme, die gnädige und weibliche. Wir hören nicht das Erbarmen, die sich uns zuneigende Leibe; auch nicht den Verzicht auf Widerstand, den Verzicht auf Vergeltung. In ihr gibt es keine Vernunftgründe und keine Antworten. Und dennoch ist sie das Gleißen des göttlichen Lichts, der Ausdruck Seiner höchsten Einfalt." AaO. 125f.

„theologischen Trick" angewandt hätte. (22) Sein theologischer Beitrag zum Einlassen auf „Welt" zeugte von Ehrlichkeit und geistiger Redlichkeit.

4.2.2.5 Mertons Liebesbeziehung mit „M.S."

„Merton hatte sich über die Beziehungen, die er in seiner Jugend mit Frauen eingegangen war, tiefe Vorwürfe gemacht. Sie waren immer von Selbstsucht geprägt gewesen. Er hatte genommen, soviel er konnte, und war davon gerannt, wenn die Bindung in Gefahr lief, zu einer ernsten Angelegenheit zu werden. Während seiner fünfundzwanzig Jahre im Kloster hatte er, wie er erkannte, die ganze Frage der menschlichen Liebe einfach umgangen, und jetzt war er gezwungen, ihr direkt ins Auge zu blicken. Er glaubte, wenn er dabei nur selbstlos genug bleiben könne, dürfe er es riskieren, M.S. auf eine Art und Weise zu lieben, die nicht mit seinem Einsiedlerleben, seinem auf Gott ausgerichteten Leben in Konflikt geriete, sondern seine Berufung bereichern und vertiefen werde. Er begann mit großangelegten Spekulationen und Rechtfertigungen, die er später voll Entsetzen als reine Rationalisierungen erkannte, die ihm erlaubten, seiner Sehnsucht mit einem einigermaßen guten Gewissen nachzugeben. An diesem Punkt seines Lebens war es für ihn zutiefst, ja entscheidend notwendig, sich selbst zu beweisen, daß er zu einer völlig selbstlosen Liebe befähigt war. Anderenfalls würde er stets von der Furcht verfolgt sein, daß er genauso wäre wie gewisse, von Léon Bloy beschriebene Christen, die nichts und niemanden lieben konnten und sich daher einredeten, sie liebten Gott."[427] So beschrieb der Fotograf J.H. Griffin, der Mertons Freund war, dessen Liebesbeziehung.

Es ist signifikant, daß von den meisten männlichen Autoren Mertons Liebesbeziehung und seine Interpretation als „Notwendigkeit, seine selbstlose Liebe zu beweisen" recht unkritisch betrachtet wird. Zwar wird eine gewisse „Rationalisierung", aber ansonsten kein Zweifel ob der Sinnhaftigkeit und Redlichkeit seines Verhaltens eingeräumt.[428] Ob ein derartiger Beweis überhaupt auf solche Weise erlangt werden kann und ob dieser Beweis mit der Affäre gelungen war, kann jedoch deutlich in Frage gestellt werden. „Der Mann ist am menschlichsten und beweist sein volles Menschsein (ich sage bewußt nicht: seine Männlichkeit) durch die Beschaffenheit seiner Beziehung zur Frau."[429] Wenn Merton hier tatsächlich seine Beziehung als Parameter für seine Menschlichkeit nehmen wollte, dann hatte er die Frau eher als Medium für seine persönliche Selbstfindung benutzt. Jedenfalls schien Merton die Beziehung aus sehr einseitiger Perspektive wahrzunehmen.[430] Er wußte, daß die

---

[427] J.H.Griffin, 96f.

[428] Neben Griffin auch Schellenberger, der meint, Merton habe die Frau nicht als eine Art „Katalysator" für seine Selbstfindung gebraucht, vgl. Merton, Ein Tor, 153. Dieser Meinung wird hier ausdrücklich widersprochen.

[429] AaO. 136 (Merton, Conjectures, 190)

[430] Daß die Frau beipielsweise verlobt war, interessierte ihn offensichtlich nicht. (44) Auch folgender Satz klingt nicht überzeugend: „Hüte dich vor der Versuchung, aus vorgeblich

Beziehung keine Zukunft hatte - weil er diese letztlich nicht wollte -, war aber zu schwach, der Wirklichkeit ins Auge zu sehen und machte der Frau mit seiner Unklarheit Hoffnungen auf irgendeine Art von gemeinsamer Zukunft. (46) „Im Kloster, mit unserem Gelübde der Keuschheit, wird als Ideal unterstellt, wir könnten weit über die eheliche Liebe hinaus zu etwas Reinerem, vollkommenerem, viel radikaler Hingegebenem gelangen. Das sollte uns dann zu den *menschlichsten* aller Menschen machen. Aber die Frage ist: wie kann man 'weit hinaus über' etwas gelangen, das man noch gar nicht erreicht hat? ... Das ...bedeutet, wir können nicht vollkommen lieben, solange wir noch nicht auf irgendeine Weise reif und wahrhaftig einen Menschen geliebt haben."[431] Diese Sätze sind für sich genommen sehr wahr, aber seine Liebesgeschichte war sicher kein Fall von „reifer" Liebe. Mit ein paar Treffen unter abenteuerlicher Geheimhaltung läßt sich wohl kaum Beziehungsfähigkeit prüfen. Wenn er es hätte zu reifer Liebe kommen lassen wollen, dann hätte er sich ganz für diese Frau entscheiden und mit ihr die Belastungen eines weltlichen Alltags durchstehen sollen, danach hätte er vielleicht beurteilen können, was es mit reifer Liebe auf sich hat - dies ist, man möge es mir verzeihen, die unverhohlene Meinung der Autorin.

Bizarr ist deshalb auch das Urteil von Josef Sudbrack über Mertons Liebesbeziehung: „Seine tiefe Christlichkeit zeigte sich vielleicht am stärksten, als er sich in eine Krankenschwester verliebte, aber seiner monastischen Berufung treu blieb."[432] Ist es nicht ein verzerrtes Ideal, wenn durch monastisches Leben alleine schon tiefe Christlichkeit garantiert sein soll? Selbst Merton, wie im letzten Zitat zu sehen war, würde dem widersprechen, hatte er doch die reife Liebe über das monastische Ideal gestellt und bewertete er doch das monastische Leben sehr kritisch, man erinnere sich: „Die ganze Illusion, man könne abgetrennt von der übrigen Menschheit eine heilige Existenz führen, ist ein frommes Wunschbild." (14)

Merton gab später selbst zu, daß er sich einiges vorgemacht hatte: Leidenschaft und psychische Analysen konfus vermischend, das erste mit dem zweiten rechtfertigend. Daß er sich selbst dabei in gewissem Sinne zum Narren gemacht hatte, braucht hier nicht mehr erwähnt werden, er schrieb davon selbst. (49) Zugleich ehrt ihn, daß er seine eigene Schwäche bekannte und veröffentlichte, daß er sich also nicht zu schade war, auch sein menschlich schwaches Gesicht zu zeigen. (48)

'geistlichen Gründen' die Liebe zu verweigern, die Liebe zu verwerfen. Halte dir die abscheuliche Sterilität derjenigen vor Augen, die behaupten, Gott zu lieben, und sich in Wirklichkeit völlig von der Pflicht, jemanden konkret zu lieben, entbunden haben." Merton, Conjectures, 122, in: Ein Tor, 135. Merton hatte vielleicht manches emotional verdörrte Subjekt vor Augen, aber aus Gründen der Nächstenliebe war er diese Liebesbeziehung gewiß auch nicht eingegangen.

[431] AaO. 136.

[432] J. Sudbrack, Gottes Geist ist konkret: Spiritualität im christlichen Kontext, Würzburg 1999, 18.

Es ist schwierig, zu den verschiedenen Beziehungsfeldern, die hier in 4.2.2 aufgeführt wurden, ein Resumee zu ziehen, dennoch kann gewiß festgestellt werden, daß Merton im zwischenmenschlichen, interaktionären Bereich kein einfacher Mensch, dennoch jemand, der hochmotiviert und engagiert für den Mitmenschen aufgeschlossen war. Bei all seinen Fehlern, Grenzen und Neigungen war er stets bemüht, anderen wohlwollend und freundlich zu begegnen, dabei an sich zu arbeiten und von anderen zu lernen.

4.2.3 Mertons Beitrag zur Friedensethik

Wie schon angekündigt, soll nun noch Mertons politischer Beziehungsbereich, sprich seine inhaltliche Friedensarbeit, die einen wichtigen Bereich seines Lebens darstellt (unter dem er in den USA auch sehr bekannt war), vorgestellt werden.

Thomas Merton hatte also Anfang der sechziger Jahre zu den Belangen der Welt zurückgefunden. Intensiv begann er in einer Zeit höchster internationaler Spannungen nach den Ursachen von Gewalt und Krieg und nach Wegen des Friedens zu forschen. Er sprach zwar nicht explizit von Friedensethik, aber seine Arbeit am Thema Frieden war nichts andres als ein großartiger Beitrag zu einer christlichen Friedensethik. Friede, international und sozial, wurde eines seiner wichtigsten Themen in den sechziger Jahren. Nicht nur sein neues Interesse am Mitmenschen, sondern die politische und militärische Brisanz während dieser Dekade weckten in ihm das Gefühl, sich einmischen zu müssen. Er empfand es als schlichte Christenpflicht, alles menschlich erdenkliche für Frieden zu tun. „Tun" hieß für ihn Wahrheit suchen, Meinung verlauten lassen und konkrete Handlungsschritte für Friede unternehmen. Gute Informiertheit und Mut zur Konkretion waren seine Basis. Für ihn persönlich bedeutete dies natürlich in erster Linie, zum Thema Frieden schriftliche Abfassungen zu veröffentlichen. Letzteres hatte sich jedoch, wie wir gesehen haben, bald als Problem erwiesen: hatte er immer schon mit der Zensur zu kämpfen, so nahm diese nun bei seinen politischen Themen besondere Strenge an, bis zum totalen Schreibverbot. (29) Als nach zwei Jahren, 1964, das Verbot wieder aufgehoben wurde, brachte Merton umgehend neben 'Seeds of Destruction' zahlreiche Aufsätze heraus in Zeitschriften wie 'Continuum', 'Commonweal' und 'Herder and Herder'[433].(32)

---

[433] Englischsprachig sind einige Aufsätze zusammengefaßt in T. Merton, Faith and violence, Notre Dame - Indiana, 1968, und in The Nonviolent Alternative, New York 1980, die deutschsprachige Übersetzung von letzterem ist 'Gewaltlosigkeit', Zürich-Köln 1986.

4.2.3.1 Mertons Bewertung der politischen Situation

„Das Ende der Welt liegt ganz real und buchstäblich in unseren Händen oder in denen unserer unmittelbaren Nachkommen, falls es die noch gibt. Ich möchte behaupten: Dies ist apokalyptischer als alles, was unsere Vorfahren in der Offenbarung des Johannes je entdeckt haben."[434] Viele Besucher in Gethsemani empfanden Merton Anfang der sechziger Jahre als pessimistisch. Gordon Zahn widerspricht in seinem Nachwort von 'The Nonviolent Alternative' diesem Urteil und hält Mertons apokalyptische Sprache nicht für Pessimismus, sondern für ein Medium, die Dringlichkeit und Realität der Bedrohung vor Augen zu stellen. Mertons persönliche Haltung sei hingegen immer geprägt gewesen von der Überzeugung des siegenden Heils Gottes und damit eindeutig positiv.[435]

Die Geschichte spricht für sich: die nukleare Gefahr, die durch die immense Aufrüstung der beiden Machtblöcke und durch die Eskalation des Kalten Krieges bestand, war real. Die Raketen waren auf beiden Seiten, Ost und West, 1962 bereits ausgefahren, als Chruschtschow einlenkte und seine Frachter vor Kuba umkehren ließ. Mertons Nachdrücklichkeit und Insistenz beim Thema Frieden entstammte keinem Hirngespinst, sondern ehrlichem Hinschauen auf die politische und militärische Situation. Der Zynismus seines Textes 'Original Child Bomb' beruhte nicht auf seiner Erfindung, sondern auf dem Umgang der Militärs und Politiker selbst mit dem Atombombenabwurf. Er konnte durch diese beinahe protokollarische Darstellung in 'Original Child Bomb' Fehlen von Empathie und Moralität bei den meisten Verantwortlichen aufdecken.

Scharf wurde deshalb auch seine Kritik an kriegsfördernden Ideologien, an politisch Verantwortlichen und an westlichen Gesellschaften im allgemeinen, an kirchlichen Verantwortlichen und an Mitchristen im besonderen, insofern sie die bestehenden Gefahren des immensen Aufrüstens und Aggressionspotentials ignorierten oder verharmlosten. Die Absurdität jeder atomaren (oder auch biologischen und chemischen) Kriegsführung versuchte er eindringlich klarzumachen. Seine Suche nach Möglichkeiten, internationaler Aggression friedfertige Gedanken und Mittel entgegenzustellen, wurde angestrengt und intensiv.

Mit den USA ging er besonders hart ins Gericht und warf ihnen vor, ohne daß sie es explizit wollten, eine Politik des totalen Krieges zu betreiben. Die Drohung des Präventivangriffs auf feindliche Raketenbasen und die Abschreckungsstrategie durch immense Aufrüstung seien die Faktoren dieser Politik. Die Machthaber bleuten dann auch noch den Christen ein, es ginge um ein Ringen zwischen Licht und Finsternis, welches nur mit militärischen Mitteln

---

[434] T. Merton, Frieden: Die Pflichten und Perspektiven eines Christen, in: Gewaltlosigkeit, 16.
[435] Vgl. G. Zahn, Ein Mönch, arglos wie ein Kind: eine Würdigung, in: aaO. 377.

zu lösen sei. Infragestellung der gegenwärtigen Verteidigung werde hingegen sofort als Verrat an der Demokratie hingestellt.

Wenn er den Westen häufig kritisierte, bedeutete das nicht ein Plädoyer für den Kommunismus. Daran, daß er im Westen Freiheit und Demokratie für unersetzliche Ideale hielt, die unbedingt zu verteidigen waren, ließ er keinen Zweifel. Daß die Sowjetunion eine geschickte Propaganda der vermeintlichen Friedfertigkeit betrieb, kritisierte er offen.[436] Auf keinen Fall stellte er den Osten als moralisch besser dar, im Gegenteil: er behauptete, Ost und West litten an „der gleichen moralischen Krankheit: Beide wurzeln in der gleichen, im Grund materalistischen Lebensauffassung. Und beide haben folgende Merkmale gemeinsam: Auf *moralischer* Ebene unterwerfen sie sich blind einem Determinismus, der dazu führt, den Menschen ganz und gar von seiner Verantwortung zu entbinden. Folglich verlieren moralische Verpflichtungen und Entscheidungen praktisch jeden Sinn. Bestenfalls bleiben sie Worthülsen, Rationalisierungen pragmatischer Entscheidungen, längst diktiert von den politischen Zwängen des Augenblicks"[437]. Moralische Passivität, so Merton, besonders, wenn sie auf ideologischem Gehorsam beruhe, sei die „schrecklichste Gefahr unserer Tage", da mit ihm eine „dämonischer Aktivismus" „glänzender technischer Improvisationen" seitens Politik, Wirtschaft und Militär korrespondiere. Dabei sei das Dämonische nicht immer gezielt gesteuert, sondern könne sich durch eine „Logik der Ereignisse" verselbständigen. Dann entstünden Sachverhalte, für die letztlich niemand mehr verantwortlich sei. „Denn es ist unzweifelhaft, daß Hiroshima und Nagasaki, wenn auch nicht ganz und gar vorsätzliche Verbrechen, so doch Verbrechen waren. Und wer war verantwortlich? Niemand. Oder 'Die Geschichte'".[438]

Als unmoralisch bezeichnete er ferner die Aufrüstung selbst. Das Mißverhältnis von Geldsummen für Waffenproduktion und für Bekämpfung des Welthungers sei ekklatant.

4.2.3.2 Kritische Sicht von Christentum und Kirche

An der Katholischen Kirche kritisierte er Anfang der sechziger Jahre, daß sie sich angesichts des nuklearen Rüstungswettlaufs in Schweigen hüllte und ethische Probleme einseitig bewertete. (28) Daß manche amerikanische Bischöfe die nukleare Aufrüstung der USA sogar dezidiert befürworteten, entsetzte ihn. Die laxe Vermischung von gesellschaftlichen Tendenzen und christlichen Zielen wurde Inhalt seiner Kritik.[439]

[436] Vgl. Merton, Christliche Ethik und nuklearer Krieg, in: aaO. 118 u. 131f.
[437] Merton, Frieden: Eine religiöse Verantwortung, in: aaO. 167.
[438] AaO. 168.
[439] „Die Interessen des Westens, der NATO und der Kirche werden alle miteinander verwechselt, und ohne großes Zögern wird es als 'notwendiges und geringeres Übel' hingenommen, daß der Westen durch einen nuklearen Erstschlag gegen Rußland verteidigt werden kann. Wir setzen einfach, westliche Gesellschaft gleich Christentum, und Kommunismus gleich Antichrist. Und ohne zu zögern, erklären wir bereitwillig, daß 'kein Preis

Bei den anderen Theologen beklagte er, nicht auf der Höhe der Zeit, und daher auch nicht in der Lage zu sein, die gegenwärtige Lage angemessen zu analysieren, ein übliches Problem der Kirche. Dankbar war er deshalb, als 1963 „Pacem in Terris" von Johannes XXIII erschien und sich dem Problem Krieg und Frieden im nuklearen Zeitalter widmete. Zwar ging der Papst in dieser Enzyklyka wenig konkret auf die Wirkungen und Folgen eines Nuklearkrieges ein, forderte jedoch radikal das Ende des Rüstungswettlaufs und das generelle Verbot von Atomwaffen. Daß der Papst eine internationale Autorität forderte, die das militärische Rüsten und Verhalten der einzelnen Staaten überwachen und kontrollieren sollte, konnte er nur befürworten.[440] Die bestehende UNO hielt Merton jedoch für noch zu schwach, um solche Aufgaben übernehmen zu können.[441] Einig war er sich mit dem Papst, daß wahre Autorität ihre Quelle in Gott habe und immer verbunden sein müsse mit der Suche nach Wahrheit, Gerechtigkeit, Liebe und Freiheit. Für alle Friedensbemühungen sei besonders die Liebe zum Leben die elementare Basis. Der päpstliche Ansatz über die grundlegende Menschenwürde und Menschenrechte spornte ihn an, noch tiefer nach den Wurzeln des Krieges, und anders herum betrachtet, nach den Quellen des Friedens, zu suchen. Nach den Quellen des Friedens, um auch langfristig gegen Kriegsführung gerüstet zu sein und um im Bedrohungszustand Phantasie für alternative Verteidigungsformen zu entwickeln.

4.2.3.3 Suche nach den Ursachen von Krieg und Gewalt

Nicht systematisch, doch aus verschiedenen Perspektiven spürte Merton in fast jedem Aufsatz Gründen nach, weshalb es überhaupt zur Abwesenheit von Frieden und zu Gewalt und Kriegen kommen konnte.

zu hoch sei' für unsere religiöse Freiheit. Das Klischee tönt vornehm, vielleicht für jene, die nicht schockiert sind durch dessen allzu offensichtliche Absurdität. Genozid ist einfach ein zu hoher Preis, und niemand, schon gar nicht ein Christ, nicht einmal für die höchsten Ideale, hat das Recht, Maßnahmen zu ergreifen, die Millionen von unschuldigen Zivilisten und sogar ganze wehrlose Völker neutraler Nationen oder unfreiwilliger Verbündeter zu zerstören vermögen...[..] Die schockierende Folge von all dem war nicht nur Verwirrung, Trägheit, Unentschlossenheit und sogar sträfliches Schweigen auf seiten vieler christlicher Wortführer, schlimmer noch, einige christliche Führer machen aktiv mit im Kalten Krieg und bitten Gott, selbst die moralische Blindheit und Hybris der Generäle und Industriellen zu rechtfertigen und den nuklearen Krieg als heiligen und apokalyptischen Kreuzzug zu segnen." Merton, Christliche Ethik und nuklearer Krieg, in: aaO. 116f. (Im Übersetzungstext steht statt „Absurdität" „Bedeutungslosigkeit", geändert, da m.E. falsch übersetzt).

[440] Vgl. Merton, Der Christ in der globalen Krise: Gedanken zum moralischen Klima der sechziger Jahre, in: aaO. 8of.

[441] Vgl. Merton, Der Durchbruch zum Frieden, in: aaO. 110.

1. Moralischer Determinismus und sanktionierte Gewalt am Beispiel von Auschwitz:

Eines, was er als Hauptursache einstufte, wurde oben bereits genannt: Ideologien, die den Menschen moralisch so determinierten, daß er seine eigene moralische Verantwortung nicht mehr wahrnehme. Oben bezog Merton diesen Determinismus auf die herrschenden Weltanschauungen von Ost und West, Kommunismus und Kapitalismus.

Wozu Determinismus, Merton sprach auch von „falschem Gehorsam", im schlimmsten Fall führen könne, demonstrierte er am Beispiel Drittes Reich. Er beschäftigte sich äußerst detailliert, geradezu fieberhaft, mit den Zuständen im Regime Hitlers. Schicksale von Opfern und Widerstandskämpfern recherchierte er akribisch,[442] noch akribischer jedoch die Charaktere der Täter, die zu unausprechlichen Grausamkeiten in der Lage gewesen waren. Dabei interessierte ihn besonders, welche Reaktionen die Kommandanten, Funktionäre und Mörder nach dem Krieg zeigten, bei den Verhandlungen und Prozessen oder in Aufzeichnungen. Psychologische Charakterstudien untersuchte er, im besonderen die von Adolf Eichmann. Waren die Täter alle psychisch auffällig oder eindeutige Psychopathen? Das Resultat seiner Studien war niederschmetternd: ganz und gar nicht, es handelte sich bei den meisten um unauffällige, angepaßte, tüchtige Bürger. „Es ist weit schlimmer, sich diesen ruhigen, 'ausgewogenen', unerschütterlichen Beamten vorzustellen, wie er gewissenhaft seine administrative Büroarbeit erledigte, die zufällig darin bestand, einen Massenmord zu dirigieren. Er war nachdenklich, ordentlich, phantasielos. Er hatte einen tiefgehenden Respekt vor System, Recht und Ordnung. Er war gehorsam, loyal, ein pflichttreuer Beamter eines großen Staates. Er diente seiner Regierung vorzüglich. Von Schuld wurde er nicht groß geplagt. Soviel ich weiß, hatte er keine psychosomatische Krankheit entwickelt. Anscheinend schlief er gut."[443]

Andere waren nicht nur verantwortlich für Entscheidungen, die zur Ermordung Tausender führten, sondern beteiligten sich selbst an den schlimmsten Greueltaten. Diese „anständigen" Bürger, die aus gepflegten und teils aus christlichen Elternhäusern stammten, wurden zu Folterknechten und Mördern. Wie konnte es dazu kommen? Merton fand heraus, daß es zwar durchaus gewisse „normale" Gründe gab, sich nach Ausschwitz versetzen zu lassen: erstens entkam man dadurch der Front und zweitens gab es dort viele Extrarationen Tabak und Alkohol. Das eigentliche Problem war jedoch, daß diese Leute Spaß daran fanden, zu töten. Die Kombination aus fehlender persönlicher Moral und von oben sanktionierter Ideologie, fehlende Skrupel und die Aufforderung zum Mord, so bilanzierte er, waren die tödliche Kombination. „Ist die entsprechende Situation und ein zweiter Hitler gegeben, können Orte

---

[442] So studierte und beschieb er beispielsweise schockierend genau die Behandlung und Ermordung der Kinder von Zamosc, vgl. Merton, Ausschwitz: Ein Familienlager, in: ebd., 218f., ferner die Schicksale der beiden Widerstandsleistenden Franz Jägerstätter und Pater Josef Metzger, in: aaO. 191ff.

[443] Merton, Eine fromme Meditation in Erinnerung an Adolf Eichmann, in: aaO. 227.

wie Auschwitz geschaffen werden, reibungslos funktionieren, Tausende von Menschen systematisch ausgehungert, geschlagen, vergast werden und Krematorien auf Hochtouren brennen. Solche Lager können morgen schon irgendwo errichtet und mit größter Effizienz in Betrieb genommen werden, denn es besteht kein Mangel an Leuten, die an diesem Job Spaß haben, vorausgesetzt, das Ganze ist von der Obrigkeit sanktioniert. Eine Ideologie, die sie anscheinend zu Grausamkeit und Zerstörung berechtigt, werden sie instinktiv gutheißen und sich ihr unterwerfen. Sie sind froh um einen Glauben, der ihnen freien Lauf läßt, ihren Mitmenschen ohne Gewissensbisse grausam zu vernichten, sofern er einer anderen Rasse angehört oder an andere mehr oder weniger bedeutungslose politische Schlagworte glaubt. Es genügt, einem Grundprinzip zuzustimmen: Jeder, der der Klasse X oder der Nation Y oder der Rasse Z angehört, muß als untermenschlich und wertlos betrachtet werden und hat demzufolge kein Recht auf Leben. Alles übrige wird mühelos daraus folgen. Solange sich dieses Prinzip leicht durchzusetzen vermag, solange es als selbstverständlich angenommen wird, solange es auf Titelseiten veröffentlicht werden kann und von allen akzeptiert wird, brauchen wir keine Monstren: gewöhnliche Polizisten und gute Bürger werden um alles besorgt sein."[444]
Merton hatte allerdings mit „gewöhnlichen Polizisten" gerade auch noch andere vor Augen, die weißen Polizisten der Südstaaten, die brutal gegen Schwarze und Bürgerrechtler vorgingen. Auch hier gab es Menschenleben zu beklagen.

2. Abwesenheit von Rationalität und Entstehung pathologischer Mythen:
Wie aber könne es soweit kommen, daß Menschen so verführbar seien, daß Gewalt und Krieg so blindlings befürwortet werde? Merton fand eine Antwort bei Simone Weil: diese beklagte als eine Hauptursache von Krieg die Abwesenheit von Rationalität. Wenn sich die Menschen, vor allem die Funktionsträger, mit vernünftigen Argumenten den Anlässen der Konflikte nähern würden, statt puren Aggressionen und mythologisierten Feindbildern aufzusitzen, wenn alle Menschen sich das herrschende geistige Klima bewußt machten und den menschliche Verstand entgegenhielten, bestünde in jedem Konflikt auch die Aussicht auf rationale, friedliche Lösung. Besonders gefährdet für Mythologisierung seien jene Völker, die keine Mythen im religiösen Bereich mehr hätten. Dann dringe leicht ein heimlicher Mythos in das gesamte politische, soziale und ethische Gedankengut ein. Politische Slogans würden dann zur „Würde metaphysischer Absolutheit emporsteigen", Blut werde dann für hochtrabende Worte gerne vergossen. „Der Nichtigkeit nationaler, klassengebundener oder rassischer Mythen muß eine scheinbare Substanz verliehen werden, nicht vernünftigen Inhaltes, sondern aus dem *Drang zur Vernichtung und zum Vernichtetwerden.* Wir können an dieser Stelle sehen, daß das Wesen der Idolatrie in der Bereitschaft besteht, einem metaphysischen Nichts Wirklichkeit zu verleihen, indem man ihm opfert. Je umfassender jemand gegebene Wirklichkeit zerstört und sich selbst einem an sich leeren Gegenstand hingibt,

---

[444] Merton, Auschwitz, in: aaO. 226.

um so tiefer ist der Götzendienst, das heißt die Hingabe an den Un-Sinn, das Nicht-Seiende sei eine absolute Gegebenheit."[445] Eine Philosophie, die erlaube die niedrigsten Triebe auszuleben, fördere also diese Triebe bis hin zur schlimmsten Perversion. Sprachlichen Niederschlag habe dieses im Zynismus der Gestapo gefunden, wenn Giftgas zum „Desinfektionsmittel" wurde und „Arbeit macht frei" bedeutete, daß sich die Leute zu Tode arbeiteten. „Menschen vom Leben befreien" als schlimmste Abart von Weltanschauung, sprich, Nekrophilie als perviertierter Lebensinhalt war das Ergebnis von Mertons Studien über das deutsche Naziregime und Ursachen schrecklichster Gewalt.[446]

„Erkrankung von Sprache" war für ihn ein wichtiges Symptom für Gewalt und Machtmißbrauch. Dies galt aber absolut nicht nur für das Dritte Reich, sondern „Erkrankung der politischen Sprache" manifestierte er gerade wieder in seiner Gegenwart, in der politischen Sprache aller Machtblöcke. „Die Erkrankung der politischen Sprache, die praktisch allgemein und ein Symptom der Plage der Macht ist, von der China und Amerika, Rußland und West-Europa alle miteinander befallen sind, ist überall gekennzeichnet von Doppelzüngigkeit, Tautologie, zweideutigen Klischees, Selbstgerechtigkeit, doktrinärer Schwülstigkeit und pseudo-wissenschaftlichem Jargon, die alle eine totale Gleichgültigkeit und moralische Unempfindlichkeit, ja eine fundamentale Menschenverachtung kaschieren. Die in sich selbst geschlossene Endgültigkeit, die jeden Dialog verunmöglicht und den Anspruch erhebt, die für sich gewählten, absoluten Bedingungen allen anderen aufzuzwingen, wird oder ist bereits eine totalitäre, diktatorische Sprache. Die Revolte dagegen greift auf elementare und anarchistische Gewalt und auf einen neuen semantischen Code zurück."[447]

3. Versagen der Kirchen:

Bedenkliche Sprachsymptome für Machtmißbrauch fand er übrigens auch in amerikanischen Kirchen, „bei Fundamentalisten und Pfingstlern, also in weißen protestantischen Sekten, [..], und wohl am stärksten im Süden, zur Zeit der 'Freiheitsfahrten' und der gewaltfreien Bürgerrechtsdemonstrationen."[448] Gemeint war das verbreitete Aufkommen von Glossolalie in jenen Kirchen während der sechziger Jahre. Ohne Glossolalie rundweg abzulehnen, stellte Merton ihre Gefahr heraus: durch ihre Unverständlichkeit könnten Wirklichkeiten verschleiert werden oder andersherum Unwirklichkeiten zu Realitäten erhoben werden. Noch beklagenswerter an der Glossolalie sei jedoch, daß sie eine bestimmte Art von Endgültigkeit beanspruche, die gefährlich sei. Dialog und Widerspruch seien nämlich hier aufgrund der Unverständlichkeit nicht mehr möglich. Daß dies unbiblisch sei, belegte Merton mit Paulus in 1 Kor

---

[445] Merton, Dic Antwort von Minerva: Pazifismus und Widerstand bei Simone Weil, in: aaO. 209.
[446] Vgl. Merton, Auschwitz, in: aaO. 220f.
[447] Merton, Der Krieg und die Krise der Sprache, in: aaO. 346.
[448] AaO. 330.

14: „Wenn du in einer fremden Sprache einen Segen sprichst, kann die versammelte Gemeinde nicht mit 'Amen' antworten, weil sie gar nicht weiß, daß sie gesegnet worden ist."

Doch nicht nur diese Kirchen wurden kritisch beurteilt, angesichts der Vergangenheit im Dritten Reich und der gegenwärtigen „schwerwiegensten geistigen Krise"[449] auch die Katholische: auch sie würde ihrem Auftrag von Protest und Prophetie selten gerecht. Die westlichen Kirchen hätten seit langem alle den Fehler gemacht, westliche Zivilisation mit Gott gleichzusetzen. Eine Krise der westlichen Kultur habe dann unweigerlich zu einer Krise des Christentums führen müssen. Die Christenheit habe sich seither zu weiten Teilen in fanatischen oder irrationalen Bewegungen verirrt. „Wenn sie sich lediglich mit fliegenden Untertassen und mit Gespräch mit den Verstorbenen abgeben würden, wäre es halb so schlimm. Sie haben sich aber verstrickt in Rassismus, in faschistischen Nationalismus, in jede Schattierung des Hasses und in jede Art halb-wahrhafter Interessenvertretungen, die sich beglückwünschen, nicht nur vom Volk, sondern auch vom Klerus unterstützt zu werden."[450]

Merton verteidigte daraufhin die „Gott ist tot-Theologie", da sie eine Reaktion auf die Dekadenz des Christentums sei und in der Verweigerung der gängigen theologischen Begrifflichkeit eine Reinigung der religiösen Sprache intendiere. Auf der anderen Seite sah er diese neue Art des Theologietreibens auch wieder kritisch: sie laufe durch die Ablehnung jeder Institutionalisierung gefahr, in politischer Hinsicht völlig passiv zu werden und damit sich auch willenlos einem Polizeistaat zu fügen, sei er kapitalistischer oder kommunistischer Prägung.

4. Einmischung der Militärs in Politik:

Hiroshima und Nagasaki stellten nach Mertons Meinung einen radikalen Bruch mit der traditionellen Kriegsführung dar, da nun die Unterscheidung zwischen Zivilisten und Soldaten aufgehoben worden sei. Dieser Bruch habe sich allerdings, so schränkte er ein, gar nicht so schnell vollzogen, sondern bereits mit den flächenhaften Bombardierungen mit herkömmlichen Waffen seitens der Deutschen, dann seitens der Alliierten im Zweiten Weltkrieg begonnen.

„Wie kam es vom gezielten Angriff, gemäß traditionellen Rechtsgrundsätzen, zur Bombenteppich-Strategie? Wie kam es daß die Ethik allmählich diese Strategie und sogar die Massenvernichtung durch Atomwaffen verteidigte? Wie kamen wir zu unserer gegenwärtigen Position, welche die traditionelle Lehre des gerechten Krieges bis zur Unkenntlichkeit verändert hat? Wie kommt es, daß wir heute fast jede Greueltat, jeden Exzeß, jeden Schrecken bereitwillig mit der Begründung zulassen, es sei ein geringeres Übel und 'notwendig', um unsere Nation zu retten?"[451]

---

[449] Merton, Passivität und Autoritätsmißbrauch, in: aaO. 197.
[450] Merton, Glaube und Gewalt, in: aaO. 289.
[451] Merton, Die Städte als Zielscheibe, in: aaO. 135.

„Wir können das mutige Volk, das so sehr litt und gierig das Kriegsende erwartete, nicht leichthin tadeln. Doch die Alliierten haben sich schließlich die gleichen Methoden angeeignet, dieselbe rücksichtslose Unmenschlichkeit, die den Feind ins Unrecht gesetzt hatte. Ungerechtigkeit war nun auf beiden Seiten. Nutzlos zu sagen, daß nun beide Seiten energisch beteuerten und sich zu überzeugen versuchten, mit genau denselben Worten, ihre Kriegsanstrengungen, ihre Methoden seien rechtmäßig, und das alles sei notwendig, um den Sieg davonzutragen und den Krieg schnell zu beenden und 'Leben zu retten'".[452]

Er bezeichnete derartige Kriegsführung als Terrorismus. Das Nazi-Regime mit Terrorismus zu vergleichen sei leicht nachvollziehbar, wie kam es jedoch dazu, so scheute er nicht die prekäre Frage, daß auch die alliierten Staaten diese terroristische Form der Kriegsführung annahmen?

Seine Antwort lautete: wenn die Politik von den Militärs abgelöst wird, verselbständigten sich auch leicht die Mittel der Kriegsführung. Gerechtigkeit in der Anwendung der Kriegsmittel sei dann nicht mehr von Bedeutung, Vorrang habe schließlich die militärische Zweckmäßigkeit.[453]

5. Unglaubwürdigkeit des Staates und mangelhafte soziale Srukturen:

Daß Gewalt die Ursache von neuer Gewalt ist, brauche nicht erklärt zu werden. Ein Land jedoch wie Amerika, so Merton, das blind und sinnlos in Vietnam wütet - er recherchierte und berichtete ausführlich den Einsatz von Napalmbomben - brauche sich nicht zu wundern, wenn schwarze Bürger im eigenen Land nach friedlichen Protesten auch die Mittel der Gewalt wählten. Wenn ein Schwarzer den Spruch geprägt hätte, „Gewalt sei so amerikanisch wie cherry pie", dann sei dies zwar sarkastisch, aber erschreckend wahr. Es ließe sich nämlich beobachten, daß der schwarzen Bewegung tatsächlich mehr Gehör geschenkt würde, seitdem sie sich der „Black Power" zugewendet hätte. „Amerika horchte auf und schenkte Black Power viel Beachtung. Black Power wurde ein explosives und unerschöpfliches Thema in den Massenmedien. Es ließ sich viel besser vermarkten als die Gewaltlosigkeit. Gewaltlosigkeit war für das amerikanische Publikum nur interressant, soweit sie als eine obskure, perverse Spielart der Gewalt betrachtet werden konnte - einer unehrlichen und auf den Kopf gestellten Gewalt. Von hier kamen die anhaltenden höhnischen Anspielungen, die darauf hinzielten, Gewaltlosigkeit mit Passivität und Homosexualität zu verbinden. Black Power war eindeutig eine Bot-

---

[452] AaO. 138.

[453] Wie der Zweite Weltkrieg anders hätte beendet werden können, beantwortete Merton hier natürlich nicht. Es ging ihm auch nicht um platte Verurteilung der Alliierten. Mit seiner Kritik, die alles andere als „political correct" war, und mit der er sich leicht unbeliebt machte, forderte er nur die Ehrlichkeit ein, zuzugeben, daß beide Seiten mit ungerechten Mitteln gekämpft hatten. Diese Kritik sollte wiederum anregen, auch jetzt im Ost-West-Konflikt ehrlich zu sein und ungerechte Kriegsmittel zu vermeiden. Sich der moralisch unsauberen Mittel bewußt zu werden und nachzudenken über konfliktlösende Medien und Wege, die über Kriegsmittel hinausgingen, empfand er als seine Aufgabe der Friedenssuche.

schaft, die das weiße Amerika hören *wollte*. Nicht, daß das weiße Amerika sich nicht fürchtete, es war ganz schön erschrocken. Und froh. Denn alles war jetzt so viel einfacher. Man hatte jetzt ausgezeichnete Gründe, die Bullen und die National Guard aufzubieten. Und so wollten es auch die Schwarzen. Auch für sie war es einfacher. Sie fanden eine Selbstrechtfertigung darin."[454] Die Gewalt Amerikas in Vietnam schlug damit in Amerika zurück. Die Schwarzen, so Merton, identifizierten sich mit den Vietkongs. Sie meinten, die Rhetorik Washingtons durchschaut zu haben und urteilten, daß Weiße immer leicht Argumente fänden, Farbige niederzumetzeln.

Das schlechte Vorbild des Staates war das eine, die kranken Strukturen im eigenen Land nannte Merton die andere Ursache der Gewalt. Das Verbrechen, das aus dem Ghetto hervorbreche, sei nur Frucht einer größeren Gewalttätigkeit und Frucht der Ungerechtigkeit, die diese Leute zwinge, im Ghetto zu leben. Nicht einzelne Rebellen seien Urheber der Gewalt, sondern vielmehr eine soziale Struktur, „die nach außen geordnet und respektabel erscheint, innen aber von psychopathischer Besessenheit und Verblendung beherrscht wird"[455].

6. Technologisches Denken:
Was den Vietnamkrieg anging, überlegte Merton, ob die Ursache für den Einstieg der USA in diesen irrsinnigen Krieg vielleicht im technologischen Denken zu suchen sei, und stützte sich auf eine Studie der Zeitschrift 'Encounter'. Dort war gefragt worden, wie Amerika in diesen aussichtslosen Krieg hatte einsteigen können, obwohl es in den USA zahlreiche wissenschaftliche Institute und Universitäten gäbe, die genaue operationale und politische Analysen anfertigen konnten. Der Autor folgerte, daß das verblendete Selbstvertrauen der Wissenschaft in die modernen Technologien - Helikopter, neue Waffen, Infrarot-Sensoren, usw. - zum Fehlurteil, aber auch zum Ehrgeiz verführt hätten, diesen Krieg auf jeden Fall zu gewinnen. „Das technologische Denken birgt mit anderen Worten eine gewisse Hybris in sich, durch die es in sich und innerhalb seiner eigenen Vorraussetzungen kreist und sich so für entscheidend wichtige Realitäten, die darin nicht Platz haben, auf fatale Weise verschließt."[456]

7. Angst und Persönlichkeitsdefizite:
Technologisches Denken, soziale Strukturen, Gewaltausübung durch den Staat oder von ihm sanktionierte Gewaltausübung, die politische Nichtbeachtung von gewaltlosem Widerstand, Abwesenheit von Rationalität auf Staatsebene, Ausleben der niedrigsten Triebe bis hin zur primitiven Todeslust - all diese Faktoren hatte Merton nun bereits als Kriegsursachen herausgearbeitet. Darüberhinaus fand er auch auf ganz individueller Ebene entscheidende Ursachen für Krieg. In 'New Seeds of Contemplation' sprach er von der Angst als

---

[454] Merton, Glaube und Gewalt, in: aaO. 278.
[455] AaO. 259.
[456] Merton, Krieg, in: aaO. 344.

kriegsauslösenden Faktor, und zwar jener Angst, die entstünde, wenn man kein Gottvertrauen habe: man fürchte dann alles und jeden, sogar sich selbst. Letzteres, die Furcht vor sich selbst, bis hin zum Selbsthaß, sei die größte Gefahr für die Menschheit. Wenn ein Mensch sich selbst nicht annehmen könne, sei er auch nicht fähig, sich realistisch und kritisch wahrzunehmen und projeziere umsomehr alles Böses auf andere. Solange der Mensch nicht lerne, auch seine Schattenseiten in seine Person zu integrieren, bestünde auch keine Aussicht auf Friedensfähigkeit. Nur wer mit Gottes Hilfe lerne, liebesfähig zu werden - und ohne Demut bestünde hierzu keine Chance - könne seine Grundangst, welche die Wurzel allen Krieges sei, überwinden.[457]

In seinem Aufsatz 'A Note on The Psychological Causes of War by Eric Fromm', den er 1967 in 'Pendle Hill Pamphlets' veröffentlichte, erklärte er ebenfalls als eine ganz entscheidende Ursache für Krieg und Gewalt die falsche Persönlichkeit des Individuums.[458] Die Ambivalenz und Zerrissenheit der menschlichen Person rufe in erster Linie den Unfrieden hervor. Persönlichkeitsmängel mochte er dabei nicht nur auf psychologischer und sozialer Ebene verstanden wissen, da der Mensch mehr als das empirische Selbst umfasse. Gerade als theologische Antwort auf den psychologischen Ansatz Fromms verlangte er, Persönlichkeitsdefizite in weiterem Horizont zu betrachten, sprich, auch in metaphysischem. Das Individuum solle mehr als sozial funktionieren, es solle moralisch und spirituell empfinden. Die Psychologie habe die Verantwortung, den Menschen die Schuldgefühle nicht abzutrainieren, wo es sich um begründete Schuldgefühle handelte (beispielsweise aufgrund des Kalten Krieges). Gerade die moralische Verschlossenheit und die spirituelle Gefühllosigkeit gegenüber fundamentalen menschlichen Werten sei doch das Problem vieler Personen der Gegenwart. Hier aber könne gerade die Religion die Menschen zu neuen Aufbrüchen motivieren.

4.2.3.4 Konkrete Elemente christlicher Friedensarbeit

Auch Thomas Merton hatte keine Patentrezepte für sofortige Lösungen des Unfriedens in der Welt, konkret für den Ost-West-Konflikt und das nukleare Problem. Die Politik, die er beobachtete war jedoch zu gefährlich, um sie als Christ nur passiv hinnehmen zu können. Passivität oder gar aktive Teilnahme an gewaltsamen Lösungen waren mit dem Evangelium nicht vereinbar. Aktive, langfristige Friedensarbeit und ethisch angemessenen Widerstand hielt er deshalb für das Gebot der Stunde: „Unsere Aufgabe im Moment kann unmöglich sein, zu *klaren und endgültigen* Lösungen zu gelangen. Zuerst einmal müssen wir beurteilen, was zu tun ist, den Boden säubern, uns neu orientieren in der wesentlich neuen, tragisch-kritischen Situation, in der sich die gesamte Menschheit befindet. In einer Krise, wo die eigentliche Existenz des Menschen und die Kontinuität des Lebens selbst auf dem Spiel stehen, wird es vor

---

[457] Vgl. Thomas Merton, New Seeds of Contemplation, London 1962, 86ff.
[458] in: Merton, Faith and Violence, Notre Dame, Indiana, 1968, 111ff.

allem für uns Christen dem Schöpfergott gegenüber zur Pflicht, uns in jeder Hinsicht zu bemühen, seine Schöpfung zu erhalten und zu schützen. Es ist unsere Pflicht, die Menschlichkeit, für die Christus starb, retten zu helfen. Wir können den Menschen nicht mißachten, seine Notlage ignorieren und gegenüber abstrakten Ideen Loyalität vorgeben als Entschuldigung, schlimmer noch als *Grund* für eine Politik, die auf Haß und Zerstörung beruht. 'Kommis töten für Christus', heißt zugeben, daß man jeglichen Sinn für die Bedeutung des christlichen Evangeliums verloren hat."[459]

1. Gebrauch der Vernunft:
Die Wirklichkeit klar und realistisch mit Verstand zu erfassen, war für ihn erste Bedingung des rechten Umgangs mit Freiheit und wichtige Grundlage von Frieden. Gerade angesichts der häufig vorzufindenden „Meinungswetterlagen" und oberflächlichen Slogans sei die Bereitschaft zur Erkundung der wirklichen Fakten und Sachlagen zugunsten des Weltfriedens verringert. Das Gesprächs- und Denkklima müsse jedoch auf Logik und Verstand aufbauen, nicht auf emotional geschürten Vorurteilen. Er stützte sich auf 'Pacem in Terris', welches auch für Erneuerung des geistigen Klimas zwischen den Völkern plädierte.

2. Auch Pazifismus muß sich der Kritik stellen:
„Pazifismus" käme in manchen Kreisen einem Schimpfwort nahe und bedauerlicherweise nicht immer zu unrecht, so Merton in seinen 'Gedanken zum moralischen Klima der sechziger Jahre'.[460] Gerade der religiöse Pazifismus sei oft zu einseitig ausgelegt worden und stünde nicht selten als Synonym für eine Haltung der manichäischen Weltverachtung, bishin zu nekrophilen Elementen, wurzele jedenfalls oft in einer weltverneinenden und individualistischen Askese, oder lebe im Kontext einer kleinen eschatologischen Gemeinschaft (wie z.B. die der Shaker). Vielen Katholiken bereite dieser Pazifismus auch insofern Probleme, als er einer Quasi-Religion gleichkäme und Friede derart einseitig dogmatisiere, daß über Konfliktlösungen nicht mehr frei nachgedacht werde, Kritik am Pazifismus sogar zum Ausschluß aus der christlichen Gemeinschaft führe. Extremistischer Pazifismus hätte eben auch zur Folge, daß er von Kriegsbefürwortern nicht mehr ernst genommen würde. Diese akzeptierten dann zwar einzelne Wehrdienstverweigerer, die aufgrund ihres „Gewissens" verweigerten, der Grund dieser Gewissensregung würde jedoch lediglich im emotionalen Bereich gesucht, Verweigerung aus Vernunftgründen von vornherein ausgeschlossen.
'Pacem in Terris' konnte nach Merton dem Pazifismus eine wichtige Richtung weisen, da es einen wohltuenden anderen Akzent setzte. Es beschrieb die Lösungsversuche internationaler Konflikte durch das Medium Krieg als schlicht unvernünftig, ferner nannte es die kontinuierliche Arbeit am Weltfrieden

---

[459] Vgl. Merton, Christentum und Verteidigung im nuklearen Zeitalter, in: Gewaltlosigkeit, 125.
[460] Merton, Globale Krise, in: aaO. 46.

wirksamer als einzelne Proteste an neuester Kriegstechnologie. Nicht einzelne wenige Pazifisten wurden dadurch aufgerufen, für Frieden zu arbeiten, sondern alle Menschen kraft ihrer Vernunft. Für den organisierten Pazifismus hieß das, sich nicht sektiererisch abzuschotten, sondern offenes Denken und integrierendes Handeln zuzulassen. An vielen anderen Stellen wies Merton darauf hin, daß richtig verstandener Pazifismus auch nichts mit „quietistischer Trägheit" zu tun hatte, Unordnung, Gewalt und Ungerechtigkeit hinnehmend, vielmehr mit heroischem Einsatz und schweren Opfern.[461]

3. Gehorsam zu Christus:

Gibt es einen Weg, den Feind zu lieben? Merton zog Maximus Confessor zu Rate, der auf diese Frage hin meinte, man müsse das Gebot der Nächstenliebe (Mt 22, 37-40) nur einmal verstehen lernen und dann sein Leben danach ausrichten. Mit Verstehen war gemeint, am Leiden Christi teilzunehmen. Dies bedeute nicht, Unrecht und Bosheit passiv hinzunehmen, sondern dem Bösen durch den Geist Christi wirksam zu widerstehen. Der Widerstand richte sich jedoch nicht gegen den Menschen, der Böses tue, sondern gegen das Böse selbst.

Begründet war Friedensarbeit für Merton eindeutig in Christus. In Eph 2,14 werde Jesus Christus selbst als Friede bezeichnet, dieser Status jedoch schon durch die alttestamentlichen Propheten, die den Messias als Friedensfürsten angekündigt hatten, vorbereitet. „Dies schließt den Glauben ein, daß die menschliche Natur, die in allen Menschen die gleiche ist, vom Logos in seiner Menschwerdung angenommen worden ist, um in allen Menschen zu leben."[462] Von nun an würden alle Menschen 'eins sein in Christus' (Gal 3,28) und Christus selbst ihr Friede, da sein Geist alle vereinigt in einer übernatürlichen Liebe (Eph 4,3). Die Christen seien deshalb gehalten, jeden anderen Menschen als Christus selbst zu behandeln, das Leben ihres Nachbarn zu respektieren, als wäre es das Leben Christi selbst, sein Rechte, als wären es die Rechte Christi. Auch wenn der Nachbar ungerecht, böse, und hassenswert erscheine, dürfe der Christ sich über ihn doch kein endgültiges Urteil anmaßen. Der Christ habe auch die Pflicht, Geduld zu üben und das geistige, sogar das irdische Wohl seiner Feinde zu suchen, sofern dies in Einklang gebracht werden könne mit dem Allgemeinwohl der Menschen. Christliche Feindesliebe entstamme jedoch im Gegensatz zur stoischen, epikureischen oder jüdischen nicht ethischer Begründung, sondern eschatologischer. Die Erfüllung der messianischen Verheißungen stellten das christliche Leben in eine ganz und gar eschatologische Dimension. Der Friede bestehe im Wirken des Heiligen Geistes im mystischen Leib Christi, sei damit auch Frucht des Geistes und Zeichen der göttlichen Gegenwart in der Welt. Auch die Antwort Jesu vor Pilatus sei im Johannesevangelium Beleg für die eschatologische Begründung: Jesus erklärte, sein Reich sei nicht von dieser Welt, deshalb müßten auch keine Diener für ihn kämpfen.

---

[461] Vgl. Merton, Frieden: eine religiöse Verantwortung, in: aaO. 160.
[462] Merton, Globale Krise, in: aaO. 50f.

Gehorsam zu Christus bedeute aber deshalb für Christen auch Ablehnung des Krieges. Ihre Friedensmethoden lägen vorrangig im Gebet und nicht in Waffen. Mit Origines nannte Merton Gebet als die wichtigste Waffe, doch nicht magisch verstandenes Gebet, sondern als Weg, den Menschen von den bösen Mächten zu befreien, die ihn überhaupt zu Krieg trieben.

Daß Augustinus, im Gegensatz zu Origines, die Beteiligung von Christen am Waffendienst befürwortete, beschäftigte Merton in dieser Diskussion sehr. Augustinus argumentierte für den Kriegsdienst, da Krieg seinen Ausführungen nach Feindesliebe und Reinhaltung des Glaubens zum Ziel haben konnte. Die Motivation des Kämpfenden sei entscheidend, wenn sein Verhalten gerecht wäre, sei auch der bewaffnete Kampf gerechtfertigt. Gerechter Krieg, der dazu diente, Frieden zu schaffen, sei für Christen immer erlaubt und sogar notwendig. Merton hielt die Auffassung des Augustinus, bei allem Respekt für den Kirchenvater, für gefährlich, vorrangig nicht deshalb, weil ihm die augustinische Einschätzung der subjektiven positiven Motivation des Kriegers naiv schien, sondern weil er Gewaltanwendung für die Ursache neuer Gewalt hielt. Gewalt verselbständige sich leicht selbst und hole das Schlechteste aus dem Menschen hervor.

„Gewaltlosigkeit stellt wohl die anspruchsvollste Form des Kampfes dar, nicht nur weil sie die Bereitschaft einschließt, Böses zu erdulden oder sogar ernsthaft bedroht zu werden, ohne es gewaltsam heimzuzahlen, sondern weil für sie vordergründige Eigeninteressen nicht in Betracht kommen. Wer gewaltlosen Widerstand leistet, muß in Wirklichkeit Abstand nehmen von den unmittelbaren eigenen Interessen wie von denen jeder besonderen Gruppe. Er muß sich der Verteidigung der Wahrheit und der Gerechtigkeit widmen und vor allem der Verteidigung des *Menschen*. Er will nicht einfach die Überhand gewinnen oder den Beweis erbringen, daß er im Recht sei und der Gegner im Unrecht, oder ihn zum Einlenken bewegen, so daß er tut, was von ihm verlangt wird."[463]

Gewaltlosigkeit, und nicht Dienst an der Waffe sei also der primäre Auftrag des Christen, besonders verkündet durch die Bergpredigt. Die Aufforderung zur Sanftmut und zur geistigen Armut in der Bergpredigt bedeute, daß das Vertrauen nicht in die Macht der Menschen gelegt werde, sondern in die Macht Gottes. Die eschatologische Dimension des christlichen Glaubens beinhalte Abstand von Selbstbehauptung und gewaltsamer Aggression. „Die Seligpreisungen führen in der Tat zu einem tiefen Verständnis der Dynamik des Reiches Gottes - einer Dynamik, die in den Gleichnissen vom Senfkorn und vom Sauerteig aufgezeigt wird. Es ist die Dynamik geduldigen und verborgenen Wachstums, im Vertrauen, daß aus dem kleinsten, schwächsten, unbedeutendsten Samen der größte Baum wachsen wird. Es handelt sich hier keineswegs um einen blinden, willkürlichen Glauben. Die frühe Kirchengeschichte, die Erinnerung an Apostel und Märtyrer legen von dieser inhärenten und geheimnisvollen Dynamik des kirchlichen 'Ereignisses' in der sichtbaren Ge-

---

[463] Merton, Glaube und Gewalt, in: aaO. 292.

schichte dieser Welt Zeugnis ab. Die christliche Gewaltlosigkeit wurzelt in diesem Bewußtsein und in diesem Glauben."[464]

4. Optimistisches Menschenbild:
Der Mensch habe das Potential zum Guten. Dies war für Merton keine nebensächliche Feststellung, sondern entscheidende Friedensgrundlage: daß der Mensch als von Gott geschaffene Kreatur, ausgestattet mit Vernunft und Gewissen, tatsächlich in der Lage sei, das Gute zu wollen und zu tun. Johannes XXIII. mit 'Pacem in Terris' als Vorbild nehmend, erklärte er ein optimistisches Menschenbild als Vorraussetzung für Zulassung von Freiheit und Gerechtigkeit überhaupt. Nur wer dem Menschen Friedens- und Freiheitsfähigkeit zutraue, könne in Verzicht auf Gewalt einwilligen.

Wer vom Guten im Menschen ausgehe, gestehe ihm dann auch zu, seine Existenzberechtigung im Bereich von Wahrheit, Gerechtigkeit, Liebe und Freiheit zu finden. Jede Autorität, die diese Werte anerkenne, fände dann eine andere Grundlage für ihre Autorität als die der Gewalt, nämlich Vernunft und Gewissen. Gläubige Menschen gründeten diese Überzeugung in Gott selbst als Schöpfer von Vernunft und Gewissen. „Es wird immer deutlicher, warum eine Enzyklika über Frieden auf Erden sich so viele Gedanken macht über die wahre Natur der Autortät innerhalb einer Ordnung von Gerechtigkeit und Liebe, welche die Ordnung der Freiheit ist, zu der wir gerufen sind durch die Tatsache selbst, daß wir Menschen sind, erschaffen nach Gottes Ebenbild. Wir verstehen, daß der Vorstellung einer Autorität der Liebe und der Wahrheit und der Vorstellung einer Autorität der Gewalt ganz verschiedene Auffassungen von Mensch und Welt zugrunde liegen. Es gilt, den Unterschied zwischen diesen Auffassungen zu begreifen. Wir werden dann nachvollziehen können, wie es möglich ist, daß so viele wohlanständige Leute oft bei einer Ideologie der auf Gewalt begründeten Autorität enden - analog der eines Machiavelli - und für das dringende christliche Bedürfnis einer Autorität in Freiheit und Liebe kein Gespür haben. Der Unterschied ist offensichtlich folgender: Der totalitäre und absolute Autoritätsbegriff setzt eine völlig pessimistische Sicht des Menschen und der Welt voraus. Diese Sicht ist aus irgendeinem Grund stillschweigend gegenüber menschlichen Werten verschlossen, mißtraut der Vernunft oder schätzt sie offen gering, sie ist ängstlich der Freiheit gegenüber, welche sie nicht von Zügellosigkeit und Auflehnung unterscheidet. Sie sucht Sicherheit in Macht, weil sie nicht glauben kann, daß die Kräfte der Natur sich spontan auf vernünftige und gesunde Art enwickeln können. Die Natur muß mit eiserner Hand kontrolliert werden, weil sei schlecht ist oder zum Schlechten neigt: der Mensch ist imstande, sich gut zu verhalten, aber nur, wenn er durch eine unerbittliche Autorität gezwungen wird. Diese Vorstellung taucht in verschiedensten Kontexten, religiösen wie nicht-religiösen, auf, von Calvin bis Stalin, von Port Royal bis Hitler. Wir finden Spuren davon bei Plato und Augustinus, bei Kirchenvätern wie Tertullian. Sie liefert Scheingründe für die

---

[464] AaO. 295.

Inquisition wie für Auschwitz...[..] Papst Johannes widersetzte sich, und zwar leidenschaftlich, dieser Form des Pessimismus, die er als eine der Verzweiflung verwandte Krankheit entlarvte, welche sich hinter der Maske von Stärke und Geradheit verbarg und in Wirklichkeit nichts anderes ist als die Verweigerung einer hochherzigen Antwort auf die Gnade und auf Gottes an uns Christen dieses zwanzigsten Jahrhunderts gerichteten Aufruf."[465]
Der wichtige Unterschied zwischen Papst Johannnes XXIII. und Machiavelli, so Merton, sei deshalb auch nicht, daß der eine an Gott glaube und der andere nicht, sondern daß Papst Johannes XXIII. an den Menschen glaube und und Machiavelli nicht.

Merton hatte damit tatsächlich eine Antwort auf seine so heftig gestellte Frage gefunden, wie es dazu kommen konnte, daß sich „normal veranlagte" Menschen für ein Regime der Gewalt und Grausamkeit entscheiden konnten: diese Menschen hatten eine negative, pessimistische Sicht des Menschen, ein grundlegendes Mißtrauen gegen den einzelnen und die Menschheit als ganze, schon gar keinen Glauben in die selbstständige Qualität einer Schöpfung Gottes. Gerade aber dieses fundamentale Zutrauen in den Menschen als Geschaffenen fand er im Friedensansatz des Papstes als Basis aller weiteren Schritte. Nur ein positives Menschenbild schaffe Raum für Liebe, nur Liebe zum Leben ermöglichte Frieden.

Hatte Merton an anderer Stelle rein menschlich an Vernunft und Gewissen appelliert, so zeigte sich hier doch seine Priorität: die Wichtigkeit einer metaphysischen Verwurzelung des Menschen, um überhaupt an die Fähigkeit zu Vernunft und Gewissen im Menschen glauben zu können. Rein anthropologisch-humanistische Ansätze für Gewaltlosigkeit zog er in seinen Ausführungen nicht in Betracht. Sein Statement war: „Eine Metaphysik der Gewaltlosigkeit ist etwas, was die Friedensbewegung braucht."[466] Er rekurrierte auf Gandhi, der im Zusammenhang mit Gewaltlosigkeit ebenfalls von der Notwendigkeit der metaphysischen und religiösen Verankerung sprach. Für Gandhi sei „Wahrheit das innnere Gesetz unseres Wesens", der Weg zum Frieden deshalb zugleich auch der Weg der Wahrheit, der Treue zum Ganzen und zum Sein. Diese Wahrheit führe zum Respekt vor dem Leben und vor dem Sein an sich, zum Respekt vor der Wirklichkeit. Der erste Schritt hierzu sei jedoch der Respekt vor dem eigenen innersten Sein. Notwendig hierzu seien Sammlung, Stille und Bewußtwerdung, um das Sein in seiner ganzen Einfachheit sprechen zu lassen. Ein Hindu fände diese metaphysischen Grundlagen in der vedantischen Lehre des Atman, des wahren transzendenten Selbst, vor dem das empirische Selbst zurücktreten müsse in gläubiger Ausübung des Dharma. Für einen Christen, so Merton, stelle hingegen die evangelische Botschaft der Rettung aller Menschen und des Reiches Gottes, zu dem alle gerufen seien, diese Grundlage dar.[467]

---

[465] Merton, Globale Krise, in: aaO. 82f.
[466] Merton, Minerva, in: aaO. 206.
[467] Vgl. Merton, Eine Huldigung an Gandhi, in: aaO. 255 und ders., Selig sind die Sanftmüti-

5. Die Handlung des Christen:

Christliche Gewaltlosigkeit suche das Gespräch, um zusammen mit dem Gegner das gemeinsame Wohl der Menschen zu erreichen. Sie müsse realistisch und konkret sein. Wie die übliche Politik sei sie lediglich die „Kunst des Möglichen". Sie biete jedoch den Vorteil, eine christlichere und humanere Vorstellung von dem, was möglich ist, zu haben. „Während die Mächtigen glauben, daß nur Macht wirksam ist, ist der gewaltlose Widerstandskämpfer davon überzeugt, daß Liebe, Offenheit, friedliche Verhandlung und vor allem Wahrheit weiterführen. Macht kann nämlich die Interessen bestimmter Leute gewährleisten, nie jedoch das der Menschen fördern. Macht beschützt immer das Gut einiger Menschen auf Kosten der anderen. Liebe allein kann das Wohl aller erreichen und bewahren. Der Anspruch, die Sicherheit aller auf Macht zu gründen, ist ein eindeutiger Schwindel."[468] Vielleicht war Mertons Verständnis von Macht einseitig, eines der wichtigsten Elemente der aktiven Friedensarbeit war jedoch für ihn die kritische Beobachtung des Umgangs mit Verantwortung der Machthaber, vor allem wenn diese offensichtlich nicht von bester moralischer Gesinnung waren. Der Christ sollte alle gesellschaftliche Vorgänge und Strukturen kritisch beurteilen, da Krieg bereits mit der Aufrüstung beginne und hier oft schon eingeschritten werden müsse. Wer beispielsweise bei einer Rüstungsfirma arbeite, der solle sich seiner Tätigkeit bewußt sein und Konsequenzen ziehen, forderte er. Ganz besonders kritsch müsse natürlich die Militärpolitik verfolgt werden. Die Moraltheologie sei auf diesen Gebieten besonders gefragt.

Er bezeichnete es als unmoralisch, wenn sich der Religiöse in einen Elfenbeinturm privater Spiritualität zurückziehe, vielmehr sollte er sich der „titanischen Arbeit des Versuchs, die Welt von einem Lager kriegender Barbaren in eine friedvolle internationale Gemeinschaft zu verwandeln, die ewig vom Krieg verschont bleiben wird"[469], annehmen. Die Brisanz der Bedrohung fordere schnelle und effektive Arbeit, gegebenenfalls auch Widerstand gegen sogenannte Bürgerpflichten. Gegenüber der Sünde des Völkermords im Falle eines drohenden Nuklearkriegs sei es nicht nur legitim, sondern sogar Pflicht für alle vernünftigen und gewissenhaften Menschen, ihre Waffen und Werkzeuge niederzulegen und lieber zu verhungern und erschossen zu werden, als sich an der Kriegsführung zu beteiligen.

Da Politiker und Propagandisten immer offener und zynischer für den umfassenden nuklearen Präventivschlag mit einer Massenvernichtung der Zivilbevölkerung einträten, müsse seitens der Christen laut werden, wie unmoralisch und inhuman diese Politik sei. Doch nicht nur mit Worten sollten die Christen Widerstand leisten, sondern auch mit Taten. Mit allen zur Verfügung stehenden friedlichen Mitteln müsse für die Abschaffung des Krieges gekämpft werden. Opfer müßten für die Sache des Friedens in Kauf genommen werden, sei

---

gen: Die christlichen Wurzeln der Gewaltlosigkeit, in: aaO. 293.
[468] AaO. 300.
[469] Merton, Christliche Ethik und nuklearer Krieg, in: aaO. 124.

es Unverständnis, Ungerechtigkeit, Verleumdung, Gefängnis oder Tod. Dies gelte nicht nur für den Nuklearkrieg, sondern auch für die Arbeitswelt, für die Rassenfrage, für die Anliegen der Dritten Welt und für alle internationalen Angelegenheiten. Als einen beispielhaften Weg nannte er die Protestaktionen der Berrigan Brüder, die für ihre Taten ins Gefängnis mußten und diese Strafe mit einer Art „Knast-Mystik" bereitwillig angenommen hätten. Man dürfe sich auch nicht davon abschrecken lasen, daß Gewaltlosigkeit mittlerweile von den Staatskräften schon als Gewalt erklärt werde.[470]

Zu den Rassen- und Gewaltproblemen im eigenen Land meinte er: „Ich glaube nicht, daß ein radikaler Christ moralisch verpflichtet ist, im Keller Molotow-Cocktails zu fabrizieren und sie in die Ghettos zu schmuggeln. Ich glaube ebensowenig, daß er die moralische Pflicht hat, die Black-Power-Bewegung wieder zu Gewaltlosigkeit zu bekehren - was kaum gelingen würde. Ich glaube, daß ein Christ aufgrund seiner Bindung an Christus dazu vepflichtet ist, inmitten der Gewalt wirksame und authentische Wege zum Frieden zu suchen. Aber lediglich zum Gehorsam und zur Unterstützung einer gefestigten Unordnung, die durch und durch gewaltsam ist, aufzufordern, verdient nicht den Namen 'Frieden stiften'. Es gibt für dieses Problem keine leichten und einfachen Lösungen, aber langfristig muß das Übel an der Wurzel gepackt werden. Es trägt die Namen: Gewalt, Haß, Gift, Grausamkeit und Habgier, alles Teile des Systems selbst. Die Aufgabe der weißen Christen ist zum Teil die der Diagnose und der Kritik, ist die prophetische Aufgabe, die Ungerechtigkeit aufzuspüren und zu benennen; denn sie ist die Ursache *jeder* Gewalt, der Weißen wie der Schwarzen, und sie ist ebenfalls die Wurzel des Krieges sowie der Habgier, die den Krieg in Gang hält, um an ihm Geld zu verdienen. Die Aufgabe ist deswegen so delikat und schwer, weil die Christen selbst, entgegen allen guten Absichten, dieses Übel der Habgier und der Macht vielfach mit der 'christlichen Ordnung' in eins gesetzt haben. Sie haben es mit Frieden verwechselt, mit Gerechtigkeit und mit Freiheit, ohne zu unterscheiden, was wirklich zum Guten des Menschen beiträgt und was lediglich seinen Appetit auf Reichtum und Macht anstachelt. Wir müssen uns nicht daran machen, die Ghettos niederzubrennen. Wir könnten aber mit Gewinn überprüfen, ob nicht einige unserer ehrwürdigen religiösen Institutionen, ohne es zu wissen, ihren Unterhalt aus Grundeigentum in den Slums bestreiten oder auf irgendeine andere Art aus einer katastrophalen und explosiven Situation Kapital schlagen."[471]

Und Mertons eigene Taten? Viele seiner Friedensfreunde hätten ihn auch gerne bei Demonstrationen auf der Straße gesehen und warfen ihm unverblümt vor, sich in seinem Kloster zu verkriechen. (42) Merton sah es nicht als seinen Weg an, das Kloster zu verlassen, wie er unter anderem im Brief an Rosemary Radford Ruether erklärt hatte, nicht um sich vor Verantwortung zu drücken,

---

[470] Vgl. Merton, Notiz für Ave Maria, in: aaO. 324f
[471] Merton, Glaube und Gewalt, in: aaO. 283f.

sondern vielmehr um seiner Verantwortung treu zu bleiben und nicht mehr darstellen zu wollen als er tatsächlich sei: nur Mensch. (52)

In seinem Vorwort zu 'Seeds of Destruction' reflektierte er die Stellung der Ordensleute gegenüber der Politik: Es ginge nicht darum, daß Ordenleute parteipolitisch aktiv würden, aber sie dürften die politischen Vorgänge auch keinesfalls einfach ignorieren, im Gegenteil, beispielsweise in Europa habe ihre politische Ignoranz oft zur Vereinnahmung durch diktatorische Machthaber geführt. Da die christliche Religion geschichtliche Wurzeln habe, gäbe es auch keinen Grund, die weltlichen Angelegenheiten zu verachten, christliches Leben sei nie nur Abstraktion, Vergeistigung, Idealisierung und Jenseitsbezogenheit. Die Freiheit eines Christen sei nicht die Freiheit außerhalb der Zeit, sondern die Freiheit innerhalb der Zeit. Der spezifische Weg der Ordensleute sei, die Politik besonders wach zu verfolgen, mittels ihrer Zurückgezogenheit besonders scharfsinnig den Ungerechtigkeiten und Bosheiten der Welt nachzuspüren und sie dann anzuklagen. Das Gelübde der Armut verbinde Ordensleute immer auch mit den Anliegen der Ärmsten und Unterdrückten, zu deren Fürsprecher sie sich entwickeln sollten.[472] Ordensleute sollten auch Statthalter der Kommunikation sein, wie er an Alceu Amoroso Lima schrieb, in einem Zeitalter besonders, in dem Sprache so oft verfälscht würde und Dialog zwischen den Nationen manchmal abgerissen sei. Offene Worte, Tränen und Trost müssten hier Raum erhalten, im Lichte der Wahrheit Christi, aber auch im Lichte des Humanismus und der Vernunft.[473]

Seinen eigenen Handlungspart sah er deshalb im Bekennen und im schriftlichen Stellung beziehen, um bei anderen Verantwortungsbewußtsein hervorzurufen. Durch Schreiben wollte er Einfluß nehmen: „Der einzige Weg, diese Welt zu ändern, ist, die Gedanken und die Wünsche der Menschen in dieser Welt zu ändern. Die Verhältnisse dieser Welt sind lediglich äußerlicher Ausdruck unserer Gedanken und Wünsche."[474] Auf die Menschen Einfluß nehmen hieß für ihn, durch spirituelle Inspiration zu ihrer Persönlichkeitsentwicklung beizutragen: den Menschen zu helfen, zu ihrem wahren Selbst zu finden. Es hieß, sie anzustoßen, sich um kontemplative Weisheit und spirituelle Erfahrungen zu bemühen, damit sie zur wahren Person vordrangen. In seiner Antwort auf Erich Fromms „Psychologische Ursachen des Krieges" beschrieb er die Notwendigkeit der spirituellen Dimension und ihrer Entwicklung im Menschen. Diese trage zu einem echten moralischen Empfinden bei.[475] Sich

---

[472] Vgl., Merton, Seeds of Destruction, New York 1964.

[473] Vgl. Gewaltlosigkeit, 243.

[474] Merton, Vorwort zur vietnamesischen Ausgabe von: „Keiner ist eine Insel, in: aaO. 93.

[475] Er sei sich dabei bewußt, daß spirituelle Wege immer von Risiken begleitet seien, oft mit platonischen Vereinfachungen oder vorschnellen Objektivierungen, mit Pseudo-Konzepten bishin zu destrukiven Elementen, wie subtile Machtgier Vorlieb nähmen. Echte Spiritualität müsse sich immer dieser Gefahren bewußt sein und eine Leere vorziehen, die vollkommene Wachheit sei, frei von nutzloser Reflexion, eine Art „vollkommen befreite Armut". Das große Risiko dieser Befreiung läge jedoch im Paradox der Transzendenz selbst: Das Transzendente sei zugleich das Immanente, spirituelle Befreiung läge in Selbstlosigkeit und Selbstentdeckung ginge über das Ich hinaus - und bei allem würde

Gott vertrauensvoll zuzuwenden und sich von ihm verwandeln zu lassen, um die kriegstreibende Angst abzubauen, war seine Antwort in 'New Seeds'.[476] Im Appell, die spirituelle Herausforderung anzunehmen, einschließlich aller Schwierigkeiten und scheinbaren Paradoxien, um zu mehr Einheit und Frieden mit sich selbst zu gelangen, sah er seine Aufgabe. Die innere Wahrheit, den inneren Frieden, die echte Persönlichkeit zu finden, vornehmlich in der Akzeptanz der eigenen Beschränktheit und Gewöhnlichkeit, stellte seinen ersten persönlichen Friedensschritt dar. War diese Arbeit an sich selbst jedoch Friedensarbeit, so waren es auch die Mönche, die seiner Meinung nach - auch im Gegengewicht zum Materialismus und zur psychisch-geistigen Armseligkeit der Gesellschaft - einen guten Beitrag zum Frieden leisten konnten und sollten.

4.2.3.5 Zusammenfassende Bemerkungen zu Mertons Friedensethik

Wie wir sahen, war Mertons geistige Arbeit nicht auf allgemeine religiös-geistliche Einsichten und Anregungen beschränkt. Er war, soweit es ihm der Zugang zu Kommunikationsmitteln erlaubte, auf dem Stand der politischen Aktualität. Er bemühte sich intensiv um Informiertheit und Hintergrundwissen, seine Einblicke waren konkret. Auch seine Ratschläge waren konkret, war es nun der Hinweis auf die Konsequenzen, die ein Angestellter einer Rüstungsfirma ziehen sollte, sein Spruch vom Molotow-Cocktail (s.o), seine Worte in einem Brief an die Gattin eines Abgeordneten,[477] oder sein Einschreiten für die Aufnahme der Sätze von Papst Johannes XXIII. in die Pastoralkonstitution des Konzils (36). Besonders deutlich wurde Mertons Hinwendung zur Konkretion in seiner Beschäftigung mit den Opfern von Gewalt, seien es die Opfer des Holocausts, des Vietnamkriegs oder des Atombombenabwurfs. Er stieg ein in die wahren Qualen und Schicksale der betroffenen Menschen und setzte sich bis ins Detail mit den Folgen von Gewalt auseinander. Deutlich wurde jedoch sein ernsthaftes Bemühen auch in seiner genauen Suche nach den Ursachen von Gewalt, derer er zahlreich und in verschiedenster Form fündig wurde. Hierbei ist signifikant, daß er sein Zentralthema wiederfand: die Entwicklung der Persönlichkeit (bzw. die Unterentwicklung der Persönlichkeit) und die Verankerung der Identität in der Transzendenz Gottes (bzw. fehlende Verankerung). Für ihn stand fest, daß es keinen andauernden Frieden, auch nicht unter christlichen Vorzeichen, geben konnte, wenn nicht die Individuen je für sich ihren personal-spirituellen Frieden mit Gott fanden, eine existenzbejahende und liebesbefähigende transzendental-religiöse Beziehung eingingen. Letztere ermöglichte in seinen Augen den Umgang mit

man auch noch entdecken, wie gewöhnlich man sei. Vgl. Merton, „A Note on The Psychological Causes of War by Erich Fromm", in: Faith and Violence, Notre Dame, Indiana, 1968, 114.

[476] Vgl. New Seeds, 91f.

[477] Vgl. Merton, Cold War Letters, in: Seeds of Destruction, 250ff.

Schwächen innerhalb oder außerhalb seiner selbst, ermöglichte deshalb die heilsame und friedvolle Bewältigung menschlicher Schwächen. Eine gelungene Gottesbeziehung gab dem Menschen nach diesem Entwurf aber auch wieder den Glauben an sich selbst zurück in Form eines optimistischen Menschenbilds mit Zukunftsoptionen. Ganz wichtig war deshalb auch seine Herausarbeitung der entscheidenden Unterschiede zwischen den Einstellungen Machiavellis und Johannes XXIII.: der in Christus wirklich fundierte Glaubende glaubt nicht nur an Gott, sondern auch an den Menschen. Auf eschatologischem Hintergrund, doch real inkarniert, bewegte sich deshalb Mertons Vorstellung von christlicher Gewaltlosigkeit.

Mertons Arbeit an der Friedensthematik ist fundiert genug, um sie als Friedensethik zu bezeichnen. Seine Ergebnisse könnten - nach fast vierzig Jahren, in einer Welt vieler neuer Konfliktzonen - weiterhin einen friedensethischen Beitrag leisten und Impulse geben in Richtung einer umfassenden Friedens-Bildung. Die Kultivierung der Friedenspotentiale des Menschen mittels kontemplativer und kommunikativer Akte und mittels Einblicknahmen in historische, politische, soziale, psychologische, religiöse Zusammenhänge, kurz, in alle die die menschliche Sozialität tangierenden Bereiche, bleibt relevant. Denn, wie Merton an Milosz schrieb, und das ist bei aller Polemik dieses Textes wahr, der Mensch muß aufpassen, daß er nicht, trotz seiner materiellen Autonomie (in der nördlichen Hemisphäre), Opfer seiner inneren Hilflosigkeit wird, die alle Werte relativiert oder gar negiert. (21)

Durch die hingebungsvolle Erarbeitung einer christlichen Friedensethik zeigte Merton nicht zuletzt sein eigenes menschliches und moralisches Profil, ein Profil, das ihn von sich selbst wegsehen und auf die menschliche Gemeinschaft hinsehen ließ. Seine Friedensethik bewies in ihrer Konkretion und inhaltlichen Dichte seine zunehmend zur Entfaltung gebrachten humanen und sittlichen Kompetenzen.

5 Dialog

5.1 Fünfter biographischer Teilabschnitt (1967 - 1968)

5.1.1 Weitere Spannungen mit dem Abt

(1) Anfang 1967 gab es wieder Anlaß zu Spannungen zwischen Merton und Abt James. Merton war eingeladen worden, bei einer Ehrung des befreundeten Abts Colomban Bissey im Mutterkloster Melleray teilzunchmen. Nur zu gerne hätte er diese Reise nach Frankreich angetreten und bat James Fox schriftlich, sie ihm „als Geburtstagsgeschenk" zu gestatten. Er führte noch weitere Argumente für die Reise an, vielleicht war es das letzte, das James Fox aufhorchen

ließ (*„ Um es offen zu sagen: Ich muß neben Gethsemani noch ein anderes Kloster kennenlernen, um eine Perspektive zu haben "*[478]), vielleicht war es aber auch das generelle Mißtrauen des Abtes gegenüber Merton, das jede Reise ausschloß. Merton arrangierte sich wieder mit der Ablehnung, räsonierte allerdings über den Grad des „Infantillismus", der seine Beziehung mit dem Abt zu prägen schien.[479]

(2) Das Leben in der Einsiedelei war jetzt im Winter wieder ruhiger, da witterungsbedingt die Besucher ausblieben. Allerdings waren Bautätigkeiten im Gange, die nur langsam vorwärts gingen: eine kleine Küche und ein Bad wurden eingerichtet, mit dem großen Luxus von Toilette und fließendem Wasser. Ende Februar mußte er wieder für ein paar Tage ins Krankenhaus wegen Bursitis, eine Gelegenheit, alte und neue Freunde in Louisville zu besuchen. Eine Freundschaft, die er besonders intensiviert hatte, war die mit der großen Familie O'Callaghan. Eine neue Freundschaftsvariante insofern, als dort viele kleine Kinder begeistert um den Mönch herumtobten und ihn für Hausaufgaben und Hobbies einspannten. Merton wurde bewußt, wie fern die Welt der Familie seinem Bewußtsein gewesen war, beruhigte sich aber mit dem Hinweis, daß dies ja auch nicht seine Aufgabe gewesen sei. So willkommen er bei den O'Callaghans war und so natürlich er sich in dieser Familie bewegte, strapazierte er doch manchmal deren Gastfreundschaft, indem er meistens unangemeldet hereinplatzte und es für selbstverständlich hielt, daß man sich Zeit für ihn nahm.[480]

(3) Nach einem seiner spontanen Besuche in Louisville, der dem Abt zu Ohren gekommen war, verlangte dieser Rechenschaft darüber, was wiederum Merton zu einer geharnischten schriftlichen Antwort veranlaßte. Er ermahnte nun seinerseits den Abt, seinen Argwohn einzustellen und bezichtete ihn des Gebrauchs eines dubiosen Spitzelsystems. *„Außerdem möchte ich zu bedenken geben, daß es vielleicht angebracht wäre, wenn gewöhnliche Mönche die Eremiten nicht in ihren Eremitagen aufsuchen würden. Ich glaube, außer den Oberen, den Offizialen und denen, die aus dienstlichen und ähnlichen Gründen kommen, sollte niemand die Eremitage betreten. Ich würde das vorschlagen; denn wenn ich die Situation hier bedenke, scheint mir die größte Gefahr nicht von Frauen auszugehen, sondern von Leuten gleichen Geschlechts. (Das hat nichts mit mir zu tun. Ich bin nicht so veranlagt.) Was aber die Eremiten angeht, so würde ich meinen, daß man ihnen solange sie allein bleiben und sich um ihre eigenen Angelegenheiten kümmern - und andere sich um die ihren -, ein gewisses Maß von Freiheit zugestehen sollte, mit einem weiten Spielraum zur individuellen Entfaltung. "*[481]

(4) Schon seit geraumer Zeit interessierte er sich für die Ureinwohner Amerikas, nun nutzte er die Gegenheit eines Besuchs zu näheren Informationen. Die

[478] Merton an Dom James Fox, 30. Jan. 1967, in: Mott, 472. (EÜ)
[479] Mott verweist auf die zwei Polaritäten im Konflikt - die Überbehütung des Abtes bedingt durch übertriebenes Mißtrauen und die uneingestandene profane Reiselust Mertons, vgl. aaO. 471ff.
[480] Dies fand Mott durch Interviews mit Tommie O'Callaghan heraus, vgl. aaO. 474.
[481] Merton an Dom James Fox, Januar 1967, in: Furlong, 388.

Besucherin Doris Dana erzählte ihm Details über Ishi, den letzten Überleben-
den des indianischen Yanastammes in Kalifornien. Er verschlang daraufhin
alle anthropologischen Aufsätze, die er ergattern konnte. Sein Text 'Ishi: A
Meditation' entstand. In seinem Gedicht 'The Geography of Lograire' fanden
ebenfalls Cargo-Kulte, Bantu Mythen, Fuchtbarkeitstänze der Mayas, aber
auch Werbe-Slogans aus dem 'New Yorker' ihren Niederschlag.
Daneben interessierte er sich weiterhin sehr für Zen. Weitere Literatur beflü-
gelte ihn, wie Guardinis Studien über Pascal und Werke von Faulkner. Hatte
er zu seinen Studienzeiten mit Rezensionen Geld verdient, so entwickelte er
sich nun regelrecht zum Literaturkritiker, sein erster Beitrag wurde 'Camus:
Journals of the Plague Years' in der 'Sewanee Review'. Seine Bursitis kam leider zurück und hinderte ihn am Schreiben, so daß er nun anfing, seine Texte
auf Kassetten zu sprechen. Bereits vor längerer Zeit hatte er sich den Dichtern
Südamerikas zugewandt, nun nahm er auch einige der nordamerikanischen
wahr; Louis Zukofsky, Basil Bunting und David Jones wurde seine Favoriten.
Ein Freund von David Jones, der anglikanische Pastor Donald Allchin, wurde
ein neuer Freund, der ihn regelmäßig 1967 und 1968 besuchte.
(5) Die Idee einer Treuhand für die Gesamtheit von Mertons Texten bestand
seit langem und wurde sehr von Naomi Burton und James Laughlin vorange-
trieben, man brauchte nun einen Juristen, der die rechtlichen Dinge verhandeln konnte. Merton erinnerte sich an seinen Studienfreund John Slate, der tatsächlich kurz darauf nach Gethsemani kam. Die Freunde hatten sich dreißig
Jahre lang nicht mehr gesehen und sich in ihren politischen Ansichten völlig
auseinander entwickelt. Bei diesem Wiedersehen wurde nun in Cafés oder
Wartesälen heftigst über Politik und den Vietnamkrieg diskutiert. Mertons
Sorge galt jedoch noch mehr dem Zustand des Freundes, der Herzprobleme
hatte, zu schnell fuhr und zu viel trank.
Auch beim nächsten Besucher war Merton besorgt: Daniel Berrigan, der für
die Friedensarbeit viel Risiko in Kauf nahm. Der Vietnamkrieg war natürlich
auch Thema bei diesem Besuch, ferner die Zunahme der Gewalt in der
Friedensbewegung.
(6) Merton war im Mai 1967 nicht guter Stimmung, erstens kamen die Erinnerungen vom Mai des Vorjahres hoch („M.S."), zweitens hatte er ein schlechtes
Gefühl bei der Entwicklung der Kirche nach dem Zweiten Vatikanum - sie
schien sich seinem Eindruck nach in eine konservatives und ein fortschrittli-
ches Lager zu spalten, und drittens machte ihm die gesellschaftliche Situation
Amerikas soviel Sorge wie nie zuvor. Die Gewalt zwischen Schwarz und
Weiß nahm stetig zu und die Friedensbewegung war zertritten angesichts
der Gewaltfrage. Die Hippiebewegung, auf die er Hoffnung gesetzt hatte,
schien zwischen Überstimulation und Erschöpfung in dekadenter Selbstzerstö-
rung unterzugehen. Amerika führte Krieg an zwei Fronten, in Vietnam und
zuhause. Sein Gleichgewicht fand er indes wieder in der Lektüre über früh-
kirchliches Einsiedlertum, ein starker Gegenakzent zu den gegenwärtigen
Turbulenzen.

(7) In diesen Tagen fand auch die Priesterweihe seines ehemaligen Lehrers Dan Walsh statt, der als Spätberufener diesen Schritt noch ging. Familie O'Callaghan veranstaltete hierfür ein Fest zu Ehren des Neugeweihten, das für Merton allerdings keine guten Folgen hatte: er war bald völlig betrunken und mußte sich für den Rest des Tages im Haus der Gastgeber ins Bett legen. Beim Gottesdienst hatte er einige ehemalige Mitbrüder entdeckt, die Gethsemani verlassen hatten und nun mit ihren Frauen gekommen waren. Die Frage des Zölibats für Weltpriester kommentierte er im Tagebuch: *„Offen gestanden kann ich nicht von mir behaupten, mich hier für eine Seite stark zu machen: ich sympathisiere mit jenen Priestern, die gerne heiraten würden und trotzdem als Priester weitermachen, und ich bin der Meinung, ständige Kritik an ihnen bringt nur Kummer. Ob dagegen auf lange Sicht verheiratete säkularisierte Kleriker wirklich für die Kirche - oder für die Kleriker - die Lösung bringen, sei dahingestellt. Ich glaube fast, daß es gar nicht so wichtig ist, und ich persönlich bin auch zu wenig betroffen, als daß ich mich dafür verkämpfen wollte. Ich stehe der Nationalen Vereinigung für pastorale Erneuerung als 'Berater' zur Verfügung, d.h. mein Name erscheint auf einer Liste und ist 'abrufbar'. Das ist alles.*"[482]

(8) Er begann eine scherzhafte Brieffreundschaft mit einer Schülerin aus Kalifornien, in welcher sie ihn als „Hippie-Einsiedler" anredete und er sie als „Liebe Katastrophe". Auf ihre Frage, was er ändern würde, wenn er den 'Berg der sieben Stufen' heute revidieren würde, antwortete er: *„ Wenn ich den 'Berg der sieben Stufen' neu schreiben müßte, würde ich, glaube ich, viele der Predigten herausnehmen, außerdem die Werbung für Katholische Schulen und dergleichen.*"[483] Daß er nicht mehr predigen wolle, schrieb er auch an seine Freunde John und June Yungblut auf deren Frage nach Exerzitien. Er wollte keine formellen Exerzitien mehr abhalten, sondern: *„Nur Gemeinschaft und Gott sprechen lassen, wenn Er es möchte.*"[484] Dies intendierte er auch für die Einkehrtage Martin Luther Kings, der auf Vermittlung von Yungbluts im Frühjahr 1968 nach Gethsemani kommen wollte, ein Vorhaben, aus dem tragischerweise nichts mehr wurde.

Im Sommer 1967 gab es noch eine erfreuliche Nachricht: der Orden gab die Zensur auf.

Merton hatte viele Bücher in Vorbereitung, veröffentlichte 1967 jedoch nur eines: 'Mystics and Zen Masters.' Neben Zen gab es auch seine Einsichten in die russische und englische Mystik wieder.

Seine Briefe innerhalb des Ordens unterschrieb er nun auch nicht mehr mit „Bruder Louis", sondern mit „Tom Merton". Für Zeitschriften und Verlage, die eine Kurzbiographie verlangten, fertigte er folgenden ironischen Text an: *„ Geboren 1915 in Südfrankreich, wenige Meilen entfernt von Catalanien, so daß ich mich auch als geborener Catalane fühle und als solcher in Barcelona*

[482] 1. Juni 1967, in: Merton, Learning to Love, 240. (EÜ)
[483] An Suzanne Butovich, 18. Juli 1967, in: Thomas Merton, The Road to Joy, Hsg. Robert E. Daggy, New York 1089, 310. (EÜ)
[484] 11. Februar 1967, in: Mott, 488. (EÜ)

anerkannt werde, wo ich nie gewesen bin. Kam von Catalanien nach New York ins Exil, dann nach Bermuda, dann zurück nach Frankreich, dann zur Schule von Oakham in England, zum Clare-College von Cambridge, wo mein Stipendium nach einem Jahr ungezügelten Lebens entzogen wurde, nach New York an die Columbia Universität, wo ich zwei Abschlüsse in Dummheit erwarb und eine Magisterarbeit über Blake schrieb. Lehrte Englisch Franzsikanischen Football-Spielern an der Bonaventura Universität und wurde dann 1941 Trappistenmönch in Gethsemani Ky. Veröffentlichte 1944 erstmals ein Buch mit Gedichten. Die Autobiographie von 1948 verursachte eine allgemeine Halluzination, woraufhin zu viele fromme Bücher folgten. In den Fünfziger- und Sechziger-Jahren zur Lyrik zurückgekehrt. Allmähliches Abwenden von der monastischen Institution, jetzt alleine in den Wäldern lebend und nichts zu sein behauptend, außer natürlich Catalane. Jedoch ein Catalane im Exil, der unter gar keinen Umständen nach Barcelona zurückkehren würde, da ja auch noch nie dort gewesen. Vor kurzem Raids on the Unspeakable veröffentlicht, sowie Conjectures of a Guilty Bystander, Mystics and Zen Masters, Werke von Dichtern wie Vallejo, Alberti, Hernandez, Nicanor Parra, usw. übersetzt. Stolz auf Gesichtsähnlichkeit mit Picasso und/oder Jean Genet oder alternativ mit Henry Miller (doch nicht so viel mit Miller) "[485]

(9) Für seine Einsiedlei bekam er einen eigenen Altar, so daß er nun dort seine Messen zelebrieren konnte. Darüber wäre er glücklich gewesen, wenn nicht zur gleichen Zeit sein Freund Victor Hammer gestorben wäre. Hammer, von Mott als „höchst gläubiger Ungläubiger" bezeichnet, war vierzehn Jahre lang sein enger Freund gewesen und hinterließ nun eine unfüllbare Lücke. An Carolyn Hammer schrieb er, bezogen auf Victor, daß gutes Leben das sei, das Einfachheit mit Ganzheit verbinde und in Liebe gelebt werde.[486]

Mit seiner neuen Küche und seinem neuen Altar wäre er nun vom Kloster völlig unabhängig gewesen, wenn nicht gerade zur gleichen Zeit Visitation im Kloster gewesen und er gebeten worden wäre, als Dolmetscher auszuhelfen. Bei dieser Gelegenheit hatte er das Gefühl, daß im Kloster einige Mitbrüder Aversionen gegenüber dem Einsiedlertum hegten, was ihn sehr verletzte. Er begann eine schriftliche Auseinandersetzung mit Bruder Alban Herberger, bei der er drohte, wenn ihm Parasitentum unterstellt würde, wäre er sofort bereit, das Kloster zu verlassen.[487]

(10) Inzwischen machte er sich neue Reisehoffnungen. Kardinal König aus Wien plante in den USA eine Konferenz zum Thema Verhältnis von Kirche und Nicht-Gläubigen und wollte Merton unbedingt dabeihaben (Merton meinte scherzhaft, er sei als notorischer Ungläubiger ausgewählt worden). Obwohl sich König ungeheuer anstrengte, James Fox von der Teilnahme Mertons zu überzeugen, blieb der Abt hartnäckig bei der Verweigerung seiner Erlaubnis.

---

[485] Mertons „Lebenslauf" an Jonathan Williams, 19. Mai 1967, in: aaO. 492. (EÜ)

[486] Vgl. aaO. 493f.

[487] Nach Motts Recherchen hatte Merton überempfindlich auf dezent kritische Fragen reagiert, vgl. aaO. 494f.

Erneut war Merton entsetzt, nicht wegen der Verweigerung, sondern weil er gar nicht in die Verhandlung miteinbezogen wurde.

5.1.2 Psychische Belastungen

(11) Eine Grippe zwang ihn einige Tage ins Bett seiner Einsiedelei und aufs neue stellte er fest, daß er hoffnungslos überarbeitet war. Vor allem das Maß an Briefwechsel wuchs ihm über den Kopf, zumal in nicht wenigen Briefen Arbeitsaufträge erteilt wurden. Bei aller Sympathie zu den meisten der Korrespondenten, fühlte er sich überfordert. Seine Stimmung war fast depressiv. An der katholischen Erneuerungsbewegung sah er nun manches sehr kritisch und äußerte, Bosheit, Neid, Eitelkeit und schlechtes Benehmen in diesen Reihen zu entdecken. Auch mit der Liturgiereform hatte er seine Schwierigkeiten, er bedauerte im Kloster das Fehlen alter Choräle und bemängelte den moderneren Ersatz als platt oder viktorianisch.
Regelrecht geschockt war er im September 1967, als Abt James seinen Rücktritt bekannt gab. Nie zuvor hatte ein Abt in Gethsemani dieses Amt zu Lebzeiten niedergelegt, und Merton hatte diese durch das Zweite Vatikanum angeregte Reform niemals James Fox zugetraut. Noch erstaunter war er, als er erfuhr, daß sich der Abt als Einsiedler niederlassen wollte und bereits hierfür einen Platz im Gelände hatte vorbereiten lassen. Er hätte Grund zur Erleichterung über diese Neuigkeiten haben können, reagierte jedoch eher mit Verunsicherung. Er befürchtete, man könnte im Kloster auf die Idee kommen, ihn zur Nachfolge von James Fox zu nötigen.
Seine labile Stimmung wurde verschlechtert durch schwere Nachrichten, wie die vom Tod seines Studienfreundes, des Künstlers Ad Reinhardt. Dann schrieb ihm gleichzeitig Ed Rice vom Niedergang der Zeitschrift 'Jubilee', für welchen er sich persönlich verantwortlich fühlte, da er im 'Jubilee' viel veröffentlicht hatte. Dann folgte eine Auseinandersetzung mit seinem Bekannten Thompson Willett, einem Mitarbeiter im Merton Room im Bellarmin-College, die er sich sehr zu Herzen nahm, das Wort „rejection" fiel wieder in seinem Tagebuch. Schließlich kam die Nachricht vom Tod John Slates, der einem Herzanfall erlegen war, und einen Monat später die vom Tod Benji Marcus', dem Schwager von Lax, den er aus Olean-Zeiten her kannte. Merton war niedergeschlagen und versuchte sich durch Bibellektüre Halt zu verschaffen.
(12) Für John Slate mußte nun ein juristischer Ersatzmann für die Treuhand gesucht werden; der Rechtsanwalt John Ford aus Louisville übernahm die Aufgabe und brachte sie zügig über die Bühne. Unbehagen hingegen verursachte Merton der „Merton Room" am Bellarmin-College in Louisville.
„Wieder Merton Room: Die Zweideutigkeit einer offenen Tür, die verschlossen ist. Einer Zelle, wo ich nicht wirklich lebe. Wo meine Schriftstücke mehr zugegen sind als ich selbst. Ich selbst bin offen und verschlossen. Wo ich am meisten offenbare, verstecke ich am meisten. Es gibt noch etwas, das ich noch

nicht gesagt habe, doch was es ist, weiß ich nicht - und möglicherweise soll ich es sagen, indem ich schweige. Wortspiele werden es nicht schaffen oder werden es schaffen = Geographie von Lograire. Dies zu schreiben bereitet mir jetzt größtes Vergnügen, denn damit ist mir endlich gelungen, mich von Selbstbeobachtung und Introversion zu lösen. Vielleicht ist das meine endgültige Befreiung von allen Tagebüchern. Womöglich ist das meine einzig übrige Aufgabe. "[488]

Erbauliche Stunden erlebte Merton in diesem Herbst mit verschiedenen weiblichen Besucherinnen, der Theologin Dr. Rosemary Haughton (die zu seiner Verblüffung im sechsten Monat schwanger war), der Schriftstellerin Doris Dana, Carolyn Hammer (die immer wieder ein tolles Picknick stiftete), mit der Schwester und Dichterin Thérèse Lentfoehr, die ihm schon seit langem in Fragen der Dichtung behilflich war. Lentfoehr schätzte sehr sein 'Geography of Lograire'. Auch mit einer Gruppe von Nonnen, mit denen er drei Tage lang eine Tagung abhielt, erlebte er, in seinem Tagebuch ihre Heiterkeit und Echtheit preisend, sehr schöne Stunden. Thematisch beschäftigte er sich weiter ausgiebig mit Zen, aber auch mit Meister Eckharts Begriff „Grund" und arbeitete an 'Zen and the Birds of Appetite'.

Ein neues Projekt gab ihm ebenfalls Auftrieb. Er hatte beschlossen, eine Zeitschrift mit Gedichten und Aufsätzen herauszugeben, 'Monks Pond' (Der Teich der Mönche), mit zunächst vier Ausgaben im Jahr. Mit großem Eifer machte er sich an diese Aufgabe und fand unter seinen Freunden genug Mitarbeiter. Anfang 1968 erschien bereits die erste Ausgabe.[489]

(13) Ende 1967 trieb ihn dann nocheinmal die Sorge um, ob er nicht doch zum Abt gewählt würde. Er heftete deshalb eine halb scherzhafte Notiz ans Schwarze Brett im Kloster, die den Prior und einige Mönche gegen ihn aufbrachte. „ [..] b) Ich wäre völlig unfähig, die Pflichten eines Superiors zu übernehmen, denn ich bin in keinster Weise ein Verwaltungsmensch, und noch weniger ein Geschäftsmann. Außerdem bringe ich nicht die Voraussetzungen mit, mich für den Rest meines Lebens mit einhundertfünfundzwanzig leicht konfusen und angstgeplagten Mönchen wegen vollkommener Trivialitäten herumzustreiten. Größere Verantwortung als die Aufsicht über einen kleinen Hühnerstall ginge über mein geistiges, moralisches und körperliches Leistungsvermögen.* "[490]

Ferner regte er die Gerüchteküche über sich selbst an, indem er die Bemerkung fallen ließ, daß es für das Kloster nicht vorteilhaft wäre, wenn plötzlich ein Mensch vor der Türe stünde, der sich als Kind des Abtes ausgäbe. Bei einem Treffen der drei Eremiten von Gethsemani kurz darauf in seiner Einsiedelei, bemühte er sich inständig, Pater Flavian Burns von einer Kandidatur zu

---

[488] 2. Oktober 1967, in: Learning to Love, 297. (EÜ)

[489] Nach Mott waren die Beiträge in dieser Zeitschrift sehr unterschiedlich, da Merton den Fehler begangen hätte, nicht nur Poeten mitmachen zu lassen, mit denen er befreundet war, sondern auch Freunde, die gern Poeten gewesen wären. Vgl. aaO. 503.

[490] Merton, MY CAMPAIGN PLATFORM for non-Abbot and permanent keeper of the present doghouse", in: ebd. (EÜ)

überzeugen. Nachdem zuerst Pater Flavian Merton von einer Kandidatur hatte überzeugen wollen, stimmte dieser am Ende der Zusammenkunft doch Merton zu mit der Begründung, daß er Mertons Einsiedlertum unterstützen wolle. Merton habe nicht nur eine große Fähigkeit der geistlichen Suche, sondern auch die Begabung, darüber für andere zu schreiben.

Als am dreizehnten Januar tatsächlich Pater Flavian Burns zum neuen Abt gewählt wurde, war Merton nicht wenig erstaunt. Er freute sich sehr und gelobte diesem Mitbruder gerne Gehorsam. Im Kloster schien plötzlich ein neuer Geist zu wehen. Pater Flavian hatte ihm gleich signalisiert, daß er nun selbst entscheiden könne, auf welche Einladungen er eingehen wolle und auf welche nicht. Merton erlag sogleich der Versuchung und schrieb an verschiedene Personen, daß er nun frei wäre, sie zu besuchen. Im vorösterlichen Rundbrief allerdings revidierte er schon wieder diese Bereitschaft und erklärte, es würde nicht zu seiner Berufung passen, wenn er ständig in der Öffentlichkeit auftauchte.

(14) Die Serie der tragischen Ereignisse von 1967 begann sich 1968 fortzusetzen. Seymour Freegood, der ihn im Jahr zuvor besucht hatte, kam bei einem Brand seines Hauses ums Leben. Der Vietnamkrieg nahm in seiner Brutalität zu. Er schrieb: *„Es war bereits jetzt ein schlimmes Jahr und ich weiß nicht, was noch kommen wird, habe aber das Gefühl, daß es durch und durch hart sein wird, und zwar für alle."*[491]

Neben vielen Besuchern, die er empfing, verbrachte er mit Freunden wie Ron Seitz einige Nächte im Jazzclub Washington Street in Louisville. Er war fasziniert von der Musik und überanstrengt zugleich von der Schlaflosigkeit. Als das Ehepaar Yungblut nocheinmal wegen Exerzitien für Martin Luther King anfragte, wurde er defensiv und schrieb, er müsse erst mit dem Abt klären, welche aktive Rolle er in Zukunft bei derartigen Veranstaltungen einnehmen solle. Da wieder einmal die Zahl der Besucher hoch war und er einige Aufgaben für die Friedensbewegung erledigte (Empfehlungsschreiben für Wehrdienstverweigerer), hatte er offensichtlich Angst, daß ihm alles über den Kopf wuchs. Dennoch bot er kurz darauf den Yungbluts einige Termine für Reverend King im März an.

(15) June Yungblut ermahnte ihn, nicht so viel zu schreiben, da die Bibliothek, die er angefertigt hätte, für Forscher bereits eine Überforderung darstelle. Dies veranlaßte ihn, sein Gesamtwerk kritisch zu betrachten. *„Nun, wenn ich auf dieses Herausgeben von Predigten zurückblicke, sei es über Christentum, Monastizismus oder soziale Gerechtigkeit, Frieden, etc., finde ich es recht mager und oft etwas fremd. Ich sage Dinge, die ich meine sagen zu müssen und später überkommt mich dann immer mehr das Gefühl ihrer Unzulänglichkeit und Unangemessenheit gegenüber meiner eigentlichen tieferen (?) Absichten, usw. Die Werke, die mich glücklicher machen sind zugleich persönlicher, literarischer, kontemplativer. Bücher wie 'Conjectures', 'New Seeds', 'Sign of Jonas', 'Raids', oder literarische Aufsätze, oder Lyrik, oder*

---

[491] 21. Januar 1968, in: Th. Merton, The Other Side of the Mountain: The End of the Journey, New York 1998, 44. (EÜ)

Einleitungen wie zu Chuang-Tzu, Gandhi, Desert Fathers etc. [..] In MZM (Mystics and Zen Masters, d. Verf.) sind die Zen-Kapitel von entscheidender Bedeutung, wie auch 'Pilgrimage to Crusade', aber vieles vom anderen Zeug hat für mein Denken nur peripheren Stellenwert. Das Existentialismusstück ist, denke ich, wichtig. Ich hatte schon immer das Gefühl, daß vieles meines Geschriebenen den Sinn verfehlt, weil es nicht auf jene kreative Weise entstanden ist, die mir wirklich entspricht. Wenn ich beipielsweise am Gedicht Long Cargo arbeite, fühle ich mich erst richtig in meinem Element. Obgleich 'Cables to the Ace' in vielerlei Hinsicht Mängel aufweist, habe ich den Eindruck, daß es sich auch hier um einen weiteren richtigen Ansatz handelt, auch wenn es spröde und vielleicht oberflächlich ist ... " [492]

Und an alle seine Bekannten schrieb er in seinem vorösterlichen Rundbrief: *„Ich neige immer weniger dazu, anderen einen Satz zu verkaufen, auch nicht schriftlich. Deshalb wird vielleicht das Buch 'Cables to the Ace', das New Directions dieses Frühjahr herausbringt, viele Leser irritieren. Es ist obskur und indirekt. Vielleicht werden manche der Jüngeren intuitiv einiges von den Andeutungen erfassen. Es predigt nicht. Es hat keine „Botschaft". Vielleicht lassen die meisten von Euch besser die Finger davon."* [493] Entgegen seines schriftstellerischen Skeptizismus fand er an einem seiner ersten Werke ganz neu Gefallen. Seine Erzählung von 1941 'My Escape from the Nazis' versah er mit neuem Titel ('My Argument with the Gestapo') und Vorwort und veröffentlichte es bei Doubleday.

5.1.3 Entscheidung für die Asienreise

(16) Merton genoß die ruhige und vertrauensvolle Art des neuen Abtes. Zugleich und paradoxerweise suchte er eine stärker lenkende Hand zu brauchen, denn er wandte sich an den Erzbischof von Louisville, um diesen zu fragen, wie er mit den zahlreichen Einladungen nach draußen umgehen sollte. Der Erzbischof verwies ihn zurück auf den Abt und damit auf sich selbst. Nun war aber noch eine größere Sache zu entscheiden, nämlich die Teilnahme an einer Konferenz über monastische Erneuerung in Bangkok im Dezember, wohin er einerseits reisen wollte, andererseits die Bestätigung durch eine Autorität wünschte. Durch Gespräche mit dem Abt schien sich ein Pro abzuzeichnen, ohne daß endgültig entschieden wurde.

Die Post, die er zu dieser Zeit erhielt, war sehr durchwachsen, einerseits geschätzte Post von lieben Freunden, andererseits sehr böse Briefe, die ihn wegen seiner politischen Haltung angriffen. Eine Postsendung jedoch machte ihm große Freude: John Howard Griffin hatte ihm eine exzellente Kamera geschickt, die für ihn gleich auf neuen Touren zur „Zen-Kamera" wurde. Insgesamt war seine Stimmung im Frühjahr jedoch labil. Ambivalent verhielt er

---

[492] Merton an June Yungblut, 6. März 1968, in: Merton, Hidden Ground, 641f. (EÜ)

[493] Merton, Circular Letters to Friends, Pre-Lent 1968, in: Merton, The Road to Joy, New York 1989, 111. (EÜ)

sich weiterhin gegenüber Besuchern, einerseits über zu viel Besuch lamentierend, andererseits gab er den Bekannten großzügig Hinweise, wie sie die Pforte umgehen und ihn auf einem hinteren Weg aufsuchen konnten. Wenn aber fremde Leute zu aufdringlich wurden, konnte es passieren, daß er sie mit einer Art „Schert euch zum Teufel" wegschickte, oder daß er sich im Wald so lange versteckte, bis sie wieder gingen. Innerhalb des Ordens wurden seine Kontakte spärlicher, viele der Brüder in leitender Funktion schienen sich aufgrund seiner politischen Ansichten von ihm zu distanzieren. Ein Abt, der ihm nahe stand, empfand diese Distanz bei der offiziellen Amtseinführung von Abt Flavian.[494]

(17) Am 4. April 1968 war Merton abends mit Freunden im Auto unterwegs, als im Radio die Nachricht von Martin Luther Kings Ermordung durchgegeben wurde. Niedergeschlagen suchten sie Freunde in Bardstown auf, die selbst Schwarze waren. Colonel Hawk legte den Arm um Mertons Schultern und rief zu allen: „Dies ist mein Junge, dies ist mein Freund." Merton schrieb in sein Tagebuch: „Ich könnte weinen"[495] und an Corretta King einen Beileidsbrief. Der Tod Kings löste eine Welle der Gewalt und Gegengewalt aus, so daß Mertons Eindruck eines „brutalen Jahres" noch mehr Wirklichkeit wurde. Am 27. Mai gab es einen großen Aufstand in Louisville, woraufhin dort Ausgangssperre erteilt wurde. Am 5. Juni wurde Robert Kennedy, der gerade seine Präsidentschaftskandidatur verkündet hatte, ermordet. Die Klosterleitung entschied, in Mertons Einsiedelei zur Sicherheit eine Sprechanlage zu montieren, mit der er notfalls mit dem Kloster kommunizieren konnte, was er inzwischen gerne akzeptierte.

Sein Wunsch wuchs indes, Gethsemani für geraume Zeit zu verlassen. Inzwischen war noch eine weitere Einladung, ebenfalls aus dem Fernen Osten, eingetroffen, vom Abt eines Trappistenklosters in Indonesien. Merton schrieb Abt Flavian, daß er noch lieber dort hinreiste, als zur Konferenz nach Bangkok. Nichts war bisher entschieden. Vorerst sollte er nach Kalifornien reisen, um für Trappistinnen in Whitethorn eine Tagung abzuhalten. Ferner bekam er vom Abt den Auftrag, die kalifornische Küste auf die Möglichkeit einer Einsiedlerkolonie, einer Laura, hin abzusuchen. Merton bat W.H. Ferry, mit ihm eine Rundfahrt zu machen.

Er blieb zwei gute Wochen in Kalifonien, besuchte auf dem Rückflug noch 'Christ in the Desert', New Mexico und kam mit einem Notizbuch und zahlreichen Fotos zurück, woraus sogleich 'Woods, Shore, Desert' wurde. Er schrieb danach in sein Tagebuch, daß er auf dieser Reise „unaussprechlich glücklich" gewesen sei, ein Zustand, der zuhause sofort wieder verschwand, als er die neuesten Nachrichten vom Vietnamkrieg, von der Haftstrafe von sechs Jahren für die Berrigan-Brüder und vom Tod durch ein Schiffsunglück seiner Tante Kid in Neuseeland erfuhr.

---

[494] Abt Edward, Holy Cross, Virginia, der nach eigenen Aussagen als einziger Merton aufsuchte, vgl. Mott, 518.
[495] AaO. 520.

Er arbeitete nun sehr auf eine Entscheidung für Bangkok hin, zumal er die Konferenz mit einer Asienreise verbinden wollte, die sich täglich in seinen provisorischen Reiseplänen weiter ausdehnte. Abt Flavian stand ihm nicht im Wege, die Reise wurde endgültig beschlossen. Mit seinen Besuchern, darunter Robert Lax, besprach er nun ausgiebig seine Pläne.

(18) Die erste Dissertation über seine Schriften war erschienen und Merton schrieb an den Autor, James Baker, sich zu freuen, daß die Arbeit von einem Baptisten stamme. Überhaupt hätten Protestanten durch größere Distanz oft eine klarere Sicht auf sein Werk als Katholiken, letztere übertrieben leicht in Begeisterung oder Kritik. Er sah sich selbst jedoch auch kritisch. *„Sie war in Ordnung. Er hatte sich viel Arbeit gemacht, einen großen Teil meiner Schriften gelesen (sicher nicht alles!) und brachte große Sympathie für meine Ideen auf. Das war alles gut. Doch das Ganze zeigte mir auch deutlich, welche Grenzen mein Werk hat. So viel Provisorisches, Unschlüssiges, Unausgereiftes. Ich habe immer zu viel zu früh gesagt. Und dann mußte ich wieder meinen Standpunkt revidieren. Ich bin extrem unzufrieden mit meinem Werk. Es scheint mir trivial. Ich habe kaum Mut, es fortzusetzen - und gewiß nicht mit den alten Sachen. Aber sind die neuen besser?"*[496]

Sprechen und Schreiben fiel ihm aber auch aufgrund der politischen und kirchlichen Umstände immer schwerer. *„Es hat mir ein wenig Gewissensbisse bereitet, auch weiterhin eine 'Botschaft' zu verkünden, nur weil die Menschen das von mir erwarten. Es ist nicht leicht, vom Beten zu sprechen in einer Welt, in der der Präsident vorgibt, um Licht für seine Entscheidungen zu beten, um sich dann zu völkermörderischen Angriffen auf eine kleine Nation zu entscheiden und in der ein katholischer Bischof diese Tat auch noch als 'ein Werk der Liebe' gutheißt. Lähmende Fassungslosigkeit - was soll man nur tun, wenn man feststellt, zu einer Organisation zu gehören, deren Mitglieder systematisch versuchen, aus Gott einen Narren zu machen? Ich vermute, es ist ein Anfang, wenn ich erkenne, daß ich es wie die Besten von ihnen getrieben habe. Aber auch eine 'Gott ist tot'- Kirche ist nicht besser und die 'Gott ist tot'-Christen sind auch nicht besser als die anderen. Genau dieselbe etablierte Leichtfertigkeit und Trivialität. Und sogar noch erfolgreicher. Sie machen sich ein angenehmes Leben auf Kosten von Gottes Tod."*[497]

5.1.4 Reisevorbereitungen

(19) Im Juli kam der Abt mit der Bitte auf ihn zu, er möge auf seinem Flug nach Asien nocheinmal in Kalifornien Ausschau nach Einsiedlermöglichkeiten halten. Merton war begeistert, obwohl sich auch langsam Reisefieber breit machte und er alle Hände voll zu tun hatte mit Vorbereitungen wie Impfungen, Organisation seiner Termine, Lektüre über den Fernen Osten. Freunden aus der Friedensbewegung machte er nun klar, daß er eine rein religiös moti-

---

[496] RJ, 13. Juni 1968, in: The Other Side, 129. (EÜ)
[497] 5. Juli 1968, in: aaO. 138f. (EÜ)

vierte Reise plante und keine friedenspolitischen Aufgaben übernehmen wollte. Es habe genug Friedensverhandlungen in der letzten Zeit gegeben, die alle in Fiasko und Betrug geendet hätten und selbst wenn solche Verhandlungen noch Sinn hätten, sei er nicht der kompetente und geeignete Vermittler. In seinem Rundbrief im September fügte er dann noch hinzu:

„Auf jeden Fall wird alles, was ich auf dieser Reise unternehme, völlig unpolitisch sein. Ich habe nicht die geringste Absicht, in die Nähe von Vietnam zu geraten [..] Unsere wahre Reise des Lebens ist innerlich: zu wachsen, tiefer zu ergründen und sich immer mehr den kreativen Aktivitäten von Liebe und Gnade unseres Herzens zu überlassen ..." [498]

Jetzt, wo sich ihm die Pforten zu neuen Freiheiten öffneten, traf eine Nachricht ein, die ihn an eine frühere Stabilitätskrise erinnerte, seinen Wunsch nach dem Wechsel in ein anderes Kloster. Der Abt von Cuernavaca, Gregorio Lemercier, der ihn 1959 unbedingt in sein Kloster nach Mexiko holen wollte, hatte geheiratet. Merton nahm es fast persönlich. *„Das wars dann also! All die alten Kardinäle in Rom werden jetzt weise nicken. Wußten sie nicht immer schon, wohin diese Psychoanalyse führen würde? Über Abt G. persönlich - kann ich nicht urteilen. Aber es ist schlimm für den Monastizismus. Wie auch immer man es betrachtet, es bedeutet die Niederlage eines monastischen Experiments. Er selbst wird vielleicht etwas anderes finden. Mein Interesse hingegen gilt dem monastischen Leben und seinen Werten, im Versuch, etwas daraus zu machen und es nicht einfach aufzugeben.* [499]

(20) Es waren noch acht Wochen bis zu seinem Abflug. In sein Tagebuch schrieb er, daß es ihm nichts ausmachen würde, wenn er nicht mehr nach Gethsemani zurückkäme, der Lärm hätte hier insgesamt so zugenommen - Autogeräusche von der Straße her, Stimmen von Jugendlichen am See unten, Gewehrschüsse vom nahegelegenen Fort Knox, Farmer Boon's Hunde, die oft nächtelang heulten, und schließlich die vielen Besucher -, daß er einen ruhigeren Ort bevorzuge. Er sei aber offen für alles, da er von der Zukunft nichts erwarte, weder große Erfahrungen noch interessante neue Dinge. *„Was mich wirklich fesselt, ist der Gedanke an einen Aufbruch in etwas Unbekanntes, ohne davon etwas besonderes zu erwarten, und auch nur in der Hoffnung, das zu tun, was Gott von mir erwartet, was auch immer es sei.* [500]

War ein ruhigerer Ort möglicherweise in Alaska? Gerade war eine Anfrage vom Erzbischof in Anchorage eingetroffen, ob Merton für kontemplative Nonnen Einkehrtage abhalten könne. Abt Flavian meinte, Merton könne den Ort auf eine Laura hin prüfen, also solle er nach seinem Kalifornienaufenthalt noch Alaska in seiner Reise unterbringen.

Es war nun auch Zeit, aufzuräumen, Notizen, Manuskripte, Briefe, Tagebücher. Vieles verbrannte er, darunter die Briefe von M.S., ohne auch nur einen Blick auf sie zu werfen. Daß damit das Thema Frauen erledigt war,

---

[498] Merton, Circular Letters to Friends, in: Daggy 1989, 117f. (EÜ)
[499] 27. Juli 1968, in: aaO. 147. (EÜ)
[500] AaO. 148. (EÜ)

bezweifelte einer seiner nächsten Besucher, Ed Rice, der später aussagte, Merton sei „besessen gewesen von Sex"[501].

(21) Das letzte Augustwochenende verbrachte er in Washington, da ihm von der Asia Society empfohlen worden war, ein Gespräch mit dem indonesischen Botschafter zu führen, um an nähere Informationen über Asien zu kommen. Bei einem Freund von J.E. Bamberger, einem Psychologen, der viele Geistliche unter seinen Klienten hatte, übernachtete er. Merton erfuhr bei einem Austausch mit Dr. Peron, daß seit der Lockerung der Ordensregeln zahlreiche psychische Zusammenbrüche von Ordensleuten geschehen seien. Viele, im alten autoritären Stil erzogen, waren offensichtlich nicht in der Lage, mit den neuen Freiheiten umzugehen. Diese Schilderungen bestätigten seine pessimistische Sicht von der Zukunft des Ordenslebens. Die Begegnung mit dem indonesischen Botschafter, der ihn zu sich nach Hause eingeladen hatte, war für beide Seiten sehr erfreulich und Dr. Soedjatmoko schrieb später, die Begegnung mit Merton sei für ihn die beste während seines gesamten Aufenthalts in den Vereinigten Staaten gewesen. Merton habe zu den wenigen Menschen gehört, die im Besitz eines beinahe vollständigen inneren Frieden gewesen seien.

Bei Mertons Rückkehr waren nun noch zwei Wochen übrig für die restlichen Vorbereitungen. Bruder Patrick Hart diente ihm nun als Sekretär, um die schriflichen Dinge zu ordnen und auch während seiner Abwesenheit zu beaufsichtigen. Entgegen des Rates des Klosters ließ er sein Mönchshabit zuhause, - und mußte später um Nachsendung bitten, da man in Asien bei Empfängen von einem Mönch erwartete, daß er sein Habit trug.

Schließlich kam der Tag der Abreise. Die ganze Zeit war im Kloster die Reise geheim gehalten worden, sie sollte erst nach seiner Abreise im Kapitel bekannt gegeben werden. Nur drei Mönche waren deshalb am Morgen seiner Abreise anwesend, worüber er sichtlich enttäuscht war. Diesen Tag verbrachte er in Louisville mit letzten Erledigungen und einem Abschiedsessen mit seinen Louisviller Freunden. Das Essen belastete ihn, da eine gezwungen fröhliche Stimmung herrschte und dann doch Tränen flossen.

(22) Früh am Morgen des 11. September flog er nach Albuquerque in New Mexico. Das Kloster 'Christ in the Desert', der einsame Ort in der Wüste, den er im Juli schon besucht hatte, stand noch einmal auf seiner Reiseroute. Abt Devereux nahm ihn von dort aus zwei Tage lang mit in das Apachen-Reservat, wo er als „heiliger Mann" vorgestellt wurde und zu seiner großen Freude die geheimen Zeremonien und Tänze miterleben durfte. Anschließend flog er nach Chicago, hielt bei Klarissinnen einen Vortrag und blieb eine Nacht. Dann flog er weiter nach Anchorage. Nach einer kurzen Erholungspause hielt er in Eagle River eine Tagung für kontemplative Ordensfrauen und bekam viele Probleme zu Gehör, die ihm aus Gethsemani vertraut waren. In der restlichen Zeit seines Aufenhalts besuchte er im Hinblick auf Einsiedeleien

---

[501] Vgl. Mott, 534. Mott schenkt dieser These nur bedingt Glauben, er hält auch für möglich, daß das Thema Sex eher das von Rice war und Merton ihm nur übertrieben entgegenkam.

verschiedene Ortschaften, die nur durch lange Autofahrten oder durch Flüge mit kleinen Flugzeugen zu erreichen waren. Er wollte keinen Platz zu nahe an einem Dorf, um nicht für pastorale Aufgaben eingespannt zu werden. Von Alaska flog er nach San Francisco und traf dort auf zahlreiche alte Bekannte, darunter seine Brieffreundin Suzanne Butorovich und Czeslaw Milosz. Im Friedenszentrum von W.H. Ferry hielt er einen Vortrag und ließ sich dazu hinreißen, französischen marxistischen Studenten zu bestätigen, daß sie die wahren Mönche seien, was diese behauptet hatten.[502]

Am 9. Oktober war er dann wieder in Redwoods, und fand diesesmal die kalifornische Küste viel zu unruhig und touristisch, als daß sie für Einsiedeleien geeignet wären. In Redwoods blieb er drei Tage und gestaltete einige Zusammenkünfte, eine davon mit David Steindl-Rast, um mit ihm über Zen zu diskutieren. Nach ein paar weiteren Tagen in San Francisco brach er am 15. Oktober nach Asien auf.

5.1.5 Die Asienreise

(23) Da er in einer Buchhandlung zuvor noch viele Bücher gekauft hatte, mußte er für das Übergewicht nachzahlen, was ihm peinlich war. Dann hob die Maschine mit dem Ziel Bangkok ab. *„Der Moment des Abhebens war aufregend. Die taufeuchten Flügel waren plötzlich mit Flüssen kalten Schweißes bedeckt, der nach hinten abfloß. Das Fenster weinte zerrissen blinkende Tränenbäche. Freude. Wir hoben ab - ich mit christlichen Mantras und einem tiefen Gefühl von Schicksal, endlich auf dem wahren Weg zu sein nach Jahren des Wartens und Fragens und Suchens. Daß ich nicht wiederkommen möge, ohne das großartige Anliegen vollbracht zu haben. Und das große Mitleiden gefunden zu haben, Mahakaruna. [..] Ich gehe nach Hause, dorthin, wo ich in diesem Körper niemals war, ... ".*[503]

Er hatte immer wieder betont, daß er nach Asien ginge, um persönlich von der asiatischen Spiritualität zu lernen. *„Ich komme als Pilger, der ängstlich bemüht ist nicht allein um Information, nicht allein um Fakten über andere mönchische Traditionen, sondern der bemüht ist, aus alten Quellen mönchischer Erleuchtung und Erfahrung zu trinken. Ich versuche nicht nur, mehr zu lernen über Religion und mönchisches Leben (quantitativ), sondern auch, ein besserer und weitgehender erleuchteter Mönch zu werden (qualitativ).[..] Deshalb halte ich es für außerordentlich wichtig, daß Westler wie ich zuerst einmal von Asien und in Asien lernen, wie wenig sie wissen. Wir sollten wohl meiner Meinung nach nicht bloß oberflächliche Berichte über asiatische Traditionen anfertigen, sondern diese Traditionen, soweit wir können, leben und teilen, indem wir im ursprünglichen traditionellen Milieu leben."*[504] Er wollte ferner östlichen Monastizismus studieren, um davon für den westlichen Monastizis-

---

[502] „Another over-enthusiastic effort to identify himself with others", so aaO. 540.

[503] Thomas Merton, Asiatisches Tagebuch, Wuppertal 1976, 15. Oktober, 16f.

[504] AaO., Notizen zur Rede in Kalkutta, Oktober 1968, in: ebd., 193f.

mus, den er 1968 im Zustand der Krise betrachtete, zu profitieren. In seinem österlichen Rundbrief hatte er bereits davon gesprochen, daß der Westen in spiritueller Sicht vom Osten lernen könne. *„Wie Ihr wißt, bin ich sehr am Dialog zwischen Christentum und asiatischen Religionen, besonders dem Buddhismus interessiert. Außerdem habe ich fast ein Jahr lang die Mönche hier über Sufismus, die mystische Seite des Islams, unterrichtet. Es ist sehr aufschlußreich. Die Christen sind schon lange zu selbstverständlich davon ausgegangen, daß andere Religionen wenig 'Tiefe' besäßen. Dies ist vollkommen falsch. Ich denke, daß wir heutzutage mehr als wir es tun Notiz von der wahren Tiefe der anderen großen Religionen und ihrer 'mystischen' Erfahrungen nehmen müßten. Dies wäre insofern besonders wichtig, als in gewisser Hinsicht vom Westen gesagt werden kann, daß er zum Aktivismus neigt und an Tiefe mangelt. Als jemand, der vor dreißig Jahren zur Katholischen Kirche kam, weil ich etwas Tiefes und Substantielles suchte, das nicht im normalen säkularen und akademischen Leben vorkam, kann ich wirklich sagen, daß sich Katholiken Illusionen machen, wenn sie versuchen, die Aufmerksamkeit der Welt unserer Zeit auf sich zu ziehen, indem sie nur deren eigene Haltungen und Besessenheiten wiederspiegeln - besonders wenn diese Wiederspiegelung eher dem Spiegelkabinett eines Vegnügungsparks gleicht. Die 'Welt' interessiert sich dafür leider nicht, und sogar dafür noch weniger als für ein Bild von Kirche, das 'ganz anders' ist. Je mehr ich auf gewisse Bemühungen stoße, die versuchen, der Kirche ein 'neues Image' zu geben, desto weniger interessiert mich das. Echter Fortschritt muß sich auf einer viel tieferen Ebene vollziehen - was zweifellos auch geschehen wird.“* [505]

In einem Brief an Naomi Burton Stone schrieb er aber auch davon, daß seine Asienreise für die asiatischen Religionen ebenfalls wichtig sein könne, da die asiatischen Religionen bis jetzt zwar noch nicht Krisen kennen würden wie die westlichen, bestimmt jedoch in absehbarer Zeit.

(24) Am 16. Oktober landete er in Bangkok, blieb dort zwei Tage im Orient Hotel, besuchte einige buddhistische Klöster und besprach sich mit einem englischen Buddhisten. Zwei Tage später flog er weiter nach Kalkutta. Kalkutta erschütterte ihn, da es ihm gleich das ärmste Gesicht Asiens zeigte: Menschen ohne Hab und Gut, üble Gerüche, Lebende und Sterbende auf den überfüllten Straßen und überall Bettler, vor allem bettelnde Kinder. Er war nun in der Rolle des reichen Touristen und schämte sich. Den Bettlern gab er so viel Geld, daß es für ihn selbst bald knapp wurde. Dann traf er den tibetanischen Mönch Chogyam Trungpa Rimpoche, der in Schottland ein tibetanisches Kloster gegründet hatte und war begeistert von ihm. Er beschloss, wenn es irgend möglich war, auf seiner Rückreise in Schottland Halt zu machen. Am 23. Oktober begann in Süd-Kalkutta eine Konferenz zum Thema „Die Bedeutung der Religion in der Modernen Welt", wozu Vertreter der „Zehn Weltreligionen" geladen waren und er selbst einen Vortrag halten sollte. In diesem Vortrag schilderte er den momentanen Zustand des westlichen Monastizismus, der durch das Zweite Vatikanum nun zwar leere Traditionen abge-

---

[505] Merton, Circular Letters to Friends, in: Daggy 1989, 115. (EÜ)

schafft hätte, nicht aber auf lebendige Alternativen zurückgreifen könne, zumal das wirklich kontemplative Leben immer vernachlässigt worden sei. Daß Kontemplation jedoch relevant sei, zeige die „quasimönchische Bewegung der Hippies in Amerika"[506].

In Kalkutta erreichte ihn noch ein Telegramm vom Dalai Lama, das ihm mitteilte, Anfang November eine Audienz in Dharamsala zu erhalten. Er flog weiter nach Neu Delhi, wo er Harold Talbott traf, einen Spezialisten des tibetanischen Buddhismus. In Mertons Hotelzimmer wurde nun heftigst über den tibetanischen Buddhismus diskutiert. Gemeinsam wollten sie nach ein paar Tagen nach Dharamsala fahren, wo Talbott eine Hütte, die er vom Dalai Lama zur Verfügung gestellt bekommen hatte, besaß.

(25) Nach Dharamsala fuhren sie am 1. November im Nachtzug, eine Fahrt, die Merton an seine zuletzt erlebte Nachtfahrt erinnerte, seine Fahrt vor dem Klostereintritt nach Gethsemani. Aber auch die Zugfahrten seiner Kindheit in Frankreich tauchten vor seinen Augen auf. Angekommen auf dem lärmenden Bahnhof in Pathankot, wurden sie von einem Jeep aus dem Hauptquartier des Dalai Lama abgeholt. Die Fahrt nach Dharamsala führte sie durch eine für Merton zauberhafte Gegend: die Landschaft der Himalayaberge. Er wunderte sich nur, wie bevölkert diese Berghänge waren, auf seinen folgenden Spaziergängen begegnete ihm ein Mensch am anderen, meistens Tibetaner, die, ob Mann oder Frau, Jung oder Alt, permanent mit ihren Rosenkränzen und Gebetsmühlen beteten. Wenn er niemandem mehr begegnen wollte, mußte er sehr weit hinaufsteigen. Bei seinem ersten Spaziergang lernte er den auffallend westlich gekleideten sikkimesischen Laienmönch Sonam Kazi kennen, der englisch konnte und über den Dzogchen Weg (endgültige Entschlossenheit) Bescheid wußte. Merton ließ sich in den nächsten Tagen intensiv unterweisen. Sonam Kazi erklärte ihm den Sinn der Mandalas, sprach über das „kindliche Gemüt", über Mantra, Samsara und Nirwana. Er empfahl ihm dann, sich einen tibetanischen Guru zu suchen und sich in den Nyingmapa-Tantrismus zu begeben. *„Zum Schluß fragte er mich, ob ich es riskieren wolle, und ich sagte, warum nicht? Das Problem ist, den richtigen Mann zu finden. Zwar bin ich nicht gerade scharf darauf, nach einem Zaubermeister zu suchen, aber ich würde gewiß gerne etwas aus Erfahrung lernen, und es scheint, als hätten die tibetanischen Buddhisten als einzige zur Zeit eine wirklich große Zahl an Menschen vorzuweisen, die außergewöhnliche Höhen in der Meditiation und Kontemplation erreicht haben. Das schließt Zen nicht aus. Aber ich fühle mich wirklich heimisch bei den Tibetanern, wenn auch vieles in der Literatur über sie bizarr - wenn nicht gar undurchschaubar scheint."*[507]

(26) Am 4. November hatte er seine Audienz beim Dalai Lama. Merton war beeindruckt von dem großen jungen Mann, der ihn offen und herzlich empfing. *„Das Gespräch drehte sich um Religion und Philosophie und besonders um verschiedene Arten der Meditaton. Er sagte, er freue sich, mich zu sehen,*

[506] Ebd., Notizen zur Rede in Kalkutta, Oktober 1968, in: AT, 194.

[507] The Asian Journal of Thomas Merton, New York 1973, 2. November, 82. (EÜ)

er habe schon viel von mir gehört. Ich sprach fast nur über meine persönlichen Angelegenheiten, mein Interesse für tibetanischen Mystizismus. Manchmal antwortete er mir sehr vertraulich und offen. Ganz allgemein empfahl er mir, durch Madhyamika-Philosophie eine gute Basis zu suchen (Nagarjuna und andere authentischen indischen Quellen) und qualifizierte tibetanische Lehrer zu suchen, also Studium und Praxis zu vereinen... "[508] Ursprünglich hatte ihm der Dalai Lama nur ein Treffen zugesagt, nun war dieser offensichtlich selbst von der Begegnung so angetan, daß er noch zwei weitere Treffen anhing.

Beim zweiten Treffen am 6. November nahm die Besprechung von Medtitationstechniken großen Raum ein. Auf Mertons Anliegen, als Mönch ein Vorbild für andere Menschen zu sein, antwortete der Dalai Lama jedoch nicht. *„Ich sagte, für Mönche sei es wichtig, in der Welt lebende Beispiele der Freiheit und der Bewußtseinstransformation zu sein, die Meditation geben kann. Der Dalai Lama sprach dann über Samadhi im Sinne von kontrollierter Konzentration. "*[509]

(27) Am Tag danach formulierte Merton für sich noch einmal, an das Phänomen der Zeitlichkeit anknüpfend, was Kontemplation erfüllen sollte. *„Das kontemplative Leben muß einen Raum vorsehen, einen Freiraum, Stille, in der neue Möglichkeiten auftauchen können und neue Entscheidungen - neben den Routineentscheidungen - manifest werden. Das sollte ein neues Zeiterlebnis schaffen, nicht als Unterbrechung, Stillstand, sondern als 'temps vierge' - nicht als eine freie Fläche, die gefüllt werden muß oder ein unberührtes Land, das erobert und verletzt werden soll, sondern ein Raum, der sich seiner eigenen Möglichkeiten und Hoffnungen erfreuen kann - und seines Für-sich-selbst-Daseins. Die eigene Zeit. Aber nicht beherrscht vom eigenen Ego und seinen Forderungen. Also offen für andere - Zeit zum Mitleiden, verwurzelt im Gefühl für gemeinsame Illusionen und deren Kritik. "*[510]

(28) Am 8. November interessierte sich das tibetanische Oberhaupt dann für die Gelübde der westlichen Mönche. *„Was ihn am meisten beschäftigte war: 1. Haben die 'Gelübde' irgendeine Verbindung mit einer geistigen Transmission oder Initiation? 2. Führen die Mönche nach dem Ablegen der Gelübde den spirituellen Weg fort, in Richtung auf eine eventuelle Erleuchtung, und was sind die Stufen dieses Fortschritts? Und wenn ein Mönch starb, ohne die vollendete Erleuchtung erreicht zu haben? Welche asketischen Mittel werden zur Reinigung der Gedanken von Leidenschaften angewandt? [..] Am Schluß gerieten wir in eine ziemlich technische Diskussion über die Seele, ob sie nun Bewußtsein, Prajna oder Dhyana sei, und über die Beziehung zwischen Prajna und Sunyata. [..] Es war ein sehr warmes und herzliches Gespräch, und zum Schluß hatte ich das Gefühl, daß wir sehr gute Freunde geworden seien und einander irgenwie nahestünden. Ich spüre großen Respekt und Zuneigung für ihn als Mensch und glaube, daß es auch ein wirkliches geistiges Band gibt*

---

[508] AT, 4. November, 77.
[509] AaO. 6. November, 86.
[510] AaO. 7. November, 91.

zwischen uns. Er machte eine Bemerkung, daß ich ein 'katholischer Geshe' sei, worauf Harold mir sagte, dies sei das höchstmögliche Lob von einem Gelugpa - wie eine Ehrendoktorwürde!"[511]

(29) Über Neu Delhi kehrte er zurück nach Kalkutta. Kalkutta erschreckte ihn diesesmal nicht mehr, er wagte deshalb genauer hinzusehen und entdeckte konkretes Leben, Farben und Kontraste inmitten des Chaos, so daß ihn diese pulsierende Metropole sogar zu faszinieren begann. Er blieb jedoch nur eine Nacht dort und flog am 12. November, immer noch in Begleitung von Harold Talbott, weiter nach Darjeeling. Wieder war er begeistert von der Landschaft, die allerdings aus der Luft harmloser aussah, als nachher auf Autofahrten, da viele Straßen wegen zahlreicher Erdrutsche schlecht passierbar waren. Sie quartierten sich im Windamere Hotel ein, Merton gegen eine beginnende Erkältung kämpfend. Er besuchte die katholischen Kolleges St. Loreto und St. Joseph und das tibetanische Flüchtlingslager, alle diese Orte gekennzeichnet von lärmenden Kinderstimmen. Die tibetanischen Schüler wurden ihm bald lästig, da sie ihn auf seinen Spaziergängen umscharten und alle seine Brieffreunde werden wollten.[512] Im Flüchtlingslager kam die Emsigkeit der Erwachsenen, die in zahlreichen Werkstätten arbeiteten, hinzu. Er führte wieder Gespräche mit tibetanischen Mönchen, ermöglicht durch einen Übersetzer und suchte dann zusammen mit Harold Talbott, Jimpa Rimpoche, Pater Sherburne und einem tibetanischen Führer den bekannten Guru Chatral Rimpoche auf. Zwischen Merton und Chatral Rimpoche herrschte auf Anhieb Sympathie, sie tauschten sich mithilfe des Dolmetschers zwei Stunden lang aus. *„Die unausgesprochene oder nur halb ausgesprochene Botschaft unseres Gesprächs war unser völliges Einverständnis miteinander als Menschen, die irgendwie auf der Schneide zu größerer Verwirklichung waren und das wußten und weiter versuchten, so oder anders, herauszugehen und sich darin zu verlieren - und daß es eine Gnade war, daß wir einander haben treffen können. Ich wünschte, ich könnte Chatral öfter sehen. [..] Er sagte mir ganz ernsthaft, daß er und ich wahrscheinlich unsere vollständige Buddhaschaft in unserem nächsten Leben erreichen würden, vielleicht sogar schon in diesem Leben, und die Abschiedsworte waren so etwas wie eine Abmachung, daß wir beide unser Bestes tun würden, es in diesem Leben zu schaffen. Ich war tief gerührt, weil er ein so offensichtlich großartiger Mensch ist, der wahre Praktiker des Dzogchen, der beste der Nyingmapa-Lamas, gezeichnet von einer vollkommenen Einfachheit und Freiheit. [..] Wenn ich mich je mit einem tibetanischen Guru niederlassen sollte, dann wäre sicher Chatral derjenige, den ich wählen würde. Aber ich weiß noch nicht, ob es das ist, wonach ich suche und wozu ich fähig bin - oder ob ich es brauche."*[513]

---

[511] AaO. 8. November, 96ff.

[512] Ein gelinder Ärger darüber war die einzige emotionale Äußerung Mertons in der Beschreibung der Beschäftigungen und Verfassungen der Menschen in diesem Lager, er äußerte seine Beobachtungen ansonsten recht sachlich distanziert, vgl. 14. November, in: aaO. 108ff..

[513] AaO. 16. November, 114.

(30) Er hatte von seinem Hotelzimmer einen Blick auf den Kanchenjunga, der ihn anfangs, da er jeden Morgen in anderes Licht getaucht war, sehr faszinierte. Er wurde jedoch des Anblicks müde, vielleicht auch, weil ihm die Gebirgskälte zusetzte und seine Erkältung schlimmer wurde. Ein Manager Ehepaar bot ihm an, seine Erkältung in ihrem Bungalow auf der Mim Teeplantage oberhalb Darjeelings auszukurieren, was er dankbar annahm. Die drei stillen Tage dort oben - er wurde von den Gastgebern gut versorgt - taten ihm insofern gut, als er nun alleine war und seine bisherigen Asienerlebnisse reflektieren konnte. Er hatte das Gefühl, zu viel herumgereist zu sein und auf äußere Erfahrungen zu viel Wert gelegt zu haben. Auf diese Weise hätte er Illusionen genährt. *„Illusionen, daß es da wirklich noch etwas anderes gibt. Differenzierung - der altbekannte Prozeß des Aufsplitterns, der zur Gedankenlosigkeit führt anstatt zur Gedankenfülle, in der man all das Leere sieht, das man nicht gegeneinander auszuspielen braucht."*[514] Es sei jedoch auch gut, diese Illusionen auf diesem Wege entlarvt zu haben. Er betonte noch einmal, wie wertvoll für ihn die Begegnungen mit dem Dalai Lama und mit anderen Lamas gewesen sei. Insgesamt hatte er schon viel über das Leben der Mönche und ihren geistlichen Weg in Erfahrung gebracht. Zugleich hatte er jedoch das Gefühl, daß Asien nicht den Platz für seine dauerhafte Niederlassung darstellte. Aber auch Gethsemani, obwohl er es aus der Ferne noch mehr zu schätzen, ja sogar „zu lieben" wußte, schien ihm wegen der zunehmenden Unruhe nicht mehr der richtige Ort zu sein, eher Alaska oder Redwoods. Er konstatierte kritisch, in Asien auf sehr viele britisch-viktorianische Überbleibsel zu stoßen, ganz besonders in Darjeeling; sich mit dieser Seite Asiens zu beschäftigen, sei jedoch nur Zeitverschwendung.

(31) Auch von der Mim Teeanlage aus beobachtete er weiterhin jeden Morgen genau den Gipfel Kanchenjungas und kommentierte ihn im Tagebuch. Dann studierte er den ganzen Tag buddhistische Lektüre und meditierte. *„Diese Stille, mit Zeit zum Lesen, zum Studieren, zum Meditieren, und nicht mit jemandem sprechen zu müssen, ist etwas Wesentliches in meinem Leben."*[515] Er kehrte am 21. November fast tonlos heiser nach Darjeeling zurück. Am 24. November hielt er jedoch schon wieder einen Vortrag im Priesterseminar der Jesuiten in Kurseong. Er sprach über die Theologie des Gebetes und warf einen pessimistischen Blick auf die Katholische Erneuerung im Westen. Er meinte, der Westen habe zuviel seiner Gebetskultur preisgegeben und könne nun von östlicher Spiritualität lernen. Vielleicht betonte er diesen Aspekt auch insofern, als ihm zu Ohren gekommen war, daß viele Katholiken - Priester und Ordensfrauen - von seinem Interesse am Buddhismus irritiert waren. Am Abend des 24. feierte er noch seinen Abschied von Harold Talbott, dabei gab es auch Ideen für Zukunftsprojekte. *„Harold Talbott und ich besprachen kurz die Möglichkeiten, Sonam Kazi oder jemand anderen dazu zu bekommen, ein gutes tibetanisches Meditationszentrum in Amerika aufzubauen, vielleicht in New Mexico, jedenfalls mit Beziehung zu Christus in der Wüste. Heute*

[514] AaO. 18. November, 118f.
[515] AaO. 19. November, 127.

morgen ist Harold nach Badroga, Kalkutta, Delhi und Dharamsala abgereist. Er war außerordentlich hilfsbereit und großzügig. Er hat meine Rechnung im Windamere bezahlt und hatte immer Zeit, Ideen, Informationen und Hilfe für mich. "[516]

(32) Am Tag zuvor hatte er noch einen weiteren Guru besucht, der eine buddhistische Einsiedelei leitete. Nach einer kurzen Zeit des Mißtrauens wurde der Mönch offen und erzählte Merton viele Details des eremitischen Lebens dort. Am Schluß lud Khempo Karlu Rimpoche ihn ein, *„die Einsiedelei bei ihm zu machen oder, falls das nicht ginge, ihm meine Fragen zu schreiben. Das war sehr nett von ihm. Mit meiner Art von Reaktion auf das Klima hier und mit dem Lärm eines indischen Radios in einem Bauernhaus gleich über die Staße, gegenüber der Einsiedelei, denke ich, wird es für mich doch bei Alaska oder Kalifornien oder Kentucky bleiben.* "[517]

Am 25. November reiste er aus Darjeeling ab, wieder zurück nach Kalkutta. Unterwegs unterhielt er sich ausführlich mit einem Australier, der bereits zahlreiche buddhistische Zentren besucht hatte. John Balfour berichtete später, er sei fasziniert vom klaren, wachen Gesicht Mertons gewesen. Von der Unterhaltung erzählte er unter anderem: *„Während dem Mittagessen, das wir gemeinsam einnahmen und unseres Gespräches kam er immer wieder darauf zu sprechen, wie sehr ihn buddhistische Meditationstechniken in seinem Christentum gestärkt hätten, und jedesmal fügte er noch hinzu, daß er hierbei nicht das parrochiale Christentum meine.* "[518] Über Kalkutta schrieb er dieses Mal, daß er es liebe. Er konnte im Appartement von Bob Boyle übernachten und dort seine Post in Empfang nehmen. Am Tag darauf flog er weiter nach Madras. Er besichtigte nun vorwiegend hinduistische Tempel, sein „erstes wirkliches Erlebnis mit dem südindischen Hinduismus."[519] Er war erstaunt, wie lebhaft es in einem hinduistischen Tempel zugehen konnte, Kindergeschrei und Tamilen-Gesang wild vermischt. Im Gespräch mit dem Sanskritinisten Dr. Raghavan über Hinduismus und hinduisische Lyrik faszinierte ihn wieder am meisten der Transformationsgedanke. *„Sobald man erst Brahman erkannt hat, wird Leben permanent transfomiert von innen her.* "[520]

(33) Am 29. November flog er weiter nach Colombo in Sri Lanka. Er übernachtete im Galle Face Hotel, das noch ganz den Gewohnheiten der Kolonialzeit nachzueifern schien. *„Und auch die Musik - jetzt amerikanisch, aber immer noch diesselben Lieder (Titel, die ich vergessen habe), die man in den dreißiger Jahren spielte. Bedeutungslose Songs, die immer noch einen dunklen Rest von Gefühl irgendwo in mir stören, genug, um mich peinlich zu berühren, aber nicht zu sehr.* "[521] Touristisch besichtigte er Colombo, lernte dabei den Direktor des amerikanischen Informationsbüros kennen, Victor Stier,

---

[516] AaO. 24. November, 135.
[517] Ebd.
[518] John Balfour an Bruder Patrick Hart, 11. Februar 1976, in: Mott, 555. (EÜ)
[519] AT, 27. November, 148.
[520] AaO. 28. November, 152.
[521] AaO. 29. November, 155.

der wiederum ein Freund von W. H. Ferry war und Mertons Bücher fast ausnahmlos gelesen hatte.

Am Tag darauf reiste er weiter nach Kandy. Dort besuchte er als erstes den Einsiedler Nyanaponika Thera, der einst deutscher Jude und nun buddhischer Mönch war. Der Dschungel und die Landschaft um Kandy herum gefiel Merton sehr. Als nächstes traf er sich mit dem katholischen Bischof Nanayakkara im Kloster der Sylvestriner und suchte mit diesem den Ashram des Anglikaners Johan Devanandas auf, woran er Gefallen fand. *„Die Atmosphäre des Ortes ist ruhig, offen, und man spürt das Interesse für liturgische Experimente und Ökumene, d.h. die Übernahme einer buddhistischen Art von Spiritualität. "*[522]

(34) Am Montag, den 2. Dezember, besichtigte Merton ebenfalls Polonaruwa. Er schrieb allerdings darüber erst zwei Tage später in seinem zur Veröffentlichung gedachten Tagebuch. Diese Verzögerung beruhte auf der Besonderheit der Erfahrung, die ihm dort widerfuhr. Er war mit dem Generalvikar der Diözese Kandy und dem Fahrer des Bischofs nach Polonaruwa gefahren. Der Generalvikar verhehlte ganz und gar nicht seine Abneigung gegen den Ort des „Paganismus", setzte sich deshalb gleich am Anfang des Geländes nieder, um seinen Reiseführer zu studieren. Merton war froh, das buddhistische Heiligtum alleine begehen zu können. Barfuß wanderte er zwischen Statuen, Felsen und Höhlen hin- und her. Als er am Ende eines Pfades vor einem riesigen sitzenden, einem stehenden und einem liegenden Buddha stand und deren Gesichter studierte, überkam es ihn plötzlich. *„Als ich diese Figuren betrachtete, wurde ich plötzlich fast mit Gewalt aus der üblichen, halbgebundenen Sicht der Dinge gerissen, und eine innige Klarheit, Helligkeit, die aus den Felsen zu strömen schien, wurde spürbar und sichtbar. Die verrückte Offensichtlichkeit der liegenden Figur, das Lächeln, das traurige Lächeln Anandas, der mit verschränkten Armen dasteht [..]. Das ist es: da ist kein Rätsel, kein Problem und wirklich kein 'Mysterium'. Alle Probleme sind gelöst, und alles ist klar, einfach deshalb, weil das, was wichtig ist, klar ist. Der Felsen, alle Dinge, alles Leben ist voller Dharmakaya ... alles ist Leere, und alles ist Mitleiden. Ich weiß nicht, wann ich in meinem Leben je so ein Gefühl von Schönheit und spiritueller Stärke in einer ästhetischen Illumination habe zusammenlaufen sehen. Mit Mahabalipuram und Polonaruwa ist meine asiatische Pilgerreise ganz sicher klar geworden und hat sich selbst gereinigt. Ich meine, ich kenne und habe gesehen, wonach ich dunkel gesucht habe. Ich weiß nicht, was noch auf mich zukommt, aber jetzt habe ich unter die Oberfläche geschaut, habe mich hindurchgebohrt, und ich bin durch Dunkelheit und Verborgenheit hindurchgelangt. Dies ist Asien in aller Reinheit, nicht mit Abfall bedeckt, weder mit asiatischem noch europäischem, noch amerikanischem Abfall. Und es ist klar, rein, vollständig. es sagt alles; nichts fehlt mehr. Und weil nichts fehlt, kann es sich leisten, stille zu sein, unbemerkt, unentdeckt. Es braucht nicht*

---

[522] AaO. 2. Dezember, 161.

entdeckt zu werden. Wir sind es, auch die Asiaten, die es entdecken müssen. "[523]

5.1.6 Die letzten Tage von Mertons Leben

(35) Vollkommen beeindruckt von Polonnaruwa hätte er nun lieber seine freie Reise durch Asien fortgesetzt als sie zur Teilnahme an der Konferenz von Bangkok zu unterbrechen.

Nach zwei Tagen Aufenthalt in Singapur kam er schließlich am 6. Dezember in Bangkok an. Da die Tagung erst am 9. Dezember beginnen würde, nahm er sich im Hotel Oriental ein schönes Zimmer, um von dort aus Bangkok nocheinmal touristisch zu erkunden. Er traf sich ferner in der Stadt mit Abt Jean Leclercq und anderen Teilnehmern der Konferenz, die ebenfalls schon früher eingetroffen waren. Zwei Tage später zog er dann um in das Rot Kreuz Zentrum dreißig Kilometer südlich von Bangkok. Dort wurde ihm ein Zimmer in einem kleinen Häuschen, das aus vier Räumen bestand, zugewiesen. Drei weitere Teilnehmer der Konferenz wohnten in dieser Unterkunft. Am Abend des 8. Dezembers gab es große Freude des Wiedersehens mit alten Freunden oder mit Freunden, die er bisher nur schriftlich gekannt hatte. Ansonsten versuchte er, Aufhebens um seine Person zu vermeiden.

Fünfundsechzig Teilnehmer sollten es bei dieser Tagung unter der Leitung von Abt Rembert Weakland, dem Generaloberen der Benediktiner, werden. Merton war zweifelsohne der berühmteste aller Teilnehmer und die Listen für die Gesprächsrunden unter seiner Leitung waren überfüllt. Die Konferenz war von öffentlichem Interesse, so daß internationale Kamerateams anrückten. Merton brachte dies in Gewissensnöte, da er seinem Abt versprochen hatte, sich fern der öffentlichen Medien zu halten. Nicht daß er ein Interview geben würde, aber die Tagungsleitung sah vor, die Vorträge des folgenden Tages filmen zu lassen. Mertons Vortrag sollte um zehn Uhr fünfundvierzig des 10. Dezembers stattfinden. Die zwei Nächte vor seinem Vortrag waren kurz, nicht nur wegen langer Gespräche, sondern auch wegen lautem Katzengeheul auf den Dächern der Häuser. Nach jedem besonders schmachtenden Liebesseufzer der Katzen hörten die Mitbewohner des Hauses Nummer zwei ein lautes Gelächter aus Mertons Zimmer. Am Morgen darauf ging Merton Schwimmen und fragte seine Hausgenossen auf dem Weg mit sarkastischem Unterton, ob sie gut geschlafen hätten. Er fühlte sich indes so müde, daß er Gesprächseinladungen für die Mittagspause ablehnte: er brauchte nun unbedingt einen Mittagsschlaf. Seinen Vortrag hielt er vormittags nach Plan ab, das Thema lautete „Marxismus und Perspektiven des Mönchtums".

Nach dem Mittagessen verabschiedete er sich schnell, um seinen Vorsätzen des Ausruhens nachzukommen. Zusammen mit dem belgischen Pater Francois de Grunne ging er zum Wohnhaus zurück. Kurz vor drei Uhr hörte Pater de

---

[523] AaO. 4. Dezember, 174f.

Grunne dann einen Schrei und das Geräusch eines fallenden Gegenstandes vom unteren Geschoß des Hauses. Er ging die Treppe hinab und klopfte an Mertons Tür, ohne eine Antwort zu bekommen. Pater Celestine Say, der ebenfalls vom Mittagessen zurückgekehrt war und nun gerade unter fließendem Wasser die Zähne putzte, sagte, er habe nichts gehört. Allerdings roch letzterer kurz danach einen seltsamen Geruch. Da die einzelnen Räume des Hauses keine Wände bis zur Decke hatten, spähte er über Mertons Wand und sah, daß dessen Bett unbenutzt war. Noch genauer in das Zimmer zu schauen, schämte er sich und vermutete, daß Merton wegen der großen Hitze auf dem kühlen Boden schlief. Eine Stunde später kam Pater de Grunne noch einmal herunter, um sich davon zu überzeugen, daß Merton einfach nur ein guter Schläfer war. Nachdem er wieder keine Antwort bekam, spähte er durch die Ritzen am oberen Bereich der Tür und sah Merton in seltsamer Weise auf dem Boden liegen, mit einem Ventilator quer über ihm. Da die Tür verschlossen war, rannte nun de Grunne, um Hilfe zu holen. Zu viert öffneten sie die Tür und fanden Merton auf dem Rücken liegend, einen über einen Meter großen Ventilator auf sich, vor. Einer der Helfer versuchte, das Gerät wegzuheben, welches jedoch unter Strom stand und den Helfer so lange nicht mehr losließ, bis jemand den Stecker zog. Der Helfer blieb unverletzt.

Merton lag regungslos da, seine Hände an der Seite, sein Gesicht farblos, Mund und Augen halb geöffnet. Eine lange rote Brandspur zog sich dem ganzen Rumpf entlang. Seine Beine waren seltsam verschlungen.

Die Priester sprachen Absolutionsgebete, der hinzugekommene Generalabt gab ihm die letzte Ölung. Eine Ärztin, Priorin eines koreanischen Konvents, traf ein und stellte den Tod fest. Ein Bruder machte Photographien. Abt Weakland rief in einem Krankenhaus an und informierte die Polizei. Der thailandische Arzt diagnostizierte Herzinfarkt, wobei der Kollabierende den Ventilator mit sich gerissen hätte. Die Polizei schickte den Ventilator zur technischen Prüfung, wodurch sich ein Defekt des Ventilators herausstellte und deshalb nun als Todesursache eher der Stromschlag galt (Merton hatte wohl geduscht und deshalb nackte und feuchte Füße).[524]

Sein Leichnam wurde im Habit in seinem Zimmer aufgebahrt, die Mönche und Nonnen hielten abwechselnd Totenwache. Mertons Gesicht soll entspannt und friedvoll gewirkt haben. Am frühen Morgen wurde er dann ins amerikanische Krankenhaus von Bangkok überführt. Bei der Totenmesse am nächsten Morgen trugen die anwesenden Trappisten Weiß „zum Zeugnis unseres Glaubens, daß dies wirklich ein Anlaß großer Freude sei, weil wir wußten, daß unser Bruder in Wahrheit zu Gott gegeangen war."[525] Emotional jedoch waren alle tief bewegt, wenn nicht erschüttert.

---

[524] Da keine Obduktion vorgenommen wurde, konnte die Todesursache nie ganz geklärt werden. Schnell rankten sich deshalb auch Gerüchte um den Tod. Da jedoch weder für Suizid noch Mord plausible Gründe vorlagen und alle Fakten dafürsprachen, ging man in Gethsemani von einem tragischen Unfall durch Stromschlag aus. Auch die unmittelbaren Zeugen des Geschehens nahmen diese Version an.

[525] Sechs Trappisten: Brief an den Abt, Bangkok, 11. Dezember 1968, in: AT, 227.

In Gethsemani traf am 10. Dezember um 10 Uhr morgens ein Telegramm der amerikanischen Botschaft von Bangkok ein, das lediglich die Nachricht vom Tode Mertons enthielt. Zwei Stunden lang warteten Abt Flavian Burns und Bruder Patrick Hart auf nähere Nachrichten, hoffend, daß es sich um einen Irrtum handelte. Gegen Mittag wurde jedoch das Schreckliche telefonisch bestätigt. Eine Welle des Entsetzens ging kurz darauf durch die gesamten Vereinten Staaten. Viele Freunde und Bekannte erfuhren von seinem Tod über die Medien und machten sich gleich, in der Annahme einer baldigen Ankunft des Toten, aus allen Teilen des Landes auf den Weg nach Gethsemani.

Die Klosterleitung hatte eine Autopsie gefordert, was jedoch am internationalen Bürokratismus scheiterte. Schließlich wurde der Leichnam, paradoxerweise in einem amerikanischen SAC Bomber, in die USA ausgeflogen. In New Haven identifizierten ihn Abt Favian und Pater Bamberger und am 17. Dezember traf er endlich in Gethsemani ein. Noch am selben Nachmittag begannen die Totenfeierlichkeiten. In der Abenddämmerung wurde Thomas Merton bei leichtem Schneefall auf dem Friedhof des Klosters beigesetzt. Ein einfaches weißes Kreuz kennzeichnet bis heute sein Grab.

5.2 Dialog mit dem Osten

Der „Dialog mit dem Osten" der für den Lebensabschnitt Mertons von 1967 bis 1968 als bestimmendes Thema gewählt wurde, hatte für Merton nicht erst in dieser Lebensphase Relevanz. Es ist bekannt, daß er schon während seiner Studienzeit in New York Interesse an den östlichen Religionen bekundete und daß er bereits 1959 im Briefwechsel mit Suzuki stand. Die fernöstlichen Religionen waren auch nicht die einzige Beschäftigung seiner letzten zwei Lebensjahre, sondern, wie der letzte Biographieabschnitt gezeigt hat, ebenso Kulturen anderer Völker, zeitgenössische Literatur und interkonfessionelle Ökumene. Dennoch kann behauptet werden, daß fernöstliche Religionen und damit vebunden der interreligiöse Dialog für ihn am Ende zum zentralen und wichtigsten Thema wurden. Zweierlei erhoffte er sich von seinem „Dialog mit dem Osten": das erste war das Lernen von den asiatischen Religionen zugunsten eigener Erweiterung von Glaubenserfahrung und Glaubensverständnis, sowohl auf seine Person bezogen als auch auf die katholische Kirche. Das zweite waren Impulse aus den asiatischen Religionen für die Situation des weltlich-gesellschaftlich engagierten Zeitgenossen im zwanzigsten Jahrhundert, Impulse, so dachte er, die vielleicht er und andere Berufene des kontemplativen Lebens am besten aufnehmen und übermitteln könnten.

Bevor wir uns nun Mertons intensiver Auseinandersetzung mit fernöstlichen Lehren widmen, sollen noch einmal die Ereignisse seiner letzten zwei Lebensjahre zusammengefaßt und reflektiert werden.

5.2.1 Lebensereignisse und ihre Auswirkungen von 1967 bis 1968

Während der ganzen Amtszeit von James Fox blieb die Beziehung zwischen dem Abt und Merton spannungsreich.(1/3) Bei diesen Spannungen ging es offensichtlich nicht mehr um Inhalte, sondern um psychische Machtkämpfe. Abt James hatte offensichtlich Mühe, Merton als mündigen Mitbruder zu akzeptieren, und Merton provozierte unbewußt den Abt durch seine stetigen Reisebitten. Wie Merton selbst konstatierte, hatte das Verhältnis auf jeden Fall eine pathologische Seite und gab daher immer wieder Anlaß zum Verdruß.

Merton kompensierte diese Belastung, indem er viele andere Beziehungen in und außerhalb des Klosters so intensiv wie nie zuvor pflegte. (2/4/5/12/14) Er war psychisch oft in schlechter Verfassung und hatte aufgrund seiner enormen Arbeitslast auch körperlich wenig Ressourcen.(11) Die Überarbeitung hielt ihn dennoch nicht davon ab, die Zeitschrift „Monks Pond" zu gründen - der Gewinn aus diesem literarischen Projekt war offensichtlich größer als die damit verbundene zusätzliche Arbeit. (12) Psychisch belastend waren aber vor allem die Nachrichten über den Vietnamkrieg (6/18) und über den Rassismus, (6/17) ferner die Tatsache, daß so viele seiner alten Freunde in geringem Abstand starben. Ein Gefühl von allgemeiner Unheilszukunft beschlich ihn. (11/14)

Kritische Distanz hegte er nach wie vor gegenüber seinen eigenen Schreibarbeiten, allerdings verurteilte er sein Schreiben nicht mehr so verbissen wie früher, sondern eher gelassen mit dem Hinweis, daß es nicht zu ernst zu nehmen sei. Gelegentlich bezeichnete er Schreiben sogar als seinen „Spaß", (11) und fertigte Bewertungsskalen an, besonders hart dabei mit seinen frühen Werken ins Gericht gehend. (15/18)

Insgesamt ist zu diesem letzten Lebensabschnitt Mertons zu sagen, daß der Leidensdruck in dieser Phase nicht geringer war, als in den Jahren zuvor. Nicht nur die Verluste einzelner Menschen trafen ihn sehr, sondern auch die Vorgänge in Politik und Kirche setzten ihm persönlich zu. War es das anhaltende Kriegsgebaren und inländische Gewaltpotential Amerikas, die der Politik angepaßte oder unterstützende Haltung der Kirche oder die ordensinternen Strukturen und nicht wenige darin agierende Menschen - Mertons Frustration war nicht zu übersehen. (18) Seine Distanziertheit fand Niederschlag in der Ironie seiner „Kurzbiographie". (8) Wenn sich kirchenkritische Fragen wie die des Zölibats stellten, so blieb er erstaunlich desinteressiert, fast als ginge es ihn nichts mehr an.[526] (7) Dennoch resignierte er auch in dieser Lebensphase nicht, sondern kompensierte seine Enttäuschungen mit, neben den oben genannten Freundschaften, „ad fontes-Studien" von Bibel, (11) Wüstenvätern,

---

[526] Wie schon im vierten biographischen Teil zu erkennen war (im Briefwechsel mit R.R. Ruether) und wie es sich im fünften nun fortsetzte, empfand er zunehmend Fremdheit gegenüber seiner einst so überzeugt gewählten Kirche. Selbst die bereits in der Kirche getätigten Neuaufbrüche wie das Zweite Vatikanum oder neue theologische Ansätze wie die „Negative Theologie" schienen ihm nicht zu genügen, er war mit den herrschenden Verhältnissen unzufrieden.

Mystikern, und durch ethnologische, anthropologische und literarische Studien. (4/12)

Besonders aber fand er in den asiatischen Philosophien und Religionen wichtige Anregungen für neue Perspektiven. Aus den biographischen Daten wird nur teilweise ersichtlich, wie intensiv seine Auseinandersetzung mit den fernöstlichen Weltanschauungen geschah, in den Abschnitten unten soll dies noch deutlich werden.

Für Merton stand jedenfalls fest, daß nicht nur er persönlich, sondern auch die amerikanisch-westliche Gesellschaft und die katholische Kirche der ausgehenden sechziger Jahre dringend Impulse der Umkehr und Neuausrichtung brauchten und daß gerade die fernöstlichen Traditionen geeignet waren, diese Impulse zu geben. Große Hoffnung setzte er dabei nach wie vor auf das 'monastische Experiment', (19) d.h. auf die monastische Lebensweise, sei es um persönlich als Ordensmann eigene neue spirituelle Erfahrungen zu machen, oder sei es, um durch Kommunikation auf monastisch-institutioneller interreligiöser Ebene zwischen den Religionen der westlichen und östlichen Hemisphäre zu vermitteln.

5.2.2 Mertons Beschäftigung mit den fernöstlichen Religionen

Bereits seit Ende der Fünfzigerjahre - teilweise früher - beschäftigte sich Merton intensiv mit den Religionen Asiens. Hinweise auf asiatische Literatur erhielt er immer wieder von Carolyn Hammer, die an der Universitätsbibliothek von Kentucky in Lexington arbeitete. Im Lauf der Zeit kamen dann Ratschläge seiner asiatischen Briefkorrespondenten dazu, so daß er recht sachkundig wurde. Am meisten interessierte ihn der Zen-Buddhismus, aber auch Konfuzianismus, Taoismus und Hinduismus wurden Gegenstand seiner Studien - einige Ergebnisse sollen hier kurz dargestellt werden.

5.2.2.1 Hinduismus

Dem Hinduismus brachte Merton großen Respekt entgegen, er fand jedoch nicht die Zeit, sich dieser Religion so eingehend zu widmen wie dem Buddhismus. Bereits 1937 kam er in Kontakt mit dem Hinduismus über die Lektüre von Huxleys „Ends and Means" und über seinen hinduistischen Freund Bramachari. Durch „Ends and Means" wurde er vertraut mit elementaren hinduistischen Begriffen wie Loslösung, Täuschung, „Atman" (wahres Selbst, Seele) und mit verschiedenen Yoga-Richtungen. Bramachari lehrte ihn Respekt und echte Liebe zu Personen anderer Kulturen: „... to love one's fellow man consists not in depriving him of his own proper truth in order to give him yours, but rather to enable him to understand his own truth better in the light of yours." [527]In den sechziger Jahren begegnete er hinduistischen Quellen im Zusammenhang mit der Gewaltlosigkeit Mahatma Gandhis.

Bramachari hatte ihm einst empfohlen, die Literatur von Ananda Kentish Coomaraswamy zu studieren. Diese führte ihn nicht nur weiter in die hinduistische Religion ein, sondern wurde auch für seine religiöse Bekehrung insofern bedeutsam, als der indische Autor den westlichen Lesern William Blake und Meister Eckhart zu lesen empfahl. Ferner gefiel ihm damals in diesen Schriften die kritische Sicht des westlichen Materialismus und Imperialismus. An die Witwe von Coomaraswamy schrieb er später, ihr Mann habe einst dazu beigetragen, daß er jene gute Richtung eingeschlagen hätte, die ihn auf den spirituellen Weg zum Kloster und zum kontemplativen Leben geführt hätte.[528] Beachtlich ist demnach, daß mehrere hinduistische Gläubige - man erinnere sich auch an die Hinweise Bramacharis, er solle Augustinus studieren - zu seiner Konversion zum katholischen Glauben beigetragen hatten.

Offenbar hatte Merton zu dieser Zeit auch Patanjali's Yoga studiert, denn sowohl im „Aufstieg zur Wahrheit", als auch im „Zeichen des Jona" ging er darauf kurz ein. Im „Aufstieg" sprach er davon, daß manche Textpassagen des heiligen Gregor von Nyssa und des heiligen Johannes vom Kreuz ganz gut in einen Text des Zen-Buddhismus oder in Patanjali's Yoga hineinpassen würden.[529] Das höchste Ziel der Yogis schien ihm sehr ähnlich der Ziele apophatischer Mystiker. Kennengelernt hatte er auch die Texte von Ramana Maharshi, einem bekannten hinduistischen Guru, den er nun als modernen Wüstenvater bezeichnete. Hier beeindruckte ihn die unablässige Frage Maharshis: „Wer bin ich?". Der Schüler wurde angehalten, alle flüchtigen, oberflächlichen Eigenschaften des Ego aufzugeben, um zu dem wahren Selbst zu gelangen, das hier auf Sanskrit-Weise als Sat-Chit-Ananda (Existenz-Bewußtsein-Seligkeit) bezeichnet wurde. Nicht dies oder das darzustellen gehörte zu dieser Seinsweise, sondern das Sein an sich, das „Ich bin", ein Motiv, das Merton auch für den christlichen Kontemplativen postulierte.

Später war er sehr angetan vom Text des Bhagavadgita und schrieb hierüber einen Essay. Darin wehrte er sich gegen das Mißverständnis, daß das Lehrgedicht Gewalt und Krieg befürworte und fand am Schluß wieder Gemeinsamkeiten zwischen Christentum und Hinduismus. Das gemeinsame Ziel sei die Beseitigung von Unwirklichkeiten und die Erlangung von Wahrheitsbewußtsein, hob er hervor.[530] Weder Yogismus noch Hinduismus widmete er aller-

---

[527] Merton in einer unveröffentlichten Aufsatzsammlung, zitiert in: Alexander Lipski, Thomas Merton and Asia: His Quest for Utopia, Kalamazoo, 1983, 39.

[528] Vgl. Merton, Hidden Ground, 126.

[529] Vgl. Merton, Aufstieg, 33 und JON, 254.

[530] „It is in surrendering a false and illusory liberty on the superficial level that man unites himself with the inner ground of reality and freedom in himself which is the will of God, of Krishna, of Providence, of Tao. These concepts do not all exactly coincide, but they have much in common. It is by remaining open to an infinite number of unexpected possibilities which transcend his own imagination and capacity to plan that man really fulfills his own need for freedom. The Gita, like the Gospels, teaches us to live in awareness of an inner truth that exceeds the grasp of our thought and cannot be subject to our own con-

dings ein Kapitel in „Mystics and Zen Masters", wo er neben Zen immerhin viele andere mystischen Richtungen beschrieb, wie Taoismus, englische, russische und protestantische Mystik.

In einem Briefwechsel mit Philip L. Griggs, der Mitglied von Rama Krishna und enttäuscht darüber war, daß Merton für das wohl eher Hinduismus wenig bestätigende Buch 'In Search of a Yogi' des Benediktiners Denys Rutledge das Vorwort geschrieben hatte, antwortete Merton, daß ein Sadhu durchaus Gott besser kennnen und lieben könne als ein lauwarmer Christ.[531] In aller Kürze stellte Merton nun einen Religionsvergleich an, mit dem Versuch, christliche Orthodoxie mit interreligiöser Offenheit zu verbinden. „The distinction lies in the fact that Catholics believe that the Church does possess a clearer and more perfect exoteric doctrine and sacramental system which 'objectively' ought to be more secure and reliable a means for men to come to God and save their souls. Obviously this cannot be argued and scientifically proved, I simply state it as part of our belief in the Church. But the fact remains that God is not bound to confine His gifts to the framework of these external means, and in the end we are sanctified not merely by the instrumentality of doctrines and sacraments but by the Holy Spirit. And I repeat my conviction as a Catholic that the Holy Spirit may pefectly well be more active in the heart of a Hindu monk than in my own."[532] Er setzte jedoch auch Grenzen und wehrte sich in jenem Brief zugleich gegen eine falsche Interpretation des christlichen Glaubens und gegen die Ansicht, der Mensch sei von Natur aus göttlich. Der christliche Glaube weise ausdrücklich darauf hin, daß der Mensch nicht von Natur aus, sondern aus Gnade göttlich sei, seine Einheit mit Gott sei deshalb keine ontologische, sondern eine personale in Liebe und im Heiligen Geist, also durch Gottes eigene Hingabe an den Menschen in Christus.

Auf seiner Asienreise begegnete Merton in Indien der lebendigen hinduistischen Religion. Mit Dr. Raghavan besuchte er den Shaivite-Tempel. Er erfuhr

---

trol. In following mere appetite for power we are slaves of appetite. In obedience to that truth we are at last free." Thomas Merton , The Significance of the Bhagavad-Gita, in: The Asian Journal, New York 1973, 353.

[531] „I see no problem whatever about declaring that such a one is closer to Him and is even, by that fact, closer to Christ." Merton, Hidden Ground, 339. Merton schrieb ihm ferner zu den Vorwürfen, er hätte selbst seine Zweifel an diesem Buch gehabt, jedoch befunden, daß das Positive darin überwiege.

[532] „It cannot be said that a Christian (or at least a Catholic) believes that man is by nature divine. If he did, the whole point of Christian teaching would be lost. The Christian belief is, let me state it clearly and without ambiguity, that man is divine not by nature but by grace, that is to say that his union with God is not an ontological union in one nature but a personal union in love and in the Holy Spirit, that is to say by God's gift of Himself to man, in Christ. Man is divine then not insofar as he has Being, but insofar as he is personally redeemed by and united with God in Christ. For a Catholic, this applies to Hindu saints as well as to any other. I am not questioning the fact of their sanctity at all.. I am merely saying that for a Catholic the exoteric explanation of it is that these holy men have received the gift of God, the Holy Spirit, and have become 'divine' not by nature but 'by adoption', not by creation but in the Spirit and in love." Ebd.

nicht nur durch Anschauung, sondern auch durch die Gespräche mit dem Gelehrten Neues über den Hinduismus. (33) Er belas sich auf seiner ganzen Reise weiter über diese Religion, interessierte sich für die Legende über Krishna und Radha und verglich die Aussagen der Monisten Ramanuja und Sankara.

5.2.2.2 Konfuzianismus und Taoismus

Die chinesischen Religionen seien nicht so einfach in Konfuzianismus, Taoismus und Buddhismus einzuteilen, wie es im Westen oft geschehe, denn es gäbe viele Mischformen und Degenerationen ursprünglicher Reinformen, so Merton in 'Mystics and Zen Masters'. Der chinesische Buddhismus sei eine Mischung aus Taoismus und dem „Großen Fahrzeug" (Mahayana Buddhismus) aus Indien, populärer Taoismus sei oft nur noch Folklore und Aberglaube, beim Konfuzianismus sei umstritten, ob es sich überhaupt um eine Religion handle oder nicht vielmehr um eine religiös bestückte Philosophie.[533] Wichtig sei deshalb, die Religionen in ihrer ursprünglichen Fassung samt ihres kulturellen Kontextes und ihre Bezüge untereinander kennenzulernen, so wie der Taoismus des Tschuang-tse beispielsweise nur auf dem Hintergrund des damaligen Konfuzianismus zu verstehen sei.[534]
Insgesamt sei das chinesische Denken am meisten vom Konfuzianismus beeinflußt worden, von der Ju-Schule des Kung Tzu, auch Meister Kung und im Westen Konfuzius genannt. Konfuzius lebte zeitgleich mit Lao Tzu, dem Gründer des Taoismus im sechsten Jahrhundert vor Christus.[535]
Merton zollte dem Konfuzianismus großen Respekt, ja, hielt es sogar für die Pflicht eines jeden christlichen Gelehrten heute, die konfuzianische Lehre zu kennen und zu ihrer Erhaltung beizutragen, wie einst die Väter des Mittelalter antikes Gedankengut geachtet und integriert hätten.[536] Daß der Konfuzianismus neben seinen strengen sozialen Gesetzen auf feste Rituale bestand, fand er eher einleuchtend als abschreckend, und dementsprechend gefiel ihm, daß zwischenmenschliche Begebenheiten liturgisch gefeiert wurden, da sie als Abbild metaphysischer Ordnungen galten. Die konfuzianische Ethik („Jen"), die für ihr Gelingen die Verbindung mit religiösen und liturgischen Akten („Li") einforderte, verglich Merton an einer Stelle mit biblischer Weisheitslehre. Er hielt es durchaus für möglich, daß ein Mensch durch ein solches System zu großer Reife gelangen konnte und transformiert werden konnte zu seinem wahren Selbst.[537] In seinen Ursprüngen enthalte der Konfuzianismus sehr

---

[533] Vgl. Th. Merton, Mystics and Zen Masters, 46.

[534] Vgl. Merton, Eine Einführung in Tschuang-tse, in: Sinfonie für einen Seevogel, Düsseldorf 1991, 133.

[535] Wobei wohl nur die Existenz des Kung Tzu als historisch sicher gilt.

[536] Vgl. Merton, Mystics, 65.

[537] „One might say that it is the splendor of Li (in all its sobriety and truth) which gives a dynamic and productive qualitiy to wisdom. For when man participates in Li by faithfully performing the rites which are called for by his given situation and by his relationships to others, he thereby is awakened, grows, and is transformed. At the same time his society

wertvolle Gedanken, auch wenn er als System im Lauf der Jahrhunderte oft rigide und beengend geworden sei. Sein Grundansatz sei jedoch nicht individualistisch, sondern personalistisch und beruhe auf der wichtigen Annahme, daß alles Leben Geschenk sei. Im Idealfall resultiere aus den fünf Grundsätzen des Konfuzianismus eine humane Sozialordnung.[538] Im „Großen Lernen" des Konfuzianismus hinge die richtige Handlung immer vom richtigen Bewußtsein der handelnden Person ab, und dieses Bewußtsein enthalte das Wissen über die persönliche Herkunft und die innere Wahrheit der Person. „Dadurch, daß man den Forderungen der Natur, wie sie in der Tradition in den Blick gerückt werden und wie sie letztlich eine ständige Aufforderung zur Liebe sind, entspricht, entwickelt man ein Sensorium für Liebe, Verstehen, Ehrfurcht und Weisheit. Man wird so ein 'höherer' oder ein 'edelgesinnter' Mensch, der im Gehorsam gegenüber dem Tao mit dem Himmel, der Erde, seinem Herrscher, seinen Eltern und seinen Kindern und all seinen Mitmenschen in vollkommener Harmonie lebt."[539]

Obwohl Merton den Konfuzianismus sehr zu würdigen wußte, bevorzugte er dennoch den Taoismus des Lao Tzu und, noch mehr, den späteren Taoismus des Tschuang-tse. Letzterer stand seiner Meinung nach Zen sehr nahe.
Lao Tzu wehrte sich gegen die starre Sozialordnung und die formalisierenden Tendenzen von Erziehung und Ritual bei Konfuzius. Er appellierte an die wirkliche innere Erneuerung und Bewußtwerdung des Tao an sich. In Lao Tzus Buch „Tao Te Ching" (in der englischen Übersetzung von Dr. John C. H. Wu) fand Merton drei Abstufungen.
„He who cultivates the Tao is one with the Tao; He who practices Virtue is one with Virtue; And he who courts after Loss is one with Loss."[540] Merton erklärte, daß der Weg des Verlierens (Loss) der „Wirbelwind-Weg" sei, der Weg des Ehrgeizes, des äußeren Wachstums, der Aggression, des Erfolges. Der Weg der Tugend sei der konfuzianische Weg der selbst-beobachteten und professionellen Güte, die, in der Tat, eine weniger reine Form der Tugend sei. „St. Thomas would say it works *humano modo* rather than with the divine and mysterious spontaneity of the gifts of the Holy Ghost."[541] Der Weg des Tao sei jedoch gerade letzteres: der Weg der höchsten Spontanität, welcher just deshalb in einem transzendenten Sinne tugendhaft, da er nicht „strebsam" sei.

(whether the famliy, the city, or the state) grows and is transformed with him." Merton, Mystics, 60.

[538] „If a child can enter fruitfully and lovingly into the five basic relationships, he will certainly develop into a good citizen and a worthy leader, supposing that to be his vocation. The five basic relationships are those of father to son marked by *justice*; mother to son, marked by *compassion*, or merciful love; the son to his parents, marked by filial love; the elder brother to his younger brother, marked by *friendship*; and the younger to the elder, marked by *respect* for his senior." AaO. 78f.

[539] Merton, Sinfonie, 137.

[540] Merton, Mystics, 74.

[541] Ebd.

Merton befand den Taoismus, wie er im Tao Te Ching überliefert war, der christlichen Sprache sehr nahe. Im Tao, das „so seltsam wie nichts auf der Erde" sei, lägen drei „Schätze": Barmherzigkeit, Mäßigkeit und nicht der erste in der Welt sein zu wollen. Manche Sätze klängen wie aus dem Evangelium abgeschrieben: „Because I am merciful, therefore I can be brave ... For heaven will come to the rescue of the merciful and protect him with its mercy."[542] Da der Übersetzer Katholik war, wollte Merton noch eine andere Übersetzung zum Vergleich und fand eine moderne, die zwar in anderen Worten sprach, inhaltlich jedoch übereinstimmte. „If one forsakes love and fearlessness, forsakes restraint and reserve power, forsakes following behind and rushes in front, He is doomed! For love is victorious in attack and invulnerable in defense, Heaven arms with love Those it would not see destroyed."[543]

Merton schätzte am Taoismus des Lao Tzu und am Taoismus des Tschuang-tse, daß sie sich nicht an einzelne Gesetzmäßigkeiten hielten, sondern an das Prinzip des Tao. Tschuang-tse unterscheide zwischen einem „kleinen" und einem „großen Tao", konstatierend, daß die Lehre des Kung Tzu nur das „kleine Tao" fördere, jenes, das die Menschen zwar zu wohlerzogenen, kultivierten Bügern mache, nicht aber zu reifen Menschen, die im Herzen das „große Tao" begriffen hätten. „Konfuzius hatte zweifelsohne einen Blick für die greifbaren Erscheinungen des Tao, 'das man benennen kann', aber Tschuang-tse kritisiert an der Ju-Philosophie vor allem, daß sie nicht vorstößt zu dem Tao, 'das man nicht benennen kann', ja daß sie dieses un-nennbare Tao nicht einmal in Erwägung zieht..[..] Tschuang-tse dagegen vertrat die Auffassung, daß nur der sinnvoll lebt, der in Verbindung mit jenem geheimnisvollen Tao steht, das jenseits aller Dinge ist, das man weder mit Worten noch mit dem Schweigen ausdrücken kann und das nur auf eine Art und Weise erfahren werden kann, die weder Reden noch Schweigen ist."[544]
Merton, seit jeher Sympathisant des apophatischen Weges, fand hier sein bevorzugtes Prinzip wieder. Das „Große Tao" war das Tao des Nicht-Wissens, des Unfaßlichen, Unaussprechlichen. Das Tao des Konfuzius war eine „ethisches Tao", ein „Tao des Menschen" und deshalb immer auch in Gefahr, vom Menschen mißbraucht zu werden. Von daher verstand er auch die Kritik des Tschuang-tse am Konfuzianismus und fand Parallelen bei griechischen Philosophen. „Aber dann wendet sich Tschuang-tse unversehens gegen das Ju-Prinzip. Er kritisiert den heroischen, sich selbst aufopfernden Funktionär, den tugendhaften Super-Mann, wie er in der Schule des Konfuzius hochstilisiert wurde. Der Aufweis der Doppeldeutigkeiten eines solchen Lebens mag uns heute allzu gesucht erscheinen, da wir andere Moralvorstellungen besitzen. Aber Tschuang-tses Hinweis darauf, daß gerade das Gutsein der Guten und

---

[542] AaO. 76.
[543] AaO. 77.
[544] Merton, Sinfonie, 141f.

die Edelmütigkeit der Großen die verborgenen Keime des Ruins in sich tragen, findet sich auch bei Sophokles und Aischylus."[545]
Tschuang-tse habe erkannt, daß der Konfuzianismus das Richtige und Gute verzwecke und damit verobjektiviere. Das Gute werde damit vom Ich des Subjekts getrennt und in abstrakte Bereiche aufgeteilt; Täuschung und Selbstentfremdung seien die Folgen. „Je mehr das Gute objektiv zergliedert, je mehr es als etwas verstanden wird, was man durch bestimmte Techniken erreichen kann, desto unwirklicher wird es, und in dem Maße, in welchem es unwirklicher wird, verflüchtigt es sich in abstrakte Bereiche, in eine nebelhafte Zukunft, und wird so unerreichbar."[546]

Das „große Tao" entsprach schließlich Mertons zunehmender Neigung zu einer Religiosität der „schlichten Realität", des „einfachen Seins", der „dankbaren Existenz". „Den Weg des Tao zu gehen heißt: mit dem einfachen Guten beginnen, das man durch die bloße Tatsache der Existenz empfangen hat. Statt dieses Gute angestrengt zu kultivieren (es verschwindet, wenn wir es betrachten, und entzieht sich uns, wenn wir es berühren wollen), sollten wir ruhig wachsen in der Einfachkeit eines schlichten, gewöhnlichen Lebens...[..] Wenn man mit Tao, dem kosmischen, dem 'Großen' Tao, in Einklang ist, dann stellt sich die Antwort im gegebenen Augenblick von selbst ein, denn dann handelt man nicht nach den Richtlinien menschlichen Kalküls, sondern der göttlichen und spontanen Weise des *wu wei* entsprechend, welches die Weise ist, in der Tao wirkt. Dies und nichts anderes ist die Quelle des wirklich Guten."[547]
Merton zog Parallelen zu Paulus und fand ähnliche Motive zwischen der Lehre von der geistigen Freiheit, des wu wei bei Tschuang-tse und der Auffassung von Glauben und Gnade bei Paulus. Die Lehre des Konfuzius gleiche hingegen der Torah des Alten Bundes. Wenn er hier weiter von Tschuang-tse und Tao schrieb, dachte er zugleich an Paulus und den „Menschen des Glaubens".
„Für Tschuang-tse ist daher der wahrhaft große Mensch nicht der, welcher in einem Leben angefüllt mit Studium und Handeln einen großen Schatz von Tugenden und Verdiensten angesammelt hat, sondern derjenige, in welchem das Tao ungehindert wirken kann. Der ideale Mensch ist der 'Mensch des Tao'."[548]
Der „Mensch des Tao" suche die Abgeschiedenheit, wolle im Verborgenen bleiben und strebe nicht nach öffentlichen Ämtern. Er brauche jedoch auch kein „berufsmäßiger Eremit" werden. „Der 'Mensch des Tao' macht nicht den Fehler, eine kleinschrittige, kalkulierte Tugendhaftigkeit aufzugeben, nur um sich in ein noch kleinmaschigeres Leben in bloßer Meditation einzuspinnen ..[..] Tschuang-tse verurteilt grundsätzlich alles, was auf einer künstlichen Basis beruht."[549]

---

[545] AaO. 143.
[546] AaO. 145.
[547] Ebd u.f.
[548] AaO. 147.
[549] AaO. 149.

Zwei Wege seien im kontemplativen Leben des Tschuang-tse unerwünscht, erstens jener Weg, der nur dazu führe, sich seiner selbst in größerem Maße bewußt zu werden und zweitens das Gebahren des „wohlmeindenden" Menschen, der angestrengt versuche, Andersgesinnten seine Vorstellung vom Guten aufzuzwingen.

Tschuang-tse predige, wie Lao-tse, vielmehr nur eine fundamentale Demut, „nicht die Demut vordergründiger Tugendhaftigkeit und bewußter Selbsterniedrigung, sondern die 'ontologische' oder 'kosmische' Demut des Menschen, der begriffen hat, daß der ein Nichts ist und sich deshalb selbst vergißt 'wie ein trockener Baumstumpf... wie tote Asche'."[550]

Man könne diese Demut „kosmisch" nennen, nicht nur weil sie in der Natur der Dinge begründet sei, sondern auch weil sie voller Leben und Aufgeschlossenheit sei und sich mit grenzenloser Lebensfreude mit allem Lebendigen einlasse. Diese Demut erinnere ihn an die franziskanische Einfachheit.

Dem bewußt praktizierten Konfuzianismus und Taoismus begegnete Merton auf seiner Asienreise nur einmal, bei einem Treffen mit einem chinesischen Philosophieprofessor in Singapur. Letzterer beklagte bei dieser Gelegenheit, er habe Schwierigkeiten Chuang Tzu und Lao Tzu asiatischen Studenten, die meistens englisch geprägt seien, nahezubringen - was Merton leider nicht in seinem Tagebuch kommentierte. Die Frage einer Traditionskrise in Asien hätte auf dem Hintergrund des von ihm intendierten voneinander Lernens zwischen Ost und West interessant sein können.[551]

5.2.2.3 Zen-Buddhismus

Mertons Vorliebe unter den asiatischen Religionen galt dem Zen, er schrieb viele Aufsätze über Zen und sammelte diese in zwei Werken, in 'Mystics and Zen Masters' (worin wie erwähnt nicht nur Zen besprochen wurde) und in 'Zen and The Birds of Appetite'[552]. Letzteres und die vier Zen betreffenden Aufsätze aus 'Mystics and Zen Masters' liegen uns in deutscher Übersetzung vor.[553] Seine Kenntnisse über Buddhismus und Zen-Buddhismus bezog Merton vorwiegend aus den Werken des jesuitischen Zen-Forschers Heinrich Dumoulin, aus der Literatur von Daized T. Suzuki[554] und aus dem Werk von T.R. Murti[555]. Zur Auseinandersetzung mit der Thematik veranlaßten ihn ferner Werke von Aelred Graham[556] und R.C. Zaehner[557].

---

[550] AaO. 150.
[551] AT, 5. Dezember, 176.
[552] New York 1968.
[553] Thomas Merton, Weisheit der Stille, Übers. aus dem Amerikanischen von Margret Meilwes, München 1975.
[554] D.T. Suzuki, Essays in Zen Buddhism, London 1958; ebd., Introduction to Zen Buddhism, London 1960.
[555] T.R. Murti, The Central Philosophy of Buddhism: A Study of the Madhyamika System, London 1955.
[556] Ders., Zen Catholicism, New York 1963.

„Was genau ist Zen?"[558] lautet eine Überschrift in 'Mystiker und Zen-Meister' und Merton erklärte, daß historisch gesehen Zen nicht durch einen einzelnen Gründer entstand, sondern sich langsam in China aus einer Verbindung von Mahayana-Buddhismus und chinesischem Taoismus entwickelt hatte. Es gab dann verschiedene Schulen in China, nördliche und südliche, wovon die Schule des Hui Neng sehr bedeutsam geworden sei. Später wurde der Zen-Buddhismus in Japan verfeinert.

Inhaltlich verwies Merton auf das „explosive Problem", daß Zen-Meister sich immer weigerten, ihre Tradition durch irgendeine abstrakte oder theoretische Antwort zu erklären. Das Hauptmerkmal von Zen sei sogar, alle Systematisierungen abzulehnen. „Man kann Zen einfach nicht logisch analysieren. Das Wort 'Zen' leitet sich vom chinesischen *Ch'an* her, das einen gewissen Meditationstyp bezeichnet, jedoch ist Zen keine 'Meditationsmethode' oder eine Art von Spiritualität. Es ist ein 'Weg' und eine 'Erfahrung', ein 'Leben', jedoch ist der Weg paradoxerweise 'nicht ein Weg'. Zen ist daher keine Religion, keine Philosophie, keine Denkmethode, keine Doktrin, keine asketische Lehre."[559] Die Ablehnung jeder Kategorisierung und Systematisierung geschehe aufgrund der Befürchtung, daß die reinen und unmittelbaren Erfahrungen beeinträchtigt werden könnten.

Zen könne auf der strukturellen Ebene nicht mit dem Katholizismus verglichen werden, so Merton in 'Zen and the Bird of Appetite', nicht wenige Zen-Anhänger würden Zen nicht einmal zum Buddhismus gehörig ansehen. Zen habe kein Religions-System und keine Religionsstruktur. Zen war nach Merton ein „trans-kulturelles, trans-religiöses, und transformiertes Bewußtsein"[560], und damit, ohne daß er es so benannt hätte, eine Art Meta-Religion. Gerade aber weil es „frei von Religion" war, schien es ihm besonders geeignet, anderen Religionen, speziell dem Christentum, Impulse zu geben.

Die Reinheit der spirituellen Erfahrung habe im Zen so große Bedeutung, daß ihretwillen auf Definitionsversuche verzichtet werde, da man in vernunftgemäßen Erklärungsversuchen die Gefahr der Verzerrung der Erfahrung sehe. Zen-Meister gingen deshalb soweit zu sagen: „Wenn du Buddha triffst, dann töte ihn."[561] Man könne deshalb Zen gar nicht mit den üblichen philosophischen oder theologischen Kategorien fassen, ihn deshalb auch nicht christlicherseits als System des pantheistischen Monismus verurteilen. Leider sei schon oft durch westliche Unterscheidungen Falsches in den Buddhismus hineininterpretiert worden, gerade mittels Begriffen wie Individualismus, Subjektivismus, Pantheismus.

Auch die westlichen Versuche von „natürlicher Mystik" zu sprechen, so Merton weiter, seien zum Scheitern verurteilt, da die Zen-Erkenntnis duch keine

---

[557] Ders., Matter and Spirit. Their Convergence in Eastern Religion, Marx and Teilhard de Chardin, New York 1963.
[558] Merton, Weisheit, 146.
[559] AaO. 147.
[560] AaO. 12.
[561] AaO. 149.

Lehrformel oder phänomenologische Beschreibung vermittelt werden könne. Dies heiße jedoch nicht, daß die Echtheit der Zen-Erleuchtung nicht erkennbar sei, da jene, die bereits Erkenntnis erlangt hätten, dazu in der Lage seien. Wie allerdings, so nun vielleicht manche von uns Westeuropäern neugierig fragend, erklärte Merton nicht.

Zugleich könne man jedoch auch nie sagen, man „habe" eine Erkenntnis im Sinne des besitzenden Subjekts. „Daher ist es schlechterdings falsch, sich vorzustellen, Zen sei eine Art von individualistischer, subjektiver Reinheit, in der der Mönch ausruhen will und durch die Entdeckung und Freude, seine eigene Innerlichkeit gefunden zu haben, geistliche Erquickung sucht. Es ist keine subtile Form geistlicher Selbstbefriedigung, kein Ausruhen in den Tiefen des eigenen inneren Schweigens. Vor allen Dingen ist es kein bloßer Rückzug aus der äußeren und materiellen Welt in die innere Welt des Geistes. Die erste und elementarste Feststellung über Zen ist seine Abscheu vor dieser dualistischen Teilung von Materie und Geist. Jede Zen-Kritik, die eine solche Teilung voraussetzt, ist notwendigerweise auf dem Holzweg."[562]

Die konkrete Praxis habe also im Zen von Beginn an Vorrang gehabt vor Studium und intellektueller Meditation. Zugleich, und das entnahm Merton der Schule des Hui Neng, sei Zen keine Technik der Introversion und des Rückzugs, schon gar nicht Quietismus oder Hesychasmus. Eine Zen-Geschichte, die diese Priorität veranschaulicht, erzählte Merton nach und sie soll auch hier zur Verdeutlichung wiedergegeben werden:

„*Ein Meister sah einen Schüler, der sehr eifrig in der Meditation war. Der Meister sagte: 'Trefflicher, in welcher Absicht sitzt du da in Meditation?' Er antwortete: 'Ich will ein Buddha werden.' Da nahm der Meister einen Ziegel und begann, ihn vor der Klause zu einem Stein zu reiben. Der Schüler fragte: 'Was tut der Meister da?' Der Meister sprach: 'Durch das Reiben mache ich diesen Ziegel zu einem Spiegel.' Der Schüler sprach: 'Wie kann durch das Reiben der Ziegel ein Spiegel werden?' Der Meister sprach: 'Wie kann einer durch Hocken in Meditation ein Buddha werden?'*"[563]

Nach dem Zen-Meister Hui-Neng, so stellte Merton heraus, diente nicht speziell die Meditation der Erleuchtung, sondern das ganze Leben. Es ging um die tiefsinnige Einfachheit des Alltags, wie sie Suzuki einmal formuliert hatte. „Wenn du müde bist, dann schlafe, wenn du hungrig bist, dann iß."[564] Erleuchtung war das Ziel (Prajna), und kein Mittel (Dhyana) durfte sich davon abkoppeln, um womöglich selbst zum falschen Ziel zu werden. Um dies zu erreichen mußten falsche Haltungen des Schülers bekämpft werden, jene nämlich, welche die Ego-Bewußtheit zum Mittelpunkt der Existenz machten oder die künstlich versuchten, den Geist vom Denken zu befreien. Mit derlei Haltungen würde „die Leere" nur als ein Besitz betrachtet und nicht in ihrem wahren Wesen gelebt.

---

[562] AaO. 148..
[563] AaO. 155.
[564] AaO. 132.

Wie alle Formen des Buddhismus suche Zen eine „Erleuchtung" („Satori"), die das Ergebnis der Auflösung aller Subjekt-Objekt Beziehungen in reine Leere sei. Das sei jedoch keine reine Verneinung, sondern nur die Aufforderung, weder zu bejahen noch zu verneinen. Satori sei weder durch Ausschalten des Denkens zu erreichen, noch durch Tätigkeit des denkenden Subjekts. Es sei weder Schau des Buddha noch Erfahrung einer „Ich-Du" Beziehung mit einem höchsten Sein. Zugleich werde aber die Existenz eines höchsten Seins auch nicht verneint. „Man könnte sagen, daß Zen die ontologische *Bewußtheit des reinen Seins jenseits von Subjekt und Objekt* ist, ein unmittelbares Begreifen des Seins in seinem 'So-Sein' und 'Auf-diese-Weise- Sein'."[565] Zen-Erkenntnis sei eine Einsicht in das Sein in seiner ganzen existentiellen Realität und Aktualisierung. Sie sei eine ganz wache und überbewußte „Tat des Seins", die Zeit und Raum übersteige, ein unmittelbares Erfassen des „Sinnes" (h'sin) oder des „Ur-Antlitzes" eines Menschen. Dieses beinhalte die Ablehnung aller begrifflichen Methoden, „so daß man zum Sinn kommt, indem man 'keinen Sinn hat' (wu h'sin): tatsächlich indem man Sinn 'ist', statt ihn zu 'haben'."[566] Das sei die Erlangung einer Art „Buddha-Sinnes" oder „Buddhaschaft", christlicherseits vielleicht vergleichbar mit „den Sinn Christi haben" (1 Kor 2,16) und „ein Geist mit Christus sein" (1 Kor 6,17).

Das „einfache Sein" oder das „einfache Sehen" des Zen, so Merton wieder in 'Birds', komme der „Freiheit der Kinder Gottes" des Neuen Testaments sehr nahe. Bei der Feststellung von Ähnlichkeiten zwischen dem „Geist Christi" und dem „Geist Buddha" wolle er nicht die theologischen Unterschiede verwischen, aber darauf hinweisen, daß die Selbstentäußerung Christi und die Selbstentäußerung der Jünger in einem sehr Zen-ähnlichen Sinn verstanden werden könne.[567] Parallelen fand er deshalb zwischen christlichen Mystikern und Zen-Mönchen. Das Motiv, daß der Fromme sich des frommen Bewußtseins entleeren und „Gott um Gottes willen lassen" sollte, fand er parallel bei Meister Eckhart.[568]

Entscheidend sei an der Zen-Erkenntnis, daß sie „nicht *unsere* Bewußtheit", sondern die „sich selbst bewußte Seins-Bewußtheit ins uns" sei.[569] Ohne pantheistische oder monistische Aussagen zu fällen, würde damit gesagt, daß Identität primär in der Einheit mit der ganzen Welt als in der Trennung von ihr gesucht werden müsse. Diese Einheit habe nichts zu tun mit einer Verneinung der eigenen personalen Realität, sondern sei sogar ihre höchste Bejahung. Im Paradox des Zen könne die „echte Identität in und mit dem einen" gefunden werden, ein personales Geschehen, dem bedauerlicherweise der ausdrückliche Begriff Person im Zen Buddhismus fehle.[570]

Für Hui-Neng sei die zentrale Wirklichkeit nicht das empirische Ego, sondern jene höchste Realität, die zugleich reines Sein und reines Bewußtsein sei, die

---

[565] Ebd.
[566] AaO. 152.
[567] Vgl. aaO. 16.
[568] AaO. 18.
[569] AaO. 152.
[570] AaO. 153.

oben mit „Sinn" (h'sin) bezeichnet wurde. Reines Bewußtsein werde bei Hui-Neng „Un-Bewußtes" (wu nien) genannt, um es vom empirischen Selbst abzugrenzen. „Un-Bewußtes" bedeute das Prinzip des Seins, gleich einem Licht „das verborgen in unserem bewußten Inneren am Werk ist und ihm die transzendente Wirklichkeit aufdeckt"[571]. Dieses Un-Bewußte, so Merton an anderer Stelle, sei auch keinesfalls eine Vernichtung des Geistes, sondern im Gegenteil, eine Art von „Über-Bewußtheit", in der die Wirklichkeit nicht indirekt oder mittelbar, sondern unmittelbar erfahren würde.[572] Das Ziel der Zen-Praxis sei die Vertiefung, Läuterung und Umformung des Bewußtseins. Die Bestimmung des Menschen sei, so Merton als christlicher Theologe, in sich das Licht jenes Seins aufscheinen zu lassen, das ihm Dasein gibt, also eins zu werden mit Gottes eigenem Licht, entsprechend Joh 1,9, „Licht, das in die Welt kommt und jeden Menschen erleuchtet". Wu nien bestehe darin, die Dinge so zu sehen, wie sie sind, und sich an nichts zu hängen, vielmehr frei zu werden vom eigenen relativen Geist. Prajna erreiche man nicht einmal, wenn man zu einem tieferen inneren Kern in einem selbst gelange. Prajna erreiche man nicht durch ein Verweilen im eigenen Sein, sondern dadurch, daß man bei gar nichts Besonderem verweile, weder innerhalb noch außerhalb des Selbst. „Sie besteht nicht in der Selbst-Verwirklichung im Sinn einer Bejahung des eigenen begrenzten Seins oder eines Genießens der eigenen inneren Geist Essenz; sie ist im Gegenteil völlig frei von dem Bedürfnis der Selbst-Bestätigung und Selbst-Verwirklichung. Mit einem Wort, *Prajna* ist nicht Verwirklichung des *Selbst*, sondern pure, einfache Realisierung, jenseits von Subjekt und Objekt. In einer solchen Verwirklichung ist offensichtlich „Leersein" nicht mehr das Gegenteil von 'Fülle', sondern Leersein und Fülle sind das Eine. Null ist gleich Unendlichkeit."[573]

Durch das Koan-Studium werde das Selbst dazu angehalten, sich von seinen Wünschen, ja, sogar von seiner Individualität zu befreien, zugunsten einer puren Bewußtheit, welche dann durch kein Verlangen, keine Planung und kein endliches Ziel mehr eingegrenzt sei.

War Zen nun für Merton die 'Kultur des Paradoxons' zugunsten jeder idolatrischen und ideologischen Abstinenz und deshalb so anziehend für ihn? Gerade der bewußte Entzug jeglicher Einordnung, jeglicher geistiger und begrifflicher Fixierung, die Forderung nach größtmöglicher Realitätserfassung, totaler Erfahrung und totaler Authentizität war jene asketische Spiritualität, deren Anspruch er zu entsprechen suchte. Oder in anderen Worten, Gottes Größe nicht im Weg stehen wollen, sondern das Selbst zu einem Spiegel höherer Wahrheit zu machen, betrachtete er als das Prinzip wahrer Mystik.

---

[571] AaO. 159. Dieses Un-Bewußte sei jedoch nicht mit dem Unbewußten, wie es in der Psychoanalyse gebraucht würde, zu verwechseln.
[572] Vgl., aaO. 203f.
[573] AaO. 164.

Das Wichtige für Merton am Zen schien die radikale geistige Askese zu sein, die jede Theorie, jede Selbstbetrachtung, jedes Prinzip, jede Anschauung, jede Idolatrie und sogar jede spirituelle Praxis selbst mit der eigenen Relativität konfronierte. Die Wertschätzung des Einfachen, des schlicht und doch so schwer zu fassenden „Realen", einschließlich der „Einfachheit des Transzendenten", diese unverstellte und wahrheitssuchende Schlichtheit war es, die ihn so sehr am Zen faszinierte.

„Zen ist unser alltäglicher Geist"[574] klang ihm offenbar wie eine Zauberformel, und betraf ihn vielleicht in doppeltem Sinne. Zum einen war es genau diese religiöse Wahrheit, die Mystiker aller Religionen, einschließlich er selbst, zu finden schienen.[575] Wo er jedoch über die christliche Mystik noch von der Notwendigkeit von kataphatischen und apophatischen Annahmen gesprochen hatte, selbst dabei zur Dominanz des Apophatischen neigte, so schien es nun, als habe er in Zen noch eine Steigerung der apophatischen Theologie gefunden, in der über die Verneinung hinaus mittels paradoxer Sprüche die Verneinung der Verneinung geschah.

Zum anderen jedoch, war es für ihn eine psychisch relevante Komponente, zu hören, daß das Alltägliche das Wertvolle sei. Die Zauberformel wurde hier zur Medizin. Er, der stets Ruhelose, Suchende, Heimatlose, Getriebene, bekam hier zu hören: „Zen ist unser alltäglicher Geist", also: Sein allein genügt. Das Angenommensein und Eingebundensein in ein geistiges Zuhause und in eine persönliche Bejahung, das er bei seiner Bekehrung zum katholischen Glauben einst erfahren hatte, präsentierte sich hier noch einmal in anderer Sprache, in weiterer Modifikation: wahre Religiosität ist das Lebendürfen in der alltäglichen Realität, in der Schlichtheit der eigenen Existenz.

Die Formel „Gott allein genügt" (Teresa von Avila) radikalisierte sich hier noch einmal in ein „Sein allein genügt", womit überhaupt nicht die Exklusion Gottes gemeint war, sondern eine Ebene tiefer, die wahre Anbetung Gottes in der echten Anerkennung der eigenen Geschöpflichkeit, in der aktiven Mit-Wesenschaft aller Lebenden und allen Seins.

5.2.2.4 Mertons religionsverbindende Überlegungen

Nachdem Merton sich in die einzelnen fernöstlichen Religionen vertieft hatte, stellte er Überlegungen zu einer möglichen Verbindung mit dem Christentum an, diesbezüglich äußerte er sich religionsvergleichend in 'Birds'. Ging er zunächst von großer Gemeinsamkeit von Christentum, Buddhismus, Islam und Judentum aus („ ...und sie führen alle schließlich zu dem einfachsten und überraschendsten Endpunkt der unmittelbaren Konfrontation mit dem Absoluten Sein, der Absoluten Liebe, der Absoluten Barmherzigkeit oder der Abso-

---

[574] AaO. 169.

[575] Vgl. aaO. 165, Feststellung der geistigen Verwandtschaft von Hui-Neng und christlichen Mystikern. An anderer Stelle verwies er natürlich auch auf die Unterschiede, die auf theologischer Ebene lägen, vgl. aaO. 209.

luten Leere durch ein unmittelbares und hellwaches Engagement im alltäglichen Leben."[576]), so wurde er doch vorsichtig in Bezug auf die Gemeinsamkeiten zwischen Buddhismus und Christentum. Am Punkt der Bewertung von Personalität schien der große Unterschied zu liegen, wobei er sich selbst „nicht gerüstet" fand, um diese Frage theologisch vollständig zu klären.[577] Auf den ersten Blick schien ihm die „Leere" des Buddhismus jegliche Personalität zu verneinen, allerdings sei auch fraglich, wie Personalität immer im Christentum interpretiert würde, da oft genug Ego-Selbst und Person verwechselt würden. In der Auswertung der Aussagen von Dr. Suzuki käme er allerdings zu dem Schluß, daß zwar Zen in Sprache und Praxis viel radikaler und strenger, ja geradezu unbarmherzig sei, und der Begriff „Leere" keinen Raum für irgendein Bild oder einen Begriff lasse, in der Praxis dennoch, wie auch oben schon erwähnt, „Person" insofern materialiter vorkäme, als im Zen die Suche nach der Einheit mit der ganzen Welt die höchste Bejahung der eigenen personalen Realität sei.

Als weiteren scheinbaren Unterschied nannte Merton die eschatologische Dimension des Christentums, die keine wörtliche Entsprechung im Buddhismus fände. Dennoch hätten auch die christlichen Wüstenväter das „Jetzt" als Ort des Gerichts der Welt benannt, was zur Konsequenz habe, den gegenwärtigen Augenblick so hochzuhalten, wie auch die Zen-Buddhisten es lehrten. Gott loben und „in der Einfachheit des Herzens sein Brot essen" entspreche Suzukis „wenn du müde bist, dann schlafe, wenn du hungrig bist, dann iß"[578].

Merton ging letztlich mit religionsverbindenden Gedanken pragmatisch um: Das Christentum, das mit zahlreichen metaphorischen Ausdrücken und konkreten Bildern operiere, könne sich den Buddhismus dergestalt zunutze machen, den Wesensgehalt der eigenen Begriffe und der eigenen Praxis zu prüfen. Wenn „der Tod des alten Adams" nicht die Zerstörung der Personalität, sondern die Verbannung einer Illusion bedeute, so habe die buddhistische Lehre zur Bekämpfung der Illusion einiges beizutragen. „Leben in Christus" und „Einheit in Christus" könnten mit dem Begriff der „Leere", wie er von Dr. Suzuki gelehrt würde, bereichert werden.[579] „Die Unschuld und Reinheit des Herzens, die zum Paradies gehören, sind eine vollkommene Leere vom Selbst; in dieser Leere ist alles Gottes Wirken, der freie und unvorhersebare Ausdruck seiner Liebe, das Werk seiner Gnade."[580] Was die buddhistische Ethik anbelangte, ließ Merton D.T. Suzuki selbst zu Wort kommen und gab in 'Birds' den Aufsatz 'Wissen und Unschuld' des Japaners wieder. Darin „beruhigte" Suzuki seine westlichen Leser, daß es im Zen-Buddhismus Ethik und Tugenden gebe, welche denen des Christentums sehr ähnlich seien (Die sechs Vollkommenheiten: 1. Geben; 2. die Vorschriften

---

[576] AaO. 93f.
[577] Vgl. aaO. 116.
[578] AaO. 135.
[579] Vgl. aaO. 117.
[580] AaO. 119.

beachten, 3. Geist der Tapferkeit; 4. Demut und Geduld; 5. Meditation; 6. transzendentale Weisheit). Vorrangig wichtig sei jedoch im Zen die Haltung des Agierenden, und die solle verbunden sein mit jener „Leere", die vielleicht dem Begriff „Armut" im Westen am nächsten käme. Diesen Begriff der „Armut" fand er bei Meister Eckhart. „Leere" oder „Armut" sei die Leugnung einer dinglichen Ego-Substanz und das Begreifen der Tatsache, daß das Selbst von Anfang an gar nicht existiere. „Nichts gewinnen, nichts verlieren; nichts geben, nichts nehmen; nur so sein und doch reich an unerschöpflichen Möglichkeiten sein - dies ist 'arm' sein im eigentlichsten und bezeichnenden Sinne des Wortes; das ist es, was alle religiösen Erfahrungen uns lehren. Absolut nichts sein, ist alles sein."[581] An anderer Stelle betonte Suzuki, daß diese „Leere" nicht „die Leere des Nichts, sondern die Leere der Fülle" sei.[582] Das echte Geben bestünde darin, überhaupt nicht daran zu denken, daß etwas aus den eigenen Händen gehe und von einem anderen empfangen werde; das sei dann das Geben in Leere, das echte Geben. Merton griff letztere Gedanken nocheinmal auf und schrieb, daß „Leere" nichts mit moralischer Nicht-Ordnung zu tun habe, sondern vielmehr mit der freien Gabe der Liebe, welche ein „Geben ohne Grund, ohne Grenzen, ohne Gegengabe, ohne bewußten Hintergedanken" hervorbringe.[583] Die sprichwörtliche Gleichheit der Sätze Suzukis zu Mt 6,1ff hätte er noch erwähnen können, er formulierte dann aber noch in einer Art christlich-buddhistischen Sprache: „Wahre Heiligkeit ist nicht das Werk des Menschen, der sich selbst reinigt, sie ist Gott selbst, der da ist in seinem eigenen transzendenten Licht, das für uns Leere bedeutet."[584]

5.2.3 Begegnung mit den fernöstlichen Religionen in Asien

Mertons Annäherung an die fernöstlichen Religionen geschah nicht nur über Studien, sondern auch über direkten Austausch mit deren Vertretern. Dieser Austausch, von seiner Bekanntschaft mit Bramachari zur Studienzeit, vom Treffen mit Suzuki und einzelnen asiatischen Besuchern in Gethsemani abgesehen, geschah bis zu seiner Asienreise vorwiegend schriftlich. Aber bereits in 'Birds' schrieb er, wahrscheinlich noch beeindruckt vom Zusammentreffen mit Suzuki: „Man kann den Buddhismus nicht verstehen, wenn man ihn nicht auf diese existentielle Weise erfährt, in einem Menschen, in dem er lebendig ist. Dann ist das Verstehen der Lehrmeinungen, die für einen Westler gar nicht anders als ein wenig exotisch sein können, kein Problem mehr, sondern nur noch eine Frage der Würdigung eines Wertes, der auf der Hand liegt."[585] Merton verstand sich mehr als Praktiker der Begegnung, denn als theologischer Theoretiker, er wollte keinen umfassenden Religionsvergleich anstellen.

---

[581] AaO. 108 (D.T. Suzuki)
[582] AaO. 131.
[583] AaO. 134.
[584] AaO. 123.
[585] AaO. 94.

Es schien ihm aber eine moralische Pflicht, das Gegenüber aus dem Osten in dessen „Wirklichkeit und Wahrheit" offen wahrzunehmen, oder anders gesagt, ihm zuzugestehen, daß er eine reale Wahrheit, die dem Westler sehr fremd sein kann, besitzt. Hierin sah er sich auch von den Dekreten des Zweiten Vatikanums bestätigt. Als Kontemplativer befand er die eigene gelebte Religiosität, die praktische Ausübung der Religion als besonders wichtigen Beitrag zum interreligiösen Dialog, ja, die Kontemplativen der Religionen konnten seiner Meinung nach hier einen entscheidenden Part spielen.[586]

Er hielt konsequent fest an seiner christlichen Überzeugung,[587] - distanzierte sich einmal auffallend vom pastoralen Christentum (33), worüber wir bedauerlicherweise keine näheren Gründe erfahren - hob jedoch auch die Bedeutung des voneinander Lernens hervor. Sein Hauptmotiv für die Asienreise war der Wunsch, vom Osten zu lernen. (23)

Besonders bestätigt in seiner Ansicht, daß der Osten dem Westen etwas zu sagen habe, fand er sich durch sein Erlebnis in Polunaruwa. Polunaruwa war jedoch mehr als eine theoretische Erkenntnis, es war ein mystisches Erlebnis oder eine Glaubenserfahrung für ihn, wenn er davon schrieb, nun gefunden zu haben, wonach er „dunkel gesucht habe", eine geheimnisvolle Erfahrung von „Schönheit und spiritueller Stärke", offensichtlich also eine Erfahrung der totalen Unmittelbarkeit, Einheit und Harmonie, der Transzendenz. (35)

Er brachte eine sehr große Offenheit mit nach Asien, teilweise vielleicht sogar eine überschwengliche und unkritische Offenheit. Beim Gespräch mit dem Dalai Lama hakte er nicht nach, als der Tibetaner bei der Frage nach der Vorbildfunktion des Mönches keine Antwort gab (26), gab also seine Frage sofort auf, wenn das Gegenüber nicht darauf einging. Er realisierte auch nicht, daß die „technischen" Fragen über die Seele seinen einstigen Fragen im 'Aufstieg' sehr verwandt waren, Fragen, die er jedoch jetzt nicht mehr so stellte und die seinen Widerstand hätten hervorrufen müssen. Er kommentierte auch nicht die Gedanken des Dalai Lama über die asketischen Mittel oder die Prüfbarkeit der Erleuchtung. (28) Daß ihm selbst die Methodik der Kontemplation längst nicht mehr so wichtig war und er Kontempaltion sehr frei definierte (vgl. 27), thematisierte er gegenüber dem Dalai Lama nicht. Priorität hatte für ihn offensichtlich die menschliche und die intuitive Seite in dieser Begegnung und die Suche nach dem material Gemeinsamen. Ferner muß man ihm zugestehen, daß er womöglich später noch das inhaltlich Divergierende aufgearbeitet hätte. Er schrieb sein Tagebuch in Asien hastig und hatte keine Möglichkeit mehr, es zu reflektieren und zu redigieren.

Euphorie beidseits herrschte auch bei der Begegnung mit Chatral Rimpoche und der Leser des 'Asiatischen Tagebuchs' fragt sich schon, wie Merton so schnell zur Überzeugung kommen konnte, Chatral sei der „beste der Nyingmapa-Lamas". (29) Man hört an dieser Stelle zugleich heraus, daß Merton sich bewußt war, den tibetanischen Buddhismus noch nicht gut genug zu

---

[586] Dazu mehr in: Contemplation and Dialogue, in: Merton, Mystics, 203ff.
[587] Vgl. aaO. 212.

kennen, was ihn nicht hinderte, Überlegungen anzustellen, ein tibetanisches Meditationszentrum in Amerika zu gründen. (31)

Wichtig war Merton, und dies ist seiner Rede in Kalkutta am 23. Oktober zu entnehmen (24), daß alle Möglichkeiten der Kommunikation der religiösen Menschen der Welt, vor allem der Kontemplativen, genutzt würden. Traditionen sollten mitgeteilt und auch durch zeitweiliges Zusammenleben geteilt werden, um voneinander zu lernen. „Ich brauche wohl nicht hinzuzufügen, daß wir meiner Meinung nach jetzt ein Stadium - ein längst überfälliges Stadium - religiöser Reife erreicht haben, zu dem es jemandem möglich sein kann, sowohl ein völlig gläubiger christlicher und westlicher überzeugter Mönch zu sein und doch profund zum Beispiel von buddhistischer Disziplin und Erfahrung lernen zu können.‟[588] Er hielt das monastische Leben als das geeigneteste, diesen Weg zu gehen, dieses Leben verschaffe ein „präverbales Niveau‟, eine „Geneigtheit‟, welche frei mache von äußerlichen sozialen Diktaten, von Konventionen, Begrenzungen und Mechanismen. Der „kontemplative Dialog‟ mußte sogar ausschließlich nur von Mönchen geführt werden, „die durch jahrelange Stille und in Meditationsübungen ernsthaft Disziplin gelernt haben.‟ Die Mönche dieser Schule seien schließlich kompetent für ein „postverbales Niveau‟, das zum eigenlichen Dialog befähige, welcher dann nicht mehr nur in Kommunikation bestünde, sondern vor allem in „Kommunion‟.[589]

Diese „Kommunion‟ erforderte gewisse Voraussetzungen, diese bestanden für ihn im gerade genannten „postverbalen Niveau‟, dann in der Ablehnung von Synkretismen, im Respekt vor dem Anderssein des Gegenübers und schließlich im stringenten Verfolgen des monastischen Ziels, Selbst-Transzendenz oder Erleuchtung genannt, oder auch „Transformation des Bewußtseins zu ihren (der Erleuchtung, Anm. d. Verf.) letzten Gründen.‟[590]

Merton war fest davon überzeugt, und das wird gerade in dieser Rede in Kalkutta deutlich, daß die von kontemplativen Mönchen erreichte „Kommunikation und Kommunion‟ zur Entwicklung und zum Fortbestand der Menschheit beitragen würde. Die Menschheit befände sich nämlich in einer derart tiefen geistlichen Krise, daß das „Element der Tiefe und Unberührtheit‟, welche die „innere transzendente Freiheit‟ ermöglichten, in Gefahr sei. An dieser Stelle bestand für ihn dringender Handlungsbedarf.

Hätte er den folgenden Satz im Jahr 2002 noch einmal formuliert und „universell‟ durch „global‟ ersetzt, spürt man die bleibende Aktualität seines Anliegens: „Wir sind Zeugen des Wachstums eines wahrhaft universellen Bewußtseins in der modernen Welt. Dies kann ein Bewußtsein von transzendenter Freiheit und Einsicht sein, es kann aber auch einfach ein undurchdringlicher Nebel mechanischer Trivialität und ethischer Plattheit werden. Mir scheint,

---

[588] T. Merton: Notizen zur Rede in Kalkutta, Oktober 1968, in: AT, 194.
[589] AaO. 196f.
[590] AaO. 197.

der Unterschied ist wichtig genug, daß sich alle Religionen und auch humanistische Philosophie darum kümmern sollten."[591]

Der Ruf nach einem Weltethos in einer globalisierten Welt heute scheint nicht anders als diese Worte für ethische Neubesinnung und Wertreflexion zu plädieren.

Auch in seinen letzten Worten in Bangkok sah Merton die Wurzel der Probleme darin, „daß das menschliche Bewußtsein völlig verstellt ist und daß der Mensch die Wirklichkeit nicht so begreift, wie sie im Ganzen und in Wirklichkeit ist; .." Nocheinmal betonte er die Bedeutung der Mönche, gleich welcher Religion, und nannte wieder Gemeinsamkeiten von Buddhismus und Christentum. Dann bezeichnete er das Neue Testament als einen Protest gegen religiöse Entfremdung und zog Parallelen zum Marxismus. Nocheinmal die Frage des Dalai Lamas nach dem Fortschritt der mystischen Stufen im christlichen Möchtum reflektierend, kam er zu dem Schluß: „Wenn Sie einen Moment einhalten und an die Lehren des heiligen Benedikt zur 'conversio morum' denken, das Geheimnisvollste unserer Gelübde, das andererseits das wichtigste ist, wie ich glaube, dann kann es als eine Verpflichtung zu völliger innerer Transformation der einen oder anderen Art verstanden werden - die Verpflichtung, ein völlig neuer Mensch zu werden. Mir scheint, man kann dies das Ziel des Klosterlebens nennen und daß - wo auch immer man dies versucht - dies das Wichtigste bleibt."[592]

Verwandlung der Sitten - der eigenen und durch Vorbildfunktion die der anderen - und Verwandlung des Selbst zum wahren Selbst war der in den letzten Stunden seines Lebens noch einmal formulierte höchste Sinn des Lebens für Thomas Merton. Bei allen asiatischen Religionen, wie wir in diesem Kapitel gesehen haben, lag sein Hauptaugenmerk auf dem Phänomen der Transformation, der Verwandlung des Menschen hin zum Guten, Wesentlichen, Eigentlichen, Gottgemäßen, Authentischen, Wirklichkeitsgetreuen.

Das Mönchtum hatte für ihn hier seinen Platz in der Welt, seine Verantwortung. In seinem letzten Vortrag jedoch öffnete er die monastische Funktion auch noch vorsichtig hin auf andere Möglichkeiten. „Immer wenn da ein fähiger Mensch ist, der irgendwelche Anweisungen und Ratschläge einer kleinen Gruppe von Menschen gibt, die sich um diese Einsicht bemüht, die versucht, Gott zu lieben und zu dienen und mit ihm eins zu werden, dann handelt es sich notwendigerweise um eine Art Mönchtum. Diese Form des Monastizismus kann nicht ausgelöscht werden. Sie ist unvergänglich. Sie stellt einen Instinkt des menschlichen Herzens dar und gleichzeitig ein Charisma, das Gott dem Menschen gegeben hat."[593]

[591] AaO. 198.
[592] Thomas Merton: Ansprache „Marxismus und Perspektiven des Mönchtums", Bangkok, 10. Dezember, in: AT, 218.
[593] AaO. 223.

Dieses Charisma sei durch die asiatischen Traditionen in einer „Vertiefung des Verstehens" schon besser gefördert worden als im Christentum. Gerade aber in einer Begegnung der Religionen könnte eine große Hilfe liegen. „Die Verbindung von natürlichen Techniken, der Gnade und all der anderen Dinge, die sich in Asien zeigen, mit der christlichen Freiheit des Evangeliums sollte uns alle schließlich zu jener vollen und transzendenten Freiheit bringen, die jenseits bloßer kultureller Unterschiede und bloßer Äußerlichkeiten liegt. Damit will ich diese Anmerkungen beenden. Ich glaube, wir werden uns ja über alle Fragen aus den Vorträgen von heute morgen am Abend unterhalten. Damit will ich verschwinden."[594]

Gerne hätten die Teilnehmer der Bangkok-Konferenz gewiß nun ihre Fragen gestellt und gerne hätten wir Mertons Antworten gehört. Gerne hätten wir auch sein Lebenswerk weiterbeobachtet und seine Impulse angesichts einer sich rasend schnell weiterentwickelnden Moderne entgegengenommen. Gerne hätten wir gewußt, wohin ihn seine eigene Transformation noch geführt hätte und zu welchen Schlüssen er noch gekommen wäre. Das war uns jedoch nicht gegönnt, aus unerklärlichen Gründen wurde Thomas Merton so abrupt in seinem 54. Lebensjahr aus dem Leben gerissen, er „verschwand" und ließ viele Menschen zurück mit zahlreichen Fragen. (35)

5.2.4 Worte über den Tod hinaus

Dennoch ragt sein Werk über sein Leben hinaus, nicht nur per se, sondern auch durch posthume Veröffentlichungen. Dazu gehört auch 'Contemplation in a World of Action'[595], auf das ich zum Schluß noch kurz eingehen möchte.
In diesem Werk, das in seinem Nachlaß als Sammlung von 'monastischen Aufsätzen', wie er es genannt hatte, vorlag, hatte sich Merton vorrangig darum bemüht, Kontemplation mit dem heutigen Leben in Verbindung zu bringen. Dabei war es ihm noch einmal wichtig, einerseits die Stellung des institutionalisierten monastisch-kontemplativen Lebens auf Bedingungen der Moderne abzustimmen, andererseits die Spuren kontemplativen Lebens außerhalb dieser institutionellen Formen aufzuweisen.
Zum ersteren läßt sich am Beispiel der Frage der Gelübde aufzeigen, wie Merton um aktualisierte und zeitgemäße Formen des monastischen Lebens rang.
Im Fall der Gelübde stellte er diese ganz in Frage und überlegte, ob heute nicht andere Formen der Verbindlichkeit gesucht werden müßten. Klar war ihm, daß eine institutionalisierte Gemeinschaft mehr sein mußte als der Zusammenschluß einer „Picknickgesellschaft"[596] und nur eine stabile Gemeinschaft Disziplin und Tiefe gewährleiste. Dennoch müßte mehr Flexibilität in der Handhabung der Gelübde möglich sein und überlegt werden, Gelübde auf

[594] AaO. 224.
[595] New York 1971, deutsch: 'Im Einklang mit sich und der Welt', Zürich 1986.
[596] Merton, Einklang, 97.

Zeit einzurichten oder gar ganz auf Gelübde zu verzichten. Er hielt es für sinnvoll, auch Nichtkatholiken und Nichtchristen, wenn sie es wollten, am klösterlichen Gemeinschaftsleben für gewisse Zeit teilnehmen zu lassen. Hierin würde ein echter Dienst an der Ökumene geleistet, möglicherweise entstünden auf diese Weise sogar ökumenische Gemeinschaften. Ein Kern der Gemeinschaft könne dann Gelübde ablegen und permanent bleiben, andere hingegen nur befristet. Eine andere Möglichkeit sei die Partizipation Verheirateter am monastischen Leben, wie es aus der Tradition des Hinduismus bekannt sei, wo Ehepartner nach Erziehung der Kinder den Weg des einsamen und asketischen Lebens in einem Kloster wählen könnten. Oft, so Merton ganz praktisch, seien Menschen nach der Entfaltung ihrer Sexualität besser für das monastische Leben geeignet als unerfahrene junge Bewerber.[597]

Zum zweiten Punkt, den kontemplativen Spuren außerhalb des Klosterlebens äußerte sich Merton in schon bekannten Tönen: Ein kontemplatives Kloster sei nicht notwendige Bedingung für kontemplatives Leben, die kontemplativen Elemente könnten in fast jeder Lebenssituation eingerichtet werden, konkret führten beispielsweise „Hausfrauen" oder „Leute, die an Universitäten lehren" oft ein kontemplatives Leben. Inhaltlich bedeute dies eine „Art ruhige, passive Einheit und Verbundenheit mit Gott"[598], der Begriff Kontemplation sei hierfür gar nicht notwendig. Ziel des christlichen Lebens sei vor allem, eine Gemeinschaft zu schaffen, „in der der Geist Gottes zu jedem von uns in verschiedener Weise sprechen kann".[599]

Vorher hatte Merton schon beschrieben, was diese kontemplative Existenz bedeutete. Es war danach ein Prozess der Selbstfindung, eine Neuentdeckung seiner selbst, die psychologische Selbsterkundung noch übersteige: „Wir werden wir selbst, wenn wir uns in Christus finden... [..] Kontemplatives Leben ist eine tiefe innere Aktivität auf dem Grunde unseres Seins, als Antwort auf Gott, von dem die Initiative ausgeht, der uns gerade deshalb aber auch unsererseits auf eine sehr subtile, nämlich gehorsame Weise initiativ werden läßt."[600]

Die Initiative des Kontemplativen bestehe darin, die harte Herausforderung des Lebens in seiner „Strenge und Herbheit" anzunehmen und sich an die eigenen Grenzen heranzuwagen. An dieser Stelle war es Merton wichtig, die asketische Seite der Kontemplation in das richtige Licht zu stellen. Zur asketischen Seite des kontemplativen Lebens gehöre nicht, künstliche Listen des Verzichts anzufertigen und alles Schöne des Lebens herauszustreichen, sondern vor allem an sich selbst in einem Akt der von Gottvertrauen getragenen Selbstüberschreitung zu arbeiten. „Mit anderen Worten, das Anspruchsvolle

---

[597] Vgl. aaO. 145.
[598] AaO. 231.
[599] AaO. 233.
[600] AaO. 197f.

des kontemplativen Lebens muß darin bestehen, uns über uns selbst, über unsere Fähigkeiten hinauszuheben."[601] Grundlegend kann deshalb in diesen Sätzen Mertons das „Dreieck" der religiös motivierten Selbstfindung ausgemacht werden (wenn man bei „initiativ" die zwischenmenschliche, sittliche Initiative, wie es Merton an obigen Stellen schon tat, impliziert): Identitätsbildung als Prozess zwischen den drei Faktoren Selbststand, soziale Beziehung und Gottesbeziehung.

Verwandlung des Selbst und Verwandlung der Moralität auf der Basis der Gottesbeziehung, wie er es in seinem oben beschriebenen Vortrag in Kalkutta schon für die christliche Existenz gewünscht hatte, war deshalb auch Grundzug seiner posthum veröffentlichten Rede. Von Gottvertrauen geleitete Selbstüberschreitung zugunsten einer „neuen Seinsweise in Christus" oder einer „Integration auf höchster Ebene"[602], war letztlich das durchgehende Grundthema seines ganzen Lebens und Arbeitens: „Berufung heißt hier: 'wiedergeboren' werden zu einer neuen, ganzheitlichen Identität, zu einer Existenzweise, deren Fruchtbarkeit auf ihrer Tiefe und Radikalität beruht und deren Kennzeichen Friede, Weisheit, Kreativität und Liebe sind."[603]

Dieser Weg der Wandlung und Reifung schuf seiner Meinung nach aber auch eine neue Identität auf transkultureller Ebene: ein angekommener Mensch habe die Grenzen seiner gewohnten Kultur verlassen und eine Ganzheit erreicht, in der ihm alle Lebensformen irgendwie vertraut geworden seien. Dieser sei ein „kosmischer", „universaler" Mensch, einer, der wahrhaft katholisch geworden sei durch eigene Identität und Identifikationsfähigkeit mit anderen Menschen: „Er hat eine tiefere Identität und Ganzheit erreicht als diejenige auf der Ebene seines begrenzten Ich, die nur ein Bruchstück seines Seins darstellt. Er ist in gewissem Sinne mit allen eins geworden, oder wie es das Neue Testament in einer uns vetrauteren Sprache sagt: er ist 'allen alles' geworden. Er ist fähig geworden, die Freuden und Leiden der anderen als seine eigenen zu erfahren, ohne sich jedoch von ihnen beherrschen zu lassen. Er hat eine tiefe innere Freiheit erlangt - die Freiheit des Geistes, von der das Neue Testament spricht."[604]
Er selbst war ein derart kosmischer Mensch geworden, der in den mystischen Erkenntnissen verschiedenster Religionen Parallelen entdeckte, die seinem eigenen Lebensmotiv entsprachen; - zum Schluß deshalb noch einmal Merton selbst mit Sätzen, die auch im dritten Jahrtausend Menschen ansprechen könnten, die in ihrem Leben nach Identität und Glaubenskultur suchen, aber auch Menschen, die sich aufgrund des religiösen Extremismus gerade um Grundlagen für einen interreligiösen oder weltethischen Dialog bemühen:

---

[601] AaO. 200.
[602] AaO. 118.
[603] AaO. 117.
[604] AaO. 123.

„Sagen wir es noch einmal anders: der Zustand ganzheitlichen Gewahrseins, den man als Integration auf höchster Ebene bezeichnen kann, beinhaltet eine Offenheit, eine 'Leere', eine 'Armut', die jener ähnelt, die nicht nur die Rheinischen Mystiker, Johannes vom Kreuz, die frühen Franziskaner, sondern auch Sufis, frühe taoistische Meister und Zenbuddhisten beschrieben haben. Ganzheit auf höchster Ebene ist wesentlich ein Zustand der Unbesetztheit, der Armut und des 'Nichthandelns': eine völlige Verfügbarkeit gegenüber dem 'Geist', um auf diese Weise zu einem möglichen Werkzeug für eine ungewöhnliche Kreativität zu werden."[605]

5.2.5 Zusammenfassung

Mit der Bereicherung des christlichen Kontemplationsbegriffs mit fernöstlichen Perspektiven, gelang es Merton, ein höchstes Niveau von Religiosität im Sinne eines asketischen, projektionsfreien und kontemplativen Glaubens zu beschreiben: es war das vom Ego gereinigte, zum wahren Selbst hingezogene, realitäts- und wahrheitsloyale Bewußtsein, ein Bewußtsein, das Bezug hatte zu einer realen Transzendenz und Verbindung „zu einem geheimnisvollen Tao", und das eine „ontologische" oder „kosmische" Demut des Menschen einforderte. Es war dies ein Glaube, zu dem man sowohl über das Christentum gelangen konnte, als auch über den Hinduismus, Taoismus, über Zen oder andere Religionen. Merton hielt trotz dieser interreligiösen Perspektivität die Treue zur christlichen Religion für möglich und praktizierte diese selbst.

Die „Reinform" des Glaubens schien für ihn - bei gleichzeitigem Festhalten an einer religiösen Praxis - ein religionsüberschreitendes Bewußtsein zu sein, ein „transkulturelles, transreligiöses und transformiertes Bewußtsein", wie er es für den Zen beschrieb und damit eine Art Metareligion, die zur absoluten Lebensbejahung führte, zum „So-Sein" der Schöpfung im Sinne des Schöpfers und zur „Freiheit der Kinder Gottes" im Sinne Jesu Christi.

Es war ein transformiertes, erleuchtetes Bewußtsein, das soziale Diktate, Konventionen, Begrenzungen und Mechanismen zurückließ, ein Bewußtsein, das die Wirklichkeit, wie sie war, begreifen konnte. Es war auch eine Praxis und hochgradige Sinnaktivität von „unmittelbarer Sinnerfassung", indem der Mensch hier keiner mehr war, der „Sinn hat", sondern „Sinn ist" und „einfach alltäglich ist".

Die Konsequenz dieser Haltung war aber eine radikal ethische, in Form eines unmerklichen und selbstverständlichen Gebens, wie es in Mt 6,3 formuliert wird: die rechte Hand merkt nicht mehr das Geben der Linken. Die Identifikationsfähigkeit des universal Glaubenden mit Menschen und Umwelt ließ den sozialen Einsatz zu einer natürlichen Selbstverständlichkeit werden. Dieser Mensch hatte seine Identität selbstüberschreitend in Gehorsam zum Ruf Gottes gefunden und war durch moralisch-spirituelle Transformation zur Selbstverwirklichung gelangt. So intendierte es seiner Meinung nach auch, wie wir

---

[605] AaO. 124.

gesehen haben, die benediktinische Regel mit ihrem „wichtigsten Gelübde",
der „conversio morum": eine neue Seinsweise in Christus zu erreichen und
„allen alles" zu werden.

Teil III Ergebnisse und Ausblick

1 Ergebnisse nach Anwendung der biographischen Methode

Das anfangs formulierte Ziel war, Erkenntnisse über die spirituelle und moralische Entwicklung von Thomas Merton zu gewinnen, methodisch durch Anwendung einer biographischen Hermeneutik wie der „dokumentatorischen Methode", die als Hin-Und-Her-Bewegung zwischen Lebensdaten und Lebensthemen erklärt wurde, und der als Überzeugung zugrundeliegt, daß auch im Einzelnen allgemein Gültiges stecken kann. Biographiewissenschaftliches Ideal war dabei, so eng wie möglich am erforschten Subjekt zu bleiben, weshalb dessen Leben durch einen unkommentierten biographischen Teil möglichst interpretationsfrei vor den thematisch-systematischen Teil gestellt wurde. Letzterer wurde unter ein Lebensschwerpunktthema gestellt, zu dem auch, obgleich nicht ausschließlich, das erforschte Subjekt in fachspezifischer Weise zur Sprache kam. Durch die Verortung der biographischen Methode im Kontext von Identität und Glaubenskultur sollte zugleich ein Weg der Ethosforschung beschritten werden.

Neben biographiewissenschaftlichen Ergebnissen soll nun im letzten Teil der Arbeit noch einmal herausgestellt werden, welches Ethos Merton als habitualisierte Struktur entwickelt hatte, wie sein Transformationsprozess beschrieben und, vorrangig in religionspsychologischer Perspektive, bewertet werden kann, und zuletzt, welche Impulse für eine christliche Glaubenskultur zu erkennen sind.

In diesem Abschnitt 1 von Teil III sollen nun die Ergebnisse in biographiewissenschaftlichem Kontext zusammengefaßt werden. Dabei sollen die anfangs formulierten Fragen nach der Funktonalität der autobiographischen Akte, der Adressatenschaft und dem Beitrag der Biographik zum Identitätsprozess und zur Ethosbildung zu einer Antwort finden.

1.1 Der Beitrag der Autobiographik zur Identitätsbildung

Daß die Erforschung von (Auto)biographien wissenschaftlichen Interessen der Identitätsforschung dienen kann, wurde nicht nur von Erikson festgestellt.[1] Auch auf religionspsychologischer Ebene wurde seit langem mit Biographien und Autobiographien gearbeitet, was schon bei William James zu sehen war. Wie die Theologie nun im Gleichschritt mit anderen Geisteswissenschaften ebenso Biographik als Forschungsinteresse ausmachte, wurde ausführlich dar-

---

[1] Vgl. Erikson, 136.

gestellt. Die wissenschaftliche Nutzbarkeit von (Auto)biographien ist demnach kein Novum mehr und wird seit zwei Jahrzehnten zunehmend umgesetzt.

Die mittels Biographik erfolgte Studie der Glaubensentwicklung Mertons zeigte nun aber weiterführend, daß die Autobiographik und darüber hinaus das gesamte Handlungsfeld der schriftlichen Artikulation im Sinne der schriftlichen Selbstreflexion nicht nur ein sinnvolles Objekt der Identitäts*forschung,* sondern auch ein praktisches, sittlich relevantes Aktionsfeld im Hinblick auf Identitäts- und Ethos*findung* darstellen kann.

Identitätsfindung aus theologisch-ethischer Sicht wurde eingangs als primär sozialpsychologischer Akt betrachtet, bei - und dies ist wichtig - heute erhöhter Erfordernis der Lebensbewältigung auf individueller und subjektiver Ebene. Sowohl soziale Vermitteltheit als auch hohe individuelle Aktivität gehören also zum Identitätsfindungsprozess. Das Individuum muß demnach autonomer denn je mit seinem bio-psychischen Potential und seinen sozio-kulturellen Dispositionen umgehen, so daß „Identitätsarbeit" im sittlichen Haushalt des Individuums mehr Raum einnimmt als früher. Zu dieser Identitätsarbeit, das ist hier die These, leistet oder kann die schriftliche Selbstreflexion autobiographischer Akte einen konstruktiven Beitrag leisten.

Dieser Beitrag der Autobiographik zur Identitätsfindung besteht erstens in der eingangs erwähnten Eigenparänese als ethosbildende Kraft, womit ein schriftlicher Akt der Umkehr (Metanoia), der Abwendung von Entfremdung und Schuld und des Neubeginns im Bewußtsein eines „fiktiven Anderen", einer neutralen transzendenten Instanz, die beim Christen in der durch Jesus Christus vermittelten Versöhnungsbereitschaft Gottes besteht, gemeint ist.

Zweitens besteht dieser Beitrag in der schriftlich erzeugten Kommunikationsgemeinschaft der Metaebene „fiktiver Anderer" (Gott, menschliches Du, späteres Ich). Aktuell ausbleibende, ausstehende oder unerreichbare real-soziale Vermittlung von Bejahung und Beziehung im Vorgang der Selbstfindung kann günstigenfalls, bis zu einem gewissen Grad, kompensiert werden. Der „fiktive Andere" überbrückt bei direkt versagtem Zugang zum Du ein Stück weit dieses Defizit und schafft in der kognitiven Vorstellung oder in der gläubigen Erfahrung der personalen Akzeptanz sowohl selbstentfaltende Nähe als auch kritisch rückfragende Distanz. Ein neuer Zugang zum Ich und zum Du, und damit Identität in Bezogenheit zur eigenen Geschichte und zur sozialen Umwelt kann über diese Brücke erleichtert werden.[2]

Die Chance für Identität und Selbststand liegt danach in diesem durch schriftliche Selbstreflexion erzeugten Spannungsbogen von ermöglichter Nähe und Distanz: sowohl Distanz zu sich selbst, als auch Distanz zur Umwelt auf dem Erfahrungshintergrund der Nähe Gottes. Autobiographisches Schreiben als kommunikative Hilfestellung schafft also, wie wir auch bei Thomas Merton sehen, einen geistigen Bewegungsraum, in dem das Individuum an der eige-

---

[2]   Diese Kompensation soll nicht als Ersatz für eine Psychotherapie gedacht werden, sondern als unterstützende Aktivität im Selbstfindungsprozess des relativ Gesunden.

nen Persönlichkeit und an den sozialen Beziehungen gestalterisch wirken und in dem es damit die sittlichen Kompetenzen erweitern kann.

1.2 Bedeutung und Funktion des autobiographischen Schreibens bei Merton

Wenn wir nach der Bedeutung des Schreibens für Merton fragen, dann muß vorneweg gesagt werden, daß dies eine Frage „von außen" darstellt und er selbst nicht direkt funktional mit seinem Schreiben umgegangen ist. Er konstruierte nicht zielgerichtet seine autobiographischen Dokumentationen, sondern schrieb äußerst spontan und intuitiv.[3] Damit soll nicht gesagt werden, er habe kein reflexives Verhältnis zu seinen Schriften gehabt, sondern nur, daß er im Voraus keine großen Konstruktionsbemühungen anstellte und nicht systematisch die Glaubensentwicklung seines Lebens reflektierte.[4]

Was nun das autobiographische Material angeht, soll noch einmal daran erinnert werden, daß als Quelle nicht nur seine abgeschlossene Autobiographie ('Der Berg der Sieben Stufen') verwendet wurde, sondern auch viele andere personale Dokumente, wie Tagebücher und Briefe und darüber hinaus seine Fachliteratur, der er selbst auch autobiographischen Wert beimaß.

Wir wir gesehen haben, empfand Merton „das Schreiben", vor allem am Anfang seines Klosterlebens (weil es ihn vom Beten abhielt), aber fast lebenslang als einen negativen „Schatten", als eine zu überwindende Untugend, oder fast als Sünde. Bei aller Selbstkritik konnte er jedoch nicht davon lassen, denn, wie in Teil II häufig deutlich wurde, war das Papier sein „Gesprächspartner", dem er alles ihn Bewegende anvertraute, war es nun persönlicher Natur oder sachlicher (theologischer, politischer, literarischer, etc.). Erst am Ende seines Lebens begann er es als legitimen und erfreulichen Faktor seines Lebens anzunehmen.

Von außen betrachtet stellt sich der Sinn seines Schreibens positiver dar: Schreiben hatte für ihn therapeutische, spirituelle und ethische Relevanz.

Die therapeutische Relevanz trifft hinsichtlich seiner persönlichen Eintragungen zu, das Papier war der statthaltende Zuhörer für seine Sorgen und Gedanken, Redepartner in seinem Vetrauensverhältnis zum „fiktiven Anderen", auf dem er sich seine Belange eingedenk der bejahenden und kritischen Zuhörerschaft Gottes, der Mitmenschen und seiner eigenen späteren Lektüre von der Seele schrieb. Später, nach erfolgreichen Veröffentlichungen war sein Schreiben aber auch verbunden mit konkreten Lesergesichtern oder gar Briefpartnern. „Therapeutisch" war dieses Schreiben deshalb im Sinne des ganz persönlichen (Sich-)Verstehens, des Raum-Erhaltens (das von ihm so ersehnte „Alleinsein"), des Distanz-Gewinnens (zu sich selbst, zu anderen, zu Theo-

---

[3] Eine Ausnahme stellte seine Autobiographie 'Der Berg der Sieben Stufen' dar, da er diese mit besonderem Sendungsbewußtsein schrieb.

[4] F. Schweitzer forderte die stärkere Berücksichtung autobiographischer Konstruktionsvorgänge für die religionspsychologische Lebenslaufforschung, in: Sparn, 308.

rien). Dieser „Therapeutische Akt" war damit auch ein großer Teil seines Identitätsprozesses, reflektierend und resümierend fand Merton zunehmend seinen Selbststand. Identitätsfindung war wiederum nicht nur ein praktischer Vorgang seines Lebens, sondern wurde auch ein wichtiges theoretisches Element seines Kontemplationsbegriffs und es ist geradezu bedauerlich, daß er die Autobiographik nicht explizit als eine kontemplative Methode erkannt und definiert hatte.

Zusammenfassend lassen sich zwei ethisch relevante Hauptfunktionen seiner autobiographischen Akte ausmachen: Zum einen war Schreiben für ihn ein persönlicher therapeutischer, begrifflicher und spiritueller Klärungsprozess - in Selbstgesprächen und „Gottesgesprächen" schuf er sich einen rationalen Erkenntnisweg und einen emotionalen Spannungsbogen zwischen heilsamer Nähe und heilsamer Distanz. Dieser Vorgang trug elementar zu seiner Identitätsfindung bei. Die Adressatenschaft war hierbei eine gleichzeitige: der „fiktive Andere" bestand sowohl im menschlichen Zuhörer (einschließlich seiner selbst in späterer Lektüre) als auch im göttlichen Gegenüber. Nicht selten nahmen seine Sätze fragende oder mahnende Töne an, die eigenparänetische Funktion als ethosbildende Kraft trifft auf Merton in hohem Maße zu. Mit der schriftlichen Lebensreflexion und Lebenskorrektur kultivierte Merton demnach sein spirituelles und moralisches Leben.

Zum anderen war Schreiben seine „thematische Aktion" nach außen, in der Schaffung einer zwischenmenschlichen Kommunikationsgemeinschaft, als häufig von ihm praktizierter Modus der Kontaktaufnahme mit den Mitmenschen. Es war seine Art von sozialer Interaktion, die ihn herausforderte und mit einer sinnvollen Aufgabe verband, indem er anderen durch Veröffentlichungen oder persönlichen Schriftverkehr die Teilnahmemöglichkeit an seiner autobiographischen Glaubenskultur bot. Ganz direkt stellte aber sein Schreiben als schriftliche Einmischung in politische oder religiöse Themen die Wahrnehmung ethischer Verantwortung dar, gipfelnd in seinem politischen und friedenspolitischen Engagement Mitte der sechziger Jahre.

2 Der spirituelle und moralische Transformationsprozess von Thomas Merton

Zu Beginn wurde das Erkenntnisinteresse formuliert, ob und inwiefern man von einer qualitativ steigenden Spiritualität und einem reifenden und tragenden Ethos bei Merton sprechen kann. Es geht also um die Veränderungsprozesse in seinem Leben und deren Bewertung. Dabei wird vorrangig das Erwachsenenalter Mertons fokussiert, denn, wie im Kapitel 'Bekehrung' schon klargestellt wurde, sind für eine eingehende Beurteilung seiner Kindheit weder die literarhistorische Quellenlage noch die psychologische Kompetenz der Autorin ausreichend.

Ebenfalls im Kapitel 'Bekehrung' wurde eine begriffliche Unterscheidung getroffen und „Transformation" als eine langfristige, lebenszeitbezogene Entwicklung bezeichnet. Es wurde postuliert, daß es bei „Transformation" weder um Bekehrungs-, noch um Konversions- oder Umkehrprozesse geht, sondern um einen alle diese Einzelstufen implizierenden langen Entwicklungsprozess. Es wurde auch anfangs W. Conn nicht widersprochen, daß echtes religiöses Leben nur mit personalen Strukturveränderungen geschehen kann - und damit eine normative Note mit ins Spiel gebracht, auf die nun am Ende noch näher eingegangen werden muß. Religiöse Transformation wurde ferner eng verknüpft mit dem ethischen Identitätsbegriff, welcher nicht nur interhuman relational operierte, sondern die „vollendete Person" als anzustrebendes Ziel mit der Orientierungsbedingung der „Hoffnung, die man hat" in einen transzendentalen Kontext stellte.

Zunächst muß nun jedoch noch nach genaueren Kriterien gesucht werden, um einen Transformationsprozess zu beschreiben, hierzu sollen Kriterien der Entwicklungstheoretiker Erikson, Kohlberg und vor allem Fowler zu Rate gezogen werden.

2.1 Entwicklungtheoretische Transformationskriterien

Bei Transformationsprozessen muß nicht selbstverständlich von positiven Wandlungen im Lebenslauf ausgegangen werden, darauf weist der Psychologe G. Jüttemann hin, wenn er bei der Einführung seines Begriffs der „Autogenese" auch „defizitäre Autogenesen" nennt, bei denen ethisch negativ zu bewertende Persönlichkeitsentwicklungen vom Subjekt selbst positiv bewertet werden können.[5] Wenn nun bei Entwicklungstheoretikern nach Transformationskriterien gesucht wird, sollen aber ausschließlich positive Entwicklungen von Interesse sein, jene die zu sozialen Kompetenzen, gelungenem Leben und perspektivischer Erweiterung führen, oder, wie gerade oben erwähnt, zu spiritueller Qualitätssteigerung.[6] Ferner soll nur nach Kriterien gesucht werden, die Glaubensentwicklung im Erwachsenenalter betreffen, ganz elementare Lernschritte der frühen und mittleren Kindheit und deren Transformationsmerkmale werden hier nicht besprochen.

Erwähnt werden soll auch, daß Kohlberg und Erikson beide von einer altersbezogenen Entwicklungslinie mit Hauptaugenmerk Kindheit und Jugend ausgehen. Für diese Arbeit von Belang ist jedoch, daß sie ihr Konzept nicht auf die Kindheit beschränkten, sondern, vor allem Erikson, doch die ganze Lebensspanne in Blick nahmen, so daß auch Entwicklungskriterien für adulte Prozesse abgeleitet werden können.

---

[5]   G. Jüttemann, Genetische Persönlichkeitspsychologie und Komparative Kasuistik, in: Jüttemann/Thomae, 120 u. 123.
[6]   Die Negativlinien, die beispielsweise Erikson im Mißtrauen statt Urvertrauen aufzeigt, werden weggelassen.

2.1.1 Entwicklungskriterien bei L. Kohlberg

Im kognitiv-strukturalistisch ausgerichteten Ansatz Kohlbergs verändert sich in der moralischen Entwicklung eines Subjekts vorrangig die soziale Perspektive. Kohlberg teilt diesen Prozeß in drei Niveaus ein, in ein „präkonventionelles" mit „konkret-individueller Perspektive", in ein „konventionelles" mit der „Perspektive eines Mitglieds der Gesellschaft" und in ein „postkonventionelles" mit einer „der Gesellschaft vorgeordneten Perspektive"[7].

Abzuleitendes grundlegendes Progressionskriterium ist danach die Erweiterung der sozialen Perspektive, was Kohlberg in sechs Stufen darstellt. Hier durchläuft ein transformierendes Subjekt einen Prozess einer von heteronomer Fremdbestimmung herkommenden progredierenden Autonomie, einer Integrierung der Bedürfnisse anderer und Aufnahme von Beziehung zu Menschen und sozialen Systemen. Ferner progrediert das Abstraktionsvermögen auf sozialer oder kultureller Ebene, d.h. das Individuum verinnerlicht die gegebenen Gesetzmäßigkeiten dergestalt, daß es nicht mehr von konkret vermittelten Vorschriften abhängig ist. In der höchsten Stufe 6, bezeichnet als „Stufe der universalen ethischen Prinzipien", anerkennt das Individuum das „Wesen der Moralität" schlechthin und die Tatsache, „daß jeder Mensch seinen (End-) Zweck in sich selbst trägt und entsprechend behandelt werden muß"[8]. In letzterem Punkt bewegt sich Kohlberg, dies sei festgehalten, mehr auf weltanschaulicher, denn auf sozialer Ebene.

Als Transformationskriterien bei Kohlberg könnte man demnach Aktivität und Autonomisierung, Verantwortung für andere, Beziehungskompetenz, kognitive Kapazität und human-bejahende Weltanschauung des Subjekts bezeichnen.

2.1.2 Entwicklungskriterien bei E. H. Erikson

Im entwicklungspsychologischen Ansatz Eriksons manifestiert sich die positive Entwicklung des Individuums durch folgende Qualitäten: Urvertrauen (Erfahrung des Kleinkindes), Autonomie (zunehmende Selbstständigkeit des Kindes), Initiative (Weltzuwendung des Vorschulkindes), Werksinn (Lust an der eigenen Nützlichkeit), Identität (Wahrnehmung der eigenen Kontinuität in der Adoleszenz), Intimität (gelungene Beziehungskultur), Generativität (Verantwortung für die nächste Generation) und Integrität (Weisheit angesichts der eigenen Vergänglichkeit).[9]

Autonomie, Kreativität, Identität und Relationalität sind als erworbene Kompetenzen Kriterien für positive Transformation, die sich von Eriksons Entwicklungsstufen ableiten lassen.

---

[7] L. Kohlberg, Die Psychologie der Moralentwicklung, Frankfurt 1997, 133.
[8] AaO. 132.
[9] Vgl. E. Erikson, 150ff.

2.1.3 Der Ansatz von J. W. Fowler

2.1.3.1 Der Glaubensbegriff bei Fowler

Wenn Mertons Transformationsprozess nun aber hauptsächlich mithilfe der Glaubensstufen von James W. Fowler[10] bewertet werden soll, dann geschieht dies in religionspsychologischer Perspektive. Der Hauptgrund für die Wahl dieser Perspektive[11] liegt in ihrem integrativen und breit angelegten Ansatz: Fowler, der seine „Theorie des Glaubens" als eine „Theorie der persönlichen Erkenntnis und des persönlichen Handelns"[12], als „genetische Theologie" oder „genetische Pisteologie"[13] bezeichnet und sich dem kognitiv-strukturalen Ansatz zuordnet, integrierte entwicklungspsychologische Erkenntnisse von Piaget, Kohlberg und Erikson (und anderen) und brachte theologische Motive hinzu.

Der Autorin ist bekannt, daß Fowler innerhalb der Theologie auch viel Kritik erfahren hat und vor allem sein Glaubensbegriff auf heftigen Widerstand gestoßen ist.[14] Dennoch fiel die Wahl auf Fowler.[15]

[10] J. W. Fowler, Stages of Faith, New York 1981 (dt. Die Stufen des Glaubens, Gütersloh 1991).

[11] Es gäbe weitere entwicklungstheoretische Alternativen, einen Überblick gibt L. Kuld.

[12] Fowler, Stufen, 124.

[13] J. Fowler, Theologie und Psychologie in der Erforschung der Glaubensentwicklung, in: Concilium 18 (1982) 444.

[14] Kurzdarstellungen der Theorie Fowlers finden sich bei G. Klappenecker, Glaubensentwicklung und Lebensgeschichte, Stuttgart-Berlin-Köln 1998, 137 ff. und A. Pichlmeier, 129ff. Erörterungen der Kritik an Fowler sind zu finden bei G. Klappenecker, 137ff. und S. Parks, James Fowlers Theorie der Glaubensentwicklung in der nordamerikanischen Diskussion - Eine Zusammenfassung der Hauptkritikpunkte, in: Glaubensentwicklung und Erziehung, Hrsg. K. E. Nipkow, F. Schweitzer u. J. W. Fowler, Gütersloh 1988, 91ff.

[15] Aus folgenden Hauptgründen:
1. Fowler untersucht in Gefolgschaft von Eriksons lebensumfassender Identitätstheorie die Glaubensentwicklung der ganzen Lebensspanne, d.h. geht auch intensiv auf Entwicklungen im Erwachsenenalter ein, was für diese Studie von vorrangigem Interesse ist.
2. Das Problem einer möglichen, durch das Postulat der stufenartigen Qualitätssteigerung des Glaubens provozierte Infragestellung der christlichen Gnadenlehre, wie es theologischerseits gesehen wurde, kann insofern nicht nachvollzogen werden, als Fowler selbst die anthropologisch qualifizierbare Reifungsenwicklung des Glaubens von der soteriologischen Bedeutung unterscheidet. Explizit hält er die Rechtfertigung vor Gott auf jeder Stufe offen, insofern halte ich seine Theorie für kompatibel mit rechtfertigungstheologischen Ansprüchen. Wie unten gleich noch ausgeführt wird, wird der normative Anspruch in Fowlers Theorie sogar verstärkt aufgenommen bezüglich einer Förderung von reifem, erwachsenem Glauben. Bisher wurde nicht selten spirituelle Transformationprozesse aufgrund rechtfertigungstheologischer oder häresiefürchtender Bedenken abgelehnt. Vgl. G. Klappenecker 1998, 144.
3. Es könnte noch die sinnvolle Verbindung von Psychologie und Theologie, wie sie Fowlers Ansatz unterstützt, genannt werden, nicht nur für die Theologie, sondern auch für die Psychologie. So wurde schon mehrfach auf die Verbindung der Identitätsprozesse mit der Letztorientierung („die Hoffnung, die man hat") hingewiesen. Auch bei Kohlbergs

Fowlers Glaubensbegriff beschreibt eine Haltungsstruktur, in der nicht primär ein religiöser Glaubensinhalt bestimmend ist, sondern die formale Ausrichtung und sinnkonstruierende Aktivität des glaubenden Individuums. Diese Aktivität liegt in der erkenntnisgeleiteten Orientierung an einem sinnstiftenden „Wert- und Machtzentrum", im auf Vertrauen basierenden Zustimmen zu Bildern und Symbolen, in einer Vorstellung von „Gut und Böse"[16] oder in einer „Beziehung des Vertrauens und Loyalität zum Transzendenten"[17]. Glaube ist nach Fowler ein „allgemein menschliches Phänomen", eine „Bemühung um das Heilige"[18], die auch auf einen Atheisten oder Agnostiker zutreffen könne, da auch dieser sein Leben in einen letztgültigen Horizont hinein entwerfe.[19] Religiöse Inhalte sind aber nach Fowler insofern bedeutungsvoll, als sie auf die Haltungsstruktur erkenntnisanregend und identitätsstiftend wirken, von daher kann durchaus von einer Wechselbeziehung von Struktur und Inhalt gesprochen werden.[20] Daß Glaube überdies bei Fowler sehr eng mit ethischen Determinanten verbunden ist, wird deutlich bei seiner Äußerung, der Glaubensbegriff fasse idealerweise menschliches Erkennen, Werten, Binden und Handeln zusammen, kurz, bei der Vorstellung von Glauben als Sinnaktivität.[21]

2.1.3.2 Transformationskriterien

Fowler stellt heraus, daß ein Spezifikum kognitiv-strukturell ausgerichteter Theorien sei, Entwicklung als Austausch zwischen einem aktiven innovativen Subjekt und einer sich verändernden Umwelt zu sehen. Betonung liege dabei - im Gegensatz zu behavioristischen Theorien, die von der Fremdsteuerung

Stufe 6 wurde ja deutlich, daß, wie die individuelle Entwicklung hineingestellt ist in die sozialen Kontexte, sie, wie die sozialen Kontexte selbst, von transzendentalen Bezügen geprägt ist, die über die unmittelbaren sozialen Interaktionen hinausgehen. Für den Sinn dieser Verbindung argumentiert auch S. Parks einleuchtend, daß in einer Kultur - wie in ihrem Fall - der nordamerikanischen, wo die Psychologie eine zentrale ordnende und orientierende Stellung eingenommen habe, diese besonders mit der Orientiertungsleistung im Blick auf die letzte Wirklichkeit überfordert sei und fast notwendig von einer theologisch geprägten Theorie der Glaubensentwicklung ergänzt werden müßte. Auch wenn die psychologische Praxis in Europa nicht ganz so ausgeprägt sein mag, wie in Nordamerika, so besteht m.E. dennoch Bedarf. Vgl. S. Parks, 94.

[16] Fowler, Stufen, 26.
[17] AaO. 32.
[18] AaO. 23.
[19] Vgl. aaO. 27.
[20] „Glauben ist ein beziehunghaftes Unternehmen, von triadischer oder Bundesstruktur. [..] Wenn ich von der Verpflichtung gegenüber Wert- und Machtzentren spreche, verwende ich eine höchst formale Redeweise, um über zutiefst persönliche Beziehungen zu sprechen. [..] Die Wert und Machtzentren, die göttlichen Wert für uns haben, sind deshalb die, die uns Sinn und Wert verleihen und versprechen, uns in einer gefährlichen Welt der Macht zu tragen. [..] Unsere Hingabe, unser Vertrauen formen unsere Identität. Sie prägen die Gemeinschaften, an denen wir teilhaben, und werden von ihnen geprägt. In einem wirklichen Sinn werden wir Teil dessen, was wir lieben und dem wir vertrauen." AaO. 39.
[21] Vgl. aaO. 111.

ausgehen und zu Reifungstheorien, die von angeborenen programmierten organischen Fähigkeiten ausgehen - auf der Aktivität des Subjekts, das sich bemühe, auf rationale Weise das Gleichgewicht zwischen Subjekt und Umwelt wiederherzustellen, „wenn irgendein Faktor der Reifung oder der Umweltveränderung ein vorher bestehendes Gleichgewicht gestört hat."[22] Für seine Theorie der Glaubensentwicklung übernimmt Fowler diesen Ansatz, aber nicht deckungsgleich, da es ihm um über kognitive und moralische Stufen hinausgehende andere Erkenntnisbereiche gehe. Bei Glaubensentwicklung wirkten nämlich auch spezielle Glaubenserfahrungen, theologisch Offenbarung genannt, neben kognitiv verarbeiteten Lebenskrisen und neuen Lebensherausforderungen ursächlich auf die Persönlichkeit des glaubenden Subjekts ein.[23]

Fowler meint, fernerhin bei Glaubensentwicklung zur rationalen Erkenntniserweiterung hinzukommend eine „Leidenschaft" entdecken zu können,[24] eine Passion, die die Bereitschaft des Subjekts schaffe, zur neuen Erkenntnis eine Modifikation oder Rekonstruktion der eigenen Beschaffenheit zuzulassen, sprich eine hohe Bereitschaft zur Persönlichkeitsveränderung. Glaube sei eine Kombination von Rationalität und Leidenschaft.[25] Bei Glaubensstufen gehe es um zusätzliche Erkenntnisbereiche, nämlich über die kognitiven Prozesse hinaus um eine „Integration von Modi der Erkenntnis und Bewertung"[26]. Diese Erkenntnisweise vollziehe sich, indem das erkennende Selbst beständig im Erkennen bestätigt oder modifiziert werde.

Fowler geht es einerseits um eine Offenheit des glaubenden Subjekts, „inhaltliche Botschaften" in das Bewußtsein zu intergrieren und sich selbst dadurch strukturell verändern zu lassen, andererseits um das Wachstum eines Glaubensbewußtseins, das sich zunehmend der eigenen Standpunkte bewußt wird und damit eine Art Metaebene entwickelt, durch die es nicht nur „im Glauben" steht, sondern sich gewissermaßen auch perspektivisch gegenüber. Nicht nur die soziale Perspektive, wie es Kohlberg beschrieb, ändert sich demnach im Entwicklungsprozess, sondern auch die religiöse. Genau letzteres beschreibt Fowler dann als Fortschrittskriterium bei Stufe 5 (s.u.).

---

[22] AaO. 119.

[23] Die Persönlichkeit der glaubenden Person, der Charakter, so ist seine Überzeugung, wird daher einerseits geformt von den „stories" und „Bildern" der Religion, andererseits aber von den eigenen früheren Entscheidungen und Handlungen. Dies bedeute einerseits, „die Tatsache ernstzunehmen, daß wir in sozialen Gemeinschaften geformt werden und daß unsere Weisen der Weltanschauung tief von den gemeinsamen Bildern und Konstruktionen unserer Guppe oder Klasse geprägt sind." Andererseits bedeute es, „eine Verpflichtung, strukturelle Glaubensstufen zu vorhersehbaren Krisen und Herausforderungen der Entwicklungsphasen in Bezug zu setzen und Lebensgeschichten ernstzunehmen, wenn man die Glaubensentwicklung untersucht." AaO. 124.

[24] AaO. 121.

[25] AaO. 122. Der Autor bezeichnet dies als „Logik der Überzeugung".

[26] AaO. 118.

Glaubensaktivität kann demnach bei der Verarbeitung von Lebensherausforderungen sowohl positiv auf die Persönlichkeitsentwicklung einwirken, als auch auf die Entwicklung des Glaubens selbst.

Zusammenfassend kann man also festhalten, daß das Glaubenswachstum durch eine Wechselbeziehung von aktiver Krisenbearbeitung, aktiver Glaubenskultur und aktiver Integration von bereits vorhandenen Erfahrungspotentialen („die früheren Entscheidungen und Handlungen") entsteht. Letzterer Aspekt begründet das Stufenmodell, bei dem eine Stufe auf die nächste aufbaut.

2.1.3.3 Rückschlüsse aus Fowlers Theorie

Mit diesen Ausführungen und von der kogninitv-strukturellen Theorie des Glaubens als einer „Theorie der persönlichen Erkenntnis und des persönlichen Handelns" sprechend,[27] hat Fowler eine Art von Glaubensethos entwickelt, das man näherhin als Glaubensethos der rational-passionierten Realitätsadaption im Zusammenspiel von Religion, Lebensherausforderungen und Persönlichkeitsentwicklung beschreiben könnte.[28]

„Rationale Realitätsadaption" insofern, als er sich einerseits auf die kognitiv orientierten Erkenntnistheorien stützt und andererseits dem vernünftigen Wahrheits- und Wirklichkeitsgetreuwerden als normativem Glaubensziel ab Stufe 5 entscheidenden Wert beimißt.

Von Ethos kann deshalb gesprochen werden, weil Glaube schwerpunktmäßig als Sinnaktivität und damit als sinnbezogener Handlungsbereich betrachtet wird. „Glaubensethos" - ein in soteriologischen Zusammenhängen paradox klingender Begriff - impliziert jene inhaltliche und formal-strukturverändernde Aktivität des Subjekts, die seine Progression in spiritueller, struktureller und moralischer Hinsicht eröffnet.

Transformationskriterien, die Fowler in seine Theorie eingebaut hat, sind demzufolge, neben den bereits bei Kohlberg und Erikson genannten Kritierien, sinnaktive Kapazitäten für neue Inhalte, neue Perspektiven, und moralische Modifikationen. Was als Realität des Lebens und Realität des Glaubens erfaßt werden kann, soll im Modell Fowlers mittels aktiver Glaubenskultur ins bisherige Stadium aufgenommen werden, diese passioniert-rationale Realitätsadaption kann das Individuum in eine höhere Glaubensstufe befördern.

---

[27] AaO. 124.

[28] Wenn fortan von „Glaubensethos" gesprochen wird, hat das nichts zu tun mit dem aus der Diskussion um die „Autonome Moral" hervorgegangenen Begriff der „Glaubensethik", wie er in Teil II - 4 schon erklärt wurde.

2.1.3.4 Zur Normativität von Glaubensentwicklung

Fowler bringt mit seinen Glaubensstufen eine Normativität ins Spiel, die ihm selbst gelegentlich unheimlich zu werden scheint. Zunächst gibt er an, es für die Entwicklung eines Menschen wünschenswert zu halten, „den Prozeß der persönlichen Enwicklung fortzuführen und sich den oft aufgeschobenen Kämpfen zu stellen, die zu einem Stufenübergang und dem Aufbau neuer und komplexerer Muster der Sinnkonstruktion führen." Er ist sich gleichzeitig bewußt, daß „die Behauptung, es gebe einen normativen Endpunkt, der die Tendenz des Wachstums im Glauben auf universale Weise definiert, ein umstrittener Aspekt von *Stages of Faith*"[29] ist.

An anderer Stelle erwähnt er, daß die kognitiv-strukturellen Ansätze Piagets und Kohlberg selbstverständlich davon ausgegangen seien, weiterentwickelte Strukturen höher zu bewerten als niedriger entwickelte. Auf dem Gebiet des Glaubens müsse allerdings die Behauptung, „daß weiter entwickelte Stufen in bedeutsamer Weise adäquater sind als weniger entwickelte, mit noch größerer Vorsicht und noch größeren Einschränkungen ausgespochen werden als im Bereich des kognitiven oder moralischen Denkens"[30].

Fowler möchte mit seinen Stufen weder moralisch, noch theologisch das Maß der Richtschnur für die Beurteilung von Menschen darstellen, sondern betont, „daß jede Stufe des Glaubens Integrität, Kohärenz und Würde besitzt. Menschen auf späteren Stufen sind nicht ihrem Wesen nach wertvoller als Menschen auf früheren Stufen; in religiöser Hinsicht haben die Stufen nichts mit „Heil" zu tun."[31]. Als wäre ihm seine eigene Theorie etwas unheimlich, fügt Fowler zur Vorsicht mahnend hinzu, daß „die Glaubensstufen [..] nicht als eine Leistungsskala verstanden werden dürfen, nach der der Wert von Menschen beurteilt werden kann. Ebenso stellen sie keine erzieherischen oder therapeutischen Ziele dar, auf die man die Menschen hintreiben sollte."[32] Die Normativität sieht er deshalb lediglich, vorrangig die Entwicklungen in der Mitte des Lebens betreffend, in einer positiven Einflußnahme eines Stufensprungs des Glaubens für die psychosoziale Entwicklung.

K. E. Nipkow stellt in 'Glaubensentwicklung und Erziehung' unter Einbeziehung späterer Werke Fowlers klar, daß bei allen Hinweisen Fowlers zu dieser Vorsichtigkeit doch faktisch eine normative Hierarchie aufgestellt wurde, deren Konsequenzen der Amerikaner auch selbst durchexerziert hätte, indem er beispielsweise seine Stufentheorie auf Gemeindeglieder amerikanischer Kirchen anwandte mit dem Resultat harscher Urteile.[33] Dies verurteilt Nipkow

---

[29] Fowler, Stufen, 17.
[30] AaO. 120.
[31] AaO. 17.
[32] AaO. 133.
[33] Nipkow zitiert aus Fowlers Buch „Faith Development and Pastoral Care" (1987) eine Passage, bei der Fowler Mitglieder bestimmter Kirchen „am primitivsten Ende des fundamentalischen Spektrums" mit der Stufe des intuitiv-projektiven Glaubens beschrieb, eine Stufe, die eigentlich für Kleinkinder und Kinder adäquat ist. Vgl. K. E. Nipkow, Glauben-

ebensowenig wie den Hinweis Fowlers, daß „sich die treueste Gruppe einsatz-
freudiger Gemeindemitarbeiter" aus Menschen der Stufe 3 (synthetisch-konventioneller Glaube) mit „eher engem Horizont" zusammensetzen würde.[34]
Nipkow klärt, daß Stufentheorien die Theologie tatsächlich mit normativen
Ansprüchen konfrontiere und Fowler selbst ein erwünschtes Mindest-Niveau
formuliere, das des „verbindenden Glaubens" (Stufe 5). Durch den Anspruch
und das Instrumentarium der „Glaubensstufen" seien Theologen und Religi-
onspädagogen aber auch befähigt, „das Problem des religiösen Infantilismus
bzw. des Glaubenswachstums (vgl. 1 Kor 13,11) auf neue Weise anzuge-
hen."[35] Es gäbe auch, so Nipkow, durchaus biblische Grundlagen für Glaubenswachstum und führt neben 1 Kor 13 noch Eph 4, 15 an („Laßt uns aber
wahrhaftig sein in der Liebe und wachsen in allen Stücken zu dem hin, der das
Haupt ist, Christus"), obwohl er selbst auch die Gefahr sehe, „daß sich der
Grund für die Glaubensgewißheit von Gottes Rechtfertigungshandeln in Christus auf die Seite der eigenen Anstrengungen des Menschen verlagert."[36]
Nach Bezugnahme auf bereits bei Martin Luther vorkommenden Glaubenssto-
fen kommt Nipkow jedoch zu dem Schluß, daß beide Ansprüche behauptet
werden könnten, der soteriologische und der entwicklungspsychologische,
wenn auf der einen Seite Gott als der eine wahre Herr in seinem Heils- und
Befreiungswerk anerkannt würde (der für seine Gaben keine höheren Ent-
wicklungstufen brauche), und andererseits das menschliche Bemühen, Gottes
Gaben in ihrer Bedeutung zu „ergreifen, verstehen und (re)konstruieren".[37] Im
Bewußtsein dieser Unterschiedenheit könne dem Glauben Veränderung und
Entwicklung zugesprochen werden. Wichtig sei ihm dabei zu betonen, daß
Glaube dennoch immer unvollständig bleibe, selbst auf einer von Fowler po-
stulierten Endstufe 6.
Wenn nun, wie Nipkow schreibt, das Problem des religiösen Infantilismus
und Glaubenswachstums neu angegangen werden kann, könnte folglich auch
Fowlers Diminiuierung der Ansprüche zurückgenommen werden, hinsichtlich
seines oben geäußerten Verzichts auf erzieherische und therapeutische Ziele.
Auch andere Bedenken könnten vielleicht auf diesem Hintergrund verringert
und religiöse Lernprozesse in psychosozialem Kontext nicht als „zwangsläu-
fig einseitig" beurteilt werden.[38]
Das von Nipkow erwähnte Problem des religiösen Infantilismus und die
Theorie Fowlers als Vorschlag für Lösungsansätze muß in diesem Zusammenhang m.E. sehr ernst genommen werden. Die Förderung des erwachsenen

---

sentwicklung und Erziehung, Gütersloh 1988, 282f.

[34] AaO. 283.

[35] AaO. 284.

[36] AaO. 285.

[37] AaO. 288.

[38] So H.-J. Fraas, 50. Er warnt ausdrücklich vor der Gefahr des Synergismus und „Psycholo-
gismus" und schließt kategorisch didaktische Glaubensvermittlung aus. Er stellt dennoch
die Frage nach möglichem Glaubenswachstum, die er schließlich gar nicht so unähnlich
wie Nipkow löst: „Nicht der Glaube entwickelt sich, wohl aber der gläubige Mensch in
seinen Lebensformen, seinen Ausdrucksweisen, seinem Vorstellungsvermögen usw." (52)

Glaubens im Sinne eines den Kinderglauben zurücklassenden, mündigen, mit Schicksals- und Entmythologisierungserfahrungen konfrontierten, doch traditionsbegründeten und religionstreuen Bewußtseins und dessen Förderung und Kultivierung wurde bislang innerhalb pastoraltheologischer, religionspädagogischer oder ethischer Lehre und kirchlicher Praxis noch nicht ausreichend fokussiert.[39]

Damit Menschen, die erwachsenen Glauben leben wollen, nicht länger in religiöse Einsamkeit gedrängt werden, scheint es dringend erforderlich, erstens theoretisch wissenschaftlich die Untersuchung der Glaubensentwicklungsprozesse weiter auszubauen und zweitens kirchlich praktisch auf pastoraltheologischen und theologisch-ethischen Grundlagen eine Glaubenskultur zu entwickeln, die jenem erwachsenen Glauben entgegenkommt. Vielleicht aber noch mehr: da hier von Normativität gesprochen wird, wäre zu überlegen, ob es nicht kirchlich-theologische Bemühungen geben könnte - da ja, wie hier zu zeigen versucht wird, Glaubenswachstum mit positiven Persönlichkeitstransformationen einhergeht - Glaubenswachstum nicht nur zu fördern, sondern zu fordern. Gezielte Glaubensentwicklungshilfen und -programme wären danach für eine Erwachsenenbildung in dieser Richtung erwünscht.[40]

[39] Immer häufiger hört man jedoch nun den Ruf nach der Kultivierung des Erwachsenenglaubens, so schreibt beispielsweise N. Scholl in seinem 2002 erschienenen Buch „Wenn der Kinderglaube nicht mehr trägt" im Vorwort von dem Defizit der Arbeit der Theologen „die Ergebnisse ihrer Forschungen um eine reflektierte Durchdringung des Glaubensgutes unters Volk zu bringen." Der „Glaube der Theologen", den Scholl offensichtlich für den erwachseneren hält - und der es idealerweise auch ist - und der „Glaube weiter Kreise des normalen Gottesvolkes" würden auseinanderklaffen. Freiburg-Basel-Wien 2002, 7.
Ein praktisches Beispiel für diesen Ruf nach dem Erwachsenenglauben ist ein Leserbrief in der Zeitschrift „Christ in der Gegenwart" im Januar 2002. Eine Leserin schrieb, daß in der Kirche „eine neue erwachsene, mündige, moderne religiöse Kompetenz" schlechte Aussichten habe, da in der Verkündigung immer noch zu viele mittelalterliche Gottesvorstellungen vorherrschten. „Da ist das Gottesbild von einem absolutistischen König, den zu erreichen über Fürsprecher, in diesem Fall die Heiligen, möglich ist und vor dem sich Menschen klein und hilflos fühlen müssen, eben Kinder. Gepflegt wird weiterhin eine traditionelle Heiligenverehrung, die dann infantile Züge trägt, wenn Heilige im übertriebenen Maß zur Stütze im täglichen Leben dienen. [..] Sicher hat uns Jesus das Bild von Gott als dem Vater überliefert. Dieses Bild wird aber dann pervertiert, wenn es dazu dient, erwachsene Menschen wie Kinder zu behandeln. [..] Die Frage nach infantilen Gottesbildern müßte dringend geklärt werden, damit Menschen, die ihren Kinderglauben abgelegt haben, eine neue Perspektive finden." CiG Nr2/02, 16.
[40] Hierzu paßt auch die Kritik von M. Maßhof-Fischer, daß pastoraltheologisch versäumt wurd, „Ethik als Lebenskunstlehre durch Aufklärung und Orientierung (Didaktik), Anleitung (Hodegetik) und Einübungshilfe von Haltungsbildungen (Aszetik)" zu etablieren, in: T. Laubach, Identität, 58ff.

2.1.3.5 Die Glaubensstufen

Die Glaubensstufen sind bei Fowler hierarchisch geordnet und lebensalterorientiert. Er unterscheidet 6 Stufen und eine Vorstufe:

0. Vorstufe: Säuglingsalter/ indifferenter Glaube
1. Stufe: Intuitiv-projektiver Glaube (Kindheit)
2. Stufe: Mythisch -wörtlicher Glaube (Kindheit)
3. Stufe: Synthetisch-konventioneller Glaube (Jugend)
4. Stufe: Individuierend-reflektiver Glaube (Junges Erwachsenenalter)
5. Stufe: Verbindender Glaube (Mittleres Alter)
6. Stufe: Universalisierender Glaube (Ab mittlerem Alter)

Da Fowlers Glaubensstufen zur Bewertung von Mertons spirituellem und sittlichen Reifungsprozess verwendet werden sollen, sind für diese Studie vorrangig jene Stufen von Interesse, die mit diesem Prozess direkt in Verbindung stehen. Bereits oben wurde erklärt, weshalb die frühe Kindheit nicht in den Blick genommen werden soll, so daß die Stufen 0 bis 2 nun weniger von Belang sind und die nun folgende nähere Beschreibung der Stufenmerkmale auf Stufe 3 bis 6 beschränkt werden kann.

Stufe 3: Synthetisch-konventioneller Glaube: Das Urteil der anderen bestimmt die eigene Perspektive.

Stufe 3 beginnt normalerweise für Fowler im Jugendalter, begründet durch neues formal-operationales Denkvermögen, welches viele der vormals geglaubten Inhalte nun infrage stellt. (Als Beispiel führt Fowler die Schöpfungsgeschichte versus Evolutionstheorie an).
Diese Stufe zeichnet sich aber besonders aus durch eine interpersonale Perspektivenübernahme, d.h. Qualitäten, die in persönlichen Beziehungen erfahren werden, bilden eine neue „story" oder den neuen „Mythos", wie Fowler das Wertzentrum einer Stufe nennt.
Das formal-operationale Denken mit seiner neuen Reflexionsfähigkeit erlaubt eine gewisse Distanz zu sich selbst, bleibt aber konformistisch insofern, als sie auf die Erwartungen und Urteile bedeutender anderer abgestimmt ist. Es entsteht eine neue Identität, die jedoch nicht unabhängig vom Urteil anderer eigene Perspektiven konstruiert.
Das Gottesbild, so vorhanden, wird personaler, Gott wird außerdem nun zugetraut, die „geheimnisvollen Tiefen des Selbst und anderer persönlich zu erkennen"[41]. Wenn Gott ein bedeutender anderer in der schwierigen Jugendphase ist, „dann kann die Bindung an Gott und das entsprechende Selbst-Bild eine machtvolle Ordnungsfunktion für die Identitäts- und Wertevorstellungen eines Jugendlichen ausüben."[42] Glaubensinhalte und -werte werden jedoch nicht reflektiert oder systematisch überprüft, sind deshalb auch relativ unbewußt. Das

---

[41] Fowler, Stufen, 170.
[42] AaO. 171.

Individuum fühlt sich der Autorität von Trägern der traditionellen Autoritätsrollen oder einer wertbesetzten, vertrauten Gruppe verpflichtet. Macht in dieser Phase des „synthetisch-konventionellen Glaubens" das Individuum die Erfahrung des zwischenmenschlichen Verrats, kann es nach Fowler entweder „zu nihilistischer Verzweiflung an einem persönlichen Prinzip des höchsten Wesens oder zu einer kompensatorischen Intimität mit Gott, die zu den weltlichen Beziehungen keinen Bezug mehr hat" kommen.[43]

Stufe 4: Individuierend-reflektierender Glaube: bisherige Autoritätsquellen werden hinterfragt und eine eigene „Weltanschauung" wird entworfen.

Der „synthetisch-konventionelle Glaube" kann zugunsten eines „individuierend-reflektierenden Glaubens" ins Wanken geraten, wenn hoch bewertete Autoritätsquellen nicht mehr glaubwürdig sind, oder wenn diese glaubwürdig bleiben, aber selbst Veränderungen im Mythos vornehmen. Äußere Autoritätsquellen werden also in Stufe 4 kritisch geprüft und in ihrem Absolutheitsanspruch abgelehnt. Das Individuum emanzipiert sich vom Autoritätsträger oder vom Gruppendruck, oft ausgelöst durch äußere Bedingungen wie Auszug von Zuhause, neuer Umgebung, neuem sozialen Umfeld. Das Bisherige wird teilweise relativiert, Sinngehalte rücken ins Bewußtsein durch die Hinterfragung der Bedeutung der Symbole. Soziale Beziehungen werden nicht mehr nur aus der ich-relevanten Perspektive heraus wahrgenommen, sondern als in sich bestehendes System. Der individuierend-reflektierende Glaube denkt „in den Begriffen der unpersönlichen Imperative von Recht, Regeln und Normen, die die sozialen Rollen beherrschen"[44].
Fowler betrachtet den Übergang von Stufe 3 zu Stufe 4 als besonders schwierig, da der junge Erwachsene „die Last der Verantwortung für die eigenen Bindungen, Lebensstile, Glaubensinhalte und Einstellungen ernst zu nehmen"[45] beginne. Er könne nicht länger auf erprobte Rollen oder Sinnvorstellungen anderer rekurrieren, sondern müsse selbst einen Sinnrahmen schaffen in Form einer „Weltanschauung". Symbole könne und müsse er daraufhin begrifflich erfassen und übersetzen, Stufe 4 sei deshalb auch eine „entmythologisierende Stufe". Die Stärke dieser Stufe hänge an ihrer Fähigkeit zur kritischen Reflexion über Identität und Weltanschauung; ihre Gefahren lägen in einem übermäßigem Vertrauen auf das bewußte und kritische Denken und in einer Art zweiten Narzißmus, in dem das jetzt deutlich begrenzte, reflektierende Selbst die „Realität und die Perspektiven anderer zu sehr an ihre eigene Weltanschauung anpaßt."[46] (201) Nicht allen jungen Menschen, so Fowler, gelänge der Übergang zum „individuierend-reflektierenden Glauben", nicht wenige reagierten aufgrund der zuletzt beschriebenen Erfahrungen mit bewußtem und verstärktem Festhalten an den bisherigen Überzeugungen.

[43] AaO. 191.
[44] AaO. 198.
[45] AaO. 200.
[46] AaO. 201.

Das ideale Alter für Stufe 4 siedelt Fowler bei Anfang bis Mitte zwanzig an, es käme jedoch durchaus vor, daß es in den dreißiger oder vierziger Jahren vonstatten ginge (oder gar nicht). Wer sich die eigenen Kompromisse klarmache und die weitaus größere Komplexität der Welt, als man sie bisher realisiert hat, eingestehe, sei fähig zu einer weiteren Glaubensstufe.

Stufe 5: Verbindender Glaube: Durch gewachsenes Selbstvertrauen kann auch die Wahrheit der anderen erkannt und das eigene Sinnsystem komplexer werden.

Es fällt Fowler schwer, diese Stufe zu beschreiben, er versucht sich zunächst mit Analogien, wie „das gleichzeitige Betrachten eines Blumenfeldes durch ein Mikroskop und eine Weitwinkel-Linse"[47]. Multiperspektivität ist tatsächlich eines der wichtigsten Kriterien des „verbindenden Glaubens", entsprechend einer „zweiten Naivität" (Ricoeur), die den eigenen Standpunkt aus neuer Perspektive und mit neuem Bewußtsein sieht. Der Mensch der Stufe 5 hat religiöse Entmythologisierungen hinter sich und persönliche Niederlagen.[48] Die eigene Vergangenheit wird neu überarbeitet, indem die eigenen Erfahrungen überdacht werden und die Wahrheit derer, die 'anders' sind, wahrgenommen wird. Man könnte von „dialektischem Erkennen" sprechen, besser jedoch, so Fowler, von „dialogischem Erkennen"[49]. Der Mensch auf dieser Stufe sei fähig, die Realität für sich selbst sprechen zu lassen, sein gewachsenes Selbstvertrauen ermögliche ihm jene Art von Losgelöstheit, von der auch die Mystiker sprächen, jene, die auf die Sicherheit und Selbstachtung des erkennenden Subjekts keine Rücksicht mehr nehmen müsse.[50]
Der Mensch des „verbindenden Glaubens" ist also sozusagen reif für die Wirklichkeit, daher nimmt er sowohl die Sinngehalte anderer wahr, als auch bewußt nun die eigenen. Das eigene Unbewußte - sozialer Natur oder religiösinhaltlicher - wird bearbeitet „mit den unbewußten persönlichen, sozialen und arteigenen oder archetypischen Elementen, die teilweise unsere Handlungen und Reaktionen beherrschen."[51] Im Identitätsfindungsprozess geschieht auf Stufe 5 eine Erkundung des „tieferen Selbst". Neue Identitäts- und Sinnmuster werden entwickelt, trotz erkannter Relativität wird, nicht nur für sich selbst, sondern auch im Hinblick auf die anderen Verantwortung für ein Sinnsystem - nun in komplexerer Form - übernommen.

[47] AaO. 202.
[48] Fowler spricht vom „Sakrament der Niederlage", vgl. aaO. 216.
[49] AaO. 202.
[50] „Ich spreche hier von einer Intimität im Erkennen, die die 'Weisheit', die sich in den Dingen darstellt, wie sie sind, feiert, verehrt und aufmerksam betrachtet, bevor sie versucht, die Dinge zu modifizieren, zu kontrollieren oder zu ordnen, um sie vorgegebenen Kategorien anzupassen." Ebd.
[51] AaO. 203.

Wo der Mensch des „individuierend-reflektierendenen Glaubens" noch hart an der Etablierung autonomer Sinngehalte und Wertzentren arbeitete, ist es nun Aufgabe des „verbindend glaubenden" Subjekts, diese wieder aus bewußt eingenommener perspektivischer Distanz zu relativieren. Die ideell überbordende Selbstsicherheit von Stufe 4 wird also in Stufe 5 korrigiert mittels der Akzeptanz der Perspektivität und Partialität jeglicher Anschauung.[52]

Im „verbindenden Glauben" erkennt der Mensch, daß auch seine religiöse Tradition die letzte Wirklichkeit nicht als solche besitzt, sondern nur zu dieser hin vermittelt. Durch die Akzeptanz der eigenen Relativität ist der verbindende Glaube offen für bedeutungsvolle Begegnungen mit anderen Traditionen als den eigenen, „wobei er erwartet, daß sich die Wahrheit in diesen Traditionen auf Weisen erschlossen hat oder erschließen wird, die seine eigenen ergänzen oder korrigieren können"[53].

Stufe 6: Universalisierender Glaube: Wahrnehmung der Menschheit als universale Gemeinschaft mit radikalen ethischen Konsequenzen in Erwartung der Zukunft Gottes.

Es sei vorweg gesagt, daß die Beschreibung dieser Stufe in der wissenschaftlichen Rezeption am meisten Kritik erfahren hat und auch nach Auffassung der Autorin nicht befriedigend erarbeitet ist.[54] Die Merkmale des „universalisierenden Glaubens" müssten m.E. nicht unbedingt als neue Stufe gewertet werden, da sie eher als Intensivierung oder ethische Umsetzung des „verbindenden Glaubens" erscheinen.

Machte Stufe 5 Fowler bereits Schwierigkeiten in der Beschreibung, so noch mehr Stufe 6, da hier die dialektischen und paradoxen Merkmale von Stufe 5 noch verschärft vorkommen.

„Universalisierender Glaube" kommt nach Fowler sehr selten vor. Es ist ein Stadium, in dem ein Mensch fähig geworden ist, Brücke zu schlagen zwischen dem Bejahen eines absoluten Glaubens, Stehen zur „Absolutheit des Partikularen"[55], und der gleichzeitigen Erkenntnis der Relativität der eigenen Wahr-

---

[52] Ebd. u. f.

[53] AaO. 204f. „Der verbindende Glauben hat das Zerbrechen seiner Symbole und das „Schwindelgefühl der Relativität" erfahren. Er ist ein Veteran der kritischen Reflexion und des Bemühens, das Symbolische, das Liturgische und das Mythische auf begriffliche Bedeutungen zu „reduzieren". Aber er kann sich mit dieser Strategie nicht zufriedengeben. Er erkennt, daß alles, was er kontrollieren kann, machtlos ist, seine Kurzsichtigkeit zu verändern und auszugleichen. Er erkennt die machtvollen Reste von Sinn, die unseren Strategien einer reduktiven Interpretation entgehen."

[54] Fowler erfaßt die Stufe 6 mit einer ganz anderen Methodik als die bisherigen Stufen: wurden Stufen 1 bis 5 aus psychosozialen Strukturen abgeleitet, so beruht Stufe 6, abgesehen von einem Interview, nur auf theologischen Einsichten und christlichen Biographien (ausgenommen M. Ghandhi). Vgl. S. Parks, 98ff. Außerdem arbeitet Fowler ausschließlich mit jüdisch-christlichen Kategorien wie z.B. „Reich Gottes" und „radikaler Monotheismus" (bei letzterem auch niemals den Islam erwähnend).

[55] Womit Fowler meint „daß das Kostbarste, das wir einander bei Glaubensbegegnungen an-

nehmung, sowie der Offenheit für Menschen und Botschaften anderer Glaubensrichtungen. Trotz eigener absoluten Identifikation mit den eigenen Religionsinhalten, nimmt dieser Mensch die Relativität der Symbole, Mythen, Propositionen und Lehren der eigenen Religion wahr. Wo der „verbindende Glauben" ebenso bereits diese paradoxe Einsicht entwickelt hatte, geht der Mensch des „universalisierenden Glaubens" vermehrt an deren Umsetzung und Aktualisierung. Der „universale Mensch" ist fähig zu „radikalen Akten der Identifikation mit Menschen und Umständen", welche bei ihm zu konkreten Visionen führen.[56]

Die Menschheit wird als umfassende Gemeinschaft wahrgenommen und ihr mittels universalisiertem Mitgefühl begegnet. Radikaler Gerechtigkeitssinn erregt oft den Widerstand anderer Menschen oder Institutionen, auch Menschen des „verbindenden Glaubens" fühlen sich nicht selten durch Vertreter des „universalisierenden Glaubens" angegriffen, da erstere noch das eigene Sein und Wohlbefinden bewahren möchten. Eigenes Wohlbefinden und Sein sind „Universalisierer" in asketischer Hingabe bereit aufzugeben, Selbstlosigkeit, gewaltloses Leiden, Initiative, ultimativer Respekt vor dem Leben und Führungsqualitäten zeichnen diese Menschen aus.[57] Stufe 6 ist demnach äußerst ethisch geprägt und verfügt auch durch Hingabebereitschaft und „das lebendige Gefühl für eine letzte Umwelt"[58] über ethische Kompetenzen. Durch die radikale Umsetzung ihrer Visionen erregen diese Menschen jedoch oft den Widerstand der Umgebung und werden deshalb leicht Märtyrer für die Anschauungen, die sie vertreten.

Weiterhin beschreibt Fowler Stufe 6 im Anschluß an Richard Niebuhr als „radikalen Monotheismus", wo der souveräne Gott ein „Feind aller Abgötter" sei, was „die Götter Volk, Selbst, Stamm, Familie, Institutionen, Erfolg, Geld, Sexualität, usw."[59] einschließe. Der monotheistische Glaube ist nach Fowler auf das Reich Gottes gerichtet, was für ihn vor allem heißt, die Gegenwart aus der Zukunft Gottes zu erwarten.

---

bieten können, unsere aufrichtige, nicht übertriebene und nicht-besitzergreifende Mitteilung dessen ist, was wir für die Momente des Absoluten in der jeweiligen partikularen Glaubenstradition halten, in denen wir in engagierter Teilnahme leben". Fowler, Stufen, 227.

[56] AaO. 221.
[57] Vor religiöser Ideologie oder Diktatur schützt nach Fowler die Liebe zur allumfassenden Gemeinschaft, deshalb sind Leute vom Typ Ayatollah Khomeini keine Repräsentanten von Stufe 6, vgl. aaO. 219.
[58] AaO. 218.
[59] AaO. 223.

2.2 Glaubensentwicklung bei Thomas Merton

2.2.1 Fünf spirituelle Schwerpunkte - fünf Entwicklungsphasen

Die fünf Lebensabschnitte Mertons, wie sie in Teil II präsentiert wurden, sollen nun in ihrem theologischen Gehalt kurz zusammengefaßt werden (A) und dann mithilfe der Glaubensstufen Fowlers gedeutet werden (B). Dadurch soll der Frage nachgegangen werden, inwieweit die biographisch-thematische Gewichtung mit den Entwicklungsschritten nach Fowler korrespondiert und inwieweit man von fortschreitender Reife seines spirituellen und sittlichen Lebens sprechen kann. Am Ende sollen die Ergebnisse auf dem Hintergrund der Transformationskriterien Fowlers, Kohlbergs und Eriksons zusammengefaßt werden.

2.2.1.1 Erster Lebensabschnitt: Hinwendung zum katholischen Glauben - „Synthetisch-konventioneller Glaube"

A. Zunächst wurde begrifflich unterschieden zwischen Umkehr, Bekehrung, Konversion und Transformation und für diese Lebensphase Mertons der Vorgang der Bekehrung in den Vordergrund gestellt. Theologisch bedeutend für Mertons Bekehrung erwies sich vor allem der scholastische Begriff der Aseität Gottes, der die Selbstwirklichkeit und Andersartigkeit Gottes beinhaltet. Aufgrund dieses philosophischen Begriffes gestand Merton der Katholischen Kirche wissenschaftliche Redlichkeit und damit Vertrauenswürdigkeit zu. Er übernahm daraufhin bereitwillig alle Lehren, die die „Autorität Kirche" vorgab.

B. Der Bekehrungsvorgang wurde eingangs in drei Phasen eingeteilt, wobei die frühe Kindheit bis mittlere Jugend mit ihren strukturellen Dispositionen als erste, indirekt an der Bekehrung beteiligte Phase vorgestellt wurde, die Zeit der späteren Jugend als zweite Phase und die Konversionszeit in seinem jungen Erwachsenenalter als dritte Phase. Was nun das Lebensalter im Kontext der Glaubensentwicklung angeht, müßten eigentlich im jungen Erwachsenenalter, in dem schließlich Mertons Bekehrung stattfand, nach Fowler vorrangig Phänomene der Glaubensstufe 4, des „individuierend-reflektiven Glaubens" (Emanzipation vom Autoritätsträger und vom Gruppendruck, Bewußtwerdung der Sinngehalte, Hinterfragung der Symbole, Respekt vor dem Regelwerk des sozialen Systems) auftreten, veranlaßt durch Verlassen der gewohnten Umgebung (Elternhaus) und der bisher bestimmenden Gruppe.
Nun scheint es jedoch so, daß letztere Herausforderungen sich Merton bereits etwas früher stellten und in der Tat ein Teil der Phänomene der Stufe 4 bei ihm schon früher stattfanden, also im Alter zwischen 15 und 18, teilweise schon in Oakham (Hinterfragung der religiösen Symbole, Entmythologi-

sierung) und teilweise in seiner Cambridge-Zeit (Emanzipation vom Autoritätsträger Bennett, Vertrauen auf das bewußte und kritische Denken). Es gibt aber auch Merkmale der Stufe 3, des „synthetisch-konventionellen" Glaubens, die adäquat in seiner Jugendzeit stattfanden, wie die „nihilistischer Verzweiflung an einem persönlichen Prinzip des höchsten Wesens" mitbedingt, wie im Bekehrungsabschnitt beschrieben, durch das Gefühl des „zwischenmenschlichen Verrats" (Mutter, Schicksal, Bennett). Einige Merkmale der Stufe 4 fanden ebenfalls adäquat erst im jungen Erwachsenenalter statt (als Emanzipation vom Gruppendruck ist sein Austritt aus der kommunistischen Liga zu werten, die Wahl der Seminare bei Mark van Doren als bewußte Reflexion von Sinngehalten) und einige konnten nicht altersadäquat stattfinden, da Mertons Glaube in inhaltlicher Form erst im Entstehen begriffen war (z.B. Hinterfragung der neu erworbenen Symbole).

Als wichtiges Zwischenergebnis ist für diese Lebensphase festzuhalten: Als sich im Alter von circa 23 Jahren Mertons Bekehrung ereignete - und obgleich er schon in seiner Jugend Elemente des „individuierend-reflektierenden Glaubens" der höheren Stufe 4 durchlebt hatte -, war sein Glaube primär geprägt von Elementen eines „synthetisch-konventionellen Glaubens" (neue „story", neues Wertzentrum, neuer Konformismus), Elemente, die normalerweise bereits im Jugendalter vorkommen. Der Vorgang der Bekehrung mit seiner Übernahme neuer theologischer Inhalte, der bei Merton intellektuell auf hohem Niveau stattfand, unterstützte damit zugleich eine gewisse glaubenspsychologische Regression.

Da nun aber Fowler, wie wir in seinem Glaubensbegriff gesehen haben, Glaube primär gar nicht inhaltlich deutet, wäre zu fragen, was denn bei Merton in dieser Zeit und generell die Sinnaktivität und das Glaubensethos war, unabhängig von Inhalten. Im Sinne Fowlers gefragt: gab es bei Merton ein Glaubensethos im Sinne einer rational-passionierten Realitätsadaption?

Blicken wir in den ersten biographischen Teilabschnitt, kann diese Frage durchaus positiv beantwortet werden: Wir hatten gesehen, daß die Persönlichkeitsstruktur Mertons bereits von klein auf zu einem Glaubensethos disponiert war, nicht nur aufgrund von Verlusterlebnissen, sondern ebenso durch die bereits von seinen Eltern vermittelten Authentizität implizierenden „Macht- und Wertzentren" und seiner eigenen Veranlagung mit Identitätsbestreben. Nach seinem Cambridge-Desaster suchte Merton intensiv nach einer tragfähigen Weltanschauung mit ethischen Implikationen. Er suchte nach der Wirklichkeit, wie sie dem echten Sein und der Wahrheit entsprach, es war das Tiefe, Wahre und Wesentliche, oder auch - mit seinem Freund Reginald March gesprochen, „the damn life in the thing" - das ihn - bei allen eigenen Schwächen - interessierte. Es ist also festzustellen, daß Mertons Glaubensethos mit seiner großen Sinnaktivität nicht erst mit Eintritt in die Katholische Kirche begann, sondern bereits vorher, in seinem jungen Erwachsenenalter auf höchstem Niveau war, ja, daß es gerade dieses Glaubensethos war, das ihn zu seiner Bekehrung zum katholischen Glauben brachte.

Als zweites Ergebnis dieser Lebensphase kann also Mertons vitales Glaubens-ethos festgemacht werden.

2.2.1.2 Zweiter Lebensabschnitt: Radikaler Neuanfang - weiterhin „Synthetisch-konventioneller Glaube"

A. Theologisch wurde hier traditionell katholisches Berufungsverständnis vor-gestellt, das den Akzent auf einen qualitativen Unterschied von weltlichem und geistlichem Beruf legte. Merton übernahm dieses Verständnis und suchte nun nach seiner eigenen geistlichen Berufung.

B. Bereits in seiner Bekehrungsphase, jedoch anhaltend danach während der Auseinandersetzung mit seiner Berufung, also Mitte Zwanzig sind bei Merton Phänome zu erkennen, die nach Fowler zur Stufe 3 des „synthetisch-konven-tionellen Glaubens" gehören, und damit eigentlich ins Jugendalter. Hatte also Merton bereits als Jugendlicher einige Elemente des „individuierend-reflektie-renden Glaubens" (Stufe 4) vorweggenommen, so kamen wiederum andere Elemente der vorigen Stufe 3 erst später vor.
Möglicherweise verlaufen bei Bekehrten die Stufen nicht stringent in der von Fowler konzipierten Reihenfolge, vielleicht, und dies wäre eine weiterführen-de Forschungsfrage für den Bereich der Religionspsychologie, gibt es bei Be-kehrungen generell regressive Momente, sprich, „stufenanachronisches" Durchlaufen religiöser Phasen. Bei Merton kann außerdem nicht nur ein ver-spätetes Durchleben einzelner Elemente von Stufe 3 konstatiert werden, son-dern partiell auch eine Verdoppelung des Durchlebens, worauf sich die Über-legung anschließt, ob es im Fall einer Bekehrung möglicherweise zum erneu-ten Durchlauf der von Fowler beschriebenen Glaubensstufen kommt.
Als hervorstechendes Merkmal in dieser Lebensphase wäre Mertons Anleh-nungsbedürfnis an eine glaubwürdig tragende Autorität zu nennen und die Ausschließlichkeit seiner Hingabe an diese. Merton fand Zugang zum perso-nal erfahrbaren Gott und - in katholischer Repräsentanz - zur Kirche. Beide akzeptiere er als uneingeschränkte Autoritäten, welche nun die „machtvolle Ordnungsfunktion" übernahmen, von der Fowler beim „synthetisch-konven-tionellen Glauben" spricht. Er setzte die Hoffnung auf Gott, „die geheimnis-vollen Tiefen seines Selbst" (Stufe 3) zu entfalten, menschliche Leitpersonen waren die Geistlichen, von denen er Hilfestellung für eine neue Lebensfüh-rung erwartete. Da er sich selbst nicht in der Lage fühlte, sein bisheriges Le-ben in jene Ordnung zu bringen, die seinem neuen Glaubensinhalt entsprach, wählte er den radikalen Abbruch mit seiner Vergangenheit. Wie wir gesehen haben, unterstützten die präkonziliären Lehren der Kirche seine Berufung-stheologie mit dualistischen Akzenten.[60] Seine Weltabgewandtheit führte zur

---

[60] Die kritische Frage, ob die kirchliche Pastoral vor dem Zweiten Vatikanum, und zum Teil vielleicht noch heute, eine die Gläubigen in Stufe 3 fixierende Glaubenskultur förderte und fördert, könnte angeschlossen werden.

„kompensatorischen Intimität mit Gott, die zu den weltlichen Beziehungen keinen Bezug mehr hat" (Stufe 3).

Im zweiten biographischen Teilabschnitt hatten wir jedoch auch Fluchtmotive herausgearbeitet, die zu seiner Hinwendung zum monastischen Leben beigetragen haben mochten. Vor allem das Fluchtmotiv der Rückkehr in eine internatsähnliche Gemeinschaft könnte das Argument einer gewissen Regression in dieser Lebensphase bekräftigen.

Festzuhalten ist damit für diese Lebensphase, daß hier eine Vertiefung der bereits in der ersten Lebensphase begonnenen Glaubensstufe 3 stattfand. Die theologischen Inhalte des traditionell katholischen Berufungsverständnisses und seine eigenen Fluchtmotive förderten den Verbleib in dieser Stufe.

Ethisch ist in dieser Phase aber ein weiteres Phänomen zu erkennen, ein Ethos, das mit der „Leidenschaft" seines Glaubensethos in Zusammenhang stand: Merton beließ seine Suche nach Orientierung nicht auf theoretisch-distanzierter Ebene, sondern investierte sich ganz „mit Haut-und Haar" für seine neue Überzeugung, noch deutlicher im zweiten biographischen Abschnitt erkennbar, als im ersten. Nicht daß ihm sein Engagement sofort gelang, aber er ruhte nicht, bevor er Stimmigkeit verspürte.

Das zugrunde liegende Ethos könnte man als Ethos der Partizipation bezeichnen, ein Ethos der Teilnahme, das eine identitätsbezogene und moralische Individuation ernstnahm und in einer aktiven Weise am neuen Sinnbezug partizipierte. Merton war aktiv bereit zu personalen und moralischen Modifikationen und zur Mitträgerschaft seines neuen Orientierungsfeldes (Bekenntnis, Glaubenspraxis, Lebenspraxis). Ohne diese passionierte Aktivität seines Glaubensethos hätte er gewiß nicht seinen folgenden Glaubensweg eingeschlagen. Daß Schicksalsschläge allein nicht genügen, um ein Subjekt zur Persönlichkeitsentwicklung zu bringen, wird auch psychologischerseits bestätigt, wenn U. Lehr auf biographische Persönlichkeitsforschung bezogen schreibt, es seien die „kognitive Repräsentanz und die Formen der Auseinandersetzung" mit bestimmten Lebensereignissen und nicht die Lebensereignisse selbst, die zu Modifikationen führten,[61] im religiösen Kontext haben wir das oben Glaubensethos genannt. Auch wenn die Glaubensinhalte in seinem Leben noch (dezent) variierten, blieben Mertons Glaubensethos und sein Ethos der Partizipation, im weiteren Lebensverlauf gleich stark und katalysatorisch für seinen Transformationsprozess.

2.2.1.3 Dritter Lebensabschnitt: Spiritueller Klärungsprozess - „individuierend- reflektierender Glaube"

A. Nach seinem innerklösterlichen Theologiestudium suchte Merton nach den Wurzeln christlicher Mystik und entwickelte damit einen eigenen Begriff von

---

[61] Vgl. Ursula Lehr, Der Beitrag der biographischen Forschung zur Entwicklungspsychologie, in: Jüttemann/Thomae, 314.

Kontemplation. Besonderen Akzent legte er auf Rationalität, apophatische Zugangsweisen und Persönlichkeitsbildung in der christlichen Glaubenspraxis.

B. In der Tat wird die Überlegung eines mehrfachen Durchlaufs von Glaubensstufen bei Bekehrten weiter bekräftigt durch den Blick auf diese Lebensphase Mertons. Hatte er bis dahin grenzenloses Vertrauen zu den Lehren der Kirche und den Ordensoberen gehegt, wurde er nun, Ende Zwanzig, zunehmend kritisch gegenüber seinem Kloster. Die Glaubwürdigkeit „der äußeren Autoritätsquelle", in seinem Fall der Ordensstruktur, begann, weniger in Bezug auf Glaubensaussagen, denn auf die Glaubenspraxis, in ihrem „Absolutheitsanspruch" (Stufe 4), zu bröckeln. Bisher treu partizipierend an allen Praktiken und Theorien von Kirche und Orden - die religiösen Erfahrungen seiner Priesterweihe bekräftigten diese zunächst sogar[62] - hinterfragte er nun, korrespondierend zum „individuierend-reflektierenden Glauben" und geleitet von seinem Glaubensethos, Vernünftigkeit und Sinnhaftigkeit einfordernd, den katholischen Kontemplationsbegriff. Er begann damit auch, selbst Verantwortung für das zu übernehmen, was ihm bisher inhaltlich vermittelt wurde. Er stand aber der monastischen Praxis nicht nur kritisch-distanziert gegenüber, sondern ging, seinem Ethos der Partizipation entsprechend, - „ad fontes" - mit allem Einsatz an die Wurzeln der monastischen und mystischen Traditionen. An allen katholischen Glaubenssymbolen festhaltend versuchte er sich einen selbstständigen, rationalen und aktiven Zugang schaffen.
Inhaltlich interessant war an seinen theoretischen Ergebnissen, daß er nun von Wachstumsprozessen in der Kontemplation und von der Transformation des kontemplativen Subjekts sprach, er nahm also in seinem Kontemplationsbegriff das Programm des spirituellen und moralischen Wachstums auf. Betonung legte er ferner auf die moralische Relevanz und die Rationalität von Kontemplation, und schuf damit einen evolutiven Kontemplationsbegriff, der mit Persönlichkeitsentwicklung notwendig einherging. Sein Kontemplationsbegriff enthielt jedoch auch schon Elemente, die nach Fowler zu „verbindendem Glauben" gehören, nämlich in der Nennung des apophatischen Zugangs zur Mysitk das Bewußtsein, „daß auch seine religiöse Tradition die letzte Wirklichkeit nicht als solche besitzt, sondern nur zu dieser hin vermittelt." (Stufe 5) Vorrangig aber befand sich Merton Ende Zwanzig, Anfang dreißig in einer „individuierend-reflektierenden" Glaubensstufe 4, samt dem Erliegen der nach Fowler dazugehörenden Gefahr des „übermäßigen Vertrauens auf das bewußte und kritische Denken und einer Art zweiten Narzißmus" (wenn man beispielsweise an seine andere Religionen bezüglich Moral abwertende Bemerkungen denkt).
Festzuhalten ist, daß sich im dritten Lebensabschnitt direkte Verbindungslinien zwischen seiner theologischen Arbeit am Kontemplationsbegriff und seiner Glaubenspraxis finden lassen mit Elementen des „individuierend-reflektierenden" und „verbindenden Glaubens".

---

[62] Das oben postulierte Moment der Regression wäre auch hier anzubringen, da Merton sogar explizit von einer „neuen Kindheit" sprach. (Biogr. 3 (27))

2.2.1.4 Vierter Lebensabschnitt: Neuer Bezug zur „Welt" - „Verbindender Glaube"

A. Die theologische Arbeit Mertons bestand in dieser Lebensphase in einer spirituell-weisheitlichen Abhandlung der Eigenschaften der Liebe und in der Erstellung einer Friedensethik, die den Symptomen der Gewalt seiner Zeit entgegenwirken sollte. In beiden Fällen war ihm die religiöse Grundlegung im christlichen Glauben wichtig. Mit seinem schriftlichen Engagement wurde er zu einer wichtigen Figur in der amerikanischen Friedensbewegung.

B. Mertons Ethos der Partizipation ließ ihn zunehmend über die Klostermauern hinaus an vielen individuellen und gesellschaftlichen Belangen Anteil nehmen. Wie wir sahen, stellte er nicht nur auf theoretischer Ebene Überlegungen zum Beziehungsgeflecht Mensch - Gott - Mensch an, sondern nahm auch aktiv Kontakt mit Menschen auf, die religiös, literarisch oder friedensaktivistisch engagiert waren. Er arbeitete sich intensiv in die politischen Themen ein und nahm teil an den Auseinandersetzungen seiner Zeit, unter anderem, seine Reputation aufs Spiel setzend, in seiner öffentlichen Solidarität zur amerikanischen Friedensbewegung, die kirchlich und staatlich wenig Ansehen genoß. Im interkonfessionellen und interreligiösen Dialog wurde er durch die Förderung und Leitung von Begegnungen zu einer treibenden Kraft. Aber auch innerhalb des Klosters engagierte er sich für seine Novizen und nicht zuletzt arbeitete er an sich selbst, indem er regelmäßig einen Psychologen frequentierte. Privat pflegte er, so gut es ging, Freundschaften.
Diese Lebensphase Mertons war jedenfalls in Theorie und Praxis interaktiv, sein partizipierendes Ethos involvierte ihn ins Zeitgeschehen, in persönliches Beziehungsgeschehen und in die Perspektiven anderer Weltanschauungen. Er ließ sich hineinnehmen in die Aktionen und Perspektiven anderer Menschen und war auch auf seine Person hin bereit, sich selbst aus distanziert-kritischer Perspektive heraus zu reflektieren. Auch wenn nicht alle Beziehungen in der Praxis gelangen und seine theoretischen Erkenntnisse zum Thema Liebe gelegentlich etwas abgehoben wirkten, kann man diesen Lebensabschnitt Mertons vorrangig dem „verbindenden Glauben" zuordnen. Merton praktizierte definitiv „dialogisches Erkennen" (Stufe 5), d.h. durch direkte Begegnungen mit ihm fremden Anschauungen, fremden Kulturen und fremden Lebenspraktiken erweiterte er seinen Horizont. Vorsichtig begann er, die eigene Glaubens-Relativität und andere Traditionen als wichtige Ergänzungen wahrzunehmen, Diskontinuität geschah also im Rahmen einer grundsätzlichen Kontinuität: er behielt seine eigenen christlichen Standpunkte bei, machte sie sich jedoch durch Außenperspektiven bewußt und überdachte sie neu.[63] Er hatte trotz vielfacher Stimmungskrisen einen Selbststand errungen, mit dem er anderen

---

[63] Dies ist auch die Ansicht des benediktinischen Freundes Mertons J. Leclercq, der vom Kommen und Gehen Mertons zu seinem Ausgangspunkt, den er letztlich jedoch nie verlassen hätte, sprach. Vgl. ebd., The Evolving Monk, in: P. Hart (Ed.), Thomas Merton, Monk, London 1975, 104.

Traditionen, den Ansprüchen seiner Kirche und seines Ordens selbstsicher, auch den Ansprüchen seiner (Friedens)freunde, begegnen konnte. Er hatte das Gefühl, sich zu kennen und zu wissen, welche seine authentische Identität war, sprich das Leben in Einsamkeit ohne alle „Rollenspiele", wie er es R. Radford Ruether erklärte.

Neben Elementen der Glaubensstufe 5 sind in diesem Lebensabschnitt Mertons auch Elemente eines „universalisierenden Glaubens" zu erkennen. Obgleich Mertons Ethos der Partizipation eher als rational-idealer denn als emotionaler Habitus in Erscheinung trat, begann das „universalisierte Mitgefühl" (Stufe 6) in dieser Phase Früchte zu tragen. Ganz besonders deutlich wurde es in seinem hingebungsvollen Versuch einer Friedensethik. Er ließ sich darin radikal ein auf die Schattenseite Gewalt des menschlichen Daseins, um zu lebensfördernden Lösungen beizutragen. „Das lebendige Gefühl für eine letzte Umwelt" (Stufe 6) war nicht nur sein tragender Impuls, sondern auch sein verkündetes Programm, wenn er schrieb, daß es eine Metaphysik der Gewaltlosigkeit sei, die eine Friedensbewegung brauche und zu der er mit seiner geistlichen Literatur beitrug. Für ihn persönlich blieb Christus und der christliche-schatologische Kontext die erste Quelle dieser Metaphysik, in dieser identitätsstiftenden metaphysischen Hoffnung Jesu Christi war er zuhause, es war seine „Hoffnung, die man hat".

2.2.1.5 Fünfter Lebensabschnitt: Lernen von der Erfahrung Andersgläubiger - „Universalisierender Glaube"

A. Merton vertiefte sich in die asiatischen Religionen und fand Parallelen christlicher und fernöstlicher Spiritualität, vorrangig in der „ontologischen Demut", „Selbst-Transzendenz" und „Transformation des Bewußtseins", verbunden mit dem Ziel einer ganzheitlichen Identität und sittlicher Kompetenzen.

B. Fowler zählte Merton, neben Menschen wie Martin Luther King, Dag Hammarskjöld und Mutter Theresa zu den Vertretern des „universalisierenden Glaubens"[64]. Da diese Stufe allerdings, wie oben erklärt, eher wie eine ethische und kognitive Intensivierung des „verbindenden Glaubens" erscheint, erübrigt sich m.E. fast die Klassifizierung Mertons als Repräsentant von Stufe 6. Und selbst wenn man gerade das ethische Gelingen eines Lebens als Hauptkriterium des „universalisierenden Glaubens" nehmen möchte, ist es schwer zu beurteilen, ob Merton tatsächlich „eigenes Wohlbefinden und Sein in asketischer Hingabe radikal aufzugeben" (Stufe 6) bereit war. In gewissem Sinne war Merton die eigene Freiheit immer heilig, von daher könnten sich

---

[64] Vgl. Fowler, Stufen, 221f. Die konkreten Gründe für die Wahl Mertons nennt Fowler leider nicht.

selbst am Ende seines Lebens Zweifel erheben, ob er in ganz praktischer Hinsicht der hingebungsvollste Mensch war.[65]

Was man jedoch gewiß feststellen kann, ist Mertons zunehmender Selbststand, seine gefundene Identität und damit auch die Perspektive, übriger Narzismen frei zu werden. An folgenden Indizien ist diese Tendenz auch festzumachen: Er reduzierte seine autobiographische Dokumentation und wählte zunehmend lyrische Ausdrucksformen. Seine Rundbriefe wurden kürzer, er thematisierte sich selbst weniger und wollte generell in seinem Schaffen neue schriftliche Inhalte und Formen suchen. Ferner ging er in Monographien häufiger dialogisch vor, sei es in Form eines realen Dialogs wie mit Suzuki in 'Mysics and Zen Maters' oder in Form eines fiktiven Dialogs wie in 'Conjectures of a Guilty Bystander'.[66]

Seine Weltzuwendung hatte, wie in seinem letzten Lebensabschnitt zu sehen war, im politischen, religiösen und privaten Bereich weiter zugenommen.

Aber auch die metaphysische Verankerung seines Lebens wurde in dieser Lebensphase bekräftigt und entspricht dem Kriterium der radikal eschatologischen Ausrichtung des „universalisierenden Glaubens".

In seiner theologischen Reflexion und praktischen Begegnung mit asiatischen Religionen wandte Merton in dieser fünften Lebensphase direkt Elemente des „verbindenen" und „universaliserenden Glaubens" an. Theorie und Praxis rückten in dieser Lebensphase noch näher zusammen.[67]

Sein Verdienst dieser Zeit liegt aber auch ganz im theoretischen Bereich, was ersichtlich wird, wenn man seine Ergebnisse aus dem 'Dialog mit dem Osten' zur Kenntnis nimmt: vielleicht hat Merton hier besser als Fowler selbst die spirituellen Merkmale einer sechsten Stufe beschrieben und damit zu einer Definition von universalisierendem Glauben beigetragen.

2.2.2 Zusammenfassung

Wenn wir nun noch einmal die Transformationskriterien, die wir in Anlehnung an die Entwicklungstheoretiker Kohlberg, Erikson und Fowler erarbeitet haben, mit Mertons Leben in Verbindung bringen, zeigt sich innerhalb der fünf thematisch-biographischen Abschnitte, daß Merton diese Kriterien im Lauf seines Lebens zunehmend zu erfüllen versuchte und auch weitgehend erfüllte. Wenn wir die Kriterien, die zugleich sittliche Qualitäten darstellen, einzeln betrachten, zeigt sich:

---

[65] Hier soll aber lediglich zur Vorsichtigkeit bei der Verteilung einer „Heiligenurkunde", zu der m.E. Fowler in Stufe 6 neigt, gemahnt werden. W. Shannon ist der Meinung, daß bei Merton die soziale Wachheit nicht lückenlos vorhanden war, da man im 'Asiatischen Tagebuch' vergeblich nach seinen Beobachtungen sozialer Ungerechtigkeiten in Indien suche. Vgl. ebd., in: The Merton Annual Bd. 1, New York 1988, 99. Shannon könnte man entgegenhalten, daß Merton bei seinem ersten Besuch in Kalkutta fast sein gesamtes Bargeld den bettelnden Kindern überlassen hatte.

[66] So stellt es auch W. Shannon fest in: aaO. 90.

[67] Dies ist auch die Ansicht des Biographen Mott, vgl. 528.

Sinnaktivität, oben auch bezeichnet als Glaubensethos, hatten wir als Grundantrieb Mertons ausgemacht, sie war, zusammen mit seinem Ethos der Partizipation, Grundlage seiner Glaubensentwicklung und seiner sittlichen Kompetenzen.

Von *Kreativität* war zwar bisher noch nicht direkt die Rede gewesen, doch erübrigt sich die Frage nach der Kreativität Mertons angesichts seines immensen literarischen Schaffens.

Identität suchte er vom ersten Lebensabschnitt an für seine Person, zunehmend in der Überzeugung, daß das „wahre Selbst" in der kontemplativen Nähe Gottes gefunden würde. Identitätsfindung wurde ferner zum wichtigen Element seines Kontemplationsbegriffs.

Autonomie als notwendige Bedingung für Selbststand war ein wichtiges Ziel Mertons, besonders seit dem dritten Lebensabschnitt versuchte er, sich eigenständig zu Autoritätsquellen (direkte Vorgesetzte, kirchliche Positionen, literarische Quellen) zu positionieren, indem er hinterfragte, recherchierte, neu formulierte oder protestierte.

Relationalität und *Verantwortungsbereitschaft*, latent immer vorhanden in seinem Ethos der Partizipation, entfalteten sich ganz in seinem vierten Lebensabschnitt, als er sich um persönliche Kontakte und um ethische Fragen kümmerte und als Novizenmeister und Lehrer Verantwortung für seine Novizen und Schüler übernahm.

Realitätsadaption war nicht nur sein persönliches Ziel in Form von Echtheit, „So-Sein" und Wirklichkeitsannäherung, sondern auch zielgebender Inhalt seiner mystischen Lehren, dem er, motiviert durch die Weisheiten des Ostens, zunehmend Nachdruck verlieh.

Multiperspektivität lebte er besonders in den letzten zwei Lebensabschnitten, die Wahrheit Andersglaubender und Andersdenkender gelten zu lassen oder von dieser Wahrheit zu lernen war ihm wichtiges Gebot.

Als weiteres Ergebnis ist zu erkennen, daß die theologisch-spirituellen Themen, die in dieser Studie die Lebensabschnitte bestimmten, mit seiner Persönlichkeitsentwicklung verbunden waren, d. h. seine theologischen Studien und Erkenntnisse seinen Selbstfindungsprozess unterstützten und umgekehrt. Glaubensentwicklung und Identitätsfindung waren miteinander verknüpft. Auch die regressiven Züge seiner Glaubensverfassung in den ersten zwei Lebensabschnitten wurden durch Theologumena unterstützt. Es scheint, als habe diese glaubenspsychologische Regression, Regression hier im Sinne von Durchleben nicht altersgemäßer Glaubensstufen, der Kompensation seiner damaligen psycho-sozialen und emotionalen Defizite gedient und seiner Fortentwicklung nicht geschadet. Religion versah hier sozusagen einen mäeutischen Dienst, indem, wie wir sahen, Merton seine psychisch-spirituellen Defizite in einer ultrakatholischen Bekehrungsphase kompensierte.[68]

---

[68] Diese positive Funktion von Religion muß nicht immer der Fall sein, möglich ist auch, daß Glaubenskultur psychosoziale Entwicklung verhindert, wenn beipielsweise, dem Modell Fowlers nach, keine von Religionsautoritäten autonomisiernden Prozesse einer weite-

Merton hatte damit seine moralische und spirituelle Verantwortung entsprechend seines phasenspezifischen Vermögens wahrgenommen: im ersten und im zweiten biographischen Teilabschnitt war er mehr oder weniger nur in der Lage, Verantwortung für sich selbst zu übernehmen, indem er sein Leben in eine bestimmte Ordnung und Orientierung brachte, im dritten Lebensabschnitt übernahm er mit seinen theologischen Studien „Verantwortung für Gott", im vierten Abschnitt Verantwortung für das „Du", beginnend im vierten, vollendet im fünften Lebensabschnitt übernahm er Verantwortung für die Einheit von Ich-Du-Gott-Welt.

Zusammenfassend ist festzuhalten, daß bei Merton ein spannender Transformationsvorgang stattfand von einem intellektuell motivierten, aber kindlich vertrauenden Bekehrtenglauben hin zu einem entmythologisierten, multiperspektivischen und verbindenden Erwachsenenglauben. Er hatte das progredierende Element der von Gottvertrauen getragenen Selbstüberschreitung zu seinem Lebensprogramm gemacht und dieses in den einzelnen Lebensphasen jeweils neu aktualisiert. Sein Glaubensethos und sein Ethos der Partizipation bewerkstelligten als habitualisierte Struktur eine individuelle spirituelle Stilentwicklung und eine moralische Individuation, die ihn verantwortungsbewußt und sittlich kompetent sein ließen.

3 Anregungen Mertons für eine moderne Glaubenskultur

3.1 Impulse für Identitätsfindung und Transformation zum erwachsenen Glauben

Im ersten Teil wurde im Abschnitt 'Glaubenskultur' zwischen Selbstfindung und Seinsfindung, d.h. zwischen der psycho-sozialen Genese und der transzendentalen Bezugnahme unterschieden. Wenn wir nun noch einmal diese beiden Elemente im Transformationsprozeß Mertons ins Verhältnis setzen, zeigt sich, daß für Merton, obwohl er nicht mit dieser Terminologie operierte, beide untrennbar zusammengehörten. Identität wurde nach ihm nur gefunden im Beziehungsdreieck Ich-Du Gott, sowohl die soziale Bezogenheit als auch die metaphysische Verankerung des Menschen forderte er nicht nur im Bereich der Friedensethik, sondern auch im Selbstfindungsprozeß - wie überhaupt ja Identität, Ethik und Spiritualität bei ihm ein zusammengehörendes Geflecht bildeten.[69]

Im dritten Lebenabschnitt war zur Sprache gekommen, daß der Kontemplative seine Identität nicht nur in Gott suchen dürfe, sondern auch in den Mit-

ren Glaubensstufe stattfinden.

[69] Allerdings entfernte sich Merton, wie wir im vierten Lebensabschnitt gesehen haben, im Laufe der sechziger Jahre von einer engen Glaubensethik, die menschliche Liebe ausschließlich in der Nähe Gottes verortete. Diese Ausschließlichkeit gab er also auf.

menschen. Nie würde er in der Lage sein, sich selbst zu finden, wenn er sich vom Rest der Menschheit isoliere, hatte Merton hier geäußert. Auch rechte kontemplative Einsamkeit dürfe nur im Kontext menschlicher Beziehung stattfinden. Mertons Identitätsbegriff entsprach in dieser Hinsicht den sozialpsychologischen Grundlagen, wie sie im Kapitel 'Identität' vorgestellt wurden.

Darüberhinaus war das wahre Selbst seinem Entwurf und seiner Erfahrung nach in der Nähe Gottes zu suchen, eine Nähe, die ihm das Gefühl von Liebe und innerer Ruhe gab, die zugleich Distanz schuf zu Unechtem, Vordergründigem oder zum negativem Masken- und Rollenspiel zwischen Menschen. Die Nähe Gottes erlaubte dem Menschen eine Distanz zu sich selbst und zum Mitmenschen, aus der heraus er zu einer neuen, erwachseneren Nähe in beiden Fällen finden konnte.

Leben im Bewußtsein der Nähe Gottes, vielleicht vergleichbar mit der Funktion des Lichts für die Photosynthese der Pflanze, bedeutete für ihn, daß die Gnade Gottes die eigenen Ich- und Sozialbegabungen entfaltete und die Persönlichkeit dem von Gott vorgesehenem Urbild assimilierte. Seinsfindung in der Nähe Gottes hatte danach entfaltende Wirkung auf die psychisch-soziale Selbstfindung.

Als wir oben die Bedeutung der Autobiographik für Merton reflektierten, konstatierten wir bereits eine „heilsame Distanz", die, geschaffen durch den Bezug zum „fiktiven Anderen", sprich, bei Merton, zu Gott, als Abstand zu negativen Strukturen, Relationen oder Rollen die Erneuerung des Selbstbewußtseins und der menschlichen Beziehungen bewirkte. Im Kontext seiner Identitätsfindung spielte diese heilsame Distanz eine große Rolle, d.h. die Nähe Gottes und damit die transzendentale Seinsfindung schuf sowohl Abstand von unguten Bedingungen als auch Chancen für Revidierungen und Neuanfänge. Gott gewährleistete den wahren Zugang zu Liebe und Zufriedenheit, den Raum für totale Echtheit - für Merton, dem versehrten Menschen, war dies fast der einzig wahre Zugang zur Liebe.[70]

Eine Art „heilsame Distanz" machte Merton auch zum Programm seines Kontemplationsbegriffs, wenn er sich für die Freiheit Gottes mittels der apophatischen Theologie einsetzte. Er lehrte und praktizierte, was wir eingangs als moderne Glaubensanforderung formuliert bekamen: „Das Leben in die Unbegreiflichkeit Gottes hineinstellen, ...in seine Finsternis glaubend, vertrauend und gelassen hineinreden." (K. Rahner) Die Bemühung Mertons müßte jenen Zeitgenossen entgegenkommen, von denen anfangs die Rede war: Weil diese sich oft bewußt anthropomorpher Gottesbilder enthalten, finden sie schwerer Zugang zur Religion. Die apophatische Tradion der christlichen Mystik, die Merton aufgenommen hat, könnte für sie eine mystagogische Hilfe darstellen.

---

[70] So daß ein Ausspruch wie folgender entstehen konnte: „For there is only one thing that can satisfy love and reward it, and that is You alone." T. Merton, New Seeds of Contemplation, London 1962, 78.

In Mertons nicht nachlassendem Appell, menschliche Gottesbilder von Anthropomorphismen zu reinigen, die Andersartigkeit Gottes zu ertragen und sich unermüdlich um die wahre Realität Gottes und des Seins zu bemühen, etablierte er aber auch ein elementares Kriterium für reifen Erwachsenenglauben. Der erwachsene Glauben hat danach das apophatische Element internalisiert, sucht zugleich kataphatische Elemente in Tradition und aktivem Gebet und erweitert im Spannungsfeld beider die eigene Perspektivität. Oder, wie es Merton formulierte, wahrer Glaube integriert das Nichtwissen und das Wissen in ein lebendiges Ganzes und schafft einen Weg zur Realität.[71] Der erwachsene Glauben hat damit eine Offenheit entwickelt, mit der er der Wirklichkeit Gottes und der Wirklichkeit der Welt integrierend begegnen kann.[72]

3.2 Impulse für eine moderne Glaubenskultur

Merton wollte selbst nie als Vorbild gelten, schon gar nicht kopiert werden.[73] Timothy Kelly, einst Schüler von Merton, später Abt von Gethsemani, sagte in einem Interview, Merton habe so viel geschrieben, um kein Mythos zu werden. Vielleicht sollten generell Mönche für säkular lebende Menschen nicht als Vorbild genommen werden, nicht nur da der Lebenskontext sehr verschieden ist, sondern, so sagt es zumindest der Mönch Kelly, weil Mönche „schwächere Menschen" seien.[74] Wahrscheinlich kannte Merton auch das Wort aus den Weisheiten der Wüstenväter, der „Apophthegmata Patrum", wo der Altvater Matoe sprach: „Es ist nicht die Tugend, derentwegen ich in der Einsamkeit sitze, sondern die Schwäche. Die Starken sind es, die unter die Menschen gehen."[75]

Dennoch gibt es nicht wenige Autoren, die Merton - und vielleicht gerade auch aus Sympathie für seine Schwächen - als Modell für spirituelles Leben in der heutigen Zeit sehen.[76] Deswegen reißt auch das Interesse an seiner Biographie, zumindest vom angelsächsischen Bereich wird bleibende Nachfrage

---

[71] Vgl. aaO. 106.

[72] Merton als Modell und Lehrer für erwachsenen Glauben wird auch von J. Viens vorgeschlagen, die entscheidenden Elemente seines Beitrags seien: Meditation als Mediation, Leben als Prozess, die Einbettung von Gottes Wort in unser eigenes Leben und in unsere menschlichen Welten und Gottes Ruf zu einer „gobalen Gemeinschaft", vgl. Viens, J, Thomas Merton's Final Journey: Outline for a Contempory Adult Spirituality, in: Pennington, B. M. (Ed.), Toward an integrated humanity: Thomas Merton's Journey, Kalamazoo 1988, 236.

[73] D. Grayston berichtet, dieses Anliegen sei ihm im zunehmenden Alter noch wichtiger geworden. Grayston selbst bezeichnet sogar Mertons ganze Theologie als intermediäre oder parabolische Theologie, vgl. D. Grayston, Thomas Merton, The Development of a Spiritual Theologian, NY Toronto 1985, 5ff.

[74] K. F. Baker, „The Great Honesty": Remembering Thomas Merton. An Interview with Abbot Timothy Kelly, O.C.S.O., in: The Merton Annual Bd. 9, Minnesota 1997, 215.

[75] Bonifaz Miller (Hg.), Weisung der Väter, Freiburg 1965, Spruch 525.

[76] Eine Darstellung derer ist zu finden bei M. Downey, Posthumous Prolifacy: A Bibliographic Review Essay, in: The Merton Annual Bd. 9, 240ff.

berichtet, nicht ab. A. Padovano, amerikanischer Literaturprofessor und Merton-Biograph, meint, das Interesse an Merton bleibe so hoch, da bei ihm Theologie und Spiritualität eng verküpft seien und er dazwischen die Anliegen unserer Zeit eingefangen habe. Eine derartige Verbindung sei heute umso attraktiver, als die kirchlichen Institutionen die Menschen nicht mehr befriedigten.[77]

Es gibt demnach, vorrangig in Nordamerika, noch eine Art „Fangemeinde" Mertons. Daraus könnte man die Frage ableiten, ob biographische Theologie zu einer Form von „ideeller Gemeindebildung" beiträgt. Gewiß gab es immer schon Anhängerschaften bestimmter Theologen, vielleicht nimmt aber biographische Theologie hier einen besonderen Stellenwert ein, möglicherweise zukünftig mittels Internet-Kommunikation sogar als Art „gottesdienstliche Alternative" zu gewöhnlichen religiösen und liturgischen Formen. Wahrzunehmen ist jedenfalls eine zunehmende literarisch getragene Spiritualität im Zeitalter der anhaltenden Liturgieunfähigkeit. Viele Zeitgenossen betreiben die Suche nach Transzendenz nicht im institutionalisierten Bereich der Kirche, sondern an der Seite eines um Wahrheit und Identität ringenden Autors. Den spirituellen Modus der biographischen Teilnahme könnte man zu jener „säkularen Spiritualität" rechnen, die zu Beginn der Studie schon einmal erwähnt wurde, da sie nicht explizit kirchlich ausgerichtet ist.

„Gemeindebildung" war aber nicht direkt das Thema und Interesse Mertons, ihm ging es um die Pflege des Glaubens auf der individuellen Ebene. Wie moderne Glaubenskultur auf Gemeindeebene in Pastoral und Liturgie näherhin gestaltet werden kann, bleibt die Arbeit anderer.[78]

Viele Menschen pflegen also heute - wie wir eingangs gesehen haben, wird die Verbindung zu Gott nach wie vor gesucht - ihre individuelle Spiritualität durch persönliche Lektüre und haben dabei bekanntlich auch keine Hemmungen, Schriften aus Esoterik oder anderen Religionen zu studieren.[79] Verurteilungen dieser individuellen Glaubenskultur würden der Theologie nicht gut anstehen, nicht nur weil der autonome religiöse Weg heute als Selbstverständlichkeit genommen wird, sondern auch, weil hinter der Suche oft existentiell fragende Not steht. Gelegentlich wird aber doch ein Theologe oder eine Theologin mit seiner oder ihrer Glaubensauslegung oder Autobiographik aus dem

---

[77] J. Montaldo, Spirituality, Scholarship and Biography: An Interview with Anthony T. Padovano, in: The Merton Annual Bd. 10, Minnesota 1998, 291ff.

[78] Und hier stellt sich natürlich auch andersherum die spannende Frage, wieviel Individualität Gemeinde und Gottesdienst vertragen. Ein Liturgiewissenschaftler mahnt beispielsweise, daß Gottesdienst nicht „zur Selbstklärung, zur Selbstdarstellung, zu selbstbeschauenden Aussagen des Ich" mißbraucht werden dürfte, denn heute sei die Versuchung groß, „den Gottesdienst der Kirche zu einer Explikation seiner selbst zu gebrauchen und die schwindende Akzeptanz der herkömmlichen Liturgie durch auffal- lende Attraktionen unklarer Aussage auszugleichen." A. A. Häußling, Liturgiereform und Liturgiefähigkeit, in: Archiv für Liturgiewissenschaft 38/39. Jahrgang 1996/97, Heft 1, 17f.

[79] Blickt man in die Regale der Buchhandlungen, findet man aus diesen Quellen längst mehr als aus christlich-theologischen.

Bücherregal gezogen werden und möglicherweise gerade die Fragen treffen, die Suchende umtreibt.

Karl Rahner sah voraus, wie wir eingangs gesehen haben, daß die individuelle Religiosität einen hohen Stellenwert in Zukunft einnehmen und daß es viele Stile christlicher Glaubenskultur geben werde. Die Theologie müsse ihr Verständnis erweitern für neue Formen von „persönlich unmittelbarem Gottesverhältnis" und mithelfen, solche Formen zu entwickeln, vornehmlich auch neue Formen des „Bittgebetes". Säkulare Spiritualität an der Seite eines Theologen wie Merton - oben hatten wir Autobiographik bereits einmal als „anonyme Form des Betens" bezeichnet -, Anteilnahme an seiner Suche, seinen Fragen, seinen Antworten und seiner religiösen Poesie stellt eine derartige Form dar.

Ein weiteres Element säkularer Spiritualität könnte genannt werden. Merton wurde jenes Anliegen wichtig, was wir anfangs in Anlehnung an K. Rahner das freie Humane als das innere Moment der christlichen Glaubenskultur bezeichneten. Merton gab also derselben „Weltfrömmigkeit" (Rahner/Auer) Raum, die Gottes Geist dort lebendig vorfindbar nannte, wo ohne ausdrückliche Religiosität der weltliche Alltag in Freundlichkeit, Redlichkeit und Bereitschaft zur Verantwortung gelebt würde. In 'Conjectures' nannte Merton als wichtige Aufgabe der Kirche in unserer modernen Zeit, das Christentum wieder zu entdecken als Ort der Kultur und Zivilisation, als Hüterin humaner Werte.[80] In Christus seien Werte, die heute hochgehalten würden, wie Vernunft, Menschlichkeit, Kultur, Toleranz und Selbstbestimmung zentral präsent und in diesem Bewußtsein müsse und könne sich eine christliche Kultur erneuern.

Aber nicht nur diese säkulare Tradition in Christus hatte Merton entdeckt, sondern, und dies stellt eine Verbindung zwischen säkularer und explizit religiöser Spiritualität her, den Anschluß an Traditionen überhaupt. Für sich selbst beschrieb er als Aufgabe, den Anschluß an Traditionen herzustellen, die in ihm lebten. Dies sei aber nicht nur die Tradition der Weisheit und des Geistes des westlichen Christentums, sondern auch die der Orthodoxie, und auch die, zumindest in analoger Weise, der asiatischen und islamischen. Bewußtsein für das Vergangene würden zur Gesundheit, zum Frieden und Gleichgewicht des Menschen unverzichtbar beitragen.

Wenn wir nun noch einmal an die im letzten Lebensabschnitt genannte „Zauberformel" Mertons „Sein allein genügt" denken, so wäre auf dem Hintergrund des gerade genannten Geschichts- und Traditionsbewußtseins zu konstatieren, daß das von Merton genannte „Sein allein" niemals losgelöst war von bereits bestehenden Traditionen und Weisheiten. Den Weg bis zur Erkenntnis des „Sein allein" hatte er in erster Linie zurückgelegt im geistigen Dialog mit der christlich mystischen Tradition, dann auch mit humanistischen und außerchristlichen Traditonen. Der Formel „Sein allein genügt" war die

---

[80] Und hier bezog er sich auf Erkenntnisse D. Bonhoeffers, der im Kampf gegen den Nazismus feststellte, die Kirche sei die beste Hüterin ziviler und humaner Werte, weil diese im Evangelium Christi genuin zuhause seien, vgl. T. Merton, Conjectures, 194f.

Formel „Gott allein genügt" (Th. v. Avila) vorausgegangen. Der Weg zur inneren Freiheit, den Merton gegangen war, stand nicht beziehungslos zu bereits gelebten religiösen Erfahrungen, sondern, im Gegenteil, im Anschluß an diese und dialogisch mit ihnen. „Sein allein genügt", als Zielaussage für spirituelles Leben bedeutete damit nicht individualistisches Losgelöstsein aus allen menschlichen Zusammenhängen, sondern eine in geschichtlicher und sozialer Bezogenheit mögliche individuelle Neuzuordnung.

Für sich und für andere übersetzte er Traditionen in die Sprache der Gegenwart, sprich, die Fragen und Zweifel der Gegenwart wurden mit vorausgegangem Gedachten, Geglaubten und Erforschten in Verbindung gebracht. Er übernahm damit auch als Theologe für die schechthinnige theologische Aufgabe Verantwortung.

Neben Elementen säkularer Spiritualität wäre nun noch einmal der explizit religiöse Weg Mertons zu nennen, der kontemplative. Es sei aber daran erinnert, daß er nicht polarisierend Aktion und Kontemplation gegenüberstellte, sondern gute Aktion aus Kontemplation resultierend sah, und die Kontemplation sogar als die schwierigere Seite der Aktion bezeichnete, bishin zur Aussage: „The purest activity is contemplation."[81]

Seine Vorschläge für moderne Kontemplationsformen waren im dritten Lebensabschnitt zur Sprache gekommen, wo er für eine individuelle spirituelle Stil- und Formfindung plädierte. Ob der Einzelne mithilfe von Natur, Kunst, Musik, Wort, Gemeinschaft, Liturgie oder purer Stille den Weg zur Kontemplation suchte, war dabei sekundär, er hielt es aber für elementar wichtig, daß im Leben eines Christen kontemplative Elemente vorkamen. Auch der nicht klösterlich lebende Mensch sollte immer wieder im hektischen Getriebe des Alltags die Zeit aufbringen, sich zurückzuziehen in eine kontemplative Atmosphäre, um die Existenz aufs Neue in Reflexion und Glauben zu verorten.

Das Moment der Kontinuität könnte dabei gerade angesichts moderner Lebensarrhythmien als wichtiger Bestandteil kontemplativen Lebens festgehalten werden. Vor allem ein in gewisser Regelmäßigkeit kultivierter Glaube kann vitalisierende Kraft entfalten. Merton selbst kultivierte seinen Glauben trotz aller Anfechtungen mit einer tragenden Konstanz. Nicht nur in der Dunkelheit der Not, sondern auch in der Helligkeit des Danks und im gewöhnlichen Licht des Alltags blieb er im schriftlichen oder im mündlichen „Dialog" mit Gott.

Nicht jedem Menschen gelingt heute noch die Rede mit Gott in Form von Gebeten. Wir hatten aber aufgezeigt, daß es neben dem explizit religiösen Weg auch den implizit religiösen Weg einer säkularen Spiritualität geben kann, der es unter den Bedingungen unserer Zeit „legitimiert", sich mittragen zu lassen

---

[81] T. Merton, Run to the Mountain, New York 1995, 425. Auch hier gibt es, wenn Kontemplation und Aktion so eng verbunden sind, ein säkulares Element, denn dann liegt logischerweise einer guten Aktion, in der das freie Humane zum Tragen kommt, kontemplative Qualität zugrunde.

von autobiographischer Theologie oder sich inspirieren zu lassen von der spirituellen Dimension humaner Tätigkeit.

Die geistreiche, humane, vergangenheits-, gegenwarts- und zukunftsbewußte Begegnung mit dem alltäglichen Sein und den alltäglichen Aufgaben war elementarer Bestandteil christlicher Glaubenskultur nach Merton. Er hatte eine Art säkulare Spiritualität entwickelt, die Unvermögen und Hoffnung, Gebet und Handlung, Geist und Agitation, Moderne und Vergangenheit, Vernunft und Paradox, Geschichte und Eschaton zusammenschmiedete.

Das einfache, offene, gottsuchende und freundliche Menschsein in Schlichtheit war Resultat seiner mannigfachen Studien und seiner eigenen Glaubenskultur. Deshalb konnte die Schlichtheit der Figuren in Polunaruwa auch seinen religiösen Nerv treffen und ihn tief berühren. Schlicht war auch eines seiner letzten Gebete, das er in Kalkutta am 26. Oktober 1968 öffentlich gehalten hatte:

> *„O Gott, wir sind eins mit Dir. Du hast uns eins gemacht mit Dir. Du hast uns gelehrt, daß Du in uns wohnst, wenn wir füreinander offen sind. Hilf uns, diese Offenheit zu erhalten und für sie mit unserem ganzen Herzen zu kämpfen. Hilf uns zu begreifen, daß es kein Verstehen gibt, wo man sich gegenseitig ablehnt. O Gott, indem wir einander mit ganzem Herzen, mit allem, was wir haben, annehmen, nehmen wir Dich an, und wir danken Dir und wir beten Dich an, und wir lieben Dich mit unserem ganzen Sein, denn unser Sein ist in deinem Sein, unser Geist in Deinem Geist. Erfülle uns mit Liebe und laß uns in Liebe verbunden sein, wenn wir jetzt unserer Wege gehen, vereint in diesem einen Geist, in dem Du in der Welt lebendig bist, der dich zum Beweis jener letzten Wirklichkeit macht, die Liebe ist. Liebe hat es geschafft. Liebe hat gesiegt. Amen."*[82]

---

[82] AT, 199.

Abkürzungen

AA Zweites Vatikanisches Konzil: Dekret über das Laienapostolat „Apostolicam Actuositatem".

AT Asiatisches Tagebuch. T. Merton, Wie der Mond stirbt. Das letzte Tagebuch des Thomas Merton, herausgegeben und übertragen von Heinz G. Schmidt, Wuppertal 1976.

BSS Thomas Merton, Der Berg der Sieben Stufen, Einsiedeln 1950.

CiG Christ in der Gegenwart, Freiburg 1948ff.

EÜ Eigene Übersetzung

GS Zweites Vatikanisches Konzil: Pastorale Konstitution über die Kirche in der Welt von heute; „Gaudium et Spes".

JON T. Merton, Das Zeichen des Jonas, aus dem Englischen von Annemarie von Puttkamer, Einsiedeln-Zürich-Köln 1954.

LG Zweites Vatikanisches Konzil: Dogmatische Konstitution über die Kirche „Lumen Gentium".

²LThK Höfer, Josef/Rahner, Karl (Hg.), Lexikon für Theologie und Kirche, 10 Bde., Freiburg ²1986 (1957-1965).

²LThK Brechter, Heinrich Suso u.a. (Hg.), Lexikon für Theologie und Kirche, Bd. 12-14, Das Zweite Vatikanische Konzil. Dokumente und Kommentare, Freiburg ²1986 (1966-1968).

NY New York.

ThPQ Theologisch-Praktische Quartalschrift, Linz-Regensburg (148) 2000.

TRE Krause, Gerhard/Müller, Gerhard (Hg.), Theologische Realenzyklopädie, Berlin-New-York 1976ff.

Literaturverzeichnis

A. Primärliteratur

1. Tagebücher

Merton, Thomas, Run to the Mountain. The Story of a Vocation, The Journals of Thomas Merton, Vol.1, ed. by Brother Patrick Hart, NY 1995.

Ders., Entering the Silence. Becoming a Monk, The Journals of Thomas Merton, Vol.2, ed. by Jonathan Montaldo, NY 1996.

Ders., A Search of Solitude. Pursuing the Monk's True Life, The Journals of Thomas Merton, Vol.3, ed. by Lawrence S. Cunningham, NY 1996.

Ders., Turning Toward the World. The Pivotal Years, The Journals of Thomas Merton, Vol.4, ed. by Victor A. Kramer, NY 1996.

Ders., Dancing in the Water of Life. Seeking Peace in the Hermitage, The Journals of Thomas Merton, Vol.5, ed. by Robert E. Daggy, NY 1997.

Ders., Learning to Love. Exploring Solitude and Freedom, The Journals of Thomas Merton, Vol.6, ed. by Christine M. Bochen, NY 1997.

Ders., The Other Side of the Mountain. The End of the Journey, The Journals of Thomas Merton, Vol.7, ed. by Brother Patrick Hart, NY 1998.

Ders., The Secular Journal, London 1977.

Ders., The Sign of Jonas, London 1953.

Ders., A Vow of Conversation, Journals 1964 - 1965, ed. by Naomi Burton Stone, NY 1988.

Ders., The Asian Journal, ed. by Naomi Burton, Brother Patrick Hart, James Laughlin, NY 1973.

Ders., Das Zeichen des Jonas, aus dem Englischen von Annemarie von Puttkamer, Einsiedeln Zürich Köln 1954.

Ders., Wie der Mond stirbt. Das letzte Tagebuch des Thomas Merton, herausgegeben und übertragen von Heinz G. Schmidt, Wuppertal 1976.

2. Briefliteratur:

Ders., The Hidden Ground of Love. The Letters of Thomas Merton on Religious Experience and Social Concerns, Vol.1, selected and edited by William H. Shannon, NY 1985.

Ders., The Road to Joy. The Letters of Thomas Merton to New and Old Friends, Vol.2, sel. and ed. by Robert E. Daggy, NY 1989.

Ders., The School of Charity. The Letters of Thomas Merton on Religious Renewal and Spiritual Direction, Vol.3, sel. and ed. by Brother Patrick Hart, NY 1990.

Ders., The Courage for Truth. The Letters of Thomas Merton to Writers, Vol.4, sel. and ed. by Christine M. Bochen, NY 1993.

Ders., Witness to Freedom. The Letters of Thomas Merton in Times of Crises, Vol.5, sel. and ed. by William H. Shannon, NY 1994.

3. Autobiographie

Ders., The Seven Storey Mountain, NY 1948.

Ders., Der Berg der Sieben Stufen, Übersetzung aus dem Englischen von Hans Grossrieder, Einsiedeln 1950. (The Seven Storey Mountain, NY 1948)

4. Jahrbücher:

Ders., The Merton Annual, Vol.1, ed. by Robert E. Daggy, Patrick Hart, Dewey Weiss Kramer, Victor A. Kramer, NY 1988.

Ders., The Merton Annual, Vol. 9, ed. by George A. Kilcourse Jr., Collegeville, Minnesota 1996.

Ders., The Merton Annual, Vol.10, ed. by Victor A. Kramer, Collegeville, Minnesota 1997.

5. Monographien und Aufsatzsammlungen:

Ders., The Ascent to Truth, NY 1951.

Ders., The Climate of Monastic Prayer, Dublin - NY 1969.

Ders., Faith and Violence, Notre Dame, Indiana 1968.

Ders., Conjectures of a Guilty Bystander, NY 1968.

Ders., Gandhi on Non-Violence, NY 1965.

Ders., Honorable Reader, Reflections on my Work, ed., by Robert E. Daggy, NY 1981.

Ders., My Argument with the Gestapo. A Macaronic Journal (Journal of my Escape from the Nazis) NY 1969.

Ders., Mystics and Zen Masters, NY 1965.

Ders., The New Man, London 1979.

Ders., New Seeds of Contemplation, London 1962.

Ders., The Nonviolent Alternative, NY 1980.

Ders., Raids on the Unspeakable, NY 1966.

Ders., Seasons of Celebration, NY 1965.

Ders., Seeds of Contemplation, Westport 1979 (NY 1949).

Ders., Seeds of Destruction, NY 1962.

Ders., The Waters of Siloe, NY 1949.

Ders., The Way of Chuang Tzu, NY 1965.

Ders., Der Aufstieg zur Wahrheit, Übersetzung aus dem Englischen von Hans Grossrieder, Zürich 1952 (The Ascent to Truth, NY 1951)

Ders., Gewaltlosigkeit, Aus dem Amerikanischen von Paul und Irma Wenk. Revidierte Ausabe, herausgegeben und mit einem Vorwort versehen von Gordon Zahn, Zürich-Köln 1986.

Ders., Im Einklang mit sich und der Welt, Übersetzung aus dem Amerikanischen von Georg Tepe, Zürich 1986. (Contemplation in a World of Action, NY 1971)

Ders., Keiner ist eine Insel, Übersetzung aus dem Englischen von Annemarie von Puttkamer, Zürich-Einsiedeln-Köln 1984. (No Man is an Island, NY 1955)

Ders., Liebe und Leben, Übersetzung aus dem Amerikanischen von Christa Broermann, Zürich 1988. (Love and Living, NY 1979)

Ders., Meditationen eines Einsiedlers. Über den Sinn von Meditation und Einsamkeit, Übersetzung aus dem Englischen von Marianne Wilke, Zürich-Einsiedeln-Köln 1979. (Spiritual Direction and Meditation, NY 1960; Thoughts in Solitude, NY 1958)

Ders., Sinfonie für einen Seevogel, Übertragen aus dem Amerikanischen von Johann Hoffmann-Herreros, Düsseldorf 1991. (The Way of Chuang Tzu, NY 1965)

Ders., Ein Tor zum Himmel ist überall. Zeiten der Stille. Ausgewählt, eingeleitet und erläutert von Bernardin Schellenberger, mit einem Vorwort des Dalai Lama, Freiburg 1999.

Ders. Wahrhaftig beten, Übersetzung aus dem Amerikanischen von Margret Meilwes, Freiburg, Schweiz 1971. (Contemplative Prayer, NY 1969)

Ders., Weisheit der Stille, Übertragen aus dem Amerikanischen von Margret Meilwes, München 1975. (Zen and the Birds of Appetite, NY 1968, Mystics and Zen Masters, NY 1965)

Ders., Zeiten der Stille. Ausgewählt, eingeleitet und erläutert von Bernardin Schellenberger, Freiburg-Basel-Wien 1992.

B. Sekundärliteratur

1. Biographien:

Forest, Jim, Living with Wisdom. A Life of Thomas Merton, NY 1991.

Furlong, Monica, Alles, was ein Mensch sucht, Freiburg-Basel-Wien 1982 (London 1980).

Griffin, John Howard, Geh mit der Ekstase. Thomas Mertons Einsiedlerjahre, Münsterschwarzach 1997. (Follow the Ecstasy, The Hermitage Years of Thomas Merton, ed. by Robert Bonazzi, NY 1993.)

Mott, Michael, The Seven Mountains of Thomas Merton, Boston 1984.

Padovano, Anthony T., The Human Journey - Thomas Merton: Symbol of a Century, NY 1982.

Pennington, Basil M., Thomas Merton, Brother Monk. The Quest for True Freedom, NY 1987.

Rice, Edward, The Man in the Syncamore Tree. The Good Times and Hard Life of Thomas Merton. An entertainment by Edward Rice, NY 1970.

Shannon, William H., Something of a Rebell. Thomas Merton - His Life and Works. An Introduction, Cincinnati 1997.

2. Theologische, human- und sozialwissenschaftliche Sekundärliteratur:

Auer, Alfons, Autonome Moral und christlicher Glaube, mit einem Nachtrag zur Rezeption der Autonomievorstellung in der kath.-theologischen Ethik, Düsseldorf [2] 1984 (1971).

Ders., Frömmigkeit, in: [2]LThK, Bd. 4, Freiburg 1986 (1965), 400-405.

Ders., Weltoffener Christ, 4. durchgesehene Auflage, Düsseldorf 1966 (1960).

Baker, Kimberley, F., Kilcourse, George A. Jr., 'The Great Honesty': Remembering Thomas Merton. An Interview with Abbot Timothy Kelly, O.C.S.O., in: The Merton Annual, Vol.9, ed. by George A. Kilcourse Jr., Collegeville 1997, 193-220.

Bamberger, John Eudes, Merton the Monk, in: Wilkes, Paul, Merton by Those who knew Him best, San Francisco 1984, 113-126.

Barth, Karl, Das Wort Gottes als Aufgabe der Theologie (1922), in: J. Moltmann (Hg.), Anfänge der dialektischen Theologie, München 1962.

Beck Ulrich/ Beck-Gernsheim, Elisabeth, Das ganz normale Chaos der Liebe, Frankfurt 1990.

Diess., Riskante Freiheiten, Zur Individualisierung von Lebensformen in der Moderne, Frankfurt 1994.

Diess., Individualisierung in modernen Gesellschaften - Perspektiven und Kontroversen einer subjektorientierten Soziologie, in: Diess., Riskante

Freiheiten, Zur Individualisierung von Lebensformen in der Moderne, Frankfurt 1994, 10-42.

Biehl, Peter, Der biographische Ansatz in der Religionspädagogik, in: Grözinger, Albrecht/Luther, Henning (Hg.), Religion und Biographie. Perspektiven zur gelebten Religion, Festgabe für Gert Otto zum 60. Geburtstag, München 1987, 272-298.

Bilden, Helga, Das Individuum - ein dynamisches System vielfältiger Teil-Selbste. Zur Pluralität in Individuum und Gesellschaft, In Keupp/Höfer, Identitätsarbeit heute. Klassische und aktuelle Perspektiven der Identitätsforschung, Frankfurt/Main 1997, 227-249.

Böckle, Franz, Fundamentalmoral, München 1977.

Bohlleber, Werner, Identität, in: Mertens, W./Waldvogel, H. (Hg.), Handbuch psychoanalytischer Grundbegriffe, Stuttgart 2000.

Bruss, Elisabeth W., Die Autobiographie als literarischer Akt (1974), in: Niggl, Günther, Die Autobiographie: zu Form und Geschichte einer literarischen Gattung, Darmstadt 1989, 258-282.

Bucher, Rainer, Pluralität als epochale Herausforderung, in: Haslinger, Herbert/Bundschuh-Schramm, Christiane (Hg.), Handbuch der Praktischen Theologie, Mainz 1999, 91-101.

Bühler, Charlotte, Der menschliche Lebenslauf als psychologisches Problem, Göttingen² 1959.

Conn, Walter, Christian Conversion, New Jersey 1986.

Cooper, David D., The Merton's Art of Denial, The Evolution of a radical Humanist, Athens, Georgia 1989.

Cunningham, Lawrence, S. (Ed.), Thomas Merton: Spiritual Master. The Essential Writings, NY-Mahwah 1992.

Dander, F., Berufung zum Priester- und Ordensstand, in: ²LThK, Bd. 2, 284-285.

Dilthey, Wilhelm, Das Erleben und die Selbstbiographie (1906-1911/1927), in: Niggl, Günther, Die Autobiographie: zu Form und Geschichte einer literarischen Gattung, Darmstadt 1989, 21-32.

Downey, Michael, Posthuous Prolifacy: A Bibiographic Review Essay, in: The Merton Annual, Vol.9, ed. by George A. Kilcourse Jr., Collegeville 1997, 237-251.

Drehsen, Volker, Der 'ganze Mensch': Perspektiven lebensgeschichtlicher Individualität, Festschrift für Dietrich Rössler zum siebzigsten Geburtstag, Berlin-NY 1997.

Ders., Lebensgeschichtliche Frömmigkeit. Eine Problemskizze zu christlich-religiösen Dimensionen, in: Sparn, Walter, Wer schreibt meine Lebensgeschichte: Biographie, Autobiographie, Hagiographie und ihre Entstehungszusammenhänge, Gütersloh 1990, 33-62.

Ebertz, Michael N., Gesellschaft. Herausforderungen der Praktischen Theologie heute, in: Haslinger, Herbert/ Bundschuh-Schramm, Christiane (Hg.), Handbuch der Praktischen Theologie, Mainz 1999, 333-342.

Eicke, D. (Hg.), Die Psychologie des 20. Jahrhunderts, Zürich 1976ff.

Engelbert, Pius, Bekehrung, in: TRE 1980, 457-459.

Erikson, Erik H., Identität und Lebenszyklus, 16. Auflage, Frankfurt 1997 (1959).

Fowler, James W., Faithful Change: the personal and public challenge of postmodern life, Nashville 1996.

Ders., Stufen des Glaubens: die Psychologie der menschlichen Entwicklung und die Suche nach Sinn, aus dem Amerikanischen übertragen von Annette Koellenbleck, Gütersloh 1991 (NY 1981).

Ders., Theologie und Psychologie in der Erforschung der Glaubensentwicklung, in: Concilium 18 (1982), 444-447.

Fraas, Hans-Jürgen, Die Religiosität des Menschen, Ein Grundriß der Religionspsychologie, Göttingen 1993.

Frend, William, H.C., Bekehrung, in: TRE 1980, 443-457.

Friedrichs, Lutz, Autobiographie und Religion der Spätmoderne: biographische Suchbewegungen im Zeitalter transzendentaler Obdachlosigkeit, Stuttgart-Berlin-Köln 1999.

Fromm, Erich, Die Kunst des Liebens, Frankfurt-Berlin 1956.

Fuchs, Ottmar, Gott ist kein Hampelmann, in: ThPQ 148 (2000), 379-386.

Göbel, Wolfgang, Individualisierung als Identitätsverlust. Problematik und immanentes Ethos des modernen Projekts der Selbstfindung, in: Laubach, Thomas (Hg.), Ethik und Identität. Festschrift für Gerfried W. Hunold zum 60. Geburtstag, Tübingen-Basel 1998, 115-126.

Goldbrunner, Josef, Individuation - Die Tiefenpsychologie von C.G. Jung, München 1949.

Grayston, Donald, Thomas Merton, The Development of a Spiritual Theologian, NY-Toronto 1985.

Grom, Bernhard, Ein neues Gottesbild? in: Stimmen der Zeit, Bd.219, Heft 6 2001, 361-362.

Grözinger, Albrecht/Luther, Henning (Hg.), Religion und Biographie. Perspektiven zur gelebten Religion, Festgabe für Gert Otto zum 60. Geburtstag, München 1987.

Gusdorf, Günther, Vorraussetzungen und Grenzen der Autobiographie (1956), in: Niggl, Günther, Die Autobiographie: zu Form und Geschichte eienr literarischen Gattung, Darmstadt 1989, 121-147.

Hart, Patrick (Ed.), Thomas Merton, Monk. London 1975.

Haslinger, Herbert/Bundschuh-Schramm, Christiane (Hg.), Handbuch der Praktischen Theologie, Mainz 1999.

Haußer, Karl, Identitätsentwicklung, NY 1983.

Häußling, Angelus A., Liturgiereform und Liturgiefähigkeit, in: Archiv für Liturgiewissenschaft 38/39, Heft 1, 1996/97, 1-24.

Hertz, Anselm/Korff, Wilhelm, u.a. (Hg.), Handbuch der christlichen Ethik, Bd.1-3, Freiburg-Basel-Wien 1993.

Hunold, Gerfried W., Identität, in: Wils, Jean-Pierre/Mieth, Dietmar, Grundbegriffe der christlichen Ethik, Paderborn-München-Wien-Zürich 1992, 31-44.

Ders., Identitätstheorie: Die sittliche Struktur des Individuellen im Sozialen, in: Hertz, Anselm/Korff, Wilhelm, u.a. (Hg.), Handbuch der christlichen Ethik, Bd.1, Freiburg-Basel-Wien 1993, 177-195.

James, William, Die Vielfalt religiöser Erfahrung. Eine Studie über die menschliche Natur. Übersetzt, herausgegeben und mit einem Nachwort versehen von Eilert Herms, Olten 1979 (The Varieties of Religious Experience, Edinburgh, 1901/1902).

Jüttemann, Gerd, Genetische Persönlichkeitspsychologie und Komparative Kasuistik, in: Ders./Thomae, Hans (Hg.), Biographische Methoden in den Humanwissenschaften, Weinheim 1998, 111-131.

Ders./Thomae, Hans (Hg.), Biographische Methoden in den Humanwissenschaften, Weinheim 1998.

Keilbach, W., Bekehrung, in: ²LThK, Bd.2, 137-138.

Kerkhofs, Jan, Gott in der Alltagssprache der Europäer, In ThPQ 148 (2000), 338-347.

Keupp, Heiner, Ambivalenzen postmoderner Identität, in: Beck Ulrich/ Beck-Gernsheim, Elisabeth, Riskante Freiheiten, Zur Individualisierung von Lebensformen in der Moderne, Frankfurt 1994, 336-350.

Keupp, Heiner/Höfer, Renate, Identitätsarbeit heute. Klassische und aktuelle Perspektiven der Identitätsforschung, Frankfurt/Main 1997.

Klappenecker, Gabriele, Glaubensentwicklung und Lebensgeschichte, Stuttgart-Berlin-Köln 1998.

Klein, Stephanie, Theologie und empirische Biographieforschung, Methodische Zugänge zur Lebens- und Glaubensgeschichte und ihre Bedeutung für eine erfahrungsbezogene Theologie, Stuttgart-Berlin-Köln 1994.

Kluge, Friedrich, Ethymologisches Wörterbuch der deutschen Sprache, Berlin-NY, 1995.

Kohlberg, Lawrence, Die Psychologie der Moralentwicklung, Frankfurt 1997.

Kuld, Lothar, Glaube in Lebensgeschichten: ein Beitrag zur theologischen Autobiographieforschung, Stuttgart-Berlin-Köln 1997.

Laubach, Thomas (Hg.), Ethik und Identität. Festschrift für Gerfried W. Hunold zum 60. Geburtstag, Tübingen-Basel 1998.

Ders., Identität als Grundproblem ethischer Reflexion, Einleitende Überlegungen zur Verortung eines schwierigen verhältnisses, in: Ders., Ethik und Identität. Festschrift für Gerfried W. Hunold zum 60. Geburtstag, Tübingen-Basel 1998, 11-28.

Leclerq, Jean, Merton the Monk, in: Wilkes, Paul, Merton by Those who knew Him best, San Francisco 1984, 126-138.

Ders., The Evolving Monk, in: P. Hart (Ed.), Thomas Merton, Monk, London 1975, 102-112.

Lehr, Ursula, Der Beitrag der biographischen Forschung zur Entwicklungspsychologie, in: Jüttemann, Gerd/Thomae, Hans (Hg.), Biographische Methoden in den Humanwissenschaften, Weinheim 1998, 309-331.

Lejeune, Philippe, der autobiographische Pakt (1973/1975) in: Niggl, Günther, Die Autobiographie: zu Form und Geschichte einer literarischen Gattung, Darmstadt 1989, 214-257.

Lies, Lothar, Frömmigkeit, in: Schütz, Christian, Praktisches Lexikon der Spiritualität, Freiburg 1992, 421-423.

Lipski, Alexander, Thomas Merton and Asia: His Quest for Utopia, Kalamazoo, 1983.

Long, Burke O., Berufung I, in: TRE 1980, 683-685.

Lorenz, Erika, Wort im Schweigen, Freiburg 1993.

Luther, Henning, Das unruhige Herz. Über implizite Zusammenhänge zwischen Autobiographie, Subjektivität und Religion, in: Sparn, Walter, Wer schreibt meine Lebensgeschichte: Biographie, Autobiographie, Hagiographie und ihre Entstehungszusammenhänge, Gütersloh 1990, 360-385.

Ders., Der fiktive Andere - Mutmaßungen über das Religiöse an Biographie, in: Grözinger, Albrecht/Luther, Henning (Hg.), Religion und Biographie. Perspektiven zur gelebten Religion, Festgabe für Gert Otto zum 60. Geburtstag, München 1987, 67-78.

Ders., Religion und Alltag. Bausteine zu einer Praktischen Theologie des Subjekts, Stuttgart 1992.

Marquard, Odo, Identität. Schwundtelos und Mini-Essenz - Bemerkungen zur Genealogie einer aktuellen Diskussion, in: Ders./Stierle, Karl (Hg.), Identität, München 1979, 347-370.

Maßhof-Fischer, Manfred, Ethik als konsiliare Praxis der Lebenshilfe zur personalen Identitätsfindung. Pastorale Lebensberatung als integraler Teil ethischen Selbstverständnisses, in: Laubach, Thomas (Hg.), Ethik und Identität. Festschrift für Gerfried W. Hunold zum 60. Geburtstag, Tübingen-Basel 1998, 53-67.

Maurer, Alfons, Identität/Identitätsforschung, in: Lexikon der Bioethik, hrsg. im Auftrag der Görres-Gesellschaft v. Wilhelm Korff u.a., Gütersloh 2000, 270-272.

McDonnell, T.P., (Ed.), A Thomas Merton Reader, NY 1974.

Mertens, W./Waldvogel, H. (Hg.), Handbuch psychoanalytischer Grundbegriffe, Stuttgart 2000.

Mieth, Dietmar, Autonome Moral im christlichen Kontext, in: Orientierung 40. Jg., 1976, 31-34.

Miller, Bonifaz (Hg.), Weisung der Väter, Freiburg 1965.

Misch, Günther, Begriff und Ursprung der Autobiographie, in: Niggl, Günther (Hg.), Die Autobiographie: zu Form und Geschichte einer literarischen Gattung, Darmstadt 1989, 33-54.

Montaldo, Jonathan, Spirituality, Scholarship and Biography: An Interview with Anthony T. Padovano, in: The Merton Annual, Vol.10, ed. by Victor A. Kramer, Collegeville, Minnesota 1997, 285-302.

Niggl, Günther (Hg.), Die Autobiographie: zu Form und Geschichte einer literarischen Gattung, Darmstadt 1989.

Ders., Zur Säkularisation der pietistischen Autobiographie im 18. Jahrhundert (1974), in: Niggl, Günther (Hg.), Die Autobiographie: zu Form und Geschichte einer literarischen Gattung, Darmstadt 1989, 367-391.

Nipkow, Karl-Erich, Schweitzer, Friedrich, Fowler, James W., Glaubensentwicklung und Erziehung, Gütersloh 1988.

Nocke, Franz-Josef, Buße, in: Schneider, Theodor (Hg.), Handbuch der Dogmatik, Düsseldorf 1992, 306-333.

Ders., Eucharistie, in: Schneider, Theodor (Hg.), Handbuch der Dogmatik, Düsseldorf 1992, 267-305.

Pennington, Basil M., Thomas Merton, My Brother, NY 1996.

Ders., (Ed.), Toward an integrated humanity: Thomas Merton's Journey, Kalamazoo 1988.

Parks, Sharon, James Fowlers Theorie der Glaubensentwicklung in der nordamerikanischen Diskussion - Eine Zusammenfassung der Hauptkritikpunkte, in: Nipkow, Karl-Erich, Schweitzer, Friedrich, Fowler, James W., Glaubensentwicklung und Erziehung, Gütersloh 1988, 91-107.

Pichlmeier, Andrea, Wes Geistes Kind. Zum Verhältnis von Spiritualität und Biographie am Beispiel des Ordensgründers Jean-Claude Colin. Eine interdisziplinäre Grundlagenreflexion, Würzburg 2000.

Rahner, Karl, Mystik, in: ²LThK, Bd.7, 743-745.

Ders. (Hg.), Sacramentum Mundi, Freiburg 1970.

Ders., Zur Theologie des geistlichen Lebens, Schriften zur Theologie, Bd. VII, Einsiedeln-Zürich-Köln 1966.

Ratschow, Carl Heinz, Von der Frömmigkeit. Eine Studie über das Verhältnis von Religion und Sittlichkeit, in: Ders., (Hg.), Ethik der Religionen, ein Handbuch, Stuttgart-Berlin-Köln-Mainz 1980, 11 - 78.

Rendtdorff, Trutz, Perspektiven zum Verhältnis von Theologie und Frömmigkeit; Randnotizen zur Problemstellung des „ganzen" Menschen, in: V.

Drehsen, Der „ganze Mensch": Perspektiven lebensgeschichtlicher Individualität, Festschrift für Dietrich Rössler zum siebzigsten Geburtstag, Berlin-NY 1997, 325-338.

Rössler, Dietrich, Frömmigkeit als Thema der Ethik, in: Hertz, Anselm/Korff, Wilhelm, u.a. (Hg.), Handbuch der christlichen Ethik, Bd.2, Freiburg-Basel-Wien 1993, 506-517.

Ders., Grundriß der Praktischen Theologie, Berlin-NY 1986.

Scharfetter, Christian, (Hg.), Der spirituelle Weg und seine Gefahren. Spiritualität, Begriff, Typen; Bewußtseinsbereich, Induktoren und Inhalte; Meditation; Spirituelle Krise, Sekten und totalitäre Kulte - Eine Übersicht für Berater und Therapeuten, Stuttgart 1999.

Ders., Spiritualität, Wege und Irrwege, In: Psychologie Heute, 26. Jahrgang, Heft 6, Juni 1999, 20-26.

Schneider, Theodor (Hg.), Handbuch der Dogmatik, Düsseldorf 1992.

Scholl, Norbert, Wenn der Kinderglaube nicht mehr trägt. Von der Sicherheit zum Vertrauen, Freiburg-Basel-Wien 2002.

Schuster, H., Beschauung, in: ²LThK, Bd. 2, 288-289.

Shannon, William, H. Thomas Merton and the Living Tradition of Faith, in: The Merton Annual, Vol.1, ed. by Robert E. Daggy, Patrick Hart, Dewey Weiss Kramer, Victor A. Kramer, NY 1988, 79-102.

Sparn, Walter, Wer schreibt meine Lebensgeschichte: Biographie, Autobiographie, Hagiographie und ihre Entstehungszusammenhänge, Gütersloh 1990.

Steggink, Otmar, Mystik, in: Praktisches Lexikon der Spiritualität, Freiburg 1992, 904-910.

Steinmann, T. Mystik VII, Christentum und Mystik, grundsätzlich, in: Die Religion in Geschichte und Gegenwart, Bd. IV, Tübingen 1930, 360-363.

Sudbrack, Josef, Gottes Geist ist konkret: Spiritualität im christlichen Kontext, Würzburg 1999.

Ders., Mystik: Selbsterfahrung - kosmische Erfahrung - Gotteserfahrung, Mainz-Stuttgart 1992 (1988).

Thomae, Hans, Psychologische Biographik. Theoretische und methodische Grundlagen, in: Jüttemann, Gerd/Thomae, Hans (Hg.), Biographische Methoden in den Humanwissenschaften, Weinheim 1998, 75-97.

Viens, Joachim, Thomas Merton's Final Journey: Outline for a Contempory Adult Spirituality, in: Pennington, Basil M. (Ed.), Toward an integrated humanity: Thomas Merton's Journey, Kalamazoo 1988, 222-240.

Wagner, Falk, Bekehrung, in: TRE 1980, 449-480.

Ders., Berufung III, in: TRE 1980, 691-699.

Wehr, Gerhard, Der Begriff der Individuation bei Jung, in: Die Psychologie des 20. Jahrhunderts, Bd. III, Zürich 1977, 794-803.

Werbick, Jürgen, Gebetsglaube und Gotteszweifel, Münster 2001.

Ders., Soteriologie, Düsseldorf 1990.

Wiesberger, Franz, Bausteine zu einer soziologischen Theorie der Konversion: soziokulturelle, interaktive und biographische Determinanten religiöser Konversionsprozesse, Berlin 1990.

Wilkes, Paul, Merton by Those who knew Him best, San Francisco 1984.

Wils, Jean-Pierre/Mieth, Dietmar, Grundbegriffe der christlichen Ethik, Paderborn-München-Wien-Zürich 1992.

Zahn, Gordon, Ein Mönch, arglos wie ein Kind: eine Würdigung, in: Thomas Merton, Gewaltlosigkeit, Zürich-Köln 1986, 371-418.

Michel Foucault – eine Provokation für die Theologie

Mit seiner These vom Tod Gottes und vom Tod des Menschen als neuzeitlichem Subjekt rüttelt Michel Foucault (1926—1984) an den Grundfesten der Theologie. Gibt es angesichts einer solchen Herausforderung überhaupt noch eine Möglichkeit der Auseinandersetzung? Kann die Theologie darauf angemessen reagieren, und wenn ja, wie? Die Beiträge dieses Bandes versuchen dies anhand ausgewählter Problemfelder. Vor allen Dingen geht es dabei um Fragen nach der Möglichkeit der Rede von Gott, nach dem Subjektsein des Menschen und der Möglichkeit heutiger Spiritualität. Gleichzeitig wird so auch ein wichtiger Beitrag für die heute in der Theologie drängende und notwendige Auseinandersetzung mit der Postmoderne geleistet.

Christian Bauer / Michael Hölzl (Hg.)
Gottes und des Menschen Tod?
Die Theologie vor der Herausforderung Michel Foucaults
Ca. 192 Seiten. Ca. 19,80 €
ISBN 3-7867-2454-7
Erhältlich ab September 2003

www.gruenewaldverlag.de

Den erfahrenen Glauben begründen und verantworten

Die Grundfragen des Glaubens stellen sich bereits existenziell im Geheimnis des praktischen Glaubensvollzugs selbst. Dabei kann natürlich die methodische Reflexion den gelebten Glauben selbst nie gänzlich einholen. Wie und wo ist aber dann ein sinnvoller Ausgangspunkt für die denkerische Verantwortung des Glaubens anzusetzen? Diese Problematik verschärft sich noch angesichts des Umstandes, dass es heute einen großen Pluralismus rationaler Begründungsformen und -verfahren gibt.
In den Beiträgen des vorliegenden Buches geben namhafte Theologen und Religionsphilosophen grundlegende Orientierungen innerhalb der Vielfalt methodischer Formen und Weisen der Glaubensbegründung, die die Fruchtbarkeit rationaler Glaubensverantwortung für den praktischen Glaubensvollzug deutlich werden lassen.

Günter Kruck (Hg.)
Gottesglaube – Gotteserfahrung – Gotteserkenntnis
Begründungsformen religöser Erfahrung in der Gegenwart
Ca. 320 Seiten. Ca. 28,50 E
ISBN 3-7867-2471-7
Erhältlich ab September 2003

www.gruenewaldverlag.de